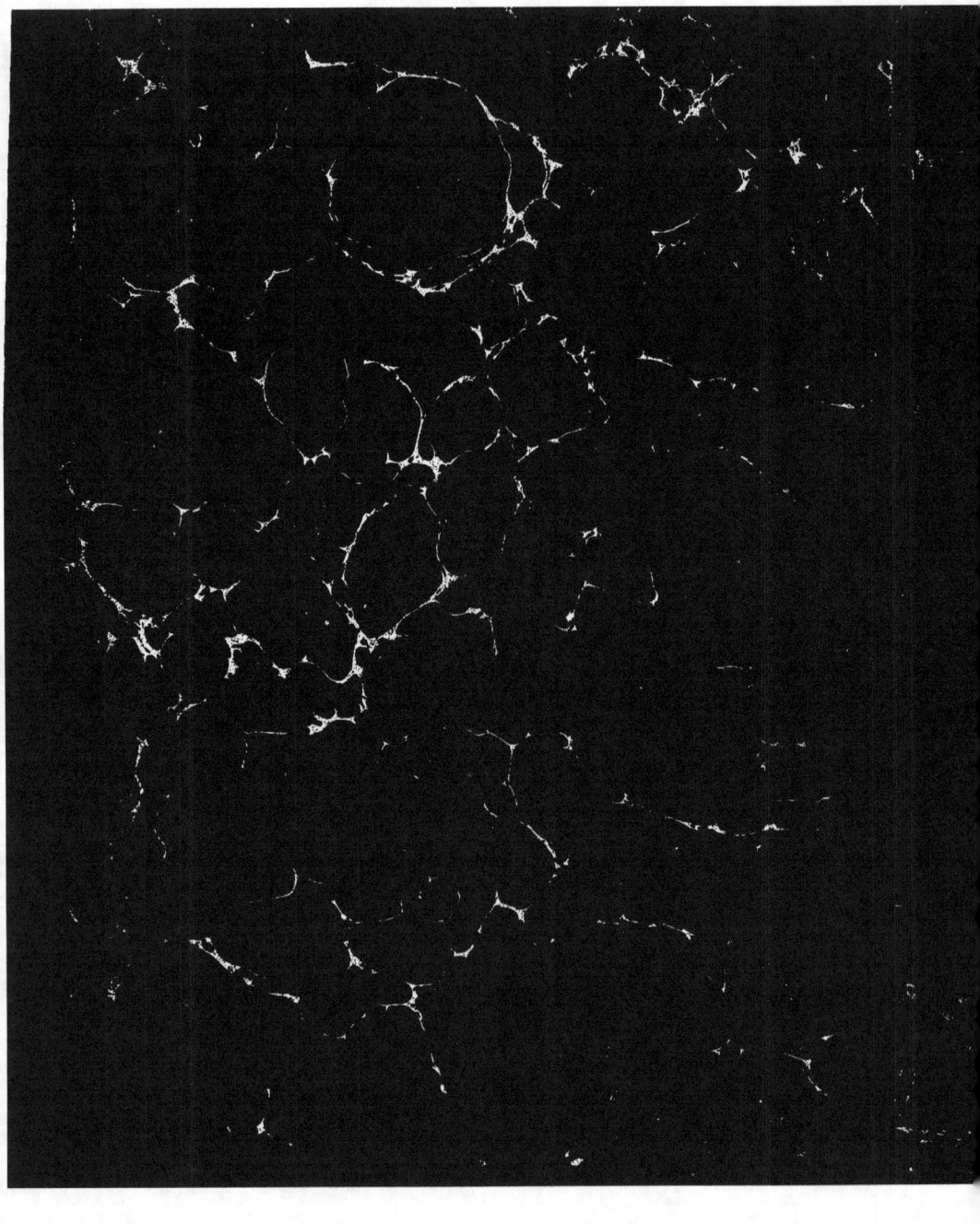

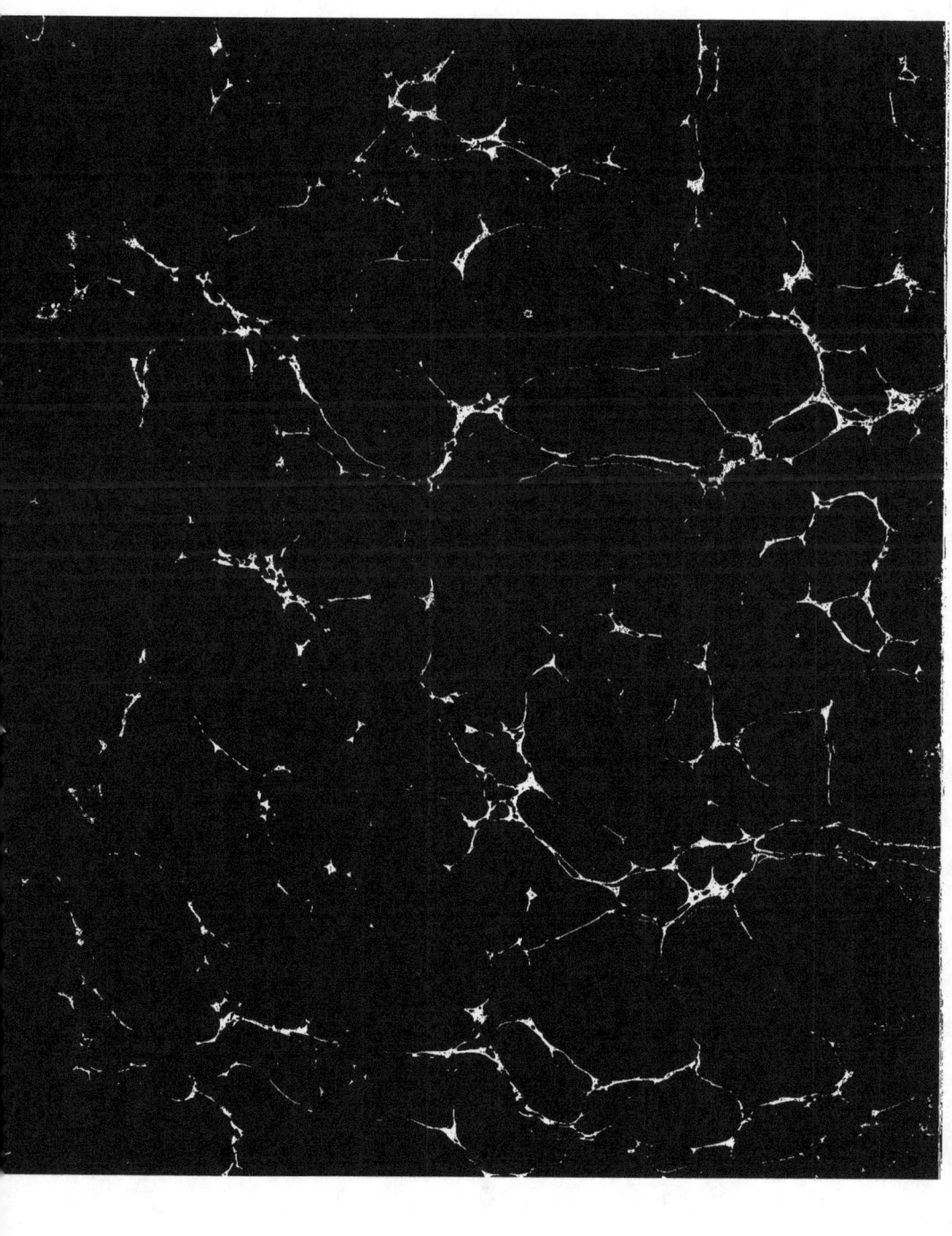

801

CORRESPONDANCE

DE

NAPOLÉON Ier

CORRESPONDANCE

DE

NAPOLÉON IER

PUBLIÉE

PAR ORDRE DE L'EMPEREUR NAPOLÉON III

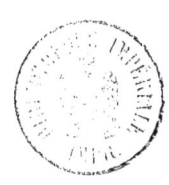

TOME XXI

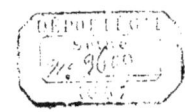

PARIS

IMPRIMERIE IMPÉRIALE

M DCCC LXVII

RAPPORT A L'EMPEREUR.

SIRE,

Nous avons l'honneur, conformément au décret du 3 février 1864, de rendre compte à Votre Majesté de l'état de nos travaux pour la publication de la *Correspondance de l'Empereur Napoléon Ier*.

Dans notre dernier rapport, nous avons soumis à Votre Majesté les principes qui devaient nous guider; l'expérience nous a prouvé qu'ils étaient bons.

Nous avons voulu éviter les trop nombreuses répétitions de la même pensée, souvent reproduite dans plusieurs pièces presque identiques. Ceux qui ont étudié la méthode de travail de l'Empereur savent que, quand Napoléon Ier donnait un ordre, il en surveillait lui-même l'exécution, notamment lorsqu'il s'agissait d'opérations militaires : il écrivait coup sur coup des lettres de rappel même à des agents secondaires. Est-il besoin de faire ressortir ce qu'une pareille répétition de détails aurait d'inutile et de fâcheux?

Notre principe invariable a été de ne jamais modifier ou tronquer un des documents publiés : nous donnons les textes avec une scrupuleuse et même minutieuse exactitude. Nous tenons à le rappeler pour rendre tout malentendu impossible.

Que Votre Majesté veuille bien remarquer à quelle épreuve nous soumettons la mémoire de Napoléon Ier : nous mettons en pleine lumière tous les actes de son gouvernement, nous découvrons le secret de ses pensées les plus intimes. Quel est le gouvernement au monde qui s'est montré à l'histoire avec une aussi complète franchise? Aucun autre gouvernement en France n'a agi avec la même libéralité, avec la même confiance dans le jugement de la postérité. Bien loin de laisser publier leurs documents, quelques-uns ont pris des mesures de précaution contre la possibilité de publications compromettantes: un grand nombre de pièces fort importantes ont disparu de nos archives.

À l'étranger, nous ne voyons guère qu'un seul gouvernement dont la dynastie règne qui ait rendu publics les écrits de son fondateur; mais la correspondance politique tout entière a été exclue de l'édition des œuvres de Frédéric II de Prusse, ainsi qu'il est d'ailleurs indiqué dans la préface.

Nous avons foi dans la raison publique; nous croyons que la lumière de la justice peut pénétrer toute l'œuvre napoléonienne, et nous attendons du temps et des hommes éclairés d'apprécier toute l'importance de cette loyale publication.

Depuis l'année 1864 que fonctionne la nouvelle Commission, nous avons fait paraître les XVIe, XVIIe, XVIIIe, XIXe et XXe volumes. Si notre travail n'a pas marché plus rapidement, c'est que nous avons cru devoir faire des recherches dans les différents dépôts d'archives, en Allemagne, en Angleterre, en Espagne, en Italie, en Portugal. Ces recherches, si réduites qu'elles aient été dans leurs dépenses, ont amoindri notre fonds disponible, et nous nous sommes trouvés hors d'état de subvenir aux frais d'impression d'un plus grand nombre de volumes, sans sortir des limites de notre allocation. C'est pour éviter à l'avenir un pareil inconvénient que nous avons demandé au ministère de la Maison de l'Empereur et des beaux-arts de faire passer cette allocation du budget ordinaire dans le budget extraordinaire. Ce transport rend à un crédit essentiellement temporaire la place qu'il doit occuper parmi les dépenses non permanentes.

RAPPORT A L'EMPEREUR.

Nous avons utilisé le temps que nous donnait la modicité de nos ressources à examiner les pièces bien au delà de l'époque à laquelle l'impression est arrivée. C'était un moyen de diminuer nos frais généraux et de hâter la fin de notre travail.

Nous pouvons aujourd'hui entrevoir avec quelque certitude que la correspondance de 1811 à 1815 nous demandera six volumes; que de 1815 à 1821 les œuvres de Napoléon ne formeront pas plus de trois ou quatre volumes, et que ces neuf ou dix volumes pourront être terminés dans deux ans.

Veuillez agréer, Sire, l'hommage du profond et respectueux attachement avec lequel je suis,

De Votre Majesté,

Le très-dévoué Cousin.

Le Prince,
Président de la Commission :
NAPOLÉON (Jérôme).

Paris, le 15 avril 1867.

CORRESPONDANCE

DE

NAPOLÉON PREMIER.

ANNÉE 1810.

16743. — A M. DE CHAMPAGNY, DUC DE CADORE,
MINISTRE DES RELATIONS EXTÉRIEURES, À PARIS.

Saint-Cloud, 2 août 1810.

Monsieur le Duc de Cadore, je vous envoie un canevas de note pour M. Armstrong. Le plus simple sera le meilleur.

NAPOLÉON.

D'après l'original. Archives des affaires étrangères.

PROJET DE NOTE AU MINISTRE DES ÉTATS-UNIS.

Monsieur, j'ai mis sous les yeux de Sa Majesté l'Empereur et Roi la gazette des États-Unis qui contient l'acte du congrès du 1er mai, et que vous m'avez remise. Sa Majesté eût désiré que les actes des États-Unis qui peuvent intéresser la France lui fussent notifiés officiellement. Elle n'a eu connaissance qu'indirectement, et après un long intervalle de temps, des actes du congrès sur l'embargo et la non-intercourse. Il en résulte des inconvénients graves, qui n'auraient pas lieu si Votre Excellence nous communiquait officiellement les actes des États-Unis qui peuvent intéresser la France.

Sa Majesté avait applaudi à l'embargo général que les États-Unis avaient mis sur les bâtiments, parce que cette mesure, quoique préjudiciable à la France, n'avait rien de contraire à l'honneur de la France.

La France a perdu par suite ses colonies de la Martinique, de la Guadeloupe et de Cayenne; mais elle ne s'en est pas plainte; elle a fait volontiers ce sacrifice au principe qui avait déterminé les Américains à l'embargo, celui de s'interdire les mers plutôt que d'en reconnaître les tyrans.

Depuis, un acte du 1er mars a levé l'embargo et l'a remplacé par une mesure hostile. Dans cet acte, qui a été connu très-tard en France, on a dit que tout bâtiment français qui arriverait aux États-Unis y serait confisqué. La représaille a dû avoir lieu de droit. Le séquestre de tous les bâtiments américains en France en a été la suite nécessaire et obligée.

Aujourd'hui le congrès prend une autre mesure : il rapporte l'acte du 1er mars; les ports américains sont ouverts au commerce français, et il prend l'engagement de s'élever contre celle des puissances qui refuserait de reconnaître les droits des neutres.

Dans cette nouvelle position, je suis autorisé à vous déclarer que les décrets de Berlin et de Milan sont rapportés; qu'à dater du 1er novembre prochain ils cesseront d'avoir aucun effet, pourvu que, en conséquence de ce, les Anglais rapportent les arrêts du conseil et les nouveaux principes du blocus qu'ils ont voulu établir, ou que les États-Unis, conformément à l'acte dont vous venez, Monsieur, de nous donner communication, fassent respecter leur droit par les Anglais.

C'est avec une satisfaction toute particulière, Monsieur, que je vous fais connaître cette résolution de l'Empereur. Sa Majesté aime les Américains; elle regarde leur prospérité et leur commerce comme favorables à sa politique. L'indépendance de l'Amérique est un des principaux titres de gloire de la France; depuis, l'Empereur s'est plu à agrandir les États-Unis; et, dans toutes les circonstances, ce qui pourra augmenter la prospérité de ce pays et assurer son bonheur, l'Empereur le regardera toujours comme lié à ses intérêts et à ses plus chères affections.

<small>D'après la minute. Archives des affaires étrangères.</small>

16744. — A M. DE CHAMPAGNY, DUC DE CADORE,
MINISTRE DES RELATIONS EXTÉRIEURES, À PARIS.

Saint-Cloud, 2 août 1810.

Monsieur le Duc de Cadore, pour avoir une idée nette des forces prussiennes, il faut avoir le détail de la composition des compagnies. On porte cinq bataillons de grenadiers à 560 hommes; mais il faut savoir quelle est la force des compagnies. Les compagnies prussiennes doivent être de 200 hommes. Si les bataillons ont six compagnies, il est clair qu'au lieu de 560 hommes il faut compter 1,200 hommes. Ainsi les cinq bataillons formeraient 6,000 hommes. La même chose des régiments d'infanterie, qui sont portés à 1,700 hommes; le principal est de savoir combien ils ont de bataillons et de compagnies. Si les compagnies sont de 100 hommes, il est clair qu'on peut les doubler en deux mois de préparatifs, et qu'au lieu de 40,000 hommes la Prusse pourrait en avoir 80,000. Demandez ces renseignements au sieur Caillard, avec les noms des régiments et des colonels, et les endroits où ils sont.

Portez plainte à M. de Dreyer de ce qu'on écrit de Hambourg[1].

NAPOLÉON.

D'après l'original. Archives des affaires étrangères.

16745. — A M. DE CHAMPAGNY, DUC DE CADORE,
MINISTRE DES RELATIONS EXTÉRIEURES, À PARIS.

Saint-Cloud, 2 août 1810.

Monsieur le Duc de Cadore, mes ministres à l'étranger doivent vous envoyer tous les mois un état des forces militaires de la puissance chez laquelle ils se trouvent. Ainsi le comte Otto doit m'envoyer tous les mois l'état des régiments, des bataillons et compagnies, de la force des compagnies, autant exact qu'il pourra, les noms des officiers qui commandent, et l'indication des lieux où se trouvent chaque corps, bataillons et compagnies. Mon ambassadeur en Russie doit m'envoyer le même état

[1] « Qu'un convoi danois s'est rendu à la station anglaise et a essuyé sa visite. » (*Note de la minute.*)

mensuel, ainsi que mes ministres auprès des alliés, même mon ministre auprès du roi de Westphalie.

NAPOLÉON.

D'après l'original. Archives des affaires étrangères.

16746. — AU GÉNÉRAL CLARKE, DUC DE FELTRE,
MINISTRE DE LA GUERRE, À PARIS.

Saint-Cloud, 2 août 1810.

Vous verrez, dans les notes ci-jointes, que les fortifications de l'île d'Aix doivent consister : 1° dans le fort actuel de la batterie circulaire; 2° dans un réduit avec trois ou quatre batteries de côté fermées à la gorge et soumises au réduit; 3° enfin dans un chemin couvert, qui formera camp retranché et mettra les baraques et les hommes à l'abri. Je désire que vous fassiez rédiger sans délai un projet en conséquence.

D'après la minute. Archives de l'Empire.

16747. — AU VICE-AMIRAL COMTE DECRÈS,
MINISTRE DE LA MARINE, À PARIS.

Saint-Cloud, 2 août 1810.

Monsieur le Comte Decrès, j'ai reçu votre rapport sur les expéditions à faire pour l'île de France. Puisque *le Régulus* est un vaisseau qui peut encore me servir, mon intention n'est pas de l'exposer. Je désire que l'expédition de Rochefort soit composée du vaisseau *le Tourville*, armé en flûte, d'une frégate armée et de deux ou trois transports portant un millier de tonneaux. Cette expédition pourrait porter 1,200 hommes.

Expédition de Brest. — L'expédition de Brest serait composée du vaisseau *l'Ulysse*, armé en flûte, d'une frégate, de la flûte *la Revanche*.

Mes raisons pour organiser ainsi ces divisions sont celles-ci : d'abord j'épargne quatre frégates; ensuite un vaisseau armé en flûte, étant assez fort pour se battre contre une frégate, n'aura rien à craindre de la rencontre de deux frégates. S'il fait une mauvaise rencontre et tombe dans une escadre, ma perte sera alors moindre, et j'aurai épargné mes frégates.

Je voudrais préparer à Nantes une troisième expédition, composée de deux frégates armées et de trois gros transports ou flûtes, qu'on trouverait à Nantes.

Enfin je voudrais préparer une quatrième expédition à Bayonne, qui serait composée de deux corvettes bonnes marcheuses, qui porteraient ce qu'elles pourraient. Vous pourriez y joindre quelques bâtiments américains qui s'y trouvent, et qu'on dit excellents marcheurs, ou quelques bâtiments du commerce. Ce port n'étant point bloqué, on est sûr que l'expédition sortira. Ne portât-elle que 500 hommes et les objets dont peut avoir besoin la colonie, ce serait toujours une expédition très-utile et d'un grand résultat.

Il pourrait être préparé deux autres expéditions : une à Lorient et l'autre à Cherbourg.

Celle de Lorient serait composée de trois vaisseaux et quelques flûtes. Celle de Cherbourg serait composée de deux vaisseaux, des deux flûtes du Havre et de deux autres flûtes qu'on pourrait se procurer, et de quatre frégates.

Nous aurions donc dans la main une expédition prête à Cherbourg, une à Brest, une à Rochefort, une à Lorient, une à Nantes et une à Bayonne. Ces expéditions nous assureraient l'île de France et Batavia. Vous noterez que la circonstance de l'acquisition de Batavia me porte à préparer de nouvelles expéditions. Faites-moi un rapport de tout cela.

NAPOLÉON.

D'après l'original comm. par Mme la duchesse Decrès.

16748. — NOTE
DICTÉE EN CONSEIL D'ADMINISTRATION DES FINANCES.

Saint-Cloud, 2 août 1810.

Le but auquel Sa Majesté voudrait atteindre serait qu'en 1820 toutes les espèces de dettes de la France, y compris celles de Hollande, n'excédassent pas 70 millions et pussent être ultérieurement réduites à 60 millions. La dette se compose actuellement de 62 millions pour la France et de 20 millions pour la Hollande; ce qui la porte à 82 millions. Il faudrait donc assurer un amortissement de 22 millions. Les moyens d'amortissement seraient : 1° les extinctions des rentes viagères et des pensions ecclésiastiques, qui produiraient en 1820 un amortissement de 10 millions; 2° ce que la caisse d'amortissement possède aujourd'hui comme amortissement, et qu'il convient de faire connaître, ainsi que ce qu'elle aura amorti en 1820; 3° la dotation en domaines qu'il faudrait donner à cette caisse en supplément des moyens nécessaires pour parvenir au but qu'on se propose. Le ministre du trésor public est invité à apporter, jeudi prochain, ce projet tout fait, avec tous les calculs à l'appui.

<small>D'après la copie. Archives des finances.</small>

16749. — AU PRINCE DE NEUCHÂTEL ET DE WAGRAM,
<small>MAJOR GÉNÉRAL DE L'ARMÉE D'ESPAGNE, À PARIS.</small>

Trianon, 3 août 1810.

Mon Cousin, faites connaître au prince d'Essling que le 44° bataillon de la flottille, qui est à Valladolid, est à sa disposition, et que ce bataillon aura l'avantage de lui donner des facilités pour le passage des rivières, et surtout pour le passage devant Lisbonne.

Donnez ordre que, s'il y a des souliers à Bayonne, on en expédie six mille à Burgos.

Écrivez au général Bonet qu'il est autorisé à renvoyer à leurs dépôts les officiers et soldats éclopés et hors d'état de faire la guerre. Écrivez-lui aussi que, si les régiments qui sont sous ses ordres se trouvaient réduits à moins de 2,000 hommes présents sous les armes, il serait bon de renvoyer en France le cadre du 4° bataillon, en en versant les hommes dans les autres bataillons; mais que pour cela il faut que les régiments soient réduits à moins de 2,000 hommes.

Écrivez au général de division Drouet que, à son arrivée à Tolosa, il s'instruise bien de la situation de la Navarre, et que, si elle était telle que sa présence y fût absolument nécessaire, il peut se détourner de sa route et y entrer pour rétablir l'ordre et donner une bonne chasse aux brigands; mais qu'il ne doit faire cette pointe que si cela était indispensable.

Remettez-moi l'état des officiers et soldats cités dans le rapport de la prise de Ciudad-Rodrigo, et proposez-moi pour eux de l'avancement dans la Légion d'honneur.

NAPOLÉON.

D'après l'original. Dépôt de la guerre.

16750. — AU GÉNÉRAL CLARKE, DUC DE FELTRE,
MINISTRE DE LA GUERRE, À PARIS.

Trianon, 3 août 1810.

Donnez ordre par un courrier au général Morand[1] de placer un régiment d'infanterie sur la ligne des douanes de Bremen au Rhin. Donnez l'ordre par l'estafette au duc de Reggio de placer de même un régiment d'infanterie sur la ligne des douanes de Rees à Bremen. Prévenez-le de l'ordre que vous donnez au général Morand. Ces régiments seront placés de manière à se partager toute la ligne depuis Rees jusqu'à Bremen, et à la renforcer dans toute son étendue. Recommandez que des ordres soient donnés pour que les officiers mettent la plus grande activité à la protection de cette ligne, qui est attaquée en force. Le duc de Reggio doit aussi recevoir l'ordre de faire mettre le séquestre sur les marchandises coloniales et anglaises à Emden, et de faire faire les déclarations sur-le-champ.

D'après la minute. Archives de l'Empire.

16751. — AU MARÉCHAL BESSIÈRES, DUC D'ISTRIE,
COMMANDANT LA GARDE IMPÉRIALE, À PARIS.

Trianon, 3 août 1810.

Mon Cousin, donnez les ordres les plus sévères pour que les fusiliers gardent le shako et ne portent point le bonnet à poil, qui est la coiffure des chasseurs et grenadiers de la vieille Garde. Autorisez, sur les 20 centimes qu'on donne aux régiments qui sont sur la Loire, une retenue de 8 centimes pendant le trimestre de juillet, août et septembre. A la fin de septembre, vous me rendrez compte, et je verrai si la rete-

[1] Le comte Morand (Charles-Antoine), commandant la 1re division de l'armée d'Allemagne.

nue doit être continuée. Faites-moi connaître s'il y a, à la suite des fusiliers, des écoles pour les perfectionner dans la lecture, l'écriture et le calcul. Faites-moi connaître également quel est le nombre qu'on pourrait prendre pour recruter la vieille Garde. Je voudrais des hommes qui servent depuis Friedland.

Proposez-moi un projet d'organisation morale de la Garde. Voici mes intentions : Les lieutenants et sous-lieutenants, sergents et caporaux du régiment des conscrits doivent avoir le même rang que les lieutenants. sous-lieutenants, sergents et caporaux de la ligne. Les sergents et caporaux doivent tous être tirés des régiments de fusiliers. Même chose pour les tirailleurs. Faites-moi connaître ce qui se pratique aujourd'hui. Tous les cadres des fusiliers doivent être tirés de la vieille Garde. Je destine les tirailleurs à former des caporaux pour l'armée, et les fusiliers à former les sergents. Je voudrais donc que les meilleurs sujets des tirailleurs passassent dans les fusiliers, qui ont une paye supérieure, et que les meilleurs sujets des conscrits passassent dans les tirailleurs et même dans les fusiliers. On distinguerait les conscrits qui, après un an d'exercice, seraient reconnus pour être bons sujets, avoir quelque éducation, être doués d'un bon naturel, savoir lire, écrire et chiffrer, avoir instruit plusieurs recrues : ceux-là obtiendraient de l'avancement en passant dans les fusiliers; ceux qui auraient moins d'aptitude et n'auraient que les connaissances nécessaires pour être caporaux seraient envoyés aux tirailleurs. Enfin les fusiliers les plus distingués par leur instruction, leur bonne conduite, qui auraient quatre années de service ou se seraient signalés par une action de bravoure, passeraient dans la vieille Garde. Il faut me faire là-dessus un projet de règlement, afin que cela soit bien compris. Par ce moyen, la moitié ou le tiers des fusiliers se recruteraient dans les tirailleurs et conscrits, et la moitié ou le tiers de la vieille Garde, dans les fusiliers. Cela aura l'avantage d'entretenir ma vieille Garde, de faire amalgame et d'arriver à un résultat qui est celui-ci : je veux avoir dans ma Garde de quoi former les cadres d'une armée de réserve de cent bataillons ou de six cents compagnies; ce qui ferait 3,000 sergents et 6,000 caporaux, ou 9,000 sous-officiers. Les deux régiments de fusiliers sont de 2,300 hommes, les quatre régiments de tirailleurs, de 6,000, et les quatre régiments de conscrits, de 6,000 hommes. Si on tient la main à ce que ce soient toujours des hommes de choix, si leur instruction est toujours suivie, je trouverai toujours 3,000 sergents soit dans les fusiliers, soit dans les principaux des tirailleurs, et 6,000 caporaux dans les 6,000 tirailleurs et dans les 6,000 conscrits. Je tirerai de ma vieille Garde facilement 600 lieutenants ou sous-lieutenants et 600 des écoles et lycées pour les mêler avec les premiers. Les 600 capitaines seraient fournis partie par la ligne, partie par ma vieille Garde. Or une réserve de cent bataillons voudrait dire une réserve de 80,000 hommes. Il est donc nécessaire, 1° que mes vues soient conservées par un décret qui en donnera connaissance au ministère, à la Garde et à l'armée ; 2° que les mesures nécessaires soient prises pour entretenir l'instruction et éclairer les choix.

NAPOLÉON.

D'après l'original comm. par Mme la duchesse d'Istrie.

16752. — AU MARÉCHAL BESSIÈRES, DUC D'ISTRIE,
COMMANDANT LA GARDE IMPÉRIALE, À PARIS.

Trianon, 3 août 1810.

Mon Cousin, je vous prie de me présenter un projet définitif d'organisation de la garde hollandaise, qui arrive à la fin d'août à Paris. Je voudrais savoir : 1° ce que je dois faire des officiers supérieurs ; 2° ce que je dois faire des compagnies des gardes du corps, et ainsi du reste.

NAPOLÉON.

D'après l'original comm. par Mme la duchesse d'Istrie.

16753. — A M. DE CHAMPAGNY, DUC DE CADORE,
MINISTRE DES RELATIONS EXTÉRIEURES, À PARIS.

Trianon, 4 août 1810.

Monsieur le Duc de Cadore, le projet de convention que vous m'avez envoyé pour les affaires de Westphalie m'a paru susceptible d'un changement important. On y confond, dans la cession que je fais au Roi par l'article 1er, ce qui reste de domaines en Westphalie avec ce qui reste de domaines en Hanovre. Or ce qui reste en Westphalie est entièrement à ma disposition, et je puis le céder, comme bon me semble, au Roi; mais ce qui reste en Hanovre est affecté à la dotation des numéros de la 4e classe; et, quoique ces numéros soient encore vacants, il faut pourvoir d'avance aux intérêts des donataires, en exigeant les réserves convenables. Les domaines du Hanovre doivent donc être l'objet d'une stipulation distincte, et en cela, dans le projet de convention que vous m'avez envoyé, on ne s'est pas assez conformé au plan que je vous avais tracé dans mes instructions du 26 juin dernier. Je vous envoie une nouvelle rédaction, qui établit clairement cette distinction en sept articles. Votre article 4 devient le 8e. Cet article et les suivants ne m'ont pas paru présenter de difficultés.

NAPOLÉON.

D'après l'original. Archives des affaires étrangères.

16754. — A M. DE CHAMPAGNY, DUC DE CADORE,
MINISTRE DES RELATIONS EXTÉRIEURES, À PARIS.

Trianon, 4 août 1810.

Monsieur le Duc de Cadore, répondez à M. de Gallo que le roi de Naples dépenserait inutilement de l'argent à entretenir des missions à Vienne et à Saint-Pétersbourg; que cela n'est d'aucun effet.

NAPOLÉON.

P. S. Faites partir cette lettre par l'officier saxon.

D'après l'original. Archives des affaires étrangères.

16755. — AU GÉNÉRAL CLARKE, DUC DE FELTRE,
MINISTRE DE LA GUERRE, À PARIS.

Trianon, 4 août 1810.

Monsieur le Duc de Feltre, je viens de lire avec attention votre rapport du 1er août sur les travaux extraordinaires du génie.

Je vois que les fonds que j'ai accordés pour le fort de Bath seront dépensés au 15 août. Faites-moi connaître ce que j'ai accordé, ce qu'on a dû faire, et ce qu'il serait encore possible de faire pour améliorer ce fort important. Je désire qu'on profite des mois de septembre, octobre et novembre pour continuer ces travaux.

Je ne veux pas dépenser plus de 50,000 francs pour les camps de Westkappelle, dans l'île de Walcheren. Il faut ne laisser que le nombre d'hommes nécessaires pour ces camps. Accordez les 30,000 francs demandés pour mettre la place de Zierikzee en état de défense; ce qui, avec les 10,000 francs que j'ai déjà donnés, fera 40,000 francs. Je ne prends pas de décret pour cela, parce que cette dépense sera régularisée après. Je suppose qu'au conseil du mois de novembre on me remettra les plans des travaux que j'ai à y faire, afin que la dépense soit entièrement complétée pour l'année prochaine.

Je vous ai fait connaître mes intentions sur les travaux de l'île d'Aix.

Je vous recommande de nouveau les travaux de Flessingue. Il faut bien faire comprendre aux officiers du génie que, si le fort Montebello qui protége la batterie de Nolle n'est pas mis dans un état de résistance suffisant, c'est comme s'il n'y avait rien de fait; car c'est ce fort qui, en nous établissant maîtres de la communication de la place avec la batterie de Nolle, rend impossible à l'ennemi de franchir l'entrée de l'Escaut. Il est donc de la plus grande importance d'avoir, cette année, le fort Montebello et le fort Saint-Hilaire.

Il y a une centaine de voitures du train du génie dont on ne sait que faire : au lieu de les désarmer, ne serait-il pas plus convenable de les envoyer à Flessingue? Il faudrait même prendre une des compagnies du train du génie qui reviennent d'Allemagne, afin de procurer ainsi environ 200 voitures à Flessingue. Il ne faut pas épargner l'argent pour cette place.

Je vois qu'on attend à Breskens qu'on y envoie le projet d'amélioration de la batterie Impériale. Remettez-moi ce travail mercredi, afin que je voie s'il est conforme à mes intentions, et que ces ouvrages puissent être entrepris et finis cette année.

Je désire que vous donniez des ordres et des instructions au corps du génie pour qu'on puisse me faire connaître, au conseil de novembre prochain, ce qu'il y a à faire au fort Impérial de l'île de Cadzand pour lui donner toute la force possible, de sorte que cette belle batterie, qui défend l'entrée de l'Escaut et que mon intention est encore d'augmenter de huit pièces de 48, soit non-seulement à l'abri d'un coup de main, mais puisse soutenir un long siége.

Le nouveau degré de force à donner au fort Impérial doit venir d'une forte occupation des digues, parce que c'est par là que l'ennemi pourrait cheminer, et d'un fort ouvrage avancé qui soutiendrait une immense inondation de plusieurs centaines de toises ; alors on pourra considérer ce fort comme remplissant son jeu. S'il était ensuite possible de lier cet ouvrage avec le fort Impérial par une inondation, on serait alors maître de toute la digue, d'un fort à l'autre, et l'on pourrait y mettre en batterie autant de pièces de canon que l'on voudrait. Il faut que ce plan, dégagé de toutes assertions hasardées ou douteuses, soit mis en règle pour m'être soumis au conseil de novembre, avec les cotes et nivellements nécessaires.

Après Cadzand vient la place de Flessingue ; elle devient tous les jours plus importante : il est donc indispensable de la porter à un haut degré de défense. Les forts Montebello et Saint-Hilaire sont la clef de tout ; il faut d'abord les finir dans les projets actuels ; mais, cela fait, il faut avoir des projets pour leur donner un autre degré de force, et enfin couvrir la place d'une grande inondation soutenue par des forts, qui mettent ce point si important à l'abri de toute crainte. Ces nouveaux projets devront également être appuyés des plans, nivellements et cotes.

La réunion de la Hollande donnant à l'île de Walcheren un plus haut degré d'intérêt, il faudrait donc, indépendamment des officiers dont tout le temps est employé à la conduite de leurs travaux, en envoyer d'autres qui puissent soigneusement s'occuper des moyens de tirer le plus grand parti possible des localités, pour tenir cette île avec une main de fer et la mettre à l'abri de toute espèce d'inquiétudes.

NAPOLÉON.

D'après la copie. Dépôt de la guerre.

16756. -- AU GÉNÉRAL CLARKE, DUC DE FELTRE,
MINISTRE DE LA GUERRE, À PARIS.

Trianon, 4 août 1810.

Monsieur le Duc de Feltre, je vois que les cinq régiments portugais formant dix bataillons ont leurs bataillons organisés à la française à six compagnies chacun; mais que, de ces six compagnies, les compagnies de grenadiers et de voltigeurs se trouvent à la 13ᵉ demi-brigade provisoire. La 13ᵉ demi-brigade provisoire, qui arrive à Metz avec les deux bataillons de marche, est donc composée de trente compagnies; ce qui fait la valeur de cinq bataillons. Il reste dans la 7ᵉ division militaire trente autres compagnies, c'est-à-dire la valeur de cinq autres bataillons.

Faites-moi connaître l'esprit de ces régiments et la situation de leur armement et habillement, afin que je voie le parti définitif que je dois prendre; et faites-en passer une revue de rigueur qui fasse connaître la composition par nation. Je ne veux point qu'il y ait un seul Espagnol: les Français ou Italiens, on peut les laisser.

Proposez-moi un projet de décret pour dissoudre le dépôt des régiments, qui est de 1,000 hommes. On renverra tout ce qui est espagnol; les Allemands peuvent être renvoyés aux régiments allemands qui sont à Naples. Par ce moyen, j'aurai de moins à nourrir et à solder 1,000 hommes, qui sont 1,000 ennemis dont je ne puis rien faire. Défendez sévèrement qu'on recrute ces régiments; ce recrutement me paraît fort contraire au bien du service.

Donnez l'ordre qu'on réunisse à Genève deux bataillons provisoires portugais de six compagnies chacun. Ces deux bataillons provisoires seront composés de deux compagnies du 1ᵉʳ régiment, de deux du 2ᵉ, de trois du 3ᵉ, de trois du 4ᵉ et de deux du 5ᵉ, ce qui fera douze compagnies. Vous y nommerez deux chefs de bataillon portugais et un des colonels, et un général portugais pour commander cette colonne.

En résumé, il faut donner des ordres pour dissoudre le dépôt des régiments portugais, arrêter le recrutement et faire passer une revue de rigueur, afin d'avoir des états exacts de ce corps et de savoir ce que j'en puis faire en Portugal.

NAPOLÉON.

D'après la copie. Dépôt de la guerre.

16757. — AU GÉNÉRAL CLARKE, DUC DE FELTRE,
MINISTRE DE LA GUERRE, À PARIS.

Trianon, 4 août 1810.

Monsieur le Duc de Feltre, les batteries de côtes de l'île de Goeree et d'Overflakkee sont désarmées; il est urgent de pourvoir aussitôt à l'armement de la plus importante de ces batteries, qui sera placée vis-à-vis Hellevoetsluis. Faites faire un projet pour lier cette île au continent par un système de fortifications. Il semble, au premier coup d'œil, qu'un fort situé dans l'île d'Overflakkee du côté d'Ooltgensplaat serait très-bien placé pour cet objet; ce fort se lierait avec Willemstad et assurerait la possession de l'île et le passage de Volkerak. Le duc de Reggio chargera un officier du génie de faire un projet. Il est important qu'il fasse armer cette île, ainsi que les batteries de la passe; il nommera un commandant et y fera passer trois compagnies d'artillerie hollandaise pour hâter le réarmement, afin de couvrir aussitôt le port et les rades d'Hellevoetsluis et empêcher un débarquement de l'ennemi, qui menacerait de ce point toute la Hollande.

Willemstad est une place de la plus grande importance: d'abord elle couvre Anvers, c'est le premier obstacle que l'ennemi, maître de Goeree, trouverait sur le continent; du côté de la mer, elle défend encore les passes d'Hollandsch-Diep et de Volkerak, par lesquelles l'ennemi pourrait tenter d'attaquer la Hollande ou les îles de Beveland; enfin cette place protége Overflakkee et Goeree qui ne sont séparées du continent que par une passe de 600 toises. Le fort que je propose de placer dans l'île, près d'Ooltgensplaat, se liera avec Willemstad et les ouvrages extérieurs que je vais indiquer. Il serait à désirer que de Willemstad on pût se couvrir par une inondation jusqu'au point où l'île se rapproche le plus du continent, à peu près vers Dinteloord. Un ouvrage ou fort avancé, et qui serait placé à 1,800 toises de Willemstad, défendrait bien la ligne de gauche et, en éloignant l'ennemi, l'empêcherait de cheminer sur les digues; il aurait de plus l'avantage de croiser ses feux sur la passe de Volkerak avec le fort que je propose d'établir près d'Ooltgensplaat, qui en serait éloigné de 7 à 800 toises au plus.

Ce projet est le premier qu'on doit prendre en considération : Willemstad est le point qui doit protéger les passes et l'île de Goeree. Si l'ennemi s'emparait de cette île, les rades d'Hellevoetsluis seraient perdues. Willemstad a sept côtés et 1,200 toises de tour; étant susceptible d'inondations qui la couvrent tout autour, elle n'est attaquable que par les digues; deux batardeaux les séparent de la place; il n'en est pas moins convenable d'établir deux forts le long de ces digues. Celui proposé à 1,800 toises vis-à-vis Ooltgensplaat remplit deux buts; l'inondation, si on peut la prolonger jusque-là, le rendra plus fort. Il faudrait du côté de l'est, à 400 toises, un autre fort qui arrêterait l'ennemi. Quant à l'intérieur, il faut réparer la caserne et la tenir en bon état, mettre à l'épreuve de la bombe le magasin à poudre, qui peut contenir quarante milliers, établir une manutention et un magasin des vivres, établir une caserne voûtée pour 4 ou 500 hommes à la gorge d'un bastion pour servir de réduit à la garnison.

Il faut faire faire par les officiers du génie des projets pour ces établissements. Il faudra aussi construire un nouveau magasin à poudre pour cent milliers et des couverts contre la bombe. Il faut mettre aussitôt des gardes-magasins. Il n'y a que dix milliers de poudre; il est nécessaire d'en faire venir de Bois-le-Duc et des autres places non conservées du Brabant. Je ne ferai des fonds cette année que pour les magasins à poudre et les réparations urgentes; j'attendrai les projets des autres travaux pour ordonner les fonds nécessaires, au mois de novembre.

Faites-moi un rapport pour nommer les commandants du génie et de l'artillerie. Faites venir du Brabant une compagnie de vétérans pour tenir constamment garnison à Willemstad.

Napoléon.

D'après la copie. Dépôt de la guerre.

16758. — AU GÉNÉRAL CLARKE, DUC DE FELTRE,
MINISTRE DE LA GUERRE, À PARIS.

Trianon, 4 août 1810.

Il est indispensable de fixer l'attention sur les places de Danzig, de Stettin, de Küstrin et de Glogau.

Il y a à Küstrin un chef de bataillon d'artillerie qui commande la place. Il faudrait y nommer un colonel ou général de brigade, homme de tête sur lequel on pût compter, lequel aura le commandement de la place. Il y a dans cette place la 10° compagnie du 5° régiment d'artillerie à pied. Elle n'est que de 84 hommes; faites partir sur-le-champ, du lieu le plus près, un détachement du même régiment qui porte cette compagnie à 140 hommes présents. Il n'y a qu'un officier du génie, il faut en envoyer deux autres. Moyennant cela la garnison de cette place sera d'un bataillon de marche de 800 hommes et d'un régiment polonais, ce qui fera 1,800 hommes de garnison; ce qui est suffisant. Faites-moi connaître son approvisionnement en vivres, en munitions de guerre, son armement, et si elle est en état de soutenir un siége.

Il y a à Glogau pour commandant le général de brigade Rheinwald; est-ce un homme sur lequel on puisse compter pour défendre cette place? La garnison est composée d'un régiment saxon de 1,400 hommes et de la 18° compagnie du 5° d'artillerie à pied, qui n'est que de 72 hommes; complétez-la sans délai à 140 hommes. Faites-moi connaître l'armement de la place et son approvisionnement en vivres et munitions de guerre.

Il y a à Stettin deux compagnies d'artillerie, une du 5° et une du 7°; ces compagnies ne sont qu'à 70 hommes chacune; complétez-les à 140 hommes, de manière qu'il y ait 280 canonniers. Il y a un bataillon saxon et un régiment polonais. Comme la garnison de Glogau n'est pas assez forte, on pourrait y envoyer le bataillon saxon; alors la garnison de Glogau serait de 2,000 hommes. On enverrait à Stettin, en remplacement, un régiment entier français de la division Morand, en ayant soin de choisir un régiment des plus forts, de sorte qu'il y aurait à Stettin un régiment français de 3,000 hommes, un régiment polonais de 800 hommes et 250 canonniers.

Il faudrait envoyer un régiment de cavalerie légère pour avoir des postes à Stettin, à Küstrin et Glogau.

Faites-moi un rapport sur ces trois places. N'ordonnez aucun mouvement et mettez du secret dans tout cela. Faites-moi connaître seulement à quoi est obligée la Prusse par le traité, ce que je dois tenir dans ces trois places, et choisissez des commandants qui m'en assurent la possession.

Il y a à Danzig un bon gouverneur. Il est nécessaire d'y envoyer 2 officiers du génie, 1 colonel d'artillerie et 1 capitaine en résidence. Il y a deux compagnies d'artillerie de 70 hommes; les compléter chacune à 140 hommes. Il faudrait y envoyer, outre cela, un régiment français entier, une compagnie d'artillerie et un régiment de cavalerie; ce qui portera la garnison à plus de 6,000 hommes.

Ainsi la division Morand fournirait deux régiments français d'infanterie et deux régiments de cavalerie. Peut-être serait-il convenable d'envoyer une compagnie d'artillerie de plus à Stettin, une à Küstrin et une à Glogau.

Il est convenable dans la position actuelle que la place de Danzig soit bien gardée. Je désirerais aussi avoir un rapport sur ces questions : si j'avais besoin d'avoir 60,000 armes, d'où les tirerais-je, et comment pourrait-on les envoyer le plus secrètement possible?

<small>D'après la minute. Archives de l'Empire.</small>

16759. — AU VICE-AMIRAL COMTE DECRÈS,
MINISTRE DE LA MARINE, À PARIS.

<small>Trianon, 4 août 1810.</small>

Monsieur le Comte Decrès, le secrétaire d'état vous enverra un décret que je viens de prendre et par lequel je dispose des commandements des côtes depuis l'Écluse jusqu'à l'Elbe. Présentez-moi lundi des lettres patentes pour les titulaires de ces quatre commandements. Il leur sera enjoint, par ces lettres patentes, de rester constamment à leur bord, de maintenir la discipline la plus exacte dans leurs équipages, d'appareiller toutes les fois qu'ils le pourront, afin de tenir les équipages en haleine, afin d'avoir la flottille toujours en mouvement, en la faisant soutenir au besoin par leurs grands canots, pour protéger et surveiller les côtes. Vous mettrez dans les lettres patentes du commandant de l'Escaut qu'il doit réunir toute sa flottille, tantôt dans l'Escaut occidental et tantôt dans l'Escaut oriental; qu'il doit faire visiter tous les jours les forts et batteries qui protégent les stations de sa flotte, et qu'il doit vous rendre compte tous les jours de leur situation et de la manière dont s'y fait le service.

Vous mettrez dans les lettres patentes du commandant des bouches de la Meuse que la surveillance et la garde de l'île de Goerce lui sont particulièrement recommandées. Dans celles du commandant du Texel, vous mettrez qu'il doit toujours tenir une bonne division de sa flottille auprès d'Emden, et qu'il doit faire constamment naviguer le reste entre les îles. Je laisse à sa prudence la partie de sa flottille qu'il doit tenir dans l'Ems et sur les côtes de l'Ost-Frise, et celle qu'il doit laisser dans le Texel. Dans les lettres patentes du commandant des villes hanséatiques, vous lui recommanderez particulièrement la surveillance et la défense des trois points principaux, la Jahde, le Weser et l'Elbe. Vous ferez connaître à tous ces commandants que ce n'est que par une activité continuelle de leurs flottilles que mon but peut être rempli, les équipages s'exercer et s'amariner, et les côtes être surveillées et protégées. Vous voyez que j'ai réduit la flottille française à 48 chaloupes canonnières: en donnant un équipage de 30 hommes à chacune, cela ferait en tout de 1,2 à 1,500 hommes. Ainsi le 42° bataillon serait presque suffisant. Les 18 autres chaloupes canonnières attachées aux flottes de l'Escaut et du Texel n'entrent pas en ligne de compte, devant mouiller chacune auprès d'un des vaisseaux et être aux ordres de chacun des capitaines, qui les fera monter par des détachements de son équipage à son choix.

Quant aux Hollandais, je pense bien qu'ils ne pourront pas tout fournir en chaloupes canonnières; mais ils pourront fournir la moitié en chaloupes canonnières, et l'autre moitié en schooners ou autres bâtiments utiles. Mon intention est de prendre la même mesure pour le reste de la France. J'attends pour cela l'organisation des bataillons, parce que leurs colonels pourront commander les gardes-côtes que monteront leurs équipages; bien entendu qu'à Cherbourg, à Brest, à Rochefort et à Toulon, on les mettrait sous les ordres des amiraux et des généraux.

NAPOLÉON.

D'après l'original comm. par Mme la duchesse Decrès.

16760. — AU VICE-AMIRAL COMTE DECRÈS,
MINISTRE DE LA MARINE, À PARIS.

Trianon, 4 août 1810.

Je vous renvoie votre correspondance de Hollande, que j'ai lue avec intérêt. J'estime qu'il serait convenable que vous établissiez près de vous un bureau séparé pour la marine hollandaise. Vous y placeriez l'administrateur et l'officier de marine arrivés ici, et vous y appelleriez quelques commis d'Amsterdam. Cela vous servirait pour diriger tous les travaux de recrutement de cette année, et peut-être cet état de choses pourrait-il être continué pour 1811; c'est-à-dire que peut-être je laisserai subsister encore cette année la marine hollandaise avec sa solde et ses habitudes, car je ne me résoudrai à incorporer les affaires de Hollande dans tous les départements de mon ministère que quand je me serai bien assuré de ce que je veux faire. Cependant il est indispensable que vous commandiez en Hollande comme à Brest, et que vos ordres n'y éprouvent aucun retard. Il est également indispensable que tous les renseignements dont je puis avoir besoin, je les aie du soir au matin. Il faut donc créer un bureau hollandais qui contienne, au petit pied, tout le ministère, et où l'on puisse trouver les états de situation, les revues, les états du personnel, etc. car je compte mettre, dès septembre prochain, des fonds particuliers à votre disposition pour la marine de Hollande. Vous me rendrez compte de la formation de ce bureau.

Je vois, dans la lettre du maître des requêtes, qu'un vaisseau de 68 canons peut aller d'Hellevoetsluis à Flessingue. Cela étant, faites-moi connaître s'il ne serait pas convenable de diriger, d'Hellevoetsluis sur Flessingue, un ou deux vaisseaux de cette espèce, qui, ayant l'avantage de craindre moins les bancs, pourraient sortir en avant de notre escadre, et qui en même temps, dans des lignes d'embossage, pourraient appuyer une aile avec avantage.

Mais ce à quoi j'attache le plus d'importance, c'est que les frégates qui sont à Rotterdam viennent renforcer mon escadre de Flessingue. Je crois qu'il y a à Rotterdam une frégate et quelques bricks qui, s'ils étaient bons marcheurs, seraient utiles.

Je ne trouve aucun renseignement sur la grande frégate de 50 canons. Je ne sais si elle est bonne marcheuse, ni quand on peut espérer qu'elle sera arrivée à Flessingue.

Dans la correspondance du ministre, je relève qu'ils ne veulent pas construire des vaisseaux tirant 22 pieds d'eau, mais qu'ils ne font pas d'objection pour en construire d'un tirant de 21 pieds. Faites-leur donc construire un vaisseau de 74 ne tirant que 21 pieds d'eau, en leur donnant le même modèle que celui adopté primitivement pour Anvers.

Je désire que vous me fassiez un rapport sur les passes du Texel. S'il y a 21 pieds d'eau à basse mer sur ces passes, je ne comprends pas qu'on ne puisse pas faire sortir un vaisseau d'un plus grand tirant d'eau en profitant de la marée. D'un autre côté, je ne puis pas croire que ces 21 pieds d'élévation soient à haute mer, car, la marée devant monter de 12 à 15 pieds au Texel, dans ce cas les passes seraient presque à sec à basse mer. Cela me porte à penser qu'on pourrait construire des vaisseaux tirant 22 pieds, et même des vaisseaux de 80 et à trois ponts, sauf à prendre quelques précautions pour leur sortie. Comme je suppose qu'il y a beaucoup de vieux préjugés dans tout cela, recommandez bien à Kersaint de sonder lui-même tous les points importants des passes.

Dans votre réponse au ministre de la marine, vous lui direz de vous faire connaître s'il ne serait pas convenable de placer les vélites et les pupilles royaux à bord de l'escadre.

Je vous ai demandé des renseignements sur la Guyane hollandaise. Expédiez-y quelques mouches et faites-moi connaître ce que je pourrais y envoyer. J'ai ordonné à l'architrésorier de faire partir un brick pour Batavia; ce brick a dû partir du Texel.

D'après la minute. Archives de l'Empire.

16761. — AU PRINCE LEBRUN,
LIEUTENANT GÉNÉRAL DE L'EMPEREUR EN HOLLANDE, À AMSTERDAM.

Trianon, 4 août 1810.

Je reçois votre lettre du 1er août. Vous me dites que les douanes arrêtent à l'exportation en Allemagne les draps de Hollande; mais vous ne me dites pas si ce sont les douanes françaises ou celles du grand-duché de Berg.

Vous recevrez demain une organisation pour la surveillance de toutes les côtes de la Hollande.

L'inspecteur du trésor a des ordres du ministre pour ramasser tout ce qu'il y aurait sur la place à un escompte de 1/2 pour 100 par mois, et pour correspondre avec lui. Révoquez donc votre ordre et favorisez cet agent dans toutes ses opérations.

Je vois, par une de vos lettres du 29 juillet, que les 660,000 florins doivent suffire, pour la dette publique, pour le mois d'août. Depuis quand les Hollandais ont-ils arriéré le payement de leur dette? Croient-ils qu'elle est arriérée d'un an?

Vous me dites que le grand veneur recevait par an 100,000 florins; je suppose que cet argent entre au trésor public.

Au moment que le Conseil d'état et le Corps législatif sont supprimés, il est indispensable de nommer aux diverses places que des Hollandais doivent remplir à Paris. Faites-moi connaître les douze personnes les plus capables parmi lesquelles on pourrait choisir pour les six places de sénateurs, et envoyez-moi des notes sur les emplois qu'ils ont occupés, sur leurs habileté, fortune, opinions. Proposez-moi six personnes pour les trois places de conseillers d'état, et six pour les trois places de maîtres des requêtes, et dix-huit pour occuper les neuf places d'auditeurs que je destine à des Hollandais. Envoyez-moi également une liste double pour les places au Corps législatif, en prenant dans tous les départements, selon une règle que vous ferez. Il faut que votre travail soit circonstancié, et que l'âge des individus, leur fortune, leurs opinions, leurs talents, soient bien connus.

D'après la minute. Archives de l'Empire.

16762. — A FRÉDÉRIC-AUGUSTE, ROI DE SAXE,
À DRESDE.

Trianon, 4 août 1810.

Monsieur mon Frère, j'ai reçu votre lettre du 8 juillet; je donne entièrement mon assentiment au choix de Torgau pour y établir la place d'armes de dépôt pour votre royaume. Cette place a, comme Wittenberg, l'avantage de donner un pont sur l'Elbe. Je considère même sa situation sur la rive gauche comme avantageuse, parce qu'il serait plus facile d'en faire lever le siége. L'important actuellement est de diriger les travaux de manière que, dès le premier million qu'on y emploiera et dès la première année, il y ait un résultat, et de ne pas laisser suivre la méthode ordinaire des ingénieurs, de dépenser beaucoup d'argent et de ne donner de résultat que lorsque tout est achevé. Dans le temps où nous vivons, les circonstances commandent la prudence, et il est important d'avoir, le plus tôt possible, un point d'appui et de dépôt pour les forces militaires de Votre Majesté.

Je désire qu'aussitôt que l'ingénieur que Votre Majesté choisira aura assis ses idées, bien reconnu le local, et tracé son plan de situation, elle me le communique, afin que le résultat qu'il convient pour nos intérêts d'obtenir, la mise en état de défense de cette place dès l'emploi du premier million, et dès la première année, puisse s'exécuter.

Quant à Varsovie, la question est fort difficile; si l'on est obligé d'abandonner toute idée de fortifications pour cette grande ville, il serait avantageux que l'on pût achever les fortifications de Modlin et leur donner un plus grand développement, en y comprenant l'île qui est au milieu de la Vistule et en occupant un point sur la rive gauche. Je désire aussi que Votre Majesté m'envoie le plan de cette place et du terrain de ses environs. En en faisant une bonne place, Modlin remplirait également le but d'avoir un pont sur la Vistule et d'être maître de cette rivière, d'autant plus qu'en cas de besoin il serait facile d'y transporter, par eau, tous les dépôts de munitions et d'artillerie qui se trouveraient à Varsovie. Je souhaite que Votre Majesté m'envoie les états de situation des places de Sierock et de Praga; celle de l'armée de son duché, ainsi que quelques notes sur les armes qui s'y trouvent, soit pour armer les troupes, soit pour armer la population. A-t-on fait usage de celles que j'avais envoyées à l'issue de la dernière guerre?

Comme je désire avoir tout cela très-secrètement et sans qu'on puisse se douter que je m'occupe de ces objets, j'ai pensé que la manière la plus simple était de vous le demander directement. Cependant Votre Majesté remarquera que ceci n'est que de pure précaution, car mes relations avec la Russie continuent à être fort bonnes.

D'après la minute. Archives de l'Empire.

16763. — AU GÉNÉRAL CLARKE, DUC DE FELTRE,
MINISTRE DE LA GUERRE, À PARIS.

Trianon, 5 août 1810.

Monsieur le Duc de Feltre, donnez ordre que la division Grandjean soit dissoute; que le régiment qui a ordre de se rendre à Saint-Malo continue pour Brest; que, du moment que ce régiment sera arrivé, le 1er provisoire de ligne retourne à Nantes, et le 2e provisoire de ligne à Lorient; que le 3e de ligne, qui est à Cherbourg, se rende à Saint-Malo. Envoyez un courrier à Cherbourg pour que le 105e ne parte pas. Ainsi le 10e d'infanterie légère sera à Brest, le 3e de ligne à Saint-Malo, et le 105e à Cherbourg. Donnez ordre au 3e léger, qui est à Dunkerque et Calais, de se rendre au Havre. Donnez ordre que le bataillon du régiment irlandais, qui est à Landau, se rende à Bois-le-Duc, où il fournira des postes à Willemstad; que le 13e de chasseurs se rende à Niort; que le 1er bataillon étranger, qui est à Cherbourg, se rende en Hollande. Donnez ordre aux tirailleurs corses et aux tirailleurs du Pô de se rendre à Boulogne, où ils feront partie du camp.

Régiments suisses. — Donnez l'ordre que l'un des deux bataillons du 4e régiment suisse qui sont à Valladolid (le 1er ou le 2e), y reste; que tous les hommes qui sont en état de servir y soient incorporés, et que le cadre de l'autre bataillon se rende au dépôt à Rennes. Ainsi, des trois bataillons de ce régiment, l'un reste à Valladolid, et l'autre sera à Rennes; il paraît que le 3e a été fait prisonnier. Je vois que le 3e régiment suisse a un détachement dans l'île de Cadzand, un à Lille, un bataillon dans l'île de Walcheren, et un à Bruges. Proposez-moi de réunir ces bataillons dans un même lieu, pour le bien de la comptabilité de ce corps. Le 1er bataillon de ce régiment est porté pour mémoire; je suppose qu'il est prisonnier; le 2e bataillon est à Valladolid. Le 2e régiment suisse a un bataillon à Valladolid et un en Catalogne. Ainsi il y a cinq bataillons des régiments suisses en Espagne : quatre à Valladolid, et un en Catalogne. Les deux bataillons du 4e régiment seront réduits à un, comme je l'ai dit ci-dessus. Le 2e bataillon du 3e régiment et le 1er du 2e se réduiront à trois compagnies chacun, où seront incorporés tous les hommes disponibles, et ces six compagnies formeront un bataillon provisoire. Les cadres des autres compagnies rentreront au dépôt.

Le bataillon de l'armée de Catalogne sera complété par un détachement de 400 hommes qui partira des deux bataillons qui sont à Marseille et Toulon. Ainsi, des quatre régiments suisses, il y aura quatre bataillons à Naples, trois en Espagne, dont deux à Valladolid et un en Catalogne, deux à Marseille et Toulon, deux dans l'île de Walcheren, et deux dans la 13e division militaire.

Bataillons coloniaux. — Il y a six bataillons coloniaux; ne serait-il pas convenable de les réduire à trois? La force des six n'est que de 2,000 hommes; ce qui fait des cadres nombreux et très-coûteux.

Chasseurs de la montagne. — Ne pourrait-on pas licencier les chasseurs de la montagne?

Bataillons étrangers. — Il y a trois bataillons étrangers. L'un est à Cherbourg, l'autre à Porto-Longone, le troisième en Corse. De quelles nations sont les hommes qui les composent? Quels sont les officiers qui les commandent?

Pionniers. — Faites-moi un rapport sur le régiment de pionniers. Il est si disséminé qu'il vaudrait peut-être mieux le mettre en compagnies.

Je vois qu'il y a neuf compagnies de pionniers; ne serait-il pas convenable d'envoyer la 5ᵉ à Flessingue (on ne manque pas de bras à Wesel), de même que la 7ᵉ, et d'envoyer à Willemstad la 8ᵉ, qui est à Juliers? En général, le régiment et les compagnies de pionniers, sur lesquels j'attends un rapport de vous, je voudrais les placer soit dans les îles de Walcheren et de Cadzand, soit dans les pays où il n'est pas facile de trouver des travailleurs.

Bataillon romain. — Qu'est-ce que c'est que le bataillon romain qui est à Rome?

Bataillon départemental et compagnies municipales. — Qu'est-ce que le bataillon départemental et les compagnies municipales qui sont en Catalogne?

Légion hanovrienne. — Mon intention est que la légion hanovrienne ne soit plus recrutée et qu'on en réduise les cadres. Ce pays appartenant au roi de Westphalie, il est inutile de s'occuper de ce corps.

Je vois que le régiment d'Isembourg est à 5,800 hommes, le régiment de la Tour d'Auvergne, à 4,800; c'est bien nombreux. Le roi de Naples demande à les prendre à son service. Écrivez au chef d'état-major de faire ce traité. Moyennant que le Roi paye l'armement et l'habillement, cela peut s'arranger.

Qu'est-ce que les bataillons irlandais qui sont à Landau? Faites-en passer une revue de rigueur et faites-moi connaître de quelle nation sont les hommes. Je n'ai point l'état des officiers. Donnez ordre que le 2ᵉ bataillon et le 3ᵉ de ce régiment irlandais, qui sont en Espagne, soient réduits à un seul bataillon. On mettra en titre les meilleurs officiers. Ce régiment restera ainsi à trois bataillons; il ne sera pas augmenté.

Le 5ᵉ bataillon sera détruit dans le régiment espagnol, et sous aucun prétexte ne sera rétabli. Faites-moi connaître ce que font le 1ᵉʳ bataillon de ce régiment qui est dans la Maurienne, et le second qui est à Anvers; fournissent-ils des travailleurs?

Le 1er et le 2e bataillon du régiment de Prusse qui sont en Espagne seront de même réduits à un seul bataillon. Ainsi ce régiment ne sera plus composé que de deux bataillons, l'un en Espagne et l'autre dans l'île de Walcheren.

Les tirailleurs corses et les tirailleurs du Pô seront réduits chacun à six compagnies; les autres compagnies seront versées dans les compagnies restantes. On mettra en titre les officiers les plus capables, les autres seront mis à la suite ou placés ailleurs.

Le bataillon franc de l'île d'Elbe est de 1,000 hommes et me coûte beaucoup. Aujourd'hui que j'ai des troupes, je voudrais dissoudre ce bataillon; cela pourra être agréable aux habitants et épargnera une dépense inutile.

Je ne veux, sous aucun prétexte, augmenter les bataillons étrangers, ni ceux destinés à recevoir les déserteurs. Les déserteurs, je les placerai dans des bataillons de pionniers pour la Hollande.

Ces observations sommaires vous feront sentir la nécessité de me faire un rapport général sur les troupes auxiliaires et hors de numéro.

NAPOLÉON.

D'après la copie. Dépôt de la guerre.

16764. — A M. DE CHAMPAGNY, DUC DE CADORE,
MINISTRE DES RELATIONS EXTÉRIEURES, À PARIS.

Trianon, 6 août 1810.

Monsieur le Duc de Cadore, écrivez pour que le roi de Westphalie fasse confisquer toutes les marchandises coloniales qui traverseraient l'Elbe ou passeraient de la Prusse sur quelque point de ses états, vu que ce sont autant de marchandises anglaises. La Prusse en a déjà introduit et en introduit encore une grande quantité chez lui. Avec de la vigilance il peut les arrêter toutes et s'en faire une ressource de plusieurs millions.

NAPOLÉON.

D'après l'original. Archives des affaires étrangères.

16765. — AU GÉNÉRAL CLARKE, DUC DE FELTRE,
MINISTRE DE LA GUERRE, À PARIS.

Trianon, 6 août 1810.

Monsieur le Duc de Feltre, je vois dans *le Journal de l'Empire* que le 5⁵ bataillon de marche de 1,000 hommes est parti de Naples le 25 juillet pour se rendre en Catalogne. Donnez ordre qu'on arrête ce bataillon où on le rencontrera, qu'on en passe la revue et qu'on le retienne jusqu'à nouvel ordre. Mon intention n'est pas d'encombrer la Catalogne de mauvais soldats et d'en grossir les bandes de brigands. Si ce bataillon est composé de galériens ou de bandits, ou d'hommes mal habillés et mal armés, on le renverra à Naples. En général, écrivez au Roi que je n'ai pas besoin de nouvelles troupes napolitaines en Espagne, et que je n'en veux plus.

NAPOLÉON.

D'après la copie. Dépôt de la guerre.

16766. — AU COMTE DEFERMON,
INTENDANT GÉNÉRAL DU DOMAINE EXTRAORDINAIRE, À PARIS.

Trianon, 6 août 1810.

Monsieur le Comte Defermon, je n'ai pas signé le décret que vous m'avez présenté sur l'arriéré dû par les provinces d'Allemagne, parce que je n'ai pas trouvé la matière assez éclaircie. Je désire que vous voyiez M. Villemanzy pour qu'il vous explique bien tous ses états. Je vois que la comptabilité de ces provinces a été arrêtée au 1ᵉʳ avril 1810 : mais autre chose est d'arrêter cette comptabilité au 1ᵉʳ avril et autre chose est de l'arrêter par exercices, de manière à indiquer ceux qui s'y trouvent compris. Je ne comprends pas pourquoi, au lieu de morceler ainsi l'exercice 1810, on n'a pas arrêté les comptes à la fin de 1809, ou du moins au moment où l'on a cessé d'administrer chaque province; or cette administration n'a pas fini à la même époque pour toutes les provinces; par exemple, pour la Poméranie suédoise, on a continué de toucher les revenus jusqu'au moment où les ratifications du traité de paix avec la

Suède ont été échangées, et pour Baireuth, mes agents l'administraient encore il y a peu de semaines. Il y a même observation à faire sur l'arriéré de l'armée; on y parle des dettes de 1806, de 1807 et de 1808; mais on n'y parle pas de celles de 1809. Cependant, devant prendre un décret, je désire que tout y soit compris. Représentez-moi donc ce travail divisé par exercices et complet.

NAPOLÉON.

D'après l'original comm. par M. le comte Defermon.

16767. — A EUGÈNE NAPOLÉON,
VICE-ROI D'ITALIE, À MONZA.

Trianon, 6 août 1810.

Mon Fils, je m'occupe d'un grand objet relatif à la navigation et au commerce. Je vous prie de m'envoyer le tarif des douanes du royaume d'Italie, tel qu'il est aujourd'hui en activité. Je désire désormais qu'aucun changement n'y soit fait que par un décret de moi. Je vous ai fait envoyer un décret qui prohibe l'entrée des soies d'Italie pour toute autre destination que Lyon. Vous recevrez un décret que je viens de prendre pour régler les droits d'entrée de plusieurs espèces de denrées coloniales. De quelque manière que ces denrées arrivent, elles doivent payer ces droits, mais bien entendu qu'elles ne doivent point arriver au détriment du blocus. Vous recevrez également le décret général que j'ai pris sur la navigation. Ces deux décrets sont exécutoires pour le royaume d'Italie: ils sont secrets et doivent rester dans votre main. Vous ne devez donner d'ordres en conséquence de ces décrets que par des lettres ministérielles.

Il est nécessaire que vous fassiez classer, comme cela se pratique en France, les bâtiments de la marine italienne. Les commissaires français de la marine de Venise doivent connaître cette méthode. Vous sentez que, puisque je m'occupe de denrées coloniales, je m'occupe des moyens de les faire venir. Je vais vous envoyer deux espèces de licences pour Venise et Ancône; l'une est licence ordinaire: il sera permis aux bâtiments munis de ces licences d'exporter des blés, des fromages et autres objets du crû du pays, même à Malte, en Angleterre, en Suisse, en Turquie et partout. En échange, ils pourront importer des bois de teinture et les objets nécessaires aux consommations du royaume d'Italie. Ces licences les mettent à l'abri des formalités exigées par les lois du blocus. Ils pourront importer des cotons du Levant, mais il faudra bien vérifier s'ils sont du Levant et non cotons coloniaux. Je désire que vous m'envoyiez deux Italiens bien au fait du commerce et des manufactures, qui connaissent bien les genres de productions dont le royaume est encombré, s'il y a des blés, des fromages, des blés plus qu'il ne faut pour le bien du pays, ce que payent les marchandises à l'entrée et à la sortie, ce qui s'oppose à l'exportation et quels sont les objets d'importation dont l'Italie a besoin, si l'on a l'habitude d'importer des cotons dans le royaume d'Italie. Il faudra que les personnes que vous m'enverrez apportent avec elles la balance du commerce depuis plusieurs années et connaissent la valeur des objets qu'on importe et qu'on exporte.

Envoyez-moi l'état des bâtiments entrés dans l'année à Venise, à Ancône et dans les autres ports, avec désignation de leurs chargements, et des notes qui fassent connaître de quelles nations ils étaient. Mon intention est de prendre des mesures pour que le commerce soit fait par les nationaux eux-mêmes. Faites-moi connaître quels sont les prix des indigos, du café, du sucre, en distinguant les différentes espèces de sucre, des thés, du coton du Levant, du Brésil et de l'Amérique. Le résultat des mesures que je veux prendre sera un bénéfice pour le royaume de 20 à 25 millions, qui seront employés tout entiers au rétablissement de la marine de Venise.

NAPOLÉON.

D'après la copie comm. par S. A. I. Mme la duchesse de Leuchtenberg.

16768. — A M. DE CHAMPAGNY, DUC DE CADORE,
MINISTRE DES RELATIONS EXTÉRIEURES, À PARIS.

Trianon, 7 août 1810.

Monsieur le Duc de Cadore, j'ai donné ordre que toutes les marchandises coloniales qui se trouveraient à Stettin fussent séquestrées, puisque ce sont des marchandises anglaises venues sur bâtiments américains. Écrivez dans ce sens au ministre de Prusse à Paris et à mon chargé d'affaires en Prusse, afin que, lorsque les réclamations viendront, ce dernier ait son langage fait, savoir, que partout où sont mes troupes je ne souffre point de contrebande anglaise.

NAPOLÉON.

D'après l'original. Archives des affaires étrangères.

16769. — AU GÉNÉRAL CLARKE, DUC DE FELTRE,
MINISTRE DE LA GUERRE, À PARIS.

Trianon, 7 août 1810.

Il ne faut point faire sortir d'Italie des chevaux d'artillerie sans mon ordre. C'est une très-mauvaise opération que de tirer des chevaux d'Italie, où il n'y en a point et où l'on a la plus grande difficulté à en faire passer. Je n'approuve point cette mesure.

D'après la minute. Archives de l'Empire.

16770. — AU GÉNÉRAL CLARKE, DUC DE FELTRE,
MINISTRE DE LA GUERRE, À PARIS.

Trianon, 7 août 1810.

Monsieur le Duc de Feltre, donnez l'ordre au duc de Reggio de se concerter avec M. l'architrésorier afin qu'il donne des ordres conformes à ceux que vous allez lui transmettre relativement à l'île du Texel. Mon intention est que le général Kirgener débarque dans l'île du Texel avec un officier d'artillerie français, un officier du génie français et un hollandais. Il aura avec lui un officier général, un bataillon d'infanterie et deux compagnies d'artillerie, tous hollandais; on y joindra 25 chasseurs ou hussards français, commandés par un officier intelligent. Les deux compagnies d'artillerie seront chargées d'y débarquer six pièces de canon de 12, six pièces de canon de 6, six petits mortiers ou obusiers, en tout dix-huit pièces. On y transportera 500 coups par pièce, affûts, plates-formes, armement et attirails nécessaires pour armer complétement le petit fort de l'île de Texel. On débarquera en outre un obusier et deux pièces de campagne destinés à parcourir la côte et à y être placés, suivant les circonstances, pour s'opposer au débarquement.

La somme de 50,000 francs sera mise par l'architrésorier à la disposition du général Kirgener pour faire travailler au rétablissement du fort. On se servira pour les travaux du bataillon d'infanterie comme pour un ouvrage très-urgent; on rassemblera aussi les ouvriers qu'on pourra trouver dans l'île et les pays voisins; on requerra 8 ou 10 chevaux pour traîner les pièces vers leur position. On s'occupera sur-le-champ à blinder et arranger le magasin à poudre. Si la caserne est à l'abri de la bombe, on la réparera; sans quoi il faut sur-le-champ en blinder une. Il faut palissader les chemins couverts, s'il y en a, curer les fossés, rétablir les portes, etc. enfin il faut mettre le fort en état de soutenir un siége en attendant qu'il soit secouru. Avant de chercher à établir des défenses sur les côtes, il faut commencer par mettre le fort à l'abri de toute surprise. Il faudra y placer un approvisionnement pour deux mois en farines et liquides; on doit trouver dans l'île une quantité suffisante de viande et de poisson. On mettra sur-le-champ à la disposition du général Kirgener une somme de 10,000 francs pour faire commencer aussitôt le travail. Il s'occupera de faire un plan en règle d'un projet pour donner à ce fort tout le degré de force dont il est susceptible.

L'amiral de Winter, qui commande dans le Zuiderzee, ainsi que la division de chaloupes canonnières, agiront de concert pour assurer cet établissement et entretenir la communication avec la terre ferme. Douze chaloupes canonnières françaises qui sont aux ordres du duc de Reggio s'y rendront pour faire les transports de l'établissement conjointement avec des bâtiments hollandais.

Vous connaissez mon opinion relativement aux bâtiments et casernes qui ne sont pas à l'abri : ils servent toujours de prétexte à la reddition d'une place; je ne veux donc là que des ouvrages de guerre. Il faut s'attendre à être attaqué dans quinze jours : il faut donc des blindages, des blockhaus, et détruire la caserne, si elle ne peut être mise à l'abri de la bombe. Le duc de Reggio donnera tous les ordres pour que, d'ici au

20 août, l'île soit occupée et le fort à l'abri d'un coup de main et en état de soutenir un blocus de deux mois et un bon siége. J'attendrai les plans du général Kirgener pour ordonner les nouveaux travaux soit du fort, soit des batteries à établir pour protéger les passes du Texel et les mouillages de l'île.

NAPOLÉON.

D'après la copie. Dépôt de la guerre.

16771. — AU COMTE BIGOT DE PRÉAMENEU,
MINISTRE DES CULTES, À PARIS.

Trianon, 7 août 1810.

Monsieur le Comte Bigot Préameneu, je vois par une lettre du général Miollis que, sur seize curés qui sont à Viterbe, huit ont prêté serment. Je pense que ces huit curés suffisent à Viterbe. Il faut profiter du refus de prêter serment pour réduire les paroisses au nombre qui doit être conservé.

NAPOLÉON.

D'après l'original comm. par Mme la baronne de Nougarède de Fayet.

16772. — A M. DE CHAMPAGNY, DUC DE CADORE,
MINISTRE DES RELATIONS EXTÉRIEURES, À PARIS.

Trianon, 8 août 1810.

Monsieur le Duc de Cadore, on peut accorder au ministre d'Amérique tout ce qu'il demande pour ses communications avec l'Amérique et l'Angleterre.

NAPOLÉON.

D'après l'original. Archives des affaires étrangères.

16773. — AU GÉNÉRAL CLARKE, DUC DE FELTRE,
MINISTRE DE LA GUERRE, À PARIS.

Trianon, 8 août 1810.

Il est possible que le roi de Naples ne puisse pas trouver l'occasion de passer en Sicile de tout le mois. Faites-lui connaître que mon intention est qu'il reste campé et, avec ses canonniers, prêt à passer, parce que, en tenant ainsi en échec l'ennemi, il l'empêchera de se dégarnir pour se porter ailleurs et l'obligera à tenir là ses chaloupes et marins, en même temps qu'il aura la crainte que mon escadre de Toulon ne fasse un mouvement pour opérer une diversion d'un autre côté, vu que je rassemble à Toulon un camp assez considérable. Il se trouvera donc par là tout à fait en échec. Il faut que le Roi tienne ses troupes campées par une autre raison : c'est le moyen de les former et de leur donner une constitution particulière.

D'après la minute. Archives de l'Empire.

16774. — A JOACHIM NAPOLÉON, ROI DES DEUX-SICILES,
À NAPLES.

Trianon, 8 août 1810.

Vous trouverez ci-joint un décret pour régler dans mes états de France et d'Italie le droit que doivent payer les denrées coloniales arrivant par prises, confiscations ou de toute autre manière. Je vous prie de prendre un pareil décret chez vous. Ce sera une ressource pour votre trésor, sans aucun inconvénient.

D'après la minute. Archives de l'Empire.

16775. — A M. DE CHAMPAGNY, DUC DE CADORE,
MINISTRE DES RELATIONS EXTÉRIEURES, À PARIS.

Trianon, 9 août 1810.

Monsieur le Duc de Cadore, présentez une note au ministre de Suède sur la prise du *Wagram*, et demandez que la Poméranie suédoise déclare la guerre à l'Angleterre; que les bâtiments anglais y soient séquestrés et ne soient point reçus à l'île de Rugen. Indépendamment des indemnités, faites un article sur l'enlèvement des corsaires, pour *le Moniteur*.

NAPOLÉON.

D'après l'original. Archives des affaires étrangères.

16776. — AU COMTE DE LAVALLETTE,
DIRECTEUR GÉNÉRAL DES POSTES, À PARIS.

Trianon, 9 août 1810.

Il est nécessaire que dans le livre-poste de l'année prochaine vous mettiez la France, la Hollande, l'Allemagne depuis l'embouchure de l'Elbe jusqu'à la Bohême, les frontières de la Bohême jusqu'à l'Inn. Depuis l'Inn vous mettrez Salzburg, Villach, l'Illyrie, toute l'Italie; en outre l'Espagne et le Portugal. Faites travailler à cette carte de bonne heure. Il faut que votre carte comprenne les routes de poste dans tous ces pays.

D'après la minute. Archives de l'Empire.

16777. — AU COMTE COLLIN DE SUSSY,
DIRECTEUR GÉNÉRAL DES DOUANES, À PARIS.

Trianon, 9 août 1810.

Il est parti dans la mi-juillet un bâtiment d'Ostende pour l'Angleterre. Qui a pu autoriser le directeur des douanes à laisser passer ce bâtiment? Faites venir ce directeur à Paris pour rendre compte de sa conduite, et faites-moi un rapport.

D'après la minute. Archives de l'Empire.

16778. — AU COMTE DE MONTALIVET,
MINISTRE DE L'INTÉRIEUR, À PARIS.

Trianon, 10 août 1810.

Mon décret du 5 juillet dit tout ce qui est nécessaire pour les permis américains; en conséquence, je n'ai pas jugé à propos d'en rendre un autre. Au lieu de trente permis, il y en aura cent, deux cents, sans qu'il soit pour cela nécessaire de rendre un décret. Je vous envoie le modèle que vous m'avez soumis. J'y ai fait une addition qui porte que la valeur de la cargaison sera principalement, et pour la moitié au moins, en vins et eaux-de-vie de France, et pour l'autre moitié, en draps, etc. J'ai ajouté au verso une indication pour les phrases en chiffre convenu avec les relations extérieures et écrites de la main de mon consul.

Aussitôt que les permis seront imprimés et que vous y aurez mis les noms des maisons qui les ont demandés, envoyez-les-moi; j'en signerai dix pour chaque série. Il n'y a pas un moment à perdre. Il est inutile de dire dans un décret qu'on pourra se passer du concours d'un fabricant avec une maison de commerce; il suffit que cela soit convenu. Il faut le moins possible compliquer les décrets sur cette matière.

Je n'ai également pas jugé nécessaire de signer l'autre décret et de rapporter le titre VII de celui du 3 juillet; il suffit que nous soyons convenus que les premières licences s'appelleront licences simples. Je trouve que tout est dit dans le modèle de ces licences. J'approuve ces modèles pour les séries de l'Océan; quant à celles de la Méditerranée, ne faites pas mention de l'Espagne, sauf à accorder, s'il y a lieu, des licences spéciales. Je ne vois pas d'inconvénient à ce que vous laissiez importer les cafés, pourvu que ce soient les cafés d'Arabie et non des colonies occidentales. Envoyez-moi des licences à signer le plus tôt possible.

Quant aux licences pour le sucre, j'attendrai pour les délivrer que ce qui est relatif aux permis et aux licences simples soit terminé; ce qui me donnera encore le temps de réfléchir avant d'autoriser un commerce direct avec l'Angleterre.

Pour ne pas perdre de temps en discussions, expédiez le plus tôt possible ce qui est relatif aux licences simples et aux permis. Je ne rapporte aucun décret. Ceux du 3 et du 5 juillet forment la législation. Celui du 3 juillet disant, article 18, «que les porteurs de licences seront tenus de «se conformer aux conditions exprimées dans la licence,» il n'y a aucun nouveau décret à rendre. Les conditions de la licence disent tout. Il suffit d'envoyer à la secrétairerie d'état les nouveaux modèles que j'approuve, pour être annexés à ces décrets.

Quant à la législation générale, on décidera selon les cas qui se présenteront; il y aurait de l'inconvénient à le faire par un décret général, puisque je vois que tous les décrets sont connus sur-le-champ. Vous pourrez me faire des rapports sur les différents cas, et je prononcerai. Je ne vois rien dans le titre Ier et dans le titre II du nouveau projet de décret qui soit indispensable. Je crois qu'il faut laisser les trente séries

5.

comme elles existent, et ne pas faire de subdivisions. Il est, par exemple, impossible de mettre la Hollande avec la Normandie et la Bretagne. Il est inutile de dire ce que la licence autorise, puisque cela est dit dans les licences, et que, s'il y a des cas d'exception, on prononcera. Quant au titre III sur les licences pour le sucre, je m'en occuperai aussitôt que tout ce qui concerne les licences simples et les permis sera fini.

D'après la copie comm. par M. le comte Montalivet.

16779. — AU GÉNÉRAL DUROC, DUC DE FRIOUL,
GRAND MARÉCHAL DU PALAIS, À PARIS.

Trianon, 10 août 1810.

Monsieur le Duc de Frioul, je désire que vous me remettiez sous les yeux le projet pour Meudon; je ne le comprends pas bien. Je voudrais augmenter dans mes palais les meubles d'étoffe de laine de Beauvais et de la Savonnerie, parce que cela est de bonne durée, parce que cela emploie des matières premières de France, et que cela fait aller des manufactures qui en ont besoin. Je voudrais donc qu'on augmentât le nombre des ouvriers des Gobelins, qu'on y établît de petits ateliers pour faire des chaises, des fauteuils, qu'on fît la même chose aux manufactures de la Savonnerie, de Beauvais, etc. Les étoffes de velours et les draps ne durent qu'un moment; les meubles des Gobelins et de la Savonnerie doivent durer quatre fois davantage. Faites-moi à cet égard un rapport appuyé sur des calculs et qui fasse voir l'économie qu'il doit y avoir à donner la préférence à cette dernière espèce de meubles.

NAPOLÉON.

D'après l'original. Bibliothèque impériale.

16780. — AU VICE-AMIRAL COMTE DECRÈS,
MINISTRE DE LA MARINE, À PARIS.

Trianon, 10 août 1810.

J'ai approuvé votre budget montant à 112 millions: je l'ai réduit, en supprimant 2 millions sur les 3,500,000 francs de la Guadeloupe.

1 million sur la solde à la terre, en diminuant le bataillon d'ouvriers qui est en Espagne, en prononçant la réforme de 500 officiers militaires et d'administration, montant à 345,000 francs, que l'on peut porter aux Invalides; *idem* sur la solde d'inactivité d'officiers ou l'entretien de prisonniers de guerre; 1 million sur la solde à la mer, en prenant cette économie soit sur les trente-sept vaisseaux, soit sur les vingt-sept frégates, ou bricks, ou corvettes; total, 4 millions. Tout ceci n'était pas aussi complet que dans les états. J'ai accordé 2 millions pour Venise, conformément à l'état particulier que vous avez joint au budget, et de ce supplément j'ai fait le quinzième chapitre du budget; ce qui porte le total du budget à 110 millions. J'ai signé un extrait du budget ainsi réglé.

D'après la minute. Archives de l'Empire.

16781. — AU VICE-AMIRAL COMTE DECRÈS,
MINISTRE DE LA MARINE, À PARIS.

Trianon, 10 août 1810.

Je vous ai déjà fait connaître mes observations sur les dépenses des petits ports. J'espère que ces dépenses inutiles n'auront plus lieu et que le budget de 1811 sera réduit d'autant.

J'ai parcouru légèrement les états des grands ports. Je ne sais pas pourquoi vous avez à Anvers 3 capitaines de vaisseau employés à terre; je crois que c'est assez inutile. L'état-major du port et des mouvements emploie 13 individus : cela me paraît bien considérable; les mouvements d'Anvers sont bien peu de chose. 14 ingénieurs des travaux maritimes me paraissent une chose exorbitante. Il y a 117 administrateurs à Anvers : cela ne pourrait-il pas être réduit à moitié? Vous portez 200 bâtiments, y compris la flottille, et en conséquence 680,000 francs pour solde : cette latitude me paraît trop forte. Pour régulariser ce calcul, il serait peut-être nécessaire de distinguer la flottille, qui est composée de bâtiments réguliers armés, d'avec les autres éléments du compte.

D'après la minute. Archives de l'Empire.

16782. — AU VICE-AMIRAL COMTE DECRÈS,
MINISTRE DE LA MARINE, A PARIS.

Trianon, 10 août 1810.

Toute la marine vénitienne et actuellement la marine italienne se servent de mâts vénitiens. Je désirerais qu'à tout événement vous en achetiez 3 ou 400 des meilleurs. Vous les ferez venir, par le Pô, jusqu'auprès d'Alexandrie, d'où on les transportera par terre jusqu'à Gênes ; je ne sais même pas si l'on ne pourrait pas les faire remonter, par la Bormida, jusqu'à Acqui, et de là les transporter à Savone. Ce trajet serait beaucoup moins considérable. On fera laisser ces mâts à Toulon ; ce sera, dans bien des circonstances, une bonne ressource. J'aurais aussi désiré qu'on essayât des mâts de Corse. Beaucoup de personnes pensent qu'il y a sur toutes ces mâtures beaucoup de préjugés.

D'après la minute. Archives de l'Empire.

16783. — AU GÉNÉRAL CLARKE, DUC DE FELTRE,
MINISTRE DE LA GUERRE, A PARIS.

Trianon, 10 août 1810.

Monsieur le Duc de Feltre, donnez l'ordre aux trois bataillons qui sont réunis à Toulouse de se rendre à Foix. Le général commandant le département de l'Ariége formera, de ces trois bataillons et des troupes qu'il a, une colonne d'observation, avec laquelle il entrera en Catalogne, du côté d'Urgel, pour désarmer et soumettre les villages en armes du côté de Puycerda et d'Urgel. Il aura soin de ne pas s'éloigner des vallées; mais il étendra son influence, autant qu'il lui sera possible, à deux ou trois marches autour, ne perdant point de vue qu'il doit couvrir la frontière. Vous joindrez à cette colonne, qui sera forte de 2 ou 3,000 hommes, deux petites pièces de 3 ou de 4 de montagne, qu'on pourra trouver à Foix, avec un approvisionnement de cartouches et de biscuits. Il faut, pour diriger cette colonne, un général de brigade jeune et capable de faire la guerre de montagne. Il faut surtout y mettre un bon colonel en second. Donnez d'abord les ordres pour réunir les troupes. Vous instruirez de cette diversion le duc de Tarente, et vous l'autoriserez à donner des ordres à cette colonne; mais vous lui ferez bien comprendre qu'il ne doit pas les éloigner des vallées de Puycerda et d'Urgel, vu qu'elles ont pour but spécial de contenir ces vallées.

NAPOLÉON.

D'après la copie. Dépôt de la guerre.

16784. — AU PRINCE DE NEUCHÂTEL ET DE WAGRAM,
MAJOR GÉNÉRAL DE L'ARMÉE D'ESPAGNE, À PARIS.

Trianon, 10 août 1810.

Mon Cousin, je désire que vous envoyiez au général Kellermann la note ci-jointe[1] sur les archives de Simancas. Vous le chargerez de vérifier ce que sont devenues ces archives, et, si elles existent encore, vous lui ordonnerez de les faire emballer et de les diriger sur Bayonne, en profitant des caissons qui ont apporté du biscuit.

NAPOLÉON.

D'après l'original. Dépôt de la guerre.

---

[1] NOTE SUR LES ARCHIVES DE L'ANCIENNE MONARCHIE ESPAGNOLE ET DES AMÉRIQUES.

Dans ce moment où Sa Majesté fait réunir à Paris, en un seul corps d'archives, les archives de l'empire germanique, celles du Vatican, celles de France et des pays réunis, il peut être intéressant de rechercher ce que sont devenues les archives de Charles-Quint et de Philippe II, qui compléteraient si bien cette vaste collection européenne. Ces archives doivent être sous la main du gouverneur de la Vieille-Castille. Voici ce que l'historien Robertson dit dans son *Histoire de l'Amérique :*

« Par un arrangement bizarre de Philippe II, « tous les registres de la monarchie espagnole « sont déposés dans l'*Archivo de Simancas*, près « de Valladolid, à cent vingt milles du siége du « gouvernement et des cours suprêmes de justice. « Les papiers relatifs à l'Amérique, particulière- « ment ceux qui attirent mon attention, parce qu'ils « regardent la première époque de l'histoire du « nouveau monde, remplissent, dit-on, une des « plus grandes chambres de l'*Archivo* et composent « 873 liasses..... L'Espagne, par un excès de « précaution, a constamment jeté un voile sur « ses opérations en Amérique; elle les cache, « aux étrangers surtout, avec un soin particulier. « L'*Archivo de Simancas* n'est pas ouvert, même « aux nationaux, sans un ordre exprès de la cour, « et, après l'avoir obtenu, on ne peut pas copier « des papiers sans payer des frais de bureau si « exorbitants que la dépense excède le sacrifice « qu'on peut faire à une simple curiosité litté- « raire. » (*Histoire de l'Amérique*, traduite de l'anglais, Paris, Panckoucke, 1778.)

L'avenir qui se prépare pour les possessions espagnoles d'Amérique semble donner un nouveau genre d'intérêt à la possession des renseignements que ces archives contiennent.

16785. — AU COMTE DEFERMON,
INTENDANT GÉNÉRAL DU DOMAINE EXTRAORDINAIRE, À PARIS.

Trianon, 10 août 1810.

J'ai lu le projet de décret que vous m'avez présenté pour assigner un traitement aux directeurs de votre intendance. Mon domaine extraordinaire n'est pas assez riche pour que je puisse accorder plus que les 100,000 francs que je vous ai donnés pour vos frais de bureaux, et en vérité il n'y a pas, dans le domaine extraordinaire, de quoi faire pour plus de 100,000 francs de besogne.

D'après la minute. Archives de l'Empire.

16786. — A EUGÈNE NAPOLÉON,
VICE-ROI D'ITALIE, À MONZA.

Trianon, 10 août 1810.

Mon Fils, j'ai reçu votre lettre du 3 août. J'ai lu avec attention le rapport des commissaires sur les deux villages d'Ascoli, dont la cession est demandée par le roi de Naples. Je trouve que vos réflexions sont très-justes, et que si, pour rectifier les limites de Naples, il fallait céder ces deux communes, cela donnerait lieu à de graves inconvénients sans aucune compensation. Je vais faire répondre sur cette affaire par mon chargé d'affaires à Naples : je ne veux pas qu'il y ait de douanes sur ces deux points de communication, et je n'admets aucun changement dans la frontière d'Ascoli. S'il y avait un changement, ce serait pour donner au royaume d'Italie le Salinello pour limite. Vous ferez finir les inquiétudes qu'on paraît avoir à Ascoli et dans ces deux villages, en y faisant connaître que j'ai pris en considération leurs intérêts et qu'ils ne seront jamais réunis au royaume de Naples.

NAPOLÉON.

D'après la copie comm. par S. A. I. M⁴ᵉ la duchesse de Leuchtenberg.

16787. — AU COMTE DE MONTALIVET,
MINISTRE DE L'INTÉRIEUR, À PARIS.

Trianon, 11 août 1810.

Voici comment les licences doivent être rédigées :
« Sur le compte rendu, etc. nous lui avons accordé la présente licence, par laquelle nous l'autorisons à introduire dans l'un de nos ports telle quantité de sucre, café, poivre, cannelle, grosse muscade, qu'il lui plaira, sous la condition d'exporter une quantité de marchandises françaises égale à la valeur des marchandises importées; entendons que les deux tiers de la cargaison seront en vins et eaux-de-vie de France, et le tiers en quincaillerie, soies, rouenneries ou autres étoffes provenant des manufactures et de l'industrie françaises. »

D'après la minute. Archives de l'Empire.

16788. — A M. DE CHAMPAGNY, DUC DE CADORE,
MINISTRE DES RELATIONS EXTÉRIEURES, À PARIS.

Saint-Cloud, 14 août 1810.

Monsieur le Duc de Cadore, faites une réponse au sieur Latour-Maubourg, avec un projet de note qu'il devra remettre à la Porte, dans laquelle il lui fera connaître qu'on protégera son pavillon et son commerce, si elle veut les affranchir des contributions que leur font payer les Anglais, et pour l'engager à se révolter contre les arrêts du conseil. Il faut que cette lettre et cette note soient mises dans *le Moniteur* huit jours après qu'elles seront parties. Vous me montrerez cette note avant de l'expédier.

NAPOLÉON.

D'après l'original. Archives des affaires étrangères.

16789. — AU GÉNÉRAL CLARKE, DUC DE FELTRE,
MINISTRE DE LA GUERRE, À PARIS.

Saint-Cloud, 14 août 1810.

Monsieur le Duc de Feltre, j'ai rendu un décret pour mettre en état de défense les îles d'Hyères et les mouillages de Brégançon et de Fréjus.

Je ne veux dans les forts aucun bâtiment qui puisse être brûlé. J'ai été jadis dans ce pays. Les forts sont encombrés de bâtiments que trois obus mettraient en feu; après quoi il faudrait les rendre. Une longue paix a introduit ces abus. Je préfère loger les troupes dans des baraques de bois, qu'on démolit en cas d'attaque.

L'île de Porquerolles a environ 800 toises de large; le château est éloigné d'environ 200 toises du rivage du côté du mouillage. Il me semble qu'il faut tracer autour de ce fort un chemin couvert qui avance de 100 ou de 150 toises de chaque côté. Ce chemin couvert pourra être couvert par un fossé, et l'on pourra placer sur le rivage une lunette. Dès ce moment, l'île sera parfaitement occupée. On aura un fort de 4 ou 500 toises de tour, qui peut contenir 7 à 800 hommes, et qui pourra être défendu par 80 ou 100 hommes. Comme ce pays est montagneux et de roc, on doit pouvoir construire ce que je demande pour 20 ou 30,000 francs.

On doit me présenter en novembre des projets pour fermer du côté de terre les batteries de Porquerolles et de Port-Cros, et me faire un rapport qui me fasse connaître s'il faut rétablir le fort de l'éminence. On joindra aux projets tous les plans et profils nécessaires pour bien faire connaître la situation de ces forts et batteries et les bâtiments à l'épreuve de la bombe.

NAPOLÉON.

D'après la copie. Dépôt de la guerre.

16790. — AU GÉNÉRAL CLARKE, DUC DE FELTRE,

MINISTRE DE LA GUERRE, À PARIS.

Saint-Cloud, 14 août 1810.

Je reçois votre rapport sur les quatre places de Dantzig, Stettin, Küstrin et Glogau. La place qui m'importe le plus est Dantzig. J'approuve que vous y envoyiez le colonel Lepin pour commander l'artillerie; mais je n'approuve pas que vous y envoyiez de nouvelles compagnies d'artillerie. Je vous ai fait connaître que je voulais compléter celles qui s'y trouvent. Je suis fâché qu'au lieu de chercher à exécuter mes ordres vous m'obligiez à faire le travail de détail. Deux compagnies d'artillerie suffisent à Danzig. Les deux compagnies du 5ᵉ régiment qui s'y trouvent n'ont ensemble que 140 hommes; il faut leur donner encore 140 hommes, que vous prendrez, savoir : 50 hommes de la 10ᵉ compagnie du 5ᵉ qui est à Küstrin, 50 de la 18ᵉ du même régiment qui est à Glogau, et 40 de la 11ᵉ du même régiment qui est à Stettin. Vous prendrez ces 140 hommes parmi les plus jeunes canonniers. Donnez ordre qu'il y ait à Danzig trois officiers par compagnie d'artillerie complétée, et des capitaines en second. Les cadres des 10ᵉ, 11ᵉ et 18ᵉ compagnies d'artillerie rentreront en France, et ainsi, au lieu de neuf compagnies du 5ᵉ régiment qui devaient rester en Allemagne, il n'en restera que six. L'artillerie de Stettin sera composée de la 12ᵉ compagnie du 7ᵉ régiment, qui est de 73 hommes, et que vous ferez compléter, et d'une autre compagnie du 7ᵉ, qui sera également complétée. Une compagnie du 7ᵉ sera complétée à Glogau et non à Küstrin. Comme ces quatre compagnies du 7ᵉ exigeront, pour être portées à 140 hommes, l'incorporation de quatre autres, il ne restera des quinze compagnies du 7ᵉ régiment en Allemagne que onze; les cadres des quatre dernières rentreront en France. Au moyen de ces dispositions, six compagnies du 5ᵉ régiment d'artillerie à pied, onze du 7ᵉ et deux du 5ᵉ à cheval resteront en Allemagne. Mais, sur ces dix-sept compagnies à pied, six seront complétées à 140 hommes, savoir : deux compagnies du 5ᵉ régiment à Danzig, deux du 7ᵉ à Stettin, une du 7ᵉ à Küstrin, et une du 7ᵉ à Glogau.

D'après la minute. Archives de l'Empire.

16791. — AU GÉNÉRAL CLARKE, DUC DE FELTRE,
MINISTRE DE LA GUERRE, À PARIS.

Saint-Cloud, 14 août 1810.

Écrivez au général Donzelot que son gouvernement est trop faible, incertain et pas assez énergique; qu'en caressant les Grecs on leur fait croire qu'on a besoin d'eux, et qu'on les enhardit; que les espions, les contrebandiers ne sont pas réprimés à Corfou, et qu'il est honteux que l'île de Paros n'ait pas été déjà punie.

<small>D'après la minute. Archives de l'Empire.</small>

16792. — AU GÉNÉRAL CLARKE, DUC DE FELTRE,
MINISTRE DE LA GUERRE, À PARIS.

Saint-Cloud, 14 août 1810.

Monsieur le Duc de Feltre, je vous envoie une note sur les provinces illyriennes, qu'il conviendra de communiquer au maréchal duc de Raguse et aux bureaux de l'artillerie et du génie, pour qu'ils veillent à ce qu'il n'y ait aucun établissement sérieux dans les provinces illyriennes. Le duc de Raguse doit envoyer le général Poitevin reconnaître la position d'une place sur l'Isonzo, et de deux forts qui intercepteraient les routes d'Osoppo à Villach et de Goritz à Villach par Tarvis.

NAPOLÉON.

<small>D'après la copie. Dépôt de la guerre.</small>

NOTE SUR LES PROVINCES ILLYRIENNES.

Le fort de Sachsenburg doit être détruit, parce qu'il n'est susceptible d'aucune augmentation; qu'il est tellement plongé que ce serait jeter son argent sans résultat, et qu'après quinze jours de défense la garnison serait inévitablement prise avant qu'on y pût revenir.

Villach paraît susceptible de peu de chose; du moins tout serait à faire.

Le cours de la Drave, dont nous sommes en possession, a l'important avantage de nous rendre maîtres du versant des eaux, et de nous permettre de choisir les positions que nous devons occuper sur la chaîne des Alpes.

Il est à prévoir que, dans les événements d'une guerre, les Autrichiens pourraient nous prévenir; or il est probable que nous n'essayerons pas même de défendre Villach et le versant des montagnes, qu'il faudra se retirer derrière les Alpes. Rester maître des Alpes est la seule chose qu'on doive désirer.

On peut en dire autant de toutes les provinces illyriennes. Dans une guerre contre l'Autriche l'armée française repassera l'Isonzo, et il est possible qu'elle ne puisse pas se trouver assez réunie pour se battre dans des pays si près de l'Autriche. On aura obtenu un grand résultat de la circonstance qui nous rend maîtres de tout le pays, si nous restons maîtres de l'Isonzo et du passage des Alpes.

Un des grands désavantages de Palmanova est qu'elle ne nous rend pas maîtres de l'Isonzo. S'il y a une fortification à établir, il faudrait l'établir à Goritz, Gradisca, ou tout autre point qu'il faut chercher et choisir sur l'Isonzo, qui fasse que l'armée puisse repasser l'Isonzo et être maîtresse de le passer quand elle voudra.

Ce qui est arrivé dans la dernière guerre avait été prévu, et on avait bien pensé qu'il n'était pas possible de se défendre dans le Frioul. Il faudrait donc reconnaître quel est le point qu'il faut occuper pour être maître du chemin d'Osoppo à Villach par Pontebba, celui qui rendrait maître du chemin de Tarvis à Caporetto par Goritz. S'il y avait là deux points qu'on pût occuper, cela mériterait la peine de dépenser un million sur chaque point, de manière que l'ennemi ne pût déboucher par ce chemin sans prendre les forts; ce qui exigerait quinze ou seize jours. On ne prétend pas l'empêcher de passer avec de l'infanterie, de la cavalerie et des divisions légères, mais intercepter la chaussée; c'est de la grande route qu'il est question de se rendre maître.

Il ne faut donc pas se dissimuler qu'il ne faut établir aucune offensive au delà des Alpes, aucune défensive au delà de l'Isonzo; on sera prévenu par l'ennemi. La vraie défense est sur l'Isonzo et les montagnes. Il faut charger le général Poitevin de parcourir cette rivière et de déterminer un point, pour pouvoir l'occuper et faire système avec Palmanova, surtout chercher le point qui intercepte parfaitement la route de Villach à Osoppo et de Villach à Goritz par Tarvis.

Ces deux points sont bien plus importants que celui sur l'Isonzo; car, si le quartier général de l'armée ennemie est à Klagenfurt, il lui faut quatre jours pour se porter aux montagnes, et, s'il y a là des obstacles qui le retiennent, l'ingression par la Carinthie, qui est l'ingression la plus dangereuse, se trouvera considérablement retardée, et l'armée française a tout le temps de se former dans le Frioul, de débloquer les places et de prendre l'offensive.

Si, à cause de ces obstacles, l'ennemi ne vient point par Klagenfurt et vient par Laybach, ce serait un détour de quatre ou cinq jours, qui retarderait d'autant sa marche. Cela l'obligera à diviser ses forces, parce qu'il aura toujours à craindre une attaque par la cavalerie. Gagner cinq à six jours dans ces moments-là n'est pas un petit objet.

Ainsi il faut renoncer à toute espèce de projet sur Laybach; il faut en détruire les fortifications; mais il est bon de conserver le château en l'améliorant, d'abord parce que le château contiendra les habitants, et qu'il peut être utile, dans l'hypothèse où l'ennemi serait prévenu et où l'armée se porterait en avant, pour assurer les communications, servir de refuge aux partis, et qu'il rend solidement maître du pays. Ce château est situé sur une arête si étroite qu'on ne le croit pas susceptible d'être fortifié pour être gardé. Il restera à savoir si les 600 hommes qu'on pourrait laisser dans ce fort pourraient s'y défendre trente ou quarante jours et attendre le retour de l'armée. Ce serait une raison de plus pour y dépenser quelque argent, et l'on pourrait s'exposer à la perte de quelques 5 ou 600 hommes. Il est plus avantageux de le conserver que de le détruire; mais on ne doit le considérer que comme un simple fort qu'il faut améliorer; ce sont les bases d'après lesquelles il faut agir.

Mêmes raisons au fort de Trieste; il est utile pour mettre la police contre les Anglais, maintenir une ville populeuse et commerçante, et assurer les communications si l'armée est en avant. On a développé, dans une note précédente, les raisons qui déterminaient à mettre en état le fort de Trieste. On attend des renseignements pour savoir si l'armée pourra le garder dans le cas où elle repasserait l'Isonzo. A moins de dépenses considérables, il est douteux qu'on puisse fortifier ce château de manière à le mettre en état de se défendre quinze à vingt jours.

Ainsi un principe général pour les fortifications, l'artillerie et le ministre de la guerre : c'est qu'il ne doit y avoir aucun établissement sérieux sur la rive gauche de l'Isonzo, aucun arsenal, magasins de fusils ni d'artillerie : tout doit être à Palmanova, Venise, Mantoue, et, si l'on veut, à Osoppo et Zara. Il ne faut penser à établir aucune offensive sur le pendant des Alpes juliennes, ni aucune défensive au delà de l'Isonzo.

On doit être constamment en mesure d'évacuer en quatre jours de temps tout le pays au delà de l'Isonzo, et sur le pendant des Alpes juliennes, partie sur la Dalmatie, partie sur l'Isonzo.

On ne doit jamais penser que le commencement de la guerre doit se faire dans les provinces illyriennes. Tout ce qui est nécessaire à la garnison de Zara doit se retirer de ce côté; tout le reste sur l'Isonzo.

Les avantages du pays illyrien sont très-considérables; mais, s'ils étaient mal saisis, ils deviendraient de grands inconvénients.

Les avantages consistent : le premier, à ce que l'armée de Dalmatie n'est plus séparée; qu'elle formerait l'avant-garde et se trouverait sur la Save, en avant de Laybach, tandis que les 2,000 hommes destinés à la garnison de Zara seraient sur les derrières; et que, si l'armée française ne pouvait se réunir à temps, l'armée de Dalmatie formerait l'arrière-garde de l'armée et se retirerait sur l'Isonzo, où elle serait jointe par l'armée d'Italie.

Ainsi 16,000 hommes d'élite de l'armée de Dalmatie ne pouvaient rien en 1809; et, si l'armée d'Italie était battue, l'armée de Dalmatie l'eût été un peu plus tôt ou un peu plus tard. Si les choses eussent été en 1809 comme aujourd'hui, l'armée de Dalmatie eût été à la bataille de Sacile : cet avantage est immense.

Le deuxième avantage est que, la réunion de l'armée autrichienne étant près du Frioul, elle était en mesure d'y porter la guerre le second jour de la déclaration de la guerre; aujourd'hui ce ne peut être que le dixième : c'est un gain de huit jours, qui est très-considérable dans cette circonstance.

Le troisième avantage, et qui n'est pas le moindre, est que, maîtres de tous les débouchés des Alpes, nous pouvons, pour la défensive, choisir les points qu'il nous importe de fortifier, pour retarder de dix ou quinze jours la marche de l'armée ennemie, et que, pour l'offensive, nous sommes sûrs que l'ennemi n'aura pu rien fortifier.

En résumé, les provinces illyriennes, considérées sous le point de vue de guerre, ne doivent être regardées que comme complétant la possession du Frioul. Si on les considérait autrement, on s'exposerait à de grands malheurs, et l'on pourrait donner lieu à des pertes de batailles qui pourraient compromettre l'Italie elle-même.

Ainsi donc, envisageant les choses sous ce point de vue, il convient de garder les châteaux de Laybach et de Trieste, de s'y fortifier chaque année moyennant une petite dépense, d'y détruire tous les bâtiments et constructions qui pourraient les mettre dans le cas d'être pris par les obus.

Si l'on a dépensé, dans quatre ou cinq ans, quelques centaines de mille francs dans les deux forts, ils peuvent rendre des services qui compensent l'argent qu'on y aura dépensé; il est vrai aussi qu'ils pourront n'être d'aucune utilité.

S'il est nécessaire de faire une dépense de quelques millions, ce serait dans une des deux places qui intercepterait la communication de la Carinthie dans le Frioul, et une bonne place sur l'Isonzo, en regardant le premier de ces objets comme beaucoup plus important que le second.

Les provinces illyriennes peuvent aussi être considérées comme pouvant servir dans une guerre contre les Turcs; Karlstadt serait bientôt armé, et Dubitza pourrait servir à l'agression de la Bosnie.

D'après la copie. Dépôt de la guerre.

16793. — AU PRINCE DE NEUCHÂTEL ET DE WAGRAM,
MAJOR GÉNÉRAL, À PARIS.

Saint-Cloud, 14 août 1810.

Mon Cousin, répondez au duc de Raguse que sa demande m'a paru juste et que je me fais faire un rapport, mon intention étant de porter son traitement à 400,000 francs.

NAPOLÉON.

D'après l'original. Dépôt de la guerre.

16794. — AU COMTE COLLIN DE SUSSY,
DIRECTEUR GÉNÉRAL DES DOUANES, À PARIS.

Saint-Cloud, 14 août 1810.

Faites-moi connaître comment le bâtiment *l'Hercule*, de 120 tonneaux, portant pavillon français, chargé de dents d'éléphant, de bois d'acajou, etc. et venant soi-disant de Wardhuus, est arrivé à Dunkerque le 17 juillet. Qui a pu justifier l'introduction des marchandises dont il était chargé?

Qui a pu autoriser l'admission du *Conciliateur*, de 60 tonneaux, venant soi-disant de Tunis, chargé de campêche, de bois d'ébène, et arrivé à Gênes le 11 juillet? Également le bâtiment *la Miséricorde*, de 60 tonneaux, venant de Tunis, débarqué le 10 juillet à Marseille, avec un chargement de soufre, quina, médicaments? *La Conception*, de 27 tonneaux, chargée d'huiles, de cotons, galles et laines, venant de Naples, et arrivée à Marseille le 12 juillet? *Le Nazareth*, venant de Tunis, chargé de campêche et de bois jaune, arrivé à Ajaccio le 3 juillet? *Le Nordtierna*, bâtiment danois, soi-disant venu d'Amsterdam, arrivé à Flessingue le 27 juillet, chargé de potasse? Ces entrées me paraissent irrégulières.

Je vois qu'il est sorti d'Ostende, les 27, 28 et 29 juillet, trois bâtiments : *le Thomas*, de 45 tonneaux; *la Rosa-Barbara*, de 35 tonneaux, et *le Pêcheur d'huîtres*, de 26 tonneaux, chargés de vin. D'où vient cette irrégularité? *Les Deux-Frères*, bâtiment de 83 tonneaux, est parti le 17 juillet d'Ostende, chargé de vin; quelle espèce de vin était-ce, et d'où vient ce beau zèle? *Le Gripswar*, bâtiment suédois de 130 tonneaux, est parti le 1er juillet de Saint-Malo, chargé de blé. *Le Zeestern*, bâtiment hollandais de 107 tonneaux, est parti le 6 juillet de Rammekens pour Arkhangel, chargé de blé. *La Caroline-Élisabeth*, hollandais, de 211 tonneaux, chargé de froment, est parti le 8 juillet d'Anvers pour Bergen. *La Fortuna*, danois, *l'Hemmerich*, prussien, sont sortis de Nantes les 8 et 5 juillet, chargés de froment, et beaucoup d'autres encore. J'en compte sur mes états quinze autres sortis des différents ports de France pendant le mois de juillet, sans licences et sous pavillon étranger. D'où vient cette irrégularité?

D'après la minute. Archives de l'Empire.

16795. — AU BARON DENON,
DIRECTEUR GÉNÉRAL DES MUSÉES, À PARIS.

Saint-Cloud, 14 août 1810.

Le volume que vous m'avez montré sur les gravures de la colonne est plein de fautes grossières; ne le faites paraître que dans un an; je désire que l'on emploie cette année à le corriger. Je désire d'ailleurs que les passages relatifs à François II, ceux où il est en voiture, et son chiffre soient ôtés. Causez de cela avec le prince de Neuchâtel. Faites donc en sorte qu'aucun exemplaire ne paraisse.

D'après la minute. Archives de l'Empire.

16796. — DÉCISION.

Saint-Cloud, 14 août 1810.

Le ministre des finances propose de donner un uniforme à l'administration générale des canaux du Midi et de faire porter la livrée de l'Empereur aux gardes du canal du Midi.

Sa Majesté décide que l'administrateur général des canaux ne peut pas être considéré comme fonctionnaire public; que, si elle l'a nommé, c'est que les sociétés n'étaient pas organisées; qu'il est leur homme et leur agent, et ne doit recevoir d'ordres que d'elles; que l'intendance ne doit se mêler en rien de leur administration, qui doit s'assimiler avec celle du canal de Briare; qu'il n'y a par conséquent pas lieu d'accorder de costume particulier; que la surveillance de l'intendance doit se borner à connaître les décès et les retours au domaine des actions dans les cas prévus; qu'il faut renvoyer aux compagnies et à leurs assemblées des 30 tout ce qui concerne leurs intérêts.

D'après la minute. Archives de l'Empire.

16797. — A EUGÈNE NAPOLÉON,
VICE-ROI D'ITALIE, À MONZA.

Saint-Cloud, 14 août 1810.

Je vous envoie une lettre du ministre des cultes. Il me semble que vous êtes plus à portée de savoir ce que pense le cardinal Antonelli. Faites-le sonder, et, s'il croit qu'il soit du devoir du Pape d'aplanir les difficultés qui existent sur les affaires de Rome, d'instituer mes évêques et de faire le Pape tranquillement sans vouloir faire le César; si, dis-je, ce cardinal est assez sensé et assez religieux pour penser ainsi, vous pouvez le faire engager à écrire au Pape, ou même à se rendre auprès du Pape pour lui servir de conseil, car les malheurs de l'Église sont évidents.

D'après la minute. Archives de l'Empire.

16798. — ALLOCUTION AUX DÉPUTÉS DE LA HOLLANDE.

Palais des Tuileries, 15 août 1810.

Messieurs les Députés du Corps législatif, des armées de terre et de mer de la Hollande, et Messieurs les Députés de ma bonne ville d'Amsterdam, vous avez été depuis trente ans le jouet de bien des vicissitudes. Vous perdîtes votre liberté lorsqu'un des grands officiers de votre République, favorisé par l'Angleterre, fit intervenir les baïonnettes prussiennes aux délibérations de vos conseils; les constitutions politiques que vous teniez de vos pères furent déchirées, et le furent pour toujours.

Lors de la première coalition, vous en fîtes partie. Par suite, les armées françaises conquirent votre pays, fatalité attachée à l'alliance de l'Angleterre.

Depuis la conquête, vous fûtes gouvernés par une administration particulière; mais votre République fit partie de l'Empire : vos places fortes et les principales positions de votre pays restèrent occupées par mes troupes. Votre administration changea au gré des opinions qui se succédèrent en France.

Lorsque la Providence me fit monter sur ce premier trône du monde, je dus, en fixant à jamais les destinées de la France, régler le sort de tous les peuples qui faisaient partie de l'Empire, faire éprouver à tous les bienfaits de la stabilité et de l'ordre, et faire disparaître chez tous les maux de l'anarchie. Je terminai les incertitudes de l'Italie, en plaçant sur ma tête la couronne de fer. Je supprimai le gouvernement qui régissait le Piémont. Je traçai dans mon acte de Médiation les constitutions de la Suisse, et conciliai les circonstances locales de ce pays, les souvenirs de son histoire, avec la sûreté et les droits de la couronne impériale.

Je vous donnai un prince de mon sang pour vous gouverner. C'était un lien naturel qui devait concilier les intérêts de votre administration et les droits de l'Empire. Mes espérances ont été trompées. J'ai, dans cette circonstance, usé de plus de longanimité que ne comportaient mon caractère et mes droits. Enfin je viens de mettre un terme à la douloureuse incertitude où vous vous trouviez, et de faire cesser une agonie qui achevait d'anéantir vos forces et vos ressources : je viens d'ouvrir à votre industrie le continent. Le jour viendra où vous porterez mes aigles sur les mers qui ont illustré vos ancêtres; vous vous y montrerez alors dignes d'eux et de moi. D'ici là, tous les changements qui surviendront sur la surface de l'Europe auront pour cause première le système tyrannique, aveugle et destructif de sa propre prospérité, qui a porté le gouvernement anglais à mettre le commerce hors de la loi commune, en le plaçant sous le régime arbitraire des licences.

Messieurs les Députés du Corps législatif, des armées de terre et de mer de la Hollande, et Messieurs les Députés de ma bonne ville d'Amsterdam, dites à mes sujets de Hollande que je suis satisfait des sentiments qu'ils me montrent; que je ne doute pas de leur fidélité; que je compte que leurs efforts se réuniront aux efforts de tous mes autres sujets pour reconquérir les droits maritimes que cinq coalitions successives, fomentées par l'Angleterre, ont fait perdre au continent. Dites-leur qu'ils peuvent compter, dans toutes les circonstances, sur ma spéciale protection.

Extrait du *Moniteur* du 16 août 1810.

16799. — ALLOCUTION AUX DÉPUTÉS DE L'ILLYRIE.

Palais des Tuileries, 15 août 1810.

Messieurs les Députés de mes provinces illyriennes, j'agrée vos sentiments. Je désire connaître les besoins de vos compatriotes, et assurer leur bien-être.

Je mets du prix à vous savoir contents, et je serai heureux d'apprendre que les plaies de tant de guerres sont cicatrisées et toutes vos pertes réparées.

Assurez mes sujets de l'Illyrie de ma protection impériale.

Extrait du *Moniteur* du 16 août 1810.

16800. — AU GÉNÉRAL CLARKE, DUC DE FELTRE,
MINISTRE DE LA GUERRE, À PARIS.

Saint-Cloud, 16 août 1810.

Je reçois votre lettre du 4 août. Je crains fort que le bataillon espagnol que vous mettrez à Monaco ne soit débauché et ne déserte. Je préférerais que vous le fissiez partir pour Alexandrie, où on le ferait travailler aux travaux de la place. Vous recommanderiez au commandant d'Alexandrie d'avoir soin que ce bataillon ne demeurât point dans la citadelle. Vous pourriez envoyer le bataillon qui est à Lyon au fort Napoléon, si les travaux de l'île Perrache ne doivent point commencer. Écrivez là-dessus au ministre de l'intérieur. Donnez ordre que tous les Espagnols qui se trouvent dans la légion portugaise qui est à Metz en soient ôtés et se dirigent sur le bataillon du régiment espagnol qui est à Anvers.

Lorsque cette opération sera faite, vous aurez soin que les Portugais viennent d'abord à Meaux, et après cela je verrai s'il est prudent de les diriger sur le Portugal.

D'après la minute. Archives de l'Empire.

16801. — AU PRINCE LEBRUN,
LIEUTENANT DE L'EMPEREUR, EN HOLLANDE, À AMSTERDAM.

Saint-Cloud, 16 août 1810.

Je ne sais pas si j'irai ou si je n'irai pas en Hollande. L'important est qu'on ne se ruine pas en dépenses inutiles et de n'exiger que ce qui est de très-bonne volonté.

D'après la minute. Archives de l'Empire.

16802. — NOTE
DICTÉE EN CONSEIL D'ADMINISTRATION DE LA MARINE.

Saint-Cloud, 17 août 1810.

Le roi de Hollande avait appelé les enfants trouvés et ceux dont leurs familles ne pouvaient prendre soin, et il en avait formé des corps de pupilles royaux et de vélites. Il les prenait à sept ans et les envoyait à la Haye; à quatorze ans, ils étaient placés à Zootredick dans les vélites royaux. Il y en a actuellement 500 qui ont passé quatorze ans, et la masse des deux corps est de 4,000 individus, réunis à raison de 500 par année. Si la Hollande fournit chaque année 500 individus provenant des enfants trouvés, la France en produirait donc 10,000, dont on donnerait la moitié à la marine pour son service et l'autre moitié à l'armée de terre, qui en formerait des régiments pour les colonies. Ce nombre de 10,000 est très-hypothétique; mais rien n'est plus facile que d'avoir sur cela des notions positives. Un rapport sera demandé au ministre de l'intérieur. Cette ressource ne doit point être négligée et doit concourir, avec les autres moyens, pour recruter les équipages de la marine. Voici les bases du projet de sénatus-consulte ou de décret qu'on pourrait être dans le cas d'adopter :

TITRE PREMIER.

1° Il sera appelé, pour le recrutement de l'armée de mer, 40,000 jeunes gens, savoir : 10,000 de l'âge de seize ans; 10,000 de dix-sept ans; 10,000 de dix-huit, et 10,000 de dix-neuf ans.

2° La moitié de ce nombre sera prise parmi les jeunes gens de la conscription des années 1794, 1793, 1792 et 1791; l'autre moitié sera prise parmi les enfants de marins et parmi les orphelins et autres enfants entretenus par le Gouvernement, à raison de 2,000 pour les enfants de marins et 3,000 pour les autres.

3° Les 2,000 appelés parmi les enfants des marins seront pris sur les côtes et répartis conformément à l'état ci-joint.

TITRE II.

4° Ces jeunes gens, sous le titre de novices, jouiront de telle solde et de telles rations.

5° Ils seront placés à la suite des bataillons, où on pourrait les mettre, à raison de 100 ou de 200. On pourrait aussi en former des corps réunis dans les différents ports; ce qui fournirait des hommes sur tous les petits bâtiments, etc.

La grande question est celle de la manière d'employer, d'instruire ces novices. Le conseil de marine discutera ce qui lui paraîtrait préférable, de les attacher aux bataillons ou d'en faire des corps particuliers qu'on appellerait *brigades*. Il proposera toutes autres mesures qui pourraient offrir des avantages égaux ou supérieurs.

Si l'on adoptait le système des brigades, on pourrait supposer leur organisation de la manière suivante. On prend la brigade d'Anvers pour exemple. Un officier de marine capitaine de vaisseau, ou ayant un grade supérieur, serait colonel de la brigade. Elle aurait un quartier-maître, un chef ouvrier, etc. et ce qui serait nécessaire pour l'équipement et la comptabilité; elle serait composée de deux bataillons, chaque bataillon de dix compagnies et chaque compagnie de 150 hommes. Le 1er bataillon demeurerait à Anvers, où il serait caserné et où arriveraient les recrues. On les habillerait et on les instruirait : 1° aux manœuvres de l'infanterie: 2° à celles du canon; 3° à nager pendant trois ou quatre heures chaque jour sur vingt-quatre péniches qui seraient attachées au bataillon. Quand ils seraient habillés, dégourdis, qu'ils auraient appris les premières leçons du canon, on aurait un bâtiment, frégate ou vaisseau, où on leur apprendra à grimper sur les mâts.

Ils passeraient ensuite sur le 2° bataillon. Chaque compagnie serait comme casernée sur un bâtiment de l'escadre. On exercerait ces jeunes gens à toutes les manœuvres, même aux manœuvres hautes; on leur ferait monter, tous les jours, trente ou quarante canonnières, des bricks, des frégates; on les emploierait aussi à fournir aux besoins d'Anvers, aux citernes, aux bâtiments de transport et à toutes les corvées. En supposant une compagnie par vaisseau, formant 140 hommes présents, si l'on en employait 40 pour les canonnières, il n'en resterait plus que 100, qui seraient utiles sur les vaisseaux.

Ainsi l'instruction à Anvers se diviserait en deux parties : une première, que les jeunes gens prendraient casernés à terre, et une seconde, qu'ils prendraient sur les vaisseaux et en faisant le service de Flessingue à Anvers. Les jeunes gens pourraient rester neuf mois dans le 2° bataillon et neuf mois dans le 1er. Ils sortiraient ensuite de la brigade pour entrer dans les équipages de l'escadre comme novices. Les compagnies étant de 150 hommes, celles du 1er bataillon pourraient former trois classes. Les jeunes gens passeraient successivement de l'une à l'autre. La première classe, celle des nouveaux arrivés, s'exercerait, ainsi que la deuxième classe, à nager sur les péniches et aux manœuvres du fusil et du canon. La troisième classe, qui aurait déjà douze mois, serait à la disposition du préfet et ferait tous les transports pour Flessingue, Amsterdam, etc. Sur dix-huit mois d'apprentissage, les jeunes gens seraient inutiles pendant six mois et seraient plus ou moins utiles pendant douze.

On pourrait établir deux bataillons à Amsterdam, deux à Boulogne, un à Cherbourg, deux à Brest, un à Lorient, un à Rochefort, deux à Toulon et un à Gênes; ce qui ferait quatorze bataillons et comprendrait l'effectif de 1,500 individus par bataillon, total, 21,000 hommes. En complétant les cinquante équipages de guerre à 150 hommes par équipage, on emploierait de plus 7,500 individus; ce qui formerait un total de 28 à 30,000 jeunes gens qu'on pourrait occuper sur-le-champ.

Il vaudrait peut-être mieux avoir pour Anvers deux bataillons égaux entre eux et qui seraient placés l'un à Anvers, l'autre à Flessingue. Chaque compagnie de 150 hommes serait divisée en trois escouades composées, la première de ceux qui auraient six mois d'apprentissage, la deuxième de ceux qui auraient de six à douze mois, la troisième de ceux qui auraient de douze à dix-huit mois. On aurait une péniche et une canonnière par compagnie.

Au lieu de placer un bataillon à Flessingue, on pourrait placer les deux bataillons d'Anvers à Anvers. Le tiers, c'est-à-dire jusqu'à six mois, serait employé à l'apprentissage de l'infanterie et du canon et à nager; le deuxième tiers servirait les caïques armés et les bâtiments de transport d'Anvers à Flessingue; le troisième tiers pourrait échanger quelques boulets avec l'ennemi; on pourrait même le faire monter sur l'escadre.

Le conseil de marine examinera ces diverses manières d'envisager l'institution. Elles lui sont renvoyées, sans aucune préférence pour l'une ou pour l'autre, et seulement comme devant être l'objet de ses discussions.

D'après la copie. Archives de l'Empire.

16803. — AU GÉNÉRAL CLARKE, DUC DE FELTRE,

MINISTRE DE LA GUERRE, À PARIS.

Saint-Cloud, 18 août 1810.

Monsieur le Duc de Feltre, vous verrez par l'ordre ci-joint que je charge le général Morand d'occuper toute la partie de la Westphalie qui est située entre la côte et la ligne de la Wümme. Faites connaître au Roi que j'ai ordonné cette occupation comme mouvement militaire et pour que mon système de blocus soit complet sous la responsabilité des généraux. Communiquez cet ordre au duc de Cadore; communiquez-le au duc de Reggio, afin que le général Molitor, qui est chargé de surveiller la contrebande dans l'Ost-Frise, corresponde avec le général Morand.

NAPOLÉON.

D'après la copie. Dépôt de la guerre.

16804. — ORDRE.

Saint-Cloud, 18 août 1810.

Le territoire de Lubeck, la principauté de Lauenburg, le territoire de Hambourg et tous les pays de la rive gauche de l'Elbe, depuis Wilhemsburg, en suivant la ligne de Die Sewe, Gross-Moor et de la Wümme, jusqu'à Bremen, enfin les principautés d'Oldenburg et d'Arenberg, seront occupés par la division aux ordres du général Morand, qui demeure chargé de prendre toutes les mesures nécessaires pour empêcher la contrebande. Il établira à cet effet une première ligne depuis le Holstein jusqu'à l'Ost-Frise et une seconde ligne en arrière.

NAPOLÉON.

D'après la copie. Dépôt de la guerre.

16805. — AU GÉNÉRAL CLARKE, DUC DE FELTRE,
MINISTRE DE LA GUERRE, À PARIS.

Saint-Cloud, 18 août 1810.

Faites-moi un rapport sur la manière dont vit l'armée de Hollande, en me faisant connaître les corps qui sont payés sur le budget de la Hollande et ceux payés par la France.

Donnez ordre au 24e léger de partir sur-le-champ pour se rendre à Saint-Omer. Donnez ordre au 16e et au 67e de partir du lieu où ils se trouvent pour se rendre à Lille à petites journées. Vous me ferez connaître quand ces deux régiments doivent y arriver. Ainsi il n'y aura plus, en Hollande, que cinq régiments d'infanterie et quatre de cavalerie. Je désirerais que ces troupes, au 1er septembre, fussent casernées, nourries, payées et administrées sur le budget de la Hollande. J'augmenterai ce budget si cela est nécessaire. L'artillerie, les sapeurs et pontonniers rentreront à Douai; vous me ferez connaître quand ils y seront arrivés. Il ne restera plus en Hollande que cinq régiments d'infanterie; ce qui, avec cinq régiments hollandais, fera dix régiments d'infanterie et quatre de cavalerie. L'artillerie et le train hollandais, tant au matériel qu'au personnel, feront le service de toute l'artillerie. Ces troupes seront payées toutes de même, et par le trésor de Hollande, sans que vous ni M. Mollien ayez à vous en mêler. Je pense que les hôpitaux, chirurgiens, commissaires des guerres pour les régiments français en Hollande, doivent être au service de Hollande. Cela fera une grande économie.

D'après la minute. Archives de l'Empire.

16806. — A JÉRÔME NAPOLÉON, ROI DE WESTPHALIE,
à cassel.

Saint-Cloud, 18 août 1810.

Mon Frère, je viens d'ordonner que mes troupes occupent tout le pays depuis le Holstein jusqu'à la Hollande, et dans cette mesure se trouve compris le pays situé entre Bremen et Vulhenburg : je vous prie d'en retirer vos troupes. Les embouchures de l'Elbe, du Weser et de la Jahde sont dans ce moment l'objet de mes méditations les plus importantes; une division de mes chaloupes canonnières hollandaises va se rendre sur cette côte; il est nécessaire que le pays soit entre les mains des généraux français.

Napoléon.

D'après la copie comm. par S. A. I. le prince Jérôme.

16807. — AU GÉNÉRAL CLARKE, DUC DE FELTRE,
ministre de la guerre, à paris.

Saint-Cloud, 19 août 1810.

Je n'ai reçu aucun détail sur mon armée de Catalogne; j'ignore de quelle manière le duc de Tarente fait son mouvement, quelles troupes il a emmenées avec lui, et quels cantonnements il a laissés en arrière. Mon armée de Catalogne est la seule sur laquelle je ne sache rien. Faites dépouiller votre correspondance et mettez-moi cela sous les yeux.

D'après la minute. Archives de l'Empire.

16808. — AU PRINCE DE NEUCHÂTEL ET DE WAGRAM,
major général de l'armée d'espagne, à paris.

Saint-Cloud, 19 août 1810.

Mon Cousin, je suis étonné que vous n'ayez pas encore de nouvelles du général Drouet. Faites-moi connaître quand ses troupes sont arrivées à Bayonne. Écrivez au général Drouet, ainsi qu'au général Dorsenne, que je juge à propos de renforcer la Navarre de tout le régiment de lanciers de Berg; ce qui, avec le 9ᵉ de hussards, mettra sous les ordres du général Reille 1,500 hommes de cavalerie.

Je pense qu'il est également convenable d'envoyer au général Reille la brigade de la Garde qui est sous les ordres du général Dumoustier. Ainsi Reille aura ses quatre régiments provisoires d'infanterie, le 1ᵉʳ régiment de marche d'infanterie, les deux escadrons du 9ᵉ hussards, et enfin les quatre régiments de la Garde avec leurs canons et le régiment des lanciers.

Le général Drouet pourra remplacer les régiments de la Garde par une portion des troupes qu'il a amenées de France. Écrivez-lui que je suis trop loin pour donner ces ordres d'une manière positive; que je le laisse maître de les faire exécuter ou d'en substituer d'autres qu'il jugera plus convenables; que ce qui me porte à envoyer les régiments de la Garde au général Reille, c'est qu'ils sont plus accoutumés à servir sous les ordres de cet officier, et que dès lors il y aura moins de difficulté dans les rapports de subordination; que d'ailleurs, la Garde étant destinée à faire une guerre active, elle se trouvera là employée d'une manière plus conforme à sa destination.

Les ordres pour le général Dorsenne, vous les enverrez tout ouverts au général Drouet, qui les lui fera passer, s'il le juge convenable.

Je désire que vous me fassiez un choix de quatre ou cinq colonels, colonels en second ou majors, tous hommes d'exécution, à envoyer à Reille pour commander ses colonnes mobiles; par exemple des hommes comme le colonel Ameil, du 24ᵉ de chasseurs. Donnez ordre au général Bourke de se rendre en Navarre, pour y servir sous les ordres du général Reille. Recommandez-lui de ne pas se compromettre sur les routes d'Espagne et de ne marcher qu'avec de fortes escortes.

NAPOLÉON.

D'après l'original. Dépôt de la guerre.

16809. — AU MARÉCHAL DAVOUT, PRINCE D'ECKMÜHL,
COMMANDANT L'ARMÉE D'ALLEMAGNE, À PARIS.

Saint-Cloud, 19 août 1810.

Mon Cousin, faites-moi connaître quel est ce Damas qui commande à Hanovre. Est-ce l'ancien aide de camp de Kleber?

Comment sont mes troupes en Westphalie? Faites porter le quartier général de Compans à Hanovre; il sera là entre le général Gudin et le général Morand, et peut-être ferai-je avancer plus haut la division Friant.

Je désire que vous donniez ordre au général Morand de disposer de ses cinq régiments de manière à bien s'assurer de l'embouchure de l'Elbe, du Weser et de la Jahde. Recommandez-lui de se lier avec les troupes du général Molitor, qui est en Ost-Frise, d'avoir des troupes à Varel et d'exercer sur toute cette côte une grande surveillance. Je donne ordre au duc de Reggio d'envoyer un régiment à cheval à Varel, où il sera à la disposition du général Morand; de sorte que j'entends que tout le pays qui s'étend entre l'embouchure de la Jahde et la Baltique soit gardé par le général Morand.

Je désire en outre que vous chargiez un officier intelligent de votre état-major d'aller reconnaître en détail toute la partie de la Westphalie et des côtes qui va être occupée et de venir vous en rendre compte. Un capitaine de vaisseau avec une division de chaloupes hollandaises doit se rendre sur ces côtes. Il est donc nécessaire d'y faire établir des batteries à l'abri desquelles cette division puisse se retirer.

NAPOLÉON.

D'après l'original comm. par Mme la maréchale princesse d'Eckmühl.

16810. — AU PRINCE LEBRUN,
LIEUTENANT GÉNÉRAL DE L'EMPEREUR EN HOLLANDE, À AMSTERDAM.

Saint-Cloud, 20 août 1810.

Mon Cousin, l'article 1er de mon décret du 25 juillet 1810, portant qu'à dater du 1er août aucun navire ne pourra sortir de nos ports à destination d'un port étranger, s'il n'est muni d'une licence signée de notre main, s'applique à toute espèce de bâtiments français, neutres ou étrangers quelconques, avec cette exception que je n'accorde de licences qu'à des bâtiments français; c'est-à-dire, en deux mots, que je ne veux aucun bâtiment neutre, et effectivement il n'y en a aucun qui le soit réellement. Ce sont tous bâtiments qui violent le blocus et qui payent rançon aux Anglais. Quant au mot *étranger*, cela veut dire étranger à la France. Ainsi, les bâtiments étrangers ne peuvent pas commercer avec nos ports ni en sortir, parce qu'il n'y a pas de neutres; et quant aux bâtiments français, ou ils partent pour un port de France, et alors ils prennent l'acquit-à-caution stipulé par l'article 2 du décret, ou ils partent pour des ports étrangers, et alors ils prennent des licences, parce qu'il est clair qu'ils vont en Angleterre, ou du moins qu'ils se font autoriser par les Anglais. Ce système est clair.

D'après la minute. Archives de l'Empire.

16811. — A M. DE CHAMPAGNY, DUC DE CADORE,
MINISTRE DES RELATIONS EXTÉRIEURES, À PARIS.

Saint-Cloud, 21 août 1810.

Monsieur le Duc de Cadore, je pense qu'il ne faut pas que le sieur Thiard ait aucune pièce officielle dans les mains, afin qu'en cas d'événement il ne fût surpris avec aucune instruction. Il faut seulement lui remettre un itinéraire et régler ses frais de voyage. Comme il est dans mon intention de faire voyager un certain nombre de personnes, vous réglerez ces dépenses à tant par poste et par jour. Vous donnerez au sieur Thiard un chiffre dont il se servira pour correspondre toutes les fois qu'il le jugerait nécessaire. Il ira d'abord à Francfort, où il restera le temps nécessaire pour observer ce qui s'y passe, prendre connaissance de ce qui est relatif, dans cette grande ville, au mouvement des marchandises anglaises, et apprendre ce qu'il pourra sur la contrebande avec la Hollande et la France. Il ira de là à Nuremberg et de Nuremberg à Leipzig; il fera les mêmes observations dans ces deux villes. Voilà donc trois dépêches qu'il aura à vous faire. Vous lui recommanderez de ne vous écrire qu'après qu'il aura bien observé. Il vous écrira directement par la poste sans signer, et en ne se servant de son chiffre que pour ce qu'il aurait d'important à mander. Il pourra vous parler de la manière dont est organisé le duché de Francfort et de l'esprit qui anime la partie de la Bavière qu'il visitera. Il ira aussi à Baireuth, pour voir si l'administration bavaroise est aimée, et ce qui s'y passe sous le rapport des domaines français. Je désire qu'il passe dans les cours de Saxe-Gotha, de Weimar et de Saxe-Cobourg, et qu'il observe quel esprit anime ces petites cours. Il ira ensuite à Dresde. Toutes ses recherches doivent être relatives à l'armée et servir à faire connaître sur quoi l'on pourrait compter à tout événement. De là il pourra se rendre à Berlin, et enfin aller à l'armée russe de Moldavie, soit en passant par la Bohême, soit en passant par la Pologne. Il enverra des états exacts des forces militaires, des notes sur les généraux et sur tout ce qui est relatif aux places. Quand il sera resté un mois à l'armée russe de Moldavie et de Valachie, il reviendra par Olmütz, Vienne et Prague.

On lui enverra des directions ultérieures.

NAPOLÉON.

D'après l'original. Archives des affaires étrangères.

16812. — A M. DE CHAMPAGNY, DUC DE CADORE,
MINISTRE DES RELATIONS EXTÉRIEURES, À PARIS.

Saint-Cloud, 21 août 1810.

Monsieur le Duc de Cadore, si le duché de Varsovie manque de fusils, je ne suis pas éloigné de lui en faire fournir 30,000; mais il faudrait qu'on vînt les prendre à Mayence et à Strasbourg. Je pourrais en faire remettre 15,000 de 18 à la livre et 15,000 de 22. Écrivez au sieur Bourgoing dans ce sens. Si l'on a des moyens de faire transporter ces fusils, je les fournirai volontiers.

NAPOLÉON.

D'après l'original. Archives des affaires étrangères.

16813. — A M. DE CHAMPAGNY, DUC DE CADORE,

MINISTRE DES RELATIONS EXTÉRIEURES, À PARIS.

Saint-Cloud, 22 août 1810.

Monsieur le Duc de Cadore, je vous renvoie le croquis de note de M. de Metternich. Vous y répondrez de même par une note non signée, que vous me mettrez auparavant sous les yeux. Vous direz « que chaque
« état a ses principes, et que nous considérons comme principe fonda-
« mental qu'aucun Français ne peut porter les armes contre sa patrie.
« C'est aussi celui de l'Angleterre; il est avoué par la raison et appartient
« à tous les temps. Dans le régime féodal, un gentilhomme ne pouvait
« pas porter les armes contre son souverain. Ceci a été constamment la
« loi de l'Europe depuis les Romains, et il est inutile d'aller chercher
« plus loin. On n'attachait de l'importance qu'aux gentilshommes, parce
« que les autres sujets appartenaient à la glèbe. Ainsi aucun Français ne
« peut porter les armes contre sa patrie; le souverain même ne peut leur
« donner ce droit. Tous Français qui, depuis 1804, ont porté les armes
« contre la France, en Prusse, en Russie, en Autriche, la loi les con-
« damne à mort. Il n'y a pour eux qu'un seul moyen de se soustraire à
« cette condamnation : une amnistie leur a été accordée; ils doivent en
« profiter. Ceux qui n'en profiteraient pas seraient condamnés par con-
« tumace. Le résultat d'une telle condamnation est la mort civile, la pri-
« vation de tout droit et de toute possibilité de succéder, et, s'ils sont pris
« en France, la mort. Dans cette situation, le remède est simple : qu'ils
« profitent de l'amnistie, qui, pour la dernière fois, est accordée, et qu'ils
« rentrent en France. Cet objet est, en effet, un objet de discussion avec
« l'Autriche. L'Empereur l'a tellement senti, que, dans le traité de Vienne,
« il a fait insérer une clause qui veut que tous les Français dans ce cas
« soient renvoyés d'Autriche. S'il n'en a pas encore demandé l'exécution,
« c'est qu'il a accordé l'amnistie; mais les délais de cette amnistie ex-
« pirés, nul doute qu'on ne demande, de la part de la France, l'exécu-
« tion de l'article du traité de Vienne.

« Quant aux Belges, le traité de Campo-Formio leur a donné le droit

« de se rendre en Autriche et de vendre leurs biens, mais il ne leur a
« pas donné le droit de porter les armes contre la France. On ne peut
« pas autoriser un crime par la loi. Or s'exposer à combattre un neveu,
« un frère, sa patrie, c'est un crime. Par conséquent, les Belges servant
« depuis 1804 contre la France seront condamnés par contumace, à l'ex-
« piration de l'amnistie, et, quelles que soient les relations amicales des
« deux puissances, l'intention de la France est qu'aucun Français ni
« Belge qui a porté les armes contre elle depuis 1804 ne rentre dans
« l'Empire. Cette condescendance n'aurait pas même lieu en faveur des
« semestriers, car c'est en conséquence du mauvais effet qu'a produit
« l'apparition des semestriers, il y a plusieurs années, qu'on a senti la
« nécessité d'une mesure.

« L'Empereur trouve bon que l'empereur d'Autriche fasse ce qu'il lui
« conviendra à l'égard de ceux de ses sujets qui peuvent être au service
« de France. Bien plus, dans les sentiments où il est envers l'Autriche.
« tout Autrichien au service de France sera sur-le-champ renvoyé. Le
« plus grand acte est fait; c'est l'amnistie accordée. Que l'empereur
« d'Autriche exige que tous les Français à son service en profitent. S'ils
« n'en profitent pas, ce sont des individus qui seront perpétuellement
« dans une fausse position. »

NAPOLÉON.

D'après l'original. Archives des affaires étrangères.

16814. — A M. DE CHAMPAGNY, DUC DE CADORE,
MINISTRE DES RELATIONS EXTÉRIEURES, À PARIS.

Saint-Cloud, 22 août 1810.

Monsieur le Duc de Cadore, je pense qu'il faut faire une note à M. de Kourakine contre le prince Bagration, relativement aux procédés qu'il a eus avec le secrétaire de l'ambassadeur de Perse, et en demander satisfaction; qu'il faut partir de là pour porter plainte contre le sieur Razumowski et autres Russes qui sont à Vienne, où ils intriguent de toutes manières; qu'il faut demander que l'empereur, en fidèle allié, punisse ceux de ses sujets qui, au mépris de son autorité, portent atteinte à la tranquillité du continent et cherchent partout à déchaîner les passions en faveur de l'Angleterre. Cette note demande à être faite avec force, et bien faite.

NAPOLÉON.

D'après l'original. Archives des affaires étrangères.

16815. — A M. DE CHAMPAGNY, DUC DE CADORE,
MINISTRE DES RELATIONS EXTÉRIEURES, À PARIS.

Saint-Cloud, 22 août 1810.

Monsieur le Duc de Cadore, mon intention est que vous donniez pour instruction à mes ministres à Berlin et dans toute l'Allemagne qu'ils ne doivent intervenir en rien sur ce qui regarde l'ancien roi de Suède; que, si on les consulte, ils doivent répondre que cela ne les regarde pas; que je suis parfaitement indifférent sur ce qui concerne ce prince; que je ne m'occupe pas de lui; qu'ainsi on fasse ce qu'on veut.

NAPOLÉON.

D'après l'original. Archives des affaires étrangères.

16816. — A M. DE CHAMPAGNY, DUC DE CADORE,
MINISTRE DES RELATIONS EXTÉRIEURES, À PARIS.

Saint-Cloud, 22 août 1810.

Monsieur le Duc de Cadore, il est nécessaire de faire une note à M. Armstrong pour lui faire connaître que je viens de recevoir des rapports de M. Turreau[1], et que je désire savoir quelle est la réparation qui me sera donnée par les États-Unis, tant pour les insultes faites à mon pavillon que pour celles dont j'ai à me plaindre dans la procédure qui a suivi. Il faut faire cette note de manière qu'elle puisse servir de date et de pièce à leur opposer lorsqu'ils réclameront tous les bâtiments que j'ai arrêtés.

Envoyez au ministre de la marine tout ce qu'il y a dans la correspondance d'Amérique relativement à la colonie de Java.

NAPOLÉON.

D'après l'original. Archives des affaires étrangères.

[1] Turreau de Linières, ministre de France à Washington.

16817. — A M. DE CHAMPAGNY, DUC DE CADORE,
MINISTRE DES RELATIONS EXTÉRIEURES, À PARIS.

Saint-Cloud, 22 août 1810.

Monsieur le Duc de Cadore, comme vous ne pouvez pas suffire aux détails de l'affaire du Valais, je désire qu'une commission, composée du sénateur Rœderer, du conseiller d'état Corsini et du maître des requêtes Helvoët, soit chargée par vous d'entendre les députés du Valais, de prendre connaissance de la situation actuelle des affaires de ce pays, de ce qu'il y a à faire pour les arranger et des moyens à employer pour mettre fin à l'influence qu'y exercent les prêtres. La commission leur fera sentir le bien que j'ai fait à leur pays, en dépensant tant d'argent pour ouvrir leurs communications et les établir d'une manière sûre: enfin elle examinera avec ces députés l'organisation actuelle du Valais et s'il y a moyen d'en substituer une autre plus convenable.

NAPOLÉON.

D'après l'original. Archives des affaires étrangères.

16818. — AU GÉNÉRAL CLARKE, DUC DE FELTRE,
MINISTRE DE LA GUERRE, À PARIS.

Saint-Cloud, 22 août 1810.

Monsieur le Duc de Feltre, je reçois votre lettre du 17 août, par laquelle vous me faites connaître qu'on a retiré 200 Anglais du régiment irlandais. Je crois vous avoir fait connaître que mon intention était qu'on ne recrutât plus ce régiment, et même que je me proposais de licencier toutes ces troupes auxiliaires. Donnez-moi le détail du nombre d'Irlandais qui restent dans ce régiment, avec l'indication des dépôts où on les a pris et de l'armée anglaise dont ils faisaient partie quand on les a faits prisonniers.

D'après la minute. Archives de l'Empire.

16819. — AU GÉNÉRAL CLARKE, DUC DE FELTRE,
MINISTRE DE LA GUERRE, À PARIS.

Saint-Cloud, 22 août 1810.

Je suis instruit que des déserteurs des corps étrangers, repris avec les Espagnols, sont recrutés, habillés à mes frais et renvoyés à leurs corps. Réitérez les ordres pour qu'on n'envoie aucun étranger en Espagne. Vous devez avoir donné l'ordre également qu'aucun Napolitain ne soit dirigé sur la Catalogne. Espagnols, Allemands, Suisses, Italiens, Français même, tout ce qui a été pris servant contre nous, je ne veux pas qu'on le renvoie en Espagne. Présentez-moi un décret portant peine de mort contre tout déserteur qui servirait chez les Espagnols, soit français, soit étranger.

D'après la minute. Archives de l'Empire.

16820. — AU GÉNÉRAL LACUÉE, COMTE DE CESSAC,
MINISTRE DIRECTEUR DE L'ADMINISTRATION DE LA GUERRE, À PARIS.

Saint-Cloud, 22 août 1810.

Je vous renvoie votre rapport sur les services en Hollande. Vous devez avoir connaissance de mes décrets qui font rentrer en France, au 1er septembre, toute l'infanterie, artillerie, sapeurs, cavalerie, etc. que j'ai en Hollande, en n'y laissant que cinq régiments d'infanterie et quatre de cavalerie, et du décret qui fait entrer également en France la garde royale hollandaise. Vous devez donc répondre au ministre de Hollande que le budget doit être fait sur ces bases, savoir : que l'armée française en Hollande ne doit être comprise que jusqu'à la concurrence de 6,000 hommes, tant pour la nourriture que pour la solde, jusqu'au 1er septembre ; qu'ainsi tout ce qu'il aurait payé au delà de cette proportion doit être considéré comme avance et régularisé ; que, depuis le 1er septembre, vous pourvoirez à la garde, au 14e de cuirassiers et au régiment de chasseurs, et que lui devra pourvoir aux quatre régiments de cavalerie et aux cinq régiments d'infanterie restant en Hollande.

Il est donc nécessaire que vous remboursiez très-exactement ce que vous devez à la Hollande, sans quoi ils ne pourraient pas faire leur service. Ainsi pressez cette régularisation, afin de payer ce que vous leur devez. Je désire que vous envoyiez copie de cette décision au ministre de la guerre, afin qu'il fasse la même chose.

D'après la minute. Archives de l'Empire.

16821. — AU COMTE BIGOT DE PRÉAMENEU,
MINISTRE DES CULTES, À PARIS.

Saint-Cloud, 22 août 1810.

Monsieur le Comte Bigot Préameneu, je vous renvoie votre décret sur l'institution d'une congrégation de femmes. Il n'y a rien sur la règle religieuse de cette congrégation.

NAPOLÉON.

D'après l'original comm. par Mme la baronne de Nougarède de Fayet.

16822. — AU COMTE ALDINI,
MINISTRE DU ROYAUME D'ITALIE, EN RÉSIDENCE À PARIS.

Saint-Cloud, 22 août 1810.

Il est nécessaire que vous voyiez le duc de Bassano, le ministre de l'intérieur et les bureaux de la marine, pour recueillir des renseignements, 1° sur mes décrets du 3 juillet; 2° sur les nouveaux tarifs des douanes; 3° sur les principes généraux et sur la manière de procéder de la marine envers les bâtiments; 4° sur les licences que je donne dans mes différents ports de France. Quand vous aurez tous ces renseignements, vous me ferez un rapport sur les moyens d'appliquer ces mesures à l'Italie.

Il est nécessaire que toutes les semaines vous vous fassiez remettre les matricules pour faire connaître : 1° le prix des différents grains sur les principaux marchés du royaume; 2° le prix des différentes denrées coloniales dans les différentes places de commerce. Je désire que tout cela soit réduit en mesures et valeurs françaises, afin que je puisse d'un coup d'œil saisir l'ensemble de ces renseignements et en faire la comparaison avec ceux de France.

D'après la minute. Archives de l'Empire.

16823. — A JÉRÔME NAPOLÉON, ROI DE WESTPHALIE,
À CASSEL.

Saint-Cloud, 22 août 1810.

Mon Frère, je reçois votre lettre du 17 août. Je vous remercie de ce que vous me dites pour ma fête.

Les troupes que j'ai en Westphalie se plaignent de n'être pas payées et que la solde des mois de juin, juillet et août leur est due.

J'ai ordonné au prince d'Eckmühl de porter son quartier général à Hanovre, parce que la division Friant doit bientôt se rendre dans le Mecklenburg.

NAPOLÉON.

D'après la copie comm. par S. A. I. le prince Jérôme.

16824. — A EUGÈNE NAPOLÉON,
VICE-ROI D'ITALIE, À MONZA.

Saint-Cloud, 23 août 1810.

Mon Fils, je reçois votre lettre du 14 août. Les soies du royaume d'Italie vont toutes en Angleterre, puisqu'on ne fabrique pas les soies en Allemagne; il est donc tout simple que je veuille les détourner de cette route au profit de mes manufactures de France : sans cela, mes fabriques de soie, qui sont une principale ressource du commerce de France, éprouveraient des pertes considérables. Je ne saurais approuver les observations que vous faites. Mon principe est : *la France avant tout*. Vous ne devez jamais perdre de vue que, si le commerce anglais triomphe sur mer, c'est parce que les Anglais y sont les plus forts; il est donc convenable, puisque la France est la plus forte sur terre, qu'elle y fasse aussi triompher son commerce; sans quoi tout est perdu. Ne vaut-il pas mieux pour l'Italie de venir au secours de la France, dans une circonstance importante comme celle-ci, que de se voir couverte de douanes? Car ce serait mal voir que de ne pas reconnaître que l'Italie n'est indépendante que par la France: que cette indépendance est le prix de son sang, de ses victoires, et que l'Italie ne doit pas en abuser; qu'il serait surtout fort déraisonnable d'aller calculer si la France obtient ou non quelques avantages commerciaux.

Le Piémont et le Parmesan ont aussi de la soie; j'en ai cependant défendu de même l'exportation pour toute autre destination que la France. Quelle différence doit-il y avoir entre le royaume d'Italie et le Piémont? S'il devait y en avoir, ce serait en faveur du Piémont; les Vénitiens ont combattu la France, les Piémontais l'ont aidée : ils étaient parvenus à former un parti contre leur roi. Mais laissons tous ces faits. J'entends mieux que personne la politique de l'Italie. Il faut que l'Italie ne fasse pas de calculs séparés de la prospérité de la France; elle doit confondre ses intérêts dans les siens; il faut surtout qu'elle se garde bien de donner à la France un intérêt à la réunion; car, si la France y avait intérêt, qui pourrait l'empêcher? Prenez donc aussi pour devise : *la France avant tout.*

Si je perdais une grande bataille, un million, deux millions d'hommes de ma vieille France accourraient sous mes drapeaux, toutes les bourses m'y seraient ouvertes, et mon royaume d'Italie lâcherait pied. Je trouve donc singulier qu'on ait quelque répugnance à venir au secours des manufactures françaises dans une mesure qui a aussi pour but de faire tort aux Anglais. Il y a beaucoup de soie dans les trois légations; il y en a beaucoup dans le Novarais. Par quels faits le royaume d'Italie a-t-il mérité ces accroissements de 700,000 et de 400,000 âmes? Et comment ces réunions peuvent-elles tourner contre mes intentions? Au lieu de la moitié du droit, les marchandises françaises ne devraient rien payer à leur entrée en Italie.

J'ai chargé Aldini de prendre tous les renseignements relatifs à l'acte de commerce et à la qualification des bâtiments maritimes. Je l'ai aussi chargé de me faire un prompt rapport sur ce qui est relatif aux licences.

NAPOLÉON.

D'après la copie comm. par S. A. I. Mme la duchesse de Leuchtenberg.

16825. — A EUGÈNE NAPOLÉON,
VICE-ROI D'ITALIE, À MONZA.

Saint-Cloud, 23 août 1810.

Mon Fils, je mets 50,000 francs à votre disposition sur le trésor de la Couronne. Vous les distribuerez entre les dames qui ont fait le dernier voyage de Paris. Quant aux hommes, je trouve qu'il serait abusif de leur donner quelque chose.

NAPOLÉON.

D'après la copie comm. par S. A. I. Mme la duchesse de Leuchtenberg.

16826. — AU COMTE MOLLIEN,
MINISTRE DU TRÉSOR PUBLIC, À PARIS.

Saint-Cloud, 24 août 1810.

Monsieur le Comte Mollien, je viens de signer le décret de distribution pour le service du mois de septembre en Hollande. J'ai pensé que le plus prudent était de ne rien changer. J'ai supprimé l'article relatif au traitement extraordinaire de l'architrésorier, parce que je désire qu'il soit soldé avec l'argent de la France. Vous pouvez en faire faire l'avance par la caisse de service; on le portera ensuite dans les dépenses de Hollande; cela entrera dans le budget de la liste civile pour 1810.

Vous dites dans votre rapport que l'arriéré des lettres de change montait, au 1er août, à 5,136,000 florins; au 1er octobre on aura payé 1,626,000 florins; il ne restera donc plus à payer que 3,510,000 florins, ou 7,300,000 francs. Ces lettres de change forment un compte payé et soldé et échoient en octobre, novembre, décembre, janvier et février. Je remarque, d'un autre côté, que l'arriéré sur les ordonnances monte à 5,582,000 florins; sur quoi je donne la somme de 282,000 florins; il reste donc 5,300,000 florins. Je suppose que cette dette n'est plus susceptible de discussion; puisqu'on la présente comme déjà ordonnancée, elle est donc réellement due.

Par les états joints aux rapports, il n'est pas possible de distinguer les exercices : je demande des états par exercices; pour chaque exercice, par ministères, et pour chaque ministère, par chapitres. Mais on voit qu'au moins la moitié de ces 5,300,000 florins appartient aux six premiers mois de 1810, c'est-à-dire à l'exercice courant. Mon intention serait qu'à dater du mois d'octobre prochain aucune lettre de change ni ordonnance ne fût soldée par le trésor. Je voudrais même faire sortir des états ces 8,810,000 florins ou 18,500,000 francs, et les faire solder par la caisse d'amortissement. Je vous prie de demander des renseignements à M. Gogel et de rédiger ensuite le projet de décret dont je vais indiquer les bases. On l'enverra ensuite à l'architrésorier et aux ministres pour avoir leurs observations avant la distribution d'octobre. On fera, en attendant, les bons, afin qu'ils puissent partir en même temps que le décret.

BASES DU PROJET DE DÉCRET.
TITRE Iᵉʳ.

ARTICLE PREMIER. Il est créé 20 millions de bons de la caisse d'amortissement.

Ces bons formeront dix séries, savoir :

1° Cinq séries composées chacune d'une somme égale au montant de chaque échéance des lettres de change à rembourser en octobre, novembre, décembre, janvier et février. Ces cinq séries feront une somme totale de 3,300,000 florins, montant des lettres de change;

2° La sixième série sera d'une somme de 561,000 florins, montant de l'argent emprunté sur les girofles;

3° Quatre autres séries complétant la somme de 20 millions de francs et servant à rembourser définitivement les ordonnances qui ont été délivrées et que le trésor n'aurait pas payées, faute de fonds, au 1ᵉʳ octobre 1810.

ART. 2. Ces bons porteront intérêt à 5 pour 100 à dater, savoir : pour la première série, du mois d'octobre; pour la seconde, du mois de novembre; pour la troisième, du mois de décembre; pour la quatrième, du mois de janvier; pour la cinquième, du mois de février, c'est-à-dire en partant du jour de l'échéance des lettres de change; pour la sixième série, conformément aux conditions de l'emprunt qui avait été fait par le Roi; et pour les quatre autres séries, à dater du 1ᵉʳ janvier 1811.

Art. 3. La partie de l'intérêt pour les trois derniers mois de 1810 sera payée au 1ᵉʳ janvier. On payera ensuite l'intérêt par semestre, c'est-à-dire de janvier en juillet et de juillet en janvier.

Art. 4. Les dix séries seront remboursées en quatre ans, à raison de 5 millions par an à dater de 1812.

TITRE II.

Art. 5. La caisse d'amortissement sera remboursée de ses 20 millions : 1° par la cession qui lui sera faite de 1900 milliers de girofles au prix de..... (Il faut faire un bon prix pour que la caisse d'amortissement trouve à la vente de quoi couvrir les intérêts qu'elle aura payés. Les girofles sont estimés 10 millions de francs.) 2° par la cession d'une somme de 10 millions sur les premières rentrées de l'arriéré des contributions. (Il faut déterminer cet arriéré exercice par exercice, et bien spécifier les opérations.)

Moyennant ce décret le service des trois derniers mois deviendra facile et pourra être très-abondant. Comme j'ordonnerai à la caisse du domaine extraordinaire d'escompter au pair tous les bons qui se présenteront, ils équivaudront à de l'argent comptant, et cela arrangera les fournisseurs, qui recevront ici beaucoup d'argent. Il ne restera à régler que l'arriéré des ministères et celui de la dette, questions qui n'embarrasseront pas le service pendant les derniers mois de cette année. Il est urgent cependant d'avoir enfin une idée nette du service de la Hollande. On ne peut se former cette idée si l'on n'établit pas d'abord le budget de 1810. Il faut écrire au ministre des finances pour qu'il l'établisse tel qu'il croit qu'il sera réellement; nous touchons au huitième mois de l'année, il doit être assez avancé pour établir avec certitude les recettes de l'année.

Quant à la dépense, le service est réglé; on a adopté pour les pensions la réduction du Roi. La liste civile finira en 1810. La dépense du Corps législatif est terminée. La garde de Hollande, le régiment de hussards et celui de cuirassiers ne se payent que depuis l'entrée des troupes jusqu'en septembre. On paye ensuite cinq régiments d'infanterie française et quatre régiments de cavalerie en remplacement de la garde et des régiments qui ont été ôtés. Ainsi le budget en dépense est facile à faire. Il faut ensuite faire connaître tout ce qui est rentré pendant le mois de juillet; en septembre, on fera connaître ce qui sera rentré dans le mois d'août, et en octobre, ce qui sera rentré en septembre, et ainsi de suite. Ainsi on se trouvera parfaitement au fait de la recette. On fera connaître également ce qui a été dépensé au 1er juillet, ce qui a été dépensé dans le mois de juillet, dans le mois d'août; et il faut avoir soin de ne pas confondre les dépenses de 1810 avec celles de 1809 et années antérieures.

Il faut ainsi établir le budget en recette et en dépense des exercices arriérés pour connaître le déficit, ainsi que le budget des ministres présentant ce qu'ils ont dépensé, les crédits qui leur restent, ou l'insuffisance des crédits. La trésorerie de Hollande étant très-petite, elle connaît bien ses affaires; il ne faut que lui envoyer des modèles d'état, et dans le courant de septembre nous pourrons avoir des notions positives sur le service.

En envoyant le décret de distribution pour septembre, vous ferez remarquer que j'ai donné à la marine plus qu'on n'avait demandé à cause de la dépense des vélites et des pupilles royaux, qui a été mise à sa charge; que la guerre se trouvera déchargée des vélites, des pupilles royaux, de la garde, du régiment de hussards et du régiment de cuirassiers; que cela compensera l'entretien des cinq régiments d'infanterie et des quatre régiments de cavalerie, d'autant plus qu'on a ôté aussi toute l'artillerie, les sapeurs, etc. que cependant, s'il devait en être autrement, on le verrait par le budget; qu'il faut établir ce budget pour tout 1810, et qu'on donnerait en octobre ce qui aurait manqué en septembre.

NAPOLÉON.

D'après l'original comm. par Mme la comtesse Mollien.

16827. — A M. DE CHAMPAGNY, DUC DE CADORE,

MINISTRE DES RELATIONS EXTÉRIEURES, À PARIS.

Saint-Cloud, 26 août 1810.

Monsieur le Duc de Cadore, passez une note au prince Kourakine dans laquelle vous vous plaindrez de la conduite du sieur Bethmann, consul de Russie à Francfort. Vous partirez de la lettre de M. de Narbonne, du 15 août, pour raconter le fait et porter plainte contre ce consul. Portez plainte également à M. de Metternich de la conduite de l'agent de la légation d'Autriche qui est à Ratisbonne.

Écrivez à M. de Lesseps et réitérez au duc de Vicence que toute signature de mes consuls en Amérique qui serait présentée est fausse; que notamment la pièce qu'il a envoyée est fabriquée, et que le bâtiment doit être confisqué.

NAPOLÉON.

D'après l'original. Archives des affaires étrangères.

16828. — A EUGÈNE NAPOLÉON,
VICE-ROI D'ITALIE, À MONZA.

Saint-Cloud, 26 août 1810.

Mon Fils, le 17 août on ne connaissait pas encore à Ancône votre décision qui ordonne de ressaisir les bâtiments ottomans et de les remettre sous le séquestre, laquelle décision vous me dites avoir expédiée le 2 août. D'autres bâtiments ottomans étaient arrivés. Que tous restent sous le séquestre. Je me réserve seul le droit de statuer sur leur libération, par la connaissance que j'aurai de leurs papiers.

NAPOLÉON.

D'après la copie comm. par S. A. I. Mme la duchesse de Leuchtenberg.

16829. — A EUGÈNE NAPOLÉON,
VICE-ROI D'ITALIE, À MONZA.

Saint-Cloud, 26 août 1810.

Mon Fils, je reçois votre lettre du 20. Vous avez eu tort de prendre votre décision du 26 juillet qui libère les bâtiments ottomans. Le ministre des finances ne vous disait pas que vous y étiez autorisé, il vous faisait connaître les renseignements qu'il fallait prendre; mais ces renseignements ne se composent pas des seules déclarations des individus. Je me suis réservé exclusivement la connaissance de cette affaire. Aucun bâtiment ottoman ne peut être libéré sans un décret de moi. Il faut que les douanes d'Italie soient mises sur le pied de celles de France; sans cela je ne vous cache pas que je réunirai le royaume d'Italie. La seule considération des douanes m'a obligé à réunir la Hollande. Si donc mes vœux n'étaient pas remplis, je n'aurais d'autre moyen que de couvrir l'Italie de mes douanes. Par exemple, l'Italie est inondée de marchandises suisses; les toiles peintes et les cotonnades viennent toutes de Suisse, tandis que la France est encombrée de ces étoffes. Mon intention est que les toiles peintes, etc. d'Allemagne ou de Suisse ne soient point admises en Italie et ne puissent venir que de France. Faites-moi un rapport là-dessus.

NAPOLÉON.

D'après la copie comm. par S. A. I. Mme la duchesse de Leuchtenberg.

16830. — AU PRINCE LEBRUN,
LIEUTENANT GÉNÉRAL DE L'EMPEREUR EN HOLLANDE, À AMSTERDAM.

Saint-Cloud, 26 août 1810.

Ne serait-il pas convenable de donner aux hôpitaux les enfants qui sont dans les pupilles royaux et qui ont moins de douze ans? Ce serait 8 ou 900 enfants dont on se débarrasserait, sauf à les reprendre lorsqu'ils auraient plus de quatorze ans; car il me semble que, de toutes les manières d'élever les enfants, la plus coûteuse et la plus préjudiciable est de les tenir réunis; il vaut mieux les répartir dans les campagnes, au compte des hôpitaux. Ne pourrait-on pas, pour ceux qui ont plus de treize ans, soit dans les vélites, soit dans les pupilles, les mettre à bord des vaisseaux de guerre? Ce serait un fonds de 2,200 hommes qui augmenteraient nos équipages; ce qui serait une chose avantageuse.

D'après la minute. Archives de l'Empire.

16831. — A M. DE CHAMPAGNY, DUC DE CADORE,
MINISTRE DES RELATIONS EXTÉRIEURES, À PARIS.

Saint-Cloud, 27 août 1810.

Monsieur le Duc de Cadore, je vous renvoie la note à remettre à M. de Kourakine. La fin est à changer. Je vous renvoie également les deux projets de convention avec l'Autriche et le projet de lettre avec le prince de Schwarzenberg.

NAPOLÉON.

D'après l'original. Archives des affaires étrangères.

16832. — AU GÉNÉRAL CLARKE, DUC DE FELTRE,
MINISTRE DE LA GUERRE, À PARIS.

Saint-Cloud, 27 août 1810.

Il faut savoir qui a donné l'ordre qu'on fît un approvisionnement de siége à Danzig. Ordonner une semblable opération sans mon ordre. c'est un véritable crime, c'est mettre l'alarme dans le Nord. Si c'est l'ordonnateur qui a pris cela sur lui, il est bien coupable. Éclaircissez cette affaire.

D'après la minute. Archives de l'Empire.

16833. — AU GÉNÉRAL LACUÉE, COMTE DE CESSAC,
MINISTRE DIRECTEUR DE L'ADMINISTRATION DE LA GUERRE, À PARIS.

Saint-Cloud, 27 août 1810.

Je vous prie de donner des ordres sur-le-champ pour que tous les malades qui arrivent dans l'île de Walcheren soient envoyés sans délai à Bruges et à Gand. Envoyer des hommes à l'hôpital de Middelburg, c'est les envoyer à la mort. Cet hôpital est parfaitement inutile; il est d'ailleurs dans l'endroit le plus malsain de l'île.

D'après la minute. Archives de l'Empire.

16834. — AU COMMANDANT DEPONTHON,
SECRÉTAIRE DU CABINET DE L'EMPEREUR, EN MISSION EN HOLLANDE.

Saint-Cloud, 27 août 1810.

J'ai reçu vos différents rapports et le dernier que vous m'avez envoyé d'Amsterdam. Je désire que vous alliez parcourir la côte depuis l'endroit où vous vous êtes arrêté jusqu'au Holstein; que vous visitiez l'embouchure du Weser et de l'Elbe, le port de Cuxhaven; que vous reconnaissiez l'emplacement des batteries nécessaires pour favoriser le cabotage.

Vous irez reconnaître le canal de Tœningen, qui communique de la Baltique à la mer du Nord, pour en bien connaître tous les détails; le canal de Lauenburg, qui communique de la Baltique à l'Elbe, et les différents autres canaux qui débouchent dans ces mers ou communiquent de l'Elbe au Weser.

D'après la minute. Archives de l'Empire.

16835. — A LOUIS-CHARLES-AUGUSTE, PRINCE ROYAL DE BAVIÈRE,
À MUNICH.

Saint-Cloud, 27 août 1810.

Mon Cousin, j'ai lu avec plaisir la lettre que Votre Altesse m'a adressée lors de mon mariage. Je ne doute pas que votre alliance avec la princesse Thérèse[1] ne vous donne le bonheur que vous méritez; et il me sera fort agréable d'apprendre que vous êtes heureux, car l'attachement que je vous porte ne finira jamais.

D'après la minute. Archives de l'Empire.

16836. — AU PRINCE CLÉMENT WENCESLAS,
ANCIEN ÉLECTEUR DE TRÈVES.

Saint-Cloud, 27 août 1810.

J'ai reçu avec plaisir les félicitations que vous m'avez adressées à l'occasion de mon mariage. Vos sentiments pour l'Impératrice et pour moi m'étaient déjà connus; j'en ai trouvé, dans la lettre de Votre Altesse, de nouvelles preuves, et je l'en remercie.

D'après la minute. Archives de l'Empire.

16837. — A LA PRINCESSE CUNÉGONDE[2].

Saint-Cloud, 27 août 1810.

Je vous remercie des félicitations et des vœux que contenait la lettre que vous m'avez écrite lors de mon mariage. J'ai été sensible à cette marque de l'attachement de Votre Altesse; et elle peut compter sur les

---

[1] La princesse Thérèse de Saxe-Hildburghausen.
[2] Sœur de l'ancien électeur de Trèves.

sentiments avec lesquels je prie Dieu qu'il ait Votre Altesse en sa sainte et digne garde.

D'après la minute. Archives de l'Empire.

16838. — A M. DE CHAMPAGNY, DUC DE CADORE,
MINISTRE DES RELATIONS EXTÉRIEURES, À PARIS.

Saint-Cloud, 28 août 1810.

Monsieur le Duc de Cadore, donnez les ordres les plus positifs à mes agents commerciaux de ne délivrer aucun certificat d'origine de marchandises quelconques, si les bâtiments ne sont destinés pour la France, et de n'en délivrer aucun pour l'étranger, sous quelque prétexte que ce soit. Réitérez l'instruction à mes consuls, surtout à ceux qui sont en Russie et dans le Nord, que tous certificats d'origine de mes consuls en Amérique, pour marchandises coloniales ou venant d'Angleterre, sont argués de faux, vu que les Anglais ont des fabriques publiques de ces papiers à Londres.

NAPOLÉON.

D'après l'original. Archives des affaires étrangères.

16839. — AU VICE-AMIRAL COMTE DECRÈS,
MINISTRE DE LA MARINE, À PARIS.

Saint-Cloud, 28 août 1810.

Je vous renvoie toutes les pièces relatives à la négociation de Morlaix; je vous envoie également la note et le projet de convention; expédiez-les demain à mon commissaire. J'en ai ôté les articles 12 et 13, qui me paraissent inutiles. Vous ferez connaître à M. de Moustier qu'il ne doit donner les bases de la convention qu'après la note. Il laissera M. Mackensie faire les observations qu'il aura à faire, et, après cela, il dira qu'après avoir écouté les observations il a rédigé un projet qu'il croit propre à concilier les différentes prétentions.

Vous ferez connaître au sieur de Moustier que la grande quantité de prisonniers espagnols qui arrivent tous les jours, tels que la garnison de Ciudad-Rodrigo, bientôt celle d'Almeida, change à chaque instant la base d'un échange en masse; que cependant, pour ne pas être les premiers à nous désister, nous voulons encore suivre cette base dans la négociation; mais que, si le gouvernement britannique élève de nouvelles difficultés, nous nous refuserons à l'admettre, et que, si les choses traînent, nous n'admettrons l'échange que homme pour homme et grade pour grade.

<small>D'après la minute. Archives de l'Empire.</small>

NOTE.[1]

Le soussigné a mis sous les yeux de son gouvernement la note et l'article additionnel que M. Mackensie lui a remis le 1er de ce mois. Il est chargé d'y faire la réponse suivante :

Au lieu de proposer le principe de la libération générale des prisonniers de guerre des deux masses belligérantes, le gouvernement français était en droit de demander au gouvernement britannique l'échange, homme par homme et grade par grade, de tous les prisonniers français détenus en Angleterre, contre pareil nombre de prisonniers anglais, espagnols et portugais détenus en France, et la justice de cette proposition ne pouvait être contestée.

En effet, comment ces régiments de la Romana qui servaient en Galice lorsque le général Moore commandait les deux armées, et qui, pris en combattant pour couvrir la retraite de ce général, sauvèrent son arrière-garde, ne seraient-ils pas regardés comme ses propres prisonniers?

Comment considérer autrement les troupes de la Cuesta qui, à la bataille de Talavera, formaient la droite de l'armée dont les Anglais formaient la gauche, et qui, après cette bataille, ont été prises sur le Tage, où elles couvraient la retraite du général Wellington?

Comment les Espagnols de la garnison de Ciudad-Rodrigo qui défendaient cette place par ordre du même général, et qui, s'ils n'avaient suppléé dans cette défense aux troupes britanniques, en eussent laissé tomber pareil nombre au pouvoir des Français, comment ces Espagnols ne seraient-ils pas traités comme les Anglais mêmes?

[1] Cette note porte les traces de nombreuses corrections de la main de l'Empereur.

Comment les prisonniers faits sur les Portugais qui combattent mêlés dans les divisions britanniques, comment ceux faits sur les garnisons d'Almeida et de Cadix dans les sorties journalières qu'elles font avec les Anglais, ne seraient-ils pas comptés comme les prisonniers anglais?

C'était donc le droit de la France d'exiger que ces prisonniers concourussent, homme par homme et grade par grade, à l'échange des prisonniers français. Cette marche était la plus naturelle. Mais déjà le gouvernement britannique avait présenté des difficultés sur l'échange de 17,000 Hanovriens de la capitulation du comte de Wallmoden. On avait à discuter le rang des voyageurs anglais arrêtés en France en représaille des voyageurs français, tout aussi étrangers à la guerre, arrêtés sur l'Océan, et l'on pouvait prévoir encore d'autres incidents qui amèneraient au moins des lenteurs dans la négociation.

Un seul moyen se présentait de terminer et prévenir toute discussion : c'était de libérer en masse, sans petits calculs et sans autre sentiment que celui de l'humanité, tous les prisonniers qu'on avait de part et d'autre. L'idée en était grande et généreuse. Le gouvernement français s'y arrêta, et la pensée de saisir cette occasion d'un sacrifice de ses intérêts pour faire fléchir le caractère d'exaspération qu'a pris la guerre entra pour quelque chose dans sa détermination.

Le principe de la libération générale fut donc proposé le 25 mai. L'accueil que cette communication reçut du commissaire britannique à qui elle fut remise fit espérer que la libéralité de cette proposition serait sentie et secondée en Angleterre. On pensa qu'une disposition aussi noble, dans laquelle le gouvernement français avait numériquement plus à donner qu'à recevoir [1], et qui, d'un seul mot, terminait les mal-

---

[1] Suivant une lettre du ministre de la guerre nous aurions dans les dépôts :

Anglais.	10,526
De la légion irlandaise.	932
Otages.	500
Espagnols.	38,355
Total.	50,313
Les Hanovriens.	17,000

Les Anglais accusent :

Français.	43,774
Hollandais.	103
Danois.	2,294
Russes.	302
Total.	46,473

(Note de la minute.)

heurs de plus de 130,000 hommes, serait adoptée avec empressement. Mais cette espérance fut bien déçue par le projet de convention que le soussigné reçut le 23 juin. Autant la proposition française était illimitée et avait le caractère de l'abandon et de la libéralité, autant le projet de convention remis en réponse portait celui du calcul et des réserves, quoiqu'il commençât par adopter le principe proposé.

Le gouvernement britannique demandait d'abord l'échange de tous les prisonniers anglais contre pareil nombre de Français; il arguait sur le nombre et les assimilations de grade, et les estimations numériques des hommes à renvoyer de part et d'autre; et, quant au surplus des prisonniers français qui resteraient en son pouvoir et des Espagnols qui resteraient à celui de la France, il s'en remettait aux invitations qui seraient faites aux juntes d'accéder à la libération, ou aux conventions qui pourraient avoir lieu à cet égard entre le gouvernement français et les juntes.

On ne s'étendra pas ici sur la réplique que le gouvernement français fit faire à cette proposition par la note que le soussigné remit à M. Mackenzie le .... juillet. Elle faisait remarquer que l'instabilité, la faiblesse, la division des juntes et leur dépendance des volontés populaires ne permettaient pas de traiter avec elles, et qu'on ne pouvait faire dépendre le sort de plusieurs milliers de Français des décisions de pareilles assemblées. On proposait enfin de ne pas leur en déférer sur un objet aussi important pour l'humanité, lorsque le résultat auquel on aspirait ne dépendait réellement que des gouvernements français et britannique, et que le premier, sous peine de mettre dans une position désespérée plusieurs milliers de ses sujets, ne pouvait adhérer à la proposition anglaise. Le gouvernement britannique paraît avoir senti jusqu'à un certain point la justesse de ces observations par l'addition jointe à la dernière note de M. Mackensie; mais, au principal, ce n'en est pas moins toujours la même proposition, savoir : l'échange immédiat de toute la masse des prisonniers anglais contre pareil nombre de Français, la libération ou l'échange du reste des Français restant ajournée à une époque où il est probable qu'il n'y aurait plus en France de prisonniers anglais.

On ne s'arrêtera pas ici sur ce qu'allègue l'Angleterre de la nécessité de consulter, sur le terme du malheur de tant d'individus, des hommes renfermés dans une place assiégée où ils dépendent absolument de l'Angleterre, ne subsistent et ne se défendent que par elle; mais on ne peut s'abstenir de quelque étonnement de ce que le gouvernement britannique croit avoir encore besoin de trois mois pour connaître leur pensée sur un principe qui lui a été communiqué le 25 mai et sur lequel son adhésion est parvenue en France le 22 juin.

C'est ici l'occasion de sortir de toute incertitude sur les intentions des deux gouvernements et de convenir franchement si l'on peut ou non s'entendre.

Si l'intention du gouvernement britannique est seulement de parvenir à la libération de tous les Anglais contre un nombre égal de Français, et de laisser le sort du surplus des prisonniers français à l'incertitude de l'avenir, il est impossible de traiter, parce que ce serait porter le désespoir chez les Français qui resteraient en Angleterre et leur ôter la garantie de leur délivrance, qui consiste dans la conservation en France des prisonniers anglais. Mais, si le gouvernement britannique veut sincèrement libérer sans distinction tous les prisonniers de guerre, le but peut en être atteint immédiatement, et la libération simultanée de tous les Français et de tous les Anglais peut se concilier avec le délai de trois mois que l'Angleterre demande pour consulter les juntes.

Pour cela, l'une et l'autre puissance se renverront de part et d'autre, à raison de 3,000 Français contre 1,000 Anglais, tous les prisonniers de l'une et l'autre nation qui sont en leur pouvoir, et l'on ne considérera comme échangés définitivement qu'un nombre de Français égal à celui des Anglais renvoyés par la France; le surplus des Français renvoyés en France y sera prisonnier sur parole, et ne pourra servir qu'après échange définitif.

Les prisonniers espagnols destinés à cet échange seront tenus en France en dépôt à l'entière disposition du gouvernement britannique, pour être envoyés en Angleterre et en Espagne dès que ce gouvernement le voudra.

Par ce moyen, le bienfait de la libération générale atteindra en même temps tous les prisonniers français et britanniques, et les Espagnols n'auront à l'attendre qu'autant que le voudra l'Angleterre. L'option lui est donc laissée sur tous les moyens d'appliquer le principe de la libération générale, pourvu que celle de la masse des prisonniers français marche de front avec celle des prisonniers anglais.

L'Angleterre veut-elle une libération absolue et en masse, telle qu'elle a été proposée par le gouvernement français? Il y consent.

Veut-elle libérer simultanément tous les Français et tous les Anglais avec limitation d'échange à des nombres égaux, et n'échanger les Espagnols que lorsqu'elle aura consulté les juntes? Le gouvernement français y consent.

Veut-elle un échange simultané, grade par grade, homme par homme, indistinctement entre les deux masses belligérantes? Le gouvernement français ne demande pas mieux.

Enfin le gouvernement français veut tout ce que voudra le gouvernement britannique, pourvu que sa volonté soit avouée par la justice et la raison, seuls arbitres entre deux puissances grandes et indépendantes.

Cependant, comme la France n'a proposé le principe de la libération générale, qui lèse ses intérêts, que pour faciliter la négociation, et que, au lieu d'atteindre son but, ce principe la fait traîner en longueur en donnant lieu à des propositions qui, si elles étaient admises, aggraveraient le sort du plus grand nombre des prisonniers français, le soussigné a ordre de déclarer à M. Mackensie que les propositions contenues dans cette note paraissent au gouvernement français les seules que comporte la franche et juste application du principe convenu, et que, si le gouvernement britannique refuse d'y adhérer, le gouvernement français retire la proposition qu'il a faite de ce principe et rentre dans le droit commun d'un échange d'homme par homme et grade par grade, sans distinction entre les Espagnols, Portugais, Anglais, Allemands, Français et tous alliés de la France.

Le soussigné a ordre de déclarer, en même temps, que le gouvernement français sera toujours disposé à s'entendre pour un échange proposé sur cette base d'homme par homme, sans distinction autre que celle des grades, ou sur la base du cartel de 1780.

D'après la minute. Archives de l'Empire.

16840. — AU COMTE DE MONTALIVET,
MINISTRE DE L'INTÉRIEUR, À PARIS.

Saint-Cloud, 28 août 1810.

Je reçois votre rapport sur les maisons des orphelins. Le principal est de commencer par en avoir une. Je ne pense pas qu'il convienne d'en avoir une à Paris, car, ordinairement, les établissements à Paris sont très-coûteux. Cependant, si l'on devait mettre le chef-lieu à Paris, je crois qu'il faudrait le mettre au Marais, où il y a beaucoup de maisons et où l'on pourrait l'établir avec économie.

D'après la minute. Archives de l'Empire.

16841. — AU COMTE BIGOT DE PRÉAMENEU,
MINISTRE DES CULTES, À PARIS.

Saint-Cloud, 28 août 1810.

Monsieur le Comte Bigot Préameneu, il paraît que le nombre des curés qui ont refusé de prêter le serment dans les départements de Rome et du Trasimène est de 500, et que le nombre de ceux qui l'ont prêté est de 900. Je crois qu'on pourrait réformer ces 500 curés sans inconvénient, et que les 900 curés assermentés seront plus que suffisants.

NAPOLÉON.

D'après l'original comm. par Mme la baronne de Nougarède de Fayet.

16842. — AU GÉNÉRAL DUROC, DUC DE FRIOUL,
GRAND MARÉCHAL DU PALAIS, À PARIS.

Saint-Cloud, 28 août 1810.

Monsieur le Duc de Frioul, je trouve que le décret proposé par le comte Daru pour l'administration des biens de la Toscane donne trop à la grande-duchesse, et que l'organisation actuelle ne lui donne pas assez. La grande-duchesse se plaint que les payements ne peuvent se faire que par ordonnances de Paris, ce qui cause beaucoup de retard, et que le budget n'est pas aussi bien fait qu'il pourrait l'être. Il faudrait ordonner que dans le courant d'octobre l'intendant soumettra à mon approbation le budget de l'année suivante des biens qui m'appartiennent en Toscane, et l'enverra ensuite à la grande-duchesse avec mes observations. L'intendant en Toscane ordonnancera, tous les mois, toutes les dépenses des gages et autres, sans avoir besoin de l'ordonnance de l'intendant général de notre maison.

Causez avec la grande-duchesse pour savoir si elle peut désirer quelque autre chose. Tout ce qu'elle pourra économiser dans le budget de la Maison ou dans l'administration des biens, je consens à le lui donner par le budget général; c'est tout ce que je puis faire.

D'après l'original non signé. Bibliothèque impériale.

16843. — A M. DE CHAMPAGNY, DUC DE CADORE,
MINISTRE DES RELATIONS EXTÉRIEURES, À PARIS.

Saint-Cloud, 29 août 1810.

Monsieur le Duc de Cadore, envoyez à Cassel le nouveau tarif que j'ai arrêté pour les marchandises coloniales, et écrivez au sieur Reinhard pour qu'il engage le Roi à faire suivre ce même tarif par ses douanes, surtout du côté de Prusse, et à prendre toutes les mesures nécessaires pour appliquer ce tarif à toutes les denrées coloniales qu'on a fait passer par ses états. Il faudrait faire faire la même chose en Saxe. Cela produirait de grands revenus pour ces pays. Vous aurez bien soin de faire connaître que cette mesure du tarif ne veut pas dire que les marchandises coloniales doivent entrer, mais seulement que celles qui existent soient frappées de cette contribution. Faites faire la même insinuation en Prusse, en Russie. En saisissant ce moyen sur-le-champ, la Prusse gagnera bien des millions. Faites faire la même chose par le prince Primat et par tous les princes de la Confédération. Je désirerais que le même jour chaque prince tarifât les marchandises coloniales dans ses états. Ce serait pour tous un grand avantage, et la perte retomberait partie sur le commerce anglais et partie sur les contrebandiers. Il est nécessaire surtout que MM. Caulaincourt et Lesseps soient bien informés à cet égard, et qu'ils puissent éclairer le gouvernement russe; jusqu'à présent ils ont été fort peu en état de le faire.

Réitérez l'ordre que, dans toutes les places du Mecklenburg et de l'Oder, les marchandises coloniales soient confisquées.

Mandez à mes agents à Francfort, et autres villes de commerce, de vous faire connaître la quantité de marchandises coloniales qui s'y trouvent et le lieu où il faudrait les saisir.

NAPOLÉON.

D'après l'original. Archives des affaires étrangères.

16844. — A M. DE CHAMPAGNY, DUC DE CADORE,
MINISTRE DES RELATIONS EXTÉRIEURES, À PARIS.

Saint-Cloud, 29 août 1810.

Monsieur le Duc de Cadore, faites-moi connaître les instructions que vous avez données à mon consul à Stettin. Je vous envoie une lettre du général Liebert avec plusieurs pièces de sa correspondance avec ce consul; vous y verrez que votre bureau du consulat ne fait pas son devoir; qu'on ne transmet aucune instruction à mes consuls; qu'ils errent et ne savent que faire. Cependant mes principes vous sont bien connus : toutes marchandises coloniales arrivant sur bâtiments américains ou autres soi-disant neutres viennent évidemment d'Angleterre, et doivent être confisquées. Mais on ne donne pas à mes consuls les instructions qu'ils réclament, et j'offre le bizarre spectacle du passage des marchandises coloniales protégées par mes consuls, à travers mes places fortes. Je vous ai admis au conseil de commerce pour que vous connaissiez bien nos principes sur ces matières. Vous devez en transmettre la connaissance à vos chefs de bureau, et ceux-ci doivent s'en servir dans toutes leurs correspondances et veiller sans cesse à ce que mes intentions soient partout suivies. Je vous prie de faire en sorte que je n'aie plus de plaintes de cette espèce à faire aux relations extérieures. Donnez des instructions détaillées à vos chefs, et particulièrement à votre bureau de consulat.

Je vous ai ordonné d'envoyer des instructions aux consuls, je vous réitère cet ordre. Je vous envoie un projet de circulaire.

NAPOLÉON.

D'après l'original. Archives des affaires étrangères.

16845. — AU COMTE MOLLIEN,
MINISTRE DU TRÉSOR PUBLIC, À PARIS.

Saint-Cloud, 29 août 1810.

Monsieur le Comte Mollien, je vous autorise à acheter de la Banque autant d'actions que vous pourrez au prix de 1,260 francs; en calculant que juillet et août porteront 12 francs pour la valeur de l'action, ce ne serait que 1,248 francs. Vous pouvez en acheter à ce taux autant qu'il s'en présentera.

NAPOLÉON.

D'après l'original comm. par Mme la comtesse Mollien.

16846. — AU VICE-AMIRAL COMTE DECRÈS,
MINISTRE DE LA MARINE, À PARIS.

Saint-Cloud, 29 août 1810.

Monsieur le Comte Decrès, je vous envoie un rapport du ministre de la guerre et un travail du premier inspecteur sur Cherbourg. Je désire que vous me présentiez, en conséquence, un projet de décret conforme à ce que j'ai déjà décidé. Il faut qu'on puisse fortifier le port séparément de la ville, que les cales soient établies à la proximité du bassin. On placera les magasins soit dans l'intérieur, soit à l'extérieur, parce qu'en cas de siége on pourra toujours facilement retirer les bois; on en aura toujours le temps pendant que l'ennemi prendra les forts avancés; et enfin ce serait une médiocre perte. Mais il est nécessaire que l'ennemi ne puisse ni faire sauter mes bassins, ni brûler à la main les dix-huit vaisseaux de guerre qui s'y trouveront, ni enlever les approvisionnements de fer, de canons, d'artillerie, qui seront dans mes magasins, ni faire sauter les batardeaux, voussoirs et autres ouvrages principaux, ni incendier les vaisseaux sur le chantier, etc. Par conséquent, il faut que tous ces établissements soient renfermés dans une enceinte. Tous les officiers du génie se réunissent sur l'impossibilité de fortifier une trop grande enceinte, qui exigerait un nombre trop considérable de troupes pour la garder. Je suis donc décidé à m'en tenir au plan adopté dans le dernier conseil pour l'arsenal de marine. Vous pourrez, s'il est nécessaire, appeler le général Dejean; vous pourrez aussi mettre à la suite de mon décret le croquis que j'ai fait faire par le général Bertrand, et qui doit être dans vos papiers.

Veillez bien à ce que l'ingénieur, pendant que je discute la question, n'aille pas faire de nouveaux travaux qui m'embarrassent.

NAPOLÉON.

D'après l'original comm. par Mme la duchesse Decrès.

16847. — NOTE POUR LE MINISTRE DE LA MARINE.

Saint-Cloud, 29 août 1810.

Les affaires de la famille de Fleurieu doivent être traitées de la manière suivante :

Prendre tout ce qui est intéressant pour la marine, la veuve ne pouvant être que dupe si elle traitait particulièrement.

Compter de clerc à maître avec elle, comme si M. de Fleurieu avait travaillé pour le gouvernement, et rembourser toutes les avances qu'il a faites.

Quant à la peine qu'a prise M. de Fleurieu et à son travail personnel, on en rendra compte à Sa Majesté, qui les appréciera.

Ainsi sa famille sera bien traitée, ses filles auront de quoi se marier, et la marine aura ce qu'il lui importe d'avoir.

D'après la copie. Archives de la marine.

16848. — NOTE POUR LE MINISTRE DE L'INTÉRIEUR.

Saint-Cloud, 29 août 1810.

La route d'Auxerre est très-mauvaise. La route de Tortone à Plaisance est détestable. Les voyageurs aiment mieux emprunter le territoire du royaume d'Italie et faire 4 milles de plus pour aller à Plaisance, que de faire 4 milles de moins sans passer la frontière, mais en prenant la mauvaise route de Tortone. La route de Florence à Rome est aussi en fort mauvais état. On dit qu'on vole dans les travaux de la route de la Corniche; qu'on travaille les parties les plus faciles et qu'on laisse en arrière les plus difficiles. Il faut terminer enfin la question des routes. Les ingénieurs des départements sont chargés, en même temps, des routes et des travaux d'art. Ils ne peuvent mettre à surveiller les routes assez de temps et d'intérêt. Il faut former une commission qui propose le nouveau système à adopter, soit celui des cantonniers, soit tout autre. Dans beaucoup de pays, où l'on ne tire pas vanité des routes comme on le fait en France, elles sont très-bonnes, parce qu'on a un système, et nous n'en avons pas.

D'après la minute. Archives de l'Empire.

16849. — AU GÉNÉRAL SAVARY, DUC DE ROVIGO,
MINISTRE DE LA POLICE GÉNÉRALE, À PARIS.

Saint-Cloud, 29 août 1810.

J'ai remarqué dans l'état des dépôts de la police générale des articles très-anciens; il faut régulariser cette comptabilité. Les espèces monnayées doivent être portées en recette extraordinaire dans votre budget et dans la situation de la caisse de la police. Les effets en bijoux d'or et d'argent, ainsi que les diamants, dont le dépôt est antérieur à l'exercice courant, doivent être convertis en espèces pour entrer également en recette. Si, malgré les longs délais qui se sont écoulés, il survenait lieu à restitution de quelques articles, les restitutions, faites après avoir reçu mon approbation, seraient portées en dépense.

Quant aux valeurs fausses, telles que faux billets, fausses monnaies et autres corps de délit, ces documents doivent être retirés de la caisse et mis en dépôt dans les archives de votre ministère.

A la fin de chaque année, vous suivrez cette marche en portant sur vos budgets toutes les sommes provenant des dépôts non réclamés de l'année.

D'après la minute. Archives de l'Empire.

16850. — AU PRINCE DE BÉNÉVENT,
VICE-GRAND ÉLECTEUR, À PARIS.

Saint-Cloud, 29 août 1810.

Monsieur le Prince de Bénévent, j'ai reçu votre lettre. Sa lecture m'a été pénible. Pendant que vous avez été à la tête des relations extérieures, j'ai voulu fermer les yeux sur beaucoup de choses. Je trouve donc fâcheux que vous ayez fait une démarche qui me rappelle des souvenirs que je désirais et que je désire oublier.

NAPOLÉON.

D'après l'original. Archives des affaires étrangères.

16851. — A JOACHIM NAPOLÉON, ROI DES DEUX-SICILES,
À NAPLES.

Saint-Cloud, 29 août 1810.

J'apprends avec plaisir que vous allez mettre à l'eau un vaisseau de 74; mais je ne vois pas que vous mettiez en construction des vaisseaux de 80. Cependant vous en sentez l'importance; il vous faut une division de quatre ou cinq vaisseaux de guerre et de trois ou quatre frégates. Quand vous aurez cette division, vous serez beaucoup plus fort que la marine de Sicile, et vous commencerez à prendre rang parmi les puissances maritimes.

D'après la minute. Archives de l'Empire.

16852. — A ALEXANDRE Ier, EMPEREUR DE RUSSIE,
À SAINT-PÉTERSBOURG.

Saint-Cloud, 29 août 1810.

Monsieur mon Frère, le prince Alexis Kourakine partant pour se rendre auprès de Votre Majesté Impériale, je ne veux pas laisser passer cette occasion sans lui réitérer tous mes sentiments. Ceux que je porte à Votre Majesté, comme les considérations politiques de mon Empire, me font désirer chaque jour davantage la continuation et la permanence de l'alliance que nous avons contractée. De mon côté, elle est à l'épreuve de tout changement et de tout événement. J'ai parlé franchement au prince Alexis Kourakine sur plusieurs questions de détail. Mais je prie Votre Majesté de lui accorder surtout confiance lorsqu'il lui parlera de mon amitié pour elle et de mon désir de voir éternelle l'alliance qui nous lie.

NAPOLÉON.

D'après la copie comm. par S. M. l'empereur de Russie.

16853. — NOTE
DICTÉE EN CONSEIL D'ADMINISTRATION DES FINANCES.

Saint-Cloud, 30 août 1810.

Le ministre des finances invitera la section de l'intérieur du conseil hollandais à faire un projet de division du territoire, en portant la frontière orientale jusqu'à l'Ems. Wesel ferait aussi partie de la Hollande. La frontière suivrait le Rhin jusqu'à Wesel; elle remonterait la Lippe jusqu'à Munster, et de là suivrait l'Ems jusqu'à l'endroit où cette rivière entre dans l'Ost-Frise. Cette ligne serait la ligne réelle des douanes. On pourrait joindre à cette ligne celle du grand-duché de Berg, et ce qui resterait du pays d'Arenberg, qui serait onéré par une simple ligne de douanes. Il faut examiner quelle serait, dans ce plan, la partie du territoire qu'il y aurait à ajouter à la Hollande, et l'indemnité en rentes qu'on serait dans le cas de donner au prince d'Arenberg et aux princes de Salm, auxquels il paraît que la portion dont il s'agit appartient. Cette opération, ne fût-elle point exécutée, mais étant prévue pour l'avenir, permettrait de former en Hollande neuf départements.

D'après la copie. Archives des finances.

16854. — NOTE SUR LA CORSE,
DICTÉE EN CONSEIL D'ADMINISTRATION DES FINANCES.

Saint-Cloud, 30 août 1810.

Sa Majesté fait les observations suivantes :

Les douanes sont supprimées.

Quant à l'enregistrement, il serait nécessaire d'avoir en détail ce que rapporte chacun des droits qui le composent, et les dépenses de chaque perception. Suivant les états, il rend 180,000 francs de produit brut, et il coûte 109,000 francs. Il convient de chercher, par une organisation à part, le moyen d'obtenir le même produit avec une dépense annuelle de 18 à 20,000 francs pour les frais de perception.

Les postes coûtent plus qu'elles ne rapportent. Leur produit brut est de 35,000 francs. Il convient qu'à dater de 1811 elles ne coûtent que 35,000 francs. On ne voit pas qu'elles soient un sujet de dépense. Autrefois elles donnaient un produit net.

Quant aux forêts, il est aussi nécessaire d'avoir plus de détails. Il paraît facile de diminuer les dépenses.

Si l'on ne peut parvenir à réduire les frais de l'enregistrement, comme on se le propose, on serait obligé de supprimer l'enregistrement, en conservant seulement le papier timbré et les droits de greffe, dont il paraît qu'on peut tirer parti en les faisant percevoir par les agents des tribunaux.

On supprimerait aussi les droits réunis. Cette suppression avec celle de l'enregistrement ferait une diminution d'environ 260,000 francs, qui pourrait être couverte, du moins en partie, par une augmentation, soit sur la contribution foncière, soit sur la contribution personnelle, soit sur toute autre contribution. Le ministre fera, jeudi prochain, un rapport sur cet objet.

En général, la Corse doit rapporter 600.000 francs. On voit, dans les comptes de M. Necker qu'elle rapportait 550,000 francs. Est-ce brut? Est-ce net?

La somme de 600,000 francs que rapporterait la Corse serait affectée à ses dépenses, qui ne doivent pas aller au delà, la défense du pays non comprise. Pour cela, il faut régler les dépenses avec soin, faire connaître ce que la Corse a produit et ce qu'elle a dépensé en 1807, 1808, 1809; donner les détails des dépenses de l'intérieur; savoir comment elles s'élèvent à 600,000 francs et quelles mesures on peut prendre pour les réduire.

Il faut aussi donner à la Corse tous les priviléges de douanes possibles pour l'introduction des denrées de son cru en France. La France est l'Europe pour elle, puisque Marseille, Gênes et Livourne sont français. Si l'on ne peut pas entrer des denrées sans payer les droits, ou avec quelques avantages notables, elle ne pourra s'en dédommager en les portant ailleurs. Il ne paraît pas que ces avantages puissent avoir de l'inconvénient, puisque la Corse ne produit aucune denrée du genre des denrées coloniales, et que ses productions ordinaires sont des huiles, des vins, des bois de chauffage, de la cire, du miel, des raisins secs, des peaux de chèvre, etc.

D'après la copie. Archives des finances.

16855. — A EUGÈNE NAPOLÉON,
VICE-ROI D'ITALIE, A VENISE.

Saint-Cloud, 31 août 1810.

Mon Fils, aussitôt qu'on a connu à Gênes mon dernier tarif sur les denrées coloniales, les négociants de ces pays ont envoyé toutes leurs marchandises en Italie. Mais, si vous avez mis à exécution mon décret, quand vous l'aurez reçu, vous leur aurez fait payer les mêmes droits dans mon royaume d'Italie. Ainsi il n'y aura eu à cela aucun mal.

On dit que la récolte en Italie est mauvaise; veillez à ce qu'on n'exporte pas trop de blé et à ce qu'on ne nous mette pas dans l'embarras.

NAPOLÉON.

D'après la copie comm. par S. A. I. M™* la duchesse de Leuchtenberg.

16856. — A M. DE CHAMPAGNY, DUC DE CADORE,
MINISTRE DES RELATIONS EXTÉRIEURES, A PARIS.

Saint-Cloud, 1ᵉʳ septembre 1810.

Monsieur le Duc de Cadore, faites connaître au ministre de Danemark tout ce qui est relatif aux licences que j'ai accordées pour l'exportation des denrées d'Allemagne et des villes hanséatiques, licences que je n'ai accordées qu'avec la condition que les bâtiments qui en seraient porteurs n'importeraient rien d'Angleterre, mais serviraient seulement à exporter des blés et des produits du sol de l'Allemagne, et reviendraient sur leur lest en France pour y prendre des marchandises françaises et les exporter dans le Nord. Dites bien que mes décrets de Berlin et de Milan ne sont pas rapportés; que tous les raisonnements des journaux anglais et toute assurance qu'on donnerait là-dessus sont faux; que j'ai dit que je rapporterais au mois de novembre mes décrets si l'Angleterre renonçait à ses arrêts du conseil et à son système de blocus, mais qu'il ne paraît pas que l'Angleterre soit disposée à devenir juste.

NAPOLÉON.

D'après l'original. Archives des affaires étrangères.

16857. — AU GÉNÉRAL CLARKE, DUC DE FELTRE,
MINISTRE DE LA GUERRE, À PARIS.

Saint-Cloud, 2 septembre 1810.

Faites connaître au duc de Raguse que tous les bâtiments chargés de marchandises coloniales sont de bonne prise, soit qu'elles viennent sur bâtiments ottomans, soit américains ou autres; que j'apprends qu'on en souffre à Trieste; que les certificats d'origine ne servent de rien, qu'ils sont tous faux.

Écrivez la même chose au maréchal Pérignon et au chef d'état-major à Naples. Faites-leur bien comprendre que nous faisons par là une guerre ruineuse au commerce anglais; que nous y réussissons partout; ce qui produit déjà beaucoup de tort en Angleterre.

Je désire que vous demandiez aux ministres de l'intérieur et des finances des connaissances sur cette matière, et que vous en fassiez l'objet d'une circulaire à mes généraux en pays étrangers. Je désire même que les commandants d'armes vous envoient un bulletin des bâtiments et marchandises qui entrent et qui sortent de leurs places. Cela me servira ici à contrôler les douanes. J'ai besoin surtout de savoir ce qui se passe à Venise, Ancône, Trieste et Naples. Après avoir recueilli toutes les lumières sur cette matière, formez votre correspondance pour pouvoir m'instruire sûrement et promptement.

D'après la minute. Archives de l'Empire.

16858. — AU VICE-AMIRAL COMTE DECRÈS,
MINISTRE DE LA MARINE, À PARIS.

Saint-Cloud, 2 septembre 1810.

Je reçois votre lettre du 29. J'entends beaucoup de personnes se récrier sur la destination de l'*Ulysse* pour les Indes. On me présente la construction de ce vaisseau comme ancienne et tellement vicieuse que son armement n'offrirait aucune chance de succès. Je désire avoir un rapport là-dessus. Dans tous les cas, je désire qu'il aille armé en guerre, c'est-à-dire avec tous ses canons.

Si l'*Ulysse* doit partir, je désire qu'une expédition composée de l'*Ulysse* et d'une frégate parte, et, quelque temps après, une autre expédition composée de deux frégates. Si l'*Ulysse* ne doit pas partir, je désire que les trois frégates partent à la fois. En substituant du charbon au bois, du riz à la farine, en remplaçant une partie du vin par de l'eau-de-vie, l'*Ulysse* doit porter 1,000 hommes, dont 350 matelots et 650 hommes de troupes. Les frégates doivent porter 500 hommes, dont 200 matelots et 300 hommes de troupes. Si l'*Ulysse* part, les deux expéditions porteront 950 hommes de troupes et 550 matelots, ce qui fera 1,500 hommes. Si l'*Ulysse* ne peut pas partir, les frégates porteront 800 hommes, dont 500 hommes de troupes et 300 matelots; elles compléteront leurs équipages aux colonies, ou elles prendront l'équipage de l'*Ulysse* s'il part pour aller en croisière.

Je tiens à l'expédition de Rochefort, et je désire que le *Tourville* soit armé en guerre. Je pense qu'il doit pouvoir porter 1,000 hommes dont 350 matelots et 650 hommes de troupes, et qu'il doit partir avec deux frégates, ce qui ferait pour les trois bâtiments 1,500 hommes. Comme le *Tourville* est destiné à rester à l'île de France, son équipage servira à compléter ceux des deux frégates. Par ce moyen il y aura 5 bonnes frégates en croisière aux Indes.

Mon intention est que la flûte *la Revanche* soit armée de caronades de 36 et de quelques pièces de 24, de manière à être plus forte qu'un brick ou une corvette. Elle pourra porter 400 hommes de troupes; elle partira avec la frégate *la Pregel*; ce qui fera une troisième expédition, qui portera de 4 à 600 hommes.

Vous ferez partir de Nantes une quatrième expédition (*la Nymphe* et *la Méduse*), qui serait destinée en droite ligne pour Batavia.

Une des frégates de Rochefort ferait une cinquième expédition, qui serait destinée également en droite ligne pour Batavia.

La Sapho, de Bordeaux, formerait une sixième expédition, destinée en droite ligne pour l'île de France.

La Coquille, corvette de Bayonne, formerait une septième expédition; elle partirait en compagnie de *la Panthère* ou d'une grosse gabare chargée de ce qui pourrait être nécessaire pour Batavia.

Résumé. — Je vais raisonner dans l'hypothèse que *l'Ulysse* ne puisse pas partir.

Une expédition partant de Brest et portant 900 hommes pour l'île de France avec de la poudre, plomb et des fusils; une deuxième expédition pour l'île de France, composée d'un vaisseau et de deux frégates de Rochefort, portant 1,100 hommes avec des fusils et des munitions; une troisième expédition, de Saint-Malo pour Batavia, composée d'une flûte et d'une frégate, portant de 4 à 600 hommes; une quatrième, de deux frégates partant de Nantes, portant de 4 à 600 hommes pour Batavia; une cinquième expédition, de Rochefort, portant 200 hommes pour Batavia, ce qui ferait 1,000 hommes de renfort à la colonie de Batavia; une corvette, de Bordeaux, pour l'île de France; une corvette et flûte, de Bayonne pour Batavia, portant des hommes et des fusils; ce qui ferait un total, pour les Indes, de 3 à 4,000 hommes de renfort avec des fusils et des munitions.

Je désire connaître le lieu où doit se rendre chaque expédition destinée pour Batavia et l'île de France, selon les circonstances qui peuvent survenir; j'y désire employer des officiers hollandais qui connaissent Batavia et les Indes, et surtout qu'il y ait des lettres pour Batavia; que tout soit organisé de manière qu'elles puissent détruire les établissements de l'île de Rodriguez, et mouiller aux îles de France et de la Réunion et dans les petites îles, ou à Madagascar, pour y rafraîchir leur eau. Si l'île de France était prise, toutes les expéditions se rendraient à Batavia; de sorte que, si elles réussissent et que l'île de France soit prise, ce sera 3,000 hommes à Batavia; si l'île de France n'est pas prise, ce sera 2,000 à l'île de France et 1,000 pour Batavia. Il faut faire un projet d'aménagement pour les vaisseaux qui iront aux Indes, pour en ôter tout encombrement.

Faites de manière que ces expéditions ne s'engagent ni à l'île de France ni à Batavia sans être bien sûres de la situation des choses. Il paraît qu'à Batavia on a besoin d'officiers pour mettre à la tête des troupes du pays. Il me semble qu'il faut avoir soin de pourvoir à cela.

D'après la minute. Archives de l'Empire.

16859. — AU MARÉCHAL DAVOUT, PRINCE D'ECKMÜHL,
COMMANDANT L'ARMÉE D'ALLEMAGNE, À PARIS.

Saint-Cloud, 2 septembre 1810.

Mon Cousin, j'ai vu avec plaisir, dans la correspondance du ministre de la guerre, qu'on a saisi dans le Mecklenburg douze bâtiments chargés de marchandises coloniales. Donnez ordre qu'elles soient toutes confisquées et envoyées à Cologne, où elles seront vendues.

Je vous prie de prendre des informations sûres pour m'éclairer sur ce qui se passe à Hambourg, entre autres choses sur ce que fait le sieur Bourrienne, qu'on soupçonne de faire une immense fortune en contrevenant à mes ordres. Y a-t-il des magasins de marchandises coloniales à Hambourg, et en quelle quantité? Y en a-t-il dans l'Oldenburg? La contrebande continue-t-elle aux embouchures de l'Elbe et du Weser? N'y a-t-il pas une ligne de douanes qui empêche de venir du Holstein? Y a-t-il des troupes aux portes de Lubeck, et des mesures ont-elles été prises pour confisquer les marchandises coloniales? Même chose pour la Poméranie suédoise. Partez du principe que toute marchandise coloniale, soit qu'elle vienne sur bâtiments américains, danois, suédois, russes, soit qu'elle soit accompagnée de certificats d'origine, est de bonne prise. Les certificats d'origine ne signifient rien, même ceux de mes consuls, parce que mes consuls ont défense d'en donner et n'en donnent pas, et que tous les certificats sont faux et de fabrique.

Donnez des ordres en conséquence au général Compans et aux généraux qui sont dans le Nord. Faites envoyer, s'il est nécessaire, des détachements de cavalerie, des officiers d'état-major. Prescrivez qu'à Stettin, à Küstrin, à Glogau, on ne souffre le passage d'aucune marchandise coloniale; que toutes celles qui tenteraient de passer soient confisquées, et qu'il vous en soit sur-le-champ rendu compte. Occupez-vous spécialement de cela. Envoyez des agents dans le pays d'Oldenburg, dans le Mecklenburg, aux embouchures de l'Elbe et du Weser, et dans les places de l'Oder, aux frontières du Holstein.

Comme Danzig est dans votre commandement, envoyez-y un officier avec une lettre pour le général Rapp. Vous lui recommanderez la plus grande vigilance, de ne pas souffrir la corruption, car tout le monde reçoit de l'argent, qu'il ait une surveillance sévère là-dessus; que de recevoir de l'argent là, c'est comme si l'on en recevait devant l'ennemi; que c'est donc me trahir, puisque la guerre qu'on fait au commerce anglais, c'est la plus funeste qu'on puisse faire à l'Angleterre, et qu'il en résulte déjà un tort immense pour elle.

L'officier que vous enverrez ira voir ce qui se passe à Kœnigsberg et à Elbing et vous remettra un mémoire détaillé.

NAPOLÉON.

D'après l'original comm. par M⁽ᵐᵉ⁾ la maréchale princesse d'Eckmühl.

16860. — DÉCISION.

Saint-Cloud, 2 septembre 1810.

Sire, Votre Majesté sait qu'il existe à Saardam une cabane qui fut habitée pendant deux ans par Pierre le Grand. Le roi Louis avait annoncé l'intention de l'acquérir pour en assurer la conservation, mais cette idée n'a eu aucune suite.

La cabane du czar Pierre est construite en planches; elle se compose de deux chambres; elle n'est isolée que de trois côtés;

Renvoyé à M. le comte Daru. Je n'attache aucune importance à cela.

NAPOLÉON.

par le quatrième elle touche à une autre maison; un très-petit terrain en dépend.

S'il entrait dans les intentions de Votre Majesté d'acquérir cette cabane, il paraît qu'on pourrait l'acheter pour deux ou trois mille florins.

Je suis, etc.

DARU.

Amsterdam, le 28 août 1810.

D'après l'original comm. par M. Charavay.

16861. — DÉCRET.

Palais de Saint-Cloud, 2 septembre 1810.

ARTICLE PREMIER. Il est accordé à la dame veuve Mallard, nourrice de Louis XVI, une pension annuelle et viagère de douze cents francs.

ART. 2. Cette pension sera payée par semestre, à dater du 1er juillet dernier.

ART. 3. Nos ministres des finances et du trésor public sont chargés de l'exécution du présent décret.

NAPOLÉON.

D'après la copie. Archives des finances.

16862. — DÉCRET.

Palais de Saint-Cloud, 2 septembre 1810.

ARTICLE PREMIER. Il est accordé à la dame veuve Laurent, nourrice de la fille de Louis XVI, une pension de douze cents francs, pour en jouir sa vie durant.

ART. 2. Ladite pension sera payée à domicile, par semestre, à dater du 1er juillet dernier.

ART. 3. Nos ministres des finances et du trésor public sont chargés de l'exécution du présent décret.

NAPOLÉON.

D'après la copie. Archives des finances.

16863. — AU GÉNÉRAL CLARKE, DUC DE FELTRE,
MINISTRE DE LA GUERRE, À PARIS.

Saint-Cloud, 3 septembre 1810.

Monsieur le Duc de Feltre, le 9° corps de l'armée d'Espagne sera composé de deux divisions : la 1re commandée par le général de division Claparède; la 2° par le général Conroux, qui est inutile en Catalogne. Le général Couin commandera l'artillerie, le colonel de Breuille le génie ; le général de brigade Fournier commandera toute la cavalerie; le général de brigade Gérard sera employé dans une de ces divisions ; le général Duppelin, ancien colonel du 85°, recevra ordre de se rendre à la division Friant. Proposez-moi un autre général de brigade à sa place.

Je n'approuve point que les pièces de 12 soient remplacées par des pièces de 8 ; ce sont des pièces de 12 que je veux ; elles sont plus utiles en Espagne qu'ailleurs, parce qu'elles peuvent servir contre un couvent, ou pour ouvrir l'enceinte d'une petite ville. Il y a beaucoup de pièces de 12 à Burgos; en donnant au général Drouet des canonniers, des chevaux, des munitions, il pourra prendre là des pièces de 12.

Tirer les compagnies d'artillerie de Boulogne, c'est trop loin; n'en avez-vous pas à Toulouse, aux îles de Ré et d'Oleron?

J'approuve que vous envoyiez quelques officiers du génie hollandais.

Je ne veux point du train de l'armée du Nord pour Bayonne, c'est le tirer de trop loin.

Retenez 300 chevaux sur le train qui devait aller à Séville.

Je trouve que la 5° compagnie du 2° bataillon de mineurs et la 5° compagnie du 1er bataillon de sapeurs, que vous tirez d'Alexandrie, viennent de trop loin; prenez-les plus près que cela.

Il est nécessaire d'avoir à la suite du corps d'armée quelques caissons d'outils du génie ; tout cela doit se trouver à Metz.

NAPOLÉON.

D'après la copie. Dépôt de la guerre.

16864. — AU PRINCE LEBRUN,
LIEUTENANT GÉNÉRAL DE L'EMPEREUR EN HOLLANDE, À AMSTERDAM.

Saint-Cloud, 3 septembre 1810.

Je suis fâché que vous donniez à la terre les vélites que j'ai destinés à la marine. Je n'ai pas besoin de recruter la terre, mais j'ai besoin d'hommes pour la marine. Je désire donc que les 250 vélites que vous avez donnés à la terre soient mis à la disposition de la marine. En Hollande tout le monde est marin, et des jeunes gens de vingt à vingt-cinq ans y sont aussi propres que d'autres à servir sur les vaisseaux.

D'après la minute. Archives de l'Empire.

16865. — A M. DE CHAMPAGNY, DUC DE CADORE,
MINISTRE DES RELATIONS EXTÉRIEURES, À PARIS.

Saint-Cloud, 5 septembre 1810.

Monsieur le Duc de Cadore, vous trouverez ci-joint un autre projet de circulaire[1] pour l'envoi du nouveau tarif. La lettre est adressée au duc de Vicence; vous y ferez les modifications nécessaires pour les autres puissances. Pour la Prusse vous demanderez que le tarif soit adopté, du moins pour les sucres, cafés et cotons d'Amérique, et pour les bois de teinture. Par ce moyen la Prusse se fera des ressources considérables : ces denrées seront maintenues à un prix élevé, et cela établira une égalité de système sur le continent. Demandez la même chose en Saxe, en Westphalie, dans le Mecklenburg, en Danemark, en Suisse, à Naples, en Bavière, dans le Wurtemberg et à tous les autres princes d'Allemagne. Recommandez à tous mes agents de bien faire connaître ces principes et d'en demander l'application avec plus ou moins de modifications selon les pays.

Je vous renvoie sous le n° 2 la circulaire relative aux Français employés au service étranger; je n'y ai fait aucun changement.

[1] Les projets de circulaires, dont il est question dans cette lettre, n'ont pas été retrouvés.

J'ai fait faire à la circulaire n° 3 des corrections qui sont copiées en marge. J'en ai fait faire également au projet de note pour la Porte.

NAPOLÉON.

D'après l'original. Archives des affaires étrangères.

16866. — NOTE POUR LE MINISTRE DES RELATIONS EXTÉRIEURES,
À PARIS.

Saint-Cloud, 5 septembre 1810.

L'Empereur désire que le ministre lui présente un décret général sur l'établissement des consuls. Il n'a besoin en Amérique que d'un consul général et de deux ou trois consuls pour les permis. Il n'en a besoin pour le Levant que dans les ports où il veut autoriser le commerce. Il veut en avoir dans le Mecklenburg, les états prussiens, le Holstein, le Danemark, la Suède, la Russie, et en général dans toute la Baltique. Ils doivent être placés de manière à former une chaîne de sentinelles qui instruisent de tout ce qu'il peut être important de savoir. Il faut coordonner les consuls généraux, consuls et vice-consuls, de manière que ce service soit complet sans coûter plus d'argent. On placera tous les consuls qui peuvent servir, et l'on donnera des retraites aux autres.

D'après la minute. Archives de l'Empire.

16867. — NOTES POUR LES MINISTRES DES FINANCES
ET DE L'INTÉRIEUR.

Saint-Cloud, 5 septembre 1810.

Le ministre des finances enverra au ministre de l'intérieur des exemplaires du projet de règlement sur les douanes des provinces illyriennes. On rapportera à ce projet les observations des chambres de commerce.

Les douanes des provinces illyriennes doivent être considérées sous trois points de vue : 1° comme produit de ces provinces, 2° comme moyen de communication entre la France et la Turquie et entre la Turquie et la France, 3° comme moyen de communication entre la mer et l'Autriche.

Les a-t-on considérées dans le projet de règlement sous ces trois rapports?

Sous le premier, ce serait une erreur de croire qu'un tarif élevé donne un grand revenu, puisque plus le tarif sera haut et moins il y aura de commerce. On doit donc concevoir un tarif modéré qui, en multipliant les affaires, multiplie le produit.

Il faut régler le transit de Gênes, Turin et Livourne par le royaume d'Italie. Il faut qu'il ne coûte presque rien.

On doit établir le transit par l'Illyrie jusqu'à Laybach ou à la Save. On aura alors la communication avec la Turquie et la mer Noire, où l'on pourra envoyer des marchandises, et d'où l'on pourra en recevoir. Aujourd'hui ce commerce se fait par Vienne. Gênes doit être considérée comme le vrai point de départ de ce transit. On communique de la France à Gênes par le cabotage; de Gênes à Alexandrie ou à Casatisma, il n'y a que trois journées de transport par terre; de Casatisma les marchandises vont par le Pô à Ponte di Lagoscuro; de là à Trieste par un cabotage facile. De Trieste les marchandises vont à Laybach, où elles s'embarquent sur la Save et vont dans la Servie, la Dalmatie, la Bosnie, l'Albanie, la Turquie, etc. Le retour se fait de même par le Danube, la Save, Trieste, etc. Ce commerce est plus direct et doit être plus court, plus sûr et moins cher que celui qui se fait par Vienne. En donnant à nos négociants l'habitude d'aller à Trieste, ils finiront par approvisionner non-seulement la Turquie, mais aussi la Styrie, l'Autriche, la Hongrie.

Il faut donc examiner si un bâtiment français qui s'embarquerait sur le Pô et qui irait rompre charge à Ponte di Lagoscuro pourrait entrer et sortir sans payer les douanes. Il faut aussi que les douanes d'Illyrie ne fassent rien payer aux marchandises qui iraient s'embarquer sur la Save pour la Turquie, la Bosnie, etc.

Une fois la route tracée pour parvenir en Illyrie, il faut connaître quelles sont les marchandises qui peuvent être en concurrence avec les nôtres, afin de les gêner. Nos draps, nos soieries, nos étoffes de toute espèce vont à Milan, à Florence, à Naples par terre. Toutes ces marchandises auront très-peu de frais à faire pour aller à Trieste, et de Trieste approvisionner l'Illyrie, l'Allemagne, la Turquie. Cette route facile présente tous les avantages imaginables, mais le commerce ne la prendra pas si on ne l'aide et l'éclaire.

Quant au troisième point de vue relatif à l'approvisionnement de l'Autriche par mer, cette question est réglée par le dernier traité, dont le ministre des relations extérieures donnera communication au ministre de l'intérieur. En général, nous avons un grand intérêt à tenir le plus haut possible le transit jusqu'à la ligne de concurrence par les autres frontières.

Après avoir traité la question sous ces trois points de vue, il faut indiquer les objets que le commerce français doit envoyer à Trieste pour approvisionner les provinces d'Illyrie et, par suite, l'Autriche et la Hongrie, la Bosnie, l'Albanie, la Servie, et s'introduire jusque dans l'intérieur de la Turquie. Il est donc convenable que le transit pour l'aller et le retour soit permis par le royaume d'Italie en plusieurs sens.

La question du transit d'Italie conduit à examiner celle du transit de Cività-Vecchia et de Livourne sur Ancône. D'Ancône à Raguse le passage offre des chances raisonnables, puisqu'on peut le faire en deux nuits et que tous les ports sont à nous. La Méditerranée peut donc communiquer facilement avec Raguse, Cattaro et les autres ports d'Illyrie, soit par Gênes et le Pô, soit par Cività-Vecchia et Livourne par terre sur Ancône.

D'après la copie. Archives des finances.

16868. — NOTE POUR LE MINISTRE DE L'INTÉRIEUR.

Saint-Cloud, 5 septembre 1810.

L'Empereur désire que le ministre de l'intérieur s'occupe avec toute l'activité possible du travail relatif aux prisons. La question a été si longtemps débattue, que les personnes qui s'en occupent doivent avoir, sur cette matière, des idées claires et toutes formées.

L'Assemblée constituante avait établi une base, qui fut généralement approuvée. Qu'a-t-elle proposé? Que convient-il d'adopter dans son système? Que convient-il de rejeter ou de modifier? C'est ce qu'il faut examiner.

Au reste, le but qu'on se propose, c'est que les prisonniers soient bien, que les prisons soient salubres, que les prévenus ne soient pas confondus avec les condamnés, etc. Quant à l'exécution, il paraît convenable d'adopter la même marche que pour les dépôts de mendicité. L'Empereur affectera à la dépense une forte portion des fonds des communes qui sont à la caisse d'amortissement; les départements fourniront le reste.

L'Empereur désire que le ministre de l'intérieur lui présente le travail général mercredi prochain, et y joigne le travail particulier pour la constitution des prisons d'un ou de plusieurs départements.

D'après la minute. Archives de l'Empire.

16869. — A M. DE CHAMPAGNY, DUC DE CADORE,
MINISTRE DES RELATIONS EXTÉRIEURES, À PARIS.

Saint-Cloud, 6 septembre 1810.

Monsieur le Duc de Cadore, mon intention est de porter les frontières de Hollande sur l'Ems, de venir ensuite sur la Lippe et de descendre cette rivière jusqu'à Wesel. Cette nouvelle limite va comprendre des pays qui appartiennent au grand-duché de Berg et aux princes d'Arenberg, de Bentheim et de Salm. Concertez avec les agents que ces princes ont à Paris les mesures à prendre pour les indemniser, et faites-moi un rapport.

NAPOLÉON.

D'après l'original. Archives des affaires étrangères.

16870. — A M. DE CHAMPAGNY, DUC DE CADORE,
MINISTRE DES RELATIONS EXTÉRIEURES, À PARIS.

Saint-Cloud, 6 septembre 1810.

Monsieur le Duc de Cadore, je vous renvoie le rapport de la commission du Valais. Je désire qu'elle s'engage dans toutes les discussions sur la situation du pays et sur toutes les questions relatives à ce qu'il y a à faire pour concilier les intérêts de la France et de l'Italie avec son indépendance, surtout pour former la fusion des deux parties du Valais, pour donner le plus d'influence qu'il sera possible au bas Valais sur le haut, et pour détruire entièrement l'influence du clergé; et pour tout ce qui est relatif à l'organisation de la justice, aux impositions et à l'administration publique. Selon les résultats que vous me présenterez, je verrai ce qu'il me sera possible de faire.

NAPOLÉON.

D'après l'original. Archives des affaires étrangères.

16871. — A M. GAUDIN, DUC DE GAËTE,
MINISTRE DES FINANCES, À PARIS.

Saint-Cloud, 6 septembre 1810.

Je vous prie de vous faire rendre compte de la quantité de marchandises coloniales qui ont été séquestrées à Emden. Il me semble que l'Ost-Frise fait exception, et que le tarif de 50 pour 100 ne doit pas être applicable à cette province, car l'Ost-Frise n'est pas la Hollande, et j'ai des renseignements certains qui me font savoir que la plus grande partie des marchandises d'Emden y sont en dépôt pour le compte de négociants anglais. Ces gens-là feraient un gain considérable si l'on admettait leurs marchandises au même taux que les marchandises de Hollande. Faites-moi un rapport là-dessus.

D'après la minute. Archives de l'Empire.

16872. — AU PRINCE LEBRUN, DUC DE PLAISANCE,
LIEUTENANT GÉNÉRAL DE L'EMPEREUR EN HOLLANDE, À AMSTERDAM.

Saint-Cloud, 6 septembre 1810.

Je pense à envoyer force secours à Batavia de mes ports de Bretagne et de Poitou. Je désire envoyer à Batavia des troupes hollandaises, à cause de la langue et parce qu'elles sont plus accoutumées au pays. Je désirerais donc former un petit bataillon qui serait destiné pour s'embarquer à Saint-Malo, composé de quatre compagnies de 120 hommes chacune. Vous ferez prendre des officiers de bonne volonté. On nommera pour commandants des hommes sûrs et qui, s'il est possible, aient des relations dans le pays.

On ferait un second bataillon pour Nantes. Le lieu d'embarquement n'est que pour vous; il ne faut pas que cela se sache. J'ai pris un décret qui vous parviendra par le ministre de la guerre. Ce sera autant de temps de gagné. Vous ferez réunir sans délai ces bataillons à Bois-le-Duc. Vous n'avez pas un moment à perdre.

D'après la minute. Archives de l'Empire.

16873. — AU PRINCE LEBRUN, DUC DE PLAISANCE,
LIEUTENANT GÉNÉRAL DE L'EMPEREUR EN HOLLANDE, À AMSTERDAM.

Saint-Cloud, 6 septembre 1810.

Je vous envoie une note du ministre de la marine et des pièces relatives à l'île de Java. Envoyez-moi les chartes de Schimmelpenninck, la correspondance du général Daëndels, l'état de ce qu'il demande et tous les renseignements sur les besoins de la colonie qu'on aura à Amsterdam; la note des jurisconsultes et officiers que l'on pourrait y envoyer. J'ai l'intention de faire partir un grand nombre de frégates pour cette colonie.

D'après la minute. Archives de l'Empire.

16874. — A LA PRINCESSE DE PONTE-CORVO,
À PARIS.

Saint-Cloud, 6 septembre 1810.

Ma Cousine, je reçois votre lettre du 4 septembre. Vous devez être persuadée depuis longtemps de l'intérêt que je porte à votre famille. Je ne doute pas que les bons sentiments que vous inspirerez à votre fils ne le rendent digne des hautes destinées auxquelles il est appelé.

D'après la minute. Archives de l'Empire.

16875. — A CHARLES XIII, ROI DE SUÈDE,
À STOCKHOLM.

Saint-Cloud, 6 septembre 1810.

Monsieur mon Frère, le comte de Rosen m'a remis votre lettre datée du 21 août. Votre Majesté me fait connaître que la diète a nommé le prince de Ponte-Corvo prince royal de Suède, et elle me demande que je lui permette d'accepter. J'étais peu préparé à cette nouvelle, puisque Votre Majesté m'avait fait connaître qu'elle voulait proposer et faire élire un frère du dernier prince royal. J'ai cependant apprécié les sentiments qui ont porté la nation suédoise à donner cette preuve d'estime à mon peuple et à mon armée. J'autorise le prince de Ponte-Corvo à accepter le trône où l'appelle le vœu réuni de Votre Majesté et des Suédois. Les sentiments que je porte à Votre Majesté et à la Suède me font renouveler mes vœux pour son bonheur et pour sa tranquillité.

NAPOLÉON.

D'après la copie commun. par S. M. le roi de Suède.

16876. — A M. DE CHAMPAGNY, DUC DE CADORE,
MINISTRE DES RELATIONS EXTÉRIEURES, À PARIS.

Saint-Cloud, 7 septembre 1810, une heure du matin.

Monsieur le Duc de Cadore, je vous envoie l'original de la lettre du roi de Suède et une copie de ma réponse[1], que je signerai demain à mon lever. Vous devez envoyer cette lettre en original et ma réponse au duc de Vicence. Quand le duc de Vicence les aura bien montrées à Romanzof et à d'autres, qu'il en aura même laissé prendre des copies, il vous les renverra. Vous écrirez au duc de Vicence que je ne suis pour rien dans tout cela, que je n'ai pu résister à un vœu unanime; que j'avais désiré voir nommer le prince d'Augustembourg ou le roi de Danemark. Vous appuierez sur ce que cela est l'exacte vérité; qu'il doit donc le déclarer d'un ton noble et sincère sans y revenir; que si l'on élevait quelque doute, il doit continuer à tenir le même langage, car cela est vrai, et

[1] Voir la pièce précédente.

qu'on doit toujours soutenir la vérité. Vous ajouterez que, loin de vouloir prendre la moindre part à tout cela, ayant appris que le sieur Désaugiers se mêlait trop ouvertement de l'élection et donnait des conseils à droite et à gauche, je l'ai rappelé. Le duc de Vicence assurera du reste que le prince de Ponte-Corvo est déjà âgé et ne désire que vivre tranquille; qu'il ne s'occupera que de comprimer l'anarchie qui désole ce pays, et que je ne pense pas que ce doive être un sujet d'inquiétude pour la Russie. Expédiez sans délai votre courrier au duc de Vicence: vous n'avez plus besoin de moi pour cela.

« Sa Majesté, étant couchée, a ordonné que cette lettre partît sans signature. »

MÉNEVAL.

D'après l'original. Archives des affaires étrangères.

16877. — A M. DE CHAMPAGNY, DUC DE CADORE,
MINISTRE DES RELATIONS EXTÉRIEURES, À PARIS.

Saint-Cloud, 9 septembre 1810.

Monsieur le Duc de Cadore, je vous renvoie les pièces espagnoles avec six observations pour vous servir de base. Je vous expliquerai de vive voix plus en détail mes intentions. Mais ce qui me paraît important, c'est que vous meniez la négociation doucement. Vous devez déclarer net d'abord mon sentiment sur la convention de Bayonne, ensuite sur le Portugal, enfin sur ce que me coûte ce pays; les laisser réfléchir sur cela; et ce n'est qu'au bout de quelques jours que vous leur ferez connaître que je veux la rive gauche de l'Èbre pour indemnité de l'argent et de tout ce que me coûte l'Espagne jusqu'à cette heure. Je crois que, comme dans toutes les négociations, il ne faut pas se montrer pressé.

Il est convenable que vous fassiez bien comprendre à ces ministres qu'ils nous font beaucoup de tort et se rendent ridicules aux yeux de l'Europe par leurs dépêches qui sont toutes dans les journaux anglais: qu'ils peuvent écrire tout ce qu'ils veulent, mais qu'ils doivent écrire en chiffre.

NAPOLÉON.

P. S. Je ne réponds pas à votre projet de traité avec l'Espagne. Il faut voir avant ce que diront les ministres espagnols et ce qui résultera de leur conversation.

D'après l'original. Archives des affaires étrangères.

16878. — A M. DE CHAMPAGNY, DUC DE CADORE,
MINISTRE DES RELATIONS EXTÉRIEURES, À PARIS.

Saint-Cloud, 9 septembre 1810.

Monsieur le Duc de Cadore, je vous renvoie votre rapport sur les avances faites à la Russie. L'état me paraît incomplet; faites-le refaire article par article. On n'a pas seulement fourni la solde aux Russes, mais aussi le pain et tout ce qui rentre dans l'administration de la guerre. Je ne vois pas dans cet état les avances faites aux troupes revenues de Corfou; cet état ne comprend donc pas tout ce qui a été fourni. Il faut le faire plus détaillé.

NAPOLÉON.

D'après l'original. Archives des affaires étrangères.

16879. — A M. DE CHAMPAGNY, DUC DE CADORE,
MINISTRE DES RELATIONS EXTÉRIEURES, À PARIS.

Saint-Cloud, 9 septembre 1810.

Monsieur le Duc de Cadore, il est nécessaire de faire une circulaire à mes ministres et agents à l'étranger sur l'élection du prince de Ponte-Corvo, pour qu'ils fassent sentir que je n'y suis pour rien, que c'est la volonté de la nation qui a tout fait, et pour qu'ils démentent tous ces bruits d'argent que j'aurais donné, etc.

NAPOLÉON.

D'après l'original. Archives des affaires étrangères.

16880. — A M. DE CHAMPAGNY, DUC DE CADORE,
MINISTRE DES RELATIONS EXTÉRIEURES, À PARIS.

Saint-Cloud, 9 septembre 1810.

Monsieur le Duc de Cadore, il faut me faire connaître où nous en sommes pour les affaires du Hanovre avec la Westphalie. La cession est-elle consommée? N'ai-je pas encore quelque acte à ratifier; pourquoi ne l'est-il pas? Quelles sont les prétentions du Roi, soit sur la solde, soit sur les domaines impériaux? Proposez-moi les moyens de lever tous les obstacles.

NAPOLÉON.

D'après l'original. Archives des affaires étrangères.

16881. — A M. DE CHAMPAGNY, DUC DE CADORE,
MINISTRE DES RELATIONS EXTÉRIEURES, À PARIS.

Saint-Cloud, 9 septembre 1810.

Monsieur le Duc de Cadore, faites faire des démarches en Prusse pour que cette puissance mette un droit sur le transit des marchandises coloniales entre elle et la Russie.

Envoyez la lettre du consul de Memel au duc de Vicence, pour qu'il fasse voir de quelle manière on suit en Russie le système de confiscation des marchandises anglaises.

NAPOLÉON.

D'après l'original. Archives des affaires étrangères.

16882. — A M. DE CHAMPAGNY, DUC DE CADORE,
MINISTRE DES RELATIONS EXTÉRIEURES, À PARIS.

Saint-Cloud, 9 septembre 1810.

Monsieur le Duc de Cadore, je vous renvoie votre rapport sur les discussions entre Bade et Wurtemberg. Je ne puis prendre une décision parce que les prétentions des deux parties n'y sont pas exprimées. Lorsque je connaîtrai la nature des prétentions de part et d'autre, que je saurai ce que voudrait donner le roi de Wurtemberg, ce que voudrait avoir le grand-duc de Bade, alors je pourrai décider entre les deux.

NAPOLÉON.

D'après l'original. Archives des affaires étrangères.

16883. — AU GÉNÉRAL CLARKE, DUC DE FELTRE,
MINISTRE DE LA GUERRE, À PARIS.

Saint-Cloud, 9 septembre 1810.

Témoignez mon mécontentement au général Marmont de ce qu'il a laissé partir les bâtiments ottomans qui étaient entrés dans les provinces illyriennes. J'avais ordonné qu'ils fussent séquestrés et qu'il m'en fût référé, me réservant seul de statuer sur ceux qui devaient être libérés et ceux qui devaient être confisqués.

D'après la minute. Archives de l'Empire.

16884. — A M. GAUDIN, DUC DE GAËTE,
MINISTRE DES FINANCES, À PARIS.

Saint-Cloud, 9 septembre 1810.

Je vous envoie une note sur la contrebande dans le voisinage du Rhin. Il paraît que la contrebande trouve à Mayence un débouché facile, tandis que le service se fait rigoureusement à Trèves. Il faudrait envoyer des agents secrets des douanes à Düsseldorf, à Francfort et sur la frontière, pour avoir une connaissance parfaite de ces dépôts de marchandises anglaises, parce que je pourrai bien les faire enlever un jour à la fois dans toutes ces villes.

D'après la minute. Archives de l'Empire.

16885. — A M. GAUDIN, DUC DE GAËTE,
MINISTRE DES FINANCES, À PARIS.

Saint-Cloud, 9 septembre 1810.

Je vous envoie l'état des certificats d'origine délivrés par mon consul à Milan depuis le 1er janvier. Je vois qu'il arrive des cotons venant soi-disant du Levant par l'Italie. Présentez-moi demain au conseil du commerce un décret pour confisquer, séquestrer ces marchandises, à moins qu'elles ne viennent par l'Illyrie, la Save et la Bosnie; mais celles prétendues débarquées à Ancône et Venise, je ne les admettrai point. Je désire appliquer la même mesure aux cotons du Levant venant par le royaume de Naples. Je ne veux recevoir aucunes denrées coloniales ni de Naples ni d'Italie; elles doivent venir dans mes ports directement. Je ne recevrai de Naples, par le cabotage ou autrement, que des cotons de Naples ou marchandises napolitaines.

D'après la minute. Archives de l'Empire.

16886. — AU COMTE MOLLIEN,
MINISTRE DU TRÉSOR PUBLIC, À PARIS.

Saint-Cloud, 9 septembre 1810.

Monsieur le Comte Mollien, je vous prie de me faire un rapport sur ce qui a été envoyé pour le payement de la solde en Espagne depuis le commencement de l'année. Il serait nécessaire de faire passer deux ou trois millions pour payer la solde de l'armée de Portugal.

NAPOLÉON.

D'après l'original comm. par Mme la comtesse Mollien.

16887. — A JÉRÔME NAPOLÉON, ROI DE WESTPHALIE,
À CASSEL.

Saint-Cloud, 9 septembre 1810.

Je reçois vos différentes lettres. Ma prétendue lettre à la reine de Naples, dont vous m'envoyez la copie, est bien ridicule. Si vous aviez les journaux anglais, vous en verriez bien d'autres; ils ne sont pleins que de mensonges et d'absurdités.

D'après la minute. Archives de l'Empire.

16888. — AU GÉNÉRAL CLARKE, DUC DE FELTRE,
MINISTRE DE LA GUERRE, À PARIS.

Saint-Cloud, 10 septembre 1810.

Donnez des ordres au commandant du génie et au commandant de la place à Anvers pour que 600 ouvriers et terrassiers soient fournis, dans les douze heures de la réception de votre lettre, aux ingénieurs des ponts et chaussées pour les travaux du bassin. Tous les inconvénients qui pourraient arriver à mon escadre leur seront imputés, et ils en seront responsables s'ils ne se conforment pas exactement à votre ordre. Les travaux du bassin doivent passer avant les travaux de terre et tous autres. Faites partir ce soir votre ordre par l'estafette.

D'après la minute. Archives de l'Empire.

16889. — DÉCISION.

Saint-Cloud, 10 septembre 1810.

Sire, j'ose m'adresser à Votre Majesté Impériale pour la prier de me faire la grâce d'augmenter la pension qu'elle me fait de 600 francs le mois. A présent que le couvent n'a plus ses revenus, cela n'est pas suffisant pour mon entretien, ayant bien des besoins à cause de ma santé, qui n'est pas trop bonne, et ayant perdu tous les subsides de mes parents.

Je sais combien Votre Majesté Impériale a de bonté à écouter ceux qui s'adressent à elle, et j'en ai des preuves par ce que vous avez fait à ma sœur qui est restée à Parme.

J'ai l'honneur d'être, avec la plus parfaite soumission, Sire, de Votre Majesté Impériale et Royale, la très-humble et très-obéissante servante et cousine,

GIACINTE-DOMINIQUE BOURBON.

Saints Dominique et Sixte, Rome, ce 3 septembre 1810.

Renvoyé au ministre des finances pour me proposer de la traiter comme son autre sœur.

NAPOLÉON.

D'après l'original comm. par M. Lefebvre, libraire à Paris.

16890. — AU MARÉCHAL BERNADOTTE, PRINCE DE PONTE-CORVO,
À PARIS.

Saint-Cloud, 10 septembre 1810.

Mon Cousin, j'ai donné l'ordre au grand juge de rédiger les lettres patentes qui vous autorisent à accepter la nouvelle dignité à laquelle vous êtes appelé par le roi et par la diète de Suède. Je vous souhaite succès et bonheur pour vous et les Suédois.

NAPOLÉON.

D'après la copie comm. par S. M. le roi de Suède.

16891. — A M. DE CHAMPAGNY, DUC DE CADORE,
MINISTRE DES RELATIONS EXTÉRIEURES, À PARIS.

Saint-Cloud, 11 septembre 1810.

Monsieur le Duc de Cadore, écrivez au sieur Bourrienne que je suis étonné de l'explication qu'il donne sur le visa qu'il a mis au bas des ridicules certificats du sénat de Hambourg; qu'il ne devait pas se permettre cette démarche sans instruction; qu'il ne doit mettre sa signature nulle part; que depuis longtemps on me porte plainte des opérations peu régulières qui auraient lieu à Hambourg; qu'il doit éviter de s'attirer mon mécontentement. Vous lui réitérerez que la signature de mes ministres est trop importante pour l'exposer à être compromise; que ce n'était pas à lui à légaliser la signature du sénat, et que, au lieu de favoriser les moyens de tromper mes agents, il aurait dû protester contre ces ridicules certificats, qui ne disent rien et n'ont aucun but utile.

NAPOLÉON.

D'après l'original. Archives des affaires étrangères.

16892. — AU GÉNÉRAL CLARKE, DUC DE FELTRE,
MINISTRE DE LA GUERRE, À PARIS.

Saint-Cloud, 11 septembre 1810.

Mandez au général Donzelot que, comme il a une escouade de mineurs et qu'on ne peut lui en envoyer davantage, il est nécessaire qu'il la complète à 40 hommes, soit en prenant dans l'artillerie, soit en prenant les sapeurs les plus habiles, et les fasse exercer à faire des globes de compression et autres détails de cette arme, afin que, le cas arrivant, la mine puisse jouer un rôle et que ces hommes soient tous stylés.

Je suppose que le général Donzelot a fait exercer ses 80 sapeurs aux manœuvres du canon ainsi que les ouvriers de la marine, de sorte que les 600 canonniers qu'il a, joints aux 200 hommes de troupes du génie, lui font 800 hommes exercés à la manœuvre du canon. Je ne comprends pas dans ce nombre les deux compagnies septinsulaires.

D'après la minute. Archives de l'Empire.

16893. — AU VICE-AMIRAL COMTE DECRÈS,
MINISTRE DE LA MARINE, À PARIS.

Saint-Cloud, 11 septembre 1810.

Monsieur le Comte Decrès, je vous renvoie le rapport du pilote de Bayonne sur le port du Passage. Faites-moi un projet d'amélioration de ce port, afin que je donne des ordres pour le fortifier. Il paraît qu'il peut donner refuge à quatre frégates. Je désire avoir des réponses sur les questions suivantes.

1° Si un vaisseau de 74 se présentait devant Bayonne poursuivi par des forces supérieures, il n'aurait d'autre moyen de leur échapper que de s'échouer: et dès lors il serait perdu.

S'il se présentait devant Saint-Jean-de-Luz, il y trouverait refuge et serait protégé par les batteries; il n'aurait rien à craindre : il n'y aurait que l'inconvénient qu'il se trouverait dans un très-mauvais mouillage, où la mauvaise saison lui serait funeste.

Qu'arriverait-il s'il cherchait le port du Passage? Pourrait-il s'y placer de manière à ne pas être endommagé et à pouvoir sortir dans une autre occasion?

2° Étant obligé de transporter les bois de Bayonne par Rochefort, et ne sachant que faire des bois des Pyrénées, je désirerais transporter au Passage tous les bois de Bayonne. Pourrait-on construire au Passage un vaisseau de 74, l'armer et l'en faire partir dans des circonstances favorables, même pour un grand voyage? Pourrait-on y construire un vaisseau à trois ponts?

Parlez-moi dans votre rapport de la situation actuelle du port, et ensuite des travaux qu'on pourrait y faire et que comportent les localités.

D'après la copie. Archives de la marine.

16894. — A JÉRÔME NAPOLÉON, ROI DE WESTPHALIE,
À NAPOLEONSHOEHE.

Saint-Cloud, 11 septembre 1810.

Mon Frère, je reçois vos lettres des 26 et 27 août et du 1er septembre. Vous devez partir du principe que rien ne peut me porter à réduire les 18,500 hommes que j'ai en Westphalie, pendant tout le temps que les circonstances de l'Europe voudront que j'aie des garnisons dans les places de l'Oder et des postes sur les côtes. Les finances de la Westphalie doivent vous suffire, si vous les gouvernez bien, si vous ne faites pas de rassemblements inutiles de vos soldats. Je vous ai recommandé de former votre contingent doucement et à mesure que votre monarchie s'organise. De toutes les troupes alliées, les vôtres sont celles dont je dois me méfier le plus. Présentement elles ont déserté par bandes en Espagne, mais encore se sont battues contre moi. Je doute que vous en tiriez grand parti contre la Prusse, d'ici à quelques années. Si je devais compter les 30,000 hommes que vous pouvez avoir pour 30,000, je serais fort trompé. On ne réussit dans le monde que par des choses positives et bien calculées. Mon système serait en grand péril si je regardais les Westphaliens comme soldats sûrs. Ce n'est donc pas un grand nombre de troupes que vous devez vous appliquer à avoir, mais un petit nombre de bonnes troupes que vous devez former progressivement.

Quant au Hanovre, je n'ai pas ratifié l'acte de cession. Mes donataires sont ruinés par les mesures que vous prenez, quoique mon intention ait été de leur donner un revenu franc. Un grand nombre de familles fondent leur existence là-dessus. Elles sont à la veille de tout perdre. Ces récompenses, mes soldats les ont gagnées dans des batailles qui ont fondé votre royaume. C'est une dette sacrée et que je dois protéger. Je sais qu'il y a des donataires qu'on veut rendre responsables pour les dettes de leurs prédécesseurs, lorsque je leur ai donné des biens libres de toute charge. Ces vexations sont pénibles pour moi, c'est à vous à les faire cesser et à ne pas écouter l'esprit de localité. Vos ministres ne voient pas en grand. Les États ne se fondent que par la politique. Je vais ajouter une chose :

je suis prêt à reprendre le Hanovre et à regarder le traité comme nul, puisqu'il vous paraît onéreux. Je ne suis pas éloigné de ne pas ratifier l'acte de mise en possession. Toutefois partez du principe qu'il faut que mes donataires ne perdent rien, soit en Westphalie, soit en Hanovre. Arrangez-vous comme vous voudrez ; cela ne peut pas être autrement.

La solde de mes troupes est arriérée de trois mois : cela ne doit pas être, surtout ces troupes étant casernées. Il n'y a aucune présomption de guerre. Qui est-ce qui empêche que vous envoyiez les trois quarts de vos troupes en semestre? Par là vous feriez une grande économie [1].....

<small>D'après la minute. Archives de l'Empire.</small>

16895. — NOTE POUR LE MINISTRE DES RELATIONS EXTÉRIEURES.

<small>Saint-Cloud, 12 septembre 1810.</small>

Le ministre des relations extérieures écrira à M. Otto pour que son langage soit clair sur ce qui concerne les Français auxquels s'applique le décret du 6 avril 1809. Indépendamment de la circulaire qu'il a reçue sur ce sujet et des principes qui y sont établis, il doit se pénétrer des conditions suivantes : les Belges qui ont été autorisés à quitter la France par suite du traité de Campo-Formio n'ont pas reçu de cette autorisation le droit de porter les armes contre leur patrie; on a seulement voulu les soustraire aux lois révolutionnaires, et il n'en résulte pas une exception à la règle générale. Il eût été insensé, lors du traité de Campo-Formio, de les obliger à rentrer en France, où les lois les condamnaient à mort. Aujourd'hui ils doivent renoncer à l'amnistie pour conserver leurs droits et être habiles à succéder en France. Quoi qu'en puisse dire l'Autriche, nous ne les regardons pas comme Autrichiens, et ils ne cessent pas d'être exposés à l'application du décret.

Quant aux officiers retirés, s'ils se font amnistier, ils seront autorisés à jouir en France de leurs pensions de retraite qu'ils ont obtenues en Autriche, ainsi que cela a été accordé dans le temps.

<small>D'après la minute. Archives de l'Empire.</small>

---

[1] Ici une ligne de mots illisibles.

16896. — NOTE POUR LES MINISTRES DE L'INTÉRIEUR
ET DES CULTES.

Saint-Cloud, 12 septembre 1810.

Puisque les ministres de l'intérieur et des cultes se sont concertés pour ce qui regarde les bâtiments nécessaires au service et aux ministres des cultes, Sa Majesté attend ce travail pour fixer son opinion.

Il convient de diviser ce travail de la manière suivante : logements des évêques, logements des séminaires, églises à acheter, églises à bâtir, églises auxquelles il faut faire de fortes réparations équivalentes à reconstruction, enfin logements des curés et desservants.

Ce dernier article, qui paraît être la principale dépense, doit être donné avec l'évaluation de la dépense et des projets, où l'on mettra l'économie convenable.

Ce ne sera pas le gouvernement qui bâtira, pour éviter la nécessité de proportionner la dépense à la dignité impériale; mais ce seront les communes, auxquelles on donnera les secours nécessaires.

Il faudrait prendre pour règle d'adosser les maisons des desservants aux églises, et de ne pas dépasser pour chaque presbytère la somme de 2,000 francs. Les presbytères qu'on a fait reconstruire dans la Vendée n'ont pas coûté la moitié de cette somme.

La moitié de la dépense des presbytères serait payée par les communes, l'autre moitié sur le fonds du dixième.

Les maisons des évêques et celles des séminaires et les églises seraient payées moitié sur les départements, moitié sur le fonds du dixième. On adopterait des modifications pour les départements qui sont très-riches, comme ceux de la Belgique.

Les fonds seraient mis à la disposition des préfets avec affectation spéciale, et de manière à savoir dans combien de temps le travail serait terminé.

Le fonds du dixième s'augmentera tous les ans de l'intérêt à 3 pour 100 que paye la caisse d'amortissement.

Aussitôt que le travail pour les divers genres de dépenses indiqués au commencement de cette note sera dressé pour chaque église, évêché, séminaire, presbytère, on fera le projet de distribution des 4 millions qui sont en caisse et des 1,400,000 francs de produit annuel.

Ce travail présentera dans diverses colonnes l'objet de la dépense, l'estimation de la dépense, ce que doit payer la commune ou le département, enfin le secours à accorder sur le fonds du dixième. Pour les villages pauvres, toute la dépense sera supportée par ce dernier fonds.

On pourrait faire, dès cette année, le travail pour les presbytères et les églises du département de la Seine.

D'après la minute. Archives de l'Empire.

16897. — AU GÉNÉRAL CLARKE, DUC DE FELTRE,

MINISTRE DE LA GUERRE, À PARIS.

Saint-Cloud, 12 septembre 1810.

Monsieur le Duc de Feltre, il paraît qu'il est nécessaire de réunir de nouvelles forces en Catalogne.

Vous donnerez ordre que les trois bataillons qui sont à Toulouse et les quatre bataillons qui sont à Avignon soient complétés à 840 hommes chacun, ce qui fera 5,800. Les trois bataillons de marche de l'armée de Catalogne qui seront réunis le 12 septembre à Turin formeront 3,400 hommes. Les deux escadrons de marche qui se réunissent à Perpignan, et le régiment de dragons qui se forme à Turin formeront 1,300 chevaux. Cela seul fera 9,200 hommes d'infanterie et 1,300 chevaux, que vous pouvez diriger sur la Catalogne. Je pense qu'il faut ordonner aux 16e et 67e de ligne de continuer leur route, en les dirigeant sur Orléans; vous me ferez connaître le temps où ils arriveront: alors vous me proposerez d'en former quatre bataillons et de les envoyer en Catalogne. Par ce moyen, on compléterait une division de 12,000 hommes d'infanterie et 1,300 chevaux.

Il faut presser le vice-roi de former un bataillon de marche des hommes les plus exercés de ses dépôts, pour renforcer les régiments italiens.

Pressez le départ de Genève des hommes qui doivent recruter les sept bataillons de Foix et d'Avignon, afin de porter ces bataillons au complet.

Il paraît que cette nouvelle division, ayant de l'infanterie et de la cavalerie, n'aura pas besoin d'artillerie, le gros de l'armée en ayant suffisamment.

NAPOLÉON.

D'après la copie. Dépôt de la guerre.

16898. — AU GÉNÉRAL CLARKE, DUC DE FELTRE,
MINISTRE DE LA GUERRE, À PARIS.

Saint-Cloud, 12 septembre 1810.

Faites-moi connaître comment est composée la légion de gendarmerie de Catalogne et quand elle sera organisée.

Je vois dans le livret de l'armée d'Espagne qu'elle est composée de vingt brigades à pied, formant 120 hommes, et de cent brigades à cheval, formant 600 hommes. Si cela était, ce serait une bien mauvaise composition pour la Catalogne. Elle doit être composée, au contraire, de cent brigades à pied, 600 hommes, et de vingt brigades à cheval, 120 hommes.

Je suppose que l'état que j'ai sous les yeux est fautif; faites-moi un rapport là-dessus.

D'après la minute. Archives de l'Empire.

16899. — AU PRINCE DE NEUCHÂTEL ET DE WAGRAM,
MAJOR GÉNÉRAL DE L'ARMÉE D'ESPAGNE, À PARIS.

Saint-Cloud, 12 septembre 1810.

Mon Cousin, donnez ordre qu'à leur arrivée à Bayonne les détachements des régiments de la Vistule venant de Sedan soient passés en revue, afin que les hommes qui ne seraient pas Polonais en soient ôtés, et que les autres rejoignent sans délai leurs corps.

NAPOLÉON.

D'après la minute. Archives de l'Empire.

16900. — AU GÉNÉRAL CLARKE, DUC DE FELTRE,

MINISTRE DE LA GUERRE, À PARIS.

Saint-Cloud, 13 septembre 1810.

Monsieur le Duc de Feltre, il sera formé une division de réserve de l'armée d'Espagne, qui sera composée de trois brigades.

La 1re brigade sera composée,

1° Du 1er régiment de marche de l'armée du Midi, lequel se formera à Limoges et sera composé des deux bataillons de marche de l'armée du Midi. Le 1er bataillon sera composé de la manière suivante : 100 hommes du 21e léger, 100 du 28e, 100 du 34e de ligne, 100 du 40e, 100 du 64e, 100 du 88e; total, 600 hommes.

Le 2e bataillon sera composé de 100 hommes du 100e de ligne, 100 du 103e, 100 du 54e, 100 du 63e, 150 du 32e, 150 du 58e; total, 700 hommes.

Ce 1er régiment sera commandé par un colonel en second, deux chefs de bataillon et les officiers nécessaires.

Les officiers destinés à rejoindre l'armée du Midi auront emploi dans ces régiments. Vous me proposerez d'y envoyer douze jeunes gens de l'école militaire de Saint-Cyr, qui rejoindront à Limoges et auront des brevets de sous-lieutenants pour les douze régiments dont les détachements forment ce régiment de marche. Les détachements faisant partie de ce régiment, qui se forment à Orléans, recevront l'ordre de continuer leur route sur Limoges.

Il est nécessaire que ce régiment soit bien constitué, parce qu'il se passera beaucoup de temps avant qu'il puisse être dissous et rejoindre ses corps sous Cadix.

2° Du bataillon de marche de l'armée d'Aragon, fort de 900 hommes, qui est à Blois. Ce bataillon sera passé en revue le 20 septembre, et, lorsqu'il sera complet en officiers et sous-officiers, vous le mettrez en marche pour Limoges. Vous y enverrez trois élèves de l'école de Saint-Cyr pour remplir des emplois de sous-lieutenants. On prendra dans les chevau-légers polonais huit sous-officiers pour être employés comme sous-lieutenants dans les quatre régiments de la Vistule, à raison de deux pour chaque régiment. Ces officiers marcheront avec le bataillon de marche de l'armée d'Aragon, où il y a un détachement de 400 Polonais.

3° Du 4ᵉ bataillon du 43ᵉ, qui se forme à Tours. Ce bataillon sera passé en revue à Tours le 5 octobre, et, lorsqu'il sera complet en officiers et sous-officiers, vous le dirigerez sur Limoges.

Les quatre bataillons composant cette 1ʳᵉ brigade de la division de réserve seront cantonnés à Limoges. Un général de brigade ira en prendre le commandement.

Il sera passé la revue de cette brigade le 10 octobre, mon intention étant qu'elle soit complétée, pour cette époque, en officiers et sous-officiers, et qu'elle soit en état de faire la guerre.

La 2ᵉ brigade sera composée de quatre bataillons de marche de l'armée de Portugal, tels qu'ils ont été destinés.

Le 1ᵉʳ et le 2ᵉ bataillon, c'est-à-dire celui qui se réunit le 13 à Bordeaux et celui qui sera réuni le 15 à Nantes, formeront le 1ᵉʳ régiment. Le 3ᵉ et le 4ᵉ bataillon, celui qui se réunit à Paris et celui qui sera réuni le 29 septembre à Orléans, formeront le 2ᵉ.

Le 1ᵉʳ régiment se formera à Bordeaux, et le 2ᵉ à Orléans. Chacun de ces régiments sera commandé par un colonel en second.

La revue du 1ᵉʳ bataillon sera passée à Bordeaux le 25 septembre. Le 2ᵉ bataillon, qui doit être à Nantes le 15, se rendra immédiatement à Bordeaux, où il sera également passé en revue le 3 octobre. Le 3ᵉ bataillon se rendra de Paris à Orléans, où il se réunira au 4ᵉ bataillon, qui se rassemble dans cette place.

On prendra à Saint-Cyr dix-huit sous-lieutenants pour être placés dans les dix-huit régiments qui fournissent à la composition des quatre bataillons de cette 2ᵉ brigade.

Lorsqu'on m'aura rendu compte de la revue qui sera passée des deux derniers bataillons à Orléans, je les ferai partir pour Bordeaux, où ils formeront, avec les deux premiers bataillons, la 2ᵉ brigade de la division de réserve.

La 3ᵉ brigade sera composée du 3ᵉ bataillon du 50ᵉ régiment d'infanterie de ligne et du 3ᵉ bataillon du 25ᵉ léger, qui se réunissent à Tours, et de deux bataillons de gardes nationales de la Garde.

Cette 3ᵉ brigade, qui sera ainsi forte de 3,000 hommes, sera passée en revue le 8 octobre, à Tours. Il faudra s'assurer qu'à cette époque elle ne manquera ni d'officiers ni de sous-officiers. Un général de brigade sera nommé pour commander cette 3ᵉ brigade.

La brigade de cavalerie du général Fournier, composée des 1ᵉʳ et 2ᵉ régiments provisoires de cavalerie légère qui se réunissent à Tours, fera partie de cette division et se dirigera sur Niort, afin de désencombrer Tours. Les deux escadrons de marche qui se forment à Tours se rendront à Niort et feront partie de la brigade du général Fournier, qui sera chargé de veiller à leur organisation.

Le général qui commandera cette division sera le général de division Caffarelli, mon aide de camp. Proposez-moi les trois généraux de brigade et un adjudant commandant à attacher à cette division. Je désire qu'elle puisse être réunie, du 15 au 20 octobre, à Bayonne.

Faites-moi connaître quand le 13ᵉ régiment de chasseurs arrive à Bayonne.

NAPOLÉON.

D'après la copie. Dépôt de la guerre.

16901. — AU GÉNÉRAL CLARKE, DUC DE FELTRE,
MINISTRE DE LA GUERRE, A PARIS.

Saint-Cloud, 13 septembre 1810.

Je lis votre rapport sur une proposition de fondre cent pièces de 12, deux cents pièces de 6 et quatre cents de 3, et, avec le bronze provenant de cette fonte, de faire couler vingt pièces de 48, quatre-vingts de 24 et trente mortiers à plaque.

Je vois que j'ai en Hollande deux cent vingt-huit pièces de 24 en bronze et cent huit de 18; je ne veux pas de nouvelles pièces de 24.

Je vois qu'il y a vingt-cinq mortiers de 15 pouces et point de bombes, cent quinze mortiers de 11 pouces et 37,000 bombes, ce qui ne fait que 300 coups par pièce, et cent trente mortiers de 7 1/2 pouces avec 35,000 bombes, ce qui ne fait que 270 coups par pièce.

Mon intention est que vous envoyiez à la Haye les vingt-cinq mortiers de 15 pouces, cinquante-cinq mortiers de 11 pouces et soixante et dix de 7 1/2 pouces. Par ce moyen il ne restera plus en Hollande que soixante mortiers de 11 pouces et 37,000 bombes, soixante mortiers de 7 1/2 pouces et 35,000 bombes. Vous ne conserverez également que soixante obusiers de 7 pouces, et, à cet effet, vous ferez fondre les soixante-quatre autres. Vous ne garderez que soixante obusiers de 5 pouces; en conséquence vous en ferez fondre trente-sept.

J'approuve que vous fassiez fondre également les cent soixante et dix-huit pièces de 3, de siége, et je désire qu'avec cette fonte vous puissiez faire huit pièces de 48 et quarante mortiers à plaque à grande portée et à la Gomer.

Il ne vous échappera pas que j'ai mesuré le nombre de pièces sur le nombre des projectiles que vous avez portés à la colonne *Existant*.

Je ne saurais approuver qu'on fondît cent canons de 12, puisque c'est l'arme qui défend les places, ni deux cents pièces de 6.

J'approuve que la marine vous fournisse soixante-trois pièces de 36. ce qui, avec les trente-sept, fera cent, et cent pièces de 24. Ce sera donc cent trente-sept pièces de gros calibre à demander à la marine. La marine ne peut pas les vendre. Vous lui donnerez du bronze et cuivre pour même valeur, dont elle se servira pour doubler ses vaisseaux, etc.

Après vous avoir fait connaître mes intentions sur l'objet de ce rapport, je dois vous faire connaître ma pensée sur l'organisation générale de l'artillerie de la Hollande. Ma pensée est qu'après une campagne malheureuse sur le Rhin on pourrait perdre la Hollande. Il ne faut donc laisser à Amsterdam et dans les autres places de Hollande que l'indispensablement nécessaire pour leur défense; que tout le reste de l'artillerie soit renvoyé sur Maëstricht, sur Anvers et sur Wesel d'abord; et après, et insensiblement, une partie sera dirigée sur Lille, Metz et la Fère.

J'aimerais à avoir toute l'immense artillerie que j'ai à Strasbourg, à Mayence, à Wesel, en Hollande, réunie dans les trois places de dépôt importantes de Lille, Metz et la Fère.

De Metz je pourrais réapprovisionner toute ma frontière de Hollande.

Je désire donc qu'en novembre ou décembre prochain vous me fassiez un projet pour, en plusieurs années, conduire toute l'artillerie inutile de mes places dans les trois grands dépôts.

Les six cents mortiers à la Coehorn sont, je suppose, des mortiers de 6 pouces. Ces mortiers sont fort utiles, et je pense qu'il serait avantageux que vous les dirigeassiez en grande partie sur Strasbourg et Lille.

Résumé. — 1° Diriger d'abord sur Anvers, Maëstricht et Wesel toutes les pièces sans affûts; je vois qu'il y a deux mille trois cents affûts et trois mille huit cents pièces; 2° préparer le travail pour ne laisser en Hollande que l'artillerie nécessaire à la défense, et diriger tout le reste sur Anvers, Wesel et Maëstricht; 3° préparer un projet pour diriger ce qui y existe et se trouvera à Mayence, Wesel, Strasbourg, Maëstricht et Anvers, sur les grands dépôts de Metz, Lille et la Fère, en raisonnant dans les différentes suppositions, ou que la Hollande peut être envahie par l'Angleterre, ou se révolter, ou être coupée de la France par une armée qui viendrait de la Meuse.

Le dépôt de la Fère, je le considère comme s'il était à Paris. Les communications par eau sont à l'abri de toute interruption. Un des événements supposés arrivant, on évacuerait ce qu'il y aurait à la Fère sur Paris et la Loire.

Dans ce sens il devrait y avoir une salle d'armes de cent mille fusils à la Fère, et, considérant l'arsenal de la Fère comme l'arsenal de Paris, il faudrait voir s'il y a quelques bouts de chemin à faire pour faciliter autant que possible les transports. Chargez les officiers d'artillerie de ce travail; car nous n'avons point de système, et après quelques revers nous nous trouverions compromis. Mon intention est d'arrêter ce système cet hiver, car, pour l'exécution, c'est l'ouvrage de plusieurs années.

D'après la minute. Archives de l'Empire.

16902. — AU COMTE MOLLIEN,
MINISTRE DU TRÉSOR PUBLIC, À PARIS.

Saint-Cloud, 13 septembre 1810.

Monsieur le Comte Mollien, je vois par votre rapport du 12 que vous avez envoyé en Espagne, depuis le 1er janvier, 22 millions pour la solde et 4,200,000 francs pour les ordonnances des ministres. Faites-moi connaître le détail de ces ordonnances, par ministère et par chapitre, et combien, sur les 22 millions envoyés pour la solde, il reste encore de fonds à Bayonne.

NAPOLÉON.

D'après l'original comm. par Mme la comtesse Mollien.

16903. — NOTE
DICTÉE EN CONSEIL D'ADMINISTRATION DES FINANCES.

Saint-Cloud, 13 septembre 1810.

Sa Majesté juge convenable que tout ce qui concerne cette matière soit réuni en un seul décret divisé en plusieurs titres.

Le titre Ier, *De la recette*, sera subdivisé en deux parties : 1° recettes des exercices antérieurs jusqu'au 1er janvier 1811; 2° recettes des exercices 1811 et postérieurs.

Le titre II traitera *De la dépense*. La dépense se fera sur les fonds de la caisse d'amortissement et sera portée en distribution dans le décret de chaque mois.

Le ministre de l'intérieur remettra au ministre du trésor l'état des fonds disponibles et de ceux dont il a l'intention de disposer. Le ministre du trésor rédigera en conséquence la distribution, et le ministre des finances, à qui elle sera transmise, fera faire les versements par la caisse d'amortissement.

Le titre III contiendra les attributions ou affectations des fonds.

Il sera divisé en chapitres.

Chapitre 1er. — Le fonds provenant du prélèvement de 10 pour 100 sur le revenu des communes affecté au culte sera spécialement affecté,

1° à l'acquisition des six maisons d'orphelins; 2° à l'achèvement de l'église de Mâcon; 3° à l'exécution du décret du 8 août 1808, relatif au rétablissement des édifices du culte dans les départements de la Vendée; en conséquence, il ne sera plus fait de fonds sur cet objet à dater de 1811; 4° à concourir, pour une partie de la dépense, au rétablissement des églises et presbytères; la portion qui sera acquittée sur ce fonds sera déterminée suivant les circonstances et la nature des travaux à faire, dont les projets seront soumis à Sa Majesté.

Chapitre II. — Il sera fait un prélèvement de 60 pour 100, évalué à 3 millions, sur le montant du fonds provenant de l'excédant disponible du budget des communes, versé à la caisse d'amortissement, jusques et y compris l'exercice 1810.

Il sera fait un prélèvement de 80 pour 100, évalué à 8 millions, sur les produits provenant des coupes des bois des communes, versés à la caisse d'amortissement, jusques et y compris l'exercice 1810.

Total des deux prélèvements, 11 millions.

Chapitre III. — Ce fonds de 11 millions, acquis au 1er janvier 1811, sera susceptible d'augmentation au moyen des prélèvements qui pourront avoir lieu sur les produits des exercices postérieurs, et sur le compte qui en sera rendu à Sa Majesté.

Le montant des prélèvements sur 1810 et années antérieures sera employé au rétablissement ou à l'amélioration des prisons, maisons de détention, et à la mise à exécution des dispositions bienfaisantes des lois sur cette matière, tant pour Paris que pour les départements, à raison de 3 millions pour Paris et de 8 millions pour les départements.

Sa Majesté fait ensuite les observations et prescrit les dispositions suivantes, tant sur la comptabilité des ponts et chaussées que sur celle des différents travaux de la ville de Paris.

La comptabilité des ponts et chaussées est très-imparfaite.

Ce service reçoit des fonds de plusieurs manières : 1° sur les fonds généraux du trésor public; ils entrent dans la comptabilité du payeur des dépenses diverses; 2° sur les centimes de la contribution foncière; 3° sur les droits de bac, de navigation et autres de même nature.

Partie des fonds de ces deux dernières espèces entre au trésor comme ayant une affectation spéciale. Ils font partie de la comptabilité du payeur des dépenses diverses, et cet objet paraît dès lors en règle; mais une autre partie de ces fonds est versée à la caisse d'amortissement. Le trésor n'en ayant pas connaissance, ils n'entrent pas dans la comptabilité du payeur des dépenses diverses. Il est vrai que la caisse d'amortissement en compte, mais les comptes de la caisse d'amortissement n'ont point de rapport avec ceux des travaux, et cela est sujet à beaucoup d'inconvénients.

Le décret du 13 août 1810, qui établit une caisse spéciale des canaux, comprend, paragraphe 7 de l'article 6, qui établit la composition de cette recette, « tous les fonds affectés aux dépenses des canaux autres que « ceux qui sont portés par le budget à la charge des fonds généraux du « trésor public. » 1° Il ne s'agit là ni des routes, ni des ponts, ni de tant d'autres travaux publics. 2° Le trésor ayant aujourd'hui l'habitude de porter dans une colonne à part les fonds spéciaux, cela donnera lieu à beaucoup d'embarras. 3° L'article 9 portant que les comptes de la caisse des canaux seront envoyés à la cour des comptes, il n'y aura aucun ensemble dans la comptabilité. Ne serait-il pas convenable de donner à la caisse des canaux le titre de caisse des ponts et chaussées, et de lui faire faire recette de tous les fonds des travaux publics quelconques? Le trésor se servirait de cette caisse pour faire payer ce qui est affecté aux ponts et chaussées. Cette méthode paraîtrait d'autant plus utile que Sa Majesté n'obtient pas par les ponts et chaussées la connaissance de ce qui devrait être, mais de ce qui est. Il n'y a de centralisation que chez le directeur des ponts et chaussées, et la centralisation serait chez le trésorier, qui aurait l'état de tout ce qu'il doit recevoir et qui ferait connaître dans ses comptes ce qu'il n'aurait pas reçu. On continuerait à verser à la caisse d'amortissement tout ce qui appartient aux communes et n'a pas d'affectation obligée pour les travaux publics; mais, au moment où un décret spécial aurait affecté tel fonds aux travaux publics, la caisse d'amortissement en ferait le versement chez le trésorier des ponts et chaussées. Elle ne s'embarrasserait pas de l'emploi et serait déchargée par un simple reçu. Alors la comptabilité tout entière des ponts et chaussées serait à la caisse des ponts et chaussées, et le trésor, dont elle serait une caisse spéciale et qui porterait dans ses états les fonds qu'elle pourrait avoir, y trouverait aussi, au besoin, l'argent qui pourrait lui être nécessaire pour des mouvements de fonds.

Le ministre de l'intérieur s'entendra avec le ministre du trésor pour examiner : 1° s'il est nécessaire que cette caisse compte à la cour des comptes; alors le payeur des dépenses diverses serait libéré de 25 millions sur un simple reçu du trésorier des ponts et chaussées; 2° s'il est préférable que le ministre du trésor, par qui passeront toutes les ordonnances, les porte en recette spéciale, quels que soient le titre et l'origine des fonds; alors le trésorier des ponts et chaussées rendrait compte au payeur des dépenses diverses.

Voilà pour l'avenir.

Il resterait à régler ce qui concerne les exercices antérieurs et l'exercice 1810 jusqu'à 1811.

Il faudrait que le décret à rédiger déterminât que la caisse des ponts et chaussées se charge en recette : 1° de tous les fonds spéciaux provenant des centimes imposés par des lois pour des travaux publics, versés à la caisse d'amortissement et qui ont été employés; 2° de tous les fonds spéciaux provenant d'affectations faites par décrets, soit sur les droits à la sortie des grains, soit sur le produit des coupes des bois communaux, soit sur le produit des amendes imposées aux fraudeurs, soit sur les recettes de la police, etc. Par ce moyen, le trésorier des ponts et chaussées deviendrait comptable de ces fonds, et il recevrait, sur récépissé, toutes les pièces de la caisse d'amortissement. Il convient que le trésorier devienne comptable de ces recettes antérieures, parce que ses opérations à venir seront une continuation des mêmes affaires et des mêmes travaux, et qu'on n'établira véritablement une bonne comptabilité que quand elle sera telle que, dans cinq ans, on pourra savoir tout ce qu'aura coûté tel canal, telles ou telles opérations, tels ou tels travaux.

Après les recettes et les dépenses propres à la caisse des ponts et chaussées, viennent les travaux faits à Paris par le ministère de l'intérieur.

tels que la colonne et la place Vendôme, le Panthéon, l'église Saint-Denis, les greniers publics, la Bourse, les tueries, le Jardin des Plantes. Ces travaux ne regardent pas les ponts et chaussées. Il faudrait donc prévoir, dans le même décret, ce qu'il faut faire pour 1811 et pour les années antérieures.

Ce qu'on doit faire pour 1811 paraît être que toutes les recettes faites en vertu des décrets entrent au trésor; que le trésor ait autant de chapitres de recette que de décrets, et autant de chapitres de dépense que de grands travaux. On ferait un budget de fonds spéciaux disposés de la même manière que le budget ordinaire.

A cette occasion, Sa Majesté observe que cette partie est organisée d'une manière très-défectueuse à Paris, et qu'il paraîtrait convenable d'avoir un homme de goût, bon administrateur, qui se chargerait de ces détails et qui dispenserait le ministre de l'intérieur de s'en occuper. Faute de cette institution, on a perdu beaucoup d'argent. On a, par exemple, dépensé à Saint-Denis beaucoup plus qu'il ne fallait, et encore aurait-on dépensé bien davantage si Sa Majesté n'était pas allée visiter ces travaux. Il faudrait donc charger de tout cela un maître des requêtes sous les ordres du ministre de l'intérieur. Peut-être aussi conviendrait-il de lui donner les travaux de la capitale qui dépendent des ponts et chaussées, comme le pont d'Iena, le pont de Saint-Cloud, etc. Dans les départements, la surveillance des grands travaux de cette espèce est confiée aux préfets. A Paris, le préfet, déjà ordonnateur d'une dépense de dix-huit à vingt millions, a beaucoup trop d'occupations; il est d'ailleurs un personnage trop considérable pour travailler avec le directeur des ponts et chaussées. On pourrait même diviser ces objets entre deux maîtres des requêtes : l'un serait chargé de la direction et de la surveillance de tout ce qui est relatif aux monuments, aux constructions publiques, aux statues, et l'autre des travaux des ponts et chaussées qui se font à Paris. Cela aurait l'avantage de former un plus grand nombre de sujets, parmi lesquels on choisirait pour les premières places qui viendraient à vaquer.

Le ministre de l'intérieur fera, mercredi prochain, un rapport sur ces divers objets. Il présentera aussi l'organisation de la comptabilité des canaux et des travaux divers dont il est question dans cette note, en stipulant d'abord, pour l'avenir, à partir de 1811, et, pour le passé, à commencer de l'an VIII. Il aura grand soin de distinguer l'article de la recette de l'article de la dépense.

On ne voit pas figurer, dans le tableau qu'il a fourni des crédits ouverts sur différentes caisses pour les mouvements et pour divers travaux publics, le temple de la Victoire, dont les fonds sortent de la caisse de l'extraordinaire. Ces fonds doivent sortir de cette caisse par une ordonnance du ministre, mais ils doivent être versés dans la caisse du trésor, où devraient se trouver l'ordonnance du ministre et les pièces.

L'approvisionnement de Paris a coûté 2,500,000 francs: il n'y en a aucune trace au trésor, de sorte qu'on ne voit pas d'où vient cet argent. Cela doit être versé en recette au trésor comme fonds spécial provenant du droit à la sortie des grains, et se trouver en dépense à l'intérieur existant en grains.

Dans la nomenclature des fonds dont le trésor et la caisse des canaux ou des ponts et chaussées doivent se rendre comptables, le ministre aura grand soin de porter dans une colonne particulière les fonds dont le trésor s'est déjà rendu comptable, tels que ceux de la police, etc.

Le décret du 29 octobre 1808, sur le budget des ponts et chaussées de l'exercice 1809, porte, titre II, chapitre VIII, la distribution d'un fonds d'un million entre les travaux de la place Vendôme, de l'église Saint-Denis, du Panthéon, de la machine de Marly, du Jardin des Plantes et des greniers publics. Une note ajoutée à cet article annonce que cette somme sera prise sur le fonds de 10 millions réservé, par le paragraphe 2 de l'article 5 du décret du 21 mars précédent, pour des constructions utiles qui contribuent à l'amélioration et à l'embellissement de la capitale.

Le décret du 21 mars porte effectivement, article 5, que les 17 millions qu'on suppose rester sur le produit de la vente des canaux seront employés, savoir : 10 millions à des constructions utiles à l'embellissement de la capitale, et 7 millions au canal de l'Ourcq et à l'amélioration des moyens de communication avec Paris, par la navigation.

L'article 7 dit que, sur le fonds de 10 millions, une somme de 3 millions sera dépensée en 1808, savoir : 2 millions pour l'embellissement de la capitale et 1 million pour l'amélioration de la navigation.

Sa Majesté désire connaître quelle est, sur ces 17 millions, la somme qui a été employée pour les travaux de Paris et pour ceux de la navigation.

Le décret du 20 février 1810 a changé cet état de choses, parce que la vente des canaux n'a pas produit ce qu'on en attendait. Dans ce décret, on porte la recette à 60 millions et la dépense à pareille somme, savoir : 10,300,000 francs pour les avances faites antérieurement : 32,098,000 francs dont l'emploi est spécifié, travaux par travaux, année par année, dans l'article 17, et 17,602,000 francs formant le surplus des 60 millions pour le canal de Bourgogne.

Sur quoi donc se propose-t-on de prendre trois ou quatre millions qui auront été employés, soit en vertu du décret du 29 octobre 1808, pour la place Vendôme, l'église Saint-Denis, le Panthéon, etc. soit en vertu du décret du 21 mars de la même année, à améliorer la navigation de la Marne et les autres communications de Paris? Ils avaient été donnés dans la supposition que les canaux laisseraient 17 millions de libres, et on ne les a pas fait entrer dans l'affectation que le décret du 20 février a faite des fonds provenant de la vente des canaux. Il y a donc un déficit. Il faut donc savoir sur quels fonds on a transporté les affectations qui avaient été faites sur les 17 millions supposés disponibles des canaux. Dans le décret du 20 février 1810, qui distribue les dépenses année par année, on ne voit figurer que le canal de l'Ourcq, et assurément on n'aura pas mis sous ce titre les travaux de la place Vendôme, de l'église Saint-Denis, du Panthéon, etc. Cet éclaircissement est indispensable pour la rédaction du décret qui doit régler toute cette comptabilité arriérée. On peut, ou ajouter par un article l'obligation de cette dépense à celles qui sont imposées au fonds des canaux par le décret de 1810, ou bien la rembourser.

D'après la copie. Archives de l'Empire.

16904. — A L'IMPÉRATRICE JOSÉPHINE,
AUX EAUX D'AIX, EN SAVOIE.

Saint-Cloud, 14 septembre 1810.

Mon amie, je reçois ta lettre du 9 septembre. J'apprends avec plaisir que tu te portes bien. L'impératrice est effectivement grosse de quatre mois; elle se porte bien et m'est fort attachée. Les petits princes Napoléon se portent très-bien; ils sont au pavillon d'Italie, dans le parc de Saint-Cloud.

Ma santé est assez bonne. Je désire te savoir heureuse et contente. On dit qu'une personne chez toi s'est cassé la jambe en allant à la glacière.

Adieu, mon amie, ne doute pas de l'intérêt que je prends à toi et des sentiments que je te porte.

NAPOLÉON.

Extrait des *Lettres de Napoléon à Joséphine*, etc.

16905. — NOTE POUR LE MINISTRE DE L'INTÉRIEUR.

Saint-Cloud, 14 septembre 1810.

Si l'idée était nouvelle, Sa Majesté pourrait prendre un décret pour la constater[1], mais elle est aussi ancienne que la ville de Paris. Il existe plusieurs gravures de la colonnade du Louvre dans lesquelles cette rue est représentée comme si elle existait. Il ne faut donc décréter cette grande entreprise qu'au moment où on voudra l'exécuter. Mais, avant de l'exécuter, il faut savoir ce qu'elle coûtera. Il est probable que la dépense s'élèvera au delà de vingt millions. Ainsi, pour l'exécuter au moment où elle serait ordonnée, il faudrait avoir vingt millions disponibles. Ce n'est pas lorsqu'on a déjà entrepris de donner à Paris des eaux, des égouts, des tueries, des marchés, des greniers d'abondance, etc. qu'on peut s'engager dans une si grande opération. Elle ne pourra être faite qu'au moyen des centimes de l'octroi qui sont affectés au canal de l'Ourcq, ou bien lorsque la paix générale existera et qu'on sera dans un moment de

---

[1] Projet d'ouvrir une rue allant en ligne directe du Louvre au faubourg Saint-Antoine.

prospérité qui permette d'affecter à ce grand travail 4 à 5 millions par an, pour le terminer en cinq ans.

Les projets auxquels il pourrait paraître convenable de songer dès ce moment seraient la construction de l'Hôtel de Ville, l'arrangement de la place de la Bastille et de la gare, et la formation d'une place devant le Louvre.

La réception du souverain à l'Hôtel de Ville est une chose trop populaire pour qu'on doive regarder à la dépense. Le souverain ne peut, dans les grandes fêtes, aller qu'à l'Hôtel de Ville, au Sénat, ou au grand établissement de la Garde, à l'École militaire. Les constructions en bois sont ruineuses, dangereuses et ridicules. Celles qu'on a faites chaque fois à l'Hôtel de Ville ont tous ces inconvénients et sont de plus insuffisantes. Avec une dépense de 4 millions en quatre ou cinq ans, on pourrait avoir un hôtel de ville convenable pour la ville de Paris, et qui, lors des circonstances ordinaires, donnerait de vastes salles pour les assemblées du conseil général, des colléges électoraux, etc. La grande rue à ouvrir doit passer près de l'Hôtel de Ville. La manière naturelle de s'en occuper c'est de coordonner les travaux qu'on ferait à l'Hôtel de Ville avec ce projet, dont l'exécution serait considérée comme probable.

On coordonnerait également à ce projet la détermination définitive de tout ce qui concerne la place de la Bastille.

On propose, à l'entrée de la nouvelle rue devant le Louvre, une place demi-circulaire qui est mesquine. On peut dès à présent déterminer l'exécution de cette place, lui donner une autre forme et arrêter tout ce qui y est relatif. Si Perrault est considéré comme ayant un nom assez illustre dans les arts, on pourrait donner son nom à cette place. On peut dès à présent déterminer son étendue, arrêter les dispositions et désigner le jour où l'église Saint-Germain-l'Auxerrois cessera d'appartenir au service du culte.

Au moyen de ces arrangements, qui tous supposeront l'existence probable de la grande rue, on établit que ce projet est connu et approuvé, et on évite le ridicule de rendre un décret qui ne serait suivi pendant longtemps d'aucune exécution.

Ainsi on peut faire un décret en trois titres : le premier, *De la place du Louvre* ou *De la place Perrault*; le deuxième, *De la construction de l'Hôtel de Ville*; le troisième, *De l'établissement de la gare et de la place de la Bastille*, etc. Il pourrait être dit que ces travaux se coordonneront au plan général joint au décret et qui sera exécuté lorsque les travaux déjà entrepris pour l'utilité ou l'embellissement de la capitale seront terminés.

D'après la minute. Archives de l'Empire.

16906. — AU COMTE MOLLIEN,
MINISTRE DU TRÉSOR PUBLIC, À PARIS.

Saint-Cloud, 15 septembre 1810.

Monsieur le Comte Mollien, donnez un million au prince de Ponte-Corvo sur la caisse de service; cela sera régularisé ensuite.

NAPOLÉON.

D'après l'original comm. par Mᵐᵉ la comtesse Mollien.

16907. — AU COMTE BIGOT DE PRÉAMENEU,
MINISTRE DES CULTES, À PARIS.

Saint-Cloud, 15 septembre 1810.

Monsieur le Comte Bigot de Préameneu, il paraît que le traitement de 600 francs fait aux chanoines et aux curés de Plaisance est trop considérable; cela leur donne plus qu'ils n'avaient. Il est nécessaire, 1° de diminuer ce traitement; 2° de l'ôter à ceux qui, étant âgés de plus de soixante ans, sont retournés chez eux. Il faudrait aussi que les pensions accordées aux moines défroqués ne leur fussent payées qu'autant qu'ils prêteraient serment.

NAPOLÉON.

D'après l'original comm. par Mᵐᵉ la baronne de Nougarède de Fayet.

16908. — A JÉRÔME NAPOLÉON, ROI DE WESTPHALIE,
A NAPOLEONSHOEHE.

Saint-Cloud, 15 septembre 1810.

Mon Frère, je reçois vos lettres du 12 septembre. Il ne se fait aucun mouvement de troupes dans le Nord, et le Danemark n'a pas 20,000 hommes sous les armes. Vous pouvez en toute sûreté faire donner vos semestres, cela soulagera vos finances. Ne faites aucun camp; cela vous coûterait et alarmerait vos voisins. Je suis en paix avec tout le monde, et rien ne menace la tranquillité du continent.

NAPOLÉON.

D'après la copie comm. par S. A. I. le prince Jérôme.

16909. — AU PRINCE DE NEUCHÂTEL ET DE WAGRAM,
MAJOR GÉNÉRAL DE L'ARMÉE D'ESPAGNE, À PARIS.

Saint-Cloud, 16 septembre 1810.

Mon Cousin, écrivez au prince d'Essling que je désire qu'en entrant en Portugal il laisse sur ses derrières tous les régiments provisoires de dragons, qui serviront à garder les plaines de Salamanque et de Valladolid; qu'il ne faut pas qu'il emmène en Portugal une trop grande quantité de cavalerie, qu'il ne pourrait pas la nourrir; tandis que ces régiments provisoires sont importants pour garder ses derrières.

NAPOLÉON.

D'après l'original. Dépôt de la guerre.

16910. — AU PRINCE DE NEUCHÂTEL ET DE WAGRAM,
MAJOR GÉNÉRAL DE L'ARMÉE D'ESPAGNE, À PARIS.

Saint-Cloud, 16 septembre 1810.

Mon Cousin, écrivez au général Suchet que, après la prise de Tortose et de Tarragone, Valence sera sans doute le but de ses opérations, si les circonstances ne s'y opposent pas; mais que, les affaires s'avançant du côté du Portugal, il est probable que je me déciderai à le faire marcher contre Valence, ces deux places étant prises. Vous lui ferez connaître que j'ai lu le mémoire du colonel du génie Haxo; que, dès qu'il est possible de garder avec 1,000 hommes la citadelle et les fortifications de Lerida, je consens à ne point démolir l'enceinte de cette place; mais qu'il faut armer et approvisionner les forts et ne mettre sur l'enceinte de la place que de la petite artillerie, afin qu'on puisse l'évacuer sur la citadelle, si cela était nécessaire, et que l'artillerie et la vraie défense soient dans les forts.

Napoléon.

D'après l'original. Dépôt de la guerre.

16911. — AU PRINCE DE NEUCHÂTEL ET DE WAGRAM,
MAJOR GÉNÉRAL DE L'ARMÉE D'ESPAGNE, À PARIS.

Saint-Cloud, 16 septembre 1810.

Mon Cousin, écrivez au général Girard une lettre en mon nom pour lui témoigner ma satisfaction sur sa bonne conduite dans l'affaire de Villagarcia, et faites mettre à l'ordre du jour que j'ai reconnu dans cette circonstance la bravoure ordinaire des troupes du 5e corps. Proposez-moi les récompenses que demande le général Girard, soit pour la Légion d'honneur, soit pour l'avancement.

Napoléon.

D'après l'original. Dépôt de la guerre.

16912. — AU PRINCE DE NEUCHÂTEL ET DE WAGRAM,
MAJOR GÉNÉRAL DE L'ARMÉE D'ESPAGNE, À PARIS.

Saint-Cloud, 16 septembre 1810.

Mon Cousin, je suis instruit qu'un grand nombre d'Espagnols envoient leurs mérinos en France, et qu'un troupeau de 10,000 moutons est en route pour s'y rendre. Donnez des ordres à tous mes généraux et autres autorités pour qu'on protége le mouvement de ces animaux sur la France.

Napoléon.

D'après l'original. Dépôt de la guerre.

16913. — AU COMTE MOLLIEN,
MINISTRE DU TRÉSOR PUBLIC, À PARIS.

Saint-Cloud, 16 septembre 1810.

Monsieur le Comte Mollien, j'avais ordonné que tous les receveurs des différents gouvernements d'Espagne vinssent à Paris rendre compte de leur comptabilité. Faites-moi un rapport sur les contributions qui ont été levées en Espagne et sur ce qu'on pourrait tirer de ces receveurs sur les dilapidations qui auraient été commises.

NAPOLÉON.

D'après l'original comm. par Mme la comtesse Mollien.

16914. — AU COMTE DE MONTALIVET,
MINISTRE DE L'INTÉRIEUR, À PARIS.

Saint-Cloud, 16 septembre 1810.

Je vous prie de me faire rédiger un projet de décret par les Hollandais pour organiser le Waterstaat, en laissant le plus possible les choses comme elles sont aujourd'hui. Je désire aussi y laisser les mêmes ingénieurs et y envoyer le moins de Français possible.

D'après la minute. Archives de l'Empire.

16915. — AU VICE-AMIRAL COMTE DECRÈS,
MINISTRE DE LA MARINE, À PARIS.

Saint-Cloud, 17 septembre 1810.

Pourquoi l'*Impérial*, le *Tibre* et le *Romulus* ne sont-ils point encore commencés à Toulon? Il faudrait mettre sur le chantier en place du *Sceptre* un autre vaisseau. Je voudrais avoir en 1812 quatre vaisseaux de plus à Toulon, l'*Impérial*, celui qui sera mis sur le chantier en place du *Sceptre*, le *Tibre*, le *Trident* et le *Romulus*. L'*Agamemnon* à Gênes n'avance pas. Je voudrais pouvoir avoir, à la fin de 1812, vingt-cinq vaisseaux à Toulon.

D'après la minute. Archives de l'Empire.

16916. — AU VICE-AMIRAL COMTE DECRÈS,
MINISTRE DE LA MARINE, À PARIS.

Saint-Cloud, 17 septembre 1810.

Monsieur le Comte Decrès, je vous ai fait connaître que je désirerais avoir à Cherbourg une réunion de forces assez considérables pour menacer les îles de Jersey et obliger l'ennemi à y tenir des troupes. L'arrivée d'une division à Cherbourg a déjà fait un bon effet. Mais je désire que les deux grosses flûtes du Havre soient armées sans délai et qu'elles puissent se rendre le plus tôt possible à Cherbourg; ces transports, avec la frégate et les deux vaisseaux qui se trouvent dans ce port, pourraient faire craindre à l'ennemi que 6 ou 8,000 hommes ne se portassent sur les îles. D'ailleurs, ces bâtiments, étant à Cherbourg, se trouveront là prêts pour toute expédition. Les Anglais seront obligés de bloquer cette division tout l'hiver, et cela leur emploiera plusieurs vaisseaux. Comme l'écluse de chasse va jouer, je désire connaître quand on peut espérer que ces flûtes et la frégate seront prêtes à Cherbourg.

J'ai ordonné, par mon décret du 15 juillet dernier, la construction d'une flottille de transport dans la Méditerranée. Je vous prie de me faire connaître où en est cette flottille et ce qu'elle pourra porter. Quand aurai-je les moyens de porter en Égypte, par exemple, cinq divisions de troupes de ligne composées chacune de huit bataillons ou de 6,000 hommes, formant 30,000 hommes d'infanterie, 4,000 hommes d'artillerie et génie et 6,000 hommes de cavalerie, total 40,000 hommes, avec cinq cents voitures d'artillerie et 2,000 chevaux d'artillerie et de cavalerie?

Faites-moi connaître l'espèce de bâtiments qu'on peut construire à Dordrecht; je voudrais y faire construire une flottille capable de porter en Irlande ou en Écosse une expédition de quatre divisions, de dix bataillons chacune ou de 8,000 hommes, formant 32,000 hommes d'infanterie, 4,000 hommes d'artillerie et génie et 6,000 hommes de cavalerie, total 42,000 hommes, avec 3,000 chevaux d'artillerie et de cavalerie et cent vingt pièces de campagne, faisant sept cents voitures. Je suppose qu'on ne mettrait sur les vaisseaux que juste ce qu'il faudrait pour ne point les embarrasser. Apportez-moi au conseil de vendredi prochain un rapport sur cette expédition, sur l'espèce de bâtiments et sur leur tonnage (moins le nombre en sera grand et plus cela sera avantageux), et sur la composition des écuries calculée de manière à en avoir également le moins possible.

Je vous prie de me faire un autre rapport sur la situation où l'on peut espérer que nous nous trouverons en 1812. Tout me porte à croire qu'avant ce temps nos prisonniers seront échangés. Je pense qu'au mois d'août 1812 j'aurai, en rade du Texel, neuf vaisseaux au Texel, six à l'embouchure de la Meuse, vingt-six à l'embouchure de l'Escaut, six à Cherbourg, quatre à Brest, y compris l'*Ulysse*, total cinquante et un; huit vaisseaux à Lorient, dix à Rochefort (mon intention est que cet hiver et l'hiver prochain on cherche à réunir les vaisseaux de Lorient et de Rochefort à Brest, ce qui ferait vingt-deux vaisseaux dans ce dernier port et recréerait cette escadre), vingt-quatre vaisseaux à Toulon; ce qui, avec les trois qu'aura le roi de Naples à Naples, et les huit que le royaume d'Italie et la France auront à Ancône ou à Pola, fera cent quatre vaisseaux de ligne.

Si ces cent quatre vaisseaux sont soutenus par une flotte de transport dans l'Escaut portant 42,000 hommes, composée comme ci-dessus, par une flotte de transport dans la Méditerranée portant 40,000 hommes, par la flottille de Boulogne capable de porter 60,000 hommes, par une flottille vis-à-vis la Sicile capable de porter 20,000 hommes, par une flotte de transport à Cherbourg capable de porter 12,000 hommes, enfin par des bâtiments de transport pris en Hollande, escortés par les escadres du Texel et de la Meuse, ce qui ferait 200,000 hommes, les Anglais se trouveraient dans une position bien différente de celle où ils sont aujourd'hui.

C'est là mon plan de campagne pour 1812. J'attendrai le rapport que vous me remettrez au conseil prochain. Il ne faut point perdre de vue que c'est à ce résultat qu'il faut arriver.

Ainsi donc je désire créer une flotte de transport dans l'Escaut, une au Havre pour l'expédition de Cherbourg; en avoir une dans la Méditerranée, et en même temps diminuer ma flottille de Boulogne de manière qu'elle devienne un objet de diversion et d'accessoire, ne devant plus opérer seule et pouvant menacer de jeter 60,000 hommes sur le territoire de l'ennemi dans le temps qu'il serait occupé ailleurs.

NAPOLÉON.

D'après l'original comm. par Mme la duchesse Decrès.

16917. — NOTE POUR LE MINISTRE DE L'INTÉRIEUR.

Saint-Cloud, 17 septembre 1810.

L'intention de Sa Majesté est de détruire pour 1811 les centimes variables et fixes, en laissant seulement les centimes de non-valeur et les centimes additionnels. Un rapport sur ce sujet doit être déjà au Conseil d'état. Toutes les dépenses deviendront impériales. Cela est d'autant plus naturel qu'elles se règlent toutes à Paris. Les écritures seront simplifiées, et on aura mis un terme aux fonds de caisse qui existent sans utilité dans les départements.

En jetant un coup d'œil sur les centimes fixes et variables, on voit qu'ils sont employés à acquitter beaucoup de dépenses qui pourraient être mises à la charge des communes, comme une partie de celles des enfants trouvés, l'entretien des bâtiments, des prisons et maisons d'arrêt lorsqu'ils auront été mis en bon état; enfin les dépenses d'entretien des tribunaux connues sous les noms de menus frais, réparations locatives, etc. Cette dernière disposition à l'égard des tribunaux offre beaucoup d'avantages. Lyon, Turin, Rome, etc. ayant des revenus considérables, ne regarderaient pas à ces dépenses et mettraient de l'amour-propre à ce que leurs tribunaux fussent bien tenus. Les petites villes porteraient de l'ordre dans ces dépenses pour les mettre dans la proportion de leurs moyens. La contribution foncière et l'état feraient ainsi une économie de 1,200,000 francs.

Sa Majesté fait connaître, pour le ministre de l'intérieur seul, son système à l'égard des communes. Elles sont, en général, trop riches. Elles ont organisé les lycées, concouru à la dépense des dépôts de mendicité et déposé des sommes considérables à la caisse d'amortissement. Elles ont, en général, trop de dépenses de luxe. Celles de premier ordre donnent des sommes considérables à leurs maires, qui se trouvent mieux payés que les préfets, tandis que leurs fonctions, purement municipales, doivent être gratuites. Et comment ne seraient-elles pas riches? On leur a abandonné les octrois qui, dans tous les pays et dans tous les temps, formaient, du moins pour la plus grande partie, une portion du revenu du souverain. Il y a donc à choisir entre deux partis : ou déclarer le produit des octrois une recette impériale et prélever 50 pour 100, ou affecter le payement des dépenses locales sur ce produit. Il est d'autant plus naturel de faire payer les dépenses des tribunaux sur les octrois, que les tribunaux, attirant beaucoup de monde dans les villes, contribuent à augmenter la recette de l'octroi.

Sa Majesté désire qu'on lui présente un tableau comparatif des dépenses dont il s'agit et des revenus des villes qui devraient les supporter, et que le ministre joigne au rapport qu'il fera un projet de décret qui réglera cet ordre de choses à commencer du 1er janvier 1811. Sa Majesté verra alors si l'on ne peut pas prendre le même parti à l'égard des menus frais des justices de paix.

Ce travail fait d'abord pour les tribunaux, Sa Majesté en désire un complet sur les communes, afin de mettre à leur charge toutes les dépenses locales qu'elles pourront supporter. Les communes ont déjà été chargées du casernement, ce qui a fait 800,000 francs d'économie pour le ministère de la guerre. Les dépenses des tribunaux feraient une économie de 1,200,000 francs. On ignore quelle serait celle de l'entretien des prisons après qu'elles auront été mises en bon état de réparation. Ces trois objets, qui paraissent les plus importants, ne font pas ensemble une somme très-considérable.

Cependant, si cela était nécessaire, lorsque le système des affectations pour dépenses locales sera complet, on ne verra pas d'inconvénient à faire contribuer les arrondissements ou les départements. On prendrait ou le tiers ou le cinquième du revenu commun, et on ferait sur ce fonds commun les dépenses qui se font aujourd'hui avec les centimes fixes et variables. Il est bien entendu qu'on ne comprend pas dans cette mesure le traitement des abonnements de préfecture, etc. qui doivent être ordonnancés par le ministre de l'intérieur. Tout le reste serait payé par les communes. Ces fonds n'entreraient pas au trésor public; ils pourraient être ordonnancés sur-le-champ par les préfets, pourvu qu'ils se conformassent au budget. Ce serait une manière facile de pourvoir aux dépenses imprévues, et un soulagement pour le ministre de l'intérieur, qui n'aurait à s'occuper que de ce qui est dépense fixe.

Ce système soulagerait d'impositions directes, procurerait une économie assez notable à l'état et déplairait moins aux communes que si, par une seule mesure, on déclarait impériale une forte portion de leur octroi.

On pourra même cesser de percevoir le dixième pour le pain de soupe et les autres prélèvements de cette nature.

Il faudrait donc former un état des revenus des communes par arrondissement et par département, et des dépenses locales à mettre à leur charge.

D'après la minute. Archives de l'Empire.

16918. — AU PRINCE DE NEUCHÂTEL ET DE WAGRAM,
MAJOR GÉNÉRAL DE L'ARMÉE D'ESPAGNE, À PARIS.

Saint-Cloud, 17 septembre 1810.

Mon Cousin, des exactions de toute espèce se commettent en Espagne: on y trafique de la libération des prisonniers. Envoyez par un officier la lettre que vous devez écrire au général Kellermann. Écrivez en même temps au prince d'Essling pour qu'il fasse arrêter les individus coupables de ces crimes. Envoyez des officiers interroger la garnison de Ciudad-Rodrigo, et notamment le commandant de l'artillerie, auquel on assure qu'il a été demandé 200,000 réaux pour laisser aller la garnison. Chargez le général Buquet de faire une enquête sur cette affaire. Il est temps de mettre un terme à ce brigandage.

Le prince d'Essling, par une de ses lettres du 30 août, dit qu'il vous a envoyé l'état des contributions levées par le duc d'Elchingen et que ce maréchal n'a pas versées; vous ne m'avez point mis cet état sous les yeux. Faites-moi un rapport là-dessus.

NAPOLÉON.

D'après l'original. Dépôt de la guerre.

16919. — AU PRINCE DE NEUCHÂTEL ET DE WAGRAM,
MAJOR GÉNÉRAL DE L'ARMÉE D'ESPAGNE, À PARIS.

Fontainebleau, 17 septembre 1810.

Mon Cousin, le bruit d'un prétendu mariage du prince Ferdinand avec une princesse d'Autriche s'accrédite beaucoup. Il est important que vous écriviez à tous les commandants des corps d'armée en Espagne pour les prévenir que ce bruit est un enfant de l'oisiveté de Paris et un bavardage qui occupe les Parisiens; qu'ils doivent rejeter avec indignation la seule idée d'un pas rétrograde; qu'il n'a jamais été question de rien de pareil.

D'après la copie. Dépôt de la guerre.

16920. — AU VICE-AMIRAL COMTE DECRÈS,
MINISTRE DE LA MARINE, À PARIS.

Fontainebleau, 18 septembre 1810.

Le roi de Naples a mis à l'eau un très-bon vaisseau. On m'assure qu'on y a employé des bois qui auraient pu servir à faire un trois-ponts. Le roi de Naples fait construire deux autres vaisseaux, mais, comme il est obligé à beaucoup de dépenses, il ne peut pas faire davantage. Cependant, puisqu'il faut que j'avance de l'argent pour de nouvelles constructions, je préfère les faire à mon compte. Faites-moi connaître si l'on peut faire construire un vaisseau à trois ponts, un de 80 et un de 74, à Naples ou à Castellamare. En payant bien, ce seraient trois vaisseaux que je pourrais avoir l'année prochaine. Je les armerais avec des matelots napolitains; j'enverrais seulement des garnisons et des officiers. Par ce moyen le Roi aura trois vaisseaux, moi trois; ce qui ferait six vaisseaux, qui se joindraient dans ces mers à mon escadre de Toulon.

Donnez donc des ordres positifs au prince Borghese pour que l'*Agamemnon* à Gênes soit lancé en avril; jusqu'à cette heure il n'avance pas. Il y a longtemps qu'il traîne. Faire connaître les mesures pour le faire finir.

Le *Rivoli* a été mis à l'eau à Gênes. On m'assure que ce vaisseau est très-beau et qu'il a très-bien réussi.

<small>D'après la minute. Archives de l'Empire.</small>

16921. — AU PRINCE DE NEUCHÂTEL ET DE WAGRAM,
<small>MAJOR GÉNÉRAL DE L'ARMÉE D'ESPAGNE, À PARIS.</small>

<small>Fontainebleau, 18 septembre 1810.</small>

Mon Cousin, je vois que le général Kellermann montre la plus grande insouciance, et que, loin de placer ses forces de manière à appuyer l'armée de Portugal, il tient ses troupes disséminées.

Il me semble que j'ai compris la province d'Avila dans l'arrondissement de l'armée du centre.

Écrivez de nouveau au général Drouet que j'attache la plus grande importance à avoir des nouvelles de l'armée de Portugal; que le principe d'occuper tous les points est impossible à exécuter; qu'il faut se contenter d'occuper les points où sont les dépôts et les hôpitaux, et avoir ses troupes dans la main pour les porter où cela est nécessaire, et surtout sur les derrières de l'armée de Portugal.

<small>D'après la copie. Dépôt de la guerre.</small>

16922. — A EUGÈNE NAPOLÉON,
<small>VICE-ROI D'ITALIE, À MONZA.</small>

<small>Saint-Cloud, 18 septembre 1810.</small>

Mon Fils, vous m'avez envoyé un plan sur Ancône qui n'a pas le sens commun. L'ingénieur qui l'a fait n'est pas un homme d'assez de mérite pour faire des plans. Faites exécuter celui que je vous ai envoyé et tenez-vous-en là. Ce que propose l'ingénieur d'Ancône ne se ferait pas pour 30 millions.

NAPOLÉON.

<small>D'après la copie comm. par S. A. I. Mme la duchesse de Leuchtenberg.</small>

16923. — AU GÉNÉRAL CLARKE, DUC DE FELTRE,
MINISTRE DE LA GUERRE, À PARIS.

Saint-Cloud, 19 septembre 1810.

Monsieur le Duc de Feltre, vous verrez par mon décret que je n'ai établi que deux divisions militaires en Hollande, ainsi que deux directions du génie et deux directions d'artillerie. Plus un pays s'éloigne, plus il est nécessaire que les choses se centralisent. Je n'admets point le projet de détruire les fabriques de poudre ni de changer les manufactures d'armes. Jusqu'à un rapport particulier et circonstancié, tout doit rester dans l'état actuel. La Hollande est un pays bien administré, qu'il faut maintenir provisoirement. Cependant je désire que Delft soit supprimé par la suite; il me semble que les arsenaux de Strasbourg, Metz, Mayence, Anvers, Douai sont suffisants; ils peuvent tous communiquer avec la Hollande par eau. Ma politique doit être d'ôter à la Hollande tous les moyens de guerre pour lui ôter toute envie de se révolter un jour. D'ailleurs, à la moindre trouée que l'ennemi opérerait par Bonn et Cologne sur Bruxelles, je me trouverais coupé de tous les établissements de la Hollande, et à quoi bon ces établissements puisque tous les bois et fers que l'on y met en œuvre viennent de France? Anvers est un point qu'il est dans mon intérêt d'occuper plus fortement que jamais; bientôt le sort de trente à quarante vaisseaux dépendra de cet établissement. C'est là que je dois centraliser mes moyens de défense et d'activité, de manière que, l'ennemi venant à faire cette trouée par Cologne sur la Belgique, le point d'Anvers reste inexpugnable. Je vous ai fait connaître que toute l'artillerie qui serait inutile à l'armement des places conservées devait être évacuée sur la France. Je suppose que le génie et l'artillerie auront fait reconnaître toutes les places et forteresses du pays, et qu'au conseil de décembre on pourra me faire connaître les places utiles à conserver et celles qu'il faudra abandonner. Je crois que vous avez donné des ordres pour qu'à cette époque des officiers, chargés de ces reconnaissances et porteurs des plans, puissent être prêts à répondre à tout ce qu'on leur demandera.

D'après la minute. Archives de l'Empire.

16924. — AU GÉNÉRAL CLARKE, DUC DE FELTRE,
MINISTRE DE LA GUERRE, À PARIS.

Saint-Cloud, 19 septembre 1810.

Monsieur le Duc de Feltre, j'approuve que vous fassiez entrer dans les corps de l'artillerie et du génie de l'armée tous les individus qui formaient l'artillerie et le génie en Hollande. J'ai dit que vous me présenteriez l'état de tous ces officiers et leur nouvelle destination; je n'ai pas besoin de rendre un nouveau décret à ce sujet. Quant aux officiers qui seront employés dans les places, je ne veux point, autant que possible, de nouvelles nominations; les Hollandais connaissent leur pays et peuvent y être utiles; on pourra seulement mettre des Hollandais dans les places sur le Rhin, et replacer en Hollande les Français qui occupaient des places sur le Rhin.

D'après la minute. Archives de l'Empire.

16925. — A M. DE CHAMPAGNY, DUC DE CADORE,
MINISTRE DES RELATIONS EXTÉRIEURES, À PARIS.

Saint-Cloud, 19 septembre 1810.

Monsieur de Champagny, la situation topographique des districts de Windisch-Matrey et de Tefferecke, qui appartenaient autrefois à l'évêché de Salzburg quoique enclavés dans le Tyrol, est telle, que je ne conçois pas qu'on ait pu un instant mettre en doute que ces enclaves ne dussent pas suivre le sort des vallées du Tyrol dans lesquelles elles sont placées; en cédant le pays de Salzburg, je n'ai jamais voulu céder des portions de territoire qui en sont séparées par la nature. J'approuve le travail de la limitation en conséquence duquel les districts de Windisch-Matrey et Tefferecke resteront réunis à la portion du Tyrol cédée à mes provinces illyriennes. Le petit excédant de population qui se trouve en ma faveur est trop peu de chose pour qu'il en soit davantage question. Concertez-vous avec M. Marescalchi pour qu'il charge M. de Narbonne de dire à la cour de Bavière que mon intention n'est point d'accorder d'indemnités pour ces deux districts, dont je n'avais point abandonné la possession.

NAPOLÉON.

D'après l'original. Archives des affaires étrangères.

16926. — NOTE POUR LE MINISTRE DE L'INTÉRIEUR.

Saint-Cloud, 19 septembre 1810.

Sa Majesté désire que le ministre de l'intérieur présente au conseil des ponts et chaussées qui aura lieu au mois de novembre un rapport sur les travaux à faire en 1811 au bassin d'Anvers, afin qu'il puisse contenir, en novembre 1811, vingt-cinq vaisseaux de guerre et des frégates, ou trente vaisseaux de guerre. Cette augmentation est aussi importante que les travaux que l'on a faits cette année. En 1812 on continuerait les travaux pour douze ou quinze vaisseaux de guerre de plus. L'intention de l'Empereur est qu'en temps de grande guerre on puisse, indépendamment des autres bassins de l'Escaut, placer au moins quarante vaisseaux dans le bassin de la place d'Anvers, qui doit devenir le boulevard du Nord. Sa Majesté désire que le ministre de l'intérieur lui fasse promptement connaître où en est le pont de Mayence.

D'après la minute. Archives de l'Empire.

16927. — NOTE POUR LES MINISTRES DU TRÉSOR PUBLIC, DE LA GUERRE ET DE L'ADMINISTRATION DE LA GUERRE.

Saint-Cloud, 19 septembre 1810.

Sa Majesté désire que le ministre du trésor lui fasse connaître ce qui a été ordonné relativement aux contributions des provinces espagnoles occupées par les troupes françaises.

Sa Majesté a nommé des receveurs. Elle a ordonné que ceux qu'ils remplacent vinssent à Paris pour rendre compte. Les premiers sont à leurs postes; les derniers sont-ils en France?

Il faudrait envoyer des commissaires dans chaque gouvernement pour prendre connaissance des recettes qui ont été opérées, ou du moins des inspecteurs aux revues forts et bien appuyés.

Cette matière importante ayant besoin d'être bien combinée, les ministres de la guerre, de l'administration de la guerre et du trésor, se réuniront pour présenter un projet de décret. Ils présenteront aussi un projet de circulaire de chaque ministre à ses agents.

Pour l'Andalousie, par exemple, le duc de Dalmatie fait-il verser, dans la caisse du payeur français, l'argent qu'il retire du pays, et retire-t-il ensuite de ses caisses, sur les ordonnances de l'intendant ou de l'ordonnateur, l'argent nécessaire pour pourvoir aux besoins de l'armée? Si cela est ainsi, il n'y a rien à dire; si, au contraire, il fait verser directement l'argent dans la caisse du génie pour les fortifications, ou dans la caisse particulière de tout autre service, cette méthode ne peut être que très-suspecte. Il faut que le duc de Dalmatie soit le maître; mais il faut en même temps que les formes de la comptabilité soient suivies, c'est-à-dire que toutes les recettes soient versées chez le payeur et que toutes les dépenses soient acquittées sur les états de distribution du général en chef et sur les ordonnances de l'ordonnateur. Les instructions qui ont été envoyées par le trésor sont intempestives. Le prince d'Essling et l'intendant de l'armée de Portugal ont été forcés à des violations de caisse pour avoir des fonds qui ne venaient pas du trésor. Il a dû arriver que le général en chef a dit : « Je ne ferai pas verser dans la « caisse du payeur, puisque je ne puis rien retirer de cette caisse sans « écrire à Paris, qui n'a rien de commun avec les fonds qui y sont versés, « et qu'on n'envoie pas de crédit. »

Cela n'arriverait pas si le payeur, après avoir reçu les fonds produits par le pays, payait sur les ordonnances délivrées d'après les ordres du général qui commande en chef dans le pays.

<small>D'après la minute. Archives de l'Empire.</small>

16928. — AU PRINCE DE NEUCHÂTEL ET DE WAGRAM,
MAJOR GÉNÉRAL DE L'ARMÉE D'ESPAGNE, À PARIS.

<small>Saint-Cloud, 19 septembre 1810.</small>

Mon Cousin, faites partir demain un officier porteur d'une lettre pour le prince d'Essling, dans laquelle vous lui ferez connaître que mon intention est qu'il attaque et culbute les Anglais; que lord Wellington n'a pas plus de 18,000 hommes, dont seulement 15,000 d'infanterie, et le reste de cavalerie et d'artillerie; que le général Hill n'a pas plus de 6,000 hommes, infanterie et cavalerie; qu'il serait ridicule que 25,000 Anglais tinssent en balance 60,000 Français; qu'en ne tâtonnant pas et les attaquant franchement après les avoir reconnus on leur fera éprouver de grands échecs.

Quant aux troupes qu'il doit laisser sur ses derrières, il faut qu'il laisse les régiments provisoires de cavalerie. L'armée a 12,000 hommes de cavalerie; il n'y en a pas besoin de plus de 6,000 en Portugal; c'est donc 6,000 à laisser entre Ciudad-Rodrigo, Alcantara et Salamanque. Le prince d'Essling doit laisser à cette cavalerie quelques pièces d'artillerie; l'artillerie est le complément de la cavalerie. Le prince d'Essling a quatre fois plus d'artillerie qu'il ne lui en faut contre l'armée ennemie. Je suis trop éloigné, et la position de l'ennemi change trop souvent, pour que je puisse donner des conseils sur la manière de mener l'attaque; mais il est certain que l'ennemi est hors d'état de résister.

D'après les nouvelles les plus sûres, que l'on tient de l'espionnage à Londres, si l'on joint à l'armée anglaise dans la péninsule 4,000 hommes qui sont à Cadix, on trouvera qu'elle est de 28,000 hommes; ce qui est toute la force des Anglais, qui ont renforcé leur armée de Malte et de Sicile.

NAPOLÉON.

D'après l'original. Dépôt de la guerre.

16929. — NOTE POUR LE GÉNÉRAL BERTRAND.

Saint-Cloud, 19 septembre 1810.

De Bâle à Wesel le système des frontières est suffisamment connu. Il ne faut s'occuper que de la portion de frontière comprise entre Wesel et la mer, c'est-à-dire un espace d'environ 50 lieues.

On trouve d'abord Schenkenschanz en première ligne, ensuite Grave, Gorinchem ou Gorkum, enfin Bois-le-Duc, Geertruidenberg, Breda, Willemstad.

Le petit fort de Gorinchem a pour avantage de conserver une tête de pont sur la Merwede; il serait utile d'avoir une place sur le second bras du Rhin, le Leck, du côté de Vianen, pour assurer les communications avec la Hollande et Amsterdam. On irait de Geertruidenberg à Schoonhoven (il faudrait savoir ce qu'est Schoonhoven).

Si la Hollande était prise et qu'il fallût repasser le Rhin, le théâtre de la guerre aurait pour points d'appui à gauche Anvers et à droite Maëstricht. En supposant encore qu'on dût abandonner ces deux points et les laisser investir par l'ennemi, les deux armées viendraient se réunir entre Bruxelles et Liége. Ainsi, à mesure que l'armée ennemie avancerait, sa ligne de fond serait fort augmentée.

Anvers, Flessingue, Ostende et même Dunkerque seraient le point d'appui de toute l'armée sur la gauche, tandis que Wesel, Venloo, Grave, Maëstricht et Juliers le seraient sur la droite.

Parlons maintenant de la frontière qui couvre la Hollande du côté de l'Allemagne.

Au premier aspect on voit deux lignes : l'une de Wesel à Coeverden, 30 lieues; l'autre de Coeverden à Groningen, 14 lieues.

Ces trois places seraient le point d'appui de trois corps d'armée. Si pendant le siége de Coeverden on était plus faible, on se retirerait de Wesel sur le fort de Schenkenschanz et les derrières de l'Yssel; on aurait devant soi Zutphen et Deventer pour secourir Coeverden.

La défense de Groningen fait un objet distinct; elle doit s'appuyer sur l'Ems. Groningen, Coeverden et Zutphen sont donc des postes importants, car, si l'on était sur la défensive, la véritable ligne du Rhin pourrait s'appuyer derrière l'Yssel; alors on couvrirait Amsterdam et le Texel.

Je demande donc que le général Bertrand voie avec attention ce plan : d'abord Groningen comme centre d'un état à part et d'une petite armée; il faudrait bien reconnaître les marais qui couvrent ce pays vers l'Ems; ensuite Coeverden, considéré comme point de départ d'une armée qui marcherait vers l'Ems et le Hanovre; Coeverden serait en même temps un point de défense; enfin la véritable ligne de Wesel par Schenkenschanz et Rijssen, derrière l'Yssel.

Il faudrait bien reconnaître l'Yssel, voir à remettre en état Zutphen comme tête de pont, et même Zwolle, si cela est possible. En supposant la France fortement occupée, il est dans la nature des choses de croire qu'une armée ennemie viendrait par le nord pour menacer Amsterdam, dans le temps qu'une flotte anglaise attaquerait le Texel et chercherait à faire sa jonction avec l'armée du Nord.

Résumé. — On doit considérer l'Yssel comme le prolongement de la véritable ligne défensive du Rhin.

Il faut me faire un mémoire détaillé à ce sujet.

D'après la minute. Archives de l'Empire.

16930. — A EUGÈNE NAPOLÉON,
VICE-ROI D'ITALIE, À MONZA.

Saint-Cloud, 19 septembre 1810.

Mon Fils, je reçois votre lettre du 13, par laquelle vous me demandez si l'entrée des marchandises spécifiées dans le décret du 5 août sera permise sans certificats d'origine, sous quelques pavillons qu'elles arrivent, à l'exception du pavillon ennemi. Voici ma réponse. Il n'y a plus de pavillons neutres, puisque tous payent une contribution aux Anglais pour avoir la liberté de naviguer, et, par cette soumission aux Anglais, sont dénationalisés en vertu de mon décret de Milan. Ainsi aucune denrée coloniale quelconque ne peut arriver dans les ports de ma domination, même avec des certificats d'origine, qui ne servent de rien. Le sucre, le café, le coton des colonies ne peuvent entrer par mer dans mes ports, même sous pavillon français. Cependant, lorsque le sucre, le café, le coton, sont le produit de prises faites par des corsaires italiens ou français, alors seulement ils peuvent être admis. Lorsqu'ils sont le résultat des confiscations de marchandises saisies dans les ports de Trieste ou de Venise, ils peuvent également être admis. C'est pour ces deux cas seulement que j'ai pris le décret qui hausse le tarif de ces marchandises. Vous demandez comment le royaume d'Italie s'approvisionnera de coton, de café et de sucre : je vous répondrai que, quant au sucre, il y en a pour plusieurs années en Italie, puisque c'est l'Italie qui en fournit à la Bavière et à la Suisse, et que d'ailleurs la consommation en diminuera tous les jours; que, quant au café, il en vient assez du Levant; que, pour du coton, l'Italie en a peu besoin, et que d'ailleurs les cotons de Rome, de Naples, et ceux qu'on cultivera dans la Romagne, suffiront à la consommation. Mais, indépendamment du sucre, du café, du coton, direz-vous, il y a d'autres marchandises nécessaires au royaume d'Italie, telles que les bois de teinture, la cochenille, l'indigo, le cacao, la soude, la potasse; or, pour ces objets, j'ai accordé des licences aux ports d'Ancône et de Venise, mais pour des navires italiens, faits avec des bois du pays, montés par des équipages composés des deux tiers d'Italiens et chargés pour le compte de sujets italiens. Les bâtiments étant porteurs d'une licence ont le privilège d'importer dans mes ports d'Italie des denrées coloniales et d'en exporter une quantité équivalente de denrées du pays. Je viens d'accorder des licences en vertu desquelles des bâtiments ottomans peuvent venir dans mes ports de Livourne, de Marseille, de Gênes, importer des marchandises du Levant. Je vais vous en envoyer pour Venise et Ancône : ils pourront y apporter des cotons du Levant, du café moka et autres denrées du Levant. Quant aux sucres, cafés et cotons d'Amérique, j'ai accordé des permis à un certain nombre de bâtiments américains, et j'ai pris des précautions spéciales pour m'assurer qu'ils n'apportent que des produits d'Amérique, telles que des lettres en chiffre de mes consuls, etc. Quand cette opération sera plus avancée, j'en accorderai aux négociants de Venise et d'Ancône, au moyen desquelles ils pourront correspondre avec les négociants américains. Il n'y a plus d'accès aujourd'hui dans mes ports d'Italie que pour le pavillon français, napolitain et ottoman. Quand je dis le pavillon, j'entends le bâtiment et son équipage. Aujourd'hui le pavillon français parcourt les mers d'Angleterre; il va jusqu'à Londres, mais il se masque. Sous ce déguisement l'Angleterre le reçoit, et je lui fais la loi par le besoin pressant qu'elle a de communiquer. Les bâtiments français venant des ports de l'Illyrie ne peuvent venir dans les ports de l'Italie que par le cabotage, c'est-à-dire en évitant les croisières anglaises. Les bâtiments napolitains n'y peuvent venir également que par le cabotage, c'est-à-dire sans avoir communiqué avec les Anglais. Le cabotage de Naples et de l'Illyrie ne comporte ni mouvement de coton colonial, ni mouvement de sucre, de café ou autres denrées des colonies. Toutes les fois qu'il en apporte, on doit les mettre en entrepôt et me consulter. Les bâtiments ne peuvent sortir pour la grande navigation qu'avec des licences, parce qu'ils ne peuvent faire la grande navigation sans être visités par les Anglais et sans avoir une licence anglaise; dès ce moment ils ont besoin de la mienne. Tout bâtiment ottoman arrivant sans licence doit être séquestré, et il doit m'en être rendu compte. Aucun bâtiment français venant de Marseille, de Livourne, de Gênes ou autre port de France, ne peut venir dans les ports d'Italie sans licence, puisqu'il ne peut naviguer qu'avec la permission des Anglais et sans avoir été visité par eux. Aucun bâtiment américain ne peut venir dans mes ports d'Italie, s'il n'a une licence de moi. Ainsi, hormis le cabotage d'Illyrie et de Naples, lequel ne doit jamais porter ni sucre, ni café, ni coton des colonies, ni aucune espèce de denrées coloniales, mais seulement des denrées du cru de ces pays, tous les bâtiments doivent être séquestrés à leur arrivée dans mes ports, s'ils n'ont une licence de moi. Ici, il faut vous redire ce que vous aurez déjà compris, savoir ce que c'est qu'une licence. Une licence est une permission accordée à un bâtiment, qui remplit les conditions exigées par ladite licence, d'importer et d'exporter telle espèce de marchandises spécifiées dans cette licence. Pour ces bâtiments, les décrets de Berlin et de Milan sont nuls et non avenus. Pour bien comprendre cette matière, il faut avoir sous les yeux mes décrets de Berlin et de Milan. Vous voyez qu'au moyen de ces deux décrets et des arrêts du conseil anglais il ne peut plus exister de neutres, et que l'Angleterre n'en souffre aucuns s'ils ne lui payent un tribut, comme mes décrets les dénationalisent s'ils s'y soumettent. Mes licences sont un privilége tacite de s'affranchir de mes décrets, en se conformant aux règles prescrites par lesdites licences. Le besoin de naviguer des Anglais est tel, qu'ils sont obligés d'adhérer à tout ce que je fais, et qu'ils donnent des licences à ceux qui ont les miennes. L'effet en est tel que, depuis ces licences, il n'y a point d'exemple, hormis les Ottomans, qu'ils aient fait payer personne sur l'Océan. Je crois que ma réponse satisfera à votre demande et vous donnera des lumières suffisantes sur ce système si compliqué, dont je retire les plus heureux résultats par l'occupation d'une immense étendue de côtes du Mecklenburg, des villes hanséatiques et des principaux ports d'Allemagne. L'Angleterre est réellement aux abois, et moi je me dégorge des marchandises dont l'exportation m'est nécessaire, et je me procure des denrées coloniales à leurs dépens. Les Anglais laissent naviguer dans la Tamise les bâtiments français, qui seulement se masquent sous pavillon américain, ou prussien, ou autre; moi je ne donne des licences qu'à des bâtiments français, construits en France, ou devenus français (provenant de prises) par un acte appelé naturalisation, qui est une espèce de baptême que reçoivent ces bâtiments, et dont le patron et les deux tiers de l'équipage sont français.

NAPOLÉON.

D'après la copie communiquée par S. A. I. Mme la duchesse de Leuchtenberg.

16931. — A EUGÈNE NAPOLÉON,
VICE-ROI D'ITALIE, À MONZA.

Saint-Cloud, 19 septembre 1810.

Mon Fils, je reçois vos lettres du 13. Je vois que les quatre régiments de cavalerie italienne ont chacun à peu près 700 chevaux, hormis le régiment du Prince Royal, qui n'en a que 400. Il faudrait renforcer ce régiment. Je pense qu'il est inutile d'avoir des chevau-légers, mais qu'il vaut mieux former deux régiments de chasseurs. J'ai pris un décret en conséquence, qu'Aldini vous enverra. Je vois qu'il manque 12,000 hommes à l'armée italienne pour être au complet. Je vois que vous n'avez que 12,000 hommes en congé: faites-moi connaître s'il y aurait de l'inconvénient à accorder un plus grand nombre de congés cet hiver. Vous pourriez en donner au mois de décembre à la moitié des officiers, au tiers des sous-officiers et au cinquième des soldats. Ce serait une grande économie; ils iraient chez eux et reviendraient au mois de juin pour les manœuvres. Vous avez en Italie, présents, trente et un bataillons; je ne compte pas les 5es bataillons. Que coûterait-il d'établir auprès de Brescia un camp de dix bataillons, au mois d'octobre, et un autre de dix bataillons, au mois de novembre? Vous y réuniriez les généraux de division et de brigade et autres officiers, et l'armée italienne se formerait là aux manœuvres. Vous pourriez réunir également dix escadrons de cavalerie. Vous auriez soin qu'il y ait le plus d'officiers et de sous-officiers possible à ces manœuvres. Par ce moyen, l'armée italienne aurait eu un bon exercice, et, à la fin de décembre, vous feriez délivrer les congés. Il faut connaître, avant de donner aucun ordre là-dessus, combien cela coûterait, et en quel état sont les camps d'Osoppo. Je vois que le 6ᵉ régiment de ligne italien est un régiment bien négligé. Il faudrait le faire rentrer, et, si l'on a besoin en Italie de se défaire de quelques mauvais sujets, il vaudrait mieux en former à l'île d'Elbe un bataillon colonial.

NAPOLÉON.

D'après la copie comm. par S. A. I. Mᵐᵉ la duchesse de Leuchtenberg.

16932. — A EUGÈNE NAPOLÉON,

VICE-ROI D'ITALIE, À MONZA.

Saint-Cloud, 19 septembre 1810.

Mon Fils, j'estime que l'armée italienne doit être organisée de manière à présenter une force de 27,000 hommes d'infanterie de ligne, présents sous les armes, et de 3,000 hommes de la garde, total 30,000 hommes d'infanterie, et de 3,000 hommes de cavalerie. Son artillerie doit être composée, pour l'infanterie, de vingt pièces de 3 à raison de deux par régiment, et de dix pièces de 3 pour la garde, à raison de deux par bataillon, ce qui fait trente pièces de 3 pour l'artillerie des régiments; de douze obusiers de 6 pouces, de vingt-quatre pièces de 6, de quatre obusiers et de huit pièces de 12, pour la réserve; de quatre obusiers et de huit pièces de 6, pour les deux divisions de cavalerie; de quatre obusiers, de quatre pièces de 6 et de quatre pièces de 12 pour la réserve de la garde. L'artillerie de l'armée italienne doit donc être organisée de manière à avoir vingt pièces de 3, vingt obusiers, trente-deux pièces de 6 et huit pièces de 12; total, quatre-vingts pièces de canon pour l'armée de ligne; et pour la garde, dix pièces de 3.

quatre pièces de 6, quatre pièces de 12 et quatre obusiers; ce qui fait plus de cent pièces et cinq cents caissons, compris ceux de cartouches d'infanterie, ce qui suppose 2,500 chevaux d'artillerie.

NAPOLÉON.

D'après la copie comm. par S. A. I. Mme la duchesse de Leuchtenberg.

16933. — A M. DE CHAMPAGNY, DUC DE CADORE,
MINISTRE DES RELATIONS EXTÉRIEURES, À PARIS.

Saint-Cloud, 20 septembre 1810.

Monsieur le Duc de Cadore, écrivez en Prusse et parlez ici à M. de Krusemark pour faire connaître que je désirerais que le gouvernement prussien mît à la sortie des grains des ports de Memel, Kœnigsberg, Stettin et Kolberg, le même droit qu'à Danzig. L'Angleterre ayant besoin de blé, c'est une imposition qu'il sera utile et agréable à la Prusse de lever sur l'Angleterre. Expliquez cette théorie à mon chargé d'affaires et à mes consuls. Faites connaître également à Danzig que ce droit doit être perçu dans les autres ports de la Baltique.

NAPOLÉON.

D'après l'original. Archives des affaires étrangères.

16934. — AU COMTE MOLLIEN,
MINISTRE DU TRÉSOR PUBLIC, À PARIS.

Saint-Cloud, 20 septembre 1810.

Monsieur le Comte Mollien, vous n'auriez pas dû envoyer 2,100,000 fr. à Madrid sans mon ordre : je n'ai rien à Madrid; mes troupes sont en Portugal, en Andalousie, en Aragon. 500,000 francs à Madrid auraient été suffisants; il eût été plus à propos d'envoyer cet argent à l'armée de Portugal et quelque chose en Aragon. Je vous ai mandé d'envoyer un convoi d'argent à l'armée de Portugal. Faites-moi connaître ce qui a été envoyé jusqu'aujourd'hui à la partie de ma Garde qui est en Espagne. Si vous avez des états de situation de la solde dans tous les corps de l'armée d'Espagne, envoyez-les-moi. Toutes les fois qu'il vous arrivera des propositions d'envoyer de l'argent en Espagne, soumettez-les avant à mon approbation. Recommandez à votre payeur à Madrid de ne payer, sur les 2,100,000 francs que vous avez envoyés, que ce qui est dû à chaque corps pour la solde, et de faire sur ce fonds un envoi de 700,000 francs au 2ᵉ corps, que commande le général Reynier à l'armée de Portugal; ce qui, joint aux 2,300,000 francs envoyés à cette armée, ferait 3 millions qu'elle aurait reçus.

NAPOLÉON.

D'après l'original comm. par Mᵐᵉ la comtesse Mollien.

16935. — AU VICE-AMIRAL COMTE DECRÈS,
MINISTRE DE LA MARINE, À PARIS.

Saint-Cloud, 20 septembre 1810.

Je désire que vous me présentiez le projet de deux expéditions, une pour Corfou et l'autre pour Barcelone.

L'expédition de Corfou se composerait de deux frégates; elle aurait pour but de transporter beaucoup d'objets d'artillerie dont cette île a besoin. Vous vous concerterez à ce sujet avec le ministre de la guerre. Mon intention serait que le complément de leur chargement fût en blé. Peut-être même, si je puis disposer d'une flûte de 800 tonneaux, consentirai-je à l'envoyer chargée de blé sous l'escorte des deux frégates.

Quant à Barcelone, je désire y faire passer 60,000 quintaux de grains ou farine. Faites-moi connaître combien de bâtiments il faudra, en prenant les plus gros qui puissent entrer à Barcelone, et quelle direction on devra prendre pour réussir dans cette expédition, à laquelle j'attache une grande importance. Comme ces 60,000 quintaux forment un objet considérable, je désire en partager les risques en trois expéditions, chacune de 20 à 25,000 quintaux. La première partirait dans le courant d'octobre, la seconde dans le courant de novembre et la troisième dans le courant de décembre.

Faites-moi un rapport là-dessus.

D'après la minute. Archives de l'Empire.

16936. — NOTE POUR LE GÉNÉRAL DUROC,
GRAND MARÉCHAL DU PALAIS, À PARIS.

Saint-Cloud, 20 septembre 1810.

Un grand nombre de militaires sont dans le besoin, soit eux, soit leurs femmes, soit leurs enfants. Les fonds que je donne au grand aumônier sont distribués à de vieux prêtres et à de vieilles gens d'une classe différente des militaires.

Je désire qu'à compter du 1er octobre le grand maréchal ne remette au grand aumônier que la moitié de la somme qu'il lui remettait précédemment, et que l'autre moitié, qu'il gardera par devers lui, soit portée à une somme de 20,000 francs par mois, ce qui fera 240,000 francs par an. Le grand maréchal restera dépositaire de ce fonds, et, toutes les semaines, il me présentera un projet de distribution de 5,000 francs, soit à des militaires, soit à des femmes veuves ou enfants de militaires, tant à ceux dont je lui ferai renvoyer les pétitions qu'à ceux qu'il trouvera lui-même dans le besoin.

D'après l'original. Bibliothèque impériale.

16937. AU MARÉCHAL DAVOUT, PRINCE D'ECKMÜHL,
À PARIS.

Saint-Cloud, 20 septembre 1810.

Mon Cousin, j'aurai dimanche parade à Paris. La légion portugaise qui est à Meaux, le bataillon de marche de la division d'arrière-garde de l'armée d'Espagne, la garde hollandaise et ma Garde française, y compris le régiment qui est à Fontainebleau, se trouveront à cette parade. Ma Garde donnera le même jour à dîner à tous les soldats portugais, et vous, vous donnerez à dîner aux officiers.

NAPOLÉON.

D'après l'original comm. par Mme la maréchale princesse d'Eckmühl.

16938. — A M. DE CHAMPAGNY, DUC DE CADORE,
MINISTRE DES RELATIONS EXTÉRIEURES, À PARIS.

Saint-Cloud, 21 septembre 1810.

Monsieur le Duc de Cadore, je vois dans une lettre de Stuttgart que vous avez autorisé mon ministre à se concerter avec le ministre d'Autriche pour faire des démarches relativement à la restitution des biens du comte de Metternich. Cela est contre ma dignité. Lorsque j'ai affaire aux princes de la Confédération, je n'ai besoin de l'intervention de personne. Je désapprouve tout concert direct ou indirect de mes ministres avec les ministres d'Autriche auprès des princes de la Confédération du Rhin.

NAPOLÉON.

D'après l'original. Archives des affaires étrangères.

16939. — AU GÉNÉRAL CLARKE, DUC DE FELTRE,
MINISTRE DE LA GUERRE, À PARIS.

Saint-Cloud, 21 septembre 1810.

L'idée d'envoyer des Espagnols à Corfou est mauvaise. Donnez ordre que ces Espagnols, qui sont à Toulon, soient renvoyés dans l'intérieur et attachés à un bataillon du régiment Joseph-Napoléon. Il faut bien se garder de les envoyer à Corfou, ils ne feraient qu'y consommer des vivres et trahiraient à la première circonstance. Le bataillon septinsulaire pourrait plutôt se recruter parmi les Dalmates, les Italiens et les Napolitains.

D'après la minute. Archives de l'Empire.

16940. — AU COMTE MOLLIEN,
MINISTRE DU TRÉSOR PUBLIC, À PARIS.

Saint-Cloud, 21 septembre 1810.

Monsieur le Comte Mollien, j'ai beaucoup d'argent en Hollande; j'ai intérêt de le dépenser dans le pays pour éviter les pertes résultant des retours, et de le dépenser promptement pour ramener la circulation. Déjà 8 millions vont être remis en circulation, en conséquence des dernières dispositions qui ont été prises pour la caisse d'amortissement. La marine doit beaucoup en Hollande sur tous les exercices et sur l'exercice courant. Je crois qu'elle doit à Dordrecht 4 à 500,000 francs. Faites-vous remettre par la marine l'état de ce qu'elle doit en Hollande et de ce qu'elle doit pour l'exercice courant à Anvers, et présentez-moi un projet de décret pour mettre ces sommes à la disposition du ministre, en distinguant les exercices, et ce qui est crédit de ce qui est autorisation pour porter en distribution, afin de payer et de remettre quelques millions dans la circulation en Hollande.

NAPOLÉON.

D'après l'original comm. par Mme la comtesse Mollien.

16941. — AU GÉNÉRAL CLARKE, DUC DE FELTRE,
MINISTRE DE LA GUERRE, A PARIS.

Saint-Cloud, 22 septembre 1810.

Je reçois votre lettre du 21. Je ne suis point satisfait de son contenu. Je ne veux pas du 4e bataillon de Prusse. Il faut en diriger les recrues sur les régiments hollandais. J'ai ordonné que les deux bataillons qui sont en Espagne fussent réduits à un; ainsi ce régiment n'aura plus que deux bataillons, un en France et l'autre en Espagne.

Donnez le recrutement des villes hanséatiques aux régiments hollandais. Je veux qu'on recrute parmi les Allemands, mais que ce soit pour les régiments hollandais ou d'Isembourg et de la Tour d'Auvergne. Ces régiments étrangers ne me rendent aucun service et me coûtent beaucoup; ce qui ne s'arrange pas avec l'économie que je veux mettre dans les dépenses de la guerre.

D'après la minute. Archives de l'Empire.

16942. — NOTE DICTÉE PAR L'EMPEREUR.

Saint-Cloud, 22 septembre 1810.

CHOSES À FAIRE. — 1° Les comptes des finances, savoir : le compte de 1809, le compte de 1810 et un coup d'œil sur le service de 1811.

Le ministre des finances est chargé de ce travail. Il n'attend plus que les détails sur les affaires de Hollande, et ils sont en délibération au Conseil d'état.

2° Les affaires de Hollande. Il reste à régler le budget des dépenses de la justice et de l'intérieur, et à arrêter le grand décret sur les douanes : ce décret est au Conseil.

La division en départements et en divisions militaires est terminée, ainsi que l'organisation du génie et de l'artillerie.

3° Un nouvel arrangement sur les centimes fixes et variables. Cet objet est au Conseil d'état.

4° Un grand décret pour régulariser les fonds spéciaux pour le passé et pour l'avenir; le ministre du trésor en est chargé.

5° Faire marcher et organiser la Société maternelle.

6° Organiser l'Ordre des Trois Toisons.

OBJETS À METTRE EN TRAIN. — 1° Sénatus-consulte pour la réunion de la Hollande.

2° Sénatus-consulte pour une levée de conscrits pour la marine.

3° Décret pour cette levée.

4° Décret pour le nombre des équipages à former avec l'indication des vaisseaux qu'ils doivent monter.

Le sénatus-consulte sur la réunion de la Hollande sera préparé par l'archichancelier, qui tiendra à cet effet un conseil où il réunira les ministres d'état.

Beaucoup de choses ont été dites qui peuvent servir à la rédaction des motifs, mais il faut y ajouter les démarches faites auprès de l'Angleterre, à l'occasion de la Hollande, pour la porter à la paix. Il est bon de publier ces pièces. Écrire à ce sujet au duc de Cadore.

D'après la minute. Archives de l'Empire.

16943. — AU GÉNÉRAL CLARKE, DUC DE FELTRE,
MINISTRE DE LA GUERRE, À PARIS.

Paris, 23 septembre 1810.

Je lis avec surprise la lettre du major du régiment irlandais. Je n'ai point ordonné que les Irlandais qui s'étaient battus pour moi à Flessingue et qui ont été mutilés à mon service fussent renvoyés parmi les prisonniers; que les déserteurs de la marine et des régiments anglais fussent renvoyés à Givet. J'ai ordonné que les hommes recrutés parmi les prisonniers anglais fussent renvoyés au dépôt. Je ne conçois donc rien à ce bavardage. Il serait contraire à ma volonté que les déserteurs ou les Irlandais qui m'ont servi fussent mis parmi les prisonniers. Je ne sais donc pas ce que veut dire ce major.

D'après la minute. Archives de l'Empire.

16944. — AU VICE-AMIRAL COMTE DECRÈS,
MINISTRE DE LA MARINE, À PARIS.

Paris, 24 septembre 1810.

Je vous envoie des lettres de M. l'architrésorier sur l'arrivée du général Sandol-Roy, de Batavia. Je vous prie, aussitôt que ces individus arriveront, de me faire un rapport sur ces affaires.

D'après la minute. Archives de l'Empire.

16945. — AU PRINCE LEBRUN, DUC DE PLAISANCE,
LIEUTENANT GÉNÉRAL DE L'EMPEREUR EN HOLLANDE, À AMSTERDAM.

Paris, 24 septembre 1810.

Je reçois vos lettres du 20 septembre. J'attends avec intérêt les dépêches chiffrées de Batavia pour prendre un parti sur cette colonie. On prépare des expéditions par lesquelles j'envoie 10,000 fusils. J'attends également vos deux bataillons pour les y faire passer, ainsi que les deux compagnies d'artillerie. J'envoie également de fortes expéditions à l'île de France.

Vous dites que Batavia n'aura pas besoin d'argent si l'on ouvre le continent aux denrées de ce pays. Donnez-moi des explications là-dessus. Quelles sont ces denrées? Que faut-il faire? Et comment arriveraient-elles en France?

D'après la minute. Archives de l'Empire.

16946. — A EUGÈNE NAPOLÉON,
VICE-ROI D'ITALIE, À MONZA.

Paris, 24 septembre 1810.

Mon Fils, je reçois votre lettre du 20. Je vous prie de porter la plus grande attention à l'exécution de mon décret sur l'exportation des blés. Vous n'avez pas assez d'expérience sur cette matière. Ce n'est pas en France qu'a été le blé qui est sorti du royaume d'Italie, mais à Malte, à Cadix et encore en Sicile. Mais le fait est que Rome, Gênes, Florence et le Piémont ont le plus grand besoin de blé. Vous recevrez un décret que j'ai pris pour exempter de tout droit l'exportation des blés d'Italie en France. Les fermiers du royaume d'Italie pourront exporter leur blé en Piémont et en France. Comme j'ai prohibé la sortie des ports de France, il n'y a rien à craindre; mais, si la sortie des blés sur Turin, Gênes et Rome devenait trop considérable, vous auriez soin de m'en prévenir et je l'arrêterais.

La question des blés est la plus importante et la plus délicate pour les souverains. Les propriétaires ne sont jamais d'accord avec le peuple. Le premier devoir du souverain dans cette question est de pencher pour le peuple, sans écouter les sophismes des propriétaires.

NAPOLÉON.

D'après la copie comm. par S. A. I. Mme la duchesse de Leuchtenberg.

16947. — AU PRINCE LEBRUN, DUC DE PLAISANCE,
LIEUTENANT GÉNÉRAL DE L'EMPEREUR EN HOLLANDE, À AMSTERDAM.

Paris, 25 septembre 1810.

Mon Cousin, vous me parlez des plaintes des habitants d'Amsterdam, de leurs inquiétudes, de leur mécontentement. Est-ce que les Hollandais me prendraient pour le grand pensionnaire Barnevelt? Je ferai ce qui est convenable au bien de mon empire, et les clameurs des hommes insensés qui veulent savoir mieux que moi ce qui convient ne m'inspirent que du mépris.

D'après la minute. Archives de l'Empire.

16948. — AU VICE-AMIRAL COMTE DECRÈS,
MINISTRE DE LA MARINE, A PARIS.

Fontainebleau, 26 septembre 1810.

On visite trop facilement nos arsenaux, surtout celui de Toulon. A Toulon, on va trop facilement en pleine rade. La police du port de Toulon, en général, est mauvaise. Donnez des ordres pour que tout prenne une figure plus sévère. On se plaint que le port est d'une grande malpropreté.

D'après la minute, Archives de l'Empire.

16949. — A M. GAUDIN, DUC DE GAËTE,
MINISTRE DES FINANCES, À PARIS.

Fontainebleau, 26 septembre 1810.

Monsieur le Duc de Gaëte, je désire que vous formiez une commission composée des présidents de section de mon Conseil d'état et des deux conseillers d'état hollandais, pour rédiger un projet de décret qui règle toutes les affaires de Hollande, savoir :

1° La division en départements, les divisions militaires, les directions d'artillerie et du génie, et ce conformément à ce que j'ai arrêté, en ayant soin de n'y pas comprendre les deux départements réunis avant la réunion générale de la Hollande, enfin tout ce qui complète la division du territoire en arrondissements, cantons, etc.

2° L'organisation du système d'impositions pour 1811, ayant toujours soin de séparer les deux anciens départements des cinq nouveaux. Les deux premiers auront la même administration que la France; cela est convenable pour que la ligne des douanes soit mieux placée, et beaucoup de mesures ont déjà été prises pour donner l'administration française à ces deux départements. Quant aux finances, tout ce qui concerne ces deux départements sera réglé à part.

3° Ce projet de décret réglera tout ce qui est relatif aux payements de la dette publique et aux douanes pour 1811.

4° Ce qui est relatif à la liste civile. Vous appellerez à cet effet le comte Daru, qui connaît mes intentions là-dessus.

5° Ce qui est relatif à l'administration de la justice.

Le même jour vous m'apporterez un projet de décret pour les deux départements des Bouches-de-l'Escaut et du Rhin, qui complétera l'établissement de notre législation et de notre administration dans ce pays.

Il faut que ces deux décrets complètent entièrement tout ce qu'il y a à faire pour la Hollande, et que je n'aie plus à m'en occuper.

D'après la minute. Archives de l'Empire.

16950. — AU GÉNÉRAL CLARKE, DUC DE FELTRE,
MINISTRE DE LA GUERRE, À PARIS.

Fontainebleau, 27 septembre 1810.

Présentez-moi un projet pour le Prytanée. Les 14,000 francs que vous demandez sont trop. Les élèves qui arrivent doivent avoir leur trousseau. Les bâtiments peuvent être réparés en plusieurs années. 30,000 francs doivent suffire. La pension à 800 francs est trop forte. Calculez pour que la pension coûte 800 francs aux pensionnaires, mais je ne dois payer que 600 francs pour les élèves.

D'après la minute. Archives de l'Empire.

16951. — AU GÉNÉRAL CLARKE, DUC DE FELTRE,
MINISTRE DE LA GUERRE, À PARIS.

Fontainebleau, 27 septembre 1810.

Monsieur le Duc de Feltre, mon intention est de former à Avignon une division de l'armée de Catalogne, composée de deux bataillons du 67e, de deux bataillons du 16e de ligne et de deux bataillons du 3e léger.

Donnez ordre au 102e de former son 2e et son 3e bataillon à 840 hommes chacun, et de les mettre en marche de Savone et de Port-Maurice, commandés par le colonel, pour se rendre à Avignon.

Ces huit bataillons, complétés à 840 hommes, feront près de 7,000 hommes.

Je vous ai donné l'ordre de mettre en marche un bataillon du 18e léger, un du 5ᵉ, un du 23ᵉ, un du 81ᵉ et un du 11ᵉ de ligne : ce qui forme huit bataillons avec les trois bataillons qui sont à Foix. Donnez ordre au général commandant à Perpignan de se servir de ces bataillons pour marcher au secours des postes qui seraient bloqués à Figuières ou ailleurs.

Donnez ordre que le 4ᵉ bataillon du régiment suisse, qui est à Marseille, soit dirigé sur la côte pour remplacer le 11ᵉ de ligne et occuper les postes qu'occupait ce régiment.

Remettez-moi un état qui me fasse connaître la situation, 1° des bataillons de marche italiens, 2° des escadrons de marche, 3° des sept bataillons qui étaient à Toulouse, 4° des huit bataillons actuellement en marche, afin que je voie la quantité de troupes qui vont renforcer l'armée de Catalogne. Si le régiment de marche destiné à cette armée est assez fort, il faut en former deux régiments.

NAPOLÉON.

D'après la copie. Dépôt de la guerre.

16952. — NOTE POUR LE MINISTRE DE L'INTÉRIEUR.

Fontainebleau, 27 septembre 1810.

L'intention de Sa Majesté est qu'au 15 décembre le ministre de l'intérieur et le grand maître de l'Université puissent lui rendre les comptes de l'Université et lui présenter les renseignements, les mémoires, les rapports nécessaires pour connaître et déterminer ce qu'il faut faire pour compléter l'organisation.

Sa Majesté désire : 1° que le ministre fasse faire un rapport sur les procès-verbaux du conseil de l'Université pour connaître quelles sont les attributions que le grand maître et le conseil se sont données et les principes d'après lesquels ils ont opéré; 2° que les comptes en recette et en dépense soient traités de manière qu'on connaisse toutes les recettes avec les époques où elles ont été effectuées, les dépenses faites et les dépenses restant à faire, de sorte qu'on puisse compléter les moyens de recette pour les mettre en équilibre avec les dépenses nécessaires; 3° que le ministre charge le grand maître et le conseil de l'Université de préparer un travail, divisé par département et par arrondissement, qui présentera le nombre des lycées, des colléges, des écoles secondaires et des institutions particulières, le nombre des élèves dans chaque lycée, dans chaque collége, celui des élèves nommés et à nommer, etc. 4° que le ministre demande également au grand maître et au conseil de l'Université un travail qui fasse connaître les inconvénients que peuvent avoir les règlements actuellement existants, les entraves qui peuvent en résulter pour le grand maître et le conseil, et ce qu'il y a à faire pour rendre plus facile, plus prompte et plus sûre la marche de l'institution; 5° que le ministre profite du mois d'octobre et du mois de novembre pour recueillir, par le moyen des préfets, des renseignements complets sur tout ce qui est relatif à l'organisation, à l'administration, à l'instruction dans les écoles et au personnel des officiers employés dans toutes les parties de l'enseignement. Ces renseignements doivent servir de contrôle pour ceux que remettra l'Université et donner l'éveil sur les abus qui pourraient exister.

A dater du 15 décembre, Sa Majesté tiendra tous les huit jours un conseil d'administration auquel le grand maître sera appelé. C'est dans ce conseil que l'Université sera réellement et définitivement organisée.

D'après la minute. Archives de l'Empire.

16953. — A EUGÈNE NAPOLÉON,
VICE-ROI D'ITALIE, À MONZA.

Fontainebleau, 27 septembre 1810.

Mon Fils, j'ai lu avec le plus grand intérêt votre rapport du 11 septembre sur l'introduction des marchandises étrangères dans mon royaume d'Italie et le projet de décret qui y était joint. Ce projet est susceptible de beaucoup de discussions; je ne pourrai donc y statuer que dans huit à dix jours. En attendant, voici ce que mon intention est que vous fassiez :

1° Faire venir en entrepôt réel dans les douanes, soit de Vérone, soit de Milan, soit des autres frontières, toutes les marchandises de coton et denrées qui viennent d'Allemagne, soit qu'on les dise marchandises françaises, soit qu'on les dise marchandises du grand-duché de Berg.

Vous les laisserez dans cet entrepôt réel jusqu'à ce qu'on ait pu vérifier si elles sont véritablement marchandises françaises ou marchandises du grand-duché de Berg, et par là on portera un coup sensible aux manufactures suisses.

2° Ne plus admettre aux droits modifiés pour les marchandises françaises que dans un ou deux bureaux de douanes, sur la frontière de France, tels que le bureau de Verceil et celui vis-à-vis Pavie, sur le Pô. Quant aux marchandises de Bavière, il me semble que je n'ai pas ratifié le traité de commerce. Ainsi vous ne laisserez entrer dans mon royaume d'Italie aucunes denrées ni étoffes étrangères que par les deux bureaux de Verceil et du Pô, vis-à-vis Pavie, et vous mettrez en entrepôt réel tout ce qui arrivera par l'Allemagne; car je crois que, dans le décret que je vous enverrai d'ici à huit jours, je rapporterai tout ce qui est relatif à la Bavière et au grand-duché de Berg, et que je n'accorderai l'entrée dans mon royaume d'Italie que par les deux bureaux de douanes les plus voisins de la France, où la surveillance sera sévèrement exercée pour qu'il n'y ait plus d'abus. On sera certain que les marchandises sont françaises, d'abord parce qu'elles viendront de France, ensuite parce que je n'accorderai ce privilége qu'à un petit nombre de fabricants dont je serai sûr, et que des bordereaux bien en règle constateront la quantité et l'origine des marchandises qu'il leur sera permis d'exporter.

NAPOLÉON.

D'après la copie comm. par S. A. I. Mme la duchesse de Leuchtenberg.

16954. AU VICE-AMIRAL COMTE DECRÈS,
MINISTRE DE LA MARINE, À PARIS.

Fontainebleau, 28 septembre 1810.

Je vous envoie ma réponse. Rédigez-la et remettez-la-moi sous les yeux. On ne peut nier qu'il n'y ait quelque rapprochement, mais nous sommes loin du but. Les Anglais tournent comme des enfants, et d'une manière assez ridicule, autour de la difficulté.

D'après la minute. Archives de l'Empire.

16955. — AU VICE-AMIRAL COMTE DECRÈS,
MINISTRE DE LA MARINE, À PARIS.

Fontainebleau, 28 septembre 1810.

Monsieur le Comte Decrès, je reçois votre lettre sur le ravitaillement de Barcelone. D'abord je ne veux risquer aucun de mes vaisseaux de ligne, je ne veux employer que des frégates. J'approuve le projet de deux expéditions, en ôtant le vaisseau de guerre. Tout ce que j'ai demandé est en quintaux ancienne mesure et non en quintaux métriques. Les circonstances du cabotage ne sont plus les mêmes qu'il y a deux ans. Nous avons aujourd'hui le port de Rosas, et la côte de Saint-Félix est occupée par mes troupes. En mettant un homme intelligent à la tête de ce cabotage, et saisissant le moment où nous aurons regarni toute la côte, il y aura moins de chances à courir. Il resterait un autre moyen, qui consisterait à faire passer les grains, tartane par tartane, en les expédiant de la Ciotat, de Cassis, et même de Marseille. Si l'on en faisait partir cinq de Marseille, cinq de la Ciotat et deux de Cassis, ou même de Bouc, ne pensez-vous pas que de ces bâtiments sans escorte, conduits par des patrons qui connaissent Barcelone, il pourrait en arriver dans ce port au moins trois sur douze; ce qui ferait 9,000 quintaux? On pourrait d'ailleurs intéresser les patrons en leur permettant de faire leur retour pour leur compte avec un chargement de sucre, de coton et autres denrées coloniales qui sont à Barcelone. Ainsi on pourrait préparer à Toulon deux expéditions, escortées par des frégates, de six ou huit tartanes portant 40,000 quintaux. Il faudrait en même temps faire partir 20,000 quintaux sur neuf tartanes armées à Marseille et à la Ciotat, lesquelles prendraient la côte d'Espagne, au-dessus de Barcelone, et y arriveraient ensuite comme venant d'un port d'Espagne. Cela ferait 60,000 quintaux qui partiraient de Toulon, et, avec les 15,000 quintaux qui doivent partir du Havre, 75,000 quintaux ancienne mesure. Il faudrait y joindre une quantité de riz et de sel proportionnée. Je mets à votre disposition un million pour cet objet, dont vous me rendrez un compte particulier. Avec ce million, vous pourrez faire partir 75,000 quintaux de blé ou de farine, et y joindre encore quelques milliers de quintaux de riz. S'il n'en arrivait que le tiers, ce serait de l'argent parfaitement employé.

NAPOLÉON.

D'après l'original comm. par M⁻ᵉ la duchesse Decrès.

16956. — AU VICE-AMIRAL COMTE DECRÈS,
MINISTRE DE LA MARINE, À PARIS.

Fontainebleau, 28 septembre 1810.

Je réponds à votre lettre du 25 septembre. La quantité de poudre à envoyer à Corfou est peut-être trop considérable; on peut la réduire. Deux frégates et la flûte *la Thémis* me paraissent un envoi de bâtiments trop considérable pour Corfou. Ne pourriez-vous pas armer *la Thémis* de manière à être plus forte qu'un brick? ce qui, avec une bonne frégate, serait suffisant pour n'avoir rien à craindre d'une frégate ennemie, et même d'une frégate et d'un brick.

Vous donneriez l'ordre que *la Thémis* fût réarmée à Corfou avec les équipages du pays, et les deux frégates qui sont à Corfou pourraient venir prendre position à Ancône.

D'après la minute. Archives de l'Empire.

16957. — AU GÉNÉRAL LACUÉE, COMTE DE CESSAC,
MINISTRE DIRECTEUR DE L'ADMINISTRATION DE LA GUERRE, À PARIS.

Fontainebleau, 28 septembre 1810.

J'ai lu avec attention votre rapport sur Corfou du 19. Je vois avec plaisir qu'il y a pour 320 jours de pain, 350 jours de riz et légumes, et pour 40 jours de bœuf. Corfou acquérant tous les jours une nouvelle importance, puisque les Anglais, en étant maîtres, le seraient de l'Adriatique, et craignant qu'à la fin de l'hiver ils n'y tentent quelque chose, j'ai pris un décret que vous recevrez pour fixer l'approvisionnement de siége de Corfou.

Quant aux envois à faire à Corfou, je pense qu'il faut les faire, non par le roi de Naples, qui ne les ferait pas, mais par un de vos agents, qui se rendra à Ancône et à Otrante et fera des marchés avec des maisons de commerce pour l'achat et pour le transport. Indépendamment du nolis ordinaire, vous leur passerez un droit de 40 pour 100 pour les risques de la navigation. C'est le moyen de bien faire cette opération. Pour tant de riz et de blé porté à Corfou, vous payerez tant.

D'après la minute. Archives de l'Empire.

16958. — AU COMTE DARU,
INTENDANT GÉNÉRAL DE LA MAISON DE L'EMPEREUR, À AMSTERDAM.

Fontainebleau, 28 septembre 1810.

J'ai lu avec attention votre lettre d'Amsterdam du 4 septembre, relative à l'exécution de mon décret sur la liste civile du Roi.

Je vois que l'actif se compose : du restant en caisse, 12,000 florins; des arrérages des domaines, 60,000 florins; de l'estimation du mobilier, 1,300,000 florins; des versements du trésor public jusqu'au moment de l'extinction de la liste civile, 375,000 florins; d'acquisitions d'immeubles, 1,300,000 florins; et cet actif, vous le réduisez à 2,922,000 florins; que le passif se compose : de 200,000 florins dus pour le personnel, de 550,000 pour le matériel, et de 142,000 florins dus pour les bons du Roi; de 1,489,000 de l'emprunt du Roi, et de 55,000 pour avances du trésor public; total, 2,444,000 florins.

Je vois que sur le passif vous avez déjà payé 184,000 florins.

Je désire que vous ayez une explication avec M. Mollien sur l'emprunt du Roi, pour savoir s'il n'a pas été confondu avec les autres emprunts ou s'il en a été séparé.

Il reste un million de dû et qu'il faut payer sur-le-champ. Sur ce million de florins, je vois que 12,000 florins étaient en caisse; que le trésor public devait 375,000 florins, qui probablement étaient pour les traitements de juillet et d'août; enfin qu'il reste à espérer 600,000 florins de l'arriéré des domaines. Cela étant, il y aurait donc de quoi payer toutes les dettes.

Présentez-moi donc un projet de décret pour payer ces dettes et pour constituer définitivement la liste civile, car, avant tout, je veux qu'il n'y ait que la même dette.

D'après la minute. Archives de l'Empire.

16959. — AU COMTE DARU,
INTENDANT GÉNÉRAL DE LA MAISON DE L'EMPEREUR, À AMSTERDAM.

Fontainebleau, 28 septembre 1810.

Monsieur le Comte Daru, les dépenses de l'écurie me paraissent exorbitantes. Il faut qu'il y ait bien des abus et une mauvaise administration. Il n'y a plus de bornes pour que cela s'arrête. Je vois qu'on a dépensé cette année 268,000 francs pour les voitures; j'avais accordé 120,000 francs et un supplément de 44,000 francs. J'ai donné je ne sais combien sur le budget du Sacre. Ce serait 4 à 500,000 francs que j'aurais dépensés cette année en voitures. Faites vérifier l'état des voitures, ce qu'elles ont coûté et qui a réglé les mémoires; ils doivent être susceptibles d'une grande réduction.

Pour la nourriture de 900 chevaux, on me demande 546,000 francs : c'est plus de 600 francs par cheval par an. Combien la ration doit-elle me coûter? A ce taux, ce serait 34 ou 35 sous la ration.

Quant à l'équipage de transport, je vois qu'on laisse à Bayonne des chevaux qui coûtent 3 francs la ration. Il me semble que, pour peu que l'intendant eût en soin, il eût envoyé ces chevaux à Auch, qui est à trois marches de là, et ils n'auraient coûté que la moitié de ce qu'ils coûtent. Pourquoi me demande-t-on 31,000 francs pour l'habillement des hommes de l'équipage de transport, et 105,000 francs de gages? Je ne sais pas ce que c'est que cet argent que l'on me demande pour l'Impératrice Joséphine. Donnez sur-le-champ l'ordre que les chevaux de transport de Bayonne soient envoyés à cinq ou six marches dans l'intérieur, où les fourrages sont à meilleur marché. Il n'y a jamais eu réellement de budget des écuries. Présentez-moi le projet de ce budget. Il y a trop d'articles sur lesquels on est obligé d'intervenir. Il faudrait le diviser en plusieurs chapitres, et les chapitres en articles. Le trésorier ne connaîtrait que les chapitres. Je ne veux pas que mon écurie en 1811 me coûte plus de 2,500,000 francs; je ne dépenserai pas davantage. Voyez le commandant de l'écurie, le comte Fouler, et arrangez cela avec lui. Je dis 2,500,000 francs, parce que l'extraordinaire des voyages, quelques présents que je fais aux ambassadeurs, puisque cela est passé en usage, portent bientôt mon budget à trois millions. Ce doit être là le maximum de ma dépense. En 1809 et 1810, j'ai dépensé au delà de ce qui me convient. Cette continuation de dépense mettrait du désordre dans ma maison.

Je crois que beaucoup de choses se font d'une manière trop dispendieuse. Vous devez tout faire rentrer dans l'ordre. Le haras est trop nombreux. Je désire garder des étalons qui m'ont servi, mais les juments, on peut les envoyer aux haras des provinces. Cela fera déjà une économie assez notable. Le haras avait été porté à 100 chevaux; il peut facilement être réduit à 60. Il faut aussi réduire le nombre des chevaux de mes écuries, et ne garder que ce qui est nécessaire. Il y a beaucoup de chevaux qu'on ne monte point, qu'on peut réformer.

Je vous renvoie votre rapport. Présentez-moi un travail complet sur cette partie de mon service.

NAPOLÉON.

D'après la copie comm. par M. le comte Daru.

16960. — AU MARÉCHAL DAVOUT, PRINCE D'ECKMÜHL,
COMMANDANT L'ARMÉE D'ALLEMAGNE, À PARIS.

Fontainebleau, 28 septembre 1810.

Mon Cousin, il faut mettre plus d'ordre dans la surveillance des côtes qui s'étendent de la Hollande à la Baltique. Je pense donc que vous devez donner les ordres suivants : envoyer un général de brigade de la division Gudin établir son quartier général à Oldenburg, et le charger de la garde de toutes les rives de la Jahde depuis le village d'Ellenserdam, où finit la Hollande, jusque près de Cuxhaven. Trois bataillons et un régiment de cavalerie doivent suffire à ce général; mais, s'il était nécessaire, on lui donnerait deux régiments d'infanterie et six pièces de canon; il aurait un directeur des douanes sous ses ordres et se concerterait avec l'officier de marine qui commande les chaloupes canonnières chargées de garder les embouchures de l'Elbe, du Weser et de la Jahde. Un autre général de la même division résiderait à Cuxhaven, et sa surveillance embrasserait toutes les rives de l'Elbe jusque vis-à-vis Hambourg ; de sorte que la Jahde, le Weser et l'Elbe seraient bien exercés. La division Morand garderait la ligne depuis l'Elbe jusqu'à la Baltique, en chargeant un général de brigade d'exercer tout le Mecklenburg. Le général Gudin serait également chargé de fournir un régiment qui renforcerait la seconde ligne depuis la rive gauche de l'Elbe jusqu'aux portes de Rees sur le Rhin. Je désire que vous voyiez le ministre de la marine et le comte de Sussy. Le ministre de la marine vous donnera connaissance de toutes les chaloupes canonnières que j'ai envoyées pour garder les embouchures de la Jahde, du Weser et de l'Elbe. Vous concerterez avec le directeur général des douanes l'organisation des différentes brigades de douanes d'une manière correspondante avec votre organisation militaire, pour surveiller les côtes, les embouchures des trois fleuves, ainsi que la seconde ligne. Les deux divisions que je conserve dans le Nord n'ont plus que ce but à atteindre, et il est très-important. Il faut qu'aucun bâtiment anglais ne puisse venir mouiller à l'embouchure de la Jahde, du Weser et de l'Elbe ; que tous les postes qu'ils y occupent soient repris ; que sur les côtes les batteries nécessaires pour protéger mes chaloupes canonnières soient établies, et que Helgoland soit aussi menacé.

Concertez-vous avec le duc de Reggio pour le placement de vos postes ; envoyez des agents dans la Poméranie ; vous avez beaucoup d'officiers d'état-major, faites-les courir. Enfin je vous charge absolument d'empêcher la contrebande et la navigation anglaise depuis la Hollande jusqu'à la Poméranie suédoise ; faites-en votre affaire. Aussitôt que vous aurez connaissance des brigades de douanes et des divisions de chaloupes canonnières qui sont employées sur cette ligne, vous présenterez un projet d'organisation qui mette tout cela sous vos ordres. Vous ferez des demandes de fonds pour toutes les dépenses extraordinaires, frais de prise, de surveillance et de mission, qui seront nécessaires, et je les ferai acquitter par la caisse des douanes sur les fonds provenant des prises. Vous devez vous occuper de réprimer les abus des douaniers, veiller à ce que les marchandises saisies soient confisquées et à ce que tout se passe conformément à mes intentions. Je désire que les soldats aient part dans les prises. Faites encore votre affaire de cet objet.

NAPOLÉON.

D'après l'original comm. par Mme la maréchale princesse d'Eckmühl.

16961. — AU PRINCE DE NEUCHÂTEL ET DE WAGRAM,
MAJOR GÉNÉRAL DE L'ARMÉE D'ESPAGNE, À FONTAINEBLEAU.

Fontainebleau, 28 septembre 1810.

Mon Cousin, donnez l'ordre au général Drouet de se porter sans délai à Valladolid, de sa personne, pour prendre, sous le titre de commandant du 9ᵉ corps de l'armée d'Espagne, le commandement des troupes qui sont dans la Vieille-Castille, et protéger Almeida, Ciudad-Rodrigo, Salamanque, Astorga. Vous donnerez ordre aux généraux Kellermann, Seras, aux commandants de Ciudad-Rodrigo, d'Almeida et à tous les commandants, quelque titre qu'ils aient, de mes forces sur les derrières de l'armée de Portugal, d'obéir aux ordres du général Drouet.

Vous ferez connaître à ce général qu'il aura sous ses ordres d'abord la division Seras, composée du 113ᵉ de ligne, du 4ᵉ régiment de la 1ʳᵉ légion de la Vistule, du 4ᵉ bataillon du 12ᵉ léger, des 32ᵉ et 58ᵉ de ligne, et des 2ᵉ, 4ᵉ, 5ᵉ et 7ᵉ bataillons auxiliaires, et de la 4ᵉ brigade de dragons, composée des 9ᵉ et 10ᵉ régiments provisoires, ce qui fait 6 à 7,000 hommes d'infanterie et 1,500 chevaux; qu'il aura, de plus, un bataillon de la garde de Paris, quatre bataillons suisses et 1,200 dragons des 6ᵉ et 7ᵉ régiments provisoires. Il aura donc plus de 3,000 hommes de cavalerie. Indépendamment de ces forces, il aura son corps d'armée. Avec cette cavalerie, le général Drouet sera maître de la campagne, et pourra ramasser tous ses postes pour marcher au secours de Ciudad-Rodrigo et d'Almeida et revenir ensuite au secours d'Astorga.

Il est convenable que les hôpitaux et établissements qui se trouveraient à Benavente et ailleurs soient renfermés dans les places fortes ou dans Valladolid.

Les troupes ci-dessus énumérées sont trop faibles sans doute pour garder tous les points de la Vieille-Castille, mais le général Drouet, avec une colonne de 8,000 hommes d'infanterie et de 2,000 chevaux, sans dégarnir les postes les plus importants, pourra empêcher que Ciudad-Rodrigo et Almeida soient bloqués, ou du moins en faire lever le blocus. Le prince d'Essling doit avoir laissé plusieurs milliers de chevaux sur ses derrières, puisqu'il a eu l'ordre de laisser les brigades provisoires de dragons. Je compte que le général Drouet sera rendu à Valladolid dans les premiers jours d'octobre pour être à même de faire les mouvements convenables.

Vous donnerez l'instruction au général Drouet d'expédier, en quittant Vitoria, l'ordre à la division Claparède, composée de cinq demi-brigades provisoires, de partir pour Valladolid, ainsi qu'aux 20° et 7° de chasseurs et au 13° de chasseurs, qui est arrivé le 25 à Bayonne. Ces trois régiments lui donneront plus de 1,500 hommes de cavalerie d'élite.

Quant à sa seconde division, les deux demi-brigades qui sont arrivées à Bayonne et qui ont eu ordre de se rendre à Vitoria y serviront pour maintenir la tranquillité de la province et attendront l'arrivée des deux autres demi-brigades.

La brigade Dumoustier et la division du général Reille renforcée du 5° provisoire, qui doit déjà y être incorporé, formant 12,000 hommes. sont plus que suffisantes pour contenir la Navarre.

Les deux autres demi-brigades qui arrivent incessamment à Bayonne se joindront aux deux autres à Vitoria, et reformeront la 2° division; et, comme une division est en marche pour se rendre dans la Biscaye, le général Drouet pourra retirer cette 2° division.

Résumé. — Le général Drouet partira 24 heures après la réception de votre ordre, que vous lui enverrez par un officier. Il mettra sur-le-champ en marche pour Valladolid les cinq demi-brigades formant sa première division et ses six escadrons de cavalerie.

En passant à Burgos, la 1re division se fera rejoindre par le bataillon de Neuchâtel avec les deux canons qu'a ce bataillon.

Donnez ces ordres sur-le-champ.

NAPOLÉON.

D'après l'original. Dépôt de la guerre.

16962. — AU PRINCE DE NEUCHÂTEL ET DE WAGRAM,

MAJOR GÉNÉRAL DE L'ARMÉE D'ESPAGNE, À FONTAINEBLEAU.

Fontainebleau, 28 septembre 1810, au soir.

Mon Cousin, je vous ai donné tout à l'heure des ordres pour le mouvement du général Drouet. L'artillerie que j'avais ordonnée pour le 9e corps n'est pas encore formée, mais les cinq demi-brigades doivent chacune avoir leurs pièces de 6, le bataillon de Neuchâtel a deux pièces de 4; ainsi le général Drouet aura douze pièces de canon. Le général Seras a, je crois, aussi deux pièces de canon. Cela fera quatorze pièces de canon. Mais ce sont des pièces de bataillon, et il n'a pas d'obusiers; donnez ordre au général Dorsenne de lui fournir quatre obusiers et deux pièces de 6 ou de 8 avec un approvisionnement et demi; donnez ordre également au général Dorsenne de fournir au général Drouet des caissons pour compléter l'approvisionnement de ses pièces de bataillon à 200 coups par pièce, et également de lui fournir dix caissons d'infanterie. Le matériel, le général Dorsenne le trouvera à Burgos; s'il n'y est pas, il le fournira de la Garde. Les attelages seront formés par les 600 chevaux du train qui doivent être arrivés à Burgos, puisqu'ils sont partis le 18 septembre de Bayonne, ou qui y arrivent, puisque 350 sont partis le 27 septembre de Bayonne, et que 100 autres en partent le 28 ou le 29. Ces chevaux seront servis par différents détachements du train. Ainsi le général Drouet aura les moyens d'organiser convenablement son parc.

Quant au service des six pièces, il sera fait par la compagnie qui est à Burgos, savoir : la 16e compagnie du 7e régiment d'artillerie à pied, forte de 73 hommes, et dans laquelle on incorporera le détachement du 7e régiment, fort de 25 hommes, qui fait partie d'une colonne de canonniers dirigée sur l'armée de Portugal et partie le 28 de Bayonne. Il pourra aussi se servir de 200 hommes d'artillerie destinés à l'armée de Portugal et partis de Bayonne le 28. Ces hommes compléteront son artillerie, et il les emploiera dans les places d'Almeida et de Ciudad-Rodrigo. Ainsi le matériel est probablement dans le château de Burgos; mais, au pis aller, le matériel de la Garde le fournira. Les attelages, je viens de vous faire connaître comment ils existent, et, quant au personnel, je viens d'y pourvoir.

Je ne sais si le général Couin est à Burgos: s'il n'y est pas, le général Drouet pourra prendre à Ciudad-Rodrigo ou à Almeida l'officier supérieur d'artillerie que le prince d'Essling y a laissé. Il pourra prendre le premier chef de bataillon d'artillerie qu'il trouvera, et même, s'il est nécessaire, un chef de bataillon d'artillerie de la Garde.

Ainsi le général Drouet aura quatorze pièces de 6 et une division de six pièces, dont quatre obusiers, total vingt bouches à feu, et tout cela approvisionné à plus de 200 coups, plus dix caissons d'infanterie.

Pour vous mettre mieux à même d'expédier vos ordres, je vous communique les deux états de mouvements ci-joints. Je n'ai donc plus d'inquiétude sur l'artillerie du général Drouet.

NAPOLÉON.

D'après l'original. Dépôt de la guerre.

16963. AU PRINCE DE NEUCHÂTEL ET DE WAGRAM,
MAJOR GÉNÉRAL DE L'ARMÉE D'ESPAGNE, À FONTAINEBLEAU.

Fontainebleau, 28 septembre 1810, au soir.

Mon Cousin, je vous ai fait connaître par mes deux lettres de ce soir la nouvelle destination que je donne au général Drouet et l'intérêt que je porte à ce qu'il soit rendu le plus tôt possible, de sa personne, à Valladolid, afin de veiller sur les derrières de l'armée de Portugal. Je vous ai fait connaître que le général Reille, qui est en Navarre, avait sous ses ordres la division d'arrière-garde, composée de quatre régiments provisoires et forte de plus de 8,000 hommes, et la division Dumoustier, de la Garde, forte de plus de 6,000 hommes, ce qui fait 14,000 hommes:

les deux escadrons du 9ᵉ de hussards, forts de 900 hommes, et du grand-duché de Berg, forts de 800 hommes. Le général Reille a donc 15,000 hommes. Donnez-lui ordre de s'organiser une division de six pièces de canon ; ce qui, joint à l'artillerie du général Dumoustier, lui composera un corps capable de traverser toute l'Espagne.

Les cinq régiments qui forment la division Claparède recevront l'ordre de se diriger sur Valladolid. Les deux escadrons du 20ᵉ de chasseurs, du 7ᵉ *idem*, du 13ᵉ *idem*, formant 1,500 hommes, suivront le même mouvement. Le bataillon de Neuchâtel se joindra à cette division. Le général Dorsenne y réunira des caissons d'infanterie, quatre obusiers et deux pièces de canon, avec de quoi compléter toutes les pièces du général Drouet à 250 coups par pièce.

Ce renfort de 10 à 12,000 hommes joints à la division Seras et à 4 à 5,000 hommes de cavalerie rendra le général Drouet assez fort pour culbuter tous les corps espagnols qui viendraient à se présenter, pour garder fortement Ciudad-Rodrigo et Almeida, pour marcher au secours d'Astorga et maintenir ses communications avec le général Bonet. Pendant ce temps, la seconde division, dont deux demi-brigades sont depuis longtemps arrivées à Bayonne, se rendra en toute diligence à Vitoria; les deux autres demi-brigades les suivront. Assurez-vous bien que ces quatre demi-brigades ont leurs pièces de campagne. Ainsi donc la Biscaye sera gardée, mais elle a besoin d'un commandant supérieur. Donnez ordre à mon aide camp le général de division Caffarelli, que je destinais à commander la division de réserve de Catalogne, de partir dans la journée de demain pour se rendre à Vitoria, où il prendra le commandement des trois provinces de Biscaye et de Santander. Vous lui donnerez pour instructions de se concerter avec les généraux Reille, Dorsenne et Bonet pour maintenir la tranquillité sur les derrières et assurer toutes les communications. Vous lui donnerez connaissance des troupes qui sont en Biscaye et des demi-brigades qui s'y rendent, et vous donnerez ordre aux généraux Thouvenot et Barthelemy de reconnaître ce général.

Le ministre de la guerre donne ordre aux 1ᵉʳ et 2ᵉ régiments provisoires de cavalerie légère qui arrivent aujourd'hui à Niort d'en partir pour se rendre en droite ligne à Vitoria. Par ce moyen, le général Caffarelli aura sous ses ordres, en Biscaye, deux régiments d'infanterie formant six bataillons et quatre escadrons de cavalerie.

Il est nécessaire de prévenir le général Drouet que si, avant l'arrivée de la division Claparède et de la cavalerie du général Fournier, il était obligé de réunir du monde pour marcher contre des corps qui inquiéteraient les places de Ciudad-Rodrigo et d'Almeida, il ait à replier tous ses petits postes. Dans ce cas, la communication avec Madrid se ferait plus lentement; il diminuerait le nombre des courriers et des estafettes; afin qu'ils arrivent plus sûrement, il les ferait partir une fois par semaine ou deux fois, s'il était possible, avec de gros convois. Dites au général Drouet de prendre le général Thiebault pour chef d'état-major. Ce général, qui connaît la Galice et le Portugal, peut lui être très-utile. Faites connaître au général Thiebault que j'attends qu'il secondera de tous ses moyens le général Drouet, et que je compte n'avoir qu'à me louer des services qu'il rendra dans cette circonstance.

Écrivez au général Drouet pour qu'en passant par Burgos il prenne un des escadrons de gendarmerie qui s'y trouvent.

Vous feriez bien de renouveler à Bayonne l'ordre d'en faire partir les deux demi-brigades du général Conroux, et les deux autres à fur et mesure qu'elles y arriveront.

Il faut renouveler également l'ordre aux 600 chevaux du train de partir de Bayonne pour Burgos, s'ils n'étaient pas déjà partis.

NAPOLÉON.

D'après l'original. Dépôt de la guerre.

16964. — A EUGÈNE NAPOLÉON,
VICE-ROI D'ITALIE, À MONZA.

Fontainebleau, 28 septembre 1810.

Mon Fils, je vous prie de voir auprès de quelque maison de commerce d'Ancône ou de Venise si l'on pourrait faire le traité suivant avec elle : vingt mille quintaux de blé seront fournis par vous à des négociants qui les feront passer à Corfou, sur bâtiments ottomans, ou tous autres, à leurs risques et périls, et vous leur payerez un droit de passage proportionné à ces risques. Je suppose que le prix ordinaire du passage est d'un franc par quintal; vous pourrez le doubler, le tripler, même le quadrupler. Au bout d'un temps déterminé, cette maison devrait vous présenter le reçu du général commandant à Corfou, ou vous payer l'équivalent de votre blé. Rendez-moi un compte là-dessus.

NAPOLÉON.

D'après la copie comm. par S. A. I. Mme la duchesse de Leuchtenberg.

16965. — AU GÉNÉRAL CLARKE, DUC DE FELTRE,
MINISTRE DE LA GUERRE, À PARIS.

Fontainebleau, 29 septembre 1810.

Monsieur le Duc de Feltre, les instructions que vous donnez pour la marche du convoi de Barcelone sont trop précises. Il faut laisser le général Baraguey d'Hilliers maître de la modifier selon les circonstances. Recommandez-lui de faire arriver le convoi à Barcelone, mais de bien choisir le moment. Cinq bataillons, qui ne font pas 2,000 hommes, peuvent n'être pas suffisants pour aller à Barcelone. Des ordres de ce genre, quand ils viennent du ministère, demandent à être faits d'une manière vague et circonspecte. Mes troupes doivent être ménagées, et il faut éviter toute occasion de les compromettre. Ce serait une perte irréparable si ces cinq bataillons de bonnes troupes venaient à éprouver un échec.

NAPOLÉON.

D'après la copie. Dépôt de la guerre.

16966. — AU GÉNÉRAL CLARKE, DUC DE FELTRE,
MINISTRE DE LA GUERRE, À PARIS.

Fontainebleau, 29 septembre 1810.

Monsieur le Duc de Feltre, donnez ordre au général Rapp de vérifier pourquoi le consul général de France a permis à un navire danzigois de sortir du port de Danzig. Mes consuls ne peuvent point donner ces permis: ce ne peut être qu'une affaire d'argent, et il y a évidemment corruption. Faites bien connaître au général Rapp qu'il doit surveiller sévèrement ces désordres; que je ne veux point souffrir de corruption; que je m'occupe beaucoup des affaires de commerce, et que je veux qu'on exécute strictement mes ordres. Envoyez la lettre du général Rapp au ministre des relations extérieures pour qu'il prenne des informations sur la conduite de ce consul général. Vous donnerez ordre qu'à son arrivée à Bordeaux le capitaine de navire soit arrêté et envoyé sous bonne escorte à Paris.

D'après la minute. Archives de l'Empire.

16967. — AU PRINCE DE NEUCHÂTEL ET DE WAGRAM,
MAJOR GÉNÉRAL DE L'ARMÉE D'ESPAGNE, À PARIS.

Fontainebleau, 29 septembre 1810.

Mon Cousin, il faut donner l'ordre au duc de Dalmatie de se porter avec le 5e corps constamment sur la Romana, de manière à le tenir en échec s'il voulait passer par le Tage ou marcher sur les derrières de l'armée de Portugal. Vous lui ferez connaître que les Anglais se sont affaiblis dans Cadix pour renforcer leur armée de Portugal; qu'il a plus de monde là qu'il ne lui en faut; que son premier but doit être de faire diversion et de s'appuyer à l'armée de Portugal.

Vous écrirez au Roi que je forme une armée du centre qui sera composée de sa garde et de tous les Espagnols à pied et à cheval, du 26e régiment de chasseurs, des chasseurs hanovriens, hollandais, westphaliens, et de la division de dragons du général Lorge, ce qui fait près de 4,000 hommes de cavalerie, et de deux divisions d'infanterie, la première composée des régiments français de la division Dessolle ou, en remplacement de cette division, des bataillons qui sont dans l'arrondissement de l'armée du centre, formant 6,000 hommes, et la deuxième division, des troupes de la Confédération du Rhin, formant également 6,000 hommes, ce qui fera toujours plus de 15,000 hommes: qu'il est nécessaire d'organiser une division d'artillerie pour joindre à cette armée, afin qu'elle soit en état de se porter où il serait nécessaire.

Vous ferez également connaître au Roi que le duc de Dalmatie a ordre d'être sur les talons de la Romana, et de ne pas le laisser passer le Tage, et de le contenir.

Vous ferez connaître au Roi et au duc de Dalmatie que le général Drouet se rend à Valladolid avec le 9ᵉ corps pour prendre le commandement du pays sur les derrières de l'armée de Portugal; que le général Caffarelli se rend à Vitoria pour prendre le commandement des provinces de la Biscaye et de Santander; que j'attends la nouvelle de la prise de Tortose; que la prise de Tarragone la suivra; ce qui mettra à même de faire marcher 25,000 hommes sur Valence.

NAPOLÉON.

D'après l'original. Dépôt de la guerre.

16968. — A FRANÇOIS II, EMPEREUR D'AUTRICHE,
À VIENNE.

Fontainebleau, 30 septembre 1810.

Monsieur mon Frère et très-cher Beau-Père, j'ai vu plusieurs fois le comte de Metternich. Je lui ai parlé des sentiments que je porte à Votre Majesté Impériale. J'espère qu'il retourne près d'elle bien persuadé du vif intérêt que je prends à elle et à sa monarchie. J'ai été satisfait de son séjour ici. Nos relations actuelles me rassurent parfaitement sur les dispositions de Votre Majesté : je n'attache plus de prix à l'exécution des articles secrets du traité de Vienne, relatifs à son armée. Je désire qu'elle voie dans mon désistement de ces articles mon désir de lui plaire et de lui donner de nouvelles preuves de mon estime et de ma haute considération.

NAPOLÉON.

D'après la copie comm. par S. M. l'empereur d'Autriche.

16969. — AU COMTE DE MONTALIVET,
MINISTRE DE L'INTÉRIEUR, À PARIS.

Fontainebleau, 1ᵉʳ octobre 1810.

Par mon décret du 1ᵉʳ novembre 1807, j'avais mis à la disposition du ministre de l'intérieur : 1° un fonds de 100,000 francs pour conduire les eaux du Canneto dans la ville et la citadelle d'Ajaccio; 2° un fonds de 50,000 francs pour le desséchement de l'étang des salines d'Ajaccio; 3° j'avais également ordonné une dépense de 10,000 francs pour organiser l'école secondaire. Faites-moi connaître où en sont ces trois objets.

<small>D'après la minute. Archives de l'Empire.</small>

16970. — NOTE.

<small>Fontainebleau, 1er octobre 1810.</small>

Aujourd'hui 1er octobre, j'ai écrit au ministre de l'intérieur pour avoir un rapport sur les eaux, sur le desséchement du marais et sur l'école secondaire d'Ajaccio.

J'ai écrit au ministre des finances pour avoir le rapport relatif aux contributions et à l'école secondaire.

Enfin le ministre de la guerre m'a rendu compte de ce qui concernait la caserne et l'hôpital. Fain est chargé de voir ce que sont devenus ces derniers papiers.

Lorsque tous ces renseignements seront sous ma main, je ferai un décret général.

<small>D'après la minute. Archives de l'Empire.</small>

16971. — AU GÉNÉRAL SAVARY, DUC DE ROVIGO,
MINISTRE DE LA POLICE GÉNÉRALE, À PARIS.

<small>Fontainebleau, 1er octobre 1810.</small>

Je désire que vous continuiez de prendre des mesures pour me faire arriver tous les ouvrages qui s'impriment à Londres, soit sur la politique, soit sur les affaires du temps. J'en tire des lumières très-importantes.

<small>D'après la minute. Archives de l'Empire.</small>

16972. — OBSERVATIONS
SUR LE BUDGET DU MINISTÈRE DE LA POLICE POUR 1811.

<small>Fontainebleau, 1er octobre 1810.</small>

CHAPITRE PREMIER. — L'augmentation de 240,000 francs de frais de bureau est refusée. 420,000 francs pour les employés, c'est plus que suffisant dans un ministère qui n'a pas de comptabilité.

Chapitre II. — La dépense de 132,000 francs pour les auditeurs me paraît trop forte. Je ne crois pas avoir signé de décret qui autorise une pareille dépense.

Chapitre III. — Je refuse les 185,000 francs pour supplément de traitement et de frais d'employés indiqués au chapitre II.

Chapitre IV. — Il faudrait ramener la police de Turin et de Toscane à ce qui existe pour le reste de la France, en la faisant payer par les villes. Toutefois un commissaire général à Livourne est inutile, puisqu'il y a un directeur à Florence. De simples commissaires à Livourne, à Orbitello et à Pise suffisent. Un commissaire général de police à Civita-Vecchia est également ridicule, puisqu'il y a un directeur de police à Rome. Il ne doit plus y en avoir aujourd'hui à Breda.

Quant aux commissaires généraux de Morlaix, de Saint-Malo, du Havre, il semble que de simples commissaires suffisent.

Un commissaire général à Rotterdam, un au Texel, un à Emden, un à Hardenberg paraissent inutiles, dès l'instant qu'il y a un directeur général en Hollande.

La police s'est organisée d'elle-même de pièces et de morceaux. Elle a insensiblement augmenté son budget ; le voilà à 3 millions de francs : cela est trop considérable. C'est maintenant une double organisation administrative. J'ai demandé un travail sur l'organisation de la police. Ce travail est très-urgent, car je vois le ministère de la police s'augmenter d'un personnel qui forme une dépense excessive. Dans l'organisation primitive, il n'y avait de commissaires généraux que dans les villes où se trouvaient plusieurs maires. Ce double emploi dans l'administration est très-dangereux.

Chapitre V. — *Prisons d'état.* — Le décret sur les prisons d'état ne pourra pas être exécuté complétement en 1811. Il suffira d'organiser une ou deux prisons, mais de les organiser bien.

Indépendamment de ces objets généraux, je désire qu'on s'occupe des moyens de faire supporter la plupart de ces dépenses par les communes.

D'après la minute. Archives de l'Empire.

16973. — A EUGÈNE NAPOLÉON,
VICE-ROI D'ITALIE, À MILAN.

Fontainebleau, 1ᵉʳ octobre 1810.

Mon Fils, je reçois votre lettre du 26 septembre. Le 6ᵉ régiment[1] s'est comporté très-mal en Catalogne: une partie a déserté. Il n'y a besoin de brigands ni en Italie ni en France, et c'est un mauvais parti que de mettre de mauvais sujets dans les troupes qui composent l'armée. C'est là la méthode des Napolitains et des pays qui n'ont pas d'armée. A l'île d'Elbe ce régiment ne rendrait aucun service. Mon intention est qu'on forme de nouveau le 6ᵉ de ligne, et que de tout ce qui est à l'île d'Elbe on forme un seul bataillon sous le titre de bataillon colonial. Ce bataillon sera de quatre compagnies et de six cents hommes: vous y mettrez les plus mauvais sujets qui sont dans ces bataillons: mais désormais vous n'y enverrez plus que des conscrits réfractaires. Le reste du bataillon du 6ᵉ de ligne, composé des meilleurs sujets, rentrera en Italie. Vous donnerez à ce régiment un dépôt; vous le formerez comme les autres régiments: il se recrutera comme les autres par la conscription, et, par conséquent, ne sera plus composé que de bons sujets. Pour avoir le cadre du nouveau bataillon sans faire de nouvelles dépenses, vous supprimerez le cadre du 5ᵉ bataillon du 6ᵉ de ligne, sauf à le reformer une autre année s'il est nécessaire. Je désire que tous les régiments de mon armée soient bons et bien composés.

NAPOLÉON.

D'après la copie comm. par S. A. I. Mᵐᵉ la duchesse de Leuchtenberg.

[1] Le 6ᵉ de ligne italien. Voir la lettre du 19 septembre au vice-roi d'Italie.

16974. — AU GÉNÉRAL CLARKE, DUC DE FELTRE,

MINISTRE DE LA GUERRE, À PARIS.

Fontainebleau, 2 octobre 1810.

Je désire que vous me fassiez un rapport sur l'emploi des commissaires des guerres dans l'intérieur. Nous avons toujours beaucoup de troupes à l'extérieur; ce qui fait un double emploi de commissaires des guerres. Je crois que ceux de l'intérieur sont inutiles, et que leurs fonctions seraient mieux remplies par les préfets et sous-préfets. Il me semble qu'autrefois les ordonnateurs étaient pris parmi les intendants des provinces frontières. Je désire que vous me donniez des renseignements à cet égard. Les préfets ont beaucoup plus ma confiance sous le point de vue de l'honnêteté. Les appointements, frais de logement, frais de bureaux, etc. que coûtent les commissaires dans des villes où je n'ai pas un soldat, font une dépense considérable et qui est bien inutile. Les préfets et les sous-préfets connaissent mieux les localités et les individus, et en général n'ont pas trop de besogne, surtout les sous-préfets.

D'après la minute. Archives de l'Empire.

16975. — AU VICE-AMIRAL COMTE DECRÈS,

MINISTRE DE LA MARINE, À PARIS.

Fontainebleau, 2 octobre 1810.

Donnez l'ordre au vice-amiral Dewinter de se rendre à l'embouchure de l'Ems, qui est dans l'étendue de son commandement. Il y établira une division de chaloupes canonnières et fera dresser des batteries pour les protéger. Il doit chasser les Anglais des petites îles qu'ils y occupent, et prendre les mesures convenables pour arrêter la contrebande qui se fait de nuit sur ce point.

D'après la minute. Archives de l'Empire.

16976. — AU PRINCE DE NEUCHÂTEL ET DE WAGRAM,

MAJOR GÉNÉRAL DE L'ARMÉE D'ESPAGNE, À FONTAINEBLEAU.

Fontainebleau, 2 octobre 1810.

Mon Cousin, envoyez par un officier de votre état-major l'ordre au général Suchet de faire diriger, avec les moyens qui sont à sa disposition, trois convois sur Barcelone; chacun de ces convois sera de 10,000 quintaux, soit de farine, soit de grains, pour l'approvisionnement de cette place. Il est nécessaire que le premier convoi arrive dans le courant de novembre, le second en décembre, le troisième en janvier. Vous lui ferez connaître que, aussitôt que le premier convoi sera parti d'Aragon, les ordres seront donnés pour qu'on lui envoie de Bayonne une somme équivalant à la valeur du convoi, pour l'aider à payer la solde de son armée. Vous ferez également connaître au général Suchet que l'armée de Portugal, sous les ordres du prince d'Essling, a commencé, le 16 septembre, sa marche dans l'intérieur du Portugal.

Aussitôt que Tortose sera prise, il faudra s'occuper de son approvisionnement et faire toutes les dispositions pour le siége de Tarragone, pendant que des partis menaceront Valence. Il est réservé au général Suchet d'avoir la gloire de soumettre cette importante province après la réduction de la Catalogne. Mais surtout il est de la plus grande importance de bien approvisionner Barcelone, afin que la nouvelle garnison que je veux y mettre puisse y vivre et maintenir le pays dans l'obéissance.

D'après l'original. Dépôt de la guerre.

16977. — AU MARÉCHAL DAVOUT, PRINCE D'ECKMÜHL,
COMMANDANT L'ARMÉE D'ALLEMAGNE, À FONTAINEBLEAU.

Fontainebleau, 2 octobre 1810.

Mon Cousin, vous m'avez rendu compte hier que vous n'aviez pas encore reçu de renseignements sur tout ce qui est relatif aux côtes depuis la Hollande jusqu'à Hambourg. Il me semble cependant convenable de ne pas perdre un moment pour faire fortifier les points accessibles et établir des batteries pour protéger la flottille. Je désire que vous donniez les ordres les plus précis pour que le service se fasse de manière à empêcher la contrebande. On m'assure qu'elle a encore lieu pendant la nuit, et principalement à l'embouchure de la Jahde.

NAPOLÉON.

D'après l'original comm. par Mme la maréchale princesse d'Eckmühl.

16978. — AU MARÉCHAL MARMONT, DUC DE RAGUSE,
GOUVERNEUR GÉNÉRAL DES PROVINCES ILLYRIENNES, À TRIESTE.

Fontainebleau, 2 octobre 1810.

Mon Cousin, je suppose que vous avez reçu mon décret du 5 août sur les denrées coloniales. Mon ministre des finances vous expédie des ordres pour que toutes ces denrées qui se trouvent dans les provinces illyriennes soient exercées et acquittent les droits selon ce tarif.

Puisque le prince vice-roi a fait embarquer les 50 matelots illyriens sur la frégate française *l'Uranie*, il n'y a pas d'inconvénient. Je donne ordre de vous céder un des bricks qui sont à Venise; il doit être payé sur les fonds des provinces illyriennes; vous nommerez des commissaires pour en faire l'évaluation contradictoirement avec les commissaires nommés pour le royaume d'Italie. Vous aurez alors une frégate et un brick. J'autorise le vice-roi à vous donner un second brick, si vous le jugez nécessaire; vous le feriez évaluer et payer comme le premier.

Le ministre de la marine vous enverra deux décrets. Le premier de ces décrets ordonne l'envoi à Toulon de 400 matelots levés dans les provinces illyriennes; ce doit être des matelots d'élite. Vous pourrez prendre, pour leur engagement et pour assurer à leurs familles quelque chose en leur absence, telles mesures que vous jugerez convenables; mais vous ne devez envoyer que de bons marins; il faut qu'ils puissent être gabiers. Je ne manque pas de bras, mais d'habiles matelots. Vous pourrez distribuer cette levée entre le littoral, la Dalmatie, Raguse et Cattaro, et ne prendre que les hommes d'élite. Par le second décret, j'ordonne que tout l'équipage du vaisseau *le Rivoli* sera composé de matelots illyriens. Les officiers, la garnison et les canonniers étant français, c'est donc une levée de 4 à 500 matelots que vous devrez fournir à ce vaisseau. Cet équipage sera payé par le ministre de la marine de France. Je suppose que votre frégate et votre brick sont commandés par des officiers de la marine française. Il est nécessaire que vous envoyiez régulièrement les états de situation de votre marine au ministre de ce département.

NAPOLÉON.

D'après l'original comm. par M. Charavay.

16979. — A EUGÈNE NAPOLÉON,
VICE-ROI D'ITALIE, A MILAN.

Fontainebleau, 2 octobre 1810.

Mon Fils, je reçois votre lettre du 27 septembre. Mon décret du 5 août doit être étendu à tout ce qui se trouve dans les entrepôts de Milan, Pavie, Venise, etc. et en général à tous les entrepôts du royaume. Vous prendrez sur-le-champ un décret qui applique le tarif du 5 août à toutes les denrées coloniales, tant celles déposées dans les entrepôts que celles qui sont dans les magasins des négociants. Vous comprendrez facilement la raison de cette mesure. Le peuple payant ce tarif, il faut aussi que les particuliers le payent, sans quoi certains individus auraient tout le bénéfice. Cependant il ne faut pas vexer les citoyens; il suffira d'exercer les magasins qui existent dans les villes de quelque importance. Le droit pourra être acquitté en lettres de change à deux et six mois de date. Ces mesures doivent rendre des sommes considérables. Faites-en tenir un compte séparé sous le titre d'*Extraordinaire des douanes*. Vous me ferez connaître combien cet extraordinaire aura rapporté, mon intention étant de régler l'emploi de ces fonds par un budget particulier, et de les appliquer au service de la marine et à l'amélioration des ports du royaume.

Vous aurez reçu le décret qui impose un droit de 30 sous sur les soies, à la sortie du royaume d'Italie; mais, du côté de la France, elles peuvent sortir et venir jusqu'à Lyon sans rien payer. J'ai autorisé la sortie par les douanes de France des soies de France, qui sont d'une qualité supérieure, moyennant un droit de 30 sous, et de celles d'Italie moyennant un droit de 20 sous. Ainsi les soies d'Italie peuvent venir à Lyon sans rien payer; elles peuvent de Lyon gagner le Rhin, et, en passant ce fleuve, elles ne payent que 20 sous. Les soies du royaume d'Italie importées par Botzen et les frontières d'Autriche payant 30 sous, et le détour par Lyon ne coûtant pas plus de 3 sous, il s'ensuit qu'il y aura 7 sous de bénéfice à les faire passer par Lyon; en sorte que cette ville deviendra le centre du commerce des soies, ce qui sera utile à tout le monde.

J'ai accordé l'importation des différents coutils de Brescia, des laines de Rome, des draps de Bologne, etc. enfin toutes les demandes des négociants italiens ont été accordées. J'ai chargé une commission de faire un tarif qui réglera et augmentera les droits des douanes d'Italie. Vous observerez que les cotons de Naples et du Levant, en transit dans mon royaume d'Italie pour venir en France, ne doivent pas payer le droit du tarif, puisqu'ils doivent l'acquitter lors de leur consommation en France: mais il faut bien s'assurer que ces cotons ne restent pas dans le royaume.

NAPOLÉON.

D'après la copie comm. par S. A. I. Mme la duchesse de Leuchtenberg.

16980. — A JOACHIM NAPOLÉON, ROI DES DEUX-SICILES,

À NAPLES.

Fontainebleau, 2 octobre 1810.

Mon Frère, je voudrais faire mettre en construction, dans les ports de votre royaume, un vaisseau de 80 canons et un de 74; faites-moi connaître si cela est possible. Envoyez-moi un plan de la baie de Brindisi, où il sera marqué les endroits où peuvent mouiller les vaisseaux de 74, de 80 et à trois ponts. Faites-moi aussi connaître l'état et l'armement des forts et batteries qui défendent cette rade.

D'après la minute. Archives de l'Empire.

16981. — A M. DE CHAMPAGNY, DUC DE CADORE,

MINISTRE DES RELATIONS EXTÉRIEURES, À PARIS.

Fontainebleau, 3 octobre 1810.

Monsieur le Duc de Cadore, j'ai effectivement fait proposer trente mille armes au roi de Saxe pour le duché de Varsovie. Je n'ai pas entendu les lui vendre, mais les lui donner s'il en avait besoin. Il est nécessaire de faire comme si le roi de Saxe les avait achetées, afin que cela n'ait pas l'air d'un projet d'armement et ne présente rien d'extraordinaire. Écrivez dans ce sens au sieur Bourgoing. Aussitôt que j'aurai sa réponse, je désignerai les lieux où l'on pourra prendre ces armes. Il faut que le roi de Saxe se charge de les envoyer chercher à Mayence, à Passau ou à Magdeburg, et les fasse transporter jusqu'à Varsovie. Recommandez au sieur Bourgoing que cela se fasse sans exciter d'alarmes. Il est tout simple que la Saxe achète des armes et ne les cherche pas ailleurs qu'en France. Il ne faut pas que cela ait une autre couleur.

NAPOLÉON.

D'après l'original. Archives des affaires étrangères.

16982. — DÉCISION.

Fontainebleau, 3 octobre 1810.

Sa Majesté a ordonné que l'on remonte cette année l'opéra d'*Armide*, et elle a bien voulu accorder à cet effet un secours extraordinaire de 10,000 francs.

Les ouvrages nouveaux que l'on prépare ne permettent pas, d'ici à la fin de l'année, la reprise de cet opéra. On demande que Sa Majesté veuille bien permettre que la somme de 10,000 francs accordée soit réversible sur l'opéra de *Sémiramis*, qui a été repris par ordre et qui a exigé beaucoup de dépenses, vu le laps de temps considérable écoulé depuis le temps qu'il n'avait pas été donné.

Le grand maréchal du palais,
Duc DE FRIOUL.

Refusé. Si l'on ne donne point *Armide*, je ne donnerai pas les 10,000 francs.

NAPOLÉON.

D'après l'original. Bibliothèque impériale.

16983. — A JÉRÔME NAPOLÉON, ROI DE WESTPHALIE,
À CASSEL.

Fontainebleau, 3 octobre 1810.

Mon Frère, je vous envoie le décret que j'ai pris pour le grand-duché de Berg. J'ai pris un décret semblable pour le Mecklenburg, le Lauenburg et les villes hanséatiques. Je désire que vous preniez les mêmes mesures dans vos états, c'est-à-dire que vous assujettissiez au même tarif les denrées coloniales qui s'y trouvent et celles qui y entreront. Ce sera un grand bien pour vous, puisque cela vous donnera un produit considérable. Ce sera aussi un grand bien sous d'autres rapports, puisque les correspondants des négociants anglais ne pourront pas les payer, et que, les denrées coloniales devenant plus chères, la consommation en diminuera. Elles seront ainsi attaquées et chassées à la fois du continent.

NAPOLÉON.

D'après la copie comm. par S. A. I. le prince Jérôme.

16984. — A M. DE CHAMPAGNY, DUC DE CADORE,
MINISTRE DES RELATIONS EXTÉRIEURES, À PARIS.

Fontainebleau, 4 octobre 1810.

Monsieur le Duc de Cadore, vous trouverez ci-joint un décret qui permet l'introduction des marchandises coloniales du Holstein par Hambourg. Il est indispensable que ce décret soit tenu secret. Vous l'enverrez par courrier extraordinaire à mon ministre à Copenhague, pour qu'il le fasse connaître à la cour de Danemark, ainsi que le désir que j'ai que le roi ordonne dans le Holstein qu'on profite de la faculté que j'accorde. L'assurance pour la contrebande est égale au tarif, et même va devenir plus forte maintenant que le tarif est exercé dans toute la Confédération. Passé le 1er novembre, l'entrée que j'accorde ne pourra plus avoir lieu; mais alors il serait nécessaire que le roi de Danemark donnât des ordres pour ne plus laisser les places d'Altona et du Holstein s'encombrer de marchandises coloniales; et il faut bien partir du principe qu'il est impossible de souffrir qu'une aussi grande quantité de marchandises coloniales entre dans le Holstein; que c'est pour ôter tout embarras au roi que j'ai pris ces mesures, et qu'il doit faire connaître qu'il confisquera toutes les marchandises coloniales pour l'introduction desquelles on n'aurait pas profité de mon décret.

Votre courrier, qui partira demain au plus tard, ne sera porteur d'aucun avis de cette mesure et ne s'arrêtera nulle part sur sa route. Vous veillerez à ce qu'il ne soit porteur d'aucune lettre. Vous enverrez ensuite le décret à mon chargé d'affaires à Hambourg et lui donnerez toutes les instructions convenables; mais ces instructions, vous les adresserez au ministre des finances, qui les fera parvenir par le même agent qui portera mon décret au directeur des douanes, afin qu'à Hambourg tout le monde connaisse cette mesure à la fois.

NAPOLÉON.

P. S. Je sens bien que la preuve sera difficile à faire des marchandises provenant de prises, mais il faudra au moins prendre des mesures efficaces pour être assuré que les marchandises existent dans le Holstein: car, si cela devait servir de débouché aux marchandises de la Hollande, ce serait un grand malheur pour nous et un grand bonheur pour l'Angleterre. Renouvelez l'ordre à mon chargé d'affaires pour que toutes les mesures convenables soient prises et qu'il n'y ait aucune communication avec la Hollande. Maret vous enverra le décret dans la soirée.

D'après l'original. Archives des affaires étrangères.

16985. — A M. DE CHAMPAGNY, DUC DE CADORE,
MINISTRE DES RELATIONS EXTÉRIEURES, À PARIS.

Fontainebleau, 4 octobre 1810.

Monsieur le Duc de Cadore, je vous envoie une brochure que j'ai fait traduire de l'anglais, qui contient beaucoup de choses intéressantes. Lisez-la pour vous et faites-en faire des extraits pour *le Moniteur*, en conservant l'esprit dans lequel l'auteur a écrit, et ôtant seulement les sottises, mais laissant sentir le but, qui est faux. Il faut surtout faire imprimer les pièces de la correspondance d'Amérique: il y en a de fort curieuses[1].

NAPOLÉON.

D'après l'original. Archives des affaires étrangères.

[1] Voir *le Moniteur* du 10 octobre 1810.

16986. — NOTE POUR LE MINISTRE DE L'INTÉRIEUR.

Fontainebleau, 4 octobre 1810.

Sa Majesté n'a point signé le projet de décret qui lui avait été proposé au sujet des fonds à accorder au préfet du Rhône pour compléter l'ameublement de la préfecture. Elle se propose d'accorder une gratification de 20,000 francs, sans parler d'ameublement. Sa Majesté a différé de statuer sur un autre rapport également relatif à l'ameublement d'une préfecture, celle du Tarn.

Elle a ordonné que les deux rapports soient renvoyés au ministre avec les observations suivantes :

Sa Majesté désire qu'on lui propose, sur tout ce qui concerne le logement et l'ameublement des préfectures, le projet d'un règlement général.

Ce règlement organique doit faire connaître d'abord dans quelles maisons doivent loger les préfets. Sa Majesté juge convenable qu'ils ne logent pas dans des maisons à location, et que, pour ceux qui sont dans ce cas, on achète la principale maison de la ville aux dépens de la ville ou du département, selon l'importance de la ville et la nature de ses moyens. Dans les préfectures du Rhône et des Bouches-du-Rhône, par exemple, cette dépense doit être aux frais de la ville. Le titre Ier du règlement concernera donc le logement des préfets. On y joindra : 1° un état des préfectures dont les préfets sont logés, avec l'indication de l'origine de la maison qu'ils occupent; 2° un état des préfectures dont les préfets sont logés dans des maisons louées. Cet état fera connaître le prix du loyer, la valeur de la maison, les moyens de la payer en la faisant acheter par le département ou par la ville, ou par tous deux concurremment.

On traitera ensuite de ce qui concerne l'entretien des bâtiments. Sa Majesté, dans les notes qu'elle a dictées sur le règlement à faire à l'égard des centimes fixes et variables, a déjà indiqué que cet entretien devait être à la charge des communes.

La dernière partie du rapport concernera l'ameublement des préfectures. Elle fera connaître les préfectures qui sont meublées en entier, celles qui ne le sont que par parties et celles qui ne le sont pas du tout, et la valeur des meubles qui existent. Elle établira une base fixe pour la valeur du mobilier de chaque préfecture, d'après les convenances relatives à chacune d'elles et d'après les moyens de la ville ou du département. Le compte des dépenses sera rendu à la ville ou au département, ou à tous les deux, selon qu'ils auront supporté la dépense ou qu'ils y auront concouru. On déterminera la somme qui sera chaque année à la charge de la ville pour l'entretien et la conservation du mobilier. On distinguera les meubles qui doivent appartenir à la préfecture et ceux qui doivent appartenir aux préfets et être fournis à leurs dépens. Il paraîtrait que les meubles meublants, seuls, doivent être au compte de la ville ou du département, tels que chaises, fauteuils, canapés, tables, consoles, lustres, girandoles, pendules d'ornement, tapis, etc. enfin tout ce qui tient à la représentation, les antichambres, les salles des huissiers, le corps de garde, etc. Il y aurait aussi un appartement à coucher, dépendant des appartements de représentation, dont l'ameublement serait à la charge du département ou de la ville. Mais la batterie de cuisine, le linge de table et de lit, les petits meubles d'appartements particuliers, doivent être fournis par les préfets et leur appartenir.

Pour que le préfet se procure cette partie du mobilier, ainsi que pour ses frais de déplacement, on lui accorderait trois mois d'avance de son traitement. On arrangerait cette disposition de manière que tout le temps qu'un préfet nommé différerait de se rendre dans sa préfecture fût en diminution sur cette avance. Ainsi, s'il arrivait dans sa préfecture dans les huit jours de sa nomination, il toucherait trois mois entiers de son traitement en arrivant; s'il n'arrivait qu'un mois après, il ne toucherait que deux mois; s'il arrivait deux mois après, il ne toucherait qu'un mois.

Après avoir réglé tout ce qui tient aux préfectures, on traiterait, dans le même décret, de ce qui regarde les maires. Il faudrait commencer par aborder la question des traitements. S'ils doivent en avoir, il faut les leur donner ouvertement et comme appointements. Le mode qu'on a pris de mettre des fonds à la disposition des maires est extrêmement vicieux. Si les maires doivent avoir des traitements, ils doivent les recevoir de la même manière que les autres administrateurs. Il ne convient pas qu'un maire reçoive 30,000 francs, dont il dispose à son profit, et dise qu'il remplit gratuitement ses fonctions.

On traitera ensuite la question des hôtels de ville. Les maires, les adjoints, les secrétaires peuvent-ils y loger? Si le maire y loge, l'hôtel de ville est meublé aux frais de la commune et les plus beaux appartements sont pour le service du maire. Si le maire n'y loge pas, l'hôtel de ville conserve sa destination naturelle et est uniquement consacré, comme cela paraît devoir être, aux assemblées du conseil municipal, aux audiences du maire et des adjoints, aux bureaux et aux archives, au tribunal de commerce, aux assemblées de prud'hommes et à toutes les réunions qui sont nécessaires dans une ville. Cette destination n'entraîne pas à de grandes dépenses, tandis que l'établissement personnel du maire ne peut être que très-coûteux. Il serait donc très-économique que partout le maire logeât chez lui et représentât chez lui. Dans le cas où une ville veut rendre quelque honneur extraordinaire, avec l'approbation des autorités, soit à un prince, soit à un citoyen distingué à qui elle doit une marque de reconnaissance, le corps municipal lui donne à dîner à l'hôtel de ville. Si le maire loge à l'hôtel de ville, ce n'est point la ville qui reçoit, c'est le maire.

Il n'y a guère que les grandes villes qui peuvent loger leurs maires à l'hôtel de ville. Cela a-t-il plus d'avantages que d'inconvénients? On est plutôt frappé des inconvénients que des avantages. On se décidera difficilement à changer, au bout de cinq années, un maire établi depuis cinq ans dans l'hôtel de ville avec toute sa famille. C'est un dérangement beaucoup plus considérable dans son existence que si on ne lui ôtait que sa place. Si cependant on lui donne un successeur, on ne pourra exiger que toute une famille quitte dans les vingt-quatre heures. Des semaines et peut-être des mois s'écouleront; le maire sortant restera maître des archives, des bureaux, des papiers, des employés réunis dans la maison centrale. Il sera encore quelque chose lorsque le gouvernement a voulu qu'il ne soit plus rien ! Lorsqu'un ministre quitte le ministère, il exerce encore longtemps, et quoi qu'on fasse, une grande influence sur les bureaux et sur les affaires. Cet inconvénient est peu de chose près du gouvernement, mais il est très-grave dans une ville éloignée de la capitale, où l'on peut vouloir changer un maire dans des circonstances où souvent tout dépend du moment. C'est donc une question vraiment importante que celle de savoir si les maires peuvent loger dans les hôtels de ville.

On entend par loger, avoir dans l'hôtel de ville sa famille, ses domestiques, ses cuisines, enfin un établissement complet. Ce qui n'empêche pas que le maire ait une ou deux pièces dans l'hôtel de ville et même un lit pour des cas où les affaires exigeraient la permanence.

Sa Majesté désire qu'on joigne au rapport la note des maires qui sont logés dans les hôtels de ville, avec l'indication de l'époque où ils s'y sont établis, de l'autorité qui a permis leur établissement et des dépenses qui ont été faites.

D'après la minute. Archives de l'Empire.

16987. — AU GÉNÉRAL CLARKE, DUC DE FELTRE,
MINISTRE DE LA GUERRE, À PARIS.

Fontainebleau, 4 octobre 1810.

Monsieur le Duc de Feltre, présentez-moi un projet d'organisation pour l'armée d'Allemagne. J'ai donné aux souverains les pays qui m'appartenaient en Allemagne, hormis les provinces d'Erfurt et de Lauenburg. Je n'ai encore fait aucune disposition pour les villes hanséatiques. Dans ces provinces réservées, personne ne doit donner d'ordres que le prince d'Eckmühl, qui est chargé seul de la police dans ces provinces.

J'ai une garnison à Danzig; j'en ai dans les trois places de l'Oder, et des cordons de troupes sur les côtes, depuis la Hollande jusqu'à la Baltique. Il est nécessaire que tout cela soit sous les ordres du prince d'Eckmühl. J'ai en Allemagne de l'artillerie et des magasins. Il est convenable que les deux ministres de la guerre n'y donnent d'ordre que par le canal du prince d'Eckmühl. Ainsi, depuis les frontières de l'Oost-

Frise, le prince d'Eckmühl est chargé de toutes les mesures à prendre pour la répression de la contrebande, et il est chargé de l'exécution de tous les ordres à envoyer en Allemagne.

Mon intention a toujours été : 1° D'y laisser quinze régiments d'infanterie, en trois divisions, une division de trois régiments de cavalerie légère (je n'avais d'abord destiné que deux régiments de cavalerie, mais, depuis, j'ai fait donner l'ordre à un des régiments qui étaient en Hollande de remonter vers les villes hanséatiques), et une de quatre régiments de cuirassiers;

2° D'avoir pour l'artillerie, indépendamment des pièces de régiment, 15 pièces d'artillerie par division d'infanterie, 12 à la division de cavalerie légère, et 23 au parc de réserve; total, 80 pièces de canon; ce qui, avec les 30 pièces de régiment, fait 110 pièces de canon, avec double approvisionnement et un approvisionnement de parc, indépendamment de l'artillerie des garnisons des quatre places; et aujourd'hui il faut y joindre celle des côtes;

3° D'avoir un corps du génie composé de 20 officiers, y compris les places, au moins 15,000 outils attelés, six compagnies de sapeurs, une compagnie de mineurs et deux de pontonniers;

4° Enfin une compagnie de 100 gendarmes, commandée par un colonel.

Les régiments doivent être sévèrement inspectés, l'effectif établi tous les trois mois, et tous les trois mois vous devez prendre mes ordres pour tirer des dépôts les hommes nécessaires pour entretenir le présent des quinze régiments à 800 hommes par bataillon.

Napoléon.

D'après la copie. Dépôt de la guerre.

16988. — AU GÉNÉRAL CLARKE, DUC DE FELTRE,
MINISTRE DE LA GUERRE, À PARIS.

Fontainebleau, 4 octobre 1810.

J'ai reçu votre rapport du 1er octobre sur les 421 bouches à faire fondre à la Haye; sur les 900 pièces que vous ferez évacuer sur Anvers.

Maëstricht, Wesel; sur les 2,700 pièces en bronze et en fer qui resteront en Hollande. J'approuve ces dispositions; exécutez-les sans délai. Mais je vois que, sur les 2,700, il y en a 1,700 en bronze; c'est trop. Il faut nommer une commission pour déterminer cela et réduire au nombre suffisant. Faites faire un recensement de tous les bois et fers inutiles, et dirigez tout cela sur Anvers.

En général, je vous répète que mon intention est que vos instructions portent sur ces trois bases :

1° En cas que la France éprouve un revers et que la Hollande soit envahie par l'ennemi, lui laisser le moins de matériel possible.

2° En cas de révolte, lui laisser le moins de moyens de défense que possible.

3° Centraliser sur Anvers et sur Lille, en ne laissant que le nécessaire pour défendre les îles et places fortes.

Vous verrez qu'il entre dans mes principes de détruire la fonderie de la Haye.

Après la réunion de la Hollande, mes projets pour Anvers se grandissent beaucoup, et je veux faire d'Anvers une place de première force. Je désire centraliser tous les établissements sur la rive gauche et établir la défense de la rive gauche, en attendant que les fortifications de la rive gauche soient établies: ce qui alors offrira une assez grande étendue.

En général, le génie me présentera des projets pour fortifier l'enceinte de la rive gauche et y établir les magasins d'artillerie.

D'après la minute. Archives de l'Empire.

16989. — AU VICE-AMIRAL COMTE DECRÈS,
MINISTRE DE LA MARINE, À PARIS.

Fontainebleau, 4 octobre 1810.

Surpris de voir que les constructions du port de Gênes et surtout celles du vaisseau *l'Agamemnon* n'avancent pas, j'ai pris des informations sur l'époque où je pourrais espérer que ce vaisseau fût mis à l'eau à Gênes. Il résulte de ces informations que cette époque est indéterminée, parce que l'entrepreneur n'a pas les moyens convenables, surtout depuis une banqueroute qu'il a essuyée. On m'assure que l'administration n'a pas à sa disposition les fonds suffisants, puisqu'il lui faudrait 670,000 francs seulement pour les constructions et 300,000 francs pour les approvisionnements, et que, par le budget, il ne lui est assigné que 700,000 francs. Faites-moi un rapport pour résilier le marché actuel, en traitant bien l'entrepreneur et en achetant ses bois. Il n'y a aucune espérance que cet entrepreneur puisse aller; et il est d'autant plus malheureux que le vaisseau *l'Agamemnon* éprouve des retards, qu'il y a à Gênes des bois courbes et que la disette de ce bois est ordinairement ce qui embarrasse. Il faut ordonner qu'avant tout on mette tous les soins à porter cette année le vaisseau aux douze 24^{cs}, comme je l'ai prescrit.

D'après la minute. Archives de l'Empire.

16990. — AU VICE-AMIRAL COMTE DECRÈS,
MINISTRE DE LA MARINE, À PARIS.

Fontainebleau, 4 octobre 1810.

Monsieur le Comte Decrès, j'ai pris un décret pour mettre cinq à six vaisseaux de haut bord en construction sur les chantiers de la Hollande. Mon décret n'a pas encore été exécuté, et on ne m'en dit pas la raison. Si on ne peut pas construire en Hollande des vaisseaux de notre modèle, restera à savoir s'il convient d'en faire construire sur le modèle hollandais. Cette décision, il faut l'ajourner après la tournée que vous aurez faite en Hollande. Toutefois je désirerais avoir un rapport qui me fît connaître ce qu'on fait aujourd'hui sur les chantiers hollandais, afin de faire achever promptement les vaisseaux et de ne pas laisser continuer les frégates et les bricks. Je conçois qu'un vaisseau de 80 canons, ne tirant que 18 pieds d'eau, puisse être utile; il n'en est pas de même des frégates; faites-en donc cesser la construction. Pour celles qui existent, on pourrait les considérer comme des transports. Ces frégates hollandaises pourraient-elles équivaloir à des flûtes de 800 tonneaux? Ne conviendrait-il pas de mettre sur les chantiers des frégates de 24 et de 18 canons? Il semble qu'elles seraient d'un grand avantage pour l'escadre du Texel, comme pour celle d'Anvers et pour tout autre service. Faites-moi connaître ce qui convient là-dessus.

NAPOLÉON.

D'après l'original comm. par Mme la duchesse Decrès.

16991. — AU VICE-AMIRAL COMTE DECRÈS,
MINISTRE DE LA MARINE, À PARIS.

Fontainebleau, 4 octobre 1810.

Le lieutenant-colonel Deponthon, mon secrétaire de cabinet, se rend près de vous et vous remettra les plans de l'embouchure de la Jahde, de l'Elbe et du Weser, ainsi que tous les renseignements qu'il a recueillis sur les lieux, tant sur ces débouchés importants que sur la situation des côtes.

J'ai ordonné que l'île de Neuwerk fût occupée et que des batteries de gros calibre y fussent établies; que trois batteries, chacune de 8 à 10 canons de gros calibre, fussent établies à Cuxhaven pour protéger, non-seulement ma flottille, mais même des vaisseaux de guerre.

Après avoir pris tous les renseignements, vous me ferez d'abord bien connaître si je suis fondé dans l'opinion que des frégates et des vaisseaux de guerre puissent mouiller et trouver protection devant Cuxhaven.

Mon intention est d'être d'abord parfaitement maître de l'embouchure de la Jahde, du Weser et de l'Elbe. Le capitaine Bedel-Dutertre, qui a le 4e commandement, est chargé de ces trois embouchures. Je pense qu'il a trop peu de bâtiments pour surveiller trois points aussi importants. Il lui faudrait au moins trente-six bâtiments (je ne sais combien il en a), et il faudrait qu'il eût sous ses ordres un bon officier qu'il pût détacher dans la Jahde et dans le Weser; pour lui, il se tiendrait dans l'Elbe.

On construit sur les rives du Weser et de la Jahde des batteries pour protéger la flottille. Faites-moi connaître le nombre de canonnières, de bricks et de petits bâtiments légers dont on pourrait composer cette station, et où on pourrait les prendre.

Je trouve également que l'Ems est trop éloigné du Zuyderzee et qu'il n'a réellement rien de commun avec ce commandement. Je désire donc qu'un capitaine de vaisseau, avec le nombre de canonnières et autres petits bâtiments nécessaires, prenne station dans l'Ems et y forme un commandement à part; de sorte que la côte, depuis l'Escaut jusqu'à l'Elbe, au lieu d'être divisée en quatre commandements, le sera désormais en six : 1er commandement sous l'amiral Missiessy; 2e sous le contre-amiral qui est à Hellevoetsluis; 3e sous l'amiral Dewinter dans le Zuyderzee; 4e sous un capitaine de vaisseau dans l'Ems; 5e la station dans la Jahde et le Weser; 6e la station dans l'Elbe.

En supposant que la station dans l'Elbe soit composée de 24 chaloupes canonnières françaises et hollandaises et d'une douzaine de péniches, de celles que j'ai à Anvers, armées d'un obusier et propres à une descente, cela porterait plus de 3,000 hommes, et il n'est pas probable que pour une attaque sur Helgoland il en faille plus de 2,200, puisqu'on n'en porte la garnison qu'à 3 ou 400 hommes. Ces péniches me paraissent d'autant plus importantes que, tirant moins d'eau, elles pourront mieux fouiller tout l'Elbe.

Quant à l'expédition, je désire qu'une division de trois frégates puisse arriver sur Helgoland en doublant la côte d'Angleterre. Elle serait plus forte que la croisière anglaise, et au moment même les chaloupes canonnières partiraient de Cuxhaven.

S'il était possible même de faire sortir deux bons vaisseaux d'Anvers ou une division de tout autre port, le mal qu'on ferait à l'ennemi dans cette expédition vaudrait la peine d'exposer une division de deux vaisseaux de guerre. Dans le rapport sur cette expédition, vous me ferez connaître les ports du Danemark et de Suède où cette division pourrait relâcher; il faudrait aussi prévoir le cas où elle serait obligée de relâcher dans l'Ems, pour lui indiquer le mouillage qu'elle pourrait prendre sous la protection des batteries.

Enfin mon intention est de placer un grand nombre de canonnières et de bâtiments légers à l'embouchure de la Jahde, du Weser et de l'Elbe, pour interdire toute communication au commerce, ôter jusqu'à l'espoir aux contrebandiers de Helgoland et faire tort même à leur crédit par la menace d'attaquer. Déjà rien que le bruit que cet entrepôt était exposé a fait la plus grande sensation à Londres.

D'après la minute. Archives de l'Empire.

16992. — AU VICE-AMIRAL COMTE DECRÈS,
MINISTRE DE LA MARINE, À PARIS.

Fontainebleau, 4 octobre 1810.

Je reçois vos deux états numéro 23, portant les noms des bâtiments entrés et sortis avec licence pendant août et septembre.

Je vois que le *Hazard*, capitaine Aubey, est sorti de Caen. C'est un bâtiment de 30 tonneaux : vous le portez comme prussien ; idem le *Prince-Frédéric*, sorti d'Ostende ; *la Louise*, de Morlaix ; *la Paix*, d'Anvers ; le *Petit-Henry*, sorti de Honfleur, et *la Frau-Martha*, sortie de Caen ; *l'Indien*, sorti de Granville, porté comme papenbourgeois. Voilà donc sept bâtiments étrangers sortis avec mes licences. Si j'envoie au ministre des finances et au directeur des douanes cette observation, ils me répondront ce qu'ils m'ont déjà répondu, que ces bâtiments ne sont pas prussiens, mais français. Faites une enquête spéciale pour savoir si ces bâtiments sont réellement prussiens. Envoyez des instructions à vos agents et soumettez-moi le résultat, afin que je réprime ces écarts des douanes, si contraires à mes intentions.

Je vous prie également de faire mettre, pour chaque bâtiment qui sort de mes ports, les numéro et série de la licence avec laquelle il est sorti.

D'après la minute. Archives de l'Empire.

16993. — AU PRINCE DE NEUCHÂTEL ET DE WAGRAM,
MAJOR GÉNÉRAL DE L'ARMÉE D'ESPAGNE, À FONTAINEBLEAU.

Fontainebleau, 4 octobre 1810.

Mon Cousin, j'approuve le projet de formation de l'armée du centre, commandée par le roi d'Espagne, le général Belliard étant chef d'état-major et en même temps gouverneur de Madrid, et le général Dessole commandant la division française. Je trouve que vous ne laissez pas assez de cavalerie à ce corps; vous en ôtez les quatre régiments de la division Lahoussaye et les deux régiments de la brigade Marisy. Je crois qu'il suffit d'ôter les deux régiments de la brigade Digeon, faisant partie de la division Lahoussaye, et qui sont au delà de la Sierra Morena, et qu'il faut les remplacer par les deux régiments de la brigade Marisy, que vous mettrez sous les ordres du général Lahoussaye. Par ce moyen le Roi aura une division de cavalerie de quatre régiments français. Ainsi il y aura à cette armée 4,000 hommes de cavalerie, y comprenant la garde royale; ce nombre de chevaux est nécessaire. Je vous renvoie votre projet pour que vous me le remettiez ainsi rectifié. Il faut, de plus, y joindre la division des arrondissements des provinces de Ségovie, d'Avila, de Soria, de Guadalajara, d'une partie de l'Estremadure et des petites provinces du côté de l'Aragon. Joignez-y aussi Cuenca. Il faudra spécifier dans le projet de formation que les escadrons de marche formés des détachements des régiments de la division Lahoussaye qui font partie de l'armée du centre se rendront à Madrid, ce qui portera à 2,400 hommes cette division: le Roi a 600 hommes de sa garde; avec les 1,900 hommes de cavalerie légère, il aura environ 5,000 hommes de cavalerie.

Napoléon.

D'après l'original. Dépôt de la guerre.

16994. — AU MARÉCHAL DAVOUT, PRINCE D'ECKMÜHL,
COMMANDANT L'ARMÉE D'ALLEMAGNE, À FONTAINEBLEAU.

Fontainebleau, 4 octobre 1810.

Mon Cousin, la désorganisation de votre corps vient de votre faute. Rien ne doit s'exécuter, sous peine de responsabilité, sans votre ordre. Voyez le ministre de la guerre, et concertez-vous avec lui pour me proposer un projet complet d'organisation de votre armée, comme était organisé le 3ᵉ corps. Vous avez le commandement, non-seulement du 3ᵉ corps, mais de toutes les troupes françaises qui sont en Allemagne.

Napoléon.

D'après l'original comm. par Mᵐᵉ la maréchale princesse d'Eckmühl.

16995. — AU MARÉCHAL DAVOUT, PRINCE D'ECKMÜHL,
COMMANDANT L'ARMÉE D'ALLEMAGNE, À FONTAINEBLEAU.

Fontainebleau, 4 octobre 1810.

Mon Cousin, je donne ordre que votre quartier général soit porté de Hanovre à Hambourg; que deux compagnies d'artillerie à pied, du 9° régiment, qui sont en Hollande, et une des deux compagnies d'artillerie qui sont à Magdeburg, se rendent à Cuxhaven et à Hambourg; que trois compagnies du 5° bataillon de sapeurs, y compris celle qui était à Hambourg, mais qui depuis avait eu ordre de se diriger sur le Zuyderzee, plus la 6° compagnie du 3° bataillon de sapeurs, soient dirigées sur Hambourg. Je donne également l'ordre que 15,000 outils attelés vous soient envoyés. Ainsi vous aurez trois compagnies d'artillerie, quatre compagnies de sapeurs et des outils. J'ai déjà ordonné que le 8° de hussards vous soit envoyé; je viens de renouveler cet ordre, et j'ordonne que le 16° de chasseurs vous soit également envoyé; ainsi la cavalerie légère du 3° corps sera composée de quatre régiments. Tous ces contre-ordres ne seraient pas donnés si vous aviez maintenu l'ordre dans votre armée et si vous ne l'aviez pas laissé désorganiser par les bureaux. Il est absurde qu'un corps soit laissé ainsi en Allemagne sans aucun moyen de faire la guerre; il valait autant laisser prendre les fusils de vos soldats.

Faites-moi un rapport général sur la composition de votre armée. Mon intention est qu'elle soit composée de quinze régiments d'infanterie, de huit régiments de cavalerie, dont quatre de cavalerie légère, de 15,000 outils attelés, de 80 pièces d'artillerie avec double approvisionnement, de 60 caissons d'infanterie attelés, des ouvriers, pontonniers, et de tout ce qui est nécessaire pour compléter cet attirail.

NAPOLÉON.

D'après l'original comm. par Mme la maréchale princesse d'Eckmühl.

16996. — AU MARÉCHAL DAVOUT, PRINCE D'ECKMÜHL,
COMMANDANT L'ARMÉE D'ALLEMAGNE, À FONTAINEBLEAU.

Fontainebleau, 4 octobre 1810.

Mon Cousin, vous enverrez par un officier d'état-major l'ordre au général Morand d'occuper l'île de Neuwerk, avec deux cents hommes et huit pièces de campagne, de l'approvisionner pour un mois, d'y construire une bonne redoute, et d'y établir trois batteries de 18 ou de 24 pour battre la plage. Il faudra aussi établir à Cuxhaven un système de défense qui puisse protéger une flottille ou d'autres bâtiments qui seraient en station à l'embouchure de l'Elbe. Il sera donc nécessaire d'élever deux ou trois batteries contenant une vingtaine de pièces de canon de gros calibre et quelques mortiers. Toutes ces pièces devront défendre le même mouillage et assurer protection à la flottille. En occupant la petite île de Neuwerk, on devra faire les dispositions nécessaires pour que, quarante-huit heures après, on puisse y amener l'artillerie et les munitions. Il faut y mettre un commandant vigilant qui ne se laisse pas surprendre. Par le retour de votre officier d'état-major, je saurai le jour où la petite île sera occupée et les batteries établies. Vous me ferez connaître aussi si la flottille, composée de douze canonnières françaises et de douze hollandaises, est enfin arrivée. Cette flottille est sous les ordres du capitaine de vaisseau Bedel-Dutertre. Vous trouverez ci-jointes les dernières dépêches du général Morand au ministre de la guerre; vous y prendrez connaissance de l'emplacement des troupes.

NAPOLÉON.

D'après l'original comm. par Mme la maréchale princesse d'Eckmühl.

16997. — A EUGÈNE NAPOLÉON,
VICE-ROI D'ITALIE, À MILAN.

Fontainebleau, 4 octobre 1810.

Mon Fils, je vous avais demandé de faire régler les matricules de vos poids et mesures sur les poids et mesures de France. La monnaie est déjà mise sur le système français. Il faut en faire de même pour les poids et mesures. Faites-moi connaître quel système on suit aujourd'hui.

NAPOLÉON.

D'après la copie comm. par S. A. I. M™ la duchesse de Leuchtenberg.

16998. — A ÉLISA NAPOLÉON, GRANDE-DUCHESSE DE TOSCANE,
À FLORENCE.

Fontainebleau, 4 octobre 1810.

Ma Sœur, j'ai ordonné la construction, à Livourne, d'une frégate appelée *la Vestale*. Voyez s'il serait possible de conclure un marché par entreprise pour avoir promptement cette frégate. Ne serait-il pas possible de faire également des marchés pour la construction des bricks *l'Inconstant* et le *Zéphyr*?

NAPOLÉON.

D'après l'original comm. par S. A. M™ la princesse Bacciocchi.

16999. — AU GÉNÉRAL CLARKE, DUC DE FELTRE,
MINISTRE DE LA GUERRE, À PARIS.

Fontainebleau, 6 octobre 1810.

Monsieur le Duc de Feltre, faites connaître au général Rapp que j'approuve fort qu'il ait mis en état les fortifications de sa place [1]; que j'ai ordonné que les 3ᵉˢ bataillons polonais y fussent envoyés pour renforcer sa garnison; qu'il doit tenir sa place bien armée, palissadée et en très-bon état; que je désire avoir un rapport sur les fortifications et les travaux les plus urgents à faire; qu'il fasse réparer les blockhaus. Cette place est d'une grande importance, et l'on ne doit rien négliger pour la tenir en bon état.

NAPOLÉON.

D'après la copie. Dépôt de la guerre.

17000. — AU GÉNÉRAL CLARKE, DUC DE FELTRE,
MINISTRE DE LA GUERRE, À PARIS.

Fontainebleau, 6 octobre 1810.

NOTES SUR L'ORGANISATION DES ARMÉES.
PREMIÈRE PARTIE.

INFANTERIE. Monsieur le Duc de Feltre, j'ai 139 régiments d'infanterie

Danzig.

de ligne formant 528 bataillons de guerre, plus 132 cinquièmes bataillons ou bataillons de dépôt; en y ajoutant les 4 régiments suisses, cela ferait 136 régiments et formerait 34 divisions composées chacune de 4 régiments; chaque régiment fort de 4 bataillons, ce serait 16 bataillons ou 12,800 hommes par division, et un total de 34 divisions d'infanterie et de 435,200 hommes.

CAVALERIE. J'ai 36 régiments de cavalerie légère, qui font 18 brigades, fortes chacune de 1,800 hommes, au total 32,400 hommes. J'ai 16 régiments de cuirassiers, qui forment 4 divisions, fortes chacune de 3,600 hommes, au total 14,400 hommes. J'ai 30 régiments de dragons, formant 8 divisions, fortes chacune de 3,500 hommes, au total 28,000 hommes. Total de la cavalerie, 74,800 hommes.

En supposant toutes ces troupes en mouvement à la fois, il faut calculer l'artillerie, le génie, le train et les transports militaires nécessaires tant au personnel qu'au matériel.

ARTILLERIE. Les 12 divisions de cuirassiers et dragons ont besoin chacune de 2 compagnies d'artillerie légère; ce qui fera 24 compagnies d'artillerie à cheval et 144 pièces de canon. En supposant les 34 divisions d'infanterie formées en 11 corps d'armée, chaque corps aurait besoin au moins d'une compagnie d'artillerie légère pour son avant-garde; et, chaque compagnie servant 6 pièces, cela ferait pour les 11 corps d'armée 66 pièces de canon.

Les 34 divisions d'infanterie auraient besoin chacune de 2 compagnies d'artillerie à pied servant 12 pièces, total 68 compagnies d'artillerie à pied et 408 pièces de canon.

En continuant de supposer que ces 34 divisions forment 11 corps d'armée, il faudrait pour chaque corps 3 compagnies d'artillerie à pied servant 18 pièces de canon; ce qui ferait au total 33 compagnies et 198 pièces de canon, tant pour les corps d'armée que pour les réserves et les parcs.

Il faudrait, de plus, 40 compagnies pour les places et pour l'équipage de siége; enfin les 136 régiments, à 2 pièces par régiment, formeraient 272 pièces. Cela doit faire pour l'artillerie un total d'environ 1,300 pièces de canon, et, à 5 voitures par pièce, 6,500 voitures. Il faut calculer sur 5 chevaux par voiture, ce qui fait 35,000 chevaux. Sur ce nombre il y en a 5,000 pour les régiments; reste pour le train 30,000 chevaux, qui nécessitent 15,000 hommes pour les servir.

Pontonniers. En portant une compagnie de pontonniers par chaque corps d'armée, ce serait trop peu; cependant, à toute rigueur, cela serait suffisant; ce qui ferait donc 11 compagnies de pontonniers.

Sapeurs. Il faut 34 compagnies de sapeurs, plus 3 compagnies pour chaque corps d'armée, ce qui ferait 33 autres compagnies, et au total 67 compagnies de sapeurs.

Bataillons d'équipages militaires. Il faudra 11 bataillons d'équipages militaires; chaque bataillon servant 150 caissons, cela ferait 1,650 caissons.

Sans doute le cas où toutes ces troupes seraient à la fois en mouvement se présentera rarement, mais enfin les troupes qui restent sur la défensive finissent par avoir besoin de tout leur attirail. Ces observations ne sont que générales. Je désire cependant que vous me fassiez un travail que je vais vous indiquer dans la deuxième partie de cette lettre.

DEUXIÈME PARTIE.

Considérez toutes les troupes qui sont en Espagne comme devant y rester longtemps, hormis les cadres d'un certain nombre de bataillons qu'on resserrera progressivement, et supposez que je veux former deux autres armées, une en Allemagne et une en Italie, l'une et l'autre comprenant 300 bataillons, sans compter les 132 cinquièmes bataillons.

ARMÉE D'ALLEMAGNE.

Infanterie. Mon armée d'Allemagne serait composée de 12 divisions, chaque division de 4 régiments, chaque régiment de 4 bataillons; ce qui ferait donc pour cette armée 48 régiments et 192 bataillons, ou 150,000 hommes.

Cavalerie. Plus 15 régiments de grosse cavalerie, complétés chacun à 1,000 hommes, au total 15,000 cuirassiers et 16 régiments de cavalerie légère, faisant 16,000 hommes, ensemble environ 30,000 hommes de cavalerie.

Artillerie. L'artillerie devrait être composée suivant les principes établis ci-dessus, c'est-à-dire qu'il devrait y avoir 8 compagnies d'artillerie à cheval, servant 48 pièces, pour les cuirassiers; 3 compagnies d'artillerie à cheval, à raison d'une pour chaque corps d'armée; total, 11 compagnies d'artillerie légère, qu'on pourrait porter à 12.

Deux compagnies d'artillerie à pied pour chaque division d'infanterie, ce qui ferait 24, plus 24 compagnies d'artillerie à pied pour le parc et la réserve; total, 48 compagnies.

Ainsi le personnel de l'artillerie emploierait 48 compagnies d'artillerie à pied et 12 d'artillerie à cheval; au total, 60 compagnies.

Le matériel consistera en 72 pièces d'artillerie à cheval, 144 pièces, à raison de 12 par division, 72 pièces du parc et de la réserve et 96 pièces de bataillon, à raison de 2 par régiment; total, 384 pièces de canon.

Train. Les voitures attelées à raison de 5 chevaux par voiture : 5 bataillons du train pourront suffire à tout cela, avec 6 à 7,000 chevaux.

Sapeurs. Il faudra 12 compagnies de sapeurs pour les 12 divisions et 3 pour le parc des 3 corps d'armée; total, 15 compagnies.

Pontonniers. 8 compagnies de pontonniers seraient nécessaires.

Équipages militaires. Il faudrait une compagnie d'équipages militaires par division, ce qui ferait 12 compagnies, plus 2 compagnies pour la cavalerie et 10 pour le parc général; total, 24 compagnies ou 4 bataillons d'équipages militaires.

Ceci formerait une armée de 200,000 hommes; en y ajoutant 44,000 Polonais, 30,000 Saxons, 28,000 Westphaliens, Hessois et troupes de Berg, cela ferait une armée de 300,000 hommes, dont 60,000 hommes de cavalerie.

Voici actuellement le détail de la composition supposée de cette armée :

1er corps : le 7e d'infanterie légère formerait quatre bataillons; le

13ᵉ, quatre; le 15ᵉ, quatre (le 4ᵉ bataillon de ce régiment, étant en Espagne, serait remplacé par le 3ᵉ bataillon du 6ᵉ léger); le 33ᵉ d'infanterie légère, quatre; le 12ᵉ de ligne, quatre; le 17ᵉ, quatre; le 21ᵉ. quatre; le 25ᵉ, trois (le 4ᵉ bataillon en Espagne); le 30ᵉ, quatre; le 33ᵉ. quatre; le 48ᵉ, quatre; le 57ᵉ, quatre; le 61ᵉ, quatre; le 85ᵉ, quatre; le 108ᵉ, quatre; le 111ᵉ, quatre; total, 16 régiments formant 63 bataillons.

Ces 63 bataillons composeraient 4 divisions; chaque division serait formée d'un régiment d'infanterie légère et de 3 régiments de ligne. Ce premier corps serait celui qui est actuellement en Allemagne, sous les ordres du prince d'Eckmühl.

Un autre corps serait composé de la manière suivante, savoir : le 1ᵉʳ régiment d'infanterie légère formant quatre bataillons; le 23ᵉ, quatre; le 24ᵉ, quatre; le 26ᵉ, quatre; le 3ᵉ de ligne, quatre; le 4ᵉ, quatre; le 18ᵉ, quatre; le 72ᵉ, quatre; le 123ᵉ, quatre; le 124ᵉ, quatre; le 125ᵉ. quatre; le 126ᵉ, quatre; le 135ᵉ, quatre; le 2ᵉ, trois; le 19ᵉ, trois; le 37ᵉ, trois; le 46ᵉ, trois; total, 17 régiments ou 64 bataillons formant 4 divisions, chacune de 16 bataillons.

Le 3ᵉ corps d'armée serait composé de 3 bataillons du 56ᵉ, de 3 bataillons du 93ᵉ et de 58 bataillons dont on ferait venir les cadres d'Espagne, en prenant ceux des bataillons les plus faibles (il faut bien calculer qu'il ne reviendrait que les cadres); total, 64 bataillons.

Il faudrait également faire revenir un bataillon pour remplacer au 1ᵉʳ corps le 4ᵉ bataillon du 25ᵉ.

Ces trois corps, portés ainsi à 64 bataillons chacun, formeraient donc 192 bataillons, ou 150,000 hommes d'infanterie.

Je n'ai rien à ajouter quant à la cavalerie; seulement il faudrait faire revenir les cadres de quelques escadrons, afin d'avoir les 16 régiments de cavalerie légère.

Remettez-moi la situation de tous ces corps, au 1ᵉʳ octobre, avec l'indication de ce qui manque pour les compléter.

D'après les calculs approximatifs que j'ai faits, mais qu'on pourra relever avec plus d'exactitude dans vos bureaux, il m'a paru que, pour réaliser cette armée de 200,000 hommes, il me faudrait pour les 30 bataillons d'infanterie légère et les 100 bataillons de ligne un recrutement de 18,000 hommes; que les 58 bataillons dont les cadres reviendraient d'Espagne auraient besoin de 40,000 hommes; cela ferait donc pour l'infanterie 58,000 hommes; que les cuirassiers auraient besoin de 4,000 hommes; que les 17 régiments de cavalerie légère auraient besoin de 4,000 hommes. J'ai en France huit compagnies du 1er régiment d'artillerie, cinq du 3e, seize du 5e, huit du 6e, dix-sept du 7e, dix-huit du 8e et vingt du 9e; total, 92 compagnies, sans y comprendre celles du 2e et du 4e régiment, qui sont destinées à l'armée d'Italie. J'ai donc plus de compagnies d'artillerie qu'il ne m'en faudrait; mais pour les porter à 140 hommes il pourrait me manquer 4,000 hommes. J'ai seize compagnies d'artillerie à cheval, sans compter les douze qui sont en Italie; il pourrait manquer à leur complet 1,500 hommes. J'ai sept bataillons du train en France ou en Allemagne, en y comprenant ceux que j'ai en Hollande, mais sans y comprendre ceux que j'ai en Italie. J'ai les pontonniers nécessaires. J'ai treize compagnies de sapeurs; ce qui évidemment ne serait pas suffisant; il faudrait faire revenir des cadres d'Espagne au fur et à mesure que cela serait possible. Total, 71,500 hommes.

En résumé, pour compléter cette armée à 200,000 hommes, je trouve qu'il faudrait près de 80,000 hommes.

ARMÉE D'ITALIE.

Cette armée se composerait de 10 divisions, dont 7 françaises et 3 italiennes, et composées, savoir :

1re division française, 8e d'infanterie légère ayant quatre bataillons; 5e de ligne, quatre; 11e, quatre; 23e, quatre : 16 bataillons;

2e division française, 18e d'infanterie légère ayant quatre bataillons; 60e de ligne, quatre; 79, quatre; 81e, quatre : 16 bataillons;

3e division française, 22e léger ayant quatre bataillons; 6e de ligne, deux; 20e, quatre; 72e, quatre : 14 bataillons;

4e division française, 14e léger ayant deux bataillons; 1er de ligne, quatre; 10e, quatre; 101e, quatre : 14 bataillons;

5ᵉ division française, 9ᵉ de ligne ayant quatre bataillons; 29ᵉ, quatre; 53ᵉ, quatre; 106ᵉ, quatre : 16 bataillons;

6ᵉ division française, 35ᵉ de ligne ayant quatre bataillons; 52ᵉ, quatre; 92ᵉ, quatre; 112ᵉ, trois : 15 bataillons;

7ᵉ division française, 13ᵉ de ligne ayant quatre bataillons; 84ᵉ, quatre; 102ᵉ, quatre; trois bataillons suisses à Naples : 15 bataillons; total, 27 régiments formant 106 bataillons et 80,000 hommes d'infanterie.

La cavalerie se composerait de 8 régiments de cavalerie légère, qui sont en Italie, et de 5 régiments de dragons; total, 13 régiments de cavalerie et 1,200 hommes.

L'artillerie se composerait de 6 compagnies d'artillerie légère, de 14 compagnies d'artillerie à pied pour les 7 divisions d'infanterie et de 10 compagnies pour le parc; total, 30 compagnies d'artillerie.

Le matériel de l'artillerie serait organisé sur le même principe. Les 4 bataillons du train, complétés à 1.000 hommes, seraient suffisants. Il faudrait 2 bataillons d'équipages militaires de 180 voitures chacun; je crois qu'il n'y en a qu'un.

L'armée italienne se composerait de 3 divisions d'infanterie, de 16 bataillons chacune, ce qui ferait 48 bataillons; de 6 régiments de cavalerie; de l'artillerie, des sapeurs et des transports nécessaires. Cela porterait mon armée d'Italie à 140,000 hommes, et, en y ajoutant les Bavarois, les Wurtembergeois et les Badois, cela ferait 200,000 hommes.

Il faut faire également les états des corps destinés à l'armée d'Italie, et me faire connaître ce qui manque pour les compléter en officiers et soldats. Des calculs approximatifs que j'ai faits, il résulterait que 15,000 hommes seraient suffisants pour compléter les bataillons de guerre de l'armée d'Italie, et 5.000 hommes pour compléter la cavalerie, les équipages militaires et le train; ce qui ferait 20,000 hommes pour mon armée d'Italie et 80,000 hommes pour mon armée d'Allemagne; total, 100,000 hommes.

Il me resterait à compléter les 5ᵉˢ bataillons à raison de 440 hommes; il faudrait pour cela 58.000 hommes; j'aurais alors 135 bataillons de 500 hommes.

Je compte donc sur 300 bataillons, et vous devez faire votre travail sur ce pied, parce que, s'il est possible de rappeler d'Espagne 60 cadres de bataillons, c'est tout ce qu'on peut faire.

TROISIÈME PARTIE.

1° Réitérez les ordres dans vos bureaux et ailleurs pour que tout ce qui concerne l'armée d'Allemagne passe par le prince d'Eckmühl. J'écris à ce prince que je rends les généraux et les chefs d'administration responsables du moindre mouvement qu'ils feraient faire sans ses ordres.

2° Le prince d'Eckmühl redemande le colonel d'artillerie Jouffroy, pour être directeur de son parc; il faut le lui envoyer.

3° Il demande aussi deux compagnies d'artillerie légère; vous avez dû lui envoyer les deux compagnies hollandaises.

4° Vous voulez faire revenir 2 bataillons du train, il faut les laisser en Allemagne; ils y seront mieux nourris et mieux entretenus. Si vous n'avez pas donné contre-ordre au retour de ces 2 bataillons, il faut le donner sur-le-champ; ils serviront aux évacuations de l'artillerie.

5° Il faut donner à l'armée d'Allemagne un bon général d'artillerie : le général Pernety est toujours malade. Il faut donner aussi à cette armée un bon général du génie; prenez-le parmi les ingénieurs hollandais.

6° Provisoirement les divisions seront fortes de 5 régiments. Quand j'enverrai le 33° d'infanterie légère et les 4es bataillons qui manquent, je formerai 4 divisions, fortes chacune de 4 régiments.

7° Il est nécessaire qu'il y ait trois généraux de brigade à chaque division.

8° La cavalerie s'affaiblirait trop; je vous ai ordonné d'y envoyer le 8° de hussards et le 16° de chasseurs; ce qui fera, avec les 2 régiments qui s'y trouvent, 2 brigades de cavalerie légère. Il faut y envoyer deux généraux de brigade. Il faut aussi pour la grosse cavalerie un général de division.

9° Vous avez dû expédier des ordres pour que 4 compagnies de sapeurs et 15,000 outils attelés fussent envoyés à Hambourg. Il serait aussi convenable d'y envoyer 2 compagnies de canonniers et 2 bataillons d'équipages militaires.

En résumé, je désire que le travail que je viens d'esquisser me soit présenté.

NAPOLÉON.

D'après la copie. Dépôt de la guerre.

17001. — NOTE SUR LES PLACES DE POLOGNE.

Fontainebleau, 6 octobre 1810.

Sierock, la tête de pont de Praga, sont des ouvrages à entretenir; ce sont des ouvrages de campagne. Mais il faut employer son argent à concentrer ses magasins à Modlin; c'est la vraie place du grand-duché. On doit y placer l'arsenal, les magasins de munitions, de vivres et d'habillement, les dépôts, de sorte que, Varsovie pris, cette place reste et rende maître des deux rives de la Vistule et de la Narew. Il est difficile d'avoir une place plus heureusement située et plus propre à remplir le but qu'on se propose. Il existe déjà quatre fronts massés et revêtus. Il est indispensable d'établir le terre-plein derrière le parapet, afin qu'on puisse mettre partout des batteries. Les barbettes qu'on a mises aux saillants ne sont pas suffisantes pour une place comme Modlin. Les chemins couverts et glacis sont de première nécessité pour avoir des places d'armes et couvrir la place. On doit laisser subsister le tracé actuel.

Le principal avantage de Modlin est d'avoir trois ponts. Indépendamment de l'île Suédoise, il faut une tête de pont sur la rive gauche de la Narew; il en faut une autre sur la rive gauche de la Vistule; mais il faut coordonner ces ouvrages de manière à ce qu'ils se soutiennent entre eux.

Le pont de la Vistule a 300 toises de long; il est donc de première nécessité d'occuper un point qui serait à 250 toises du bastion 6; de sorte que ce point de la rive droite, à 700 toises du pont, étant occupé, l'ennemi ne pourra y établir des batteries et jeter le pont à terre.

Il est également nécessaire que le point à 600 toises de la Narew, près du village de Modlin, soit occupé. Ce point serait également à 350 ou 400 toises du bastion 2.

Moyennant ces deux forts, l'ennemi qui arriverait par la rive droite de la Vistule ou de la Narew ne pourrait pas insulter les ponts.

Le pont de la Vistule peut aussi être insulté sur la rive droite de la Vistule. Il serait donc important d'occuper à 600 toises des points pour empêcher l'ennemi de s'y établir.

Cela fait donc cinq forts ou fortes redoutes qu'il est essentiel d'établir: ces forts ne se trouveront éloignés que de 500 toises de la place.

Ainsi il faut me faire un tracé qui établisse un fort A à 700 toises du fort de la Vistule, un fort B vis-à-vis, seulement à 300 ou 400 toises, parce que la rive empêche de voir le pont, un fort C à 600 toises du pont de la Narew, un fort D à 600 toises du fort de la Vistule, et un fort E à 400 ou 500 toises au point où l'on cesse de voir le pont, et un fort F.

Il y aurait 600 toises du fort F au fort D. Tracer derrière ces deux forts un double front qui serve de tête de pont du côté du village de Nowydwor. On peut faire là deux ou trois fronts fermés à la gorge: dans ce terrain marécageux et bas, ils peuvent être soutenus par un fossé plein d'eau et par une inondation, et les forts F et D les flanqueraient d'ailleurs.

Enfin il faut tracer une tête de pont sur la rive gauche de la Vistule: on pourrait faire à peu près le même tracé que Praga, c'est-à-dire 3 ou 400 toises, soutenu à droite et à gauche par les deux forts E et B.

La rive droite de la Vistule doit dominer la rive gauche de beaucoup: la force de la place doit donc être sur la rive droite.

Un système de cinq ou six demi-lunes, formant ouvrage avancé, serait indispensable pour donner un nouveau degré de force à la place. Il semble que les maçonneries devraient commencer par les demi-lunes, parce qu'alors l'enceinte actuelle resterait toujours.

On croit également que l'arsenal, les grands magasins devraient tous exister sur la rive droite.

Comme il sera possible de dépenser un million par an, il faut que le génie me fasse un projet pour l'emploi du premier million, mais de manière que chaque année on obtienne un nouveau degré de force.

D'après la minute. Archives de l'Empire.

17002. — DÉCISION.

Fontainebleau, 6 octobre 1810.

Le général Clarke demande une indemnité de frais de table pour les officiers généraux et les officiers supérieurs de l'armée d'Espagne.

Donnez ordre que ces frais ne soient perçus qu'après que la solde du soldat sera payée. La solde passe avant tout.

NAPOLÉON.

Extrait des *Mémoires du roi Joseph*.

17003. — AU VICE-AMIRAL COMTE DECRÈS,
MINISTRE DE LA MARINE, À PARIS.

Fontainebleau, 6 octobre 1810.

Comme il n'y a point de temps à perdre, je m'arrête au parti de faire embarquer sur une frégate les objets d'artillerie dont le ministre de la guerre vous a envoyé la note, et de faire armer en flûte *la Thémis* de manière qu'elle soit plus forte qu'un brick, de la remplir de poudre autant qu'elle en pourra porter, et de faire partir ces frégates pour Corfou. Donnez ordre que ces frégates soient armées convenablement. Nous sommes en octobre, il me semble qu'il n'y a pas de temps à perdre. Au lieu de dix affûts, si ces deux frégates en pouvaient porter trente ou quarante, faites-le-moi connaître. Vous pouvez ordonner dès à présent leur chargement en boulets et en bombes, conformément à la note du ministre de la guerre. Quant aux autres objets à embarquer, vous serez à temps d'embarquer ces objets dans la huitaine. Je ne veux rien négliger pour ravitailler Corfou, que les Anglais pourraient attaquer si les affaires d'Espagne ne leur laissaient plus d'espérance.

D'après la minute. Archives de l'Empire.

17004. — AU MARÉCHAL MARMONT, DUC DE RAGUSE,
GOUVERNEUR GÉNÉRAL DES PROVINCES ILLYRIENNES, À TRIESTE.

Fontainebleau, 6 octobre 1810.

Par le rapport du ministre des finances et sa correspondance avec MM. Dauchy et Belleville, il résulte que mes intentions étaient connues relativement aux bâtiments ottomans, et que c'est sur votre propre opinion que vous vous êtes permis de les relâcher. A l'avenir, conformez-vous avec plus d'exactitude aux ordres qui vous sont transmis; car, plus l'autorité est éloignée, plus on doit strictement obéir.

Les papiers de ces bâtiments ne sont pas arrivés, de sorte que j'ai prononcé sur ceux de Gênes, de Livourne, d'Ancône, Venise, et je n'ai pas encore prononcé sur ceux de Trieste.

La lettre du 5 juin de Dauchy au ministre des finances devait rassurer parfaitement ce ministre sur la conduite qu'il aurait tenue.

<small>D'après la minute. Archives de l'Empire.</small>

17005. — A EUGÈNE NAPOLÉON,
VICE-ROI D'ITALIE, À MILAN.

<small>Fontainebleau, 6 octobre 1810.</small>

Mon Fils, je reçois votre lettre du 30 septembre. Je vois par cette lettre que *le Rivoli* ne pourra sortir qu'au mois de mars. Je désirerais que l'on pût mettre à l'eau en février *le Mont-Saint-Bernard* et *le Regeneratore*, et qu'on forçât de moyens pour avoir l'artillerie et tout ce qui est nécessaire pour armer ces trois bâtiments, de sorte qu'ils puissent sortir le même jour à la fin de mars ou avril, sous la protection des cinq frégates, et être armés en quatre ou cinq jours, de manière à avoir à cette époque trois vaisseaux, soit à Pola, soit à Ancône. Il me semble qu'il n'y a aucune difficulté pour mettre les trois frégates à l'eau, ni pour l'artillerie, ni pour les équipages, puisqu'au besoin on désarmerait quelques-uns des bâtiments actuels. Répondez-moi sur ce point, qui est très-important. Je ne vois pas que vous ayez encore fait mettre sur les chantiers les trois vaisseaux dont j'ai ordonné la construction. Il n'y a plus aucune frégate sur le chantier; je pense qu'il faudrait en mettre une. Je désirerais que les frégates *la Bellone* et *la Caroline* pussent être armées de caronades de 36, au lieu de pièces de 12. Pourquoi avez-vous fait des frégates si petites? Est-ce qu'elles peuvent entrer tout armées à Venise? Répondez-moi sur ces questions.

NAPOLÉON.

<small>D'après la copie comm. par S. A. I. Mme la duchesse de Leuchtenberg.</small>

17006. — A EUGÈNE NAPOLÉON,

VICE-ROI D'ITALIE, À MILAN.

Fontainebleau, 6 octobre 1810.

Mon Fils, le ministre de la guerre vous envoie l'ordre de faire compléter le bataillon du 2ᵉ léger italien, qui est à Corfou, en hommes et en officiers, jusqu'à concurrence de 840 hommes présents sous les armes. Il vous envoie également l'ordre de compléter à 140 hommes présents les compagnies d'artillerie et de sapeurs que vous avez dans cette île. Faites partir ces renforts d'Otrante avec de bons outils et tout ce qui sera nécessaire à Corfou, afin qu'ils s'embarquent à la première circonstance favorable. Si les Anglais étaient un jour maîtres de Corfou, l'Adriatique serait perdue pour toujours; il faut donc employer l'hiver à approvisionner cette île. Faites-moi connaître comment vous pourriez y faire passer soixante milliers de poudre et quelques objets d'artillerie. Je désire que vous preniez des mesures pour y envoyer d'Ancône dix mille quintaux métriques de blé et deux mille quintaux de riz. Je pense que cela doit être hasardé en plusieurs convois. Faites numéroter les bâtiments et compter ce que chacun portera, afin de savoir ce qui arrivera à Corfou. Comme j'ai donné des ordres au ministre de l'administration de la guerre, il vous écrira pour cela.

NAPOLÉON.

D'après la copie comm. par S. A. I. Mᵐᵉ la duchesse de Leuchtenberg.

17007. — A EUGÈNE NAPOLÉON,

VICE-ROI D'ITALIE, À MILAN.

Fontainebleau, 6 octobre 1810.

Mon Fils, faites occuper par une division de 5 à 6,000 Italiens, cavalerie, artillerie, infanterie, et par un bon détachement de douane et de gendarmerie, tous les cantons suisses italiens.

Vous ferez sur-le-champ mettre le séquestre sur les marchandises coloniales et en général sur toutes celles défendues en Italie, qui sont là pour être introduites en contrebande. Faites faire cette opération simultanément; d'après ce que j'apprends, elle doit rendre plusieurs millions. Placez ensuite des cantonnements dans ces pays et une ligne extraordinaire de douanes aux débouchés des montagnes.

Faites connaître, par le chargé d'affaires italien en Suisse, que cette mesure est nécessitée par la contrebande qui se fait dans ces cantons, et que cette occupation durera jusqu'à la paix avec l'Angleterre; que c'est un des moyens hostiles contre l'Angleterre que j'emploie dans le Mecklenburg et dans les ports de l'Allemagne; que cela n'attentera pas à la véritable neutralité de la Suisse, mais que le placement des douanes au débouché des montagnes est devenu indispensable. Vous ferez arrêter tous les mauvais sujets bannis du royaume d'Italie et les Anglais qui se trouvent dans ce pays. Prescrivez des mesures pour que cette opération se fasse à la fois et avec intelligence. Il devient indispensable d'occuper ces cantons, et l'établissement d'une ligne de douanes aux sommités des gorges sert la première opération. Je n'entre pas dans les détails de l'exécution. Il faut que les généraux que vous enverrez ne fassent pas de proclamation et ne fassent point de sottises. Vous leur prescrirez de confisquer toutes les marchandises anglaises. Les marchandises coloniales seront soumises aux droits.

Je ne veux point m'adresser directement à la Suisse. Il n'y a pas de mal que ce soit une querelle de vous à la Suisse; après on aura recours à moi, ce qui amortira le coup, mais il faut que cela paraisse venir de vous. Vous écrirez dans ce sens aux deux chargés d'affaires d'Italie et de France, et vous direz que la nécessité a forcé le Gouvernement à cette mesure. Du reste, vous laisserez à ces cantons leur constitution, leur manière de faire, et vous ne leur imposerez aucune nouvelle contribution. Les troupes seront nourries par vous. Vous ne mettrez point de Français dans ces colonnes.

On m'assure qu'à la douane, du côté du Valais, il y a une grande quantité de marchandises anglaises. Faites faire la même opération dans le haut Valais.

Napoléon.

D'après la copie comm. par S. A. I. Mme la duchesse de Leuchtenberg.

17008. — A JOACHIM NAPOLÉON, ROI DES DEUX-SICILES,
À NAPLES.

Fontainebleau, 6 octobre 1810.

Le ministre de la guerre de France vous écrira pour vous demander d'envoyer à Corfou un bataillon de 700 hommes de vos troupes, que vous composerez en entier de Napolitains, sans y mettre de mauvais sujets, et une compagnie de pionniers de 150 à 200 hommes, avec leurs outils, également tous Napolitains. Cela me paraît très-important.

J'envoie de Rome un bataillon de 800 Français pour s'embarquer à Otrante pour Corfou. Prescrivez des mesures pour que ce bataillon s'embarque avec sûreté. Il ne faut rien négliger pour que ce point important soit à l'abri de tout événement. Envoyez tout ce qui reste à Naples du bataillon d'Isembourg, et qu'il y ait à sa tête un bon chef de bataillon.

Le comte de Cessac vous écrit pour faire passer à Corfou 10,000 quintaux métriques de blé et 1,000 quintaux de riz. Tenez note des bâtiments qui partiront et de leur chargement, et ayez une correspondance avec le général Donzelot pour être sûr de savoir ce que cela devient.

Vous sentez l'importance pour votre propre royaume de mettre Corfou à l'abri de tout événement. J'y fais faire des travaux si considérables et j'en renforce tellement la garnison qu'elle sera imprenable autrement que par le blocus. Je prends des mesures pour y avoir 400 jours de vivres.

D'après la minute. Archives de l'Empire.

17009. — A FRÉDÉRIC AUGUSTE, ROI DE SAXE.
À DRESDE.

Fontainebleau, 6 octobre 1810.

Monsieur mon Frère, j'ai reçu la lettre de Votre Majesté, du 13 septembre, avec les états de situation qui étaient joints. J'y réponds article par article. Je pense qu'il est nécessaire que Votre Majesté ait 60,000 fusils en magasin, pour en armer au besoin sa population. Je tiens à sa disposition 30,000 fusils, 2,000 carabines, 2,000 paires de pistolets et 1,300 sabres. Il me paraît que son artillerie est suffisante, autant que j'en puis juger par les états imparfaits que j'ai sous les yeux. J'attendrai ceux que vous m'annoncez. Je désirerais que chacun de ces 17 régiments d'infanterie polonais eût la même organisation en artillerie régimentaire, en caissons de transport, que les régiments français. Chaque régiment d'infanterie devant, par cette organisation, avoir deux pièces de 3 ou de 4, ce serait 34 pièces de ce calibre qui seraient nécessaires; je les ferai remettre à Votre Majesté. Il est important que son ministre de la guerre, en envoyant quelqu'un pour prendre ces armes et cette artillerie, prescrive beaucoup de circonspection et du secret. Votre Majesté devra pourvoir au transport depuis Mayence et Strasbourg.

J'ai vu avec intérêt les plans des trois places de Sierock, Praga et Modlin. Sierock a aujourd'hui moins d'importance qu'il n'en avait. En faisant fortifier ce point, j'ai eu égard à sa position sur la frontière d'Autriche; l'ennemi était obligé de venir y passer la Narew, entre Sierock et Modlin, sous peine de violer la neutralité autrichienne. Cependant Sierock peut être important comme ouvrage de campagne et comme tête de pont; mais la véritable place est Modlin. Modlin doit être au grand-duché ce que Torgau est à la Saxe. Là doivent être les magasins, l'arsenal, les dépôts, afin que, l'ennemi venant à prendre Varsovie, rien ne tombe dans ses mains. J'enverrai à Votre Majesté des projets sur les fortifications que je pense qu'on doit faire à Modlin. Elle peut, dès à présent, donner ordre que l'argent qu'on dépense à Sierock et à Praga soit employé à Modlin. Le creusement des fossés et un terre-plein à établir autour de la ligne magistrale sont des travaux auxquels on peut employer les ouvriers qui sont à Sierock.

J'ai vu avec intérêt dans l'état de situation des troupes de Votre Majesté qu'elle a 17 régiments d'infanterie et surtout 16 de cavalerie. Je vois parmi les régiments de cavalerie un régiment de cuirassiers : un régiment de chasseurs conviendrait mieux; les cuirassiers doivent coûter fort cher en Pologne; les lanciers sont l'arme préférable. En cas de guerre, ils nous délivreraient de cette nuée de Cosaques qui nous inondait dans la dernière guerre.

Je vois avec peine que la solde est arriérée de plusieurs mois. Le droit sur les marchandises coloniales doit produire une ressource considérable à Varsovie et en Saxe. Il y en a beaucoup à Leipzig; si cela ne suffit pas, l'emprunt que Votre Majesté veut faire, et que j'ai autorisé, pourra payer son armée et la mettre en parfait état. Je ne vois pas dans les états qu'elle m'a envoyés la quantité de caissons de transport des vivres existant à Varsovie; il serait bien avantageux qu'elle pût en avoir 2 ou 300. Je suis bien avec l'Autriche et avec la Russie, mais cette dernière puissance porte une haine si forte au grand-duché qu'il faut se tenir en mesure. Cependant il est essentiel d'avoir une place qui mette le matériel de guerre du grand-duché de Varsovie à l'abri de tout événement. Toutes les pièces de gros calibre doivent être placées à Modlin; à Sierock et à Praga, il ne doit y avoir que des pièces de 12. Il serait fâcheux que la grosse artillerie et les magasins tombassent dans les mains des Russes, s'ils arrivaient avant les secours; il est donc nécessaire de mettre cela à l'abri dans une place.

J'ai envoyé un gouverneur français à Danzig, et j'ai fait renforcer la garnison de cette place importante, qui est le palladium du grand-duché. Je désirerais que Votre Majesté voulût m'envoyer les états de situation de son armée saxonne dans la même forme que ceux du grand-duché de Varsovie, et qu'elle fît travailler à Torgau.

D'après la minute. Archives de l'Empire.

17010. — A M. DE CHAMPAGNY, DUC DE CADORE,
MINISTRE DES RELATIONS EXTÉRIEURES, À PARIS.

Fontainebleau, 7 octobre 1810.

Monsieur le Duc de Cadore, je vous renvoie votre travail sur le budget de votre département; vous y trouverez jointes des observations que j'ai dictées. Je désire que vous me représentiez ce travail complété par le budget de 1811, et que vous y fassiez ajouter les noms de tous les individus qui sont actuellement en fonction.

NAPOLÉON.

D'après l'original. Archives des affaires étrangères.

OBSERVATIONS SUR LE BUDGET DES RELATIONS EXTÉRIEURES.

Je désire qu'à l'état où se trouvent les budgets de 1809 et de 1810 on ajoute une colonne pour y mettre le budget de 1811.

En 1811, je veux donner 300,000 francs à la légation de Vienne.

Je ne sais pourquoi on porte pour 1810 les ambassadeurs à Constantinople et à Téhéran ; je n'y ai pas eu d'ambassade cette année.

Je désire, en 1811, donner 80,000 francs à la légation de Stockholm et à celle de Munich.

Les secrétaires de légation pourraient être effacés de la mission de Francfort et de celle de Würzburg.

Le ministre à Lucques doit être tout à fait supprimé.

Il faut porter à l'ambassade de Vienne et à celle de Saint-Pétersbourg deux secrétaires seulement, et y ajouter, pour chacune, trois auditeurs d'ambassade, qui seront des jeunes gens de vingt ans, faisant de la dépense, ayant au moins 25,000 francs de pension de leur famille, et auxquels j'accorderai 2,000 francs de traitement. Cela donnera du brillant à ces ambassades et cela fera des jeunes gens qui se formeront.

Je ne vois pas pourquoi il y a à Francfort un chargé d'affaires quand j'y ai un ministre ; il faut supprimer l'un ou l'autre.

Je désirerais diminuer beaucoup les consuls ; il faudrait supprimer les vice-consuls et chanceliers qui sont auprès des consuls, transformer beaucoup de consulats en vice-consulats, et, dans beaucoup de places occupées par des vice-consuls, mettre des élèves qui devraient avoir une pension de 3,000 francs de chez eux, et auxquels je donnerais 2,000 francs de traitement, ce qui leur ferait 5,000 francs.

En général, je voudrais ne donner aux vice-consuls que 4,000 francs, et aux consuls jamais plus de 8,000 francs.

D'après l'original. Archives des affaires étrangères.

17011. — A M. DE CHAMPAGNY, DUC DE CADORE,
MINISTRE DES RELATIONS EXTÉRIEURES, À PARIS.

Fontainebleau, 7 octobre 1810.

Monsieur le Duc de Cadore, témoignez mon mécontentement à M. Bignon de ce qu'il n'a pas encore fait mettre à exécution le tarif dans le grand-duché de Bade; le duché confine avec la Suisse et est véritablement frontière. Écrivez-lui de demander que, sous vingt-quatre heures, le tarif soit définitivement établi, surtout du côté de la frontière de Suisse, et que les marchandises coloniales qui sortent de Suisse payent le droit. Ce sera une forte ressource pour le gouvernement de Bade. Il demandera également que le transit des denrées coloniales soit défendu, et enfin que toutes celles qui existent dans le pays payent un droit pareil à celui du tarif.

Écrivez la même chose à Stuttgart; qu'on établisse le tarif surtout du côté de la Suisse. Ce sera un objet de revenu assez considérable pour le Roi.

Enfin écrivez aussi en Bavière qu'on insiste pour que le tarif soit mis à exécution, surtout sur les frontières de Suisse, d'Autriche et de Bohême.

NAPOLÉON.

D'après l'original. Archives des affaires étrangères.

17012. — A M. DE CHAMPAGNY, DUC DE CADORE,
MINISTRE DES RELATIONS EXTÉRIEURES, À PARIS.

Fontainebleau, 7 octobre 1810.

Monsieur le Duc de Cadore, je vous ai déjà écrit sur la Suisse. De nouveaux renseignements m'arrivent, et il en résulte que la Suisse est encombrée. Il est nécessaire d'expédier un courrier extraordinaire à mon chargé d'affaires, avec une note dans laquelle vous ferez connaître que les choses ne peuvent pas continuer de marcher comme elles vont. Vous ferez demander : 1° que le séquestre soit mis provisoirement et sans délai sur toutes les marchandises anglaises et coloniales; 2° que, les marchandises anglaises étant prohibées, toutes celles qui seraient trouvées sous le séquestre soient confisquées; 3° que toutes les marchandises coloniales saisies soient soumises au même tarif qu'en France. Vous ne manquerez pas, dans les arguments, de faire connaître que toutes les marchandises anglaises qui se trouvent en Suisse y sont au compte de négociants anglais; que ces derniers mois toutes les routes d'Allemagne ont été pour leur transport en Suisse; enfin que, la Suisse devant marcher dans le sens de la Confédération, il faut qu'elle cesse d'être un foyer de contrebande. De la note de M. Bacher, du 20 septembre, il est nécessaire d'extraire un article pour les journaux, dans lequel vous ferez connaître les noms de tous les négociants suisses qui font le commerce prohibé.

NAPOLÉON.

D'après l'original. Archives des affaires étrangères.

17013. — A M. DE CHAMPAGNY, DUC DE CADORE,
MINISTRE DES RELATIONS EXTÉRIEURES, À PARIS.

Fontainebleau, 7 octobre 1810.

Monsieur le Duc de Cadore, vous trouverez ci-jointes deux lettres adressées au roi de Saxe sous cachet volant. Vous les cachetterez et les enverrez par un courrier saxon en retour, afin que l'apparition d'un courrier français à Vienne ne fasse pas d'effet.

Vous donnerez à mon ministre à Dresde les instructions suivantes : 1° vous lui ferez l'analyse de ma lettre sur les créances prussiennes; après cela vous lui direz que, si le Roi y trouve son avantage, je ne m'oppose à rien; que je n'ai pas d'idée de la proposition de la Prusse; 2° que je désire qu'on garde le plus grand secret sur les armes que je donne, qu'il faudrait même que la Saxe eût l'air d'avoir acheté les armes; 3° qu'on peut exercer en Saxe les marchandises coloniales. Le Roi n'a pas à craindre que ses fabriques chôment par suite de la cherté des cotons, puisque la hausse sera générale et aura lieu partout. Le Roi pourra tirer de grandes ressources de ces mesures, et, si cela ne suffit pas, je favoriserai son emprunt. Je suppose que, moyennant 6 pour 100 et le remboursement dans l'espace de vingt ans, soit en loteries, soit autrement. cet emprunt se remplira facilement à Paris.

NAPOLÉON.

D'après l'original. Archives des affaires étrangères.

17014. — NOTE POUR LE MINISTRE DES RELATIONS EXTÉRIEURES[1].

Fontainebleau, 7 octobre 1810.

Je désire un rapport qui me fasse connaître l'état de la législation maritime à la paix d'Amiens et au moment de la guerre de Prusse, afin de bien constater qu'à la paix d'Amiens l'Angleterre ne s'était pas arrogé le droit de bloquer des côtes, et que c'est une prétention plus récente. Vous direz ensuite que lord Lauderdale était à Paris lorsque la Prusse, poussée par les intrigues de l'Angleterre, ne laissa plus de doute sur son projet de nous faire la guerre : cette lutte était regardée par tous les gens sensés comme une grande imprudence, et lord Lauderdale lui-même ne dissimula pas son opinion à cet égard. Il était assez éclairé pour prévoir la chute de la Prusse, la domination de la France depuis les villes hanséatiques jusqu'à la Belgique et la perte du Hanovre sans retour. Ces conséquences le frappèrent; la Garde impériale n'était pas encore partie, et il demanda, dans le cas où l'Angleterre ferait la paix aux conditions dont on était à peu près d'accord, si l'Empereur contremanderait le départ de sa Garde et lui-même ne partirait pas. On lui répondit que oui. Lord Lauderdale envoya un courrier à sa cour. La réponse a été imprimée dans les pièces du temps; il faudrait rechercher les pièces qui constatent ces faits.

Arrivé à Berlin, l'Empereur sentit le pouvoir qui lui avait été donné par la victoire d'Iéna; c'était le pouvoir de répondre à un blocus de mer par un blocus de terre. La Jahde, le Weser, l'Elbe, la Trave et l'Oder, toutes les côtes jusqu'à la Vistule, étaient au pouvoir de la France. L'Empereur pouvait fermer tous les débouchés du Nord et les faire garder par ses douanes. Vous aurez soin de joindre le décret de Berlin.

[1] « Commencement d'un travail sur la question maritime et sur ses rapports avec les affaires d'Espagne et de Hollande. » (Note de la minute.)

Les Américains et les neutres demandèrent des explications : on leur fit connaître que, plaignant leur fausse position, on ne ferait exécuter les mesures que par les douanes et les troupes de terre, mais qu'elles ne le seraient ni par les croisières, ni par les bâtiments armés en course.

Depuis, le gouvernement anglais rendit ses arrêts du conseil: les mettre; mettre également toutes les pièces que vous trouverez dans la brochure manuscrite que je vous ai envoyée; il y a une conférence de M. Pinkeney avec M. Canning sur l'exécution de ces ordres du conseil.

Vous direz qu'ayant eu connaissance des ordres du cabinet britannique j'ai pris mon décret de Milan, mesure qui a fait rétrograder la législation anglaise et qui a sauvé le monde de l'épouvantable tyrannie que s'était arrogée ce gouvernement.

Cependant, la lutte ainsi engagée, il fallait la soutenir. Il n'y avait pas à espérer sérieusement que le Portugal fermât ses ports aux Anglais: il fut question d'y marcher et d'en chasser les Anglais. Depuis, les divisions intestines de la famille royale en Espagne, la chute de Charles IV et l'influence que prit le parti anglais, firent voir que l'Espagne allait ouvrir ses ports aux Anglais. De là les affaires d'Espagne.

L'Angleterre souffrait des mesures de Milan; mais les peuples d'Espagne, encouragés par la honteuse affaire de Baïlen, prirent flamme, et cet incendie donna lieu à des événements de leur nature très-importants. Alors l'Angleterre trouva un débouché considérable en Espagne.

D'un autre côté, la France, occupée par l'Espagne et par l'Autriche, fut obligée d'affaiblir sa ligne des villes hanséatiques; et enfin la Hollande, ne marchant pas dans le système, offrit au commerce anglais le plus vaste débouché.

Successivement, Votre Majesté mit fin à tout. Les armées espagnoles furent culbutées sur la fin de 1808, Madrid repris, et dès lors les affaires d'Espagne furent décidées..... (Travail suspendu: Sa Majesté a écrit au ministre pour avoir des matériaux[1].)

D'après la minute. Archives de l'Empire

[1] Note de la minute.

17015. — A M. DE CHAMPAGNY, DUC DE CADORE,
MINISTRE DES RELATIONS EXTÉRIEURES, A PARIS.

Fontainebleau, 7 octobre 1810.

Monsieur le Duc de Cadore, je vous prie de me faire remettre une copie de toutes les pièces officielles, avec une notice historique sur toutes les négociations qui ont eu lieu avec le cabinet de Londres depuis ma lettre au roi d'Angleterre, de l'an VIII; ce qui comprendra toutes les négociations d'Amiens, toutes les négociations de lord Lauderdale, et enfin cette espèce de négociation qui a été ouverte en dernier lieu par la Hollande. La plupart de ces copies doivent se trouver toutes faites, ayant déjà été plusieurs fois sur le point de publier toutes ces pièces. Vous me ferez connaître celles qui ont déjà été publiées. J'ai besoin de ces matériaux pour traiter convenablement la question de l'Espagne et celle de la réunion de la Hollande.

NAPOLÉON.

D'après l'original. Archives des affaires étrangères.

17016. — A M. DE CHAMPAGNY, DUC DE CADORE,
MINISTRE DES RELATIONS EXTÉRIEURES, A PARIS.

Fontainebleau, 7 octobre 1810.

Monsieur le Duc de Cadore, je vous prie de me remettre sous les yeux un mémoire et les pièces justificatives à l'appui sur la grande question maritime. Vous la traiterez d'abord à l'époque de 1756, ensuite à celle de 1780, après à l'époque de 1802 ou 1803, qui donna lieu à l'affaire de Copenhague. Ce sont trois époques auxquelles je tiens, et d'où vous récapitulerez les prétentions des Anglais au moment de la paix d'Amiens. La quatrième partie de votre mémoire comprendra leurs nouvelles prétentions depuis la paix d'Amiens, le droit qu'ils se sont arrogé de bloquer toutes les côtes et ce qui a donné lieu à mon décret de Berlin. Vous sentez que, pour faire voir que les Anglais ont commencé, il est bien nécessaire d'établir que la nouvelle question qu'ils ont élevée n'est pas celle de 1756, ni celle de 1780, ni celle de 1802, quoique chacune de ces questions fût déjà très-suffisante pour motiver le décret de Berlin, mais bien la question de donner au droit de blocus une interprétation à laquelle jusque-là ils n'avaient pas prétendu; que, par cette extension du droit de blocus, ils ont rendu nuls tous les droits des neutres et tous les traités qu'ils avaient faits avec les différentes puissances. De là le décret de Berlin. Vous joindrez ce décret, les arrêts du conseil britannique, les deux ou trois actes des États-Unis à ce sujet, et enfin le décret de Milan. Vous ferez comprendre dans ce travail ce qu'il faudra que l'Angleterre rapporte, si de mon côté je rapporte mon décret de Berlin. Vous joindrez également toutes les pièces officielles relatives à cette question, que vous pourrez tirer de la brochure manuscrite que je vous ai envoyée et dans laquelle il est question des conférences du ministre d'Amérique avec M. Canning sur cette matière.

NAPOLÉON.

D'après la minute. Archives de l'Empire.

17017. — A M. DE CHAMPAGNY, DUC DE CADORE,
MINISTRE DES RELATIONS EXTÉRIEURES, À PARIS.

Fontainebleau, 7 octobre 1810.

Monsieur le Duc de Cadore, je vous renvoie les pièces relatives à la négociation entamée avec l'Angleterre par la Hollande; ces pièces me paraissent très-bonnes à imprimer; mais je n'y vois pas deux lettres où Labouchère rend compte de tout ce qu'il a fait et dit et de son opinion. Il serait nécessaire d'avoir ces lettres pour les faire imprimer.

NAPOLÉON.

D'après l'original. Archives des affaires étrangères.

17018 — NOTE POUR LE MINISTRE DE L'INTÉRIEUR
AU SUJET DU RAPPORT SUR LES PONTS DE BEZONS, CHOISY ET VALVINS,
ET SUR LA ROUTE DE PARIS A PONTOISE PAR BEZONS.

Fontainebleau, 7 octobre 1810.

Sa Majesté ne peut pas signer le projet de décret. Il est inutile pour les ponts de Bezons et de Choisy, dont le ministre peut accélérer les travaux et dont les fonds seront pris sur ceux de 1811.

Il faut sans doute un décret pour la route de Paris à Pontoise et pour les ponts de Maisons et de Valvins, mais il n'y a aucune raison de se presser à cet égard; il suffit d'ordonner les projets et les devis, afin de pouvoir les présenter avec le projet de décret ou au travail des ponts et chaussées de novembre, ou dans les mois de décembre et de janvier. Alors on examinera les avantages et les inconvénients, on comparera l'utilité à la dépense et on prononcera en connaissance de cause. Sa Majesté n'a de volonté que ce qui est bien. Lorsqu'une idée lui vient sur un objet qui se présente sous des rapports d'utilité, ce n'est point encore un acte de sa volonté; elle ne fait pas un décret, mais une lettre. Elle a écrit au ministre sur les objets dont il s'agit; c'est au ministre à faire faire les devis et les rapports: ensuite on décidera.

Quant au projet de vendre par actions les péages des ponts de Bezons et de Choisy, les choses ne peuvent point aller comme le ministre le propose. Sa Majesté a indiqué des chiffres pour faire connaître sa pensée et pour servir de première direction à l'examen auquel cette pensée devait donner lieu. Si la chose avait été arrêtée dans son esprit, elle aurait fait un projet de décret. Avant de vendre la perception des péages, de régler le mode de la vente par actions et d'affecter le prix de la vente à d'autres travaux, il faut que ce péage soit réglé par un décret délibéré au Conseil d'état et par suite d'informations complètes qui puissent conduire à une détermination réfléchie sur le péage. Il faut ensuite déterminer, par un décret, la création des actions et tout ce qui les concerne.

D'après la minute. Archives de l'Empire.

17019. — A FRÉDÉRIC-AUGUSTE, ROI DE SAXE,
À DRESDE.

Fontainebleau, 7 octobre 1810.

Je réponds à la lettre de Votre Majesté, du 15 septembre, relative aux créances prussiennes. Je ne conçois pas trop quel besoin Votre Majesté pourrait avoir de la Prusse pour faire payer des débiteurs qui sont ses sujets, d'autant plus que ces créances sont hypothéquées sur des biens-fonds. Je pense qu'elle n'a aucun besoin des pièces qu'a le roi de Prusse, puisqu'elles ont été annulées par les traités et surtout par celui d'Erfurt. Il me paraîtrait donc que, sur l'avis de son Conseil d'état de Varsovie, elle devrait rendre un décret qui déclare nulles ces pièces et ordonne aux débiteurs, sous peine d'être exercés dans leurs hypothèques, de verser ce qu'ils doivent dans le trésor du grand-duché. Le cabinet prussien est étrange; il regarde toujours ce qu'il a signé comme non avenu. Pour moi, cette question se présente simplement dans mon esprit. Je ne vois pas la nécessité de faire profiter le roi de Prusse et de lui donner une juridiction à Varsovie, si cela relève le crédit de la Prusse. On a vu dans l'avant-dernière guerre d'Autriche qu'on ne pouvait compter sur ce cabinet; depuis 1740, sa conduite a toujours été la même, mauvaise foi et restrictions mentales. Ce que Votre Majesté fera pour la Prusse, elle le fera contre soi. Cependant je ne m'oppose à rien, et j'ai là-dessus des idées trop légères pour avoir une opinion prononcée. Je ne citerai qu'un exemple. Lorsque j'ai acquis les états de Hesse-Cassel, je me suis emparé aussi des créances du souverain. Cependant les créanciers ont payé et payent, sans que j'aie les titres que le dernier prince a gardés. Mais, s'il était vrai que les individus qui auraient payé s'exposassent à être recherchés, s'il arrivait que la Prusse recouvrât le pays, cette circonstance serait heureuse, puisqu'elle serait un nouveau motif de la part de ses sujets de craindre le retour de la Prusse.

NAPOLÉON.

D'après la minute originale. Archives de l'Empire.

17020. — A M. DE CHAMPAGNY, DUC DE CADORE,
MINISTRE DES RELATIONS EXTÉRIEURES, À PARIS.

Fontainebleau, 8 octobre 1810.

Monsieur le Duc de Cadore, les renseignements que le duc de Vicence vous envoie sur l'armée russe vous donneront le moyen de former la case russe. Vos correspondances de Varsovie, de Bucharest et autres points limitrophes de la Russie vous mettront à même de rectifier cette case. Je crois que de cette manière je pourrai être bien informé de la force de l'armée russe et de ses mouvements. Vous devez écrire aussi à M. Alquier, à Stockholm, pour qu'il vous fournisse des renseignements sur les divisions et régiments de l'armée russe qui est en Finlande.

NAPOLÉON.

D'après l'original. Archives des affaires étrangères.

17021. — NOTE POUR LE MINISTRE DE LA MARINE,
DICTÉE EN CONSEIL D'ADMINISTRATION.

Fontainebleau, 8 octobre 1810.

La Magona est un établissement qui appartient au Domaine; il n'est porté que pour un revenu de 200,000 francs. L'île d'Elbe appartient à la Légion d'honneur et ne rend que 300,000 francs. Ces deux établissements, qui pourront être réunis entre les mains de la Légion d'honneur, ne rendront ensemble que 500,000 francs.

Il est certain que, si tout ce que peut produire l'île d'Elbe était consommé, elle rendrait un million : Sa Majesté perd donc 500,000 francs, par la seule raison que Toulon ne consomme pas les fers de l'île d'Elbe.

La Magona est-elle susceptible d'augmentation? Si cette usine ne peut pas augmenter ses produits, à cause de l'insuffisance de l'affinage dont elle dispose, rien n'empêcherait d'établir en Corse et vis-à-vis de l'île d'Elbe de hauts fourneaux auxquels on donnerait le nom de Magona. Le bois est commun en Corse; on lui donnerait de la valeur par cette opération, et ce serait un premier bénéfice pour l'État. Le minerai que peut fournir l'île d'Elbe au delà des besoins de la Toscane trouverait un emploi dans les hauts fourneaux de Corse, et ce serait encore un très-grand avantage dans le produit des mines de l'île d'Elbe. Si on voulait renoncer à ce bénéfice, on le retrouverait en donnant le fer à moitié prix à notre marine, qui ferait de l'économie et qui joindrait à ce bénéfice l'avantage d'avoir du fer de la meilleure qualité possible. Il y a là une grande combinaison à faire.

Si Toulon avait besoin de trois millions de fer par an, et qu'on y fabriquât des ancres et des canons, ou qu'on les fît fabriquer ailleurs avec du fer de l'île d'Elbe, et s'il est vrai que ce fer est égal en qualité au meilleur fer de l'Europe et supérieur à celui du Dauphiné et du Berri, on aurait encore l'avantage de soulager la France, où le fer est très-cher, ce qui nuit beaucoup à l'agriculture.

Le ministre de la marine fera fondre à Toulon dix pièces de 24 avec de la fonte de l'île d'Elbe. Si cette opération ne peut pas se faire à Toulon, il faut chercher l'endroit le plus favorable. Si ces pièces avaient, comme tout l'annonce, une qualité très-supérieure, il pourrait en résulter des avantages précieux pour la marine et pour d'autres services.

D'après la copie. Archives de la marine.

17022. — A EUGÈNE NAPOLÉON,

VICE-ROI D'ITALIE, À MILAN.

Fontainebleau, 9 octobre 1810.

Mon Fils, je reçois vos lettres du 3. J'ai signé un décret relatif à différentes dispositions de douanes pour mon royaume d'Italie. Envoyez-moi l'état des marchandises venant d'Allemagne, existant aux entrepôts réels, selon la lettre que je vous ai écrite.

J'ordonne qu'on envoie à l'académie de Brera et à la bibliothèque du cabinet des monnaies et médailles d'Italie une collection complète de toutes les gravures que j'ai dans mes bibliothèques, et dans laquelle se trouve l'*Iconographie* de Visconti.

NAPOLÉON.

D'après la copie comm. par S. A. I. Mme la duchesse de Leuchtenberg.

17023. — A M. DE CHAMPAGNY, DUC DE CADORE,

MINISTRE DES RELATIONS EXTÉRIEURES, À PARIS.

Fontainebleau, 10 octobre 1810.

Monsieur le Duc de Cadore, il me paraît nécessaire d'envoyer un courrier en Russie. Ce courrier portera au duc de Vicence les pièces de la négociation de Morlaix, pour qu'il les remette au ministère russe. Vous chargerez le duc de Vicence de déclarer que je n'ai aucune alliance.

ni offensive ni défensive, avec l'Autriche; que je n'ai aucune négociation avec la Perse, et que je suis ferme dans l'alliance avec la Russie et décidé à marcher dans la même direction.

Quand vous aurez occasion de parler au prince Kourakine, faites-lui la même insinuation et expliquez-vous avec lui de la même manière. Dites-lui que je n'ai pu lui donner, comme je l'aurais désiré, des preuves de ces sentiments, parce qu'il a toujours été malade; que, si j'ai invité le prince de Schwarzenberg à la chasse à différentes reprises, c'était par suite des circonstances du mariage d'abord, et puis parce qu'étant militaire cela l'amuse beaucoup; que je n'ai invité aucun étranger au voyage de Fontainebleau. Donnez également ces détails au duc de Vicence. Mandez aussi au duc de Vicence que je vois avec plaisir qu'on ne parle pas de la convention[1]; qu'il ne faut pas qu'il en reparle, et qu'il doit la laisser tomber en désuétude; que les affaires de Suède et de Pologne ne signifient rien; que je ne nie cependant pas que la Suède et la Pologne ne soient des moyens contre la Russie en cas de guerre, mais que cette guerre n'arrivera jamais par mon fait.

NAPOLÉON.

D'après l'original. Archives des affaires étrangères.

17024. — AU GÉNÉRAL CLARKE, DUC DE FELTRE,
MINISTRE DE LA GUERRE, À PARIS.

Fontainebleau, 10 octobre 1810.

Monsieur le Duc de Feltre, le 16ᵉ de ligne arrive à Avignon le 25 octobre. Mon intention est que le 3ᵉ bataillon de ce régiment fasse partie de la division. Les deux premiers bataillons forment 1,700 hommes présents sous les armes. Vous donnerez ordre que le détachement de ce régiment qui vient de Toulon s'y réunisse; ce qui fera 2,000 hommes, c'est-à-dire trois beaux bataillons. Vous donnerez le même ordre pour le détachement du 67ᵉ qui fait partie du 3ᵉ bataillon du régiment de marche de l'armée de Catalogne; ce détachement se réunira au 67ᵉ, qui par ce

---

[1] Convention du 4 janvier 1810. (Voir la *Correspondance de Napoléon Iᵉʳ*, t. XX, p. 171 et suivantes.)

moyen gardera aussi ses trois bataillons. Le 3ᵉ léger gardera également ses trois bataillons et recevra le détachement qui fait partie du 3ᵉ bataillon du régiment de marche de l'armée de Catalogne. Prenez des mesures pour que ces trois détachements du 3ᵉ léger, du 67ᵉ et du 16ᵉ de ligne, qui font partie du régiment de marche de l'armée de Catalogne, se réunissent à Avignon ou à Nîmes à leurs bataillons; de sorte que la division qui se réunit à Avignon sera composée de trois bataillons du 16ᵉ de ligne, de trois bataillons du 67ᵉ, de trois bataillons du 3ᵉ d'infanterie légère et de deux bataillons du 102ᵉ.

Nommez un général de brigade, de ceux qui sont à Perpignan, pour prendre le commandement de cette division, qui sera sous les ordres directs du général Baraguey d'Hilliers. Aussitôt que les 67ᵉ, 16ᵉ et 3ᵉ léger seront arrivés en Catalogne, ils seront rejoints par leurs 4ᵉˢ bataillons. Donnez ordre que les bataillons du 3ᵉ léger s'embarquent sur la Saône à Châlon; ce sera une dépense de plus, mais on gagnera huit jours; et, moyennant leur embarquement sur la Saône et le Rhône, ces bataillons pourront arriver à Perpignan en même temps que le régiment de marche de Catalogne. Ainsi toutes ces troupes, formant une masse de 15,000 hommes, pourront entrer à la fois sur Gerona. Il serait bon qu'il y eût à Perpignan quelques paires de souliers à leur donner à leur passage. Il faudrait aussi qu'on leur préparât quelques pièces de canon des dépôts du train et de l'artillerie de l'armée de Catalogne. On doit pouvoir organiser une petite division d'artillerie pour cette division. Quant au régiment de marche de l'armée de Catalogne, je n'ai pas besoin de vous dire qu'aussitôt qu'il sera arrivé en Catalogne il doit être dissous, et que chaque détachement doit rejoindre son régiment.

Napoléon.

D'après la copie. Dépôt de la guerre.

17025. — AU GÉNÉRAL CLARKE, DUC DE FELTRE,
MINISTRE DE LA GUERRE, À PARIS.

Fontainebleau, 10 octobre 1810.

Je pense que désormais il ne faut plus imprimer le livret; cela a beaucoup d'inconvénients. Ce n'est que depuis peu d'années que cela est en usage. Les étrangers, moyennant ce livret qu'ils ont, connaissent parfaitement notre situation militaire. Il manque, je crois, 23 ou 24 régiments; il s'agirait de les remplir comme existant, d'y mettre des noms de chefs de bataillon, les premiers trouvés, et de les supposer existant dans différentes villes de l'intérieur. On pourrait aussi augmenter de quelques numéros la cavalerie. Il me semble que cela n'a aucun inconvénient. Seulement il s'ensuivrait que les commissaires des guerres qui auraient les livrets ne trouveraient jamais d'hommes de ces numéros. S'il est indispensable d'imprimer ce livret, il faut y faire ces modifications.

D'après la minute. Archives de l'Empire.

17026. — AU GÉNÉRAL CLARKE, DUC DE FELTRE,
MINISTRE DE LA GUERRE, À PARIS.

Fontainebleau, 10 octobre 1810.

Vous témoignerez mon mécontentement au gouverneur de Corfou de ne pas mettre assez d'énergie dans sa conduite avec Ali-Pacha. Si, lorsque l'*Orphée* a été pris, il avait fait sortir une frégate pour le reprendre, il aurait soutenu l'honneur de mon pavillon, au lieu qu'une conduite contraire enhardit ce brigand, qui se garderait bien d'entrer en guerre avec moi. Recommandez donc plus de vigueur et d'énergie au général Donzelot.

D'après la minute. Archives de l'Empire.

17027. — AU GÉNÉRAL CLARKE, DUC DE FELTRE,
MINISTRE DE LA GUERRE, À PARIS.

Fontainebleau, 10 octobre 1810.

Je vous renvoie votre rapport sur la conscription maritime, pour que vous y fassiez les modifications suivantes. La conscription en France doit fournir 120,000 hommes à l'armée, c'est-à-dire un homme sur trois. Sur ces 120,000 hommes, j'en compte 18 à 20,000 pour l'Italie française; il en reste donc 100,000 pour le reste. L'arrondissement maritime est le dixième de la population; pour être égale à celle de terre, elle doit donc être de 10,000 hommes; en prenant quatre classes, elle sera de 40,000. De ces 40,000 hommes, on pourrait en appeler 10,000 qui se mettraient en marche au 1er décembre, et 10,000 au 1er mars; les autres 20,000 hommes seraient appelés par le ministre de la marine au fur et à mesure qu'il en aurait besoin.

D'après la minute. Archives de l'Empire.

17028. — AU VICE-AMIRAL COMTE DECRÈS,
MINISTRE DE LA MARINE, À PARIS.

Fontainebleau, 10 octobre 1810.

Monsieur le Comte Decrès, je désire que vous partiez pour la Hollande. Voilà la saison la plus favorable. Vous m'écrirez de Flessingue pour me faire connaître la situation des batteries de l'île de Cadzand, de mon escadre de l'Escaut, des travaux de Flessingue. Les ravages qu'ont faits les Anglais sont-ils réparés? Vous m'écrirez de Hellevoetsluis et d'Amsterdam. Je pense qu'il est convenable que vous alliez voir l'embouchure de l'Ems. Vous pourrez revenir par Anvers. J'attendrai votre retour pour arrêter définitivement le système à adopter pour les modifications à faire dans l'inscription maritime, les constructions, pour la formation du budget de 1811 et pour les formes à suivre dans l'administration. Avant de partir, envoyez-moi un décret pour confier la signature au vice-amiral Ganteaume pendant votre absence.

NAPOLÉON.

D'après l'original comm. par Mme la duchesse Decrès.

17029. — AU COMTE DEFERMON,
INTENDANT DU DOMAINE EXTRAORDINAIRE DE LA COURONNE, À PARIS.

Fontainebleau, 10 octobre 1810.

Monsieur le Comte Defermon, vous recevrez le décret que j'ai pris pour les mines d'Idria. Voyez sur-le-champ le grand chancelier de la Légion d'honneur, et faites des marchés à des prix raisonnables pour la quantité de mercure dont j'ai ordonné l'achat. En attendant, vous prendrez 300,000 francs sur ce que j'ai à Venise, et vous enverrez cette somme au trésorier des mines d'Idria, pour mettre toutes les dépenses au courant. Vous donnerez aussi des ordres pour que tout le mercure que vous aurez acheté soit emmagasiné à Trieste. Les mines m'appartiennent, ainsi que tous les produits qui s'y sont trouvés à l'époque de l'entrée de mes troupes en juillet 1809, et jusqu'au jour de la cession que j'en ai faite à l'ordre des Trois Toisons d'or. Le gouvernement des provinces illyriennes a fait des avances à l'administration des mines, et en a reçu le remboursement en mercure. Vous achèterez aussi ce mercure: on dit qu'alors vous en aurez acheté pour deux millions. J'en ordonnerai ensuite la vente, selon qu'il me conviendra d'en mettre en circulation et d'en maintenir ou augmenter le prix. Employez le sieur Séguier, mon consul à Trieste, pour prendre connaissance de tout ce qui regarde les mines d'Idria, et chargez-le de suivre les intérêts de mon domaine extraordinaire. Je lui fais donner des ordres pour qu'il se rende sans délai à Idria. Si ces mines doivent rester longtemps dans mes mains, il sera convenable que vous fassiez emmagasiner à Venise plutôt qu'à Trieste les denrées que vous avez achetées. Faites-moi un rapport sur ce que coûteraient les frais de transport et le loyer des magasins à Venise. Le comte Daru doit avoir dans sa correspondance des notes sur les quantités de mercure et de produits mercuriels qui se sont trouvés dans les magasins des mines d'Idria, lors de l'entrée de mes troupes. Demandez-lui des renseignements très-précis, qu'il doit pouvoir vous donner là-dessus.

NAPOLÉON.

D'après l'original comm. par M. le comte Defermon.

17030. — AU COMTE DARU,
INTENDANT GÉNÉRAL DE LA MAISON DE L'EMPEREUR, À PARIS.

Fontainebleau, 10 octobre 1810.

Monsieur le Comte Daru, remettez-moi sous les yeux le décret que j'ai pris pour accorder à la ville d'Iena une indemnité pour la réparation de ses maisons. Faites-moi connaître pourquoi cette indemnité n'a pas été payée.

NAPOLÉON.

D'après la copie comm. par M. le comte Daru.

17031. — AU GÉNÉRAL COMTE DE LAURISTON,
AIDE DE CAMP DE L'EMPEREUR, À PARIS.
INSTRUCTIONS.

Fontainebleau, 10 octobre 1810.

Le comte Lauriston partira le 16 de ce mois. Il se rendra d'abord à Lyon. Il prendra connaissance des travaux de l'île Perrache, des travaux du Palais impérial, des crédits affectés à ces travaux, des motifs pour lesquels ces crédits n'ont pas été consommés, de la situation des ponts que j'ai ordonnés, de la place Bellecour, des dépenses qu'on a faites à l'hôtel de ville, du muséum et des autres établissements publics. Il s'informera secrètement de la manière dont le maire est logé, des dépenses faites pour son établissement à l'hôtel de ville. Il observera l'esprit public, et il me rendra compte de tout ce qui peut m'intéresser dans cette grande ville.

De là il se rendra à Turin. Il m'écrira en grand détail sur la route de la Maurienne et sur celle du mont Cenis. Arrivé à Turin, où il restera trois jours, il s'informera de tout ce qui est relatif au Piémont, de l'esprit du pays, de ses relations avec son ancien souverain, de sa manière d'être actuelle; il prendra surtout des informations sur les subsistances, sur le produit des récoltes de cette année, sur le prix du pain qu'on dit être à 7 sous la livre, sur les causes de cette cherté et sur ce qu'il faudrait faire pour donner du travail au peuple pendant l'hiver. Il me parlera de la fonderie.

De Turin à Milan, il verra les travaux que j'ai fait faire aux ponts. Il me donnera des renseignements détaillés sur cet objet, sur ce qui concerne les denrées coloniales et sur les progrès des fabriques et de l'industrie.

De Milan, il se dirigera sur Idria, principal but de son voyage. Il m'écrira, en passant, sur Mantoue, Porto Legnago, Malghera et Palmanova.

Il trouvera à Idria le sieur Daubenton, que le grand chancelier de la Légion d'honneur y a envoyé comme administrateur, et le sieur Séguier, mon consul à Trieste, qui y sera depuis le 15 octobre, et qui se sera mis d'avance au courant de tout, pour lui donner les informations nécessaires. Il fera appeler de Laybach et de Trieste les hommes qui connaissent le mieux ce qui concerne les mines d'Idria. Il fera ensuite un projet de règlement, renverra les individus inutiles, réformera les abus et projettera l'organisation la plus utile de ces établissements. Lorsqu'il aura arrêté son travail, il ira à Laybach et le communiquera au gouverneur général et à l'intendant des finances. Il l'adressera ensuite au grand chancelier de la Légion d'honneur, qui me le présentera. Tout l'arriéré doit se trouver payé à son arrivée. Il trouvera ci-joint le décret que j'ai rendu à cet effet. Il est convenable qu'avant de partir il s'assure que tout est payé, afin qu'il n'ait pas de réclamations désagréables à entendre. Avant de quitter Idria, il réglera aussi le compte de l'établissement, c'est-à-dire la situation et l'état des denrées existant en magasin au moment où mes troupes sont entrées à Idria, ce que les mines ont rendu depuis cette époque jusqu'à ce jour, ce qu'elles devaient rendre et ce qui a été dépensé.

D'Idria, le comte Lauriston se rendra à Trieste. Il y fera ses observations sur l'organisation des douanes, qu'il doit connaître en détail, sur la conduite des administrateurs, sur les tarifs, les marchandises coloniales, le transit avec l'Autriche, etc. Il s'instruira, avant de partir, de nos principes sur les douanes, sur le commerce anglais, les neutres et les Ottomans.

Il verra la Save jusqu'à la Turquie.

A Karlstadt, il prendra des informations sur tout ce qui concerne les régiments croates, sur leur ancienne organisation, sur les changements qui ont été faits par le gouverneur général et l'organisation actuelle, sur ce que coûtent ces régiments. Enfin il recueillera toutes les connaissances qu'il pourra rassembler sur cet objet.

Il ira à Fiume; de là il reviendra à Trieste.

Il se rendra ensuite à Villach, en restant toujours dans les provinces illyriennes. De là il ira à Osoppo et choisira la position où il serait convenable de bâtir un petit fort pour se rendre maître de la chaussée qui débouche sur Villach.

De là il se rendra à Venise, où il passera quelques jours pour connaître l'esprit public et prendre des informations sur le commerce, la situation des travaux pour la construction des vaisseaux et pour les conduire à la mer. Il verra l'arsenal de la marine en détail.

Il reviendra par Mantoue et Alexandrie, qu'il inspectera en détail. Il visitera Gênes, le chemin de la Corniche, Savone, etc. Il inspectera les routes que je fais faire. Il s'arrêtera à Nice; au golfe de Fréjus, où j'ai fait élever des batteries; aux îles d'Hyères, où il examinera ce qu'on a fait pour leur défense; à Toulon et à Marseille, où il restera le temps nécessaire pour se mettre en état de me faire des rapports détaillés sur l'escadre, l'arsenal et sur tous les objets qui m'intéressent. Il visitera le canal que je fais faire aux bouches du Rhône. Il verra ensuite le pont d'Avignon et il reviendra à Paris.

Il ira partout incognito, sans fracas et de manière à bien voir. Il n'y mettra cependant aucune affectation.

Dans les provinces illyriennes, le comte Lauriston se rend comme chargé des intérêts de l'ordre des Trois Toisons d'or, et partout ailleurs comme chargé de rendre compte des travaux de l'armement des côtes.

NAPOLÉON.

D'après l'original comm. par M. le marquis de Lauriston.

17032. — A EUGÈNE NAPOLÉON,
VICE-ROI D'ITALIE, A ANCÔNE.

Fontainebleau, 11 octobre 1810.

Mon Fils, je vous renvoie un état que je n'entends pas. Faites-le refaire en kilogrammes et selon les mesures françaises, comme je vous l'ai déjà mandé. Je ne connais pas ce que c'est qu'un quintal, etc. Adoptez donc une forme fixe.

NAPOLÉON.

D'après la copie comm. par S. A. I. Mme la duchesse de Leuchtenberg.

17033. — AU GÉNÉRAL CLARKE, DUC DE FELTRE,
MINISTRE DE LA GUERRE, À PARIS.

Fontainebleau, 12 octobre 1810.

La carte des étapes de France ne suffit plus à mes besoins de tous les jours. Faites-moi faire une carte d'étapes qui comprenne l'Espagne et le Portugal, l'Italie et le royaume de Naples, les provinces illyriennes, la Hollande et l'Allemagne jusqu'à l'Inn et jusqu'à la Vistule. J'ai besoin à chaque instant d'une carte semblable. Vous établirez les étapes comme elles étaient réglées dans les différentes campagnes.

D'après la minute. Archives de l'Empire.

17034. — AU VICE-AMIRAL COMTE DECRÈS,
MINISTRE DE LA MARINE, À PARIS.

Fontainebleau, 12 octobre 1810.

Un vaisseau tirant 19 pieds 6 pouces d'eau peut sortir du Texel. Mon intention est que vous proposiez à dix des meilleurs ingénieurs, en commençant par Sané, la question suivante :

Présenter un plan pour un vaisseau de la force d'un vaisseau de 74, tirant 19 pieds 6 pouces d'eau tout chargé, et ayant la meilleure marche possible.

Si l'on peut se flatter d'arriver à faire un vaisseau qui ait la même vitesse que nos 74, on sacrifiera toutes les autres considérations à celle-là.

1° Il suffira que ce vaisseau puisse porter trois mois de vivres au lieu de six, et trois mois d'eau au lieu de quatre mois et demi;

2° Si même cela est nécessaire, on consentira à changer le calibre actuel contre le calibre anglais;

3° Si cela est nécessaire encore, on consent à n'armer le vaisseau que de canons de bronze, c'est-à-dire pesant beaucoup moins.

Vous me mettrez sous les yeux le mémoire de ces ingénieurs.

D'après la minute. Archives de l'Empire.

17035. — AU VICE-AMIRAL COMTE DECRÈS,
MINISTRE DE LA MARINE, À PARIS.

Fontainebleau, 12 octobre 1810.

Monsieur le Comte Decrès, la lettre de M. de Moustier[1] est fort embrouillée, et j'ai peine à la comprendre. Il faut lui faire connaître qu'il n'est pas assez clair et qu'il doit expliquer mieux d'où vient la rupture; que, si la rupture a pour cause les frais du transport des prisonniers, le gouvernement français est prêt à céder sur cette partie. M. de Moustier pourra donc remettre au commissaire anglais un réponse conçue à peu près en ces termes :

« Monsieur, je réponds à votre lettre du 8 octobre. Vous y dites que l'on
« a ajouté l'obstacle inattendu de charger le gouvernement britannique
« de l'arrangement de la dépense et des difficultés du transport des pri-
« sonniers espagnols sur les côtes de France, etc. Cette assertion n'est
« pas exacte, et je suis chargé de vous dire aujourd'hui ce que je vous
« ai toujours dit, qu'une affaire d'argent n'arrêtera jamais la France, et
« qu'elle ne restera pas en arrière sur cette question, qui se décidera
« comme le décidera le gouvernement britannique. Mon langage a été
« constamment le même : mon gouvernement adhérera à tout ce que
« voudra le gouvernement anglais, pourvu qu'en conséquence des prin-
« cipes admis en 1780 l'échange soit en masse, et que tous les Français
« revoient leur patrie dans le même moment que les Anglais reverront la
« leur. Mais cela seulement est le *sine qua non* de la négociation, et l'a
« été dès le premier jour; tout le reste peut entrer en négociation et
« s'arranger. C'est pour la quatrième fois, Monsieur, que je vous répète
« ceci. »

Vous donnerez effectivement pour instruction à M. de Moustier que, pour conclure, il peut admettre que le transport des prisonniers, soit des Anglais à Douvres, soit des Espagnols partout ailleurs, aura lieu aux frais de la France, en même temps que les prisonniers français seront transportés à Calais aux frais de l'Angleterre.

[1] Chargé de négocier avec l'Angleterre un cartel d'échange pour les prisonniers français.

Après cette note, si M. de Mackensie tient encore aux Hanovriens, M. de Moustier pourra aller jusqu'à proposer de descendre du nombre de 8,000 à celui de 6,000. Et si, après cette nouvelle concession, M. de Mackensie continue toujours à demander ses passe-ports, M. de Moustier attendra encore cinq jours, et après lui dira verbalement qu'il n'a pas besoin de passe-ports, qu'il est maître de s'en aller, et que, la première fois qu'il a été question de sa demande de passe-ports, on en a été fort choqué à Paris, et qu'on a répondu que, puisqu'il était venu sans passe-ports, il pouvait s'en aller de même.

Mon intention est qu'entre la concession des frais de transport et celle sur le nombre des Hanovriens on laisse s'écouler cinq à six jours d'intervalle, et qu'entre cette explication et celle verbale sur les passe-ports on laisse encore s'écouler cinq à six autres jours. Qu'on ne prenne aucune mauvaise humeur contre le commissaire anglais ni qu'on ne le cajole point, mais qu'on reste en froid.

NAPOLÉON.

D'après l'original comm. par Mme la duchesse Decrès.

17036. — AU PRINCE DE NEUCHÂTEL ET DE WAGRAM,

MAJOR GÉNÉRAL DE L'ARMÉE D'ESPAGNE, À FONTAINEBLEAU.

Fontainebleau, 12 octobre 1810.

Mon Cousin, écrivez au général Caffarelli que la 1re brigade de sa division, dite *division de réserve*, arrive dès le 1er novembre, que la 2e et la 3e arrivent successivement du 1er au 10; que, comme le général Drouet ne saurait avoir trop de troupes, mon intention est qu'il fasse passer à Valladolid les deux premières demi-brigades qui sont aujourd'hui sous ses ordres. Il gardera les deux dernières, qui arrivent vers la moitié d'octobre, pour maintenir le pays jusqu'à ce que sa division soit arrivée; mais il les fera partir aussi pour Valladolid dès que sa première brigade l'aura rejoint. Mandez-lui que je le laisse maître d'accélérer ou retarder de quelques jours le départ de ces corps, selon les circonstances et ce qui se sera passé en Portugal; que les trois brigades de la division qu'il commande, avec la brigade de cavalerie du général Wattier, font une force de 10,000 hommes. Vous lui ferez connaître que j'attends beaucoup de fermeté de sa part pour faire cesser les dilapidations et qu'il y en a eu beaucoup.

Vous le chargerez de faire une enquête sur la conduite du général Avril à Bilbao et sur celle du général Barthélemy à Santander. Vous lui demanderez même de me faire connaître son opinion sur le général Thouvenot. Il doit prendre sur-le-champ toutes les mesures convenables pour faire cesser toute espèce d'abus.

Vous lui ferez connaître confidentiellement que mon intention est de réunir la Biscaye à la France, et qu'il ne faut pas en parler, mais qu'il doit se conduire en conséquence. Faites la même confidence au général Reille sur la Navarre. Recommandez à ces deux généraux de faire arrêter les commandants de place qui dilapideraient, et de faire une enquête sur le passé pour connaître les abus qui ont eu lieu et faire rentrer les fonds qui auraient été perçus au profit des particuliers.

NAPOLÉON.

D'après la copie. Dépôt de la guerre.

17037. — A M. DE CHAMPAGNY, DUC DE CADORE,
MINISTRE DES RELATIONS EXTÉRIEURES, À PARIS.

Fontainebleau, 13 octobre 1810.

Monsieur le Duc de Cadore, je vous renvoie le projet d'instructions du sieur de Nerciat. Je désirerais que cet agent se contentât de visiter la Syrie et l'Égypte; il portera son attention sur les différentes places de Saint-Jean-d'Acre, de Jaffa, de Rosette, d'Alexandrie et de la citadelle du Caire, et il étudiera bien la situation politique des différentes parties de la Syrie et de l'Égypte. Pour avoir des renseignements profitables, il a là de quoi s'occuper un an.

NAPOLÉON.

D'après la copie. Archives des affaires étrangères.

17038. — A M. DE CHAMPAGNY, DUC DE CADORE,
MINISTRE DES RELATIONS EXTÉRIEURES, À PARIS.

Fontainebleau, 13 octobre 1810.

Monsieur le Duc de Cadore, demandez à mes consuls en Syrie et en

Égypte des mémoires sur la situation des choses dans ces pays au 1ᵉʳ janvier 1811. Ils traiteront la question sous le rapport politique, militaire et financier. Au 1ᵉʳ juillet prochain ils rafraîchiront ces renseignements, au 1ᵉʳ janvier 1812 de même, afin que je trouve toutes les notions dont j'aurai besoin dans ces mémoires, qu'on tiendra en ordre et qu'on reliera aux Relations extérieures.

NAPOLÉON.

D'après l'original. Archives des affaires étrangères.

17039. — A M. DE CHAMPAGNY, DUC DE CADORE,
MINISTRE DES RELATIONS EXTÉRIEURES, À PARIS.

Fontainebleau, 13 octobre 1810.

Monsieur le Duc de Cadore, j'ai accordé le retour en Angleterre de M. Palmer. Répondez à M. Canning que, lorsque j'ai été instruit de la recommandation qu'il vous a adressée en faveur de cet individu, j'ai ordonné qu'on y eût égard et qu'on fît ce qui était agréable à ce ministre.

NAPOLÉON.

D'après l'original. Archives des affaires étrangères.

17040. — A M. DE CHAMPAGNY, DUC DE CADORE,
MINISTRE DES RELATIONS EXTÉRIEURES, À PARIS.

Fontainebleau, 13 octobre 1810.

Monsieur le Duc de Cadore, il faut ordonner au duc de Vicence d'insister fortement pour la confiscation de tous les bâtiments porteurs de marchandises coloniales. Sous quelque prétexte qu'ils se couvrent, quelque chose qu'ils fassent, ce sont des Anglais. Si l'empereur renouvelle ses ordres et y met un peu de vigueur, il en aura pour plus de 40 millions et produira une forte secousse en Angleterre. Déjà le commerce, qui, il y a six mois, voulait la guerre, demande à grands cris la paix.

NAPOLÉON.

D'après l'original. Archives des affaires étrangères.

17041. — A M. DE CHAMPAGNY, DUC DE CADORE,
MINISTRE DES RELATIONS EXTÉRIEURES, À PARIS.

Fontainebleau, 13 octobre 1810.

Monsieur le Duc de Cadore, je vous envoie une lettre du général Rapp. Je désire que vous conféricz avec M. Kourakine; que vous lui fassiez connaître que beaucoup de bâtiments chargés pour le compte de l'Angleterre se sont dirigés sur les ports de la Russie, et que, si l'empereur les confisque, il fera une chose très-utile à la cause du continent et très-nuisible à l'Angleterre. Je souhaite même que M. Kourakine envoie un courrier à cet effet. Parlez-lui de la triste situation où se trouve l'Angleterre, et faites-lui voir qu'elle sera forcée de demander la paix si la Russie ne lui ouvre ses ports.

Vous enverrez aussi un courrier pour cet objet au duc de Vicence, et vous me mettrez demain sous les yeux la lettre que vous aurez rédigée. Vous lui ferez connaître qu'il lui sera envoyé incessamment un second courrier pour tout ce qui est relatif aux affaires de Morlaix.

NAPOLÉON.

D'après l'original. Archives des affaires étrangères.

17042. — AU GÉNÉRAL CLARKE, DUC DE FELTRE,
MINISTRE DE LA GUERRE, À PARIS.

Fontainebleau, 13 octobre 1810.

Monsieur le Duc de Feltre, témoignez mon mécontentement au roi de Naples sur son ordre du jour où il fait connaître que l'expédition sur la Sicile est ajournée. Il dit que mon but est rempli. Écrivez-lui qu'il a tort de parler ainsi de mes projets sans mon autorisation; que mon but était de faire une expédition contre la Sicile; comme la Sicile n'a pas été conquise, le but n'a pas été atteint; que je trouve fort extraordinaire qu'il ait ainsi parlé de moi d'une manière inexacte; que cela peut avoir l'inconvénient de faire supposer que je n'ai pas toujours pour but de réussir; que, toutefois, il ne devait pas parler de moi sans y être autorisé; que je le prie d'agir désormais avec plus de circonspection; que je suis surpris que, contrariant mes ordres, il ait dissous son rassemblement de Reggio, lorsque mon intention était de tenir sur ce point l'armée anglaise en échec tout l'hiver; que maintenant, d'après cet ordre du jour, les Anglais vont se porter sur Corfou, en Espagne, et augmenter leurs forces à Cadix, tandis que l'armée que j'ai dans le royaume de Naples ne va plus servir à rien; que le Roi pouvait bien retourner à Naples, mais en disant qu'il allait revenir et en laissant toutes ses forces sur l'offensive à Reggio; que je ne conçois pas que, sans mon ordre, il ait ainsi renoncé à l'expédition; que j'entends que le général Grenier, avec toutes mes troupes et les moyens de passage suffisants, reste à Reggio pour continuer de menacer la Sicile.

D'après la minute. Archives de l'Empire.

17043. — AU GÉNÉRAL LACUÉE, COMTE DE CESSAC,
MINISTRE DIRECTEUR DE L'ADMINISTRATION DE LA GUERRE, À PARIS.

Fontainebleau, 13 octobre 1810.

J'ai 12 bataillons d'équipages militaires formant 4,500 hommes, 7,600 chevaux et 1,700 voitures. Le 1er provisoire sera définitivement constitué et prendra le numéro 13. Mon intention est que de ces 13 bataillons il y en ait 2 à l'armée de Portugal, 5 à l'armée d'Espagne, 1 en Italie et 5 en France, avec leurs caissons, leurs chevaux et les hommes, et prêts à entrer en campagne à raison de 4 compagnies par bataillon. Les bataillons qui sont en Espagne resteront organisés à 3 compagnies; ceux destinés à l'armée d'Allemagne seront organisés à 4 compagnies. J'aurai donc pour l'armée d'Allemagne 700 voitures; ce qui est le moins qu'on puisse y avoir. Je vois que le 9e bataillon attaché en Italie est à Plaisance; il n'a que 122 voitures au lieu de 144. Le 12e est à Strasbourg; il faut faire revenir le cadre de la compagnie qui est en Espagne. Le 2e est en Catalogne; il faut le faire revenir à Toulouse.

L'armée d'Espagne se divisant aujourd'hui en armées de Portugal, d'Andalousie, d'Aragon et de Catalogne, ces quatre armées ont seules besoin d'équipages militaires. Peut-être pour l'armée du centre à Madrid les Espagnols pourront y pourvoir. Pour Valladolid, Burgos, la

Navarre, ces pays-là n'en ont pas besoin. Faites-moi un rapport sur ces propositions.

Vous pouvez toujours donner des ordres pour que la 4e compagnie du 12e bataillon soit reformée et pour faire revenir le 2e bataillon à Carcassonne ou à Toulouse. Considérez ces deux bataillons comme destinés à l'armée d'Allemagne.

Faites revenir le personnel du 7e bataillon. Il restera encore le personnel de deux bataillons à faire revenir d'Espagne.

Quant au 9e bataillon, il est nécessaire en Italie. Vous compléterez avec les dépôts de Commercy et de Pau le 2e, le 7e et le 12e bataillon.

Aucun de ces moyens n'est pressé. Il me suffit que les bataillons existent dans l'intérieur de la France en bon état. Le ministre de la guerre a dû vous écrire. Cela tient au système de préparer une armée de 200,000 hommes pour l'Allemagne.

Il semble que le personnel du 6e bataillon, qui paraît n'avoir que très-peu de voitures, pourrait également revenir en France.

Au reste, comme je n'ai point de situation des équipages militaires, je ne puis pas donner d'ordres précis, car je ne regarde pas comme situation l'état que vous m'envoyez tous les mois. Tous les bataillons paraissent y être au complet, et les lieux où se trouve chacun ne sont pas indiqués. Faites-moi faire un état détaillé, si vous avez les matériaux.

D'après la minute. Archives de l'Empire.

17044. — AU COMTE DEFERMON,
INTENDANT DU DOMAINE EXTRAORDINAIRE, À PARIS.

Fontainebleau, 13 octobre 1810.

Monsieur le Comte Defermon, je viens de lire votre rapport sur les mines d'Idria. D'abord je remarque entre le gouvernement des provinces illyriennes et mon domaine extraordinaire une affaire contentieuse qu'il faut finir. Les mines d'Idria doivent appartenir tout entières au domaine extraordinaire depuis la conquête jusqu'à la cession qui en a été faite, et aux Trois Toisons depuis l'époque de cette cession. Le gouvernement des provinces illyriennes n'a rien à y voir. Mon intention est donc que les 1,583 quintaux de mercure reçus par l'intendant des provinces illyriennes soient remis à la disposition du domaine extraordinaire, et qu'en retour vous remboursiez audit intendant la valeur des avances que le gouvernement des provinces illyriennes a faites au service des mines. Comme ces provinces ont besoin d'argent, il faut leur en envoyer, sans perte de temps, aussitôt que le décret sera signé, et préparer d'avance vos ordonnances. Je suppose que vous avez encore beaucoup d'argent à Venise; en attendant, écrivez à l'intendant des provinces illyriennes que mon intention est qu'il ne mette pas de mercure en vente et que mon domaine extraordinaire soit possesseur du tout.

Quant aux achats de mercure à faire, non-seulement je ne veux pas qu'on achète le mercure au delà de ce qu'il vaut à Paris, à Londres, à Amsterdam, déduction faite des frais de transport, mais je désire même qu'on l'achète un peu au-dessous de ce prix, parce que je serai peut-être un an et plus sans m'en servir. Il serait absurde de faire cette acquisition suivant le tarif autrichien, qui est évalué en raison de la dépréciation du papier-monnaie. Je n'entends pas que mon domaine extraordinaire perde rien; mais, au contraire, je désire qu'il fasse une bonne affaire; il en fera une bonne, parce qu'il peut garder longtemps, et ce sera en même temps un bon service à rendre à la mine.

Ainsi vous allez avoir 1,583 quintaux de mercure qui sont dans les magasins de Laybach et 1,232 quintaux qui sont dans les magasins de la mine à Trieste, total, 2,815 quintaux de mercure; plus 358 quintaux de cinabre, 391 quintaux de vermillon, 60 quintaux de sublimé et 1 quintal de précipité rouge; ce qui, au prix de 134 florins, ferait pour le mercure 970,000 francs et pour les autres produits 160,000 francs; total, 1,130,000 francs qu'il faudra débourser. Sur ce payement de 1,130,000 francs, vous aurez à imputer, 1° 300,000 francs que vous avez avancés pour mettre le service des mines au courant; je suppose que cette avance était réalisable sur-le-champ et que vous l'avez prise sur l'argent que le domaine extraordinaire a à Venise, car je tiens à ce que vous envoyiez des espèces et que les mines soient promptement tirées d'embarras; 2° la dette de la mine envers le gouvernement des provinces illyriennes. 3° Pour le surplus, vous en ferez recette, aux droits du domaine extraordinaire et de l'ordre des Trois Toisons d'or, dans la proportion qui revient à chacun; il reste à bien établir leur compte. Faites-moi connaître le jour où les Trois Toisons ont été propriétaires, ce qui revient au domaine extraordinaire pour le temps où il a été en possession, depuis le jour de l'entrée de mes troupes dans le pays, y compris ce qu'on a trouvé en magasin à cette époque, jusqu'au jour où les mines ont été cédées aux Trois Toisons d'or. Il me semble que l'armée a occupé le pays dans le courant de mai 1809; l'entrée en jouissance des Trois Toisons date du 1er janvier 1810; par conséquent, le domaine extraordinaire a été propriétaire pendant tout le second semestre de 1809, et l'ordre des Trois Toisons n'a droit que sur les produits de l'année courante. Mais, comme il est possible que pendant la guerre on n'ait pas travaillé, ce déficit, s'il existe, sera compensé par ce qui a été trouvé dans les magasins au moment de l'occupation du pays. C'est là-dessus que je désire avoir un rapport clair. Le projet de décret que vous m'avez présenté était susceptible, comme vous le voyez, de plusieurs modifications; j'en ai dicté une nouvelle rédaction, que je vous envoie pour que vous me la représentiez avec tout le travail.

Je ne me soucie pas d'avoir plusieurs millions de ces produits en dépôt à Trieste, où je ne trouve pas la même sûreté qu'à Venise; je préfère donc Venise pour l'établissement des magasins. Faites-moi connaître combien coûtera le transport de Trieste à Venise et le temps qu'il faudrait pour l'effectuer.

Quant à ce que vous dites que les mines ne rendront pas la somme de 500,000 francs pour laquelle elles entrent dans la dotation des Trois Toisons d'or, il faut réformer l'administration de ces mines. J'envoie le comte Lauriston avec tout pouvoir pour y arrêter une nouvelle organisation, de concert avec MM. Daubenton et Séguier. A cet effet, je vous prie de voir le général Lauriston avant son départ et de le mettre au fait de cette opération. D'ailleurs, j'ai donné la mine aux Trois Toisons d'or; elle rendra ce qu'elle rendra.

NAPOLÉON.

D'après l'original comm. par M. le comte Defermon.

17045. — A EUGÈNE NAPOLÉON,
VICE-ROI D'ITALIE, À ANCÔNE.

Fontainebleau, 13 octobre 1810.

Mon Fils, je vous ai répondu par le télégraphe sur l'expédition projetée de Lissa. Je suppose que vous avez, réunies à Ancône, les frégates *la Favorite*, *la Couronne*, *l'Uranie*, *la Bellone* et *la Caroline*, et les bricks *le Mercure*, *l'Iena*, *la Princesse-Auguste* et *la Charlotte*, ce qui fait neuf bâtiments. Nul doute que ces neuf bâtiments doivent pouvoir attaquer non pas seulement trois, mais même quatre frégates anglaises; mais pour cela il faut qu'ils soient bien montés. Je pense que vous devez composer votre expédition de 60 hommes d'élite d'infanterie par frégate, ce qui fait 300 hommes pour les cinq frégates, de 25 hommes par brick, ce qui fait 400 hommes, qui, joints à 400 hommes de garnison, mettraient dans les mains du commandant de cette expédition 800 hommes à débarquer. Comme le capitaine Dubourdieu est entreprenant et ambitieux, il ne faut pas l'éperonner, il faut lui laisser la bride sur le cou. Je suppose qu'il a déjà fait des sorties avec ses frégates. Ne serait-il pas convenable qu'évitant les croisières anglaises il se rendît à Raguse et s'essayât d'abord à des croisières sur des points où les Anglais ne sont pas forts? Mais on ne peut mieux faire que de donner carte blanche au capitaine, qui, connaissant ses équipages et le degré de confiance qu'il doit avoir en eux, a la conscience de ce qu'il peut.

NAPOLÉON.

D'après la copie comm. par S. A. I. Mme la duchesse de Leuchtenberg.

17046. — A MAXIMILIEN-JOSEPH, ROI DE BAVIÈRE,
À MUNICH.

Fontainebleau, 13 octobre 1810.

Je reçois la lettre de Votre Majesté du 28 septembre. Je ne fais pas de difficulté de renoncer aux contributions que doivent les provinces à la droite de l'Inn, et j'ai donné ordre qu'elles vous fussent remises. Je suis bien aise de trouver cette occasion de faire une chose agréable à Votre Majesté.

D'après la minute. Archives de l'Empire.

17047. — AU GÉNÉRAL CLARKE, DUC DE FELTRE,
MINISTRE DE LA GUERRE, À PARIS.

Fontainebleau, 14 octobre 1810.

Monsieur le Duc de Feltre, je croyais l'officier du génie Boutin parti pour l'Égypte et la Syrie. Les détails ne me regardent pas. Qu'il se rende soit à Otrante, soit à Ancône; qu'il masque sa mission comme il l'entendra, mais qu'il la fasse. Qu'il passe tout l'hiver et une partie de l'été prochain en Égypte et en Syrie, de manière à pouvoir ensuite rendre compte de la situation militaire et politique de ces pays. Recommandez-lui de voir la citadelle du Caire, celle d'Alexandrie, Damiette et Saint-Jean-d'Acre. Alep, Damas, Alexandrette sont compris dans sa mission. Levez tous les obstacles, et ne m'en parlez plus.

D'après la minute. Archives de l'Empire.

17048. — AU GÉNÉRAL CLARKE, DUC DE FELTRE,
MINISTRE DE LA GUERRE, À PARIS.

Fontainebleau, 16 octobre 1810.

J'approuve que vous mettiez à la disposition du roi de Saxe cinquante pièces de canon en fer de différents calibres, avec leurs affûts, que vous retirerez de Stettin, pour armer les places du duché de Varsovie. Le roi de Saxe sera chargé des transports.

D'après la minute. Archives de l'Empire.

17049. — AU GÉNÉRAL CLARKE, DUC DE FELTRE,
MINISTRE DE LA GUERRE, À PARIS.

Fontainebleau, 16 octobre 1810.

Monsieur le Duc de Feltre, faites-moi connaître combien de régiments les provinces illyriennes fournissaient à l'Autriche. Il me paraît convenable de disposer de tous les soldats qui se trouvent dans ces pays, pour en former des régiments à mon service, et de leur donner des officiers et sous-officiers des provinces de Carniole, de Goritz et de Laybach.

Il faudrait également tirer parti de l'Istrie et de la Dalmatie. Comme le royaume d'Italie a déjà un régiment dalmate, on pourrait le compléter aussi haut qu'il doit l'être, et former un nouveau corps du reste. On pourrait organiser trois régiments, dont l'un comprendrait les hommes des provinces de la Carniole et de Villach; un autre serait formé d'hommes de l'Istrie et du comté de Goritz; le troisième serait fourni par la Croatie civile; on emploierait les hommes de la Croatie à recruter le régiment italien.

L'état-major d'un de ces régiments pourrait être placé à Gênes, un autre à Florence, et l'autre dans le Piémont; ils seraient là assez près et assez loin, et l'on ôterait à l'Autriche beaucoup de soldats. Faites-moi un rapport sur cet objet.

La population des provinces illyriennes étant de 1,500,000 âmes, elles doivent fournir 18,000 hommes. Il faut en ôter la Dalmatie, dont le recrutement est réservé au régiment dalmate, qui est à la solde du royaume d'Italie, sauf à prendre par la suite ce régiment à la solde de la France. Il faut en ôter la Croatie militaire. Il restera encore un million d'habitants qui doivent fournir un effectif de 12,000 hommes, avec lesquels on pourrait former trois ou quatre régiments. Il faudrait conserver la conscription, telle qu'elle était sous la maison d'Autriche, puisque ces peuples y sont accoutumés.

NAPOLÉON.

D'après la copie. Dépôt de la guerre.

17050. — DÉCRET.

Palais de Fontainebleau, 16 octobre 1810.

ARTICLE 1ᵉʳ. Il est accordé une pension viagère de 30,000 francs à Mᵐᵉ Hyacinthe Dominique de Bourbon, religieuse dans le couvent de Saint-Dominique, à Rome. Cette pension sera inscrite au trésor public, avec jouissance à compter du 22 juin 1810.

ART. 2. Au moyen de la disposition ci-dessus, la Consulte cessera de faire payer à cette princesse la pension provisoire de 600 francs par mois accordée par notre décision du 8 avril 1810.

ART. 3. Nos ministres des finances et du trésor public sont chargés, chacun en ce qui le concerne, de l'exécution du présent décret, qui ne sera pas imprimé.

NAPOLÉON.

D'après la copie. Archives des finances.

17051. — A M. DE CHAMPAGNY, DUC DE CADORE,
MINISTRE DES RELATIONS EXTÉRIEURES, À PARIS.

Fontainebleau, 17 octobre 1810.

Monsieur le Duc de Cadore, je vous envoie une lettre qui me tombe dans les mains. Écrivez au sieur Otto pour le prémunir contre les faux bruits qu'elle contient. Faites parler dans le *Moniteur* des présents que j'ai fait faire à M. de Metternich à son départ de Paris, lesquels consistent, je crois, en pièces de tapisserie des Gobelins, etc.

Remettez-moi le plus tôt possible le premier projet de bulletins à envoyer à mes ministres à l'étranger pour leur faire connaître la vérité sur les fausses nouvelles qu'on répand des affaires d'Espagne et du prétendu mariage du prince espagnol Ferdinand avec une princesse d'Autriche.

NAPOLÉON.

D'après l'original. Archives des affaires étrangères.

17052. — A M. DE CHAMPAGNY, DUC DE CADORE,
MINISTRE DES RELATIONS EXTÉRIEURES, À PARIS.

Fontainebleau, 17 octobre 1810.

Monsieur le Duc de Cadore, écrivez à mes ministres à Naples et en Westphalie pour leur faire connaître que je désirerais que ces cours ne prissent pas les mêmes titres militaires que la France. Je vois, par exemple, à Naples un colonel-général de la garde napolitaine. En France, les colonels-généraux de la Garde sont des maréchaux qui ont remporté plusieurs victoires et qui se sont fait un nom. Il y a quelque chose de choquant à voir le titre de colonel-général donné à un M. Lavauguyon, qui était capitaine en France il y a deux ans, ou à des officiers en Westphalie qui n'ont rien fait. C'est spécialement sur le titre de colonel-général que porte mon observation. Les rois de Naples et de Westphalie peuvent donner à leurs officiers les titres de généraux de la garde, de colonels de la garde, de capitaines de la garde, et autres titres qui ont été de tout temps en usage en Europe, mais non des titres de distinction créés en France et particuliers à l'armée française. Faites également connaître à mes ministres à Naples et en Westphalie qu'il ne doit pas être fait de maréchaux dans ces armées. Cette dernière observation est pour leur instruction, puisque ces souverains n'en ont pas nommé.

NAPOLÉON.

D'après l'original. Archives des affaires étrangères.

17053. — A M. DE CHAMPAGNY, DUC DE CADORE,
MINISTRE DES RELATIONS EXTÉRIEURES, À PARIS.

Fontainebleau, 17 octobre 1810.

Adressez une circulaire à mes ministres dans les états de la Confédération du Rhin et en Suisse, où les denrées coloniales ont été séquestrées, pour leur recommander de faire la recherche de celles qui appartiennent à des négociants français, et de les diriger ensuite, sous plomb et avec acquit-à-caution, sur les entrepôts de Kehl, de Cassel et de Wesel.

Il ne faut pas comprendre dans ces dispositions les marchandises qui sont à Francfort, à Hambourg ou dans le Holstein, mais seulement celles qui ont été séquestrées dans les états de la Confédération. Parmi celles-ci se trouvent les marchandises dont l'admission a été autorisée par mon décret du 12 de ce mois. Ces marchandises entreront dans les entrepôts de la rive gauche; mais les autres attendront dans les entrepôts de la rive droite les ordres que je donnerai sur le rapport qui me sera fait par mon directeur général des douanes en conseil de commerce.

Au moyen de ces mesures, il n'y aura plus dans les états de la Confédération de marchandises coloniales appartenant à des Français; elles seront toutes dans les entrepôts de mes douanes jusqu'à ce que j'aie statué ce qui sera jugé convenable.

Comme je veux être favorable à la Suisse, j'admettrai en principe que toutes les denrées coloniales qui se trouvent en Suisse, séquestrées et appartenant à des étrangers, sont susceptibles d'entrer en France ou dans mon royaume d'Italie. Vous vous entendrez, à cet effet, avec mon directeur général des douanes; vous me présenterez l'état des quantités et des espèces de marchandises, des lieux où elles se trouvent, de l'endroit où il conviendra de les réunir, et vous ferez la distinction de celles qu'il serait convenable de faire entrer dans mon royaume d'Italie, au lieu de les admettre en France.

Vous pouvez assurer au landamman que le transit du coton du Levant sera autorisé pour la Suisse.

Enfin je désire que vous écriviez à mes ministres dans les états de la Confédération de vous faire connaître les quantités de denrées coloniales séquestrées, et n'appartenant point à des Français, qui resteront dans ces états, afin qu'on puisse prendre des mesures pour les y mettre en circulation et qu'elles s'y consomment.

D'après la minute. Archives de l'Empire.

17054. — AU GÉNÉRAL CLARKE, DUC DE FELTRE,
MINISTRE DE LA GUERRE, À PARIS.

Fontainebleau, 17 octobre 1810.

Monsieur le Duc de Feltre, vous recevrez de la secrétairerie d'état un décret qui met un million à votre disposition pour les travaux des fortifications de l'Escaut. Mon intention est que le défaut d'argent ne retarde en rien des ouvrages aussi importants. Il faut que le fort Montebello, la batterie de Nolle, le fort Saint-Hilaire, les deux magasins à poudre et enfin tout ce qu'il sera possible de faire à Flessingue, soit terminé, et que la même activité soit donnée aux travaux de l'île de Cadzand et à ceux du fort Lillo. Quant à Anvers, je vous ai déjà fait connaître que mon projet est d'en faire une place de première force et un dépôt général pour tous les moyens d'artillerie de la Hollande. Anvers devient tous les jours plus important, et la réunion de la Hollande ajoute encore à l'intérêt que cette place a par elle-même. Il faut que les projets qui me seront remis pour les travaux de 1811 soient faits en conséquence. Mon intention est d'employer au moins quatre millions, l'année prochaine, aux seules fortifications des places de l'Escaut. Il faut qu'on continue les travaux tout l'hiver, autant que cela sera possible. Ordonnez qu'au Fort Impérial de l'île de Cadzand on presse, autant que possible, la construction des magasins à poudre et tous les travaux qui doivent assurer la défense de cette place si importante.

D'après la minute. Archives de l'Empire.

17055. — AU GÉNÉRAL CLARKE, DUC DE FELTRE,
MINISTRE DE LA GUERRE, A PARIS.

Fontainebleau, 17 octobre 1810.

Monsieur le Duc de Feltre, lorsqu'il se trouve des moines parmi les prisonniers espagnols, il faut leur faire quitter l'habit de moines, à leur passage à la frontière, les faire habiller avec des capotes et les confondre avec les autres prisonniers.

NAPOLÉON.

D'après la copie. Dépôt de la guerre.

17056. — AU GÉNÉRAL SAVARY, DUC DE ROVIGO,
MINISTRE DE LA POLICE GÉNÉRALE, A PARIS.

Fontainebleau, 17 octobre 1810.

Il faut ordonner qu'on donne gratis des passe-ports aux ouvriers de la partie montueuse de la Dora qui ont coutume, comme les Auvergnats, d'émigrer en Italie pour travailler à la terre.

D'après la minute. Archives de l'Empire.

17057. — AU PRINCE DE NEUCHÂTEL ET DE WAGRAM,
MAJOR GÉNÉRAL DE L'ARMÉE D'ESPAGNE, A FONTAINEBLEAU.

Fontainebleau, 17 octobre 1810.

Mon Cousin, le bruit d'un prétendu mariage du prince Ferdinand avec une princesse d'Autriche s'accrédite beaucoup. Il est important que vous écriviez à tous les commandants des corps d'armée en Espagne pour les prévenir que ce bruit est un enfant de l'oisiveté de Paris et un bavardage qui occupe les Parisiens; qu'ils doivent rejeter avec indignation la seule idée d'un pas rétrograde; qu'il n'a jamais été question de rien de pareil.

NAPOLÉON.

D'après l'original. Dépôt de la guerre.

17058. — AU GÉNÉRAL CLARKE, DUC DE FELTRE,
MINISTRE DE LA GUERRE, À PARIS.

Fontainebleau, 18 octobre 1810.

Il paraît que toutes les opinions sont d'avoir un point intermédiaire entre Mayence et Wesel. La population de Cologne empêche qu'on n'occupe cette place. Alors quel est le point qu'on doit choisir? Si l'ennemi dirige sa ligne d'opérations sur Coblentz, il se trouve arrêté par Luxembourg et avoir l'armée de Mayence sur son flanc gauche. D'ailleurs on ne suppose pas que l'ennemi puisse chercher à pénétrer dans les provinces de l'intérieur de la France, mais seulement arriver à Bruxelles. Une ligne d'opérations qui partirait de Coblentz serait double en étendue de celle qui partirait de Dusseldorf. Si l'on suppose que l'ennemi prend Cassel, sa ligne d'opérations le conduit sur Bonn ou sur Cologne. L'ennemi partant de Bonn peut cheminer sur Liége, passer la Meuse et pénétrer dans la Belgique. Par ce moyen il évite Juliers et Maëstricht; mais ces deux places seront des points d'appui pour une armée qui menacera son flanc droit. Si Bonn est occupé et qu'alors l'ennemi se dirige sur Cologne, alors il est menacé sur son flanc droit par Juliers et Maëstricht, et sur son flanc gauche par Bonn; le Rhin se trouve lui être intercepté. Cette opération paraît tellement hasardeuse, qu'il serait difficile de concevoir qu'un homme de sens pût la tenter. Il faut nécessairement prendre Bonn avant de marcher sur Liége, et, pour faire une opération raisonnable, il faudrait s'emparer de Juliers et de Maëstricht.

Dans le projet du point intermédiaire à déterminer entre Wesel et Mayence, il ne faut pas songer à la ville de Cologne, vu son étendue et sa population. La question se réduit donc à savoir si les fortifications doivent être à Bonn ou à l'embouchure de la Sieg. Il faut voir ces deux positions et les examiner avec soin sous leurs différents rapports. Que vaut l'enceinte actuelle de Bonn? Est-il possible d'occuper Bonn sans avoir des ouvrages sur les hauteurs de Poppelsdorf? A quelle distance les remparts en sont-ils dominés? Bonn ne serait rien sans une tête de pont. Est-il possible d'avoir une tête de pont sans occuper le Finkenberg? A quelle distance serait-elle dominée par cette hauteur ou par toute autre? La partie de la place qui serait sur la rive gauche peut-elle être protégée par une inondation? Il semble que le ruisseau de Rheindorf est assez considérable pour qu'on puisse en tirer parti. Il est évident que, si la place est sur la rive droite, il sera facile d'étendre une inondation autour de ses ouvrages. Quelle est l'importance de la petite rivière de la Sieg? Enfin la comparaison des deux projets.

Si l'on établissait deux ouvrages sur la rive droite, quel doit être le plus fort, celui à l'embouchure de la Sieg ou la tête de pont? Les ouvrages sur la rive droite ne peuvent pas être de peu de valeur, à cause des hauteurs qu'il faut occuper, sans quoi Bonn perdrait son rôle offensif et serait à découvert. Il faut calculer la dépense des forts, savoir si on peut profiter des eaux de la Sieg pour obtenir une inondation, et déterminer l'espace de terrain qu'elle peut embrasser. On présume qu'il serait possible d'avoir un grand camp retranché sur la rive droite. Savoir s'il peut être protégé par les forts et couvert par l'inondation.

Ne pourrait-on pas avoir un fort à l'embouchure du ruisseau de Rheindorf, qui servirait en quelque sorte de réduit à ce camp retranché? Ce fort pourrait être en terre, avec fossés pleins d'eau; et, au moyen du ruisseau, on pourrait peut-être l'entourer d'une inondation. Il faut voir les avantages que l'on peut retirer de cette localité et les balancer avec les inconvénients.

Ces différentes questions ont besoin d'être étudiées. Il faudrait surtout avoir les plans du terrain à 1,200 toises sur les deux rives, et y marquer les cotes de nivellement.

D'après la minute. Archives de l'Empire.

17059. — AU VICE-AMIRAL COMTE DECRÈS,
MINISTRE DE LA MARINE, À PARIS.

Fontainebleau, 18 octobre 1810.

Faites demain un article pour mettre dans *le Moniteur* la prise de l'île de Bourbon et les mesures qui ont été faites à l'île de France pour recevoir l'ennemi [1].

D'après la minute. Archives de l'Empire.

17060. AU PRINCE DE NEUCHÂTEL ET DE WAGRAM,
MAJOR GÉNÉRAL DE L'ARMÉE D'ESPAGNE, À FONTAINEBLEAU.

Fontainebleau, 18 octobre 1810.

Mon Cousin, je vois que le général Kellermann montre la plus grande insouciance, et que, loin de placer ses forces de manière à appuyer l'armée de Portugal, il tient ses troupes disséminées. Il me semble que j'ai compris la province d'Avila dans l'arrondissement de l'armée du centre. Écrivez de nouveau au général Drouet que j'attache la plus grande importance à avoir des nouvelles de l'armée de Portugal; que le principe d'occuper tous les points est impossible à exécuter; qu'il faut se contenter d'occuper les points où sont les dépôts et les hôpitaux, et avoir ses troupes dans la main pour les porter où cela est nécessaire, et surtout sur les derrières de l'armée de Portugal.

NAPOLÉON.

D'après l'original. Dépôt de la guerre.

17061. — AU GÉNÉRAL MOUTON, COMTE DE LOBAU,
AIDE DE CAMP DE L'EMPEREUR, À PARIS.

Fontainebleau, 18 octobre 1810.

Je vous renvoie le travail sur les régiments croates. Invitez à dîner les officiers de la députation croate. Prenez des renseignements pour connaître ces régiments de manière à pouvoir répondre à toutes mes questions.

[1] Voir *le Moniteur* du 20 octobre 1810.

Combien de bataillons faudrait-il pour compléter les 3es et 4es bataillons? Sont-ils habillés en temps de paix? Quand on veut les compléter, comment prend-on l'habillement? En temps de paix, combien coûtent-ils, indépendamment du territoire? Combien faut-il débourser de la caisse du pays pour les régiments? Seraient-ils contrariés si je voulais maintenir un bataillon de 6 compagnies, c'est-à-dire 500 ou 600 hommes pour être employés dans l'intérieur, ou à Naples, ou même en France? Combien cela coûterait-il? Comment se remplacent les soldats et les officiers? Comment sont divisées les terres? Comment, quand un officier meurt, le nouvel officier prend-il les terres de l'officier mort? Comment cela s'arrange-t-il avec la famille du mort?

D'après la minute. Archives de l'Empire.

17062. — A M. DE CHAMPAGNY, DUC DE CADORE,

MINISTRE DES RELATIONS EXTÉRIEURES, À PARIS.

Fontainebleau, 19 octobre 1810.

Monsieur le Duc de Cadore, il est nécessaire que vous écriviez une note au ministre de Prusse et que vous lui demandiez d'envoyer sur-le-champ un courrier à sa cour. Vous lui ferez connaître que, par le traité de Tilsit, le roi de Prusse s'est engagé à proscrire dans ses états le commerce anglais; que je n'ai évacué les côtes qu'à cette condition; que la Russie doit faire la même chose; que je suis persuadé qu'elle le fera, mais que la question n'est pas celle-là; que le mal que font ces mesures à l'Angleterre est immense, si ces mesures sont prises sérieusement; que la Prusse ne peut être consolidée que par la paix, et que la paix ne peut s'obtenir que par l'exécution rigoureuse de notre système; que je demande que le transit ne soit permis dans les états prussiens pour aucune marchandise anglaise ou coloniale, aux trois barrières de la Vistule, de l'Oder et de l'Elbe; que toutes doivent être soumises aux droits; que, s'il en est autrement, j'entre en Prusse; que je n'ai pas d'autre moyen de faire la guerre à l'Angleterre; que celui-là est efficace, et que rien ne pourrait m'arrêter; que toute marchandise anglaise et coloniale doit être arrêtée sur la triple ligne, et qu'aucune ne doit passer sur les côtes.

Vous enverrez la même déclaration, par un courrier extraordinaire, à mon chargé d'affaires, et vous lui prescrirez que, s'il n'obtient pas ce qu'il demande, il quitte Berlin. Vous lui ferez connaître que tous les bâtiments qui étaient dans la Baltique et qui n'ont pu entrer dans le Mecklenburg ont débarqué plus loin; qu'il faut que la Prusse les empêche de pénétrer dans ses états; que, si le chargement des six cents bâtiments venant à entrer en Prusse n'est pas confisqué, j'enverrai les confisquer; que, s'ils sont en Russie et entrent en Prusse, j'y mettrai également opposition et les ferai saisir par mes troupes.

NAPOLÉON.

D'après l'original. Archives des affaires étrangères.

17063. — NOTE DICTÉE AU DUC DE BASSANO,
MINISTRE SECRÉTAIRE D'ÉTAT.

Fontainebleau, 19 octobre 1810.

Ce projet ne dit rien. Les motifs d'une telle mesure, le but qu'on se propose, les besoins auxquels on veut satisfaire, ne ressortent point de sa rédaction.

Que veut-on? Un refuge pour les anciens moines? Mais il n'y a plus de moines en France; ils se sont amalgamés avec la société; c'est une chose finie. Veut-on rétablir des moines? Les Musulmans, les Anglais, les états protestants n'ont pas de moines et n'en sentent pas le besoin.

Veut-on des maisons comme celle de la Trappe, où l'on ne recevrait pas de moines, mais des hommes qui, dégoûtés du monde, veulent finir leurs jours dans la vie contemplative? Cette idée serait simple et le but évident. Mais ne voit-on pas à Paris un moine de la Trappe qui se mêle à toutes les coteries et qui fait de son état de moine un objet d'intrigues et de spéculations? Les moines de la Thébaïde sont les seuls qui aient mené une vie véritablement contemplative. Les moines de l'Europe, au contraire, menaient une vie tellement active, qu'ils dominaient les nations chez lesquelles ils avaient été établis, et que, partout où ils n'ont pas cessé d'exister, ils les dominent encore.

On reconnaît cependant qu'il peut être de quelque utilité de rétablir le couvent de la Trappe, mais on ne croit pas qu'il soit besoin d'en avoir d'autres. Le couvent de Sénart, par exemple, ne doit pas être rétabli. C'est un lieu assez singulièrement choisi pour vivre dans l'oubli du monde, qu'une maison située à quatre ou cinq lieues de la capitale. Sa Majesté n'est point allée à Sénart, mais elle est persuadée que, si la chasse l'y conduisait, elle serait aussi désagréablement frappée qu'elle l'a été au Calvaire.

S'il faut faire un essai dans cette matière, on peut le faire à la Trappe. Les bulles existent et il n'y a point de difficultés. En formant cet établissement de manière qu'il puisse recevoir 200 personnes, il sera au maximum de ce que peuvent exiger les 40 millions d'hommes qui composent la population de l'Empire. Si l'expérience trompe ce calcul, on fera une seconde maison.

En résumé, les seuls besoins réels de la France, sous le rapport des maisons de retraite, sont ceux-ci :

1° Donner à des moines vieillis dans la vie commune le moyen de vivre en commun. Mais beaucoup de moines se sont établis en commun sans que le gouvernement le sache, et pour ceux de l'Italie française, on leur a conservé quatre maisons, en les supprimant.

2° Avoir des maisons de retraite de l'espèce de celle de Sainte-Périne, de Chaillot, où puissent vivre des vieillards qui ont conservé de très-faibles ressources et qui n'ont plus de famille. Mais cela n'a rien de commun avec les couvents; on n'a pas encore vu un homme de cinquante ans prendre la fantaisie de se faire moine. Si des vieillards ont de la fortune, ils se font servir chez eux et n'ont pas besoin d'un couvent pour vivre retirés du monde; s'ils n'en ont pas, et si on leur offre une retraite où le peu de ressources qui leur reste suffit cependant pour qu'ils vieillissent à l'abri du besoin, ils y chercheront une vie douce et n'y chercheront pas la vie contemplative. L'établissement d'une maison comme Sainte-Périne, bien établie, bien administrée, bien dotée, serait une fort belle chose; il en existe de semblables dans toute l'Europe. Ce serait un hospice des vieillards.

3° Offrir un refuge dans la vie contemplative aux hommes qui veulent fuir la société, soit parce qu'elle leur est importune, soit parce qu'elle leur rappelle des fautes ou des pertes dont on ne se console point. La Trappe est l'établissement le plus favorable pour cet objet; le nom, le lieu, les souvenirs qui s'y rattachent, disent clairement ce qu'on veut faire.

Le premier article du projet de décret serait donc celui-ci : La maison de la Trappe est rétablie.

<small>D'après la minute. Archives de l'Empire.</small>

17064. — AU PRINCE LEBRUN,
LIEUTENANT GÉNÉRAL DE L'EMPEREUR EN HOLLANDE, À AMSTERDAM.

<small>Fontainebleau, 19 octobre 1810.</small>

On m'assure que les ouvriers de Rotterdam et d'Amsterdam n'ont point de travail. Faites-moi connaître quelle espèce d'ouvriers c'est, et quels travaux on pourrait leur donner.

<small>D'après la minute. Archives de l'Empire.</small>

17065. — A M. DE CHAMPAGNY, DUC DE CADORE,
MINISTRE DES RELATIONS EXTÉRIEURES, À PARIS.

<small>Fontainebleau, 20 octobre 1810.</small>

Monsieur le Duc de Cadore, je vous renvoie votre rapport sur la remise du pays de Hanovre. Présentez-moi un projet de note à remettre au ministre de Westphalie portant que, tant par les raisons qui sont contenues dans votre rapport que parce que la solde de mes troupes n'est pas payée, je déclare non avenu le traité, si avantageux pour la Westphalie, par lequel je lui donnais le Hanovre. Vous enverrez la même explication à mon ministre à Cassel. Vous ajouterez que le roi pourra continuer d'administrer le pays de Hanovre, mais que je ne me tiens pas pour engagé.

NAPOLÉON.

<small>D'après l'original. Archives des affaires étrangères.</small>

17066. — A M. DE CHAMPAGNY, DUC DE CADORE,
MINISTRE DES RELATIONS EXTÉRIEURES, À PARIS.

Fontainebleau, 20 octobre 1810.

Monsieur le Duc de Cadore, je réponds à votre lettre du 11 octobre, que je vous renvoie. Vous avez vu dans ma lettre au roi de Saxe ce que j'ai répondu à ce prince. Causez avec le ministre de Saxe. Faites-lui connaître que cette négociation avec la Prusse est déplorable. D'abord, comment mettre en relation les sujets du grand-duché avec la Prusse? C'est ouvrir une source interminable de discussions et de chicanes qui peut avoir de fâcheux effets. 2° Comment espérer que la Prusse, qui est si obérée, puisse payer? 3° Qu'a-t-on besoin de la Prusse pour se faire payer de ses sujets? Mais, dit-on, depuis deux ans on n'a touché que deux millions. C'est qu'il n'y a aucune législation. Que le roi de Saxe fasse une loi qui porte que, la Prusse ayant cédé sans réserve le duché de Varsovie à la Saxe par le traité de Tilsit, et déclaré, par le même traité et spécialement par celui d'Erfurt, les créances qu'elle avait sur le duché acquises à la France, et la France les ayant cédées à la Saxe pour qu'elle en fût payée, il ordonne à tous individus débiteurs de se faire inscrire pour payer, en fixant des modes et des termes raisonnables de payement; qu'il leur défende de payer à la Prusse sous peine de payer deux fois, et prenne des inscriptions sur les biens de ceux qui doivent. Par ce moyen la Saxe sera payée sans qu'elle ait besoin de la Prusse, et d'une manière naturelle. Si la Prusse alors proteste par des actes, c'est une question à porter au jugement du Protecteur. Il faut prendre la question de très-haut. Écrivez dans ce sens au ministre de Saxe et au sieur Bourgoing; et, après cela, vous laisserez la Saxe maîtresse de faire ce qu'elle veut.

NAPOLÉON.

D'après l'original. Archives des affaires étrangères.

17067. — AU COMTE MOLLIEN,
MINISTRE DU TRÉSOR PUBLIC, À PARIS.

Fontainebleau, 20 octobre 1810.

Monsieur le Comte Mollien, on se plaint à Bayonne du manque de sous, d'abord parce que le cuivre est très-cher, et parce qu'on en envoie une grande quantité en Espagne, surtout du côté de la Navarre. Donnez ordre que des départements de l'Adour et de la Garonne on envoie à Bayonne deux ou trois millions de sous.

NAPOLÉON.

D'après l'original comm. par Mme la comtesse Mollien.

17068. — AU MARÉCHAL MARMONT, DUC DE RAGUSE,
GOUVERNEUR GÉNÉRAL DES PROVINCES ILLYRIENNES, À LAYBACH.

Fontainebleau, 22 octobre 1810.

La marine se plaint que les batteries qui défendent la belle rade de Raguse ne sont pas armées. On désirerait que l'île Dazza eût un bon fort qui la mît à l'abri d'un coup de main, afin que, si des vaisseaux de guerre arrivaient dans cette rade, l'ennemi ne pût point forcer ce point important et brûler nos vaisseaux. Je ne puis trop vous recommander de tenir armées les hauteurs de Raguse, et l'artillerie de cette place en bon état.

D'après la minute. Archives de l'Empire.

17069. — AU VICE-AMIRAL COMTE DECRÈS,
MINISTRE DE LA MARINE, À PARIS.

Fontainebleau, 23 octobre 1810.

Faites-moi un rapport sur le capitaine du *Janus*, brick impérial qui est à Gênes. Ce capitaine ne couche pas à bord; ce qui a donné lieu à l'équipage de déserter. On l'a mis aux arrêts, mais cette peine n'est pas suffisante. Les autres officiers de ce brick couchent également en ville. En général, les officiers des bricks en station dans mes ports couchent en ville. Faites un ordre du jour, et renouvelez les lois contre un pareil abus.

D'après la minute. Archives de l'Empire.

17070. — NOTE DICTÉE AU COMTE DARU,
INTENDANT GÉNÉRAL DE LA MAISON DE L'EMPEREUR, À PARIS.

Fontainebleau, 23 octobre 1810.

Le domaine privé de l'Empereur consiste dans le trésor qui est aux

Tuileries; dans ce qui reste en caisse à la liste civile d'Italie, soit en créances, soit en caisse; dans le portefeuille de réserve qui m'appartient entièrement, entre les mains de M. Estève; dans 15.000 francs de rente sur le grand-livre.

M. Daru peut ignorer encore quelque temps ce qui est relatif au portefeuille de réserve et au trésor, parce que, cet hiver, je lui remettrai cela moi-même. L'autre copie est entre les mains de M. Estève. Je lui remettrai également la clef de mon trésor; il m'en fera souvenir cet hiver.

Pour l'Italie, c'est une autre affaire: je désire que M. Daru s'instruise de tout cela.

Prendre les comptes depuis la formation de la liste civile d'Italie. J'ai acheté une maison Caprara et une autre. J'ai prêté 300,000 francs à Aldini.

En écrivant à l'intendant de la liste civile d'Italie, M. Daru lui fera comprendre que les économies depuis le commencement sont au domaine privé. Ainsi que le mobilier, le budget de caisse fixé..... [1]

Je suis bien aise que, sous ce prétexte, M. Daru suive l'administration de mon domaine d'Italie, afin que tout ce qui s'économise m'appartienne.

J'ai ordonné qu'on efface sur le budget de M. Estève deux millions que me devait Naples. J'ai les..... [2]

Ainsi, comme intendant de mon domaine privé, passer le contrat de M. Aldini devant mon notaire. J'ai fait payer 300,000 francs.

Comme M. Daru va être possesseur de tout ce que j'ai au trésor d'Italie, il me proposera de faire là-dessus le payement de 500,000 francs.

Il n'y aura plus que les biens.

Je ne suppose pas qu'Aldini veuille des inscriptions sur le Monte Napoleone.

D'après la copie comm. par M. le comte Daru.

[1,2] Ces lacunes sont dans le texte.

17071. — A ALEXANDRE Ier, EMPEREUR DE RUSSIE,
À SAINT-PÉTERSBOURG.

Fontainebleau, 23 octobre 1810.

Monsieur mon Frère, Votre Majesté Impériale m'a envoyé de si beaux chevaux que je ne veux pas tarder à lui en faire mes remercîments.

Les Anglais souffrent beaucoup de la réunion de la Hollande et de l'occupation que j'ai fait faire des ports du Mecklenburg et de la Prusse. Il y a toutes les semaines des banqueroutes à Londres qui portent la confusion dans la Cité. Les manufactures sont sans travail; les magasins sont engorgés. Je viens de faire saisir à Francfort et en Suisse d'immenses quantités de marchandises anglaises et coloniales. Six cents bâtiments marchands anglais qui erraient dans la Baltique ont été refusés dans le Mecklenburg, en Prusse, et se sont dirigés vers les états de Votre Majesté. Si elle les admet, la guerre dure encore; si elle les séquestre et confisque leur chargement, soit qu'ils soient encore dans ses ports, soit que même les marchandises soient débarquées, le contre-coup qui frappera l'Angleterre sera terrible; toutes ces marchandises sont pour le compte des Anglais. Il dépend de Votre Majesté d'avoir la paix ou de faire durer la guerre. La paix est et doit être son désir. Votre Majesté est certaine que nous y arrivons si elle confisque ces six cents bâtiments ou leur chargement. Quelques papiers qu'ils aient, sous quelques noms qu'ils se masquent, français, allemands, espagnols, danois, russes, suédois, Votre Majesté peut être sûre que ce sont des Anglais.

Le comte Czernitchef, qui retourne près de Votre Majesté, s'est fort bien conduit ici.

Il ne me reste qu'à prier Votre Majesté de compter toujours sur mes sentiments inaltérables, qui sont à l'abri du temps et de tout événement.

NAPOLÉON.

D'après la copie comm. par S. M. l'empereur de Russie.

17072. — NOTE DICTÉE AU MINISTRE DES FINANCES.

Fontainebleau, 24 octobre 1810.

Il y a quelque chose à faire sur les monnaies. Il y a des alarmes en Piémont, dans la Belgique et dans la Hollande. On prétend qu'on y éprouvera une perte de 40 pour 100, et cela influe sur le prix des grains. Il faut proposer des mesures pour rassurer à cet égard. Il n'y aurait peut-être pas d'inconvénient à faire entrevoir que les mesures qu'on a prises ont eu pour principal objet de faire disparaître des signes qui rappelaient l'ancienne dynastie; ce qui rassurerait sur les pièces qui ne sont pas dans ce cas.

Quant aux écus de 6 francs, il faut les faire disparaître.

Sa Majesté désire qu'on lui propose un projet de décret pour ordonner que la Monnaie de Paris et plusieurs autres Monnaies changent les pièces de 6 francs contre des pièces de 5 francs. Quelle perte cela occasionnerait-il?

D'après la minute. Archives de l'Empire.

17073. — AU COMTE MOLLIEN,
MINISTRE DU TRÉSOR PUBLIC, À PARIS.

Fontainebleau, 24 octobre 1810.

Monsieur le Comte Mollien, je donne ordre que le million que le trésor public a avancé au prince de Ponte-Corvo vous soit remboursé par le Domaine extraordinaire, afin de terminer cette affaire.

Je désirerais que dans la balance du trésor, que vous me présenterez au 1er janvier, vous portiez comme reçus les 2 millions qui sont dus pour 1806, les 1,900,000 francs dus pour 1807, et les 1,100,000 francs de réserve sur ces deux exercices, le tout formant 5 millions, provenant de l'extraordinaire des douanes, en affectant pour cela une des recettes faites. Je désirerais également que, pour le 1er janvier, l'affaire des 14 millions que doit verser le Domaine pour les 14 millions de domaines fût terminée, afin que cela fût porté comme reçu pour 1808. Pour 1809, je désirerais que les 25 millions provenant de l'extraordinaire des douanes fussent portés comme reçus, en y affectant les 25 millions qui seront rentrés. Je ne comprends pas trop comment, à l'état n° 17 de la balance du trésor au 20 octobre, après avoir porté comme reçu le produit de l'extraordinaire des douanes, vous ôtez 16 millions comme restant à Amsterdam. Je désirerais que, au 1ᵉʳ janvier, les 6 millions provenant du département des Bouches-du-Rhin fussent reçus à Paris; je ne vois rien de reçu de ce département dans votre livret d'octobre.

Il me paraît que je n'ai affecté sur l'extraordinaire des douanes que 76 millions, savoir : 5 millions pour 1806 et 1807, 12 millions pour 1808, 25 millions pour 1809 et 34 millions pour 1810; total, 76 millions. Or, comme tout porte à penser que j'aurai 100 millions, je crois qu'il sera convenable d'employer cet excédant de 24 à 30 millions à couvrir les non-valeurs qui existent au trésor, et qui ne seront, à ce qu'il me paraît, recouvrées que par l'Espagne. On porterait cela comme sommes à recouvrer pour avances faites à l'Espagne; car les avances faites à l'Espagne ont été mises en dépense, et il n'y a eu aucune recette pour les couvrir; ces 24 ou 30 millions en serviraient.

NAPOLÉON.

D'après l'original comm. par Mᵐᵉ la comtesse Mollien.

17074. — AU VICE-AMIRAL COMTE DECRÈS,
MINISTRE DE LA MARINE, À PARIS.

Fontainebleau, 24 octobre 1810.

Les deux frégates *la Favorite* et *la Couronne*, qui sont à Ancône, sont mâtées avec des mâts du pays, même des mâts de hune. Écrivez aux capitaines qui les commandent de vous envoyer leurs observations sur la bonté et la force de ces mâts. Il faudrait, après, connaître la comparaison de ces mâts avec ceux de Corse. On croit que ceux de Corse sont aussi bons ou meilleurs que ceux de l'Istrie.

Le vice-roi me mande que *l'Uranie* a perdu ses qualités. Il faut donner l'ordre de la faire rester à Venise, et qu'on fasse connaître s'il convient de la radouber ou de l'abandonner. Une frégate qui ne marche plus n'est plus bonne à rien.

D'après la minute. Archives de l'Empire.

17075. — AU PRINCE DE NEUCHÂTEL ET DE WAGRAM,
MAJOR GÉNÉRAL DE L'ARMÉE D'ESPAGNE, À FONTAINEBLEAU.

Fontainebleau, 24 octobre 1810.

Mon Cousin, je ne puis voir qu'avec indignation, dans l'état des bataillons du train des équipages militaires, que le sieur Miot, attaché au roi d'Espagne, a un caisson du 1er bataillon des équipages militaires. Donnez des ordres positifs pour qu'il remette ce caisson au bataillon, et condamnez-le à payer une amende pour le loyer de ce caisson, pour les réparations et pour l'entretien des chevaux. Faites également rendre celui qui est à la suite des grenadiers de la garde royale, qui peuvent bien se procurer des caissons. Je vois également qu'au 7e bataillon deux généraux ont des caissons, ainsi que le sieur Percy, chirurgien en chef de l'armée. Donnez des ordres pour que ces caissons rentrent au bataillon.

NAPOLÉON.

D'après l'original. Dépôt de la guerre.

17076. — AU PRINCE DE NEUCHÂTEL ET DE WAGRAM,
MAJOR GÉNÉRAL DE L'ARMÉE D'ESPAGNE, À FONTAINEBLEAU.

Fontainebleau, 25 octobre 1810.

Mon Cousin, répondez à la lettre ci-jointe du duc de Dalmatie, que j'ai été surpris de son contenu; que je lui ai ordonné positivement de laisser subsister l'administration espagnole et d'avoir pour le Roi les mêmes égards qu'avant que je l'eusse chargé des opérations militaires, de la police du pays, et de veiller à ce que les ressources du pays soient appliquées aux besoins de l'armée; que c'est une très-grande faute de s'éloigner de ce principe et de travailler ainsi à indisposer le pays; que j'ai déjà vu, il y a quinze jours, une de ses lettres qui m'avait étonné; que, en le nommant commandant en chef de mon armée, je n'ai entendu rien changer à l'administration civile du royaume d'Espagne; qu'il peut remettre le vif-argent et autres produits des mines aux agents du Roi, en s'assurant qu'ils en feront un bon usage. Écrivez dans ce sens au Roi.

NAPOLÉON.

D'après la copie. Dépôt de la guerre.

17077. — AU COMTE DE MONTALIVET,
MINISTRE DE L'INTÉRIEUR, À PARIS.

Fontainebleau, 25 octobre 1810.

Faites connaître aux préfets que mon intention est que personne ne loge aux différents hôtels de ville, ni les maires, ni les officiers municipaux, ni les préfets; que les hôtels de ville doivent être destinés à la tenue des bureaux, de la salle du conseil et pour tous les besoins publics, mais il ne doit y avoir aucun logement particulier.

D'après la minute. Archives de l'Empire.

17078. — A EUGÈNE NAPOLÉON,
VICE-ROI D'ITALIE, À ANCÔNE.

Fontainebleau, 25 octobre 1810.

Mon Fils, il paraît qu'à Rieti, ville des Légations, il y a beaucoup de graines de pastel; on désire en avoir une grande quantité, parce qu'on a trouvé le moyen d'extraire du pastel une fécule qui est de l'indigo. Répandez dans le pays la brochure ci-jointe; encouragez cette manipulation, et faites-moi connaître combien on pourrait se procurer de ces graines.

NAPOLÉON.

D'après la copie comm. par S. A. I. Mme la duchesse de Leuchtenberg.

17079. — A JOACHIM NAPOLÉON, ROI DES DEUX-SICILES,
À NAPLES.

Fontainebleau, 25 octobre 1810.

Toutes les troupes que les Anglais avaient destinées à la Sicile viennent d'être envoyées en Portugal, aussitôt qu'on a connu l'ordre du jour que vous venez de faire paraître. Si vous vouliez revenir à Naples, qui vous obligeait de déclarer que vous mettiez fin à l'expédition? Je vous avais fait connaître que mon intention était que mes troupes restassent en position de menacer la Sicile jusqu'au 1er janvier; mais vous agissez sans aucune espèce de prudence.

D'après la minute. Archives de l'Empire.

17080. — AU GÉNÉRAL LACUÉE, COMTE DE CESSAC,
MINISTRE DIRECTEUR DE L'ADMINISTRATION DE LA GUERRE, À PARIS.

Fontainebleau, 26 octobre 1810.

Rendez-moi compte des malades que j'ai à Cadzand et à Flessingue et à bord de l'escadre, afin que je puisse faire une comparaison et voir si elle donnera pour résultat qu'il convient d'arrêter que désormais, du 15 août au 15 novembre, les garnisons de Cadzand et de Flessingue seront mises à bord des vaisseaux ou à bord de grosses flûtes ou de tous autres bâtiments tenant la mer. Il paraît que l'escadre n'a point de malades. 2,000 hommes peuvent suffire à Flessingue; ce serait donc 200 hommes par vaisseau. Si, au lieu de vaisseaux, on avait de grosses prames, on pourrait y loger ces hommes. Conférez avec la marine sur le nombre des bâtiments qu'on pourrait avoir pour cet objet.

Il y a au bataillon colonial à Flessingue 60 hommes nus. Donnez ordre qu'on leur envoie sur-le-champ des habits.

D'après la minute. Archives de l'Empire.

17081. — AU GÉNÉRAL CLARKE, DUC DE FELTRE,
MINISTRE DE LA GUERRE, À PARIS.

Fontainebleau, 27 octobre 1810.

Je reçois votre rapport du 21, relatif à l'école militaire de la Flèche. Il est ridicule, et je n'entends pas que les élèves me coûtent plus de 6 à 700 francs; c'est à vous à faire les réformes nécessaires. Il ne doit y avoir que le nombre de professeurs et de quartiers-maîtres nécessaire. 1,100 francs pour une école comme celle de la Flèche est une pension exorbitante; c'est un signe que l'école est mal administrée ou du moins que la dépense est hors de proportion avec l'établissement. Voilà comme on ne peut rien confier aux officiers militaires. Il n'y a pas de lycée qui me coûte plus de 600 francs. Prenez donc des mesures pour que cela soit réglé ainsi.

Quant aux Croates, le nombre de 200 est considérable. Demandez des renseignements afin que les 100 qui appartiennent aux gens les moins aisés je puisse les mettre à Châlons. Ils ne coûteront que 400 fr. et ils apprendront des métiers; ce qui est une chose fort utile en Croatie. Ainsi les fils de colonels, lieutenants-colonels, capitaines, jusqu'à concurrence de moins de 100, peuvent être élevés à Saint-Cyr ou à la Flèche; les fils des lieutenants et sous-lieutenants, en nombre nécessaire pour compléter 100, seront mis à la Flèche; les 100 appartenant aux moins riches, on les enverra à Châlons. Si les 200 appartiennent à des gens considérables, et tels qu'ils ne puissent pas apprendre des métiers, vous m'en rendrez compte.

D'après la minute. Archives de l'Empire.

17082. — AU GÉNÉRAL CLARKE, DUC DE FELTRE,
MINISTRE DE LA GUERRE, À PARIS.

Fontainebleau, 27 octobre 1810.

Mon Cousin, demandez aux ministres d'Espagne à Paris des notes précises sur les abus qu'ils reprochent au général Kellermann. Mandez à ce général que je vois avec surprise qu'il se soit attribué des sommes qui ne lui étaient pas dues; qu'il a pris 16,000 francs par mois, traitement qu'on ne fait pas même à un maréchal commandant une armée; et qu'il est probable que le trésor public ne regardera pas cette somme comme légalement reçue.

NAPOLÉON.

D'après l'original. Dépôt de la guerre.

17083. — AU COMTE DE MONTALIVET,
MINISTRE DE L'INTÉRIEUR, À PARIS.

Fontainebleau, 27 octobre 1810.

Je vous envoie une note sur l'arrondissement de Pont-l'Évêque, département du Calvados. Témoignez mon mécontentement au préfet du mauvais état de cette partie de son département. Donnez-lui l'ordre de parcourir le département et de mettre ordre à ces abus. Faites-moi connaître quel est le sous-préfet de cet arrondissement.

D'après la minute. Archives de l'Empire.

17084. — A EUGÈNE NAPOLÉON,
VICE-ROI D'ITALIE, À ANCÔNE.

Fontainebleau, 27 octobre 1810.

Mon Fils, le 2ᵉ bataillon du 2ᵉ régiment d'infanterie de ligne italien est prisonnier de guerre. Il faut le reformer et ne porter ce qui est prisonnier de guerre que pour mémoire, et à la suite. Il est nécessaire que vous ayez dans le royaume deux escadrons du régiment Napoléon, et deux escadrons du régiment des chasseurs royaux. Par ce moyen vous auriez en Italie deux escadrons des chasseurs royaux, quatre escadrons du régiment du Prince-Royal, quatre escadrons du régiment de la Reine, deux escadrons des dragons Napoléon; lesquels, complétés à 200 chevaux, doivent faire 2,400 chevaux. Je vois avec peine que vos régiments de cavalerie ont fort peu de chevaux. Il est indispensable de porter les régiments à 900 hommes et à 800 chevaux, et ceux qui n'auront que deux escadrons dans le royaume à 450 hommes et 400 chevaux. Vous savez combien il est difficile de faire arriver des chevaux en Italie. Ces régiments de cavalerie ainsi complétés, avec les deux régiments de chasseurs dont j'ai ordonné la formation, et qu'il faudra porter à 800 chevaux chacun, feront 4,000 chevaux pour le royaume d'Italie : il ne peut pas y avoir moins. Ainsi je compte que, moyennant les conscrits que vous allez lever, vous aurez, au mois de mai, en état d'entrer en campagne, trente bataillons d'infanterie légère et de ligne existant en Italie, sans y comprendre ceux qui sont en Espagne et à Corfou. Ces trente bataillons pourraient former trois belles divisions, chacune de 8,000 hommes. Je compte que vous aurez en outre dix 5ᵉˢ bataillons formant 5,000 hommes, pour la garnison de Palma, de Venise, d'Ancône, etc. et pour renforcer l'armée ; 2° que vous aurez douze escadrons de chasseurs et de dragons des anciens régiments, formant 2,400 chevaux, et un régiment des deux nouvellement formés, fort de 800 hommes; 3° que chaque régiment de ligne italien aura sa compagnie de canonniers et ses caissons, conformément à ce que j'ai établi en Allemagne; 4° que vous aurez le matériel nécessaire pour atteler soixante et douze pièces de canon avec le personnel; ce qui, avec les vingt pièces de régiment, à raison de deux par régiment, ferait quatre-vingt-douze pièces de canon; 5° que vous aurez vos sapeurs, vos pontonniers, votre bataillon du train des équipages militaires, de sorte qu'en deux mois de temps vous ayez acheté les chevaux nécessaires pour remonter l'artillerie et le train, et les mettre en état d'entrer en campagne. Alors les troupes italiennes formeraient un très-beau corps d'armée, de près de 30,000 hommes sous les armes, sans compter les bataillons de garnison. En formant deux corps français de même force et de même nature, l'armée d'Italie se trouverait portée à 90,000 hommes, dont 72,000 d'infanterie, 10,000 de cavalerie et 8,000 d'artillerie, sapeurs, pontonniers, etc.

Je vous avais écrit pour des camps, vous ne m'avez pas encore répondu; cependant voilà la saison qui se passe.

Je trouve que 12,000 hommes que vous levez pour la conscription sont trop peu. La conscription doit être calculée à raison de 3,000 hommes par million d'habitants. Je l'ai en conséquence portée à 15,000 hommes pour cette année, afin de la porter l'année prochaine à 18,000 hommes.

Faites-moi un rapport sur votre cavalerie et soignez-la; elle me paraît bien bas.

NAPOLÉON.

D'après la copie comm. par S. A. I. Mme la duchesse de Leuchtenberg.

17085. — AU COMTE MOLLIEN,

MINISTRE DU TRÉSOR PUBLIC, À PARIS.

Fontainebleau, 28 octobre 1810.

Monsieur le Comte Mollien, j'ai lu avec attention vos notes sur les traites émises par le caissier général du trésor public pour le service des colonies, et je vois qu'il y aura à économiser sur ce service environ 2,500,000 francs. Il est nécessaire de lier cette affaire, ainsi que celle du million d'argent resté en Amérique, avec le crédit des colonies pour les exercices 1808, 1809 et 1810. Faites-moi connaître combien il a été accordé de crédits aux colonies, combien il y en a de payés, en quelle monnaie ont été faits les différents payements, ce que ces payements ont fait rentrer au trésor, et enfin ce qui reste à payer. Faites venir, s'il est nécessaire, le chef du bureau des fonds du ministère de la marine, afin qu'il vous donne des éclaircissements sur tout le service des fonds des colonies depuis 1808 jusques et y compris 1809 et 1810.

NAPOLÉON.

D'après l'original comm. par Mme la comtesse Mollien.

17086. — AU GÉNÉRAL SAVARY, DUC DE ROVIGO,
MINISTRE DE LA POLICE GÉNÉRALE, À PARIS.

Fontainebleau, 28 octobre 1810.

Les administrateurs du théâtre Saint-Martin font courir le bruit faux que j'ai été à leur théâtre, et en conséquence ils ont décoré une loge pour moi. Faites-la ôter. Je trouve également mauvais qu'on y donne des pièces qui font allusion à ma personne. Cela est inconvenant et indécent.

D'après la minute. Archives de l'Empire.

17087. — AU COMTE DE LACÉPÈDE,
GRAND CHANCELIER DE LA LÉGION D'HONNEUR, À PARIS.

Fontainebleau, 28 octobre 1810.

Il m'est revenu que l'assemblée des actionnaires du canal du Loing n'était pas contente du directeur. Mon intention est que vous fassiez connaître, lorsque la circonstance s'en présentera, que cette place est absolument à la nomination de l'assemblée, et que, toutes les fois qu'elle croira ses affaires mieux gérées ou plus économiquement par tout autre administrateur, elle est fort la maîtresse d'en changer.

D'après la minute. Archives de l'Empire.

17088. — AU MARÉCHAL DAVOUT, PRINCE D'ECKMÜHL,
COMMANDANT L'ARMÉE D'ALLEMAGNE, À FONTAINEBLEAU.

Fontainebleau, 28 octobre 1810.

Mon Cousin, je désire que vous fassiez reconnaître une route de Wesel à Hambourg, qui sera la route de votre armée pour communiquer avec la France, de sorte que le reste de l'Allemagne ne soit plus inquiété, ne s'aperçoive d'aucun de vos mouvements, et que tout se fasse par cette route.

NAPOLÉON.

D'après l'original comm. par Mme la princesse d'Eckmühl.

17089. — AU PRINCE LEBRUN,
LIEUTENANT GÉNÉRAL DE L'EMPEREUR EN HOLLANDE, À AMSTERDAM.

Fontainebleau, 28 octobre 1810.

Mon Cousin, je reçois votre lettre du 25 octobre, par laquelle j'apprends que le logement du directeur des douanes coûte 6,000 francs à la ville d'Amsterdam; vous ajoutez que je puis juger par là ce que les logements de l'état-major doivent lui coûter. Je ne puis que vous témoigner mon extrême mécontentement à cet égard. Je ne vous ai pas revêtu d'une autorité extraordinaire pour tolérer, ainsi que vous l'avez fait jusqu'à ce jour, de pareils abus. Veuillez donner des ordres précis pour que, sous quelque prétexte que ce soit, le logement des généraux, officiers et employés français ne coûte rien à la ville d'Amsterdam. S'il me vient des plaintes, je ne pourrai m'en prendre qu'à vous. Il est convenable que l'agence des douanes rembourse à la ville les frais de son logement. En un mot, la ville d'Amsterdam ne doit pas plus payer de logements que la ville de Paris.

D'après la minute. Archives de l'Empire.

17090. — AU GÉNÉRAL SAVARY, DUC DE ROVIGO,
MINISTRE DE LA POLICE GÉNÉRALE, À PARIS.

Fontainebleau, 31 octobre 1810.

Votre travail sur les journaux français que vous m'avez mis sous les yeux n'est pas complet et ne me permet de rien statuer. Vous ne me faites pas connaître, 1° à qui appartiennent les 12 douzièmes du *Journal de l'Empire*, à qui appartiennent les différentes parts du *Publiciste* et de la *Gazette de France*, du *Journal de Paris* et autres journaux; 2° le bilan de chaque journal pour 1806, 1807, 1808, 1809 et 1810, en recette et en dépense, et le partage des profits. Ces renseignements me sont nécessaires pour connaître la valeur de chaque journal. Aussitôt que j'aurai ce travail et des notes qui me fassent connaître les individus, je prendrai une mesure générale qui puisse consolider la propriété, la mettre dans des mains sûres, et enfin donner à l'administration politique du journal une influence qui la garantisse.

Quant au *Mercure*, je ne veux pas dépenser 48,000 francs pour ce journal. Ce serait la même chose que de prendre 1,000 abonnements. Faites-moi connaître à qui il appartient, qui l'administre et comment il est administré, car l'administration pour les frais d'impression, du papier et autres détails, est un objet très-considérable. Alors seulement il sera possible d'encourager ce journal, non en payant des sommes fixes, mais en prenant des abonnements. Aussitôt que j'aurai ces renseignements, je donnerai des ordres pour *le Mercure*, auquel il est facile de donner beaucoup d'utilité et de vogue, et dont on peut tirer un grand profit, en ce que, ne s'imprimant qu'une fois la semaine, il peut donner un résumé des nouvelles de la semaine, un extrait des journaux anglais qui arrivent dans la semaine, les faux bruits de la semaine et leur réfutation : ce qui nécessairement lui donnerait beaucoup de vogue. Mais le défaut de ce journal me paraît être de ne pas avoir de plan. Le premier plan du *Mercure* doit être de tenir lieu dans les provinces éloignées de tous les autres journaux. Il faut donc qu'il donne un raccourci des nouvelles politiques, d'administration et de guerre. Or cela n'existe pas, et un individu qui dans la province n'aurait que *le Mercure* ne saurait rien de ce qui se passe et de ce qui est à la connaissance de tout le monde. Deux ou trois chapitres importants, et à ajouter au *Mercure*, seraient : 1° un résumé des nouvelles politiques, militaires, administratives, contenues dans *le Moniteur* de la semaine; 2° un choix des différentes nouvelles connues par le *Journal de l'Empire* et la *Gazette de France*. Il faudrait que ces chapitres fussent rédigés de manière à faire connaître les événements et les nouvelles de la semaine. En y joignant un détail des faux bruits que les Anglais sèment sur le continent, avec leur réfutation, et une sorte d'esprit des journaux anglais, on formerait un troisième chapitre très-piquant. Un quatrième chapitre de politique, tel qu'il existe. Du moment que dans les provinces on serait assuré que *le Mercure* peut tenir lieu de tous les autres journaux et qu'on peut s'instruire avec *le Mercure* de tout ce qui se passe, on gagnerait un grand nombre d'abonnés.

Aujourd'hui que les journaux font des feuilletons et remplissent la moitié de leur feuille d'articles parlant de littérature, un journal qui ne paraît qu'une fois la semaine ne peut entrer en concurrence, à moins qu'il ne profite de son avantage de présenter les nouvelles avec plus d'ensemble, de maturité et de sang-froid, de manière qu'elles arrivent à la fois; et la première chose du *Mercure* est un bon prospectus.

Il faudrait qu'il y eût l'analyse du *Moniteur*, du *Journal de l'Empire* et peut-être de la *Gazette de France*, jour par jour, de sorte que ce fût la même chose pour la notice et les actes importants que si l'on avait lu ces journaux. Ainsi, par exemple, le *Journal de l'Empire* ne contient qu'une seule feuille, puisque le reste est l'analyse des œuvres de Massillon. Une partie de cette feuille est remplie par le feuilleton. En resserrant le style et en ôtant ce qui est inutile, on peut resserrer ce journal dans une seule feuille du *Mercure*. En agissant ainsi, tous ceux qui auraient *le Mercure* auraient le *Journal de l'Empire* en raccourci.

D'après la minute. Archives de l'Empire.

17091. — AU VICE-AMIRAL COMTE DECRÈS,

MINISTRE DE LA MARINE, À PARIS.

Fontainebleau, 1ᵉʳ novembre 1810.

Vous ne m'avez pas encore fait signer les ordres pour le départ des différentes expéditions destinées à l'île de France et à Batavia. Cependant nous voilà au mois de novembre; il n'y a donc pas un moment à perdre.

ILE DE FRANCE. — J'ai ordonné : 1° qu'il partît de Rochefort une expédition composée d'un vaisseau et de deux frégates portant 1,000 hommes, 2,400 fusils et autres munitions de guerre nécessaires à l'île de France; 2° qu'il partît de Brest trois frégates portant 1,500 hommes et 2,400 fusils.

Ces deux expéditions doivent porter à l'île de France un renfort de 1,700 hommes. Faites-moi connaître quels sont les officiers qui les commandent, et quand elles mettront à la voile.

Je désire, d'après les nouvelles que j'ai reçues de l'île de France, qu'il soit fait les modifications suivantes à mes premiers ordres.

On ne mettra sur les deux expéditions destinées à l'île de France, au lieu de 1,700 hommes, que le nombre d'hommes nécessaires pour aller à Batavia, c'est-à-dire seulement 1,400 hommes, de sorte que, lorsque les deux expéditions apprendraient que l'île de France est prise, elles continueraient leur route pour se diriger sur Batavia.

Vous rédigerez en conséquence les instructions, et vous recommanderez aux commandants de manœuvrer, avant d'aborder à l'île de France, de manière à ne pas donner dans les croisières ennemies et à avoir des nouvelles de la situation de la colonie avant de débarquer.

Tout porte à penser que l'île de France tiendra encore. Si elle tient, on débarquera les secours; mais les vaisseaux, après avoir opéré leur débarquement, pourraient se rendre à Batavia, où ils s'approvisionneront pour faire des croisières et contribuer à la défense de cette grande colonie.

Le capitaine général Decaen enverrait par ces bâtiments les secours qu'il croirait être nécessaires à Batavia.

BATAVIA. — J'ai ordonné pour Batavia l'envoi d'une frégate de Rochefort portant 200 hommes, 1,500 fusils et diverses munitions. Présentez-moi les instructions à signer, et faites-moi connaître ce qu'on pourrait embarquer d'utile à la colonie. Si, au lieu de 1,500 fusils, il y avait de la place pour 3,000, je hasarderais ce nombre. Je suppose que vous avez reçu de Hollande l'état de ce qui manque à Batavia, et que vous en ferez la répartition sur chaque bâtiment. *La Sapho*, de Bordeaux, doit porter 50 hommes et 1,500 fusils. Présentez-moi ses instructions à signer. Deux frégates doivent partir de Saint-Malo, portant 400 hommes et 3,000 fusils. Deux frégates doivent partir de Nantes, portant 400 hommes et 3,000 fusils. C'est donc quatre expéditions destinées pour Batavia, portant 1,100 hommes et 9,000 fusils.

J'ai ordonné qu'il y eût des officiers de marine hollandais sur les bâtiments qui vont à Batavia.

Je désire que vous prépariez plusieurs autres expéditions pour Batavia : 1° la corvette *la Diane*, que j'ai à Cherbourg; 2° la corvette *la Tactique*; 3° une des corvettes que j'ai à Bayonne; 4° *la Diligente*, qui est à Lorient.

Ces quatre corvettes peuvent porter chacune 50 officiers, 2,000 fusils et autres pièces de rechange.

Je désire faire partir de Bayonne six bâtiments américains, qui porteront chacun 20 hommes, 1,000 fusils, des fers et objets de cette nature nécessaires à Batavia.

Ce serait donc pour Batavia quatre expéditions anciennement commandées, et dix nouvelles, ordonnées par la présente lettre; ce qui ferait quatorze expéditions et un envoi de plus de 22,000 fusils.

Ayez soin de faire mettre à bord des paquets de journaux, des lettres pour le capitaine général, et que les bâtiments de Batavia partent à distance de dix jours l'un de l'autre.

Il paraît que la poudre de Batavia est mauvaise. Il convient donc de faire charger quelques barils de poudre sur chaque bâtiment que vous expédierez. Je vous prie de me faire un rapport détaillé et de prendre des mesures pour accélérer le départ de ces expéditions si importantes, puisqu'elles peuvent sauver l'île de France; mais à coup sûr elles assureront la possession de Batavia.

Vous n'oublierez pas de mettre sur chaque bâtiment une quantité de pierres à feu.

D'après la minute. Archives de l'Empire.

17092. — AU PRINCE LEBRUN,

LIEUTENANT GÉNÉRAL DE L'EMPEREUR EN HOLLANDE, À AMSTERDAM.

Fontainebleau, 1ᵉʳ novembre 1810.

Deux bâtiments viennent d'arriver à Bordeaux, venant de Java. Ils ont apporté beaucoup de dépêches que je fais traduire. Ils sont partis au mois de juin. On dit leur cargaison très-riche. Il paraît qu'ils sont chargés partie au compte des particuliers, partie du gouvernement.

J'expédie beaucoup de bâtiments de France pour Batavia; mais, si vous trouvez chez vous à faire deux ou trois expéditions avant l'hiver, portant 2 ou 3,000 fusils, des vins, de la poudre, des draps, au compte de l'État ou des particuliers, faites-les sans perdre un moment. Il faut prendre, s'il est possible, des bâtiments américains qui marchent bien. J'approuve ces expéditions, et vous n'avez pas besoin d'un nouvel ordre de moi. Vous mettrez sur chaque bâtiment 20 ou 30 hommes, sous-officiers et soldats, s'ils peuvent les porter, en prenant dans les troupes hollandaises les hommes qui voudront aller à Batavia.

D'après la minute. Archives de l'Empire.

17093. — A M. DE CHAMPAGNY, DUC DE CADORE,
MINISTRE DES RELATIONS EXTÉRIEURES, À PARIS.

Fontainebleau, 3 novembre 1810.

Monsieur le Duc de Cadore, je vous ai écrit relativement à la fixation des limites avec le royaume d'Italie. Un autre objet, également important, est une meilleure division du Tyrol. Le partage du Tyrol a été mal fait; la limite ne va pas jusqu'au thalweg des montagnes. Cela a beaucoup d'inconvénients, d'abord parce que le royaume d'Italie, beaucoup plus riche que la Bavière, pourrait faire quelques ouvrages importants sur les montagnes, qui brideraient le pays; 2° parce que le commerce naturel de ces peuples est avec les Italiens. Ce serait, je crois, une perte de 100,000 âmes pour la Bavière; mais ces 100,000 âmes lui rendent bien peu de chose; au lieu qu'en donnant Erfurt à la Bavière elle y gagnerait en ce qu'elle donnerait cette province au prince de Hohenzollern, dont les états passeraient au roi de Wurtemberg, lequel ferait, en compensation, d'autres cessions à la Bavière. Cet arrangement me paraît convenable. Tâtez M. de Cetto là-dessus. La Bavière y perdrait quelque chose en population, mais elle y gagnerait en ce qu'elle acquerrait une bonne population allemande, au lieu d'une population qui ne lui rend rien.

NAPOLÉON.

D'après l'original. Archives des affaires étrangères.

17094. — A M. DE CHAMPAGNY, DUC DE CADORE,

MINISTRE DES RELATIONS EXTÉRIEURES, À PARIS.

Fontainebleau, 3 novembre 1810.

Monsieur le Duc de Cadore, je vous prie de me faire un rapport sur la démarcation des frontières du royaume d'Italie et de la France. Déjà plusieurs fois on s'est occupé de cet objet important. J'ai nommé une commission, mais elle a pris les choses de trop haut. Elle ne proposait rien moins que de réunir à la France une partie du Modénais, pour avoir une route qui vînt joindre celle de Modène à Pistoja; ce qui réunirait les villes de Reggio et de Modène. Je ne puis ratifier de pareilles idées. Je désire que vous me présentiez un rapport qui me fasse connaître ce que le royaume d'Italie a d'enclaves dans le département des Apennins et dans les départements de la Toscane, et le mode le plus simple de poser les limites de la Toscane avec la Romagne et des Apennins avec Reggio et Modène.

Présentez-moi en même temps le tracé des frontières du royaume d'Italie et des provinces illyriennes, en prenant le thalweg de l'Isonzo pour limite, en joignant Tarvis et donnant au royaume d'Italie le pendant des eaux des Alpes juliennes. Faites tracer cela sur une carte, et faites-moi connaître ce que la France ou le royaume d'Italie y gagneront. Vous y joindrez les projets de décrets nécessaires pour terminer cette question importante et régler la prise de possession au 1er décembre, pour être exécutée au 1er janvier.

NAPOLÉON.

D'après l'original. Archives des affaires étrangères.

17095. — A M. DE CHAMPAGNY, DUC DE CADORE,

MINISTRE DES RELATIONS EXTÉRIEURES, À PARIS.

Fontainebleau, 3 novembre 1810.

Monsieur le Duc de Cadore, je vous renvoie les pièces relatives au Valais. Je les ai lues avec attention, et je sens l'importance et la nécessité de réunir ce petit pays à la France. La route du Simplon me coûte

15 millions; je ne peux pas sacrifier l'intérêt de l'Italie et de la France pour cette chétive population. Je désire que la commission fasse son rapport dans ce sens; qu'elle récapitule toutes les raisons qui commandent ce parti, et qu'elle y conclue. Dans le rapport que vous me ferez vous ne manquerez pas de dire que, lors de l'acte de médiation de la Suisse, j'avais bien senti la difficulté de concilier l'indépendance du Valais avec la rapidité des communications de la France avec l'Italie, mais que j'espérais que cette république intermédiaire parviendrait à se soutenir, et que, froissée entre l'Italie, la France et la Suisse, elle ne peut subsister plus longtemps dans cet état. Chargez le sénateur Rœderer de faire un projet d'organisation de ce pays à la française. Je consens à en faire un département, qui fera partie de la 7º division militaire. Un seul député au Corps législatif paraît suffisant. Enfin le sénateur Rœderer réunira les notions nécessaires pour faire une organisation complète : division de cantons, tribunaux, dispositions relatives au Code Napoléon, etc. afin que, sans délai, je puisse prendre les décrets convenables.

Vous écrirez à mon chargé d'affaires, si la diète n'est pas réunie, de l'ajourner au 15. Vous lui ferez connaître seulement que je suis décidé à réunir le Valais; que le général César Berthier se rend à Sion; que 5,000 hommes se mettent en marche sur trois colonnes, l'une de Genève, qui se rend à Martigny, l'autre de Domo d'Ossola, qui se rend à Brigg, et la troisième d'Aoste, qui se rend à Sion; que ces trois colonnes seront rendues à leur destination le 10 et le 11. Envoyez-lui un courrier extraordinaire. Sa réponse fera connaître si ces mesures sont suffisantes. Vous lui écrirez en chiffre. Vous lui recommanderez le plus grand secret, et lui ferez connaître que cela est pour lui seul et pour sa gouverne.

NAPOLÉON.

D'après l'original. Archives des affaires étrangères.

17096. — AU GÉNÉRAL CLARKE, DUC DE FELTRE,
MINISTRE DE LA GUERRE, À PARIS.

Fontainebleau, 3 novembre 1810.

Mon intention est de réunir le Valais à la France et de charger de cette opération le général César Berthier. En lui écrivant par l'estafette d'aujourd'hui, il recevra la lettre le 7; vous aurez soin de recommander au gouverneur général à Turin de la faire passer par courrier extraordinaire. Le général Berthier pourra être le 10 ou le 11 à Sion. Vous ordonnerez directement au gouverneur général à Turin de faire partir, le 6, les deux bataillons du 23ᵉ léger, qui sont à Aoste, avec six jours de vivres, et de les diriger sur Sion, où ils arriveront en même temps que le général Berthier.

Vous ordonnerez au vice-roi de faire partir les deux bataillons italiens que depuis quelque temps j'ai fait réunir à Domo d'Ossola. Vous aurez soin de faire suivre cette colonne de quatre pièces de canon. Elle se rendra à Brigg.

Vous donnerez vos ordres au général Fiteau de partir de Genève avec les 1,100 Portugais, quelques centaines de Français et deux pièces de canon, pour se rendre à Martigny. Il sera sous les ordres du général Berthier. La colonne italienne qui passe le Simplon aura 100 chevaux. La colonne du général Fiteau aura également 100 chevaux. Le général Berthier aura ainsi à sa disposition trois colonnes : une qui se rendra à Brigg, composée de deux bataillons italiens, de quatre pièces de canon et de 100 chevaux; une autre composée de deux bataillons du 23ᵉ léger, qui marchera avec lui sur Sion; il appellera sur-le-champ à lui les 100 hommes de cavalerie qui partiront de Genève; enfin la colonne du général Fiteau, qui se rendra à Martigny avec un millier d'hommes et deux pièces de canon. Le général Berthier aura donc plus de 4,000 hommes sous ses ordres.

Vous donnerez des ordres au gouverneur général à Turin, au général Fiteau et au vice-roi pour que les hommes aient 40 cartouches chacun; que la solde soit faite jusqu'au 1ᵉʳ janvier. A cet effet, la 27ᵉ division militaire, la 7ᵉ, le vice-roi, verseront les fonds nécessaires au départ de Genève, de Domo d'Ossola et d'Aoste, jusqu'au 1ᵉʳ janvier.

Vous ferez donner les vivres de campagne aux troupes, pour qu'elles soient bien nourries et n'aient aucun prétexte pour faire du désordre. Vous désignerez un commissaire des guerres pour se rendre à Sion. Enfin vous recommanderez au vice-roi d'avoir avec ses quatre pièces de canon trois caissons, et au général Fiteau d'emmener de Genève trois caissons d'infanterie. Vous aurez soin que les vivres soient assurés à la troupe pour six jours.

D'après la minute. Archives de l'Empire.

17097. — AU PRINCE DE NEUCHÂTEL ET DE WAGRAM,
MAJOR GÉNÉRAL DE L'ARMÉE D'ESPAGNE, À FONTAINEBLEAU.

Fontainebleau, 3 novembre 1810.

Mon Cousin, je reçois la lettre du général Drouet du 22 octobre. Les dispositions qu'il fait pour rouvrir les communications avec le Portugal ne me paraissent pas suffisantes. Réitérez-lui l'instruction d'aller à Almeida, et de réunir des forces considérables pour pouvoir être utile au prince d'Essling et communiquer avec lui. Il faudrait qu'il donnât au général Gardane, ou à tout autre général, une force de 6,000 hommes avec six pièces de canon pour rouvrir la communication, et qu'un autre corps de même force se trouvât à Almeida pour correspondre avec ce général. Il est très-important qu'on puisse correspondre avec l'armée de Portugal, pour que, pendant tout le temps que les Anglais ne seront pas rembarqués, on puisse pourvoir à assurer ses derrières.

Envoyez au général Drouet *le Moniteur* d'aujourd'hui, qui contient les nouvelles du Portugal venues par la voie des journaux anglais.

Aussitôt que les Anglais seront rembarqués, le général Drouet portera son quartier général à Ciudad-Rodrigo. Mon intention n'est pas que le 9ᵉ corps s'engage dans le Portugal, à moins que les Anglais ne tiennent encore, et même, dans ce cas, le 9ᵉ corps ne doit jamais se laisser couper d'Almeida, mais il doit manœuvrer entre Almeida et Coïmbre. Faites comprendre au général Drouet qu'il me tarde fort d'avoir des nouvelles de l'armée de Portugal; que cela est important sous tous les points de vue, et qu'il faut que les communications soient rétablies de manière à avoir des nouvelles, sinon tous les jours, au moins tous les huit jours.

Demandez au général Drouet l'état de toutes les troupes laissées sur les derrières, de la division Seras, de ce qu'a laissé le prince d'Essling.

cavalerie, artillerie, infanterie, enfin de tout ce qui est dans le 6ᵉ gouvernement. Il pourrait tirer ce qu'il a à Avila, en faisant occuper cette place par des détachements faisant partie de l'armée du centre. Il y a beaucoup d'hommes isolés qui pourraient servir à cet objet.

Faites-moi un rapport sur les pays dont se compose l'arrondissement du 6ᵉ gouvernement; Léon et le pays compris entre Ciudad-Rodrigo et Salamanque n'en font-ils pas partie?

NAPOLÉON.

D'après l'original. Dépôt de la guerre.

17098. — A M. DE CHAMPAGNY, DUC DE CADORE,
MINISTRE DES RELATIONS EXTÉRIEURES, À PARIS.

Fontainebleau, 4 novembre 1810.

Monsieur le Duc de Cadore, il faudrait écrire en Saxe, en Westphalie et dans toute la Confédération, pour que l'introduction de toutes marchandises provenant de fabrique anglaise fût prohibée, et que des mesures sévères fussent prises pour qu'à l'issue des foires de Leipzig, Francfort et autres, les marchandises fussent toutes saisies, de quelque côté qu'elles vinssent. Il faut communiquer au ministre de l'intérieur les plaintes que porte la Saxe sur le transit des toiles, pour qu'il en soit fait un rapport. Je ne vois pas par les lettres de M. Bourgoing, des 16 et 17 octobre, que la Saxe ait encore établi le tarif sur les marchandises existantes, et qu'en conséquence l'immense quantité de marchandises coloniales qui se trouve à Leipzig ait été exercée. Ce doit être l'objet d'un courrier extraordinaire, si ce n'est déjà fait. Cela fera entrer 20 millions dans le trésor de la Saxe; ces 20 millions retomberont sur l'Angleterre, et cette mesure doit avoir l'immense résultat de donner au Roi des fonds, de faire un grand tort aux Anglais, et enfin de se trouver en harmonie avec tout ce que je fais faire à Francfort, à Hambourg et en Suisse.

Quant aux 30,000 fusils, vous ferez connaître que j'en ai très-peu à Magdeburg, et que je ne puis les fournir qu'en partie de l'arsenal de Mayence et en partie de l'arsenal de Strasbourg.

Le tarif qui a été admis pour la Saxe l'a-t-il été pour le duché de

Varsovie? Cela est d'autant plus important que la Russie inonde le grand-duché de marchandises coloniales. Écrivez à M. de Narbonne qu'il n'a pas besoin de faire de mystère à M. de Montgelas; qu'il suffit qu'il ne s'en rapporte pas entièrement aux agents bavarois et qu'il envoie aussi des agents pour avoir des renseignements clairs. Faites mettre dans les journaux le décret bavarois sur le tarif. Il me paraît que le décret de la Bavière du 21 octobre ne parle pas des marchandises existantes.

La carte dont parle M. de Narbonne m'est nécessaire, mais j'en ferai donner une copie à la Bavière.

Répondez au chargé d'affaires de Bade que je ne sais pas quelles troupes se trouvent encore dans le grand-duché; que je croyais qu'il n'y avait plus personne; mandez-lui d'en envoyer un relevé.

Répondez à mon ministre à Copenhague que, au lieu du mois d'avril, il demande que les deux équipages soient rendus au mois de mars à Anvers.

Il me semble que la convention faite par M. Defermon avec la Bavière peut être signée.

NAPOLÉON.

D'après l'original. Archives des affaires étrangères.

17099. — A M. DE CHAMPAGNY, DUC DE CADORE,
MINISTRE DES RELATIONS EXTÉRIEURES, À PARIS.

Fontainebleau, 4 novembre 1810.

Monsieur le Duc de Cadore, présentez-moi un projet de réponse à faire à M. Kourakine, fort polie, fort douce, mais qui contienne du moins les vérités qu'il est bon que la Russie connaisse. Vous y direz que sa note a été mise sous mes yeux; que l'assurance qu'il y donne que l'empereur de Russie est résolu de nuire de tous ses efforts au commerce des Anglais m'a causé la plus vive satisfaction; que la paix ou la continuation de la guerre sont entre les mains de la Russie; que, si elle veut sérieusement empêcher le commerce des denrées coloniales, l'Angleterre fera la paix avant un an; mais qu'il faut parler franchement et que jusqu'à présent elle a suivi des principes opposés; qu'il n'y a qu'une preuve à en donner : c'est que les marchandises coloniales qui ont paru à la dernière foire de Leipzig y ont été apportées par 700 chariots venant de Russie, c'est qu'aujourd'hui tout le commerce des denrées coloniales se fait par la Russie, c'est enfin que les douze cents bâtiments que les Anglais ont escortés par vingt vaisseaux de guerre et qu'ils avaient masqués sous pavillons suédois, portugais, espagnol, américain, ont en partie débarqué leurs marchandises en Russie; que, si la Russie veut la paix avec l'Angleterre, elle en a les moyens : qu'elle fasse confisquer tous les bâtiments introduits par les Anglais et qu'elle se réunisse à la France pour exiger que la Suède confisque l'immense quantité de marchandises que les Anglais ont débarquées à Gœteborg sous toute espèce de pavillons; quant au principe qu'on met en avant, qu'en voulant faire la guerre aux Anglais on ne veut pas la faire aux neutres, que ce principe serait le résultat d'une erreur; que les Anglais ne veulent et ne souffrent aucun neutre; qu'ils ne laissent naviguer les Américains qu'autant qu'ils se chargent de leurs marchandises et qu'ils naviguent pour le compte anglais; que tous les certificats des consuls français et tous autres papiers dont ils sont munis sont des papiers faux; qu'enfin il n'y a aujourd'hui aucun neutre, parce que les Anglais n'en veulent pas, et que tout bâtiment qui n'est pas chargé pour leur compte, ils ne le laissent pas passer: qu'il n'y a pas un seul bâtiment venu dans les ports de Russie avec de soi-disant papiers d'Amérique qui ne soit venu réellement d'Angleterre; que ces vérités sont trop sensibles pour qu'on les ignore; que la paix ou la guerre est entre les mains de la Russie; que la Russie y est aussi intéressée que la France; que la paix aura lieu si l'on veut fermer le continent aux Anglais; qu'elle n'aura pas lieu si l'on veut que tous les bâtiments qui arrivent avec des papiers des consuls de France ou autres soient des bâtiments pour tout autre compte que celui de l'Angleterre; que, tant que les marchandises anglaises et coloniales viendront par la Russie en Prusse et en Allemagne, et qu'on sera obligé de les arrêter aux frontières, il sera bien évident que la Russie ne fait pas ce qui est convenable pour faire tort à l'Angleterre.

NAPOLÉON.

D'après l'original. Archives des affaires étrangères.

17100. — AU GÉNÉRAL SAVARY, DUC DE ROVIGO,
MINISTRE DE LA POLICE GÉNÉRALE, À PARIS.

Fontainebleau, 4 novembre 1810.

Faites remettre à Madame un passe-port pour le roi Louis, par lequel il pourra se rendre en quelque lieu qui lui convienne du midi de la France ou de l'Italie, et y demeurer.

D'après la minute. Archives de l'Empire.

17101. — A EUGÈNE NAPOLÉON,
VICE-ROI D'ITALIE, À MILAN.

Fontainebleau, 4 novembre 1810.

Mon Fils, j'ai reçu votre lettre d'Ancône du 27 octobre. Je suis fâché que le capitaine Dubourdieu n'ait pas emmené les quatorze corsaires. L'excuse de n'avoir pas assez de monde n'est pas raisonnable. Il ne pouvait pas attendre grand secours de deux bricks, et en mettant sur chaque corsaire 20 soldats, 5 à 6 matelots du pays, même des prisonniers, avec quelques matelots italiens, il aurait pu emporter tout cela. Il est fâcheux aussi que les 200 Anglais n'aient pas été faits prisonniers. Il eût été préférable de laisser là 600 hommes de débarquement, et que les deux frégates s'en fussent revenues. Ces 600 hommes auraient pris en peu de temps les Anglais; on leur aurait laissé quelques pièces de canon avec lesquelles ils auraient armé le port et ils auraient pu s'établir dans l'île. La prise des 200 matelots aurait été une perte sensible pour les Anglais. Je ne vois pas bien dans la relation[1] combien le capitaine Dubourdieu est resté au port Saint-Georges; je vois qu'il y a mouillé le 22, mais je ne vois pas quand il en est parti. Toutefois cette expédition aura fait du bien à mes équipages, du mal à l'ennemi; c'est le coup d'essai de la marine italienne.

On ne travaille pas avec assez d'activité aux constructions. Il faudrait avoir au mois de mars trois vaisseaux de guerre dans l'Adriatique: mais

---

[1] Voir, au *Moniteur* du 8 novembre 1810, la relation du capitaine Dubourdieu.

peut-être serait-il convenable d'occuper l'île de Lissa, surtout si le port Saint-Georges peut contenir des vaisseaux de guerre. Nous sommes aujourd'hui en temps de paix; nous pouvons facilement tenir un millier d'hommes dans cette île. On pourrait même y établir un fort; cela rendrait plus difficile l'établissement des Anglais dans l'Adriatique.

NAPOLÉON.

D'après la copie comm. par S. A. I. Mme la duchesse de Leuchtenberg.

17102. — A EUGÈNE NAPOLÉON,
VICE-ROI D'ITALIE, À MILAN.

Fontainebleau, 4 novembre 1810.

Mon Fils, faites partir de Venise deux bricks; je les laisse à votre choix : ou l'*Éridan*, ou la *Charlotte*, ou le *Mameluk*, ou le *Lépante*. Prenez deux de ces quatre bricks, complétez bien leur équipage, approvisionnez bien leur artillerie, donnez-leur des rechanges, et qu'ils se rendent à Corfou. Vous les ferez partir approvisionnés pour six mois de vivres, s'ils peuvent porter cette quantité. Vous ferez embarquer à leur bord les hommes qu'on envoie à Corfou et une partie des pièces d'artillerie portées dans l'état. Vous les lesterez en fers et en boulets qui vous sont également indiqués dans ledit état.

Vous préviendrez le commandant de ces bricks qu'il sera sous les ordres du gouverneur général, et sous le commandement du commandant des frégates françaises; qu'il fait partie de la garnison et qu'il doit se dévouer en tout à la défense de Corfou.

Joignez à ces deux bricks trois petits bâtiments, soit felouques ou demi-galères, qui pourraient être utiles à la défense de l'île, et, à ce sujet, faites consulter des marins de Venise qui connaissent les côtes de Corfou, pour savoir ceux des petits bâtiments que vous avez à Venise qu'ils croient le plus propres au service de cette île.

Je vois que ma marine italienne a déjà à Corfou six chaloupes canonnières; mon intention est d'en envoyer six autres. Des huit qui composent la division Costanzi, sur les côtes d'Illyrie, six se rendront à Corfou: vous désignerez les six canonnières sur lesquelles vous pouvez le plus compter. Il faut que ce soit des canonnières qui portent du 24. Je vous envoie la lettre que j'écris à ce sujet au duc de Raguse; j'y laisse en blanc le nom des canonnières, afin que la désignation que vous en ferez n'éprouve pas de difficultés. Vous ordonnerez à ces six canonnières d'embarquer, dans le port où elles se trouvent, une portion de boulets et autres munitions comprises dans l'état que je vous envoie, et, en outre, le plus d'approvisionnement qu'il sera possible. Je désire que, des ports d'Illyrie, on joigne aux six canonnières deux trabacoli et une felouque. Ainsi mon royaume d'Italie aura à Corfou trois bricks ou goëlettes, douze chaloupes canonnières portant du 24 et six petits bâtiments; total, dix-huit.

NAPOLÉON.

D'après la copie comm. par S. A. I. Mme la duchesse de Leuchtenberg.

17103. — A EUGÈNE NAPOLÉON,
VICE-ROI D'ITALIE, A MILAN.

Fontainebleau, 4 novembre 1810.

Mon Fils, je reçois votre lettre du 29 octobre sur l'armement d'Ancône. J'aurais désiré y trouver joint un croquis qui m'indiquât la situation des batteries dont vous me parlez. Je ne comprends pas bien par votre lettre ce que vous me proposez. Vous pouvez partir du principe que, aussitôt qu'il y aura des vaisseaux de guerre à Ancône, les Anglais pourront bien tenter de bombarder la ville. Je ne vois donc rien d'aussi urgent que d'avoir des batteries formidables de 36 et beaucoup de mortiers. J'attendrai que vous m'ayez envoyé le détail et le croquis que je vous demande. Vous y comparerez ce que vous proposez avec ce que j'ai ordonné, afin que je voie si cela est suffisant. J'ai quelques pièces de 36 à Livourne; prenez des informations pour savoir s'il pourrait vous convenir de les faire venir à Ancône, et si le transport n'en serait pas trop coûteux. Ce serait un moyen d'accélérer l'armement d'Ancône.

NAPOLÉON.

D'après la copie comm. par S. A. I. Mme la duchesse de Leuchtenberg.

17104. — AU MARÉCHAL MARMONT, DUC DE RAGUSE,
COMMANDANT LES PROVINCES ILLYRIENNES, À LAYBACH.

Fontainebleau, 4 novembre 1810.

Mon intention est qu'au reçu de la présente vous fassiez partir, de la manière la plus convenable, pour Corfou, six des huit canonnières qui composent la division de ma marine italienne en station sur les côtes d'Illyrie. Vous les approvisionnerez d'autant de vivres qu'elles pourront en porter, soit vivres confectionnés, soit farine et blés. Vous les chargerez de boulets et affûts d'artillerie que vous trouverez dans les ports et qui vous seront indiqués dans l'état que je charge le vice-roi de vous envoyer. Vous ajouterez à ces six canonnières deux trabacoli et une felouque. Comme je ne doute pas que Corfou ne soit attaqué incessamment, mon intention est que cet ordre n'éprouve aucune espèce de délai. Vous remplacerez ces canonnières pour le service des côtes par des canonnières de Trieste ou, s'il est nécessaire, par des canonnières qu'on armera à Venise.

D'après la minute. Archives de l'Empire.

17105. — A JOACHIM NAPOLÉON, ROI DES DEUX-SICILES,
À NAPLES.

Fontainebleau, 4 novembre 1810.

Je vois avec plaisir que vous ayez envoyé quelques canonniers à Otrante pour faciliter les mouvements d'Otrante à Corfou. Je désire bien que vous ayez à Otrante douze ou quinze courrières ou parancelles pour accélérer les transports. La chose la plus importante pour l'Italie et pour Naples, c'est la conservation de Corfou. Si jamais les Anglais s'en emparaient, cette position vous serait aussi funeste que celle de la Sicile. Je vous ai écrit, le 6 octobre, pour que vous envoyiez à Corfou 10,000 quintaux métriques de blé et 1,000 de riz. Il est indispensable que vous ne perdiez pas un moment. Envoyez-y aussi une bonne provision de bois et de fers propres à construire et réparer des affûts. Tâchez d'y envoyer

25 milliers de poudre, 500,000 cartouches et les effets d'artillerie dont la note est ci-jointe.

NAPOLÉON.

D'après la minute. Archives de l'Empire.

17106. — A JOACHIM NAPOLÉON, ROI DES DEUX-SICILES,
À NAPLES.

Fontainebleau, 4 novembre 1810.

Je vous prie de faire partir pour Corfou une division de douze chaloupes canonnières; ce qui, joint aux douze chaloupes canonnières italiennes que je vais y avoir, me fera vingt-quatre chaloupes canonnières. Je désire aussi que vous y envoyiez six bâtiments légers, tels que trabacoli, felouques, chebecs, etc. afin de réunir à Corfou dix-huit bâtiments de la marine napolitaine, autant de la marine italienne, plus deux bricks et les deux frégates de la marine française. Tous ces bâtiments seront sous les ordres du commandant des frégates françaises, qui lui-même sera sous les ordres du gouverneur; ils feront partie de la garnison de Corfou et seront spécialement destinés à la défense de l'île.

D'après la minute. Archives de l'Empire.

17107. — AU GÉNÉRAL CLARKE, DUC DE FELTRE,
MINISTRE DE LA GUERRE, À PARIS.

Fontainebleau, 5 novembre 1810.

Monsieur le Duc de Feltre, faites-moi connaître quand le bataillon expéditionnaire de Hollande arrivera à Nantes et à Saint-Malo, quand le bataillon expéditionnaire français qui doit se réunir à Rochefort et à Brest sera en état de partir, enfin quand les fusils et tout ce qui doit être embarqué sur ces différentes expéditions seront prêts. L'expédition de Nantes, ainsi que celle de Saint-Malo, et *la Sapho*, qui doit partir de Bordeaux, sont destinées pour Batavia. Dans cette colonie, on manque d'hommes qui connaissent bien la manutention de la poudre, et de directeur d'artillerie. Voyez quel chef de bataillon de distinction on pourrait y envoyer; il serait fait colonel à son arrivée et commanderait l'artillerie. Désignez aussi trois employés entendant parfaitement la manutention de la poudre et du salpêtre, et mettez-les à la disposition du ministre de la marine, à Nantes et à Saint-Malo, pour qu'il les fasse partir. Parmi le grand nombre d'officiers réformés, il faudrait en choisir 4 à 500 dans la vigueur de l'âge, et leur proposer de partir avec ces expéditions. A leur arrivée, ils auraient le brevet du grade supérieur à leur grade actuel. Des sergents qui voudraient y passer seraient faits officiers. J'ai pris un décret là-dessus.

D'après la minute. Archives de l'Empire.

17108. — AU COMTE DE MONTALIVET,
MINISTRE DE L'INTÉRIEUR, À PARIS.

Fontainebleau, 6 novembre 1810.

Le gouverneur général de Batavia demande un million de fer plat, carré ou en barres, 20 millions de fer en feuilles pour serrures, du fer-blanc, de l'acier, des pierres à feu, 1,000 pièces de toiles de Brest de différentes qualités pour les voiles, 3,000 livres de fil à voile, des cordages de toutes grosseurs, 600 tonneaux de goudron, du cuivre pour doubler les vaisseaux, du cuivre pour chaudières, du papier pour les bureaux, de l'encre, des plumes, des pierres à aiguiser, des verrous, des enclumes. 20,000 aunes de drap bleu, noir et vert; un millier de chapeaux. 20,000 aunes de galons, des épaulettes de fils d'or et d'argent, des instruments de mer, des lunettes, almanachs, vins, eaux-de-vie, vinaigre, huile d'olive, quelques meubles pour maisons. Il assure que les bâtiments d'Europe qui porteraient ces objets feraient de bonnes affaires. Les retours se feraient en denrées coloniales, qui seraient affranchies de tout droit.

Faites connaître cela aux chambres de commerce de Nantes, de la Rochelle, de Bordeaux, de Bayonne, etc. J'autorise l'intendant de mon domaine extraordinaire à prendre intérêt dans trente expéditions aventurières qui partiraient, savoir : cinq de Nantes, cinq de Saint-Malo, deux de la Rochelle, trois de Morlaix ou de Brest, dix de Bordeaux et cinq de Bayonne.

Il serait convenable que ces expéditions s'assurassent entre elles, savoir: celles de Bordeaux entre elles, celles de Bayonne entre elles, celles de Nantes et de la Rochelle entre elles, celles de la Bretagne entre elles. J'y prendrai le même intérêt que dans les précédentes expéditions. Indépendamment des objets mentionnés ci-dessus, chaque bâtiment pourrait porter quelques caisses de fusils et de pistolets. Chaque bâtiment porterait aussi 15 officiers ou employés civils. Les armateurs seraient amplement payés par la libre exportation des denrées coloniales.

Vous donnerez connaissance de ces dispositions aux chambres de commerce de Rotterdam et d'Amsterdam, pour que, si elles veulent s'intéresser dans ces expéditions, elles s'adressent dans les différents ports où elles se font; que je verrais également avec plaisir que plusieurs expéditions se fissent à Amsterdam et à Rotterdam; que vous envoyez la note des objets dont la colonie a besoin; mais que vous supposez que les glaces empêcheront ces expéditions, qui d'ailleurs courent plus de risques en partant de ces ports que des ports du midi de la France.

D'après la minute. Archives de l'Empire.

17109. — AU VICE-AMIRAL COMTE DECRÈS,
MINISTRE DE LA MARINE, À PARIS.

Fontainebleau, 6 novembre 1810.

Il faut renouveler les ordres à mon ambassadeur et à mon consul général en Russie, ainsi qu'à mes consuls à Memel et Elbing, pour qu'on profite de toutes les circonstances pour faire filer les 1,000 mâts que j'ai en Russie jusqu'à Danzig. Cette place de Danzig est à moi; il y a gouverneur et garnison français.

Donnez l'autorisation à mon consul général de conclure des marchés pour acheter 2,000 grands mâts et un millier de mâts d'assortiment: ce qui, avec les 1,000 mâts qui partent, ferait 4,000 mâts. Mais mettez-y les conditions suivantes : 1° Je laisse maître de donner au plus un cinquième d'avance avec bonne caution. 2° Le reste des payements se fera à mesure des versements à Danzig et à Lubeck; et, comme Danzig et

Lubeck m'appartiennent, quand je ferai les payements, les mâts seront déjà rendus chez moi.

Portez au budget de 1811 un crédit de 3 millions pour approvisionnements du nord, dont 2,500,000 francs pour achat des mâts rendus à Danzig et à Lubeck, et 500,000 francs pour frais de transport sur France. Si cela n'est pas suffisant, on l'augmentera par la suite. Donnez des ordres et profitez du moment où le change est très-bas pour avoir ces mâts à bon marché. Mon intention est de ne faire de fortes dépenses que lorsque les mâts seront arrivés à Danzig et à Lubeck, c'est-à-dire chez moi.

D'après la minute. Archives de l'Empire.

17110. — AU VICE-AMIRAL COMTE DECRÈS,
MINISTRE DE LA MARINE, À PARIS.

Fontainebleau, 6 novembre 1810.

Je vous renvoie toutes les dépêches hollandaises qui m'ont été apportées de Batavia. Il en résulte que le général Daendels demande un grand nombre d'officiers et de sous-officiers. Indépendamment de ceux que j'y envoie, j'ai chargé le ministre de la guerre d'y destiner 1,000 capitaines, lieutenants, sous-lieutenants et sergents.

Le général Daendels demande aussi des employés civils. Faites-moi connaître de quelles classes on pourrait lui en envoyer. On embarquerait une cinquantaine de ces employés sur les différents bâtiments.

Il demande 20,000 fusils : j'y ai pourvu ; des fers en barre, 600 tonneaux de goudron, du papier pour les bureaux, 15,000 aunes de drap, 500 chapeaux, 20,000 aunes de galon, des épaulettes et de l'huile, du vinaigre, du vin et de l'eau-de-vie. Faites-moi un projet d'envoi de ce que vous pouvez fournir, et écrivez au ministre de l'intérieur pour qu'il invite le commerce à envoyer ces objets.

Il paraît que les chargements des deux bâtiments sont en grande partie pour le compte du gouvernement. Ordonnez que la vente en soit faite publiquement et annoncée d'avance, de manière à en tirer tout le parti possible. Ces marchandises ont été adressées à des négociants de

Bordeaux, qui, moyennant le fait de la réunion, n'auront pas à s'en mêler.

Faites-moi connaître ce que c'est que ces bâtiments, et donnez ordre qu'ils soient vendus, et que les fonds en provenant soient versés dans la caisse des Invalides de la marine pour Batavia, et employés à fournir le nécessaire à cette colonie. Écrivez dans ce sens au gouverneur.

Vous verrez dans la correspondance du gouverneur général qu'il écrit aux négociants de Bordeaux d'acheter cinq bâtiments, bons voiliers, et d'expédier les objets qu'il demande. Les négociants n'auront point à se mêler de ces achats, puisque vous vous occuperez de cet objet.

Vous verrez par la correspondance que plusieurs agents du gouvernement ont pris service pour les Anglais. Il est indispensable que vous les fassiez juger par une commission militaire et condamner comme contumax.

Vous verrez dans la lettre du général Daendels qu'il demande 800,000 francs, que je suppose être de la monnaie de cuivre. Si notre monnaie de cuivre n'est pas bonne, il faut en envoyer pour un million ; il faudrait alors en faire mettre sur chaque bâtiment qui va dans ce pays.

Je vous envoie le lieutenant-colonel Muntinghe, qui était porteur des dépêches de Batavia. Gardez-le auprès de vous pour avoir de lui tous les renseignements qui vous seront nécessaires.

D'après la minute. Archives de l'Empire.

17111. — A M. DE CHAMPAGNY, DUC DE CADORE,
MINISTRE DES RELATIONS EXTÉRIEURES, À PARIS.

Fontainebleau, 7 novembre 1810.

Monsieur le Duc de Cadore, écrivez la lettre ci-jointe à mon ambassadeur en Espagne et expédiez-la en duplicata par les estafettes d'aujourd'hui et d'après-demain.

NAPOLÉON.

D'après la copie. Archives des affaires étrangères.

A M. LE COMTE DE LAFOREST,
AMBASSADEUR DE FRANCE, À MADRID.

Paris, 7 novembre 1810.

Monsieur, l'Empereur, à Bayonne, a réuni la nation espagnole et lui a présenté un de ses frères pour roi. La nation espagnole, par l'organe de ses députés, lui a prêté serment d'obéissance. Croyant ainsi avoir rallié la majorité de la nation, Sa Majesté a traité avec le roi d'Espagne.

Depuis, la nation espagnole tout entière a couru aux armes. Le Roi, chassé de sa capitale et de toutes les Espagnes, a eu toutes les Espagnes contre lui; il n'a été que le général des armées françaises. Sur ces entrefaites, Sa Majesté est entrée de vive force dans Madrid.

Depuis cette époque, bien des batailles ont eu lieu. L'Andalousie et Séville même ont été conquises par l'armée française; mais pour cela aucun Espagnol ne s'est rallié autour de son Roi; aucunes forces espagnoles n'ont lutté contre l'insurrection, et 400,000 Français, seuls, sans elles, ont dû conquérir toutes les provinces, toutes les places fortes, toutes les villes, tous les villages: l'Espagne appartient à l'Empereur par droit de conquête.

Le roi d'Espagne serait peu de chose s'il n'était le frère de l'Empereur et le général de ses armées. Il serait si peu de chose, qu'il n'y aurait pas une bourgade de 4,000 âmes qui ne fût plus forte que tous les partisans qu'il peut avoir en Espagne. Sa garde même est toute française. Pas un officier espagnol de nom n'a versé son sang pour le Roi.

Sa Majesté n'a donc plus à se décider dans les affaires d'Espagne par les traités de Bayonne. Ces traités n'ont pas été ratifiés par la nation espagnole; Sa Majesté les regarde comme non avenus. Elle l'a, je crois, assez manifesté lorsque, en entrant à Madrid, elle a fait connaître que, si le pays ne se soumettait pas, elle prendrait pour elle-même la couronne d'Espagne.

Cependant, Sa Majesté ayant lu dans les journaux anglais les actes des insurgés réunis dans l'île de Léon sous le nom de Cortès, a voulu de nouveau donner une preuve du désir qu'elle a de chercher à tout concilier et à rendre plus facile la situation de son frère. Dans cette vue, elle m'a chargé d'envoyer M. le marquis d'Almenara à Madrid, avec l'insinuation d'engager le Roi et le cabinet de Madrid à s'entendre avec le conseil des insurgés et à lui proposer la convention de Bayonne comme base de la constitution d'Espagne. Sa Majesté reconnaîtra encore ce traité, si les insurgés le reconnaissent de bonne grâce et se montrent désireux d'épargner le sang qui doit être encore répandu.

C'est dans ce sens que vous devez vous expliquer avec les ministres et même avec le Roi. Et soit qu'on prenne le parti de faire des insinuations secrètes au conseil des insurgés, soit que l'on appuie ces insinuations d'une déclaration publique, faite dans une réunion du conseil de la nation, vous aiderez ces démarches et approuverez tout, sans rien écrire. Vous déclarerez que le traité de Bayonne est regardé depuis longtemps comme non avenu, mais que Sa Majesté serait disposée à le renouveler, s'il était adopté par le conseil des insurgés, sans continuer plus longtemps une lutte qui n'est favorable qu'aux Anglais. Vous ne ferez cette déclaration verbale que dans le cas où une première démarche serait faite, et où il deviendrait nécessaire que vous l'appuyassiez par votre intervention. Je n'ai pas besoin de vous dire que ces insinuations sont dans la supposition que l'armée française est entrée à Lisbonne et que les Anglais se sont rembarqués. Les dernières nouvelles que nous avons de l'armée de Portugal sont du 16; elles nous sont connues par les journaux anglais, qui mettaient les deux armées en présence, le 15 octobre, à cinq lieues de Lisbonne.

Je dois vous faire connaître les véritables intentions de l'Empereur, afin que vous sachiez bien quel parti vous avez à prendre dans les circonstances imprévues. Sa Majesté est sincère; et, si réellement la prise de Lisbonne et la démarche du cabinet de Madrid pouvaient décider les insurgés, parmi lesquels il y a beaucoup d'hommes raisonnables, à entrer en arrangement, Sa Majesté, hors une rectification de frontières qui lui donnerait quelques positions indispensables, consentirait à l'intégrité de l'Espagne, puisque cela rendrait disponible la meilleure partie de ses troupes et finirait une guerre qui peut coûter encore beaucoup de sang.

Mais, si cette tentative n'a point de succès, comme il y a lieu de le penser, Sa Majesté veut, par cette démarche, 1° constater et faire avouer par les Espagnols mêmes que la convention de Bayonne n'existe plus; 2° rendre le tort des insurgés plus réel et mieux constater la folie de l'Angleterre, qui aura à s'en repentir, et la faute que feront les ministres, responsables de s'être refusés à l'intégrité des Espagnes; 3° enfin faire convenir Madrid et le cabinet espagnol que l'insurrection a été la cause réelle de la perte de l'Espagne, et non les affaires de Bayonne.

Connaissant ainsi les intentions de l'Empereur, vous pourrez parler avec assurance.

D'après la copie. Archives des affaires étrangères.

17112. — AU COMTE DE MONTALIVET,
MINISTRE DE L'INTÉRIEUR, A PARIS.

Fontainebleau, 7 novembre 1810.

Je suppose que vous avez fait connaître aux négociants que l'introduction des cotons du Levant, qui avait lieu par l'Illyrie et l'Italie, doit se faire désormais par mer et par la Save; le transit sera libre et aura lieu sans aucuns frais.

D'après la minute. Archives de l'Empire.

17113. — AU GÉNÉRAL CLARKE, DUC DE FELTRE,
MINISTRE DE LA GUERRE, A PARIS.

Fontainebleau, 7 novembre 1810.

J'approuve que les brigades à pied de gendarmerie soient réduites à 6 hommes et que les 300 brigades des dix départements de l'ouest soient réduites à 150 brigades. Ainsi le nombre des brigades à supprimer, au lieu d'être de 114, sera de 150. Le déficit de plus de 2,000 hommes qui existe dans les brigades à pied sera pris dans les régiments de la ligne. J'ai 131 régiments: il faut prendre 20 hommes par régiment; ce qui fera 2,620 hommes. Vous trouverez un décret pour cet objet et pour le recrutement de la gendarmerie à cheval, qui se fera dans les régiments de cavalerie.

D'après la minute. Archives de l'Empire.

17114. — AU GÉNÉRAL CLARKE, DUC DE FELTRE,
MINISTRE DE LA GUERRE, À PARIS.

Fontainebleau, 7 novembre 1810.

Monsieur le Duc de Feltre, vous recevrez un décret pour la formation d'un régiment hollandais. Vous ne manquerez pas d'observer que chaque million d'hommes en France fournit 15 à 20,000 hommes sous les armes. Cependant, pour la Hollande, je n'en prends que 7,000, parce que je ne demande que 1,400 Hollandais et 5,600 étrangers; c'est donc moitié moins que ne fournit la France. En calculant ce que je demande de la conscription sur 120,000 hommes, cela fait 3,000 hommes par million d'habitants. La Hollande, qui a deux millions d'habitants, devrait fournir 6,000 hommes par an. Je n'en prends que 3,000 pour la terre et pour la marine. Je pense que 6,000 hommes sont nécessaires pour compléter le taux actuel; on prendra 1,500 hommes sur les années 1808, 1809 et 1810; ce qui fera 4,500 hommes, qui, avec les 3,000 de la conscription de 1811, porteront les cinq régiments hollandais au delà du complet. Il faut régler le recrutement des régiments hollandais sur ce principe. Il est convenable de diviser les sept départements de la Hollande entre des officiers et sous-officiers de recrutement. Il me semble qu'il serait convenable de placer les 5ᵉˢ bataillons dans les départements qui doivent recruter les régiments; cela rendrait le recrutement plus facile. En conservant ces cinq régiments hollandais pour la Hollande, on obtiendra les avantages attachés à l'organisation allemande, par laquelle chaque régiment, ayant son dépôt dans la province où il se recrute et où il revient en garnison en temps de paix, peut être sans inconvénients envoyé en congé, et être réuni promptement. Cette organisation, qui ne peut avoir lieu pour la totalité de la France, est bonne à conserver en Hollande, au moins pendant les premières années.

Il sera convenable de placer, au 1ᵉʳ janvier prochain, un des 5ᵉˢ bataillons du dépôt à Berg-op-Zoom; faites-moi connaître les lieux où il faudrait placer les autres dépôts.

Mon intention est que les officiers d'artillerie et du génie en résidence en Hollande soient Français, et que vous donniez aux officiers hollandais en résidence de l'emploi dans les autres parties de la France.

Je désire aussi qu'une partie des généraux commandant les départements et des commandants d'armes soient Français, et que vous placiez ailleurs les généraux des départements et les commandants de place actuels hollandais.

L'instruction générale doit être qu'en janvier 1811 la moitié des commandants de place et des généraux soient Français, et qu'en 1812 ils le soient tous, à quelques exceptions près. Il y a beaucoup de généraux hollandais que vous pouvez placer dans les armées et dans les départements au delà des Alpes.

Mettez surtout en Hollande de bons directeurs d'artillerie et du génie.

Je suppose que vous vous occupez de la formation de la gendarmerie.

NAPOLÉON.

D'après la copie. Dépôt de la guerre.

17115. — AU PRINCE CAMBACÉRÈS,
ARCHICHANCELIER DE L'EMPIRE, À PARIS.

Fontainebleau, 8 novembre 1810.

Je réponds à votre lettre du 18 sur le collége héraldique de Hollande. D'abord, aucun doute que ce collége ne soit aboli; 2° garder les pièces: les faire traduire, en représentant ce qu'il a fait, pour que je ratifie ce qui est raisonnable et annule ce qui ne l'est pas; et ce que je conserverai sera remplacé par de nouveaux titres et fera partie de ceux que j'ai conférés à des sujets de l'Empire.

D'après la minute. Archives de l'Empire.

17116. — AU COMTE DE MONTALIVET,
MINISTRE DE L'INTÉRIEUR, À PARIS.

Fontainebleau, 8 novembre 1810.

Il paraît que le département de la Stura va mal. La sous-préfecture d'Alba est vacante; celle de Savigliano est confiée à un homme trop âgé. La gendarmerie de la préfecture est mal commandée. Le préfet et le secrétaire général sont mal ensemble. La gendarmerie et le ministère public sont mal ensemble. Tout cela nuit à mon service dans ce département. Faites-moi un rapport sur les moyens d'y remédier.

En général, il y a beaucoup de sous-préfectures à renouveler. Elles sont, en général, occupées par des hommes vieux, sans zèle et en place depuis dix ans. Faites-moi un rapport là-dessus.

D'après la minute, Archives de l'Empire.

17117. — A M. GAUDIN, DUC DE GAËTE.

MINISTRE DES FINANCES, A PARIS.

Paris, 8 novembre 1810.

Monsieur le Duc, Sa Majesté, avant d'adopter le projet de décret que je lui ai présenté pour la réunion des deux départements de la Corse en un seul, demande qu'il lui soit donné quelques nouveaux renseignements sur cet objet.

Sa Majesté, étant dans l'intention de supprimer les impositions, ou du moins une partie d'entre elles, dont la perception, peu d'accord avec les habitudes du pays, tourmente les habitants, et qui d'ailleurs rapportent à peine leurs frais, désire que, dans le nouveau rapport qu'elle me demande, je fasse sentir l'avantage de cette suppression, de manière à la présenter comme une compensation du désagrément que fera éprouver au pays l'organisation en un seul département.

Je prie Votre Excellence de vouloir bien me mettre à même de satisfaire sur ce point aux intentions de Sa Majesté, en me fournissant les motifs qui peuvent le plus faire ressortir le bienfait d'une suppression ou d'une diminution des impôts les plus incommodes pour le pays.

Par ordre de l'Empereur, le ministre de l'intérieur,

MONTALIVET.

D'après l'original, Archives des finances.

17118. — AU COMTE MOLLIEN,

MINISTRE DU TRÉSOR PUBLIC, A PARIS.

Fontainebleau, 8 novembre 1810.

Monsieur le Comte Mollien, les renseignements que vous me donnez et ceux que j'ai d'autre part me confirment que des maisons ayant en magasin une grande quantité de denrées coloniales sont cependant dans le cas de manquer. Comme j'ai de grands moyens dans la main, ne serait-il pas possible de faire escompter des lettres de change sur marchandises, que la Banque ne voudrait pas escompter, et d'exiger que les marchandises fussent données en garantie? Ainsi, par exemple, une maison a pour deux millions de sucre, de café, d'indigo rendus en France; elle ne peut escompter ses lettres de change à la Banque, qui a des raisons pour ne pas les accepter. Qui est-ce qui empêcherait qu'il y eût un bureau qui escomptât ces lettres de change jusqu'à concurrence d'un million, en se saisissant des marchandises pour garantie? Prenez des renseignements auprès des négociants, et voyez de quelle manière on pourrait réaliser cette idée. Il me semble que ce serait une machine qui pourrait servir dans tout événement. L'emploi d'une trentaine de millions pour un objet aussi important ne pourrait qu'être fort utile, et je ne vois pas l'inconvénient qu'il aurait. Comme l'escompte ne serait qu'en argent, il serait tout simple qu'au lieu de 4 pour 100, il fût à 6 pour 100; ce serait de l'argent prêté à 6 pour 100 qui soulagerait la place, et dont on n'aurait aucune inquiétude, puisqu'on aurait toujours sous la main la valeur des lettres de change. Si cela était nécessaire, on pourrait restreindre cette mesure au commerce de Paris. Une des conditions de cet établissement serait que, la maison venant au bout de deux ou trois ans à être hors d'état de rembourser, on vendrait les marchandises pour y suppléer, et elle payerait les frais. Ce serait un escompte comme celui de la Banque, hormis qu'il serait toujours à 6 pour 100 et en argent, qu'on aurait une commission quand il faudrait vendre les marchandises, et qu'on aurait des sûretés que ne pourrait avoir la Banque. Cet établissement tiendrait un peu de la Banque et un peu du Mont-de-Piété. Il me semble que ce serait une manière sûre de placer son argent à 6 pour 100 sans risque.

NAPOLÉON.

D'après l'original comm. par Mme la comtesse Mollien.

17119. — AU GÉNÉRAL CLARKE, DUC DE FELTRE,
MINISTRE DE LA GUERRE, À PARIS.

Fontainebleau, 8 novembre 1810.

Je crois que vous avez donné ordre à la brigade portugaise qui part de Genève pour Martigny de passer à Villeneuve. Il ne faut pas qu'elle passe sur le territoire suisse, mais qu'elle passe par la Meillerie et Saint-Maurice. Mon intention est que, si cette brigade avait passé par Villeneuve, vous envoyiez un courrier extraordinaire pour contremander le passage des troupes par Villeneuve, mon intention étant qu'on respecte le territoire suisse.

D'après la minute. Archives de l'Empire.

17120. — A JÉRÔME NAPOLÉON, ROI DE WESTPHALIE,
À CASSEL.

Fontainebleau, 8 novembre 1810.

Mon Frère, je reçois vos lettres du 31 octobre. Je pense qu'il est convenable que vous appeliez les chefs de votre garde capitaines des gardes; c'est l'usage établi en Europe. Quant à votre état militaire, je n'ai rien à dire si vous exécutez les traités et si vous payez la solde de mes troupes; mais il me revient de partout qu'elles ne sont point payées et qu'elles sont dans la plus fâcheuse position. Au reste, je vous en ai tant dit et écrit là-dessus que vous en savez autant que moi. Je ne puis que vous répéter que les engagements que vous avez pris avec moi doivent être remplis, et qu'ils ne le sont pas.

NAPOLÉON.

D'après la copie comm. par S. A. I. le prince Jérôme.

17121. — AU GÉNÉRAL COMTE DE LAURISTON,
AIDE DE CAMP DE L'EMPEREUR, EN MISSION EN ITALIE.

Fontainebleau, 9 novembre 1810.

Monsieur le Général Lauriston, j'ai reçu vos lettres de Turin.
Le ministre des finances m'instruit que le duc de Raguse a fait un

emprunt de 1,200,000 francs dans son gouvernement; qu'il a permis, sans y être autorisé, l'introduction de bois de teinture et autres denrées coloniales, pour avoir du sel. Voilà quinze mois que je suis maître du pays, et je n'ai encore de budget ni en recette ni en dépense. Vous pouvez dire au duc de Raguse que, si cet état de choses dure, je me verrai obligé de charger les employés civils de l'administration du pays, et que, si je ne vois pas plus clair dans mes affaires, je ferai tout rentrer au trésor public et que tout le service se fera par ordonnances des ministres; ce qui rendra à peu près nulles ses fonctions actuelles. Je ne sais pas comment, dans un si petit pays, après quinze mois, il n'a pu encore arrêter ses idées sur ses ressources et savoir ce qu'il rend et quelles impositions on doit mettre; il y avait d'ailleurs un budget du temps de l'Autriche. Tout cela annonce le peu d'habitude d'administrer et beaucoup de mauvaises choses.

NAPOLÉON.

D'après l'original comm. par M. le marquis de Lauriston.

17122. — A EUGÈNE NAPOLÉON,
VICE-ROI D'ITALIE, À MILAN.

Fontainebleau, 9 novembre 1810.

Mon Fils, je reçois votre lettre du 4 sur l'occupation des bailliages suisses-italiens. Il est impossible de voir une dépêche moins satisfaisante. J'ignore le nombre de troupes qu'a le général Fontanelli, de quoi elles se composent, les positions qu'elles occupent, et si l'on a trouvé des marchandises anglaises. Votre lettre aurait pu contenir plus de détails et me faire mieux connaître la situation des choses. Il est nécessaire que les troupes italiennes se comportent bien dans le canton de Bellinzona, et qu'elles ne s'approchent pas trop des petits cantons; qu'elles soient nourries et payées de Milan; qu'on laisse les cantons exercer leurs pouvoirs, et qu'on ne fasse autre chose que d'arrêter et de saisir les marchandises anglaises.

Je suppose que vous avez pris des mesures pour pouvoir, de Como, renforcer cette petite division, si elle en avait besoin, et cela sans ostentation, car il ne faut jamais s'exposer à un échec. Rendez-moi un compte détaillé de tout cela.

NAPOLÉON.

D'après la copie comm. par S. A. I. Mᵐᵉ la duchesse de Leuchtenberg.

17123. — AU GÉNÉRAL CLARKE, DUC DE FELTRE,
MINISTRE DE LA GUERRE, À PARIS.

Fontainebleau, 10 novembre 1810.

Tenez à la disposition du roi de Saxe les 18,000 fusils de 22 que vous avez à Maëstricht, les 12,000 de 18 et de 20 à Mayence.

Vous ferez transporter les 18,000 fusils de Maëstricht à Mayence à vos frais. Autant qu'il sera possible, vous prendrez les fusils hanovriens; vous mettrez les 1,600 mousquetons et les 1,000 paires de pistolets de Mayence, provenant de Hanovre, et les 1,500 mousquetons qui sont à Maëstricht; ce qui fera 3,000 mousquetons et 1,000 paires de pistolets, et 34,000 armes en tout.

Le roi de Saxe sera censé les avoir achetées; il nommera un agent pour venir les prendre et les transporter à Varsovie. Parlez-en au ministre de Saxe, pour qu'aussitôt que cet agent sera arrivé il s'adresse à vous et que vous preniez les mesures les plus secrètes avec lui pour ce transport.

Je crois vous avoir mandé de donner une soixantaine de pièces en fer, de celles que j'ai à Stettin, au duché de Varsovie.

D'après la minute. Archives de l'Empire.

17124. — AU BARON DE LA BOUILLERIE,
TRÉSORIER GÉNÉRAL DU DOMAINE EXTRAORDINAIRE, À PARIS.

Fontainebleau, 10 novembre 1810.

Monsieur le Baron la Bouillerie, faites passer 20,000 francs de gratification au général Lefebvre-Desnoëttes, l'un des colonels de ma Garde, qui est prisonnier en Angleterre.

D'après la minute. Archives de l'Empire.

17125. — NOTE POUR LE PRINCE ARCHICHANCELIER.

Fontainebleau, 12 novembre 1810.

Sa Majesté désire que Son Altesse Sérénissime traite la question suivante :

Y aurait-il de l'inconvénient à ce que les ministres d'état, qui sont les vétérans de l'administration et dont le titre est à vie, fussent conseillers honoraires des cours impériales et eussent le droit d'y siéger sur un banc désigné à cet effet? Il est telle question criminelle et même civile d'une grande importance où la présence de MM. Treilhard, Defermon, Regnaud, qui porteraient la parole, serait d'une singulière influence.

On ne pense pas à placer des conseillers d'honneur à la cour de cassation, parce que cette institution aurait moins d'importance, puisque cette cour ne prononce que sur les formes et, quand il s'agit de statuer sur des points de législation, a recours au Conseil d'état pour l'interprétation de la loi.

La principale importance de la présence des conseillers d'honneur se fait sentir dans les cours criminelles. Il resterait à savoir si les conseillers d'honneur pourraient siéger dans d'autres cours impériales que celle de Paris. On voit beaucoup d'avantages à l'institution dont il s'agit et peu d'inconvénients. Sa Majesté désire un rapport sur cet objet.

D'après la minute. Archives de l'Empire.

17126. — A M. DE CHAMPAGNY, DUC DE CADORE,
MINISTRE DES RELATIONS EXTÉRIEURES, À PARIS.

Fontainebleau, 12 novembre 1810.

Monsieur le Duc de Cadore, il est indispensable d'envoyer un courrier à Berne pour porter à mon ministre mon décret sur la réunion du Valais. Il en donnera connaissance lorsque le général César Berthier sera entré à Sion avec les troupes françaises et aura pris possession du pays. Il dira que cette mesure constate l'indépendance de la Suisse, et que les rapports entre l'Italie et la Suisse se trouvent déterminés. Vous ferez connaître que le vice-roi vient de rendre compte de l'entrée des troupes italiennes dans les cantons du Tessin, et que dans peu de jours vous lui expédierez un courrier pour lui donner des directions sur cette affaire; qu'on ne doit en concevoir aucune inquiétude; que nous attendons toujours les inventaires des marchandises anglaises.

NAPOLÉON.

D'après l'original. Archives des affaires étrangères.

17127. — AU COMTE DE MONTALIVET,
MINISTRE DE L'INTÉRIEUR, À PARIS.

Fontainebleau, 12 novembre 1810.

Je vous envoie des pièces sur le Valais. Vous recevrez le décret que j'ai pris pour réunir ce petit pays à la France. J'ai nommé le général César Berthier commissaire général pour prendre possession du pays. Présentez-moi un décret pour organiser ce département, soit pour l'administration, soit pour l'ordre judiciaire, soit pour les finances, de sorte qu'au 1er janvier 1811 il puisse marcher comme la France. Il y a ici une députation du Valais que vous pouvez voir pour cet effet.

D'après la minute. Archives de l'Empire.

17128. — A JOACHIM NAPOLÉON, ROI DES DEUX-SICILES,
À NAPLES.

Fontainebleau, 12 novembre 1810.

Je viens de lire avec attention le rapport de votre ministre des finances. Je vois que votre déficit provient de ce que vous avez la simplicité de tenir sur pied 40,000 Napolitains, qui ne peuvent pas vous servir. Si au lieu de 40,000 hommes vous n'en aviez que 15 ou 20,000, vous seriez riche. Vous agissez trop légèrement. Vous levez sans raison de nouveaux corps, et moi, dont le budget de la guerre monte à 3 ou 400 millions, j'y regarde à deux fois à donner un uniforme à un nouveau corps. Qui vous empêche de donner des congés de semestre et de réduire votre armée? On a peine à concevoir qui a pu vous porter à avoir une armée napolitaine aussi considérable. Vous sentez que, convaincu comme je le suis que, si je retirais mes troupes, il faudrait les renvoyer bientôt à grandes marches, parce que les Anglais ne manqueraient pas d'en profiter pour venir vous attaquer, ce qui me ferait en Europe une dépense considérable et un échec, je me trouve embarrassé de la mauvaise direction que vous avez donnée à vos affaires. Ce n'est pas quand vous avez un déficit que vous devez me consulter, c'est avant de lever des corps napolitains inutiles. Toutefois j'attends des détails sur votre budget et sur vos troupes.

D'après la minute. Archives de l'Empire.

17129. — AU COMTE DARU,
INTENDANT GÉNÉRAL DE LA MAISON DE L'EMPEREUR.

Fontainebleau, 13 novembre 1810.

Monsieur le Comte Daru, je vous envoie un rapport du ministre de l'intérieur. Concertez-vous avec ce ministre pour l'objet de ce rapport, et occupez-vous de faire dresser un programme. Vous ferez venir à Paris les principaux manufacturiers de Tours, et vous leur ferez des commandes en étoffes de leurs fabriques. C'est une chose très-importante que de relever les manufactures de Tours. Faites également des commandes à Jouy, chez Oberkampf. Lorsque le programme sera arrêté, vous me présenterez un projet de décret pour n'employer à l'avenir dans l'ameublement de mes palais aucune cotonnade, percale ou étoffe de coton, et pour ne se servir que d'étoffes dont la matière première soit la soie, la laine et le fil.

NAPOLÉON.

D'après la copie comm. par le comte Daru.

17130. — A JOACHIM NAPOLÉON, ROI DES DEUX-SICILES,
À NAPLES.

Fontainebleau, 13 novembre 1810.

Je reçois vos lettres du 31 octobre. Si vous ne leviez pas de nouvelles troupes sans m'en prévenir, et si, comme les princes de la Confédération, vous me communiquiez l'état de vos forces, je vous aurais fait connaître que vous ne deviez point mettre 40,000 Napolitains sur pied. Avec cela vous n'êtes pas à l'abri d'un bombardement de 12,000 Anglais. Quand des levées sont faites à la hâte, elles sont plus coûteuses et moins bonnes; vous épuisez ainsi vos finances sans raison : 15,000 Napolitains étaient suffisants. Envoyez-moi l'état de situation en détail de l'armée napolitaine.

Je vous ai envoyé des licences ordinaires pour commercer avec la France, les provinces illyriennes et le royaume d'Italie. Je vais me faire rendre compte de la demande que vous faites de faire venir des blés d'Amérique.

Vous voulez que je retire une partie de mon armée; mais votre royaume est-il assuré avec les troupes napolitaines, car il faut que vous résistiez aux Anglais?

Vous me répétez toujours la demande de faire rentrer à Naples les troupes que vous avez en Espagne. Vos troupes en Espagne sont peu de chose. Elles sont engagées en Catalogne; je ne puis les faire revenir actuellement. Croyez que j'attache peu de prix à vos troupes, qui sont formées à la hâte, mal habillées et mal composées.

Un royaume comme Naples, ayant 4 ou 5 millions de population, doit avoir, s'il est bien administré, 80 millions de francs; Milan en a 130 : mais tout cela est mal administré.

Le duc de Monteleone ayant ses biens en Sicile et en Amérique, il est tout simple et juste que les créanciers attendent et qu'on vienne au secours de ce citoyen.

Je vous ai dit et répété que vous n'aviez pas besoin de tenir des ministres en Russie ni en Autriche, qui vous dépenseront de l'argent sans raison. Quant à moi, je vais vous en envoyer un.

D'après l'original. Archives de l'Empire.

17131. — AU PRINCE DE NEUCHÂTEL ET DE WAGRAM,
MAJOR GÉNÉRAL DE L'ARMÉE D'ESPAGNE, À FONTAINEBLEAU.

Fontainebleau, 14 novembre 1810.

Mon Cousin, témoignez mon mécontentement au duc de Dalmatie du peu d'énergie qu'il met dans ses opérations; de ce que le 5ᵉ corps, au lieu de suivre la Romana, qui a fait, à ce qu'il paraît, un détachement sur Lisbonne, et par là de menacer la rive gauche du Tage vis-à-vis Lisbonne, pour empêcher les Anglais d'avoir toutes leurs forces sur la rive droite, s'est replié honteusement sur Séville; de ce que des bruits misérables tiennent en échec l'armée française, et que 10,000 malheureux Espagnols, sans courage et sans consistance, défendent seuls l'île de Léon.

Mandez-lui qu'il n'y a jamais eu plus de trois régiments anglais à Cadix et qu'ils sont partis pour Lisbonne; qu'ainsi toute l'île de Léon et la place ne sont défendues que par une garnison espagnole; que je suis d'autant plus surpris de la rentrée du 5e corps à Séville que j'avais donné l'ordre de talonner la Romana et de l'empêcher de se porter sur Lisbonne; que rien n'avance devant Cadix; qu'on ne tente rien contre l'île de Léon, qui ne peut être que mal défendue, puisqu'elle ne l'est que par des Espagnols. Je vois avec beaucoup de peine qu'il n'y a de ce côté aucune vigueur dans les opérations militaires.

NAPOLÉON.

D'après l'original. Dépôt de la guerre.

17132. — A JOACHIM NAPOLÉON, ROI DES DEUX-SICILES,

A NAPLES.

Fontainebleau, 14 novembre 1810.

Je pense qu'il faut fortifier les batteries du fort de mer à Brindisi, en les augmentant de six pièces de 36 sur affûts de côte et de six autres mortiers; y avoir toujours un commandant, une compagnie de canonniers, une garnison et des vivres pour quelques jours. Je désire également que vous fassiez établir deux batteries : une à 600 toises du fort de mer et une autre à 1,000 toises, à la pointe du côté du Fiume-grande. Ces deux batteries croiseront leurs feux avec le fort de mer; elles doivent être construites chacune pour huit pièces de canon et quatre mortiers. Il suffira d'y mettre trois pièces de 36 et deux mortiers à chacune. En cas d'événement, les vaisseaux débarqueraient sur chaque quelques pièces qu'on mettra dans les places réservées. Je pense aussi qu'il faudra fermer ces batteries à la gorge, et mettre la ville en état de défense, en réparant le mur, en armant le fort de terre et en construisant quelques ouvrages en terre qui couvrent l'enceinte.

Vous m'écrivez que vous n'avez pas de place pour construire à Naples et à Castellamare. Ne pourrait-on pas construire une calle à Brindisi ou à Tarente? On aurait l'avantage à Brindisi de tirer tous les bois des côtes d'Albanie et d'être à portée d'un port qui serait très-bon.

D'après la minute. Archives de l'Empire.

17133. — A FRANÇOIS II, EMPEREUR D'AUTRICHE,
À VIENNE.

Fontainebleau, 14 novembre 1810.

J'expédie un de mes écuyers pour porter à Votre Majesté Impériale la nouvelle de la grossesse de l'Impératrice sa fille; elle est avancée de près de cinq mois. L'Impératrice se porte très-bien et n'éprouve aucune des incommodités attachées à son état. Connaissant tout l'intérêt que Votre Majesté nous porte, nous savons que cet événement lui sera agréable. Il est impossible d'être plus parfaite que la femme que je lui dois. Aussi je prie Votre Majesté d'être persuadée qu'elle et moi lui sommes également attachés.

D'après la minute. Archives de l'Empire.

17134. — AU COMTE DE MONTALIVET,
MINISTRE DE L'INTÉRIEUR, À PARIS.

Fontainebleau, 15 novembre 1810.

On a besoin à Milan de toiles de coton blanches et écrues, ainsi que de coton filé jusqu'au n° 100. Comme l'entrée du coton ne peut plus avoir lieu en Italie, ni par la Suisse ni par l'Allemagne, quelques manufactures manquent de matières premières. Il faut faire dire à quelques fileurs de Paris d'envoyer de la toile blanche à Milan et des cotons filés jusqu'au n° 100. Je crois que la sortie de la toile blanche est permise pour l'Italie; si elle ne l'était pas, j'accorderais une permission spéciale. J'attache de l'importance à cette mesure pour que les manufactures d'Italie ne chôment pas et qu'elles ne soient pas forcées de recourir à la Suisse.

<small>D'après la minute. Archives de l'Empire.</small>

17135. — AU COMTE DE MONTALIVET,
MINISTRE DE L'INTÉRIEUR, À PARIS.

Fontainebleau, 15 novembre 1810.

Le cabotage des blés ne se fait qu'en conséquence de permis que vous expédiez de votre ministère. Je désire avoir des renseignements sur ceux que vous avez accordés. Cette matière est très-importante. La situation des approvisionnements de la Toscane exige que vous ne signiez plus de permis d'exporter par le port de Livourne; il en est de même pour Gênes. Ces deux pays ont peu de blé. L'exportation des grains peut également être abusive par Marseille; elle peut l'être aussi par les départements du Rhin et de la Belgique pour la Hollande. Tout cela demande beaucoup d'attention. Les subsistances sont un article bien délicat dans ce moment. Il faudrait connaître ce que coûteraient des subsistances achetées dans les départements du Rhin et qu'on ferait venir par le canal de Saint-Quentin sur Paris. Il faudrait également voir s'il ne serait pas convenable de faire des envois de Hambourg, où il y a beaucoup de blé, en Hollande; les Anglais ne pourraient pas les empêcher. Et enfin la partie de blé qui sort de la Rochelle, il faudrait la faire venir à Nantes, d'où il serait utile de la diriger sur Paris. Rien n'empêcherait ces bâtiments de se servir de leurs licences anglaises pour s'aider dans ce commerce.

<small>D'après la minute. Archives de l'Empire.</small>

17136. — AU GÉNÉRAL CLARKE, DUC DE FELTRE,
MINISTRE DE LA GUERRE, À PARIS.

Fontainebleau, 15 novembre 1810.

Monsieur le Duc de Feltre, je reçois votre rapport. Je ne veux point créer trois régiments des provinces illyriennes; ce serait trop. Les bataillons autrichiens sont de huit compagnies : ainsi quatre bataillons formeraient trente-deux compagnies; ce serait donc la même chose qu'un régiment français au grand complet. Vous recevrez un décret par lequel je forme un régiment ayant la même organisation que les régiments français. Ainsi, pour les provinces de Villach, de Goritz, de Trieste, et pour la Croatie civile, je ne demande qu'un régiment de cinq bataillons. Je crois devoir le réunir à Alexandrie. Prenez sur-le-champ toutes les mesures pour son organisation. Veillez bien à ce que, parmi les officiers qui seront proposés, il n'y en ait aucun qui n'appartienne à une famille du pays ayant de la considération et des revenus, afin que ce régiment ne soit pas composé d'aventuriers, comme ceux d'Isembourg et de la Tour-d'Auvergne, et qu'il nous attache une partie du pays.

NAPOLÉON.

D'après la copie. Dépôt de la guerre.

17137. — AU VICE-AMIRAL COMTE DECRÈS,
MINISTRE DE LA MARINE, À PARIS.

Fontainebleau, 15 novembre 1810.

Je vois que des péniches anglaises inquiètent toujours, sur les côtes de la Rochelle, le cabotage français. Je ne vois pas pourquoi, au lieu de laisser nos matelots oisifs, on ne les fait pas monter sur des bâtiments pour nettoyer la rade. Il y a dans cela une négligence et une ineptie inconcevables.

D'après la minute. Archives de l'Empire.

17138. — A EUGÈNE NAPOLÉON,
VICE-ROI D'ITALIE, À MILAN.

Fontainebleau, 15 novembre 1810.

Mon Fils, je réponds à votre lettre du 11 novembre. Vous demandez qu'on laisse entrer dans le royaume les toiles de coton blanches; elles ne pourraient venir que d'Angleterre, de Suisse, d'Allemagne ou de France. D'Angleterre, cela est impossible; de Suisse ou d'Allemagne, cela ne convient pas et cela aurait trop d'inconvénients. Les manufactures de mon royaume d'Italie doivent donc s'adresser en France. Il ne peut y avoir aucune modification à cet égard, et cela produira de bons résultats. On aura recours aux matières de bourre de soie et de lin, qu'on emploiera avec les matières de coton, et, vu le haut prix des toiles de coton peintes à cause du droit sur les matières premières, la concurrence des matières de bourre de soie et de fil pourra se soutenir. Les ateliers existants ne doivent donc pas fermer; mais vos manufactures peuvent écrire en France pour faire venir des toiles blanches et des cotons filés. Je ne conçois pas pourquoi 2,000 individus de Vicence travaillant en soie manqueraient de travail. Voilà les manufactures qu'il faut vraiment encourager en Italie. Ce que vous me dites, que les cotons sont filés en France au n° 200 et que pour les toiles en usage en Italie on n'a besoin que des cotons grossiers qui ne s'élèvent pas au n° 100, provient de faux renseignements. En France, on file en grande quantité les bas numéros, et même on file plus de gros que de fins. En Angleterre, comme en France, on file les cotons de tous numéros; ainsi cela ne garantit rien. Il faut tirer vos cotons de France et ne pas penser à les tirer d'ailleurs.

NAPOLÉON.

D'après la copie comm. par S. A. I. Mme la duchesse de Leuchtenberg.

17139. — AU COMTE BIGOT DE PRÉAMENEU,
MINISTRE DES CULTES, À PARIS.

Paris, 16 novembre 1810.

Monsieur le Comte Bigot Préameneu, mon intention est que les archevêques et évêques que j'ai nommés aux différents siéges de mon Empire et qui m'ont prêté serment prennent le titre de leur siége dans tous leurs actes, titre pour lequel ils m'ont prêté serment. Je n'entends point qu'ils y mettent aucune modification. Je ne m'oppose point à ce qu'ils se pourvoient auprès de qui de droit, mais j'entends qu'ils n'aient point la faiblesse d'adhérer aux prétentions des chapitres ni qu'ils prennent d'autres titres, comme je l'ai dit ci-dessus.

NAPOLÉON.

D'après l'original comm. par Mme la baronne Nougarède de Fayet.

17140. — AU GÉNÉRAL CLARKE, DUC DE FELTRE,
MINISTRE DE LA GUERRE, À PARIS.

Paris, 17 novembre 1810.

Je vous envoie une lettre que je reçois du ministre de la marine. Envoyez sur-le-champ un courrier au général Grandjean. Faites-lui connaître que j'ai été surpris qu'il ne se soit pas rendu lui-même à la Hougue pour former des batteries, et qu'il n'ait pas envoyé un bataillon pour protéger ce point important; qu'il ait sur-le-champ à s'y rendre; qu'il y fasse conduire des pièces d'artillerie et des mortiers; qu'il y transporte son quartier général, et y reste jusqu'à ce que les frégates aient appareillé. Je présume que les officiers d'artillerie et du génie s'y seront rendus et qu'on aura envoyé un renfort pour protéger les frégates. Si on ne l'a pas fait, témoignez-en mon mécontentement. Faites-moi connaître la force des forts, ce qu'ils ont en hommes et en munitions, et envoyez-moi les mémoires que vous avez sur ce point. Quelle protection ces forts peuvent-ils donner aux frégates?

Autorisez l'officier d'artillerie à faire les dépenses nécessaires pour réparations et constructions de batteries. Il faut s'attendre qu'aussitôt qu'on saura en Angleterre le mouillage de ces frégates on enverra de nouvelles forces pour les attaquer.

Prescrivez aux directeurs du génie et de l'artillerie de rester tout le temps nécessaire sur ce point important de la côte.

D'après la minute. Archives de l'Empire.

17141. — AU GÉNÉRAL CLARKE, DUC DE FELTRE,
MINISTRE DE LA GUERRE, À PARIS.

Paris, 18 novembre 1810.

Les nouvelles que je reçois du Valais étant satisfaisantes, mandez au général Berthier que je désire qu'il fasse rentrer à Genève le général Fiteau et toute la colonne qui est venue de Genève, ce qui soulagera le pays; que, aussitôt que le serment d'obéissance aura été prêté dans le

Valais, il fasse rentrer les troupes italiennes en Italie et ne garde auprès de lui que le 23° d'infanterie légère; que je le laisse maître d'exécuter ces ordres selon les circonstances.

D'après la minute. Archives de l'Empire.

17142. — A M. DEPONTHON,
COLONEL DU GÉNIE, SECRÉTAIRE DU CABINET DE L'EMPEREUR.

Paris, 18 novembre 1810.

Dans la visite que vous ferez de la rade de la Hougue, observez bien ce qu'il faudrait faire pour qu'une escadre fût à l'abri d'une force supérieure. Des forts à établir sur le rocher Manquet et sur le rocher Gavendal seraient-ils coûteux? Relevez la sonde et la position de ces deux rochers.

D'après la minute. Archives de l'Empire.

17143. — A JOACHIM NAPOLÉON, ROI DES DEUX-SICILES,
À NAPLES.

Paris, 18 novembre 1810.

Je reçois votre lettre avec le mémoire qui y était joint, sur les chantiers de Naples. Je vois qu'on pourrait construire une frégate sur le chantier de Naples, un vaisseau, une frégate et une corvette à Castellamare; ce qui fait un vaisseau, deux frégates et une corvette. On pourrait donc avoir ce nombre de bâtiments en 1811. Mais j'ai peine à croire qu'à Castellamare, au lieu d'une frégate, on ne puisse pas faire un vaisseau, et avoir ainsi deux vaisseaux.

Je crois difficilement qu'à l'endroit où est la caserne de Naples, où l'on peut mettre une frégate, on ne puisse pas mettre un vaisseau. Les ingénieurs français demandent trop de place pour construire un vaisseau. S'ils avaient vu les chantiers de Hollande, ils en demanderaient moitié moins. D'ailleurs on peut diriger la cale en angle, de manière que le vaisseau finisse par être lancé à peu près sur la même pièce d'eau.

En construisant pour votre compte un vaisseau, une frégate et une corvette à la fois et par an, ce sera toujours une dépense de 4 à 5 millions; ce qui, avec la dépense de la marine armée, fera 6 millions. Vous n'êtes guère dans le cas de dépenser davantage. Cela étant, je vous propose de mettre pour mon compte un vaisseau de 74 ou de 80 et une frégate. L'artillerie et les mâts seraient envoyés en nature de Toulon. La coque et le reste du bâtiment seraient faits par la marine napolitaine, qui fournirait tout, et je payerais ce que je paye à la marine italienne, argent comptant et chaque mois. Cela aurait l'avantage de faire entrer dans votre royaume à peu près 3 à 4 millions d'argent; on pourrait ainsi espérer avoir, à la fin de 1811, dans les ports de Naples, un vaisseau napolitain et un vaisseau français, lesquels, avec celui que vous avez, feraient trois vaisseaux et une frégate. Ce serait déjà un commencement de marine. Si vos finances vous permettent de construire vous-même les deux vaisseaux et la frégate, nous arrivons au même résultat, et vous n'aurez pas besoin de mon secours.

D'après la minute. Archives de l'Empire.

17144. — A M. DE CHAMPAGNY, DUC DE CADORE,
MINISTRE DES RELATIONS EXTÉRIEURES, À PARIS.

Paris, 19 novembre 1810.

Monsieur le Duc de Cadore, le prince de Schwarzenberg m'a remis une lettre de l'empereur d'Autriche. L'empereur me dit dans cette lettre que M. de Schwarzenberg me parlera de deux objets qui intéressent ses finances; il n'entre pas dans d'autres détails. Le prince de Schwarzenberg m'a dit que ce que désirait l'empereur était : 1° obtenir des atermoiements pour les 12 millions qu'il doit; 2° que le commerce autrichien continuât à jouir des mêmes avantages dans les provinces illyriennes. Je lui ai répondu qu'il fallait qu'il traitât avec vous et vous fît une note qui expliquât ses désirs. Ces explications sont importantes; demandez-les-lui.

NAPOLÉON.

D'après l'original. Archives des affaires étrangères.

17145. — A EUGÈNE NAPOLÉON,
VICE-ROI D'ITALIE, À MILAN.

Paris, 19 novembre 1810.

Mon Fils, je désire que vous donniez l'ordre d'évacuer sans rien dire ce que mes troupes italiennes ont occupé des cantons des Grisons.

NAPOLÉON.

D'après la copie comm. par S. A. I. Mme la duchesse de Leuchtenberg.

17146. — AU PRINCE DE NEUCHÂTEL ET DE WAGRAM,
MAJOR GÉNÉRAL DE L'ARMÉE D'ESPAGNE, À PARIS.

Paris, 20 novembre 1810.

Mon Cousin, vous trouverez ci-joint l'extrait des derniers journaux anglais. Vous sentirez l'importance d'expédier un officier d'état-major au général Drouet, pour lui faire connaître qu'au 1er novembre il n'y avait pas encore eu de bataille; que la gauche de l'armée française était à Villafranca, et la droite à Torres-Vedras, et que l'armée anglaise est en position à quatre lieues de Lisbonne; que 10,000 hommes de milices occupent Coïmbre et interceptent la route; que la cavalerie n'est presque d'aucun usage; qu'il est donc important qu'il ne fasse point de petits paquets, et qu'il rouvre, avec un gros corps, les communications avec le prince d'Essling; que je compte, du reste, sur sa prudence pour ne pas se laisser couper d'Almeida.

Il paraîtrait, par les journaux anglais, que la garnison de Coïmbre se serait laissé surprendre, du 10 au 15 octobre, et aurait laissé prendre 1,500 malades ou blessés qui s'y trouvaient.

Réitérez les ordres aux généraux Caffarelli, Dorsenne et Reille pour l'exécution des mouvements que j'ai ordonnés précédemment, c'est-à-dire que la Garde se réunisse à Burgos, et que tout ce qui appartient au corps du général Drouet lui soit envoyé. Recommandez au général Kellermann de ne pas retenir la division Conroux et de la laisser filer sur Salamanque.

Faites-moi connaître le jour où les fusiliers de ma Garde arrivent à

Bayonne; mon intention est qu'ils aient un jour de séjour à Bayonne. Les détachements qui se trouvent au camp de Marrac joindront leurs compagnies.

Écrivez au duc de Dalmatie pour lui faire connaître ce que disent les Anglais de l'armée de Portugal, et lui faire comprendre l'importance de faire une diversion en faveur de cette armée.

NAPOLÉON.

D'après l'original. Dépôt de la guerre.

17147. — AU GÉNÉRAL CLARKE, DUC DE FELTRE,
MINISTRE DE LA GUERRE, À PARIS.

Paris, 21 novembre 1810.

Monsieur le Duc de Feltre, envoyez des officiers et prenez des mesures pour que le duc de Tarente ne fasse pas ce qu'il a déjà fait, c'est-à-dire ne dégarnisse pas toutes nos frontières et ne les livre pas sans défense au brigandage. Mettez de suite sous les ordres du général Baraguey d'Hilliers les seize bataillons composés du 3ᵉ régiment d'infanterie légère, du 16ᵉ de ligne, du 67ᵉ, du 102ᵉ, etc. afin que les scènes qui ont eu lieu il y a un mois ne se renouvellent plus.

NAPOLÉON.

D'après la copie. Dépôt de la guerre.

17148. — A M. GAUDIN, DUC DE GAËTE,
MINISTRE DES FINANCES, À PARIS.

Paris, 21 novembre 1810.

Je vous envoie le budget des provinces illyriennes. Il faut l'envoyer au général Andréossy pour voir les réductions qui pourraient être faites. Les dépenses me paraissent exorbitantes. A quoi bon payer les pensionnaires de la Maison d'Autriche, qui ne nous regardent pas? Comment, d'ailleurs, les payer sans liquidation? Pourquoi payer des pensions au clergé, déjà si bien doté? Enfin quels sont les moyens de combler le déficit de 6 millions de francs qui reste? Prévenez le duc de Raguse qu'il ne doit pas attendre un sou de France. Je l'ai prévenu de cela de bonne heure. Cependant je vois qu'il fait de grandes dépenses; il y en a beaucoup d'inutiles dans le budget.

D'après la minute. Archives de l'Empire.

17149. — AU CAPITAINE DE VAISSEAU MONTFORT,
COMMANDANT UNE DIVISION DE FRÉGATES DANS LA MÉDITERRANÉE.

Paris, 21 novembre 1810.

Monsieur le Capitaine de nos vaisseaux Montfort, notre intention est que nos frégates *la Pauline* et *la Thémis*, cette dernière armée en flûte, ayant chacune cinq mois de vivres et trois mois d'eau au moins, appareillent du port de Toulon sous votre commandement.

Vous ferez embarquer sur chaque bâtiment un chargement de différentes munitions, suivant l'ordre que vous envoie notre ministre de la marine. Vous êtes responsable de l'embarquement desdites munitions.

En partant de Toulon, vous vous rendrez à Porto-Ferrajo, où l'officier général commandant a ordre de mettre à votre disposition 500 hommes d'infanterie, complétement armés et habillés, que vous répartirez sur les deux bâtiments sous vos ordres.

Vous ne séjournerez pas plus de douze heures à Porto-Ferrajo pour embarquer lesdites troupes.

Les troupes embarquées, vous vous dirigerez sur l'île de Corfou, comme il est indiqué par les instructions nautiques que nous avons ordonné à notre ministre de la marine de vous adresser, vous autorisant toutefois à en modifier l'exécution, comme des circonstances non prévues vous paraîtraient l'exiger, pour l'avantage de notre service.

Arrivé à Corfou, vous remettrez à la disposition de notre gouverneur général dans cette île les troupes embarquées à Porto-Ferrajo, ainsi que toutes les bouches à feu, armes, munitions et autres objets que chacun de nos bâtiments a reçus en chargement pour cette île.

Notre intention est que vous preniez le commandement de la rade de Corfou, de tous les bâtiments de notre marine française et italienne, et de la marine napolitaine, conformément à l'état que vous en remettra notre ministre de la marine.

Nous entendons que vous, et tous les bâtiments sous votre commandement, soyez sous les ordres de notre gouverneur, votre devoir étant de concourir de tous vos efforts, et tant au matériel qu'au personnel, à la défense et à l'approvisionnement de la place et de l'île, et devant vous considérer à cet égard comme faisant partie de la garnison.

Nous comptons que vous justifierez par votre zèle et votre activité la confiance que nous plaçons en vous.

NAPOLÉON.

D'après la copie. Archives de la marine.

17150. — AU VICE-AMIRAL COMTE DECRÈS,
MINISTRE DE LA MARINE, À PARIS.

Paris, 22 novembre 1810.

J'ai pris les décrets qui concernent Batavia. Je les ai envoyés à l'expédition pour mettre sur parchemin la commission du gouverneur général. Je vous ai mandé que vous n'avez qu'à le[1] mener demain au lever pour prêter serment.

Faites faire les lettres pour les souverains dont vous m'avez envoyé la liste.

J'approuve ce que le général Janssens veut emmener, hors le sieur Briatte et le chirurgien-major hollandais. Je préfère qu'il emmène un chirurgien-major français. Je crois qu'il est plus convenable que la proclamation soit faite par le gouverneur lui-même. Il pourra y mettre la couleur de la circonstance.

D'après la minute. Archives de l'Empire.

17151. — NOTE POUR LE MINISTRE DE LA MARINE.

Paris, 22 novembre 1810.

Le chargement des objets d'artillerie pour les deux frégates destinées à Corfou sera fait par l'artillerie de manière que, si l'une d'elles venait à être perdue, la moitié de chacune des espèces d'objets parvienne à la colonie par l'autre. Il sera bon que le directeur de l'artillerie se concerte

[1] Le général Janssens.

avec le préfet maritime pour faire le projet d'armement, qui sera envoyé ensuite à Paris.

<small>D'après la minute. Archives de la marine.</small>

17152. — AU GÉNÉRAL SAVARY, DUC DE ROVIGO,
MINISTRE DE LA POLICE GÉNÉRALE, À PARIS.

<small>Paris, 23 novembre 1810.</small>

Le *Journal de l'Empire* dit, dans sa feuille d'aujourd'hui, que je faisais faire à Vienne la statue de l'empereur d'Autriche, sans doute pour la mettre sur quelque place de Paris. Dites bien au sieur Étienne que, la première fois qu'il laissera passer de pareilles absurdités, je lui ôterai la direction du journal; il est tout simple que, puisqu'il est censeur de ce journal, il en surveille la rédaction. Cela est d'autant plus mauvais que le contredire ferait un effet désagréable. Ce n'est pas par Vienne, ou autre correspondance étrangère, qu'on doit apprendre ce que je fais.

Les Allemands sont si connus pour leur niaiserie, que je suis étonné qu'Étienne, qui a de l'esprit, s'y laisse prendre. Que ne répète-t-il, d'après les journaux allemands, que je portais sur ma bouche la pantoufle de la princesse Louise, que je ne connaissais même pas? Ce sont des choses qui se recommandent par leur extrême bêtise. Il doit effacer de son journal tout ce qui viendrait sur moi des correspondances étrangères. Faites-lui en une loi bien précise et absolue. Ce sont les journaux de Paris qui doivent dire à l'Europe ce que je fais, et non les gazettes de Vienne.

On m'a fait faire des présents à la reine de Prusse, à l'empereur d'Autriche, et toujours à faux. J'espère qu'après la lettre que je vous écris, je n'aurai plus occasion de témoigner mon mécontentement.

<small>D'après la minute. Archives de l'Empire.</small>

17153. — AU GÉNÉRAL DUROC, DUC DE FRIOUL,
GRAND MARÉCHAL DU PALAIS, À PARIS.

<small>Paris, 23 novembre 1810.</small>

Monsieur le Duc de Frioul, sur les fonds que vous avez dans les mains, vous remettrez, chaque mois, 250 francs à Mᵐᵉ Simon, femme du général Simon blessé aux dernières affaires de Portugal et prisonnier en Angleterre. Faites-lui payer ce secours mensuel depuis le 1ᵉʳ septembre dernier.

NAPOLÉON.

D'après l'original. Bibliothèque impériale.

17154. — A M. DE CHAMPAGNY, DUC DE CADORE,
MINISTRE DES RELATIONS EXTÉRIEURES, À PARIS.

Paris, 24 novembre 1810.

Monsieur le Duc de Cadore, l'exposé du sieur Béthisy est faux. Il est fort égal qu'il demeure où il veut. Mais il ne peut échapper à la sentence de mort qu'en profitant de l'amnistie et en rentrant en France avant l'époque de rigueur.

Mandez au comte Otto que tous les officiers nés Français, jusqu'au grade de capitaine, et les sous-officiers et soldats, pourront rentrer en France avec le grade qu'ils avaient en Autriche; qu'il est autorisé à faire contracter un engagement à ceux qui voudront et seront en état de servir, et à les diriger sur Passau, où le ministre de la guerre envoie des officiers pour en former un bataillon; que, quant aux officiers au-dessus du grade de capitaine, je prendrai en considération leur âge, leurs services, leur habileté et leur moralité; qu'il y a même des généraux lorrains, encore verts, auxquels je ne ferai pas difficulté d'accorder le grade de général de brigade; qu'ayant oublié le passé, mon but est de faire rentrer en France tout ce qui est français.

La cour d'Autriche devra fournir à tous ces individus des étapes jusqu'à Passau. Arrivés à Passau, je m'en charge. Vous ferez connaître au comte Otto qu'il peut tirer sur vous les fonds qui lui seront nécessaires pour donner aux différents individus l'argent dont ils auraient besoin.

Prévenez ma mission à Munich du retour de tous ces Français.

NAPOLÉON.

D'après l'original. Archives des affaires étrangères.

17155. — AU GÉNÉRAL CLARKE, DUC DE FELTRE,
MINISTRE DE LA GUERRE, À PARIS.

Paris, 24 novembre 1810.

Monsieur le Duc de Feltre, la cour de Vienne licencie les officiers et soldats français qui sont à son service; dans un seul régiment il y en a plus de 400. Mon intention est que vous formiez sur-le-champ, à Passau, un dépôt qui sera commandé par 1 major, 4 capitaines, 1 quartier-maître et 1 commissaire des guerres. Tous les Français licenciés du service d'Autriche se rendront à ce dépôt. Ayez soin d'envoyer pour commander ce dépôt des hommes très-intelligents, et faites-les partir en poste. Ils seront chargés de recevoir à Passau, des mains des commissaires autrichiens, tous les officiers, sous-officiers et soldats français des provinces en deçà et au delà des Alpes. Ils prendront leurs noms, leurs signalements, établiront leurs services en Autriche, et de quelle manière ils sont sortis de France. Après quoi ils leur feront signer leur serment et les déclareront amnistiés.

Ils les sépareront en deux classes, composées, l'une, de ceux qui ont la volonté et les moyens de servir; l'autre, de ceux qui ne sont plus propres au service et qui ne veulent plus servir. On formera de ces derniers des convois de 100 hommes, et on les dirigera sur Strasbourg, d'où il me sera rendu compte des hommes qui les composent, et je donnerai des ordres pour assurer leur subsistance et les classer. Ceux qui voudront servir et qui seront dans le cas de servir, sous-officiers et soldats, seront confirmés et seront formés en compagnies provisoires de 100 hommes. Les grades de capitaine, lieutenant et sous-lieutenant auront provisoirement été confirmés par mon ambassadeur à Vienne. Ces compagnies seront ainsi organisées : 1 capitaine, 1 lieutenant et 1 sous-lieutenant, 1 sergent-major, 4 sergents, 1 caporal-fourrier, 8 caporaux et 100 soldats; elles prendront les numéros 1re, 2e, 3e et 4e compagnie, et seront dirigées sur Strasbourg. Les états vous en seront envoyés avec les matricules. Vous aurez le temps de prendre mes ordres avant l'arrivée de ces compagnies à Strasbourg, et je déciderai ce qui devra en être fait.

Il est nécessaire d'avoir à Strasbourg un bon officier général, avec le nombre d'employés nécessaires, pour vérifier les matricules, inspecter les officiers, donner des notes et me mettre à même de prononcer sur tous les officiers et même les soldats. Je compte qu'il y a au moins 10,000 soldats français au service d'Autriche. Si on les envoie tous, ce sera un recrutement considérable pour mes régiments. Mon intention, en les faisant venir à Strasbourg, est de les incorporer dans des régiments stationnés en France, afin qu'ils y passent au moins un an avant d'être envoyés avec ces régiments à l'étranger. Il sera nécessaire que vous régliez les fonds que devra avoir le quartier-maître que vous enverrez à Passau pour qu'il subvienne aux dépenses nécessaires pour la marche de Passau à Strasbourg. Il sera nécessaire que vous ayez aussi à Passau quelques milliers de paires de souliers. Faites une instruction détaillée là-dessus au comte Otto, et faites-lui connaître le chef du dépôt pour qu'il corresponde avec lui.

Je pense qu'un pareil dépôt pourrait être formé à Villach pour les Vénitiens, Milanais et sujets du royaume d'Italie au service d'Autriche : écrivez-en au vice-roi.

Quant aux Français des provinces italiennes, je désire qu'ils viennent à Strasbourg. Écrivez donc au comte Otto pour que tous les Français cisalpins ou transalpins viennent par Passau à Strasbourg, et pour que tous les Vénitiens et Milanais seuls aillent à Villach. Faites-lui part de ces différentes mesures.

NAPOLÉON.

D'après la copie. Dépôt de la guerre.

17156. — AU GÉNÉRAL CLARKE, DUC DE FELTRE,
MINISTRE DE LA GUERRE, À PARIS.

Paris, 24 novembre 1810.

Monsieur le Duc de Feltre, il me semble qu'il ne serait pas raisonnable de faire passer aux colonies des hommes ayant plus de quarante ans. Je n'ai besoin ni de général, ni de colonel, ni de chef de bataillon, et même très-peu de capitaines, puisqu'il faudrait leur donner un grade supérieur. Par conséquent, je pense qu'il n'y a pas lieu à revenir sur le décret du 14, et que la circulaire que vous devez écrire aux commandants des divisions militaires doit être fondée sur le décret. Voici ce que vous pourrez leur mander :

« Je vous envoie le décret relatif à la revue que vous devez passer des officiers réformés qui se trouvent dans votre division. Les possessions hollandaises exigent un grand nombre d'officiers pour commander les troupes du pays, qui sont considérables; Sa Majesté désire donc y envoyer des lieutenants et sous-lieutenants réformés, âgés de moins de quarante ans, capables de servir, et qui voudraient être employés dans cette expédition. A leur arrivée à leur destination, il leur sera accordé le grade supérieur à celui qu'ils ont en ce moment. Sa Majesté destine également quelques places à des capitaines; mais, comme ils devront avoir rang de chef de bataillon, il est bien nécessaire que vous ne présentiez que des hommes capables. Je désire donc que vous passiez le plus tôt possible votre revue, et que, en me faisant connaître le nombre des officiers que je pourrais présenter à Sa Majesté pour être employés dans cette expédition, vous me donniez des notes sur chacun d'eux. Comme les dispositions de plusieurs de ces officiers peuvent être à votre connaissance même avant la revue, vous pouvez m'envoyer d'avance les renseignements que vous auriez déjà. »

Le dépôt de ces officiers doit être à Angers.

NAPOLÉON.

D'après la copie. Dépôt de la guerre.

17157. — AU GÉNÉRAL LACUÉE, COMTE DE CESSAC,
MINISTRE DIRECTEUR DE L'ADMINISTRATION DE LA GUERRE, À PARIS.

Paris, 24 novembre 1810.

Je vous envoie un rapport sur la situation des régiments de l'armée d'Italie, avec les états qui y sont joints. D'autre côté, on me porte des plaintes de la mauvaise administration des corps et de l'arriéré qui leur est dû. Tout cela ne laisse pas que de m'inquiéter, puisque cela me donne de l'incertitude sur la situation de mes finances et sur celles de l'armée. Je désire avoir un état de ce qui est dû à chaque corps, exercice par exercice, et par masse, et savoir pourquoi on ne leur paye pas ce qui leur est dû. Je connais peu de dépenses plus importantes que celle-là.

Je désire avoir un rapport qui me mette à même de liquider ce que je dois aux corps, et que je cesse de leur entendre dire que tout est en mauvais état parce que le ministre leur doit.

D'après la minute. Archives de l'Empire.

17158. — AU VICE-AMIRAL COMTE DECRÈS,
MINISTRE DE LA MARINE, À PARIS.

Paris, 24 novembre 1810.

Envoyez un courrier à Toulon pour faire finir ces ridicules estacades qui sont la risée de tout le monde. Si une escadre n'est pas en sûreté dans la rade, qu'on la fasse rentrer dans le port. On me consomme à cela beaucoup de bois et l'on fait des dépenses inutiles. Je suis surpris que cela puisse avoir lieu sans votre ordre. Il est tout à fait contraire aux premières notions de comptabilité que de pareilles dépenses se fassent sans votre ordre et sans qu'une question si importante m'ait été soumise. Il n'y a aucun danger pour mon escadre dans la grande rade de Toulon : s'il y en avait, il n'y a qu'à la mettre dans la petite rade. Tout cela est bien affligeant.

Il me paraîtrait important de remplacer à Toulon le général Allemand.

D'après la minute. Archives de l'Empire.

17159. — AU VICE-AMIRAL COMTE DECRÈS,
MINISTRE DE LA MARINE, À PARIS.

Paris, 24 novembre 1810.

Je vous envoie un plan de la rade de la Hougue, avec une lettre du colonel Deponthon. Vous me renverrez le plan après que vous aurez fait relater la position des frégates sur les cartes du Dépôt. Il paraît qu'à plus de 1,000 toises des batteries les Anglais ont craint d'aborder ces frégates avec deux vaisseaux de guerre.

Je crois que les deux frégates doivent partir ensemble si cela se peut.

l'*Élisa* armée en flûte. On lui laissera l'armement nécessaire pour qu'elle soit plus forte qu'un brick. Qu'elles aillent à Cherbourg ou à Brest ou au Havre, elles seront également bien dans ces ports.

Faites faire des reconnaissances sur les îles Saint-Marcouf, afin de bien reconnaître s'il y aurait de l'avantage à réunir les deux îles par une jetée, comme on en avait eu le projet. Vous me direz un mot là-dessus.

Voyez aussi à faire faire par Cachin le projet d'un fort sur l'extrémité du banc du Bec. Il faudrait d'abord y faire une île en échouant un certain nombre de bâtiments. Si cela était possible, cela serait d'un grand intérêt, puisque, entre la Hougue, Tatihou et le fort, une escadre assez considérable pourrait être absolument à l'abri des efforts de l'ennemi.

D'après la minute. Archives de l'Empire.

17160. — A EUGÈNE NAPOLÉON,
VICE-ROI D'ITALIE, À MILAN.

Paris, 24 novembre 1810.

Mon Fils, je ne puis prendre le décret qui prohibe la sortie des grains du royaume d'Italie pour France. La circulation dans les pays qui me sont soumis m'intéresse également. Il est seulement fâcheux qu'on n'ait pas empêché la sortie des subsistances à l'étranger. En attendant, voici ce que je crois qu'on pourrait ordonner : on pourrait ordonner que les magasins de blé qui sont très-considérables rentrassent dans l'intérieur pour la consommation du royaume. Laissez la circulation libre entre la France et l'Italie.

NAPOLÉON.

D'après la copie comm. par S. A. I. Mme la duchesse de Leuchtenberg.

17161. — A M. PHILIBERT,
LIEUTENANT DE VAISSEAU, COMMANDANT LA SAPHO.

Palais des Tuileries, 25 novembre 1810.

Monsieur Philibert, lieutenant de nos vaisseaux, ayant résolu d'envoyer dans nos établissements à l'est de l'île de France notre corvette *la Sapho*, dont le commandement vous est confié, nous vous avons fait connaître par notre ministre de la marine comment nous entendions que fût disposé l'armement de cette corvette, l'organisation de son équipage, la quantité de troupes passagères qu'elle doit recevoir à bord, de manière que ces troupes et l'équipage s'élèvent au nombre de 174 hommes, et que la corvette soit approvisionnée de 150 à 155 jours de vivres et d'eau pour ce nombre d'hommes.

Nous vous avons fait connaître aussi la quantité de métaux, fusils, pierres à fusil que nous avons ordonné d'être embarqués sur notre susdite corvette.

Aujourd'hui nous vous faisons savoir que notre intention est que vous vous rendiez sur notre île de Java, dans les mers orientales, où, arrivé, vous remettrez à la disposition de notre gouverneur général dans cette colonie les troupes passagères qui sont à votre bord, au nombre de 50 hommes, les fusils, métaux et autres objets que vous avez pris en chargement. Vous prendrez ses ordres pour votre réarmement et votre destination ultérieure.

Vous prendrez ou détruirez tous les bâtiments ennemis que vous pourrez atteindre dans votre traversée, sans vous écarter de votre route, en observant que la proportion de votre eau et de vos vivres avec la longueur de cette traversée vous impose l'obligation de vous porter aussi directement que possible sur notre île de Java, comme aussi d'augmenter votre approvisionnement de campagne de celui de toutes les prises que vous pourrez faire ou de toutes autres ressources qui vous seront offertes.

Vous éviterez toute relâche qui ne sera pas indispensable.

Notre ministre de la marine est chargé de vous transmettre des instructions de détail relatives à votre mission.

Nous comptons que vous ne négligerez rien pour la bien remplir, ainsi que celles qui vous seront ultérieurement confiées par le gouverneur général de nos établissements dans les mers d'Asie.

Nous nous reposons à cet égard sur votre courage et votre zèle pour notre service.

NAPOLÉON.

D'après la minute. Archives de la marine.

17162. — AU GÉNÉRAL CLARKE, DUC DE FELTRE,
MINISTRE DE LA GUERRE, À PARIS.

Paris, 26 novembre 1810.

Écrivez de la manière la plus forte au roi de Naples pour qu'il continue d'approvisionner Corfou; faites-lui connaître que je le rends responsable si Corfou manque de la moindre chose; que Corfou importe à son royaume encore plus qu'à la France; que je n'entends pas que, là où j'ai 30,000 hommes de mes troupes, 10,000 soient exposés à mourir de faim, et que mes armes à Corfou soient déshonorées. Écrivez-en à mon chargé d'affaires, au ministre de la guerre et au ministre des relations extérieures. Parlez-en au ministre de Naples ici, et prenez la chose avec une telle vivacité que cela ne souffre pas d'obstacle. Persuadez-les bien que j'entends que Corfou soit approvisionné.

D'après la minute. Archives de l'Empire.

17163. — AU GÉNÉRAL CLARKE, DUC DE FELTRE,
MINISTRE DE LA GUERRE, À PARIS.

Paris, 26 novembre 1810.

Témoignez mon mécontentement par duplicata au général Donzelot de ce que les travaux de fortification n'avancent point et que le moyen que j'avais ordonné n'est pas mis à exécution. Renouvelez l'ordre que chaque corps soit chargé de construire une redoute ou fort sur les hauteurs en avant de Corfou, comme je l'avais ordonné. Il n'y a besoin pour cela que de bras et d'outils. Les bataillons fournissent les bras; les outils ne peuvent manquer. Les frégates de la marine peuvent fournir 250 ouvriers chacune pour travailler au Lido et aux batteries sur les bords de la mer. Ayant approvisionné Corfou pour un an, il faut une résistance plus forte que celle que permettent de faire les fortifications permanentes, et par là empêcher l'ennemi d'approcher plus près que la portée de la bombe, et faire véritablement une résistance très-prolongée.

D'après la minute. Archives de l'Empire.

17164. — AU VICE-AMIRAL COMTE DECRÈS,
MINISTRE DE LA MARINE, À PARIS.

Paris, 26 novembre 1810.

Je vous envoie les instructions pour les frégates de Nantes. Il me semble qu'elles ne sont pas complètes, puisque vous ne parlez pas de ce qu'elles doivent devenir à Batavia. Vous n'ajoutez pas qu'elles seront à la disposition du gouverneur pour faire des croisières, faire le plus de mal à l'ennemi et apporter toute espèce de secours à la colonie.

D'après la minute. Archives de l'Empire.

17165. — AU VICE-AMIRAL COMTE DECRÈS,
MINISTRE DE LA MARINE, À PARIS.

Paris, 26 novembre 1810.

Monsieur le Comte Decrès, dans l'état de situation de la marine de France, vous ne portez pas le brick *le Saint-Philippe*, un demi-cheber appelé *le Joubert*, deux felouques, trois chaloupes canonnières, une barque armée et cinq barques courrières, en tout treize bâtiments qui sont à Corfou. Faites-moi connaître ce que c'est que ces barques courrières. Il paraît qu'il en faudrait un grand nombre à Corfou.

D'après la minute. Archives de l'Empire.

17166. — NOTE POUR LE MINISTRE DE L'INTÉRIEUR,
DICTÉE EN CONSEIL DU COMMERCE.

Paris, 26 novembre 1810.

La question serait celle-ci : acheter dans les départements du Rhin, où il paraît que les blés sont abondants, 500,000 quintaux de blé, poids de marc. Les transporter partie aux affluents du Rhin, partie aux affluents du Midi, en se servant ou de la Saône ou du Doubs. Calculer à combien ces blés reviendraient à leurs différentes destinations. Les estimations faites supposent que le prix d'achat serait de 4 millions ou 4 millions 500,000 francs, et celui du transport de 2 millions ou

2 millions 500,000 francs; ce qui ferait 6 à 7 millions. Mais il faut savoir : 1° si ces calculs sont vrais; 2° si les départements du Rhin peuvent supporter de pareils achats; 3° s'il y a d'autres départements où le blé est abondant, et quels seraient les avantages qu'on trouverait à opérer dans cette supposition.

On pourrait traiter une seconde question : Serait-il possible de faire de semblables achats, pour la même quantité de 500,000 quintaux, dans les départements de l'Ouest, pour transporter ces blés partie aux affluents du Midi, partie aux affluents de Paris? Quelles routes faudrait-il prendre et quelle serait la dépense tant des achats que des transports?

Si ces deux projets se réalisaient simultanément, on aurait à portée de Paris et du Midi un million de quintaux de grains de réserve avec une dépense de 12 millions. Cette opération serait sans inconvénient, puisque la direction des vivres de la guerre dépense au delà de cette somme. Elle aurait l'avantage de mettre entre les mains du gouvernement, avec la réserve de Paris, 1,500,000 quintaux, qui fourniraient le moyen de parer à l'événement d'une mauvaise récolte à venir. On pourrait lier cette opération avec le projet des magasins de réserve à former dans les différentes grandes villes.

Il faut examiner aussi un troisième projet, qui consisterait à acheter sur l'Elbe un million de quintaux qu'on ferait venir à Amsterdam. Dans ce système, on prohiberait la sortie de l'Elbe et on ne laisserait sortir de la Vistule que pour Lubeck.

D'après la minute. Archives de l'Empire.

17167. — AU COMTE DE MONTALIVET,

MINISTRE DE L'INTÉRIEUR, À PARIS.

Paris, 27 novembre 1810.

Mon intention est que les Français aient le droit de faire le commerce à Francfort, et que des maisons de commerce françaises puissent s'y établir. Écrivez-en au ministre des relations extérieures, qui prendra mes ordres. Faites-moi connaître s'il y a d'autres villes de cette espèce qui aient des droits de bourgeoisie particulière, afin que les Français puissent y participer.

D'après la minute. Archives de l'Empire.

17168. — A M. MONGE, COMTE DE PELUSE,
MEMBRE DE L'INSTITUT, A PARIS.

Paris, 27 novembre 1810.

Je vous prie de lire avec attention les pièces ci-jointes, de faire les recherches convenables et de me mettre une note qui me fasse connaître les mesures à prendre pour continuer à employer la mine de l'île d'Elbe dans la magona[1] de la Toscane, augmenter l'extraction de l'île d'Elbe pour en marier le surplus avec les bois de Corse, y faire du fer et même des canons.

Quelle espérance peut-on avoir que ces canons soient plus légers que les canons du Dauphiné? Seront-ils meilleurs? Reviendront-ils à meilleur marché?

Quels sont les points de Corse où l'on pourrait faire ces établissements? La mine d'Elbe appartenant à la Légion d'honneur, quelles sont les concessions qu'il faudrait lui faire en bois et en terrains propices à ces établissements, ainsi que pour la magona de Toscane?

Causez avec le comte Chaptal, qui vous désignera les individus qui ont donné des renseignements là-dessus. Voyez aussi les ministres de l'intérieur et de la marine, qui ont des documents relatifs à cela. Faites-moi un travail sur ces questions.

D'après la minute. Archives de l'Empire.

17169. — A M. DE CHAMPAGNY, DUC DE CADORE,
MINISTRE DES RELATIONS EXTÉRIEURES, A PARIS.

Paris, 28 novembre 1810.

Monsieur le Duc de Cadore, je fais porter samedi au Sénat un sénatus-consulte pour la levée de 40,000 marins. Je désire que dans cette même séance vous lisiez le rapport sur les négociations relatives à

[1] Affinerie de fer.

l'échange des prisonniers. Envoyez-moi donc votre travail, pour que vous puissiez après cela le faire imprimer, car il n'y aura pas d'inconvénient à ce qu'il paraisse dès le lendemain dans le *Moniteur*.

NAPOLÉON.

D'après l'original. Archives des affaires étrangères.

17170. — AU GÉNÉRAL CLARKE, DUC DE FELTRE,
MINISTRE DE LA GUERRE, À PARIS.

Paris, 28 novembre 1810.

Monsieur le Duc de Feltre, je pense qu'il faudrait former une division à Puycerda. La brigade du général Gareau, qui est forte de 2,000 hommes, en ferait partie. L'autre brigade pourrait être composée des quatre bataillons du 18e léger et des 5e, 11e, 23e et 81e de ligne, formant 2,400 hommes. Vous y attacheriez un escadron de 150 chevaux, qui serait fourni par le général Baraguey d'Hilliers, et une division de quatre pièces de canon prises dans l'artillerie de l'armée de Catalogne.

Cette division, forte d'environ 4,500 hommes, serait suffisante pour patrouiller aux environs de Puycerda et assurer la frontière. Elle serait sous les ordres du général Baraguey d'Hilliers pour concourir à tous les mouvements nécessaires pour soumettre le pays.

NAPOLÉON.

D'après la copie. Dépôt de la guerre.

17171. — AU GÉNÉRAL SAVARY, DUC DE ROVIGO,
MINISTRE DE LA POLICE GÉNÉRALE, À PARIS.

Paris, 28 novembre 1810.

Le bulletin de la *Gazette de France* est aujourd'hui plein de détails ridicules sur l'Impératrice. Tancez vivement l'auteur de cet article. Il parle d'un serin, d'un petit chien, imaginés par la nigauderie allemande, mais qui sont déplacés en France. Les rédacteurs de nos journaux sont bien bêtes.

D'après la minute. Archives de l'Empire.

17172. — AU PRINCE DE NEUCHÂTEL ET DE WAGRAM,
MAJOR GÉNÉRAL DE L'ARMÉE D'ESPAGNE, À PARIS.

Paris, 28 novembre 1810.

Mon Cousin, je vous envoie des extraits des journaux anglais. Envoyez-en une note au duc de Dalmatie, et témoignez-lui mon mécontentement de ce que les divisions espagnoles soient arrivées à Lisbonne et qu'il ne fasse rien.

NAPOLÉON.

D'après l'original. Dépôt de la guerre.

17173. — AU PRINCE LEBRUN,
LIEUTENANT-GÉNÉRAL DE L'EMPEREUR EN HOLLANDE, À AMSTERDAM.

Paris, 28 novembre 1810.

Faites brûler sur-le-champ toutes les marchandises provenant de fabrique anglaise qui sont en Hollande, dans les entrepôts, magasins, etc.

D'après la minute. Archives de l'Empire.

17174. — A M. DE CHAMPAGNY, DUC DE CADORE,
MINISTRE DES RELATIONS EXTÉRIEURES, À PARIS.

Paris, 29 novembre 1810.

Monsieur le Duc de Cadore, je vous renvoie les pièces de la négociation de Morlaix. J'ai retranché des passages; j'en ai marqué d'autres qui m'ont paru bien faibles. Je trouve, en général, que le principe de la conduite des Anglais n'y est pas développé, qu'il n'a pas même été bien saisi. Ce principe était d'adopter la base d'un échange général, parce que c'était le seul moyen de retirer tous leurs prisonniers de France. Ils ne voulaient pas l'exécuter, puisqu'ils ne voulaient échanger qu'un nombre de Français contre un même nombre d'Anglais, laissant ainsi en suspens et en prison les deux tiers des Français, ainsi que leurs alliés. Voyez à faire ces changements et à faire imprimer le rapport avec les pièces[1]. Je

---

[1] Les pièces relatives aux négociations de Morlaix, avec le rapport du ministre, se trouvent dans le *Moniteur* du 15 décembre 1810.

pense qu'il est plus convenable d'imprimer les notes seules sans la lettre du sieur de Moustier.

NAPOLÉON.

D'après l'original. Archives des affaires étrangères.

17175. — A EUGÈNE NAPOLÉON,
VICE-ROI D'ITALIE, À MILAN.

Paris, 29 novembre 1810.

Mon Fils, je vous ai mandé que je ne voulais point signer de décret qui eût pour but de gêner la circulation entre le royaume d'Italie et le Piémont, que je regarde comme circulation intérieure. Cependant je vois avec peine, par tous les rapports que je reçois, qu'elle éprouve des entraves. Mon intention est que, sous quelque prétexte que ce soit, vous ne dérangiez rien aux douanes sans mon ordre.

NAPOLÉON.

D'après la copie comm. par S. A. I. Mme la duchesse de Leuchtenberg.

17176. — NOTE POUR LE MINISTRE DE L'INTÉRIEUR.

Paris, 30 novembre 1810.

Le Valais formera un département sous le nom de département du Simplon. Ce département sera divisé en trois sous-préfectures et douze cantons.

Il y aura un seul tribunal, qui sera composé de cinq membres et qui siégera à Sion.

Le traitement des sous-préfets sera de 1,500 francs, celui des juges de paix de 400 francs.

Il y aura un colonel commandant le département, un commissaire des guerres, une compagnie de gendarmerie à pied et une compagnie de réserve de dernière classe.

Quant aux impositions, on pourrait établir l'imposition directe, l'enregistrement, le timbre, les douanes, l'imposition du sel et la poste. On pourrait ne point établir les droits réunis dans ce département.

Il faudrait arranger les finances de manière à ce qu'elles suffisent pour couvrir les dépenses de l'administration et pour donner quelque chose aux routes. Du reste, on ne tirerait point d'argent de ce pays. Le directeur des contributions pourrait être aussi directeur de l'enregistrement et diriger les autres impositions qui seraient établies. Ce moyen d'économie paraît très-praticable, et il y en a beaucoup d'autres à adopter dans cette organisation.

Le ministre de l'intérieur chargera une commission des députés du Valais de préparer une organisation définitive de la justice, de l'intérieur et des finances, de manière qu'on puisse organiser définitivement toutes les parties et les mettre en activité en 1811.

D'après la minute. Archives de l'Empire.

17177. — AU GÉNÉRAL CLARKE, DUC DE FELTRE,
MINISTRE DE LA GUERRE, À PARIS.

Paris, 30 novembre 1810.

Donnez ordre au duc de Reggio de faire construire des batteries sur les points les plus favorables pour donner protection à la flottille qui est dans la Jahde. Il est probable que, dans les mouvements qui vont avoir lieu entre la France et la Hollande, les flottilles auront besoin de se réfugier dans la Jahde et d'y être protégées par la terre.

D'après la minute. Archives de l'Empire.

17178. — A M. DE CHAMPAGNY, DUC DE CADORE,
MINISTRE DES RELATIONS EXTÉRIEURES, À PARIS.

Paris, 1er décembre 1810.

Monsieur le Duc de Cadore, j'ai reçu le recueil des pièces relatives aux négociations avec l'Angleterre depuis la paix de Tilsit. Envoyez-moi les pièces qui prouvent qu'on avait proposé à l'Angleterre de ne pas faire la guerre de Prusse si elle voulait admettre le traité fait avec lord Lauderdale; je ne croyais pas qu'elles eussent été imprimées. Je pense qu'il faut supprimer l'analyse, qui n'est pas dans l'esprit du mémoire et qui ne dit rien. Il faut mettre les noms des deux empereurs au bas de la lettre d'Erfurt. Dans les pièces de la négociation de Hollande, la lettre du Roi est importante à mettre. Il faut aussi mettre la lettre des ministres hollandais à lord Wellesley, et ne mettre qu'à la fin la lettre du sieur Labouchère[1].

NAPOLÉON.

D'après l'original. Archives des affaires étrangères.

17179. — A M. DE CHAMPAGNY, DUC DE CADORE,
MINISTRE DES RELATIONS EXTÉRIEURES, À PARIS.

Paris, 2 décembre 1810.

Monsieur le Duc de Cadore, vous pouvez remettre la note ci-jointe au prince Kourakine.

NAPOLÉON.

D'après l'original. Archives des affaires étrangères.

NOTE DU DUC DE CADORE AU PRINCE KOURAKINE[2].

Paris, 2 décembre 1810.

Monsieur l'Ambassadeur, j'ai mis sous les yeux de Sa Majesté l'Empereur et Roi la note que Votre Excellence m'a fait l'honneur de m'adresser le 29 octobre dernier. Sa Majesté a été très-sensible aux assurances que cette note renferme.

Depuis la réunion de la Hollande, depuis que les embouchures de l'Ems, du Weser, de l'Elbe et les ports du Mecklenburg sont occupés, depuis que la Prusse, franchement décidée à nuire au commerce anglais, a adopté toutes les mesures nécessaires pour atteindre ce but, l'Angleterre a donné des signes de détresse; les banqueroutes s'y sont multipliées; son change a perdu 25 pour 100; ses effets publics ont baissé; il ne lui a plus été possible de dissimuler les alarmes de ses manufactures et de ses comptoirs.

De si heureux commencements présagent des résultats plus heureux encore; mais les brillantes espérances qu'ils donnent s'évanouiraient si l'ouvrage commencé avec tant de succès ne se complétait pas. Si

---

[1] Les pièces mentionnées ici se trouvent dans le *Moniteur* du 15 décembre 1810.

[2] La minute de cette note, conservée aux Archives de l'Empire, dans les papiers de l'ancienne secrétairerie d'état, présente de nombreuses corrections de la main de l'Empereur.

S. M. l'Empereur de Russie ne veut fermer ses portes qu'au pavillon anglais, il n'atteindra pas le but qu'il a en vue, celui d'exclure le commerce et les marchandises anglaises. Les pavillons espagnols, portugais, américains et suédois, le pavillon français même, servent de masque aux Anglais. Tous les bâtiments sont anglais, lorsqu'ils sont chargés pour le commerce anglais et de marchandises anglaises.

Toutes les marchandises des deux Indes appartiennent aux Anglais. Les Américains seuls ont du coton; mais les Anglais ne leur permettent pas de l'emporter. Des deux mille bâtiments qui, cette année, sont entrés dans la Baltique, pas un n'était neutre; tous étaient envoyés par les Anglais; tous avaient été chargés à Londres, et chargés pour le compte des Anglais. Ils étaient, à la vérité, masqués sous les pavillons américain, espagnol ou suédois; ils avaient des papiers et des expéditions de tous les pays et jusqu'à de faux certificats des consuls français, certificats dont la fabrique est à Londres. Si l'on s'en tenait à l'apparence, on penserait qu'ils étaient venus d'Amérique, mais aucun ne venait que de l'Angleterre.

S'il était vrai que les Anglais laissassent arriver et naviguer dans la Baltique les bâtiments américains chargés de productions des États-Unis, ceux-ci ne se plaindraient pas de l'Angleterre; la discussion qui existe entre les deux pays n'aurait pas lieu; les ordres du conseil du mois de novembre ne recevraient point leur exécution; personne n'aurait plus à se récrier contre l'injustice de l'Angleterre.

C'est donc pour le compte de celle-ci que tant de bâtiments sont entrés dans la Baltique. Les uns ont débarqué leurs cargaisons à Goeteborg, d'où, transportées par terre dans les divers ports de Suède, elles se sont écoulées en Russie. Les autres ont cru pénétrer dans les ports de la Prusse et ont été confisqués sur-le-champ. Le désastre des Anglais sera complet si ceux qui se sont réfugiés dans les ports de la Russie sont déclarés confisqués, sans pouvoir en imposer par la simulation du pavillon et par de faux papiers, et si les marchandises anglaises qu'ils auraient débarquées sont aussi confisquées comme venant de l'ennemi.

D'après la copie. Archives des affaires étrangères.

17180. — AU PRINCE DE NEUCHÂTEL ET DE WAGRAM,
MAJOR GÉNÉRAL DE L'ARMÉE D'ESPAGNE, À PARIS.

Paris, 2 décembre 1810.

Mon Cousin, écrivez au général Reille que je donne l'ordre qu'on lui envoie six chefs de bataillon, dix capitaines, quinze lieutenants et quinze sous-lieutenants. Faites-lui connaître que j'ai vu avec peine ce qui est arrivé à un convoi de poudre; que ces événements ne devraient pas avoir lieu, parce que les convois ne devraient marcher que deux fois la semaine, une fois même s'il le fallait, et devraient toujours être composés des hommes qui rejoignent leurs corps, des courriers, et avec un supplément de troupes qui portât toujours la force des escortes à 500 hommes; que je désire que l'on suive rigoureusement cette règle, afin que je n'entende plus dire qu'un convoi a été intercepté. Écrivez la même chose au général Caffarelli; qu'il règle ses convois à deux par semaine, tant de Tolosa à Navarre que d'Irun à Burgos et de Vitoria à Bilbao, de sorte qu'ils puissent toujours être tellement escortés qu'ils n'aient rien à craindre. Les poudres, le trésor, les hommes isolés sortant des hôpitaux, tout attendrait que les convois partissent. De cette manière on n'entendra plus parler des événements qui arrivent si souvent. Écrivez la même chose au général Buquet et aux généraux Dorsenne et Kellermann.

NAPOLÉON.

D'après l'original. Dépôt de la guerre.

17181. — A M. DE CHAMPAGNY, DUC DE CADORE,
MINISTRE DES RELATIONS EXTÉRIEURES, À PARIS.

Paris, 3 décembre 1810.

Monsieur le Duc de Cadore, je vous envoie une lettre de la reine d'Étrurie. Cette princesse est mal à Nice; elle serait au contraire très-bien à Rome. Faites-moi connaître le traitement dont elle jouit, et prenez des renseignements sur la maison qu'on pourrait lui donner à Rome. On la ferait passer de Nice à Gênes par mer; de Gênes elle irait gagner Tortone, Plaisance, Ancône et Rome. Il serait bon qu'elle ne passât pas en Toscane. Je lui donnerai à Rome un hôtel; et, comme elle jouit de 4 à 500,000 francs de revenu, la dépense qu'elle en ferait à Rome serait utile à cette ville.

NAPOLÉON.

D'après l'original. Archives des affaires étrangères.

17182. — A M. DE CHAMPAGNY, DUC DE CADORE,
MINISTRE DES RELATIONS EXTÉRIEURES, À PARIS.

Paris, 3 décembre 1810.

Monsieur le Duc de Cadore, je vous prie de me faire un rapport sur la Prusse. Remettez-moi sous les yeux les articles des traités de Tilsit et d'Erfurt. La Prusse n'est-elle pas obligée de déclarer la guerre à l'Angleterre? Toutefois, il n'y a pas à hésiter; la Suède ayant déclaré la guerre à l'Angleterre, il faut que la Prusse la déclare aussi, et par un manifeste dont les griefs seront fondés sur les outrages faits aux neutres, et spécialement sur les arrêts du conseil qui bouleversent toute idée de justice, etc. Faites-moi un petit rapport là-dessus. Il n'est pas indifférent que le manifeste de la Prusse soit dirigé surtout contre les arrêts du conseil, parce que cela fera sensation en Angleterre.

NAPOLÉON.

D'après l'original. Archives des affaires étrangères.

17183. — A M. DE CHAMPAGNY, DUC DE CADORE,
MINISTRE DES RELATIONS EXTÉRIEURES, À PARIS.

Paris, 3 décembre 1810.

Monsieur le Duc de Cadore, aussitôt que le ministre de Suède vous aura annoncé officiellement que la Suède a déclaré la guerre à l'Angleterre, il n'y aura pas d'inconvénient à jeter en avant quelques mots tendant à établir, si la Suède le désire, un traité d'alliance entre les deux nations. Vous sonderez ce ministre pour savoir si la Suède ne pourrait pas me fournir, comme le Danemark, quatre équipages de vaisseaux de ligne, depuis le capitaine jusqu'au dernier matelot: ce qui ferait à peu près 2,000 marins. Je les placerais sur mon escadre de Brest. Les frais du voyage seraient à ma charge. Si la Suède mettait de l'intérêt à avoir à mon service un régiment, comme elle l'avait jadis, j'y consentirais volontiers. Faites des recherches sur la capitulation de ce régiment, comment se nommaient les officiers et tous les autres détails.

NAPOLÉON.

D'après l'original. Archives des affaires étrangères.

17184. — A M. DE CHAMPAGNY, DUC DE CADORE,
MINISTRE DES RELATIONS EXTÉRIEURES, A PARIS.

Paris, 4 décembre 1810.

Monsieur le Duc de Cadore, écrivez au ministre de la guerre qu'on laisse la garnison de Danzig continuer à vivre comme elle veut. Demandez à ce ministre pourquoi on a donné contre-ordre et fait retourner les convois sur Ulm. Je ne conçois rien à cela. Vous ferez connaître à mes ministres à Munich, à Stuttgart, à Karlsruhe et à Darmstadt que j'ai donné ordre au ministre de la guerre de retirer toutes les troupes que je pourrais avoir dans les états de ces princes, et que mon intention est qu'il ne reste aucun Français dans les états de la Confédération; qu'ils doivent, au 15 janvier, m'instruire si mes ordres sont exécutés.

NAPOLÉON.

D'après l'original. Archives des affaires étrangères.

17185. — AU GÉNÉRAL CLARKE, DUC DE FELTRE,
MINISTRE DE LA GUERRE, A PARIS.

Paris, 4 décembre 1810.

Il me paraîtrait convenable que le corps de l'artillerie fît un service pour le général d'artillerie Senarmont, et qu'à cette cérémonie quelqu'un fût chargé de faire son oraison funèbre, afin qu'on pût en mettre une notice dans le *Moniteur*[1].

D'après la minute. Archives de l'Empire.

[1] Le *Moniteur* du 14 juin 1811 contient la notice nécrologique sur le général d'artillerie Senarmont.

17186. — AU MARÉCHAL DAVOUT, PRINCE D'ECKMÜHL,
COMMANDANT L'ARMÉE D'ALLEMAGNE, À PARIS.

Paris, 4 décembre 1810.

Mon Cousin, mon intention est qu'il ne reste aucunes troupes françaises ni en Bavière, ni dans le Wurtemberg, ni dans les états de Bade, ni dans ceux de Hesse-Darmstadt. Donnez des ordres en conséquence. On se plaint que l'artillerie qui était sortie d'Ulm y est rentrée.

NAPOLÉON.

D'après la copie comm. par Mme la maréchale princesse d'Eckmühl.

17187. — A M. DE CHAMPAGNY, DUC DE CADORE,
MINISTRE DES RELATIONS EXTÉRIEURES, À PARIS.

Paris, 5 décembre 1810.

Monsieur le Duc de Cadore, écrivez au duc de Vicence que les Russes font beaucoup de travaux sur la Dwina et même sur le Dniester; qu'il est nécessaire qu'il se tienne éveillé là-dessus et qu'il vous en rende compte; qu'on ne peut pas se dissimuler que ces ouvrages, étant des ouvrages de campagne, montrent de mauvaises dispositions dans les Russes. Après avoir fait la paix avec la Porte, voudraient-ils la faire avec l'Angleterre et violer ainsi le traité de Tilsit? Faites entrevoir au duc de Vicence que ce serait incontinent la cause de la guerre.

NAPOLÉON.

D'après l'original. Archives des affaires étrangères.

17188. — A M. DE CHAMPAGNY, DUC DE CADORE,
MINISTRE DES RELATIONS EXTÉRIEURES, À PARIS.

Paris, 5 décembre 1810.

Monsieur le Duc de Cadore, remettez-moi, au 15 décembre, un livret de la situation des troupes de la Confédération du Rhin, en y comprenant le duché de Varsovie, un autre de l'armée russe et un autre de l'armée autrichienne. Vous aurez soin que les livrets que vous me remettrez au

1ᵉʳ janvier soient plus complets que ceux du 15 décembre, et ainsi de suite.

NAPOLÉON.

D'après l'original. Archives des affaires étrangères.

17189. — AU GÉNÉRAL CLARKE, DUC DE FELTRE,
MINISTRE DE LA GUERRE, À PARIS.

Paris, 5 décembre 1810.

Le roi de Saxe a envoyé deux officiers d'artillerie à Mayence pour prendre les fusils. Donnez ordre au directeur de l'arsenal de les leur remettre.

D'après la minute. Archives de l'Empire.

17190. — AU GÉNÉRAL CLARKE, DUC DE FELTRE,
MINISTRE DE LA GUERRE, À PARIS.

Paris, 5 décembre 1810.

Écrivez au roi de Naples pour que, tous les mois, il envoie la situation de sa garde et de son armée napolitaine; qu'il est le seul des princes alliés dont je n'ai pas l'état de situation de l'armée.

D'après la minute. Archives de l'Empire.

17191. — A M. DE CHAMPAGNY, DUC DE CADORE,
MINISTRE DES RELATIONS EXTÉRIEURES, À PARIS.

Paris, 6 décembre 1810.

Monsieur le Duc de Cadore, écrivez en chiffre à mes consuls en Égypte de vous transmettre les renseignements et plans les plus détaillés sur les fortifications du Caire, d'Alexandrie, de Damiette, d'El-A'rych. Écrivez à mes consuls en Syrie de vous envoyer des détails sur les fortifications de Gaza, de Jaffa et d'Acre. Recommandez-leur que ces mémoires soient envoyés par des occasions sûres et écrits en chiffre.

NAPOLÉON.

D'après l'original. Archives des affaires étrangères.

17192. — A M. DE CHAMPAGNY, DUC DE CADORE,
MINISTRE DES RELATIONS EXTÉRIEURES, A PARIS.

Paris, 6 décembre 1810.

Monsieur le Duc de Cadore, écrivez à tous mes consuls dans la Baltique qu'ils doivent laisser passer le blé en Suède et laisser venir les marchandises de Suède dans nos ports. Vous pouvez écrire à Danzig que, la Suède ayant déclaré la guerre à l'Angleterre, il est permis d'exporter de ce port des blés en Suède, en réduisant le droit de sortie au dixième de ce qu'ils payeraient s'ils allaient en Angleterre; qu'il faut que les négociants s'engagent à justifier, dans l'espace de deux mois, que le blé est allé en Suède, à peine d'une amende égale à la valeur du chargement.

Vous ferez connaître cette décision au ministre de Suède à Paris et au sieur Alquier, afin que des mesures soient prises en Suède pour être sûr que le blé va en Suède et non en Angleterre.

NAPOLÉON.

D'après l'original. Archives des affaires étrangères.

17193. — AU GÉNÉRAL CLARKE, DUC DE FELTRE,
MINISTRE DE LA GUERRE, A PARIS.

Paris, 6 décembre 1810.

Je vous renvoie le projet de la pièce pour jeter des bombes et des obus de 8 pouces. Il paraît que le boulet pèserait 83 livres. Comme mon principal but est de me servir de ces pièces sur les côtes et dans les places maritimes contre des vaisseaux, je désirerais que la chambre pût contenir au moins 20 livres de poudre; que la pièce fût le plus longue possible, mais que cependant elle ne pesât pas plus de 7 à 8 milliers.

Si cette pièce réussissait, il serait important d'en avoir quelques-unes aux bouches de l'Escaut et aux passes de Brest et de Toulon. On pourrait aussi s'en servir à l'embouchure de l'Escaut et dans quelques ports, sur de grosses prames. Cette pièce serait, je crois, la plus grosse pièce connue.

D'après la minute. Archives de l'Empire.

17194. — AU GÉNÉRAL LACUÉE, COMTE DE CESSAC,
MINISTRE DIRECTEUR DE L'ADMINISTRATION DE LA GUERRE, À PARIS.

Paris, 6 décembre 1810.

Je vous renvoie la lettre du maire d'Agde. Voilà dix bâtiments qui, à ce qu'il paraît, sont partis. Pourquoi n'en fait-on pas partir d'autres? Faites mettre une grande activité dans ces convois. Écrivez au maire pour lui témoigner ma satisfaction et lui recommander de vous écrire souvent et de favoriser toutes les expéditions sur Barcelone.

D'après la minute. Archives de l'Empire.

17195. — AU GÉNÉRAL CLARKE, DUC DE FELTRE,
MINISTRE DE LA GUERRE, À PARIS.

Paris, 7 décembre 1810.

Vous me dites que le régiment de la Méditerranée est en mauvais état, mais vous ne m'en indiquez pas le motif. Est-ce qu'à ce régiment il n'y a pas de major, pas de colonel? Est-ce qu'il n'y a pas d'inspecteur aux revues en Corse? Donnez ordre au général Morand d'en passer la revue et à l'inspecteur aux revues d'en vérifier la comptabilité. Entendez-vous avec le ministre de l'administration de la guerre pour que ce régiment soit tenu comme les autres régiments de ligne.

D'après la minute. Archives de l'Empire.

17196. — A EUGÈNE NAPOLÉON,
VICE-ROI D'ITALIE, À MILAN.

Paris, 7 décembre 1810.

Mon Fils, je vous envoie un rapport du comte Daru avec un projet de décret et une lettre de Costabili. Je désire que vous me proposiez un projet de décret sur cette affaire. Voici ce que je veux : 1° Toutes les acquisitions faites avec les fonds de la liste civile d'Italie et tout l'argent qui se trouve en caisse après le service payé doivent appartenir à mon domaine privé. 2° Je désire connaître ce que j'ai acheté avec les fonds de la Couronne, ce que j'ai prêté et ce qui restait disponible dans la caisse de la liste civile au 1er janvier 1810. Ce reliquat doit être versé dans la caisse de mon domaine privé. Il faut aussi me faire connaître ce qui restera disponible par aperçu au 1er janvier 1811. 3° Il sera nécessaire de régler la valeur du mobilier qui doit rester dans mes palais d'Italie, afin que le surplus de ce qui aura été réglé puisse, à la mort du roi, rentrer au domaine privé. En France, le mobilier de la Couronne a été porté à 30 millions, y compris l'argenterie. Pour le royaume d'Italie, s'il y a des objets précieux qui appartiennent à l'État, comme tableaux, statues, il faudrait en faire un inventaire particulier.

Pour tirer Aldini d'affaire, je désire acheter tout son bien, pour le faire entrer dans mon domaine privé. Je crois que le comte Daru lui a donné une lettre de change de 500,000 francs sur le trésor de la Couronne à Milan. Si le comte Aldini est pressé de toucher cette somme pour arranger ses affaires, vous pouvez la lui faire payer.

NAPOLÉON.

D'après la copie comm. par S. A. I. Mme la duchesse de Leuchtenberg.

17197. — A M. DE CHAMPAGNY, DUC DE CADORE,
MINISTRE DES RELATIONS EXTÉRIEURES, À PARIS.

Paris, 9 décembre 1810.

Monsieur le Duc de Cadore, je vous renvoie votre rapport, tel qu'il me paraît devoir être imprimé. Mettez des renvois qui répondent aux pièces qui doivent l'accompagner, et faites-le imprimer avec ces pièces. Il est essentiel surtout de bien mettre le détail des négociations avec lord Lauderdale, de bien mettre ce qui est relatif aux traités de Tilsit, d'Erfurt; on peut même laisser ce qui est relatif à la négociation de l'Autriche; enfin mettre celle de la Hollande.

D'après l'original non signé. Archives des affaires étrangères.

RAPPORT A S. M. L'EMPEREUR ET ROI [1].

SIRE,

Votre Majesté a élevé la France au plus haut point de grandeur. Les

[1] La minute de ce rapport, conservée aux Archives de l'Empire, porte de nombreuses corrections et d'importantes modifications de la main de l'Empereur.

victoires obtenues sur cinq coalitions successives, fomentées toutes par l'Angleterre, ont amené ces résultats; et l'on peut dire que la gloire, la puissance du grand Empire, nous les devons à l'Angleterre.

Dans toutes les occasions, Votre Majesté a offert la paix; et, sans chercher si elle serait plus avantageuse que la guerre, vous n'envisagiez, Sire, que le bonheur de la génération présente, et vous vous montriez toujours prêt à lui sacrifier les chances les plus heureuses de l'avenir.

C'est ainsi que les paix de Campo-Formio, de Lunéville et d'Amiens, et postérieurement celles de Presburg, de Tilsit et de Vienne, ont été conclues; c'est ainsi que, cinq fois, Votre Majesté a fait à la paix le sacrifice de la plus grande partie de ses conquêtes. Plus jalouse d'illustrer son règne par la félicité publique que d'étendre la domination de son Empire, Votre Majesté mettait des limites à sa propre grandeur, tandis que l'Angleterre, rallumant sans cesse le flambeau de la guerre, semblait conspirer contre ses alliés et contre elle-même pour reformer cet Empire, le plus grand qui ait existé depuis vingt siècles.

A la paix de 1783, la puissance de la France était forte du Pacte de famille, qui liait étroitement à sa politique l'Espagne et Naples.

A l'époque de la paix d'Amiens, les forces respectives des trois puissances s'étaient accrues de 12 millions d'habitants de la Pologne. Les Maisons de France et d'Espagne étaient essentiellement ennemies, et les peuples de ces états se trouvaient plus que jamais éloignés par leurs mœurs. Une des grandes puissances continentales avait moins perdu de force par la réunion de la Belgique à la France qu'elle n'en avait acquis par la possession de Venise, et les sécularisations du Corps germanique avaient encore ajouté à la puissance de nos rivaux.

Ainsi la France, après le traité d'Amiens, avait une force relative moindre qu'à la paix de 1783, et bien inférieure à celle à laquelle les victoires obtenues pendant les guerres des deux premières coalitions lui donnaient le droit de prétendre.

Cependant, à peine ce traité fut-il conclu que la jalousie de l'Angleterre se montra vivement excitée. Elle s'alarma de la richesse et de la prospérité intérieure, toujours croissantes, de la France, et elle espéra qu'une troisième coalition arracherait à votre couronne la Belgique, les provinces du Rhin et l'Italie. La paix d'Amiens fut violée. Une troisième coalition se forma : trois mois après elle fut dissoute par le traité de Presburg.

L'Angleterre vit toutes ses espérances trompées : Venise, la Dalmatie, l'Istrie, toutes les côtes de l'Adriatique et celles du royaume de Naples passèrent sous la domination française. Le Corps germanique, établi sur des principes contraires à ceux qui ont fondé l'Empire français, s'écroula, et le système de la Confédération du Rhin fit des alliés intimes et nécessaires des mêmes peuples qui, dans les deux premières coalitions, avaient marché contre la France, et les unit indissolublement à elle par des intérêts communs.

La paix d'Amiens devint alors en Angleterre l'objet des regrets de tous les hommes d'état. Les nouvelles acquisitions de la France, que désormais on n'espérait pas de lui ravir, rendaient plus sensible la faute qu'on avait commise, et en démontraient toute l'étendue.

Un homme éclairé, qui, pendant le court intervalle de la paix d'Amiens, était venu à Paris et avait appris à connaître la France et Votre Majesté, parvint à la tête des affaires en Angleterre. Cet homme de génie comprit la situation des deux pays. Il vit qu'il n'était plus au pouvoir d'aucune puissance de faire rétrograder la France, et que la vraie politique consistait à l'arrêter. Il sentit que, par les succès obtenus contre la troisième coalition, la question avait été déplacée, et qu'il ne fallait plus penser à disputer à la France des possessions qu'elle venait d'acquérir par la victoire, mais qu'on devait, par une prompte paix, prévenir de nouveaux agrandissements que la continuation de la guerre rendrait inévitables. Ce ministre ne se dissimulait aucun des avantages que la France avait recueillis de la fausse politique de l'Angleterre, mais il avait sous les yeux ceux qu'elle pouvait en recueillir encore. Il croyait que l'Angleterre gagnerait beaucoup si aucune des puissances du continent ne perdait plus. Il mettait sa politique à désarmer la France, à faire reconnaître la Confédération du nord de l'Allemagne, en opposition à la Confédération du Rhin ; il sentait que la Prusse ne pouvait être sauvée que par la paix, et que du sort de cette puissance dépendaient le système de la Saxe, de la Hesse, du Hanovre, et le sort des embouchures de l'Ems, de la Jahde, du Weser, de l'Elbe, de l'Oder et de la Vistule, débouchés nécessaires au commerce anglais. En homme supérieur, Fox ne se livra point à des regrets inutiles sur la rupture du traité d'Amiens et sur des pertes désormais irréparables; il voulut en prévenir de plus grandes, et il envoya lord Lauderdale à Paris.

Les négociations s'entamèrent, et tout en faisait présager l'heureuse issue lorsque Fox mourut.

Elles ne firent plus que languir; les ministres n'étaient pas assez éclairés ni assez de sang-froid pour sentir la nécessité de la paix. Cependant la Prusse, poussée par cet esprit que l'Angleterre soufflait dans toute l'Europe, mit ses troupes en marche. La Garde impériale eut ordre de partir. Lord Lauderdale prévit les conséquences des nouveaux événements qui se préparaient. Il fut question de signer le traité, d'y comprendre la Prusse et de reconnaître la Confédération du nord de l'Allemagne; Votre Majesté, par cet esprit de modération dont elle a donné de si fréquents exemples à l'Europe, y consentit. Le départ de la Garde impériale fut différé de quelques jours; mais lord Lauderdale hésita; il crut devoir envoyer un courrier à sa cour, et ce courrier lui rapporta l'ordre de son rappel. Peu de jours après, la Prusse n'existait plus comme puissance prépondérante.

La postérité marquera cette époque comme une des plus décisives de l'histoire de l'Angleterre et de celle de la France.

Le traité de Tilsit termina la quatrième coalition.

Deux grands souverains, naguère ennemis, se réunirent pour offrir la paix à l'Angleterre; mais cette puissance, qui, malgré tous ses pressentiments, n'avait pu se déterminer à souscrire à des conditions qui laissaient la France dans une position plus avantageuse que celle où elle s'était trouvée après le traité d'Amiens, ne voulut point ouvrir des négociations dont le résultat inévitable assurait à la France une position bien plus avantageuse encore. Nous avons refusé, disait-on en Angleterre, un traité qui maintenait dans l'indépendance de la France le nord de l'Allemagne, la Prusse, la Saxe, la Hesse, le Hanovre, et qui garantissait tous les débouchés de notre commerce; comment pourrions-nous consentir aujourd'hui à signer avec l'empereur des Français, lorsqu'il vient d'étendre la Confédération du Rhin jusqu'au nord de l'Allemagne et de fonder sur les bords de l'Elbe un trône français, une paix qui, par la force des choses et quelles que fussent les stipulations admises, laisserait sous son influence le Hanovre et tous les débouchés du Nord, ces principales artères de notre commerce?

Les hommes qui envisageaient de sang-froid la situation de l'Angleterre répondaient : Deux coalitions, dont chacune devait durer dix ans, ont été vaincues en peu de mois; les nouveaux avantages acquis par la France sont la suite de ces événements, et l'Angleterre ne peut plus s'y opposer. Sans doute il n'aurait pas fallu violer le traité d'Amiens. Il eût fallu, depuis, adhérer à la politique de Fox. Profitons du moins aujourd'hui des leçons de l'expérience et évitons une troisième faute; au lieu de jeter les regards en arrière, portons-les vers l'avenir. La péninsule est encore entière et dirigée par des gouvernements secrètement ennemis de la France. Jusqu'à ce jour la faiblesse des ministres espagnols et les sentiments personnels du vieux monarque ont retenu l'Espagne dans le système de la France. Un nouveau règne développera les germes de la haine entre les deux nations. Le Pacte de famille a été anéanti, et c'est un des avantages que la révolution a procurés à l'Angleterre. La Hollande, quoique gouvernée par un prince français, jouit de son indépendance. Son intérêt est de demeurer l'intermédiaire de notre commerce avec le continent, et de le favoriser pour participer à nos profits. N'avons-nous pas à craindre, si la guerre continue, que la France n'établisse son influence sur la péninsule et ses douanes en Hollande?

Tel était le langage des hommes qui savaient pénétrer dans les secrets de l'avenir. Ils virent avec douleur refuser la paix proposée par la Russie. Ils ne doutèrent pas que le continent tout entier ne fût bientôt enlevé à l'Angleterre, et qu'un ordre de choses qu'il était si important de prévenir ne s'établît en Espagne et en Hollande.

Sur ces entrefaites, l'Angleterre exigea de la Maison de Bragance qu'elle quittât la péninsule et se réfugiât au Brésil. Les partisans du ministère anglais semèrent la division parmi les princes de la Maison d'Espagne. La dynastie qui régnait fut éloignée pour toujours, et, en conséquence des dispositions faites à Bayonne, un nouveau souverain, ayant avec la France une puissance et une origine communes, fut appelé au gouvernement de l'Espagne.

L'entrevue d'Erfurt donna lieu à de nouvelles propositions de paix : mais elles furent aussi repoussées. Le même esprit qui avait fait rompre les négociations de lord Lauderdale dirigeait les affaires en Angleterre.

La cinquième coalition éclata. Ces nouveaux événements tournèrent encore à l'avantage de la France. Les seuls ports par lesquels l'Angleterre conservait une communication avouée avec le continent passèrent, avec les provinces illyriennes, au pouvoir de Votre Majesté par le traité de Vienne, et les alliés de l'Empire virent s'accroître leur puissance.

Les arrêts rendus par le conseil britannique avaient bouleversé les lois du commerce du monde. L'Angleterre, dont l'existence tout entière est attachée au commerce, jetait ainsi le désordre parmi le commerce des nations ; elle en avait déchiré tous les priviléges. Les décrets de Berlin et de Milan repoussèrent ces nouveautés monstrueuses. La Hollande se trouva dans une position difficile ; son gouvernement n'avait pas une action assez énergique, ses douanes offraient trop peu de sécurité pour que ce centre du commerce du continent demeurât plus longtemps isolé de la France. Votre Majesté, pour l'intérêt de ses peuples et pour assurer l'exécution du système qu'elle opposait aux actes tyranniques de l'Angleterre, se vit forcée de changer le sort de la Hollande. Cependant Votre Majesté, constante dans son système et dans son désir de la paix, fit entendre à l'Angleterre qu'elle ne pouvait sauver l'indépendance de la Hollande qu'en rapportant ses arrêts du conseil ou en adoptant des vues pacifiques. Les ministres d'une nation commerçante traitèrent avec légèreté une ouverture d'un si grand intérêt pour son commerce : ils répondirent que l'Angleterre ne pouvait rien au sort de la Hollande. Dans les illusions de leur orgueil, ils méconnurent les motifs de cette démarche : ils feignirent d'y voir l'aveu de l'efficacité de leurs arrêts du conseil, et la Hollande fut réunie. Puisqu'ils l'ont voulu, Sire, je crois utile aujourd'hui et je propose à Votre Majesté de consolider cette réunion par les formes constitutionnelles d'un sénatus-consulte.

La réunion des villes hanséatiques, du Lauenburg et de toutes les côtes depuis l'Elbe jusqu'à l'Ems, est commandée par les circonstances. Ce territoire est déjà sous la domination de Votre Majesté.

Les immenses magasins de Helgoland menaceraient toujours de s'écouler sur le continent, si un seul point restait ouvert au commerce anglais sur les côtes de la mer du Nord, et si les embouchures de la Jahde, du Weser et de l'Elbe ne lui étaient pas fermées pour jamais.

Les arrêts du conseil britannique ont entièrement détruit les priviléges de la navigation des neutres, et Votre Majesté ne peut plus approvisionner ses arsenaux et avoir une route sûre pour son commerce avec le Nord qu'au moyen de la navigation intérieure. La réparation et l'agrandissement du canal déjà existant entre Hambourg et Lubeck, et la construction d'un nouveau canal qui joindra l'Elbe au Weser et le Weser à l'Ems, et qui n'exigera que quatre à cinq ans de travaux et une dépense de 15 à 20 millions, dans un pays où la nature n'offre pas d'obstacles, ouvriront aux négociants français une voie économique, facile et à l'abri de tout danger. Votre Empire pourra commercer en tout temps avec la Baltique, envoyer dans le Nord les produits de son sol et de ses manufactures, et en tirer les productions nécessaires à la marine de Votre Majesté.

Les pavillons de Hambourg, de Brême et de Lubeck, qui errent aujourd'hui sur les mers, dénationalisés par les arrêts du conseil britannique, partageront le sort du pavillon français et concourront avec lui, pour l'intérêt de la cause commune, au rétablissement de la liberté des mers.

La paix arrivera enfin, car tôt ou tard les grands intérêts des peuples, de la justice et de l'humanité l'emportent sur les passions et sur la haine; mais l'expérience de soixante années nous a appris que la paix avec l'Angleterre ne peut jamais donner au commerce qu'une sécurité trompeuse. En 1756, en février 1793, en 1801, à l'égard de l'Espagne, comme en mai 1803, à l'époque de la violation du traité d'Amiens, l'Angleterre commença les hostilités avant d'avoir déclaré la guerre. Des bâtiments qui naviguaient sur la foi de la paix furent surpris; le commerce fut dépouillé; des citoyens paisibles perdirent leur liberté, et les ports de l'Angleterre se remplirent de ces honteux trophées. Si de tels exemples devaient se renouveler un jour, les voyageurs, les négociants anglais, leurs propriétés et leurs personnes, saisis dans nos ports, depuis la mer Baltique jusqu'au golfe Adriatique, répondraient de ces attentats; et si le gouvernement anglais, pour faire oublier au peuple de Londres l'injustice de la guerre, lui donnait encore le spectacle de ces prises, faites au mépris du droit des nations, il aurait aussi à lui montrer les pertes qui en seraient la conséquence.

Sire, aussi longtemps que l'Angleterre persistera dans ses arrêts du conseil, Votre Majesté persistera dans ses décrets, elle opposera au blocus des côtes le blocus continental, et au pillage sur les mers les confiscations des marchandises anglaises sur le continent.

Il est de mon devoir de le dire à Votre Majesté, elle ne peut espérer désormais de ramener ses ennemis à des idées plus modérées que par sa persévérance dans ce système. Il en doit résulter un tel état de malaise pour l'Angleterre, qu'elle sera forcée de reconnaître enfin qu'on ne peut violer les droits des neutres sur les mers et en réclamer la protection sur le continent, que l'unique source de ses maux est dans ses arrêts du conseil, et que cet agrandissement de la France, qui longtemps excitera son dépit et sa jalousie, elle le doit aux passions aveugles de ceux qui, violant le traité d'Amiens, rompant la négociation de Paris, rejetant les propositions de Tilsit et d'Erfurt, dédaignant les ouvertures faites avant la réunion de la Hollande, ont porté les derniers coups à son commerce et à sa puissance, et conduit votre Empire à l'accomplissement de ses hautes destinées.

Champagny, duc de Cadore.

Paris, 8 décembre 1810.

Extrait du *Moniteur* du 15 décembre 1810.

17198. — NOTE POUR LE MINISTRE DE L'INTÉRIEUR.

Paris, 9 décembre 1810.

Sa Majesté a ordonné de renvoyer au ministre de l'intérieur le rapport sur les prix décennaux. Elle désire que le ministre lui fasse connaître pour quelles raisons l'Institut n'a pas fait mention :

1° A l'occasion du onzième ou du douzième grand prix, du *Génie du christianisme*, par M. de Châteaubriand, ouvrage dont on a beaucoup parlé et qui est à la septième ou huitième édition;

2° A l'occasion du quinzième grand prix, des ouvrages du sculpteur Canova, qui, étant devenu Français, paraissait pouvoir être admis au concours;

3° A l'occasion du dix-septième grand prix, du canal de Saint-Quentin, de la route du mont Cenis ou de celle du Simplon, qui paraissent pouvoir être considérés comme ouvrages d'architecture.

D'après la minute. Archives de l'Empire.

17199. — AU GÉNÉRAL CLARKE, DUC DE FELTRE,
MINISTRE DE LA GUERRE, À PARIS.

Paris, 9 décembre 1810.

L'armée d'Illyrie ne sera plus composée à l'avenir que de six bataillons, savoir : de deux bataillons du 8° léger, du 18° et du 23° de ligne; de deux escadrons du 19° de chasseurs; de quatre compagnies du 2° régiment d'artillerie français complétées par tout ce qu'il y a de disponible dans la 5°, dont le cadre seul rentrera; d'une escouade d'ouvriers; de vingt chevaux du train pouvant atteler 3 pièces et leurs caissons; de deux compagnies d'artillerie italiennes complétées par ce qu'il y a de disponible dans la 3°; d'une seule compagnie de sapeurs français: tout cela faisant moins de 6,000 hommes.

En conséquence, vous donnerez ordre aux 11°, 79° et 60° de se rendre dans le Frioul italien, où, jusqu'à nouvel ordre, ils feront partie de l'armée d'Italie.

Vous donnerez ordre aux deux escadrons du 25° de chasseurs de rejoindre leurs deux autres escadrons; à une autre compagnie du 2ᵉ d'artillerie à pied, à la compagnie du 2ᵉ d'artillerie à cheval et au 11ᵉ bataillon du train d'artillerie, de rejoindre leurs corps; à une des trois compagnies d'artillerie italiennes de rejoindre son régiment en Italie; à la 3ᵉ compagnie de sapeurs français de se rendre à Palmanova; à la compagnie du train du génie de se rendre à Alexandrie, et aux sapeurs italiens de se rendre à Palmanova.

Cet ordre n'admet aucune modification, ayant besoin de mes troupes ailleurs, et d'ailleurs mon intention n'étant pas de tenir en Illyrie plus de troupes que ces provinces n'en peuvent nourrir. Le gouverneur général pourra tenir plusieurs bataillons croates en Dalmatie pour les garnisons de ce pays et renforcer la garde des côtes.

Vous réduirez en conséquence l'état-major général, ainsi que les états-majors du génie et de l'artillerie. Il n'y aura pour chef d'état-major qu'un adjudant commandant; il n'y aura qu'un colonel commandant l'artillerie, un autre colonel commandant le génie, et vous ferez rentrer tout ce qui serait jugé inutile.

Deux généraux de brigade me paraissent suffisants, l'un en Damatie et l'autre à Laybach ou Trieste. En conséquence, vous ferez rentrer les autres généraux de division et de brigade.

Vous me rendrez compte quand les 11ᵉ, 79ᵉ et 60ᵉ seront arrivés dans le Frioul.

Donnez ordre aux deux bataillons du 5ᵉ de ligne et du 81ᵉ, qui sont dans le Frioul, de se rendre à Toulon. Faites-les passer par Gênes, afin de leur éviter le passage des Alpes.

Donnez ordre que la brigade Pastol, qui est à Rome, soit dissoute, et que les 53ᵉ et 106ᵉ qui la composent rentrent à leurs régiments en Italie ainsi que la cavalerie.

Donnez ordre aux quatre bataillons du 10ᵉ de ligne et au 20ᵉ de ligne de se rendre de Naples à Rome.

Donnez ordre également de renvoyer les deux escadrons du 9ᵉ de chasseurs à Rome.

D'après la minute. Archives de l'Empire.

17200. — MESSAGE AU SÉNAT.

Palais des Tuileries, 10 décembre 1810.

Sénateurs, j'ordonne à mon ministre des relations extérieures de vous faire connaître les différentes circonstances qui nécessitent la réunion de la Hollande à l'Empire.

Les arrêts publiés par le conseil britannique en 1806 et 1807 ont déchiré le droit public de l'Europe. Un nouvel ordre de choses régit l'univers. De nouvelles garanties m'étant devenues nécessaires, la réunion des embouchures de l'Escaut, de la Meuse, du Rhin, de l'Ems, du Weser et de l'Elbe à l'Empire, l'établissement d'une navigation intérieure avec la Baltique, m'ont paru être les premières et les plus importantes.

J'ai fait dresser le plan d'un canal qui sera exécuté avant cinq ans et qui joindra la Baltique avec la Seine.

Des indemnités seront données aux princes qui pourront se trouver froissés par cette grande mesure, que commande la nécessité et qui appuie sur la Baltique la droite des frontières de mon Empire.

Avant de prendre ces déterminations, j'ai fait pressentir l'Angleterre : elle a su que le seul moyen de maintenir l'indépendance de la Hollande était de rapporter ses arrêts du conseil de 1806 à 1807, ou de revenir enfin à des sentiments pacifiques. Mais cette puissance a été sourde à la voix de ses intérêts comme au cri de l'Europe.

J'espérais pouvoir établir un cartel d'échange des prisonniers entre la France et l'Angleterre, et par suite profiter du séjour des deux commissaires à Paris et à Londres pour arriver à un rapprochement entre les deux nations. Mes espérances ont été déçues. Je n'ai reconnu dans la manière de négocier du gouvernement anglais qu'astuce et mauvaise foi.

La réunion du Valais est une conséquence prévue des immenses travaux que je fais faire depuis dix ans dans cette partie des Alpes. Lors de mon acte de médiation, je séparai le Valais de la Confédération helvétique, prévoyant dès lors une mesure si utile à la France et à l'Italie.

Tant que la guerre durera avec l'Angleterre, le peuple français ne doit pas poser les armes.

Mes finances sont dans l'état le plus prospère. Je puis fournir à toutes les dépenses que nécessite cet immense Empire, sans demander à mes peuples de nouveaux sacrifices.

NAPOLÉON.

Extrait du *Moniteur* du 15 décembre 1810.

17201. — AU PRINCE CAMBACÉRÈS,
ARCHICHANCELIER DE L'EMPIRE, À PARIS.

Paris, 12 décembre 1810.

J'accorde volontiers au baron Bernadotte, frère du prince royal de Suède, les 11,764 francs de rente sur le grand-livre que j'ai accordés à ce prince. Ces 11,764 francs de rente formeront la dotation de sa baronnie. Faites rédiger des lettres patentes en conséquence.

Je vous prie également de communiquer la lettre du prince au conseil du sceau, afin de rendre une décision pour reprendre la principauté de Ponte-Corvo et tous les autres biens. Comme je veux traiter le prince favorablement, il me semble que le plus simple sera de lui faire une pension.

Tous les biens de Westphalie et du Hanovre doivent être censés attachés à la principauté de Ponte-Corvo; il faut en extraire les 11,764 francs de rente sur le grand-livre.

D'après la minute. Archives de l'Empire.

17202. — AU GÉNÉRAL SAVARY, DUC DE ROVIGO,
MINISTRE DE LA POLICE GÉNÉRALE, À PARIS.

Paris, 12 décembre 1810.

Je désirerais avoir la note de tous les Belges qui ont fait leur déclaration qu'ils ont profité du traité de Campo-Formio et qu'ils veulent rester Autrichiens. Où est cette déclaration?

D'après la minute. Archives de l'Empire.

17203. — AU GÉNÉRAL SAVARY, DUC DE ROVIGO,

MINISTRE DE LA POLICE GÉNÉRALE, À PARIS.

Paris, 12 décembre 1810.

Il paraît que le commissaire de police de Gênes répand l'alarme partout sur de prétendus complots et révoltes qui se trameraient en Italie. Ce commissaire, n'ayant envoyé aucune pièce, prouve qu'il n'a voulu autre chose que se rendre intéressant. Cela est fâcheux, parce que ses rapports ont porté le prince Borghèse à faire des mouvements de troupes: ce qui fait presque autant de mal que si la chose était réelle. Demandez-lui les preuves de ce qu'il a avancé et sur quoi sont fondées des suppositions qui tendent à calomnier une partie de l'Empire.

D'après la minute. Archives de l'Empire.

17204. — AU PRINCE CAMILLE BORGHÈSE,

GOUVERNEUR GÉNÉRAL DES DÉPARTEMENTS AU DELÀ DES ALPES, À TURIN.

Paris, 12 décembre 1810.

Mon Cousin, le commissaire de police de Gênes a tort de répandre légèrement des bruits qui calomnient une partie de l'Empire, et je vois avec peine les mouvements que vous avez faits sur de simples indices. Il est nécessaire, avant de prendre des mesures de cette espèce, de savoir sur quel fondement reposent les assertions de ce commissaire et ce qui l'a porté à donner ainsi l'alarme.

NAPOLÉON.

D'après l'original comm. par le marquis Gozani di San-Giorgio.

17205. — A M. DE CHAMPAGNY, DUC DE CADORE,

MINISTRE DES RELATIONS EXTÉRIEURES, À PARIS.

Paris, 13 décembre 1810.

Monsieur le Duc de Cadore, je vous prie de me mettre sous les yeux la lettre[1] que le prince de Bénévent a écrite à mes ministres pour leur

Pièce n° 6630, tome VIII.

faire connaître une audience très-vive que je donnai à lord Withworth, chez l'Impératrice, en ventôse an XI.

NAPOLÉON.

D'après l'original. Archives des affaires étrangères.

17206. — A M. DE CHAMPAGNY, DUC DE CADORE,
MINISTRE DES RELATIONS EXTÉRIEURES, À PARIS.

Paris, 13 décembre 1810.

Monsieur le Duc de Cadore, faites mettre dans le *Moniteur*[1] les pièces officielles apportées par le dernier courrier venu d'Amérique, relatives à nos dernières relations avec ce gouvernement, telles que la proclamation du président des États-Unis, la circulaire du département du trésor et les différentes lettres qu'a envoyées le ministre Turreau sur M. Pinckney.

Mettez-moi sous les yeux le projet d'une dépêche au sieur Serurier, s'il est encore à Bayonne. Vous la lui enverrez, par duplicata, par la frégate américaine, afin que, en cas qu'il n'arrivât pas, cette lettre servît pour Turreau. Vous témoignerez dans cette lettre la satisfaction que j'ai éprouvée à la lecture des dernières lettres d'Amérique. Vous donnerez l'assurance que, si le gouvernement américain est décidé à maintenir l'indépendance de son pavillon, il trouvera toute sorte de secours et de priviléges dans ce pays. Votre lettre sera, comme de raison, en chiffre. Vous y ferez connaître que je ne m'oppose en rien à ce que les Florides deviennent possession américaine; que je désire, en général, tout ce qui peut favoriser l'indépendance de l'Amérique espagnole. Vous ferez la même communication au chargé d'affaires d'Amérique, qui écrira en chiffre à son gouvernement que je suis favorable à la cause de l'indépendance des Amériques: que nous n'avons eu qu'à nous louer de l'indépendance des États-Unis, et que, ne fondant pas notre commerce sur des prétentions exclusives, je verrai avec plaisir l'indépendance d'une grande nation, pourvu qu'elle ne soit pas sous l'influence de l'Angleterre.

Ayez une conférence avec ce chargé d'affaires pour bien connaître ce

[1] Voir le *Moniteur* des 16, 17 et 18 décembre 1810.

que veut le gouvernement américain. Vous lui direz que j'ai soumis à des formalités les bâtiments venant d'Amérique; que ces formalités consistent en une lettre en chiffre jointe aux licences qui constate que le bâtiment vient d'Amérique et y a été chargé; mais que je ne peux pas admettre des bâtiments américains venant de Londres, puisque cela bouleverserait mon système; qu'il n'y a aucun moyen de le connaître, et qu'il y a des armateurs qui, par esprit mercantile, font échouer les mesures du gouvernement américain; qu'enfin j'ai fait un pas; que j'attendrai au 2 février pour voir ce que fera l'Amérique, et que d'ici à ce temps je me comporterai selon les circonstances, mais de manière à ne faire aucun tort aux bâtiments qui viendraient réellement d'Amérique; que la question est difficile; mais qu'il doit donner l'assurance positive à son gouvernement de mon désir de le favoriser en tout; qu'il sait d'ailleurs que plusieurs bâtiments, venus d'Amérique depuis que les dernières mesures sont connues, ont obtenu la permission de décharger en France; qu'enfin nous ne pouvons considérer comme américains les bâtiments qui sont dans les convois qui couvrent la Baltique, qui ont de doubles expéditions, etc. Il serait avantageux que vous pussiez engager ce chargé d'affaires à vous répondre par une note et à convenir qu'il désavoue les bâtiments américains qui naviguent dans la Baltique. Cela serait envoyé en Russie et servirait. En général, mettez toutes les formes possibles pour convaincre ce chargé d'affaires, qui, je suppose, parle français, des dispositions particulièrement favorables où je suis envers les Américains: que l'embarras est de reconnaître les véritables Américains de ceux qui servent les Anglais, et que je considère le pas fait par le gouvernement américain comme un premier pas fait pour arriver à un bon résultat.

NAPOLÉON.

D'après l'original. Archives des affaires étrangères.

17207. — AU COMTE DE MONTALIVET,
MINISTRE DE L'INTÉRIEUR, À PARIS.

Paris, 13 décembre 1810.

Le gouverneur général à Turin m'écrit que l'approbation des travaux que j'avais arrêtés pour le Piémont pendant l'hiver n'est pas encore arrivée.

D'après la minute. Archives de l'Empire.

17208. — AU COMTE MOLLIEN,
MINISTRE DU TRÉSOR PUBLIC, À PARIS.

Paris, 13 décembre 1810.

Monsieur le Comte Mollien, j'ai reçu votre rapport et votre projet de décret sur la comptabilité des canaux, etc. J'ai effacé de l'état des crédits ouverts sur la caisse d'amortissement les approvisionnements de blé pour Paris, et j'ai ajouté au décret un titre pour ordonner que le trésor public fera recette de tout ce qui doit être définitivement dépensé à la caisse d'amortissement comme fonds spécial, et la caisse des canaux fera recette de ce qui est dépensé pour travaux publics. Mon but en cela est de simplifier la caisse d'amortissement et de la décharger de toute comptabilité. Pour la caisse de l'extraordinaire, il y a un trésorier qui a sa comptabilité, et dès lors cela n'est susceptible d'aucune modification. Ainsi, dorénavant, il n'y aura plus de lacune; toute dépense devra se faire ou par le trésor public ou par la caisse des canaux. Quant aux emprunts faits à la caisse d'amortissement, comme elle doit être remboursée, ce n'est pas une dépense définitive.

NAPOLÉON.

D'après l'original comm. par Mme la comtesse Mollien.

17209. — AU GÉNÉRAL CLARKE, DUC DE FELTRE,
MINISTRE DE LA GUERRE, À PARIS.

Paris, 13 décembre 1810.

Monsieur le Duc de Feltre, l'administration en Hollande finit en 1811. Prenez toutes les mesures qui vous concernent, pour que le service n'éprouve aucune interruption et pour qu'il n'y ait pas de lacune entre l'administration hollandaise et l'administration qui la remplace.

NAPOLÉON.

D'après la minute. Archives de l'Empire.

17210. — AU VICE-AMIRAL COMTE DECRÈS,
MINISTRE DE LA MARINE, À PARIS.

Paris, 13 décembre 1810.

Mettez-moi sous les yeux un projet de lettre au *Transport-Office* pour réclamer avec force le renvoi en France des Français prisonniers en Angleterre qui se trouvaient chez les insurgés lors de la convention de Cintra. Représentez-moi en même temps cette convention. Il me semble que voilà une infraction bien manifeste de l'Angleterre au droit des gens.

NAPOLÉON.

D'après l'original comm. par Mme la duchesse Decrès.

17211. — AU COMTE DE MONTALIVET,
MINISTRE DE L'INTÉRIEUR, À PARIS.

Paris, 14 décembre 1810.

Je reçois votre rapport sur les départements où les formes constitutionnelles ne sont pas établies. Faites ce qui est convenable pour que les départements du Taro, des Apennins, de l'Arno, de la Méditerranée, de l'Ombrone, de Rome, du Trasimène, des bouches de l'Escaut, du Rhin et l'arrondissement de Bréda aient des juges de paix constitutionnels; que leurs députés puissent être nommés au Corps législatif, ainsi que les dix départements formés par le sénatus-consulte[1]. Formez les colléges électoraux de tous les départements qui n'en ont pas.

D'après la minute. Archives de l'Empire.

17212. — AU GÉNÉRAL CLARKE, DUC DE FELTRE,
MINISTRE DE LA GUERRE, À PARIS.

Paris, 14 décembre 1810.

Il serait convenable d'avoir à Danzig un équipage de pont de quatre-vingts bateaux avec leurs haquets. Comme il y a à Danzig beaucoup de bois et qu'on y construit des bâtiments, cet équipage peut être fait très-promptement. Je ne veux cependant pas qu'on le fasse aujourd'hui, parce

[1] Sénatus-consulte du 13 décembre 1810.

que cela donnerait l'alarme; mais je voudrais qu'on emmagasinât les bois nécessaires et ceux qu'on peut se procurer le plus difficilement, et savoir combien de temps il faudrait prévenir d'avance pour avoir cet équipage de pont.

D'après la minute. Archives de l'Empire.

17213. — AU GÉNÉRAL CLARKE, DUC DE FELTRE,
MINISTRE DE LA GUERRE, À PARIS.

Paris, 14 décembre 1810.

Je vois, dans votre rapport du 12 sur les jeunes Croates, qu'on a mis seize fils de sous-officiers à la Flèche, ainsi que le fils d'un maître de poste et celui d'un garde forestier. Mon intention est qu'ils soient envoyés à Châlons; ce qui augmentera de dix-huit le nombre des jeunes gens qu'on mettra à Châlons.

D'après la minute. Archives de l'Empire.

17214. — A FRANÇOIS II, EMPEREUR D'AUTRICHE,
À VIENNE.

Fontainebleau, 14 décembre 1810.

Monsieur mon Frère et cher Beau-Père, j'expédie un de mes écuyers pour porter à Votre Majesté Impériale la nouvelle de la grossesse de l'Impératrice, sa fille; elle est avancée de près de cinq mois. L'Impératrice se porte très-bien et n'éprouve aucune des incommodités attachées à son état. Connaissant tout l'intérêt que Votre Majesté nous porte, cet événement lui sera agréable. Il est impossible d'être plus parfaite que la femme que je lui dois. Aussi je prie Votre Majesté d'être persuadée qu'elle et moi lui sommes également attachés.

NAPOLÉON.

D'après la copie comm. par S. M. l'Empereur d'Autriche.

17215. — AU COMTE MOLLIEN,
MINISTRE DU TRÉSOR PUBLIC, À PARIS.

Paris, 15 décembre 1810.

Monsieur le Comte Mollien, j'ai lu avec grand intérêt votre rapport du 12 décembre sur la vérification des receveurs des communes. Mon intention est que vous augmentiez de six, si cela est nécessaire, le nombre des vérificateurs, et que vous fassiez vérifier les receveurs des grandes communes, telles que Lyon, Gênes, Bordeaux, etc. de sorte que, successivement et dans l'espace de deux ans, tous les receveurs des communes soient vérifiés.

NAPOLÉON.

D'après l'original comm. par Mme la comtesse Mollien.

17216. — A M. MARET, DUC DE BASSANO,
MINISTRE SECRÉTAIRE D'ÉTAT, À PARIS.

Paris, 15 décembre 1810.

Monsieur le Duc de Bassano, faites extraire un article pour *le Moniteur* du rapport ci-joint du ministre du trésor public. Cet article sera suivi du décret de destitution des receveurs de Mayence, d'Obernai et Bernardswiller et de Saverne, et d'une note annonçant le renvoi des autres pièces au Conseil d'état pour vérifier les abus qui existeraient dans cette partie importante de la comptabilité.

Vous renverrez toutes les pièces à la section des finances du Conseil d'état, à laquelle sera adjoint le conseiller d'état Quinette, pour présenter des mesures, pour vérifier les receveurs des différentes communes et liquider, entre autres, ces six vérifications l'une après l'autre. On me présentera autant de décrets qu'il y aura de vérifications, soit pour les approuver, soit pour les rejeter. Chacun de ces décrets sera ensuite mis dans *le Moniteur*, afin d'opérer une secousse chez tous les receveurs.

NAPOLÉON.

D'après l'original comm. par M. le duc de Bassano.

17217. — AU GÉNÉRAL SAVARY, DUC DE ROVIGO,
MINISTRE DE LA POLICE GÉNÉRALE, À PARIS.

Paris, 15 décembre 1810.

Il est nécessaire de faire venir à Paris le capitaine de vaisseau qui était à Hambourg, pour qu'il puisse vous donner des renseignements sur ces mers, vous aider à l'organisation des côtes depuis la Hollande jusqu'à Hambourg. Je désire être bien maître de l'Elbe et tenir, s'il le faut, une frégate comme il y en avait jadis. Faites-moi un rapport là-dessus.

D'après la minute. Archives de l'Empire.

17218. — AU GÉNÉRAL CLARKE, DUC DE FELTRE,
MINISTRE DE LA GUERRE, À PARIS.

Paris, 16 décembre 1810.

La situation des officiers français qui seraient aides de camp du prince royal de Suède serait forcée et point naturelle. Je désire donc qu'à l'expiration du congé de quatre mois que j'ai accordé à ces officiers vous les rappeliez en France et les placiez dans des régiments.

D'après la minute. Archives de l'Empire.

17219. — A MARIE-LOUISE, IMPÉRATRICE D'AUTRICHE,
À VIENNE.

Paris, 16 décembre 1810.

Madame ma Sœur, Votre Majesté Impériale a été assez bonne pour se priver pour moi d'un portrait qui lui était bien cher. Elle y a mis une condition que je m'empresse de remplir. Je désire que Votre Majesté soit contente de la ressemblance, et qu'elle me permette de saisir cette circonstance pour lui réitérer l'assurance des sentiments d'estime et de parfaite considération avec lesquels je suis, de Votre Majesté Impériale, le bon Frère.

D'après la minute. Archives de l'Empire.

17220. — A M. DE CHAMPAGNY, DUC DE CADORE,
MINISTRE DES RELATIONS EXTÉRIEURES, À PARIS.

Paris, 17 décembre 1810.

Monsieur le Duc de Cadore, je vous renvoie votre rapport sur les pertes de la Westphalie. Ce rapport est fait à contre-sens de ce qu'il doit être; aussi ne conclut-il à aucun résultat. Vous raisonnez comme si le Hanovre appartenait au roi de Westphalie. Le Hanovre n'appartient pas au Roi. Ce prince n'ayant pas exécuté le traité qu'il a fait avec moi, j'ai considéré ce traité comme non avenu; je me regarde donc comme encore en possession du Hanovre. L'ancienne population du royaume de Westphalie était de 1,900,000 âmes. Je prends de ces anciens états une population de 200,000 âmes, un revenu de tant, une somme d'impôts de tant. Proposez-moi de lui donner en échange la partie du Hanovre que je ne prends pas, qui comprend une population de tant, un revenu de tant, des impôts pour tant, des revenus domaniaux pour tant; et là-dessus présentez-moi un projet de décret. Voilà la seule manière de faire ces calculs, et non, comme vous le faites, en supposant que le Hanovre appartient au Roi.

NAPOLÉON.

D'après l'original. Archives des affaires étrangères.

17221. — A M. DE CHAMPAGNY, DUC DE CADORE,
MINISTRE DES RELATIONS EXTÉRIEURES, À PARIS.

Paris, 17 décembre 1810.

Monsieur le Duc de Cadore, il faut envoyer l'ouvrage[1] sur la conduite de la France et de l'Angleterre à l'égard des neutres à Saint-Pétersbourg et à mes ministres à l'étranger, non comme donnant une sanction officielle à tout le dire de l'auteur, mais parce qu'ils pourront y puiser des renseignements utiles sur cette grande question.

NAPOLÉON.

D'après l'original. Archives des affaires étrangères.

17222. — AU GÉNÉRAL CLARKE, DUC DE FELTRE.
MINISTRE DE LA GUERRE, À PARIS.

Paris, 17 décembre 1810.

Monsieur le Duc de Feltre, je désire que vous me présentiez un projet

[1] *Mémoire sur la conduite de la France et de l'Angleterre à l'égard des neutres.* Paris, Imprimerie impériale, 1810.

pour dissoudre, à dater du 1er janvier 1811, le corps d'observation de Hollande;

Pour donner du service dans l'armée d'Allemagne, en France ou en Italie, à tous les généraux et colonels hollandais, sans exception;

Pour confier le commandement de la 17e division militaire au général Molitor, et celui de la 31e au général Durutte;

Pour placer au commandement de chacun des sept départements un général de brigade français, bon et sur lequel on puisse compter;

Pour mettre dans chaque division un ordonnateur;

Pour mettre dans les places des commandants d'armes français et des officiers du génie et de l'artillerie;

Et pour répartir les troupes françaises et hollandaises entre les différents départements des divisions.

Il faut auprès des généraux commandant les divisions un adjoint commandant et quelques adjoints à l'état-major.

Envoyez-moi l'état nominatif des généraux et officiers supérieurs que vous emploierez. Il faut choisir des hommes d'une probité sûre, et qui aient l'activité nécessaire pour prendre connaissance du pays et mettre tout en règle.

Veillez à ce qu'il y ait les ordonnateurs, inspecteurs et sous-inspecteurs aux revues nécessaires; l'administration se trouvera fort simplifiée.

Quant aux généraux hollandais, il faut qu'au 1er janvier ils aient tous reçu une destination.

Vous pouvez, pour le 1er janvier, organiser les commandements de départements et des places; vous organiserez le détail successivement.

Je désire que les généraux et colonels du génie et de l'artillerie hollandais aient une destination dans l'intérieur. Il sera bon de laisser à la disposition des généraux commandant les divisions quelques adjoints hollandais, du grade de capitaine, qui, parlant la langue et connaissant le pays, seront utiles.

Vous chargerez le général Dumonceau, comme inspecteur, de passer l'inspection des régiments hollandais, et d'autres fonctions administratives relatives à sa charge, dont il viendra vous rendre compte à Paris.

Je vous recommande de veiller, dans l'organisation, à l'île de Goerce. Il est convenable que cette île ait un général de brigade ou un colonel pour commandant, et les troupes de ligne, d'artillerie et du génie nécessaires, à peu près comme pour l'île de Walcheren.

Après Goeree, vient le point important du Texel. Le général qui commandera le département du Zuyderzee doit se tenir au Texel et commander là son département.

Le général de brigade qui commandera le département des Bouches-de-la-Meuse pourra se tenir à Rotterdam; il veillera à la sûreté d'Helle-voetsluis.

Il me semble que la Hollande ne peut être attaquée que par l'île de Walcheren et celle de Beveland; j'y ai pourvu, puisque le général Gilly commande ces îles. L'île de Goeree, les embouchures de la Meuse, le Texel, sont les autres points attaquables. Les généraux qui commanderont dans la Frise et dans l'Ost-Frise défendront le reste.

Il faudra que vous correspondiez avec les généraux pour vous assurer que les batteries sont tenues en état et que les points les plus importants sont défendus. Ces mesures simplifieront l'administration, et elles rendront disponible le duc de Reggio, qui demande à rentrer en France.

Les généraux commandant les divisions seront autorisés, sans déplacer les troupes des postes que vous leur assignerez, à réunir les forces qui deviendraient nécessaires pour la garde du Texel et des points importants.

D'après la copie. Dépôt de la guerre.

17223. — AU VICE-AMIRAL COMTE DECRÈS,
MINISTRE DE LA MARINE, À PARIS.

Paris, 17 décembre 1810.

Je vous renvoie deux lettres sur la flottille qui est dans la Jahde.

En organisant la marine sur les côtes de Hollande, il faut organiser la marine de l'Elbe, de la Jahde et du Weser, afin que j'aie dans ces trois rivières des bricks, des chaloupes et bateaux canonniers, et des péniches pour surveiller les côtes et tenir l'ennemi en haleine; que j'aie des administrations pour solder et entretenir les matelots et pour faire faire les réparations, etc. L'idée du prince d'Eckmühl de remplacer la canonnière perdue par un beau brick, qu'on se procurerait à Hambourg, est une très-bonne idée; mais il faut prendre un bon bâtiment, plus fort que nos bricks ou corvettes ordinaires, qui soit bon marcheur et puisse servir utilement.

D'après la minute. Archives de l'Empire.

17224. — AU COMTE DE LAVALLETTE,
DIRECTEUR GÉNÉRAL DES POSTES, À PARIS.

Paris, 17 décembre 1810.

Voyez madame de Genlis. Dites-lui que j'ai lu avec intérêt ses notes sur les écoles primaires des femmes; que je désirerais qu'elle fît un plan général pour l'éducation des filles du peuple, depuis l'âge de sept à huit ans jusqu'aux premières écoles; qu'elle fît bien connaître quelle est l'éducation des femmes à Paris, afin qu'on sache bien ce qui se fait, et après, en deux sections, ce que l'on pourrait faire. Je désire surtout savoir ce que coûte au peuple son éducation, avoir des renseignements sur les écoles primaires et autres de cette espèce.

D'après la minute. Archives de l'Empire.

17225. — A EUGÈNE NAPOLÉON,
VICE-ROI D'ITALIE, À MILAN.

Paris, 18 décembre 1810.

Mon Fils, je suis toujours dans l'étonnement que le tarif du 5 août n'ait rien rendu au royaume d'Italie; qu'il n'y ait rien dans les entrepôts, chez les négociants, ni qu'il ne soit entré aucune denrée coloniale en Italie depuis le mois d'août jusqu'aujourd'hui. J'avais compté que le produit de ces droits vaudrait un secours de dix millions au royaume d'Italie.

J'ai été fort indigné de voir le certificat du ministre de Hambourg que vous m'avez envoyé hier. J'ai ordonné une enquête sévère sur le sieur Bourrienne à cette occasion. Vous devez regarder tous certificats comme non avenus, celui-là comme tous ceux qui vous seront présentés.

Vous m'avez envoyé également un certificat pour des draps d'un fabricant du département de la Roër. Le fabricant existe, mais il est hors d'état de faire aucun envoi. Ce certificat a été vendu à quelque Suisse pour peu de chose. Ne laissez rien entrer de la Suisse et de l'Allemagne, du moins en draps, denrées coloniales, marchandises de coton, etc. Vous ne devez laisser entrer par le cabotage d'Ancône ou d'autres ports aucune marchandise venant de Naples ni du Levant.

Aussitôt que les comptes des finances seront en règle, envoyez ici le ministre des finances, afin que j'arrête le budget de 1811.

NAPOLÉON.

P. S. J'ai dit dans ma lettre que j'avais été indigné du certificat du ministre de Hambourg, mais j'ai oublié de dire que ce certificat ne justifiait pas l'introduction en Italie des marchandises qu'il couvrait. La preuve en est qu'avec ces certificats on n'a pu franchir aucune douane en France. C'est qu'il y a beaucoup à reprendre et à faire dans les douanes d'Italie.

D'après la copie commu. par S. A. I. Mme la duchesse de Leuchtenberg.

17226. — AU GÉNÉRAL CLARKE, DUC DE FELTRE,
MINISTRE DE LA GUERRE, À PARIS.

Paris, 19 décembre 1810.

Je reçois votre rapport de ce jour. J'accorde à la Saxe trente-quatre pièces de 3 autrichiennes avec affûts et trente-quatre caissons. Faites-les donner sans délai.

D'après la minute. Archives de l'Empire.

17227. — NOTE
SUR LE MÉMOIRE DES DÉPUTÉS DU COMMERCE DE LYON.

Paris, 19 décembre 1810.

Trois moyens sont proposés dans le mémoire.

Le premier consiste dans les secours que peut donner le gouvernement. Sa Majesté a ordonné au garde-meuble de faire des commandes pour employer, pendant les mois de janvier, février et mars, les métiers d'étoffes façonnées qui ne sont plus en activité. Elle désire que les députés fassent connaître à quelle somme doivent se monter ces commandes, et qu'ils voient M. le comte Daru pour s'entendre avec lui sur cet objet et combiner les commandes dans la proportion des besoins des palais de Sa Majesté. L'intendant général avancera successivement l'argent qui sera nécessaire, pourvu qu'il y ait sûreté pour les avances. C'est donc un arrangement à faire, sous la haute surveillance du ministre de l'intérieur, entre l'intendant général de la Couronne et les députés du commerce de Lyon.

Pour mettre aussi en activité les métiers qui fabriquent des étoffes unies, Sa Majesté est disposée à faire des commandes d'objets étrangers aux besoins de ses palais. Il faut d'abord que les députés de Lyon fassent connaître à combien devraient s'élever ces commandes, dans chacun des mois de janvier, février et mars, pour atteindre le but qu'on se propose. La fabrique de Lyon remettrait des étoffes fabriquées pour le montant de ces commandes. Ou les commandes du Nord et de l'Amérique se rétabliraient, et alors on rendrait les marchandises aux fabricants, ou elles ne se rétabliraient point, et les marchandises resteraient en magasin à la disposition du gouvernement, qui les ferait vendre selon les circonstances. Cette opération consisterait donc en avances faites par le gouvernement sur nantissement de marchandises fabriquées. Il sera nécessaire que le ministre de l'intérieur propose les mesures à prescrire pour les époques des avances, le mode de la remise des marchandises, leur emmagasinement, etc.

Le deuxième objet du mémoire est relatif au rétablissement du change de la Russie. Cet objet est mal présenté. Il n'est dans la puissance de personne de relever le change de la Russie. La perte qu'elle éprouve ne résulte pas de l'interruption de son commerce, mais des dépenses énormes occasionnées par les guerres onéreuses entreprises depuis Paul Ier. Il est très-probable que même la paix avec l'Angleterre le ferait baisser plutôt que relever. On peut cependant suivre avec la marine une opération utile à la fabrique de Lyon. Le ministre achèterait des marchandises du Nord pour trois millions, et l'on mettrait pour condition à ces achats que les payements se feraient en étoffes de Lyon. Cette idée a besoin d'être développée par la députation du commerce de cette ville.

Quant au troisième objet du rapport, qui concerne le commerce avec les Américains, on peut mettre pour condition aux permis américains que chaque bâtiment exportera des étoffes de Lyon pour la moitié de la valeur de sa cargaison d'importation. Cette condition peut être étendue aux permis ottomans et aux licences simples.

En même temps qu'on discutera ces vues, il convient d'examiner ce qu'on pourrait faire pour les fabriques de Lyon par les règlements de cour. On peut dire que pendant l'hiver, et toutes les fois qu'on sera en grand costume, l'habit de velours sera obligé, et que les jours de cour, autres que ceux de grande cérémonie, tout le monde, excepté les officiers de service, paraîtra à la cour sans costume, mais vêtu en étoffes de Lyon. On pourrait étendre ce règlement à la cour du gouverneur général de Turin, de la grande-duchesse de Toscane, du vice-roi d'Italie et du roi de Naples.

Sa Majesté désire que le ministre de l'intérieur se mette en mesure de lui présenter un état de situation détaillé de toutes les fabriques de France.

D'après la minute. Archives de l'Empire.

17228. — AU VICE-AMIRAL COMTE DECRÈS,
MINISTRE DE LA MARINE, À PARIS.

Paris, 21 décembre 1810.

L'hiver se passe, et vous ne me faites pas connaître si l'on peut faire l'expédition de Cherbourg sur l'île de France. Il paraît évident que celle de Rochefort ne partira pas.

Vous ne me faites pas connaître si les trincadoures et la corvette qui est à Bayonne sont en partance et de quoi elles sont chargées.

Aussitôt que vous apprendrez l'arrivée de la frégate *l'Élisa* dans un de mes ports, faites-en l'objet d'un article pour *le Moniteur*. Faites aussi connaître dans *le Moniteur* la corvette anglaise qui s'est perdue.

D'après la minute. Archives de l'Empire.

17229. — AU BARON ALQUIER,
MINISTRE DE FRANCE, À STOCKHOLM.

Paris, 22 décembre 1810.

Monsieur, Sa Majesté me charge de vous faire connaître sa manière d'envisager quelques questions qui pourraient vous être faites, mais que vous n'êtes point obligé de provoquer.

Elle avait accordé un congé de quatre mois aux officiers français aides de camp du prince royal pour l'accompagner en Suède. Ce congé sera bientôt expiré. Ces officiers devront retourner en France. En restant en Suède, ils se trouveraient dans une fausse position. Des officiers français ne peuvent être aux ordres d'un gouvernement étranger. Vous n'avez point à faire usage de ces notions; elles sont surtout pour votre instruction particulière.

Le prince royal a remis au domaine extraordinaire les fiefs qu'il tenait de la générosité de l'Empereur. Son Altesse en avait jugé la conservation incompatible avec la constitution à laquelle il venait de promettre d'être fidèle. Le conseil du sceau a accepté cette restitution, mais l'Empereur, empressé de faire ce qui pouvait être agréable au prince, a, d'après sa demande, conféré à son frère le titre de baron avec les 12,000 francs de rente sur le trésor public qui dépendaient de la principauté de Ponte-Corvo.

Le prince royal écrit souvent à l'Empereur, qui ne lui a pas répondu. Il est convenable que vous sachiez, seulement pour user de cette information selon les circonstances, que cela vient de ce que l'Empereur, ayant pour maxime de ne pas faire chez les autres ce qu'il ne fait jamais chez lui, n'entretient de correspondance avec aucun prince royal. L'Empereur n'aime point à s'écarter légèrement de ce qui lui paraît devoir être l'ordre naturel des choses.

Quand le prince sera devenu roi, l'Empereur recevra ses lettres avec plaisir et y répondra dans les occasions déterminées par l'usage; mais le vœu de Sa Majesté est que toutes les affaires se traitent toujours par le canal ordinaire des ministres. L'Empereur en use ainsi même avec ses frères qui sont sur le trône. Il ne veut pas qu'aucun d'eux puisse répondre à une réclamation ou à une demande qui lui serait portée par le ministre de France cette formule, qu'ils pourraient être tentés d'employer : *Je traiterai directement cette affaire avec l'Empereur, ou l'Empereur m'a écrit sur cet objet*, etc. Sa Majesté veut, Monsieur, que de pareilles allégations ne règlent pas votre conduite.

D'ailleurs Sa Majesté désire que vous vous rendiez agréable au roi et au prince, et vous engage à insister fortement sur la confiscation des marchandises anglaises et sur la prohibition de tout commerce de denrées anglaises ou venant d'Angleterre. Vous ferez sentir que, les Anglais donnant la plus grande publicité à leurs relations commerciales, la Suède ne peut en entretenir avec eux sans qu'elles soient promptement connues. Elle ne peut donc espérer de se dérober, à moins que ce ne soit ouvertement, à l'exécution des engagements qu'elle a contractés.

Montrez le ridicule de son insignifiante déclaration de guerre et l'inconvenance de la circulaire presque offensante pour l'Empereur qui en accompagnait la communication. L'Empereur a dit en riant que c'était à lui, et non aux Anglais, que la Suède déclarait la guerre.

Cette conduite n'est point honorable pour le gouvernement suédois. Il se déconsidère lui-même aux yeux de sa nation et rend sa position bien plus difficile en soulevant l'opinion contre la guerre qu'il s'est engagé à soutenir. Mieux valait une résistance franche et ouverte aux volontés de l'Empereur.

Champagny, duc de Cadore.

D'après l'original. Archives des affaires étrangères.

17230. — A M. ROQUEBERT,

CAPITAINE DE FRÉGATE, A BREST.

Palais des Tuileries, 22 décembre 1810.

Monsieur Roquebert, capitaine de frégate, nous vous faisons connaître par la présente que nous révoquons l'ordre, que nous vous avons donné par celle du 3 de ce mois, de conduire la division sous votre commandement sur notre île de Java, dans les mers orientales, et nous vous notifions que notre intention est que vous conduisiez cette division dans les ports de notre île de France, où vous mettrez à la disposition de notre capitaine général de cette colonie les troupes passagères qui sont à votre bord, ainsi que les métaux, armes et munitions que vous avez pris en chargement.

Arrivé à l'île de France, vous aurez à recevoir les ordres de notredit capitaine général sur les opérations des bâtiments que vous commandez et sur leur destination ultérieure.

Nous chargeons notre ministre de la marine de vous faire connaître les derniers renseignements arrivés de l'île de France sur l'état des croisières ennemies et sur l'atterrage des ports de cette colonie.

Nous vous prescrivons de n'y entrer qu'avec circonspection et après avoir communiqué préalablement avec la terre pour connaître l'état des choses. Si, par quelque raison que ce soit, vous ne pouviez entrer à l'île de France, notre intention est que vous vous dirigiez sur notre île de Java, où vous débarquerez vos troupes et vos munitions, et vous vous mettrez avec vos frégates à la disposition du gouverneur.

Nous vous référons à ce que nous vous avons prescrit dans nos instructions du 3 de ce mois, sur les cas de séparation des bâtiments sous vos ordres, sur ce que vous devez faire à l'égard de ceux dont vous vous emparerez pour augmenter autant que possible votre approvisionnement en eau et en vivres, sur le soin que vous devez avoir d'éviter toute relâche qui ne serait pas nécessaire, et enfin sur ce que nous attendons de votre zèle, de vos talents et de votre courage pour bien remplir la mission que nous avons jugé à propos de vous confier.

D'après la copie. Archives de l'Empire.

17231. — A JOACHIM NAPOLÉON, ROI DES DEUX-SICILES,
À NAPLES.

Paris, 22 décembre 1810.

Je reçois la carte que vous m'avez envoyée sur le détroit de Messine. Si elle est exacte, je suis fort surpris que vous n'ayez pas fait la descente, si vous aviez les moyens de passer 15.000 hommes. Il n'y a aucune espèce de doute que vous deviez passer et vous emparer de la Sicile, au lieu de faire un débarquement inutile et de faire prendre les deux bataillons corses, forts de plus de 950 hommes.

<small>D'après la minute. Archives de l'Empire.</small>

17232. — AU COMTE BIGOT DE PRÉAMENEU,
MINISTRE DES CULTES, À PARIS.

Paris, 23 décembre 1810.

Monsieur le Comte Bigot de Préameneu, depuis quelques jours le préfet de Savone écrit que le Pape est disposé à s'arranger et à faire le pape où on voudra. C'est la première fois que j'entends ce langage. Si cet exposé est exact et que le Pape soit sincère, comme je ne désire pas autre chose que d'entrer en arrangement, vous pouvez écrire au sieur Chabrol que j'ai appris par le prince Borghèse et par le ministre de la police que, dans une conférence qu'il a eue avec le Pape, le Pape avait dit qu'il ferait le pape où l'on voudrait; qu'il ne voulait qu'exercer le pouvoir spirituel, sans gêner le pouvoir temporel; en un mot, qu'il désirait en venir à un accommodement; que, cela étant, il doit lui dire que, s'il désire un accommodement sur les affaires spirituelles, je le désire autant que lui, mais que je ne veux faire aucune concession temporelle; que, si telle était sa pensée, il faudrait qu'il écrivît une lettre à l'Empereur pour lui faire connaître les maux de l'Église et lui exprimer le vœu, en mettant de côté toute prétention et tout intérêt autre que celui de la religion, d'entrer en arrangement pour concilier tous les intérêts. Cette lettre devrait être écrite sans fiel, mais avec la charité de l'Évangile, ne faire aucune allusion et ne respirer que le pur désir du bien. Vous ajouterez qu'il n'est aucun doute que l'Empereur ne réponde à cette lettre d'une manière très-favorable; mais qu'il faut que le préfet explique bien qu'il ne doit être question du temporel en aucune manière; que les statuts de la France sont formels et irrévocables là-dessus, et qu'il ne peut être question que des intérêts spirituels.

NAPOLÉON.

<small>D'après l'original comm. par Mme la baronne de Nougarède de Fayet.</small>

17233. — AU GÉNÉRAL CLARKE, DUC DE FELTRE,
MINISTRE DE LA GUERRE, À PARIS.

Paris, 23 décembre 1810.

Je reçois votre lettre du 22, par laquelle vous me rendez compte qu'en exécution de l'article 7 du traité entre moi et le roi de Westphalie vous avez donné des ordres pour qu'on remît au roi de Westphalie l'armement de la place de Magdeburg. Vous avez eu tort de donner cet ordre sans me l'avoir soumis. Donnez contre-ordre; mon intention est de garder Magdeburg avec l'artillerie, les magasins et ce qui existe, et de n'en pas mettre en possession la Westphalie. Vous ferez connaître cette décision au prince d'Eckmühl : il n'y aura pas de contre-ordre, vu que le prince d'Eckmühl n'aura point donné l'ordre d'évacuation. En un mot, je ne veux point me défaire de la place de Magdeburg.

D'après la minute. Archives de l'Empire.

17234. — AU GÉNÉRAL CLARKE, DUC DE FELTRE,
MINISTRE DE LA GUERRE, À PARIS.

Paris, 23 décembre 1810.

Je vous renvoie le projet de décret pour l'organisation des compagnies de gendarmerie dans la Hollande. Ce ne sont pas sept compagnies, mais deux légions de gendarmerie qu'il me faut en Hollande. Présentez-moi un projet de décret ainsi rédigé. Il n'y a pas de raison de sortir pour la Hollande de l'organisation ordinaire de la gendarmerie.

D'après la minute. Archives de l'Empire.

17235. — NOTE
POUR LES MINISTRES DES CULTES ET DE LA GUERRE.

Paris, 23 décembre 1810.

Les demandes d'exemption de conscription faites en faveur de clercs étudiants deviennent très-nombreuses. Il convient que le ministre de la guerre et le directeur général des revues voient le ministre des cultes et réunissent toutes les demandes. On fera faire ensuite, par un inspecteur aux revues, des vérifications qui auront pour objet de s'assurer si les jeunes gens pour lesquels les exemptions sont demandées appartiennent à de grands et non à de petits séminaires, et s'ils ont une vocation réelle pour l'état ecclésiastique. On aura soin de ne prévenir l'évêque qu'au moment même où la vérification aura lieu. Cette mesure paraît surtout indispensable lorsqu'on voit que le nombre des demandes faites pour l'évêché de Bayonne, par exemple, dont le grand séminaire est peu considérable, s'élève à 92.

D'après la minute. Archives de l'Empire.

17236. — DÉCISION.

Paris, 23 décembre 1810.

Le ministre de la guerre présente à l'Empereur un rapport pour la répartition des troupes françaises et hollandaises entre les différents départements qui doivent composer, au 1er janvier 1811, les 17e et 31e divisions militaires.

J'approuve les différentes dispositions contenues dans ce rapport. Il faut recommander aux généraux de division de réunir quelques compagnies de voltigeurs français et hollandais, soutenues de quelques détachements de cavalerie, et d'en faire des colonnes pour surveiller les côtes, prêter main-forte aux douanes et empêcher les communications avec l'Angleterre, qui sont encore très-fréquentes.

NAPOLÉON.

D'après l'original. Dépôt de la guerre.

17237. — AU VICE-AMIRAL COMTE DECRÈS,
MINISTRE DE LA MARINE, À PARIS.

Paris, 23 décembre 1810.

Le ministre de la police m'envoie des lettres que la marée a apportées près de la Rochelle. Il paraît qu'elles étaient à bord d'un bâtiment venant de Batavia à Bordeaux, sans doute le troisième de ceux que le général Daendels a expédiés, qui a été pris près la Rochelle. Ce bâtiment a jeté à l'eau ses dépêches, et la mer les a apportées à terre. Il est nécessaire que vous instruisiez le général Daendels de la prise de ce bâtiment et de l'arrivée de ses dépêches par ce singulier hasard, et que vous activiez le départ de la trincadoure et de la corvette de Bayonne et des autres expéditions pour cette intéressante colonie.

D'après la minute. Archives de l'Empire.

17238. — A JOACHIM NAPOLÉON, ROI DES DEUX-SICILES,
À NAPLES.

Paris, 23 décembre 1810.

Je reçois votre lettre du .. décembre. Je ne crois pas que vous deviez donner des titres et reconstituer votre noblesse. Cette reconstitution ne serait que ridicule. Y a-t-il un seul Napolitain qui se soit distingué à votre service, qui ait gagné une bataille? Y en a-t-il qui aient acquis de l'illustration en Europe? Non. Dès ce moment, vous ne pouvez avoir d'autre noblesse que celle que vous avez. Monteleone sera duc et jouira de quelque considération en Europe comme descendant des Cortez; d'autres familles, comme ayant un rang dans l'histoire de Naples; d'ailleurs les nobles de votre royaume ont continué à s'appeler ducs, princes, comtes; vous devez donc laisser les choses comme elles sont.

J'ai dû reconstituer en France la noblesse, parce qu'il s'était élevé beaucoup d'hommes qui se sont illustrés dans toutes les carrières, civiles et militaires, soit au milieu des dissensions et factions, soit au milieu des camps. Ce que j'ai fait en France, et ce que l'Europe a approuvé, ce serait à Naples une singerie mal appliquée; laissez dormir cela. Quelque chose que vous fassiez, il n'est pas en votre pouvoir, avant que de grands événements illustrent votre pays, de faire oublier le passé et de faire dater les choses de l'époque actuelle.

D'après la minute. Archives de l'Empire.

17239. — A M. DE CHAMPAGNY, DUC DE CADORE,
MINISTRE DES RELATIONS EXTÉRIEURES, À PARIS.

Paris, 24 décembre 1810.

Monsieur le Duc de Cadore, il n'y a aucun inconvénient à la ratification de l'acte de renonciation à ses droits sur la monarchie autrichienne qu'a souscrit l'Impératrice avant de partir de Vienne.

NAPOLÉON.

D'après l'original. Archives des affaires étrangères.

17240. — A M. DE CHAMPAGNY, DUC DE CADORE,
MINISTRE DES RELATIONS EXTÉRIEURES, À PARIS.

Paris, 24 décembre 1810.

Monsieur le Duc de Cadore, je vous ai renvoyé la lettre du landamman et celle du petit canton. Mettez-moi sous les yeux un projet de réponse à l'un et à l'autre, où vous direz que je n'ai l'intention de toucher en rien à l'acte de médiation, ni à la situation politique des cantons du Tessin; mais que les Suisses doivent reconnaître que les bailliages italiens sortent du sein de l'Italie et entrent dans l'intérieur du royaume d'Italie; que les conscrits réfractaires, les agents d'intrigues et de contrebande se réfugient dans ces cantons pour de là inonder l'Italie, et qu'ils établissent réellement un système hostile contre elle; que sans doute il serait à souhaiter, pour le bien de la Confédération, que ses limites fussent naturelles, et qu'elle ne fût pas exposée à être compromise par la faiblesse et la fausse position de quelques cantons; qu'il n'est point dans ma pensée de rien changer à l'acte de médiation, mais qu'il est convenable de prendre des mesures qui concilient l'indépendance des cantons du Tessin avec la sûreté et la police du royaume d'Italie, et qu'un traité particulier qui imposerait des stipulations à ces cantons paraîtrait devoir remplir ce but: que, si ces clauses étaient sérieusement et exactement observées par les cantons du Tessin, et qu'ils ne donnassent aucune inquiétude à l'Italie, ils pourraient conserver leur état actuel; mais que, si les magistrats de ces cantons étaient assez peu éclairés pour tolérer des abus qu'ils devraient réformer, il finirait par arriver que le bien de l'Italie, c'est-à-dire de dix-huit millions d'hommes, obligeât ces petits cantons à se placer sur leurs barrières naturelles.

Vous me présenterez un projet de lettre dans le même sens, que mon ministre écrira aux cantons italiens. Vous donnerez pour instruction à mon ministre, qui aura connaissance de vos deux lettres, de laisser faire aux Suisses ce qu'ils veulent.

Vous écrirez au vice-roi pour avoir un projet de traité sur les précautions de douanes et de police qu'il faudrait prendre et sur tout ce qu'il faudrait prévoir là-dessus. Il serait convenable que ce traité se fît à Milan, où les cantons enverraient des commissaires.

Quant au commerce, j'ai permis le transit des cotons du Levant par la Suisse; je crois avoir décidé que les marchandises étrangères séquestrées pourraient venir dans mes entrepôts. J'ai donc fait tout ce qu'il m'était possible de faire.

Comme j'ai l'habitude de répondre au landamman, présentez-moi un projet de lettre très-court dans laquelle je m'en rapporterai à vous.

NAPOLÉON.

D'après l'original. Archives des affaires étrangères.

17241. — A M. DE CHAMPAGNY, DUC DE CADORE,
MINISTRE DES RELATIONS EXTÉRIEURES, A PARIS.

Paris, 24 décembre 1810.

Monsieur le Duc de Cadore, j'ai lu avec attention votre rapport sur les princes de Salm-Salm et de Salm-Kirburg. Les princes de la Confédération n'ont pas de droits en France. Tout ce que je puis faire pour ceux qui viennent à être dépossédés, c'est de constituer en leur faveur un majorat de 200,000 francs et de leur donner dans mon palais les mêmes prérogatives qu'ont les ducs français. Quant aux princes de Salm, vous estimez que je leur dois l'équivalent d'un revenu de 240,000 francs; mais il faut en ôter les charges, surtout le contingent; il doit rester peu de chose. Il est nécessaire que vous me proposiez quelqu'un pour faire un traité avec eux. Le conseiller d'état Dalberg pourrait être chargé de cette besogne.

NAPOLÉON.

D'après l'original. Archives des affaires étrangères.

17242. — AU BARON DE LA BOUILLERIE,
TRÉSORIER DU DOMAINE EXTRAORDINAIRE, À PARIS.

Paris, 24 décembre 1810.

J'ai lu avec attention le compte que vous m'avez remis de la caisse de l'extraordinaire. Ce compte me paraît fort bien établi comme compte de caisse; mais je désirerais que vous l'établissiez un peu comme compte d'administration, c'est-à-dire que vous distinguassiez les capitaux des revenus, au moins pour 1809 et 1810. Ainsi il serait établi sur une colonne ce que les fonds ont dû rendre en 1809, ce qu'ils ont rendu réellement, et dès lors ce qui reste à recouvrer. Vous mettrez dans le produit le revenu des domaines dont je n'avais pas disposé. Vous mettrez à côté le fonds de dépenses, qui se constituerait des frais de service, des pertes du change, des négociations, et enfin des dispositions que j'aurais faites sur les revenus. Je crois avoir fait payer plusieurs millions par le ministre des finances et avoir fait des affectations spéciales sur les revenus. Le même état serait fait pour 1810; de sorte qu'il me ferait connaître la situation des recettes comme revenus et celle des dépenses, soit dépenses de services et dépenses du domaine extraordinaire, soit celles provenant des affectations que j'aurais faites par décrets. Enfin un autre compte établirait le revenu de 1811, où vous me feriez connaître les capitaux placés, les domaines vacants, et enfin le budget de recette comme revenus. Vous porterez à compte les dépenses de l'intendant, les vôtres, les frais de service, les affectations que j'aurais faites, d'où résulterait ce qui me reste. Le portefeuille de réserve y serait compris sous une seule dénomination. Ainsi, par approximation, le revenu de 1811 se compose, 1° de 84 millions placés au trésor public; 2° de l'intérêt de 70 millions de la Prusse; 3° de l'intérêt des bons des différentes puissances; 4° des intérêts des actions de la Banque, etc. C'est en distinguant pour 1809 et 1810 les revenus des fonds que je désire que vous établissiez mes revenus en 1811. Je désire avoir une note qui me fasse connaître ce que doit le domaine extraordinaire, soit à la caisse des canaux, pour les travaux du temple de la Victoire, du Louvre, de Versailles, soit pour d'autres dépenses qui auraient été affectées et qui seraient à votre connaissance.

<small>D'après la minute. Archives de l'Empire.</small>

17243. — NOTE
SUR LES CONSEILS D'ADMINISTRATION DU GÉNIE.

<small>Paris, 24 décembre 1810.</small>

Je tiendrai le conseil tous les jeudis. On pourrait commencer de jeudi en huit.

On me présentera les états de dépenses du génie en 1806, 1807, 1808, 1809 et 1810. On me fera connaître les fonds que j'ai accordés pour les places, le casernement et le service de campagne, ce qui a été payé, ce qui reste à solder, et s'il y a des crédits, afin d'être certain que tout l'arriéré est payé, puisque cela doit influer sur la bonne administration des années suivantes, et que toute la comptabilité est en règle. On me fera connaître dans le même conseil l'état actuel de situation du service du génie et de son train, et on me présentera un projet de décret pour organiser d'une manière définitive le service et le train du génie en campagne. On me fera un rapport général sur les places de Hollande, qui me fasse connaître celles que l'on doit conserver, améliorer, et celles qu'il faut détruire; enfin on fixera le sort des places qui nous séparent de la Hollande, telles que Breda, Bois-le-Duc et autres. On marquera, sur une carte générale, les places qui existent, et on remettra des notes sur leur situation.

Une place sans abris à l'épreuve de la bombe, à moins qu'elle ne soit d'une grande étendue, est bien faible. Aussi toutes les places de la Hollande ont-elles été prises par quelques bombes ou obus.

Quand on aura bien décidé les places qu'il faut conserver pour appuyer la ligne du Rhin à la mer, pour assurer l'Escaut et Anvers et les divers ports de la Hollande, on pourra renvoyer à une autre séance tout ce qui sera relatif aux détails des projets.

Après cela on pourra s'occuper de l'Escaut, Lillo, Bath, des batteries des rades de l'Escaut, Flessingue et l'île de Walcheren, les autres forts et batteries de la rive gauche de l'Escaut jusqu'à l'Écluse; tout cela dans la même séance. On aura les plans de tous ces objets, les travaux faits de l'année, les projets et le budget de l'année prochaine, enfin tout en règle comme l'année dernière.

Après cela on s'occupera d'Ostende, Dunkerque, Calais et Boulogne, le Havre, Cherbourg, Brest, Lorient, Rochefort, etc.

On présentera ensuite les projets de Wesel, Juliers, Mayence, etc.

Après cela, les ouvrages de Toulon, des îles d'Hyères et des places au delà des monts.

D'après l'original. Dépôt de la guerre.

17244. — NOTE SUR ANVERS.

Paris, 24 décembre 1810.

Voici ce que je voudrais pour Anvers :

La réunion de la Hollande donne à Anvers une nouvelle importance, et je veux avoir à Anvers tous mes magasins d'artillerie, poudres, arsenal, etc.

Cette place étant la seule que j'aurais entre la France et la Hollande, je suis décidé à commencer cette année la place de la rive gauche de l'Escaut. Il faut faire le tracé sur un grand plan, puisque tout porte à croire que ce terrain sera chèrement vendu.

La grande difficulté est de l'autre côté de la rivière. Mon intention est d'y faire une autre place et des quais qui la fassent correspondre avec la partie opposée d'Anvers et son enceinte.

On n'élèvera les terre-pleins que dans les bastions, et les courtines resteront ouvertes comme quais. La place d'Anvers venant à être prise, on ferait les parapets des courtines; la place se trouverait parfaitement fermée du côté de la rivière, et on n'aurait rien à craindre du côté d'Anvers. Il faut donc tracer la place de manière à laisser sur les quais l'emplacement des terre-pleins, d'une rue et des maisons, de sorte que le quai sera très-large sur les courtines. On ne construirait point de maisons dans les bastions.

Les courtines devront être très-longues, parce qu'elles ne seront abordables que par eau et qu'il n'est pas question de cheminements.

On pourrait avoir là trois beaux quais, de 100 à 150 toises chacun, dont le terrain serait très-précieux et que je vendrais au commerce.

Les bastions auront des poternes et des portions de quai autour, afin de former les quais de l'artillerie et de l'administration militaire, et qu'on puisse ne rien prendre sur les autres quais.

On tracera là une fonderie, un arsenal et un magasin d'artillerie, une manutention des vivres de terre et des magasins.

Il faudra construire tout cela sur des canaux et des bassins intérieurs.

Par ce moyen Anvers jouira des avantages d'une grande place située sur les deux rives de l'Escaut et des agréments d'une place isolée sur chaque rive.

NAPOLÉON.

D'après l'original. Dépôt de la guerre.

17245. — A EUGÈNE NAPOLÉON,
VICE-ROI D'ITALIE, À MILAN.

Paris, 24 décembre 1810.

Mon Fils, il est nécessaire de vous occuper de faire armer la côte de Grado, afin que les communications de Venise avec Trieste ne puissent pas être gênées, l'été prochain, par les Anglais.

NAPOLÉON.

D'après la copie comm. par S. A. I. Mme la duchesse de Leuchtenberg.

17246. — AU PRINCE DE NEUCHÂTEL ET DE WAGRAM,
MAJOR GÉNÉRAL DE L'ARMÉE D'ESPAGNE, À PARIS.

Paris, 25 décembre 1810.

Mon Cousin, *le Moniteur* de demain contiendra des nouvelles de Lisbonne du 2 décembre. Faites-en part au général Foy, s'il est encore ici.

et, s'il était déjà parti, écrivez-lui par l'estafette de ce soir, sous le couvert du commandant de Bayonne. Vous lui ferez connaître que, le 25 novembre, lord Wellington a fait un mouvement pour menacer la droite de l'armée française; ce qui a décidé le prince d'Essling à rappeler toutes les troupes qu'il avait sur la gauche du Zezere, en gardant seulement une tête de pont; mais que tout s'était passé en escarmouches, dans lesquelles il paraît que les Anglais ont été repoussés; que le prince d'Essling occupe toujours la forte position de Santarem; qu'il a même dirigé un détachement de 6,000 hommes sur Leiria, dont il s'est emparé; que lord Wellington s'est, à ce qu'il paraît, décidé à reprendre sa position de Torres-Vedras; que les Anglais croyaient que Drouet avait déjà rejoint; qu'il devient donc important plus que jamais de culbuter Silveira et de balayer tous les derrières de l'armée de Portugal, aussitôt que la saison des eaux sera passée et que le temps sera devenu meilleur.

NAPOLÉON.

D'après l'original. Dépôt de la guerre.

17247. — AU COMTE MOLLIEN,
MINISTRE DU TRÉSOR PUBLIC, À PARIS.

Paris, 26 décembre 1810.

Je vous prie de me faire un rapport confidentiel, ce soir, sur cet établissement de prêts [1].

Faites-moi également, dans la journée, un petit rapport sur le prêt qui m'est proposé en faveur de la maison Richard-Lenoir [2].

D'après la minute. Archives de l'Empire.

17248. — AU PRINCE DE NEUCHÂTEL ET DE WAGRAM,
MAJOR GÉNÉRAL DE L'ARMÉE D'ESPAGNE, À PARIS.

Paris, 26 décembre 1810.

Mon Cousin, faites partir, ce soir, une estafette pour Bayonne, et écri-

---

[1] Projet d'une caisse destinée à prêter sur dépôt de marchandises.
[2] Richard-Lenoir, nom de commerce de la manufacture de coton fondée par Richard (d'Épinay-sur-Odon, Calvados) et Lenoir-Dufresne (d'Alençon).

vez au général Foy pour lui faire connaître que nous avons des nouvelles de Londres du 22; qu'il en résulte qu'au 3 décembre le prince d'Essling occupait toujours Santarem; qu'il y avait eu quelques affaires d'avant-garde où les Anglais avaient été repoussés, et que lord Wellington avait repris sa position de Lisbonne; que Silveira se vantait d'un succès à Pinhel sur l'avant-garde du général Gardane; qu'il paraîtrait, par les détails que donne Silveira, qu'il a peu de monde, et que, si le général Gardane avait continué à marcher à lui, des magasins assez considérables de blé et de biscuit auraient été exposés.

Envoyez au général Foy trois exemplaires du *Moniteur* d'aujourd'hui, qui contient les nouvelles reçues hier de Londres, et prévenez-le que demain on lui enverra *le Moniteur* du jour, où seront des articles relatifs à ces détails et aussi ce qui concerne la régence à Londres; ce qui ne laisse pas d'avoir quelque influence sur les affaires de l'armée.

NAPOLÉON.

D'après l'original. Dépôt de la guerre.

17249. — AU GÉNÉRAL CLARKE, DUC DE FELTRE,

MINISTRE DE LA GUERRE, À PARIS.

Paris, 27 décembre 1810.

Je vous renvoie votre lettre du 26. Mon intention est que tout soit payé en Hollande comme en France, et qu'il n'y ait aucune différence. J'ai beaucoup bonifié le sort du soldat; j'ai augmenté la solde d'un sou; j'ai accordé un sou pour la soupe, et deux sous, je crois, de masse d'ordinaire, ce qui fait quatre sous, de sorte que le soldat a 9 sous, outre le pain: cela est donc suffisant. La seule chose à laquelle il serait possible que je consentisse serait d'augmenter d'un tiers la masse d'ordinaire. Quant aux officiers, il ne me paraît pas nécessaire de rien augmenter.

Comme il n'y a pas de temps à perdre, donnez ordre que les troupes, soit françaises, soit hollandaises, soient, à dater du 1er janvier, traitées sur le pied français. Vous ferez faire un état comparatif de ce que reçoit aujourd'hui le soldat avec le traitement qu'il recevait en l'an IX. La comparaison fera voir que tout accroissement serait inutile : on le réclamerait aussi pour Hambourg, pour Rome, et ce serait à n'en plus finir, d'autant plus qu'il sera convenable en Hollande, vu la mauvaise eau, de donner aux troupes, en été, de l'eau-de-vie: ce qui sera encore un surcroît de dépense.

D'après la minute. Archives de l'Empire.

17250. — PRÉAMBULE DU DÉCRET
ÉTABLISSANT LA RÉGIE DES TABACS[1].

Palais des Tuileries, 29 décembre 1810.

Les finances ont été l'objet constant de nos méditations. Les finances d'un grand empire doivent offrir les moyens de faire face aux circonstances extraordinaires, même aux vicissitudes des guerres les plus acharnées, sans avoir recours à de nouvelles impositions, puisqu'elles rendent peu pendant les premières années qu'elles sont établies.

Les nations les plus éclairées sur ces matières avaient pensé que le seul moyen qui pût remplir cet objet était un système d'emprunt bien calculé. Ce moyen est à la fois immoral et funeste; il impose à l'avance les générations futures; il sacrifie au moment présent ce que les hommes ont de plus cher, le bien-être de leurs enfants; il mine insensiblement l'édifice public et condamne une génération aux malédictions de celles qui la suivent.

Nous avons adopté d'autres principes. Nous avons reconnu qu'il fallait un grand nombre d'impositions qui pèseraient peu sur nos peuples en temps ordinaires parce que le tarif en serait peu élevé, et seraient susceptibles de pourvoir à tous les besoins du trésor dans des temps extraordinaires par la simple élévation du tarif.

Nous avons considérablement diminué les impositions foncière et personnelle.

Nous avons établi les droits réunis et l'imposition sur le sel, en évitant

---

[1] La Commission a pensé devoir comprendre dans la publication les considérations qui précèdent le décret établissant la régie des tabacs : on retrouve dans ces considérations quelques-unes des idées de Napoléon sur le système financier de l'Empire. La minute de ce préambule est d'ailleurs surchargée de corrections de la main de l'Empereur.

les vexations et les injustices dont la France a eu tant à se plaindre sous le régime des aides et des gabelles.

Les tabacs, qui, de toutes les matières, sont la plus susceptible d'imposition, n'avaient pas échappé à nos regards. L'expérience nous a démontré tous les inconvénients des mesures qui ont été prises jusqu'à ce jour. Les fabricants étant peu nombreux, il était à prévoir que l'on serait obligé d'en réduire encore le nombre. Le prix du tabac fabriqué était aussi élevé qu'à l'époque de la ferme générale. La plus faible partie des produits entrait au trésor; le reste se partageait entre les fabricants. A tant d'abus se joignait celui que les agriculteurs se trouvaient à leur merci.

Après de mûres discussions, nous avons jugé que toutes les considérations, même les intérêts de l'agriculture, veulent que la fabrication du tabac ait lieu par une régie, au profit du trésor; que la culture sera suffisamment garantie et protégée lorsque nous imposerons à la régie l'obligation de ne fabriquer ses tabacs qu'avec les produits de la culture du sol français; que, la consommation restant ainsi la même, l'agriculteur ne pourra recevoir aucun dommage de l'établissement de la régie: et qu'enfin, sans augmenter les charges de nos peuples, nous acquerrons une branche de revenus que l'on évalue à près de 80 millions; ce qui nous permettra d'apporter une diminution de pareille somme au tarif des contributions personnelle et foncière, et ce qui assurera au trésor de notre Empire un revenu toujours en proportion avec les circonstances et avec les besoins.

Nos besoins ne sont que de 660 millions en temps de paix; ils sont de 900 millions en temps de guerre maritime, et ils seraient de 1,100 millions dans des circonstances critiques et extraordinaires où nos peuples auraient à soutenir l'intégrité de l'Empire et l'honneur de notre couronne. Pour arriver à ce but, nous n'avons besoin ni d'emprunts, ni d'aucune aliénation, ni de l'établissement de nouvelles impositions; la simple augmentation ou diminution du tarif des contributions suffira pour produire ces grands résultats.

(Suivent les articles du décret.)

D'après la minute. Archives de l'Empire.

17251. — AU GÉNÉRAL CLARKE, DUC DE FELTRE,

MINISTRE DE LA GUERRE, À PARIS.

Paris, 30 décembre 1810.

Je vous envoie un projet de décret que je désire que vous teniez secret. Vous comprendrez la grande importance que j'y attache. Je n'ai pas besoin, pour remplir ce décret, d'augmenter les régiments de ma Garde : chaque régiment de fusiliers est de 2,000 hommes ; il y a 400 hommes de plus qu'il ne faut. Je crée une compagnie dans chaque bataillon, qui par là, au lieu d'être de quatre compagnies, sera de cinq ; ce sera 400 hommes par régiment ; l'effectif des fusiliers peut les fournir.

Le premier régiment de tirailleurs a 1,900 hommes, le second est à 1,800, les deux régiments de conscrits-chasseurs sont chacun de 1,800. Les tirailleurs ne sont que de 1,600 hommes et auront besoin de renfort.

Il faut ordonner sur-le-champ au major général de charger positivement le général Dorsenne de former ces compagnies et de les faire partir pour Paris. Faites-moi connaître qui on peut nommer directeur de l'instruction de ces jeunes gens.

Avec cette organisation je peux lever 40,000 à 50,000 hommes, et avoir en trois mois une armée de 50,000 hommes de vieilles troupes.

D'après la minute. Archives de l'Empire.

17252. — AU COMTE REGNAUD, DE SAINT-JEAN D'ANGÉLY,

MINISTRE SECRÉTAIRE D'ÉTAT, À PARIS.

Paris, 30 décembre 1810.

Monsieur Regnaud, je vous prie de rédiger un projet pour exempter du payement des impositions pendant vingt ans les personnes qui construiraient des maisons rue de Rivoli, pour les indemniser du surcroît de dépenses résultant de l'obligation de se soumettre à un plan d'arcades extérieures, et, par là, de concourir à l'embellissement de la ville. Cependant, pour qu'on se hâte de bâtir, il faut déclarer que cette immunité ne sera accordée qu'à ceux qui auraient commencé à bâtir avant telle ou telle époque, et achevé avant telle autre.

D'après la minute. Archives de l'Empire.

17253. — A EUGÈNE NAPOLÉON,

VICE-ROI D'ITALIE, A MILAN.

Paris, 30 décembre 1810.

Mon Fils, je réponds à votre lettre du 18 décembre, relative à la formation du corps d'armée de mon royaume d'Italie. Je trouve qu'il est bien faible en artillerie, n'ayant que soixante-deux pièces de canon pour 30,000 hommes : ce ne serait que deux pièces pour 1,000 hommes, ce qui est évidemment peu. Il est nécessaire d'avoir le nombre de pièces que j'ai indiqué. Il faut me faire un rapport pour préparer le matériel et les munitions.

Vous n'avez point non plus suffisamment de personnel. Il faut retirer de l'Istrie, du royaume de Naples, de l'Espagne ce que vous y auriez, et me proposer, si cela est nécessaire, la formation de quelques nouvelles compagnies. Je crois que l'organisation actuelle confond dans le régiment d'artillerie les soldats du train, les pontonniers et les ouvriers. Il faut séparer ces armes et avoir un bataillon du train, un régiment d'artillerie à pied, plusieurs compagnies d'ouvriers et plusieurs compagnies de pontonniers. Il est nécessaire que les sapeurs aient leurs caissons et leurs outils. Il faut donc préparer ce personnel. Quant aux chevaux, rien ne presse; vous serez toujours prévenu deux ou trois mois d'avance. Jusqu'à présent tout me porte à penser que je n'aurai pas besoin de ce corps au mois de mai. Dans cette situation, que pensez-vous que mon armée italienne pourrait m'offrir au mois de mai 1812? Les dragons de la garde sont bien peu nombreux; il faudrait les doubler et avoir au moins un bon régiment de 700 hommes. Faites-moi connaître s'ils coûtent beaucoup plus que le reste de la cavalerie. Je vois que la garde royale n'a que six pièces de canon; cela est intolérable. Il faut qu'elle ait une réserve d'au moins dix-huit pièces, dont une division à cheval et deux à pied. Je désire donc que vous me fassiez un rapport sur la situation de

l'armée d'Italie et sur la possiblité d'augmenter les cadres pour 1812.
Faites-moi un petit aperçu de la dépense pour 1810 et pour 1811.

NAPOLÉON.

D'après la copie comm. par S. A. I. Mme la duchesse de Leuchtenberg.

17254. — AU COMTE DE MONTALIVET,
MINISTRE DE L'INTÉRIEUR, A PARIS.

Paris, 31 décembre 1810.

Monsieur le Comte Montalivet, j'ai parcouru le projet de distribution de 30 millions à employer en vingt ans pour le perfectionnement de la navigation de la Seine et des canaux y affluant. Bien des accidents peuvent naître en vingt ans. En commençant tout, on court risque de ne rien finir et de ne jouir de rien. Il faut que dans l'espace de trois ou quatre ans on ait déjà obtenu des résultats. Je désire donc un nouveau projet de répartition tel que la dépense de tous les 5 millions employés présentement me représente finalement un avantage pour Paris.

D'après la minute. Archives de l'Empire.

17255. — AU COMTE BIGOT DE PRÉAMENEU,
MINISTRE DES CULTES, A PARIS.

Paris, 31 décembre 1810.

Monsieur le Comte Bigot de Préameneu, je vous envoie un rapport qui m'est transmis par le gouverneur général à Turin. Vous recevrez un décret par lequel je supprime cinq canonicats du chapitre d'Asti, dont je réunis les biens au Domaine. Vous écrirez par l'estafette de ce soir à l'évêque Dejean pour qu'il désigne au gouverneur général les seize canonicats à conserver. Vous écrirez au gouverneur général de faire réunir au Domaine les cinq canonicats supprimés. Ces cinq canonicats seront ceux occupés par les cinq chanoines qui se sont le plus mal comportés. Vous écrirez à l'archevêque de Turin de témoigner au chapitre mon mécontentement, et de déclarer que, s'il ne change pas de conduite, je supprimerai l'évêché d'Asti et réunirai ses biens au Domaine, et que j'attends une réparation éclatante de cet acte de rébellion. Si cela est nécessaire. l'archevêque de Turin se transportera à Asti. Vous écrirez au préfet de Montenotte pour lui faire connaître ces actes, en lui faisant remarquer que voilà où mènent les germes de rébellion que suscite le Pape; que je suis résolu à réunir au Domaine les biens des évêchés où ces germes éclateraient, et qu'ainsi le Pape sera cause que les évêques du Piémont et de l'Italie perdront leurs domaines.

NAPOLÉON.

D'après l'original comm. par Mme la baronne de Nougarède de Fayet.

17256. — AU PRINCE DE NEUCHÂTEL ET DE WAGRAM,
MAJOR GÉNÉRAL DE L'ARMÉE D'ESPAGNE, À PARIS.

Paris, 31 décembre 1810.

Mon Cousin, le ministre de la guerre vous fera connaître l'ordre par lequel je viens de former un bataillon de fusiliers-sergents, composé de quatre compagnies ou 800 hommes, choisis parmi les meilleurs sujets de mes régiments de fusiliers, et deux bataillons d'égale force de voltigeurs-caporaux et de tirailleurs-caporaux, choisis parmi les meilleurs sujets de mes tirailleurs et conscrits. Mon intention est de placer ces trois bataillons à Fontainebleau et de leur donner une instruction particulière. Par cette organisation, mon but est d'avoir sous la main 800 sergents pouvant servir à la composition de deux cent dix compagnies, et 1,600 caporaux pour un pareil nombre de compagnies; ce qui me formerait les cadres de trente ou quarante bataillons. Le corps des fusiliers étant de quatre bataillons et de 4,000 hommes, ce sera un homme sur cinq qu'il devra fournir. Les corps de tirailleurs et de conscrits étant de seize bataillons, ce sera un homme sur huit qu'ils devront fournir. Voyez le prince d'Eckmühl, concertez-vous avec lui pour faire le travail sur le papier, pour que les hommes absents par congé ou maladie, reconnus pour bons sujets, soient compris dans cette formation, et écrivez au général Dorsenne sur le nombre d'hommes que chacun des bataillons qui sont en Espagne doit fournir. Vous lui prescrirez de réunir les hommes qui doivent former les trois bataillons à Burgos et de les mettre en route pour Fontainebleau. Le prince d'Eckmühl fera faire à Fontainebleau les dispositions nécessaires pour les recevoir. Vous sentez l'importance que j'attache à avoir ces hommes réunis à Fontainebleau.

NAPOLÉON.

D'après l'original. Dépôt de la guerre.

ANNÉE 1811.

17257. — AU MARÉCHAL DAVOUT, PRINCE D'ECKMÜHL,
COMMANDANT L'ARMÉE D'ALLEMAGNE, À PARIS.

Paris, 1er janvier 1811.

Mon Cousin, il me revient que le sieur Bourrienne a gagné 7 à 8 millions à Hambourg en délivrant des permis et faisant des retenues arbitraires. Je suis également instruit que le sénat de Hambourg a fait pour plusieurs millions de dépenses secrètes pour des sommes remises à des Français. Je veux avoir des idées claires sur ces affaires. Comme gouverneur du pays, et devant liquider le sénat, il faut que vous sachiez tout. Mon intention est d'obliger tous les individus qui auraient reçu des sommes sans mon consentement à les restituer, et d'employer cet argent à des travaux publics.

Je vous envoie un rapport que me remet le général Rapp. Faites-lui connaître que je verrai avec plaisir que les matelots des villes hanséatiques, de Papenburg, de Hollande, même les Américains qui se trouvent à Kœnigsberg et Memel sur les bâtiments confisqués, soient envoyés à Danzig, d'où on les fera venir en France pour armer nos bâtiments. Demandez-lui des éclaircissements sur l'affaire des 800,000 francs du consul Clérembault, car ce n'est pas de cette manière qu'elle m'est présentée. Envoyez-moi les noms des maisons françaises qui sont intéressées dans ce convoi de Carlshamn.

NAPOLÉON.

D'après l'original comm. par Mme la maréchale princesse d'Eckmühl.

17258. — A JÉRÔME NAPOLÉON, ROI DE WESTPHALIE,
À CASSEL.

Paris, 1er janvier 1811.

Mon Frère, je vous remercie de ce que vous me dites pour la nouvelle année. Je souhaite que vous ayez l'espérance, cette année, d'avoir un garçon. C'est le meilleur souhait que je puisse vous faire.

NAPOLÉON.

D'après la copie comm. par S. A. I. le prince Jérôme.

17259. — A M. DE CHAMPAGNY, DUC DE CADORE,
MINISTRE DES RELATIONS EXTÉRIEURES, À PARIS.

Paris, 2 janvier 1811.

Monsieur le Duc de Cadore, j'attends d'ici à quinze jours les états des armées étrangères au 1er janvier, comprenant tous les renseignements que vous devez avoir reçus depuis la remise des premiers livrets.

NAPOLÉON.

D'après l'original. Archives des affaires étrangères.

17260. — AU COMTE BIGOT DE PRÉAMENEU,
MINISTRE DES CULTES, À PARIS.

Paris, 2 janvier 1811.

Monsieur le Comte Bigot Préameneu, vous devez répondre au chapitre de Florence que je n'ai appris qu'avec indignation qu'il s'était mis en révolte contre mon autorité et avait reçu communication d'un prétendu bref du Pape, sans qu'il eût été enregistré au Conseil d'état; que ses membres ne pouvaient pas méconnaître à ce point leur devoir et les lois de l'Empire, qui sont aussi celles de l'ancien grand-duché de Toscane; que Sa Majesté a ordonné qu'on arrêtât et qu'on traduisît devant les tribunaux criminels ceux qui avaient ainsi violé les principes fondamentaux de l'État; qu'elle a ordonné que les vicaires généraux eussent à se rendre à Paris; que sa volonté souveraine est qu'ils reconnaissent l'archevêque Osmond, comme ayant les pouvoirs de vicaire capitulaire; qu'ils réfléchissent au tort qu'ils se feraient à eux et à la religion, en se mettant en désobéissance ouverte avec le souverain.

Vous écrirez à la grande-duchesse de bien faire comprendre au chapitre que, si l'archevêque Osmond n'est pas sur-le-champ installé, je dissoudrai le chapitre de Florence; enfin que je lui recommande de prendre les mesures de vigueur convenables pour arriver au but et faire reconnaître l'archevêque.

NAPOLÉON.

D'après l'original comm. par Mme la baronne de Nougarède de Fayet.

17261. — A EUGÈNE NAPOLÉON,
VICE-ROI D'ITALIE, À MILAN.

Paris, 2 janvier 1811.

Mon Fils, je reçois votre lettre du 26 décembre, avec un projet de décret relatif aux vélites et aux gardes d'honneur. Ce que vous proposez serait impossible pour les gardes d'honneur. Mon but serait manqué si l'on prenait des gens qui ne payassent rien. Ce sont des gens riches qu'il faut prendre, afin d'aguerrir la tête de la nation. Quant aux vélites, il faut me faire un rapport pour me proposer de donner, comme récompense, l'exemption de payer à ceux qui auraient cinq ou six ans de service. Faites-moi également un rapport qui me fasse connaître le payement actuel de la garde et quelle différence cela ferait.

NAPOLÉON.

D'après la copie comm. par S. A. I. Mme la duchesse de Leuchtenberg.

17262. — AU PRINCE CAMILLE BORGHESE,
GOUVERNEUR GÉNÉRAL DES DÉPARTEMENTS AU DELÀ DES ALPES, À TURIN.

Paris, 2 janvier 1811.

Mon Cousin, je ne sais ce que vous avez de troupes à Savone; mais je pense qu'il est nécessaire d'y avoir 500 hommes d'infanterie et 100 hommes de cavalerie; s'ils n'y sont pas, portez la garnison à ce nombre.

Il est nécessaire d'envoyer à Savone une compagnie d'artillerie du 4e régiment [1], et d'avoir quelques pièces de canon en état dans la citadelle de cette place. Je désire même que vous y teniez toujours une centaine de milliers de rations de biscuit, afin qu'en cas d'événement la garnison puisse se jeter avec le Pape dans la citadelle et s'y renfermer plusieurs jours. Ceci n'est qu'une précaution et peut être superflu, mais les précautions sont toujours bonnes à prendre.

Il est convenable que la compagnie d'artillerie du 102e qui est à Gênes se rende à Savone.

NAPOLÉON.

D'après l'original comm. par M. le marquis Gozani di San Giorgio.

[1] Le 4e régiment d'artillerie, où Napoléon avait fait ses premières armes jusqu'au grade de chef de bataillon.

17263. — A ÉLISA NAPOLÉON, GRANDE-DUCHESSE DE TOSCANE,
À FLORENCE.

Paris, 2 janvier 1811.

Ma Sœur, le ministre des cultes me remet une lettre du chapitre de Florence qui fait connaître qu'une prétendue lettre du Pape lui défend de donner des pouvoirs à l'archevêque Osmond. Je suis surpris que vous n'ayez pas mis une assez grande vigilance pour être instruite de ces menées et les prévenir. Il vous reste à réparer ce défaut de surveillance par des mesures de vigueur. Faites arrêter la partie du chapitre qui s'est montrée malveillante, et faites-vous remettre la lettre du Pape, qui ne peut avoir aucune valeur, les lois de l'Empire, comme celles de l'ancienne Toscane, défendant aux chapitres et évêques de recevoir aucun bref du Pape sans qu'il ait été enregistré au Conseil. A défaut de ces formalités, tout bref du Pape est nul et non avenu. Enfin, si vous trouviez de l'opposition dans le chapitre, je vous autorise à le supprimer et à en faire séquestrer tous les biens.

NAPOLÉON.

D'après l'original comm. par M⁸ᵉ la princesse Élisa Baciocchi.

17264. — AU GÉNÉRAL CLARKE, DUC DE FELTRE,
MINISTRE DE LA GUERRE, À PARIS.

Paris, 3 janvier 1811.

Monsieur le Duc de Feltre, je désire avoir un livret de la Grande Armée, comprenant l'infanterie, la cavalerie, l'artillerie, les équipages de pont, le génie, avec l'emplacement des troupes au 1ᵉʳ janvier et les ordres qu'elles ont reçus.

INFANTERIE.

La Grande Armée sera composée de quatre corps. Le corps d'observation de l'Elbe comptera pour deux.

Je vous ai fait connaître l'organisation du corps d'armée de l'Océan, qui n'aura que 3 divisions au lieu de 4, et celle du corps d'observation d'Italie, qui n'aura que 3 divisions au lieu de 4, savoir : 2 divisions françaises et 1 italienne.

La Grande Armée ne sera donc composée que de 15 divisions; j'en joins ici l'état pour plus de clarté; il y aura 2 divisions de moins que dans le premier projet, ce qui influera sur l'artillerie.

CAVALERIE.

La cavalerie légère sera divisée en 14 brigades. Vous en avez les numéros; pour plus de clarté, je joins ici l'état de leur formation. Ces 14 brigades formeront 7 divisions.

La cavalerie de réserve sera composée de 6 divisions, savoir : 5 divisions de cuirassiers et 1 de dragons; pour plus de clarté, j'en joins ici l'organisation.

Il y aura donc une division de cavalerie de plus que je n'avais ordonné; ce qui donne une augmentation de deux batteries d'artillerie à cheval de plus que je n'avais ordonné.

ARTILLERIE.

Les 14 divisions françaises auront chacune une batterie à pied de six pièces de 6 et de deux obusiers, et 13 batteries à cheval de quatre pièces de 6 et de deux obusiers, la 7e division étant servie par une compagnie d'artillerie à cheval polonaise. Le corps d'observation de l'Elbe, formant deux corps d'armée, aura 4 batteries de réserve, chacune de six pièces de 12 et de deux obusiers à grande portée ou licornes. Le corps d'observation de l'Océan aura 2 batteries pareilles. Le corps d'observation d'Italie aura 2 batteries pareilles; total de l'artillerie française attachée aux 14 divisions d'infanterie, 35 batteries à pied, à cheval ou de réserve, formant quarante-huit pièces de 12, cent quarante-six pièces de 6, soixante et dix obusiers, dont seize à grande portée ou licornes: total, 264 pièces attachées à l'infanterie.

La division italienne aura 1 batterie à pied et 1 à cheval. La garde italienne aura 1 batterie à pied et 1 à cheval. Il y aura 2 batteries d'artillerie de réserve italienne attachées à la garde; total de l'artillerie attachée à l'infanterie italienne, 6 batteries à pied, à cheval ou de réserve, formant douze pièces de 12, vingt pièces de 6, douze obusiers, dont quatre licornes: total, 44 pièces de canon italiennes.

L'artillerie de la cavalerie sera composée de 12 batteries à cheval ou de soixante et douze pièces, savoir : quarante-huit pièces de 6 et vingt-quatre obusiers; total, 72.

Le total de l'artillerie de la Grande Armée sera donc de 51 batteries à pied, à cheval ou de réserve, formant soixante pièces de 12 françaises ou italiennes, deux cent quatorze pièces de 6 et cent six obusiers; total, 380 bouches à feu, sans comprendre l'artillerie régimentaire.

Conformément à l'état ci-joint, les 15 divisions auront 174 pièces de régiment, dont dix italiennes et seize de la Confédération.

La Garde impériale aura 8 batteries d'artillerie à cheval, 8 batteries d'artillerie à pied et 4 de régiment; total, 24 batteries servies, vingt-quatre pièces de 12, quatre-vingts pièces de 6, trente-deux pièces de 4, quarante obusiers, dont huit à grande portée ou licornes; total, 176 pièces. Ce qui, avec les trente-six pièces de la garde italienne, y compris les seize de la réserve italienne, fera 212 pièces pour la Garde.

Ainsi il y aura à la Grande Armée quatre-vingt-quatre pièces de 12, deux cent quatre-vingt-quatorze pièces de 6, cent quarante-six obusiers et deux cent six pièces de régiment, y compris la Garde; total général, 730 bouches à feu.

ÉQUIPAGES DE PONT ET PARCS DE SIÉGE.

Il y aura 3 équipages de pont, dont 2 sont formés et 1 avec les agrès seulement, servis par 13 compagnies de pontonniers;

2 équipages de siége avec au moins 12 compagnies françaises pour le service des 2 équipages, et 12 alliées, dont 3 italiennes, 3 polonaises et 6 des autres nations;

24 compagnies de sapeurs françaises, 2 italiennes, non compris les sapeurs de la Garde;

6 compagnies de mineurs;

1 bataillon d'ouvriers de la marine, de 6 compagnies.

TRANSPORTS MILITAIRES.

Il y aura 7 bataillons, dont 6 français et 1 italien, formant 1,774 voitures.

GÉNIE.

2 équipages de siége et 3 équipages de pont, composés des simples matériaux en réserve à Danzig.

Il faudrait joindre à l'artillerie un certain nombre de pièces attelées au parc général, pour pouvoir promptement réparer les pertes.

NAPOLÉON.

D'après l'original. Dépôt de la guerre.

17265. — A EUGÈNE NAPOLÉON,

VICE-ROI D'ITALIE, À MILAN.

Paris, 3 janvier 1811.

Mon Fils, on vient de découvrir ici une clique du Pape. Un abbé Fontana et un abbé Gregori, que j'avais fait venir de Rome, étaient les intermédiaires de la correspondance du Pape avec les vicaires généraux de Paris pour semer le désordre. Ils ont été arrêtés tous avec leurs papiers; il en résulte que le Pape, à la plus horrible conduite, joint la plus grande hypocrisie. Je vous donne ces renseignements pour votre gouverne, afin que le ministre des cultes veille à ce qu'il ne se trouve rien de pareil dans le royaume

NAPOLÉON.

D'après la copie comm. par S. A. I. Mme la princesse de Leuchtenberg

17266. — NOTE POUR LE BIBLIOTHÉCAIRE DE L'EMPEREUR.

Paris, 5 janvier 1811.

L'Empereur désire que M. Barbier lui envoie, le plus tôt possible, le résultat de ses recherches sur la question de savoir s'il y a des exemples d'empereurs qui aient suspendu ou déposé des papes.

D'après l'original comm. par M. Louis Barbier.

17267. — AU COMTE BIGOT DE PRÉAMENEU,

MINISTRE DES CULTES, À PARIS.

Paris, 5 janvier 1811.

Je pense qu'il est nécessaire de faire un court exposé de l'affaire du

Pape, avec les pièces, pour en saisir une commission présidée par l'archichancelier et composée du ministre d'état Regnaud et des conseillers d'état Merlin et Boulay, pour prendre leur avis sur les différentes questions. Rédigez votre rapport au Conseil d'état, et proposez un projet de décret et les autres mesures à prendre.

<small>D'après la minute. Archives de l'Empire.</small>

17268. — AU COMTE BIGOT DE PRÉAMENEU,
MINISTRE DES CULTES, À PARIS.

Paris, 5 janvier 1811.

Monsieur le Comte Bigot Préameneu, je vous envoie un mémoire qui m'a été remis. Faites-moi connaître ce que vous pensez sur l'idée de sonder les évêques avant la réunion d'un concile national. Il me semble qu'il serait convenable que vous fissiez un exposé de la question sur lequel vous prendriez l'opinion de quelques évêques. Cet exposé porterait sur le refus du Pape de donner l'institution canonique, sur sa bulle d'excommunication, sur son éloignement de Rome, sur la liberté dont il a joui à Savone, sur l'abus qu'il en a fait, sur les lettres qu'il a écrites au cardinal Fesch (dont on joindrait des copies), qui ont fait connaître l'esprit d'irritation et de frénésie qui anime le Pape, sur ses lettres au cardinal Maury, au grand-vicaire d'Astros. Les premiers à interroger seront les archevêques, ceux de Paris, de Lyon, de Tours, de Malines, de Toulouse, de Turin, de Bordeaux, ensuite quelques évêques, les plus forts. On consultera les autres après. Demandez-leur de vous remettre dans les huit jours leur opinion motivée sur ces questions :

1re Question. — Le Pape a-t-il le droit d'excommunier les souverains et leurs ministres pour des objets temporels? Quelles sont les mesures auxquelles peut donner lieu cette excommunication, colportée par la malveillance et servant à exciter dans l'état des rumeurs? Quel parti y a-t-il à prendre? Que prescrivent les maximes de l'Église gallicane?

2e Question. — Le Pape ayant violé le Concordat par le refus qu'il a fait de donner l'institution canonique aux évêques sans restriction, l'Empereur ne veut plus exposer à ces outrages la dignité de sa couronne.

Dans cet état de choses, quel est le moyen canonique qu'indique l'histoire de l'Église pour parvenir à instituer canoniquement les évêques?

3ᵉ Question. — Sa Majesté, par amour du bien, ayant consenti que les évêques qu'elle aurait nommés administrassent leurs diocèses comme vicaires capitulaires, le Pape avait-il le droit de défendre aux chapitres de leur donner les pouvoirs, d'entretenir dans l'état des correspondances clandestines, de prêcher la révolte à l'autorité et de substituer l'arbitraire de sa volonté aux droits des chapitres?

4ᵉ Question. — Enfin que convient-il de faire dans ces circonstances pour mettre un terme à des oscillations si contraires à l'indépendance de la nation, à la dignité du trône et au bien de l'Église, qui souffre de ce que le souverain est dans la crainte de se voir troublé par l'esprit d'usurpation et atrabilaire du Pape?

Napoléon.

D'après l'original comm. par Mᵐᵉ la baronne de Nougarède de Fayet.

17269. — A EUGÈNE NAPOLÉON,
VICE-ROI D'ITALIE, À MILAN.

Paris, 5 janvier 1811.

Mon Fils, hier, me trouvant au Conseil d'état, j'ai demandé au comte Portalis s'il avait connaissance d'un libelle du Pape, qui avait circulé ici, tendant à provoquer la désobéissance et le mépris de l'autorité. Après avoir hésité, ce conseiller d'état m'ayant répondu qu'il en avait eu connaissance, je l'ai chassé de mon conseil, lui ai ôté toutes ses places et l'ai exilé à quarante lieues de Paris. Je vous mande ceci afin que l'on soit bien convaincu de mon intention prononcée de faire cesser cette lutte scandaleuse de la prêtraille contre mon autorité.

Napoléon.

Comm. par S. A. I. Mᵐᵉ la princesse de Leuchtenberg.

Même lettre au prince Borghese et à la grande-duchesse de Toscane.

17270. — A M. DE CHAMPAGNY, DUC DE CADORE,
MINISTRE DES RELATIONS EXTÉRIEURES, À PARIS.

Paris, 7 janvier 1811.

Monsieur le Duc de Cadore, vous témoignerez mon mécontentement à mon chargé d'affaires à Stuttgart de ce qu'il a sollicité une feuille de route pour mon service particulier, et vous lui ferez comprendre qu'il n'y a que le grand veneur qui puisse faire venir des cerfs pour moi, et que le grand veneur n'ordonne rien pour mon service sans le payer comptant. Vous lui enjoindrez de se rendre chez M. de Taube pour lui faire connaître que ces cerfs n'étaient pas pour moi; que c'est à tort qu'il s'est mêlé de cette affaire; que le service de ma Maison est payé argent comptant, et qu'il est pourvu à toutes les dépenses de mon service particulier par des fonds de la Couronne. Vous parlerez dans ce sens au ministre de Wurtemberg à Paris. Voyez aussi le grand veneur et le comte de Cessac pour savoir ce que cela veut dire et pourquoi on veut faire en pays étranger ce qu'on ne ferait pas en France, puisque la guerre ne payerait pas cela. Écrivez à mes ministres en Allemagne qu'ils ne doivent avoir aucun égard aux demandes qui seraient faites par des personnes attachées à mon service particulier, parce que toute dépense privée est payée sur les fonds de la Couronne, et non sur les fonds de la guerre. de l'administration de la guerre ou de tout autre département. En général, mes ministres n'ont pas une bonne direction. Puisque ce chargé d'affaires ne savait rien, il devait se taire et ne pas prendre part dans une affaire qui ne le regardait pas.

NAPOLÉON.

D'après l'original. Archives des affaires étrangères.

17271. — AU PRINCE CAMBACÉRÈS,
ARCHICHANCELIER DE L'EMPIRE, À PARIS.

Paris, 8 janvier 1811.

Mon Cousin, je réponds à votre lettre du 17 décembre dernier. Tous les décrets du Roi numérotés 43, 44, 45, 46, 47 et 48, qui élèvent des individus à la noblesse de Hollande, doivent être regardés comme non avenus. Le décret numéroté 49 doit exister dans ce sens qu'il donne le droit au général Dumonceau de porter le titre de comte; mais il s'appellera le comte Dumonceau et non le comte de Begen-Duin. Même observation pour les décrets numérotés 50, 51, 52, 53, 54, 56, 57, qui concernent les amiraux Ver Huell, Dewinter, Kinsbergen, et les sieurs Twent[1], Travers[2], etc. Pour le numéro 56, il faudra prendre des informations pour s'assurer que les six individus mentionnés dans ce décret sont des sujets méritants. Quant au numéro 57, ce décret peut donner le droit à l'individu qu'il concerne de reconstituer le majorat par-devant vous. Présentez-moi un projet de décret relatif à tout cela; moyennant ces dispositions, je crois avoir décidé toutes les affaires qui regardent la noblesse de Hollande, et je suppose qu'il n'y a plus d'autres titres.

NAPOLÉON.

D'après l'original comm. par M. le duc de Cambacérès.

17272. — AU COMTE DE MONTALIVET,

MINISTRE DE L'INTÉRIEUR, À PARIS.

Paris, 8 janvier 1811.

Je désire un rapport qui me fasse connaître si je dois accorder à Ter-veere, dans l'île de Walcheren, le droit de recevoir des smogglers, sans que cela fasse trop de tort à Dunkerque. Pour décider cette question, faites-moi connaître : 1° le nombre de smogglers dans l'année 1810; 2° de quels ports d'Angleterre ils sont venus. Des renseignements me portent à penser que ceux qui viennent à Dunkerque viennent de la rive droite de la Tamise; ce qui porte à penser que ceux qui viendraient à Flessingue viendraient de la rive gauche.

D'après la minute. Archives de l'Empire.

17273. — AU COMTE BIGOT DE PRÉAMENEU,

MINISTRE DES CULTES, À PARIS.

Paris, 8 janvier 1811.

Monsieur le Comte Bigot Préameneu, le bref du Pape au chapitre de

[1] Ministre du Waterstadt. [2] Capitaine des gardes du roi Louis.

Paris n'a pu être dénoncé au Conseil d'état, puisqu'il n'a pas été présenté au chapitre; mais celui adressé au chapitre de Florence doit l'être, puisque le chapitre a délibéré. Envoyez donc ce bref aux sections de législation et de l'intérieur du Conseil d'état réunies, pour me présenter un rapport sur ce qu'il y a à faire.

NAPOLÉON.

D'après l'original comm. par Mme la baronne de Nougarède de Fayet.

17274. — AU VICE-AMIRAL COMTE DECRÈS,
MINISTRE DE LA MARINE, À PARIS.

Paris, 8 janvier 1811.

Monsieur le Comte Decrès, je vous prie de me faire le dépouillement de tous les bâtiments français du commerce qui ont navigué en 1810, en indiquant leur nombre, leur tonnage et la force de leurs équipages. Vous ferez dresser un état de ceux de la Méditerranée et un autre de ceux de l'Océan, en les distinguant par arrondissements de préfecture maritime.

Il faut avoir soin que les mêmes bâtiments ne soient pas portés deux fois. Par ces états on connaîtra le nombre des matelots existants. Il résulterait des renseignements que j'ai qu'il y aurait 40,000 matelots français qui naviguent sur les bâtiments du commerce, indépendamment des pêcheurs.

D'après la copie. Archives de la marine.

17275. — AU PRINCE DE NEUCHÂTEL ET DE WAGRAM,
MAJOR GÉNÉRAL DE L'ARMÉE D'ESPAGNE, À PARIS.

Paris, 8 janvier 1811.

Mon Cousin, écrivez au duc d'Istrie de se rendre à Bayonne. Il pourra loger, à Marracq, dans l'appartement qu'occupait l'Impératrice. Donnez-lui l'ordre d'établir là sa correspondance avec les généraux Reille, Caffarelli et Thouvenot, et de prendre des mesures pour disperser promptement les brigands qui infestent la Navarre et les faire vivement pourchasser. Il écrira également au général Dorsenne pour que ces mesures se combinent et rendent libres les derrières de l'armée. Vous lui ordonnerez de passer en revue les dépôts.

NAPOLÉON.

D'après l'original. Dépôt de la guerre.

17276. — A M. GAUDIN, DUC DE GAËTE,
MINISTRE DES FINANCES, À PARIS.

Paris, 10 janvier 1811.

Monsieur le Duc de Gaëte, les principaux emplois de l'administration des finances en Illyrie ont été donnés, dans le premier moment de l'organisation de ces provinces, à des hommes qui, en général, n'ont pas l'expérience ni toutes les connaissances nécessaires. Mon intention est que vous me présentiez, dans le plus bref délai, pour les places de conservateur des forêts, de directeur de l'enregistrement et de directeur des contributions, ainsi que pour les autres places principales, des hommes parfaitement capables, en état de mettre l'administration au courant de celle du reste de l'Empire et sachant les langues allemande ou italienne, suivant la province où ils devront résider.

Je désire que le directeur de l'enregistrement ne perde pas de temps à prendre connaissance de toutes les questions domaniales et puisse vous envoyer promptement des renseignements détaillés sur cette partie.

Faites-moi un rapport sur la manière dont on administre les sels et tabacs en Illyrie. Ne pourrait-on pas y établir une régie semblable à celle qui est à Turin?

D'après la minute. Archives de l'Empire.

17277. — AU GÉNÉRAL LACUÉE, COMTE DE CESSAC,
MINISTRE DIRECTEUR DE L'ADMINISTRATION DE LA GUERRE, À PARIS.

Paris, 10 janvier 1811.

Monsieur le Comte de Cessac, j'ai définitivement organisé la Grande Armée en quatre corps, à compter du 15 février.

1ᵉʳ CORPS D'OBSERVATION DE L'ELBE.

Le prince d'Eckmühl, commandant. Les 1ʳᵉ, 2ᵉ, 3ᵉ, 4ᵉ, 5ᵉ divisions d'infanterie et les 1ʳᵉ et 2ᵉ brigades de cavalerie légère.

2ᵉ CORPS D'OBSERVATION DE L'ELBE.

Le duc de Reggio, commandant. Les 6ᵉ, 8ᵉ et 9ᵉ divisions d'infanterie et les 5ᵉ et 6ᵉ brigades de cavalerie légère. Au 15 février, tout ce corps sera réuni à Münster et Osnabrück.

CORPS D'OBSERVATION DE L'OCÉAN.

Le duc d'Elchingen, commandant. Il sera au 15 février à Mayence. Les 10ᵉ, 11ᵉ, 12ᵉ, 7ᵉ divisions (la 10ᵉ division se réunit à Mayence, la 11ᵉ se réunit à Düsseldorf, la 7ᵉ est à Danzig, la 12ᵉ division ne pourra être formée que dans le courant d'avril), les 9ᵉ et 14ᵉ brigades de cavalerie légère. Tout cela sera prêt à marcher le 15 février.

CORPS D'OBSERVATION D'ITALIE.

Les 13ᵉ, 14ᵉ et 15ᵉ divisions d'infanterie, les 12ᵉ et 13ᵉ brigades de cavalerie légère. Elles seront réunies le 15 février à Botzen, Trente, Vérone et Brescia.

RÉSERVE DE CAVALERIE.

La réserve de cavalerie sera divisée en trois corps :

1ᵉʳ corps, général Nansouty : 1ʳᵉ division de cavalerie légère, général Bruyère; 3ᵉ brigade, général Jacquinot; 4ᵉ brigade, général Piré; 1ʳᵉ division de cuirassiers, général Saint-Germain; 5ᵉ division de cuirassiers, général Valence.

2ᵉ corps, général Montbrun : 2ᵉ division de cavalerie légère comprenant les 7ᵉ et 8ᵉ brigades, général Vattier; 2ᵉ division de cuirassiers, général Saint-Sulpice; 4ᵉ division de cuirassiers, général Defrance.

3ᵉ corps, général Latour-Maubourg : 3ᵉ division de cavalerie légère comprenant les 10ᵉ et 11ᵉ brigades, général Kellermann; 3ᵉ division de cuirassiers, général Doumerc; division de dragons, général Lahoussaye.

Du reste, il n'y a aucun changement dans l'organisation des brigades d'infanterie, si ce n'est que le 24ᵉ léger est mis dans la 10ᵉ division à la place du 26ᵉ, et que le 26ᵉ est mis dans la 6ᵉ division à la place du 24ᵉ.

Dans les derniers états, il n'y avait que 13 brigades de cavalerie légère; il y en a aujourd'hui 14. La 14ᵉ est formée du 4ᵉ et du 28ᵉ de chasseurs; elle est sous les ordres du général Beurmann.

Chaque division de cavalerie aura besoin de son ambulance, de ses commissaires des guerres et de son administration. Il serait bon que chaque corps, composé de trois divisions, eût ou un ordonnateur, ou du moins un commissaire des guerres principal.

La Garde sera toujours composée de quatre divisions, comme il a été dit. Je désirerais que, vers le 15 février, l'état-major général pût être réuni à Mayence. J'attendrai le rapport que vous devez me faire là-dessus.

NAPOLÉON.

D'après l'original. Dépôt de la guerre.

17278. — AU GÉNÉRAL CLARKE, DUC DE FELTRE,
MINISTRE DE LA GUERRE, À PARIS.

Paris, 11 janvier 1811.

Monsieur le Duc de Feltre, le régiment de la Méditerranée remplit déjà un grand but, puisqu'il met à même de réunir successivement à Corfou un grand nombre de troupes, qu'il sert à garder la Corse et l'île d'Elbe. Mon intention est que vous me présentiez des projets de décret pour les caporaux et sergents qu'il faut y envoyer, comme on y envoie des officiers; sans cela on ne pourra jamais compter sur ce corps.

Un des bataillons de ce régiment vient de partir pour Corfou; il faut que les hommes soient rayés des contrôles. Je suppose que vous avez envoyé peu d'officiers avec ces 500 hommes. Il me tarde beaucoup que ce régiment soit entièrement organisé.

Il me semble qu'on pourrait laisser les 2ᵉ, 3ᵉ et 4ᵉ bataillons en Corse, et mettre le 5ᵉ bataillon au fort Lamalgue; ainsi le dépôt de l'habillement et de l'équipement serait en France. On n'habillerait pas les hommes à Toulon, de peur qu'ils ne désertassent, mais seulement lorsqu'ils seraient embarqués.

Je pense que les conscrits réfractaires des départements de Rome, de la Toscane, de Gênes, du Piémont, doivent être dirigés sur Cività-Vecchia.

Livourne et Gênes. Je donne ordre au ministre de la marine qu'il y ait constamment dans ces ports des bricks et petits bâtiments pour transporter ces conscrits en Corse aussitôt qu'ils arrivent.

Les conscrits partant de ces ports ne pourront pas être habillés; il sera donc nécessaire qu'il y ait un dépôt à Ajaccio pour les habiller et les équiper à leur arrivée.

Tous les conscrits réfractaires des 7e, 8e, 9e, 19e, 10e, 6e, 18e et 5e, 27e, 28e, 29e et 30e divisions militaires serviraient à former ce régiment.

Il faut bien prévenir que les brigands et mauvais sujets ne soient pas confondus avec les conscrits simplement réfractaires. On enverra les premiers aux bataillons étrangers ou au bataillon colonial qui était en Corse.

Je désire que vous me présentiez un projet de décret pour former un autre régiment d'infanterie légère, qui se réunira à Belle-Ile et qui prendra le nom de régiment de Belle-Ile, lequel sera entièrement composé de conscrits réfractaires, qui seront tirés des 11e, 12e, 13e, 22e, 14e, 1re, 2e, 3e, 4e, 24e, 25e et 26e divisions militaires. Il sera nécessaire d'envoyer non-seulement les officiers, mais encore les sergents et caporaux. Ce régiment sera porté au complet de 4,000 hommes. Il servira soit pour des expéditions maritimes, soit pour toutes autres opérations. Il pourra fournir un bataillon pour la garnison de l'île de Groix. Il faudra également distinguer les hommes susceptibles d'entrer dans ce régiment de ceux à reléguer dans les bataillons coloniaux.

Peut-être pourrait-on former un troisième régiment à l'île de Ré, lequel aurait un bataillon à l'île d'Yeu, un à l'île d'Oleron et un à l'île d'Aix: ce qui aurait l'avantage de garder ces îles et de s'assurer de ces conscrits.

Par ce moyen j'aurai trois régiments ou 12 à 15,000 conscrits réfractaires, étant tous dans des îles.

J'aimerais assez avoir en Corse deux régiments au lieu d'un, c'est-à-dire huit bataillons ou 6 à 7,000 hommes.

Faites-moi connaître la quantité de conscrits réfractaires qui existent par département. Je formerai, si cela est nécessaire, des colonnes mobiles de ma Garde pour les faire rejoindre.

Avant de rien exécuter, faites-moi un rapport sur le contenu de cette lettre. Vous discuterez la question des bataillons coloniaux.

Peut-être serait-il convenable, pour épargner du travail aux bureaux de la guerre, que le 3° et le 4° bataillon de ces régiments de conscrits réfractaires fût un bataillon colonial et soumis à la même administration.

J'attendrai, sur tout cela, votre rapport.

NAPOLÉON.

D'après la copie. Dépôt de la guerre.

17279. — AU VICE-AMIRAL COMTE DECRÈS,
MINISTRE DE LA MARINE, À PARIS.

Paris, 13 janvier 1811.

Je vous renvoie les pièces relatives à la première expédition de Corfou. *La Pauline* et *la Thémis* me paraissent suffisantes dans cette rade. Mon intention est que vous ordonniez au commandant de *la Pomone* que, si les frégates *la Pauline* et *la Thémis* avaient été interceptées et n'étaient pas arrivées, il prenne le commandement de la marine de Corfou et permette par là aux frégates *la Danaé* et *la Flore* de remplir leur mission pour l'Adriatique. Si, au contraire, *la Pauline* et *la Thémis* sont arrivées, mon intention est que *la Pomone* et *la Persane* se rendent à Ancône, en leur faisant connaître que, selon les circonstances, elles peuvent relâcher aux bouches du Cattaro, à Pola, à Trieste, à Raguse, ces ports étant gardés par mes troupes et parfaitement armés.

La Pomone pourrait embarquer les hommes impotents et qui gêneraient la garnison, et ramener en Italie une partie des Albanais, qui vont devenir inutiles au général Donzelot, ainsi que le bronze, artillerie et fer inutiles à la colonie. On pourrait charger *la Persane* d'huile ou d'autres objets utiles aux habitants, afin que cette flûte ne revienne pas à vide.

Je ne veux pas laisser au général Donzelot *la Persane*, qui est une trop bonne flûte. Je préfère qu'elle vienne à Ancône avec *la Pomone*, d'où je lui ferai faire un second voyage à Corfou.

Dans le nombre des ports de l'Adriatique où pourront se réfugier mes frégates, vous mettrez Brindisi.

J'aurai donc par ce moyen trois nouvelles frégates françaises dans l'Adriatique; ce qui, joint aux deux françaises que j'y ai, me ferait cinq frégates françaises.

Faites-moi connaître si les officiers commandant ces frégates se trouvent naturellement placés sous celui qui commande à Ancône, et s'il est leur ancien. Ayant l'espérance d'avoir bientôt quatre ou cinq vaisseaux dans l'Adriatique, ces cinq frégates me seront utiles et auront l'avantage de croiser dans une mer étroite et dont tous les ports m'appartiennent.

Si *la Pomone* et *la Persane* arrivaient à Brindisi, je désirerais que le roi de Naples fît charger *la Persane* de blé et de munitions, et fît mettre à bord les hommes qui se trouvent encore à Otrante pour faire un voyage à Corfou.

Rédigez dans ce sens mes instructions au commandant de *la Pomone*. Faites-moi connaître aussi ce que vous pensez sur le placement de quelques frégates à Brindisi, pour de là escorter des gabares pour l'approvisionnement de Corfou.

D'après la minute. Archives de l'Empire.

17280. — A M. DE CHAMPAGNY, DUC DE CADORE.

MINISTRE DES RELATIONS EXTÉRIEURES, À PARIS.

Paris, 15 janvier 1811.

Monsieur le Duc de Cadore, recommandez aux sieurs Otto, Bourgoing, à mes ministres à Munich et dans les différentes cours d'Allemagne, de recueillir toutes les pièces qu'ont imprimées les Autrichiens sur les campagnes depuis quinze ans, et surtout sur les dernières, et de les envoyer à mon secrétaire de cabinet Mounier. Écrivez également à mon ministre à Berlin de ramasser tout ce qui est relatif aux campagnes de Prusse et autres campagnes d'Allemagne qu'on pourrait trouver, et de l'envoyer également au baron Mounier.

NAPOLÉON.

D'après l'original. Archives des affaires étrangères.

17281. — AU VICE-AMIRAL COMTE DECRÈS,
MINISTRE DE LA MARINE, À PARIS.

Paris, 15 janvier 1811.

S'il en est encore temps, envoyez au commandant des trois frégates qui escortent le convoi de Barcelone l'instruction de croiser dans la Méditerranée, après qu'il aura jeté son convoi dans cette place. Faites-lui connaître que nous sommes maîtres de Malaga, du fort de Marbella; que la tranchée devant Tortose a été ouverte en décembre, et qu'à l'heure qu'il est cette place doit être en notre pouvoir; que les prises en vivres qu'il fera dans sa croisière, il les envoie à Barcelone. Il n'y aurait pas de mal même qu'il parût devant Alger, et qu'il demandât au consul comment se comporte le dey.

D'après la minute. Archives de l'Empire.

17282. — AU GÉNÉRAL SAVARY, DUC DE ROVIGO,
MINISTRE DE LA POLICE GÉNÉRALE, À PARIS.

Paris, 15 janvier 1811.

Le secrétaire intime de l'archichancelier reçoit trois fois par semaine à un premier étage. Beaucoup d'agents de change se rendent chez lui: il se mêle de beaucoup de tripotages; il s'y débite de fort mauvaises nouvelles. Il y a quelques jours qu'on a dit que le prince de Condé était à la tête des insurgés d'Espagne et allait se faire couronner roi à Madrid. Il faut avoir là un regard, et on trouvera la source de tous les mauvais bruits qui courent dans Paris.

D'après la minute. Archives de l'Empire.

17283. — AU GÉNÉRAL CLARKE, DUC DE FELTRE,
MINISTRE DE LA GUERRE, À PARIS.

Paris, 16 janvier 1811.

Vous m'avez parlé de 18 ou 20,000 fusils qu'on trouverait en Hollande à bon marché. Il serait peut-être convenable que vous écrivissiez au sieur Bourgoing que ces fusils seraient très-bons pour armer les paysans du duché de Varsovie, et qu'il faudrait que le Roi en fît l'achat pour ledit duché.

D'après la minute. Archives de l'Empire.

17284. — AU BARON COSTAZ,
INTENDANT DES BÂTIMENTS DE LA COURONNE, À PARIS.

Paris, 16 janvier 1811.

Faites-moi un rapport sur la démolition de l'église de Saint-Thomas du Louvre et des maisons que j'ai acquises entre les Tuileries et le Louvre, afin de déblayer ces terrains et de donner du travail à la population de Paris. Quelles sont les maisons qu'on doit acquérir cette année et dont les marchés pourraient se faire sans difficulté?

D'après la minute. Archives de l'Empire.

17285. — AU PRINCE DE NEUCHÂTEL ET DE WAGRAM,
MAJOR GÉNÉRAL DE L'ARMÉE D'ESPAGNE, À PARIS.

Paris, 17 janvier 1811.

Mon Cousin, faites connaître au roi d'Espagne qu'ayant donné le gouvernement de Madrid au général Belliard, et ce général n'ayant pas cessé de me rendre de bons services, je n'entends pas que son gouvernement lui soit ôté, et surtout qu'il soit donné à des officiers qui ne seraient pas au service de France; que si donc cela était vrai, et que le roi eût retiré le gouvernement de Madrid au général Belliard, il eût à le lui rendre sans délai; que c'est mon ordre formel; qu'en général j'entends qu'aucune troupe française ne soit mise sous les ordres d'officiers au service d'Espagne.

NAPOLÉON.

D'après l'original. Dépôt de la guerre.

17286. — A M. DE CHAMPAGNY, DUC DE CADORE,
MINISTRE DES RELATIONS EXTÉRIEURES, À PARIS.

Paris, 20 janvier 1811.

Monsieur le Duc de Cadore, il est nécessaire d'envoyer à mes ministres en Russie, en Autriche, en Danemark, des copies des livrets[1] que vous m'avez remis, afin qu'ils vous les renvoient avec leurs observations sur chaque régiment. Ce travail leur servira à eux-mêmes de guide.

NAPOLÉON.

D'après l'original. Archives des affaires étrangères.

17287. — A M. GAUDIN, DUC DE GAËTE,
MINISTRE DES FINANCES, À PARIS.

Paris, 20 janvier 1811.

Monsieur le Duc de Gaëte, je désire que vous me fassiez connaître ce qui existe à la caisse de la loterie, pour lots non réclamés, sur l'exercice 1810 et années antérieures. Je désire également que vous me fassiez connaître ce qui reste de libre sur le cinquième du produit net des saisies des douanes pour les exercices 1810, 1809 et antérieurs. Enfin je désire savoir ce qui reste libre sur le fonds des amendes des fraudeurs. Indiquez-moi dans quelle caisse chaque restant libre se trouve.

D'après la minute. Archives de l'Empire.

17288. — AU GÉNÉRAL LACUÉE, COMTE DE CESSAC,
MINISTRE DIRECTEUR DE L'ADMINISTRATION DE LA GUERRE, À PARIS.

Paris, 21 janvier 1811.

Monsieur le Comte de Cessac, j'attends l'état que je vous ai demandé pour régler les remontes de 1811. J'ai reçu celui du ministre de la guerre, mais je n'ai point le vôtre. Vous me ferez connaître, par l'état que vous devez me remettre, les remontes qui entrent dans le budget de 1811. Il résulte de l'état du ministre de la guerre qu'au 1er novembre dernier j'avais 78,000 hommes de cavalerie et seulement 58,000 chevaux; ce qui ferait donc un déficit de 20,000 chevaux, qui seraient nécessaires pour remonter les hommes à pied, dont 3,000 chevaux de hussards, 6,000 de chasseurs, 7,000 de dragons et 3,000 de cuirassiers. D'un autre côté, il résulte du même état qu'il manque au complet de la cava-

[1] Livrets contenant l'état des forces militaires de chacune de ces puissances.

terie, en hommes, 8,000 hommes. Ce qui ferait donc 28,000 chevaux manquant pour avoir un complet de 86,000 chevaux.

NAPOLÉON.

D'après l'original. Dépôt de la guerre.

17289. — AU MARÉCHAL DAVOUT, PRINCE D'ECKMÜHL,
COMMANDANT L'ARMÉE D'ALLEMAGNE, À PARIS.

Paris, 21 janvier 1811.

Mon Cousin, mon intention est d'envoyer à votre armée un nouveau régiment français d'infanterie légère et quatre régiments hollandais, et qu'il soit formé une 4e division, de sorte que votre corps sera composé de quatre divisions, chacune de cinq régiments, savoir : d'un régiment d'infanterie légère et de trois régiments de ligne français et d'un régiment hollandais. La division où sera le 33e léger aura un autre régiment d'infanterie légère français. Mon intention est de réunir l'artillerie et tout ce qui est nécessaire pour pouvoir, dans le courant de l'été, former, de ces quatre divisions de cinq régiments chacune, cinq divisions de quatre régiments. Il est donc nécessaire qu'il y ait aux parcs de l'artillerie et du génie le matériel nécessaire pour former ces cinq divisions. Comme chaque régiment sera de quatre bataillons, je désire qu'il y ait trois pièces régimentaires au lieu de deux ; ce qui ferait soixante pièces de régiment. Chaque division d'infanterie devrait avoir une compagnie d'artillerie légère, ce qui ferait cinq compagnies ; la cavalerie, trois compagnies ; ce qui ferait huit compagnies d'artillerie légère pour le corps d'armée. Chaque division d'infanterie devrait avoir aussi une batterie et demie d'artillerie à pied, ce qui ferait environ huit compagnies d'artillerie à pied. Il faudrait donc un matériel de soixante et quinze bouches à feu pour l'infanterie, de dix-huit pour la cavalerie, ce qui ferait quatre-vingt-treize, et de sept pour le parc ; total, cent pièces de canon. Je pense qu'il faudrait cinq compagnies de sapeurs pour les divisions et quatre compagnies pour le parc, et quatre compagnies de pontonniers pour le parc. Les dix régiments de cavalerie actuellement existants formeraient la cavalerie de l'armée. Il faudrait que le génie eût tous les outils nécessaires. Les régiments ayant le nombre de leurs caissons augmenté, on compléterait les quatre bataillons du train; ce qui fournirait les caissons nécessaires pour les cartouches, et près de quatre-vingts caissons seulement pour les vivres, ou presque l'équivalent d'un bataillon. Il y aurait, indépendamment de cela, deux bataillons d'équipages militaires, formant deux cent quatre-vingt-huit caissons.

Ainsi votre corps d'armée serait composé de cinq divisions d'infanterie, de trois brigades de cavalerie légère, d'une division de cavalerie de réserve, de cent quatre-vingts bouches à feu, et présenterait, tout compris, une force de 80,000 hommes, que je voudrais avoir toujours disponible pour former l'avant-garde et porter où cela serait nécessaire. J'ai désigné le général Haxo pour commander le génie. Faites mettre sur un état l'organisation que je projette, et sur un autre ce que vous avez et ce qui vous manque.

NAPOLÉON.

D'après l'original comm. par Mme la maréchale princesse d'Eckmühl.

17290. — A JÉRÔME NAPOLÉON, ROI DE WESTPHALIE,

À CASSEL.

Paris, 21 janvier 1811.

Mon Frère, je reçois votre lettre du 16. Je vous remercie de la nouvelle que vous me donnez. Le caractère de l'individu doit vous faire connaître si cette confidence est l'écho de propos vagues, comme il y en a tant, ce qui dès lors paraîtrait un piége qu'on vous aurait tendu, ou si elle est la conséquence d'un plan auquel on travaillerait.

En général, ce n'est pas la première fois que je sais, par Berlin et par d'autres villes d'Allemagne, qu'on croit que vous suivez une autre direction que celle que je vous donne; ce qui a l'inconvénient de nuire à votre crédit et à vos affaires.

Extrait des *Mémoires du roi Jérôme*.

17291. — A M. DE CHAMPAGNY, DUC DE CADORE,
MINISTRE DES RELATIONS EXTÉRIEURES, À PARIS.

Paris, 22 janvier 1811.

Monsieur le Duc de Cadore, vous recevrez les décrets que j'ai pris pour la prise de possession des pays réunis à l'Empire. Il faut faire des instructions pour les commissaires chargés de prendre possession et pour les commissaires chargés de traiter, ce qui est deux choses différentes. Je désire annoncer ces dispositions, par des lettres signées de moi, aux différents princes. Ainsi vous me présenterez des projets de lettres pour le roi de Westphalie, pour le duc d'Oldenburg, pour le duc d'Aremberg et pour le prince de Salm. Il faut surtout appuyer sur ce que les ordres du conseil britannique ont nécessité ces mesures et sur le nouveau système qu'ils ont introduit dans le monde. J'ai chargé le duc Dalberg de traiter avec le ministre du roi de Westphalie pour régler tous les intérêts.

NAPOLÉON.

D'après l'original. Archives des affaires étrangères.

17292. — AU GÉNÉRAL CLARKE, DUC DE FELTRE,
MINISTRE DE LA GUERRE, À PARIS.

Paris, 24 janvier 1811.

Je m'empresse de vous envoyer un procès-verbal d'épreuves faites à Séville, d'où il résulte qu'on a lancé à 2,500 toises des obus de 8 pouces pesant 80 livres. Rassemblez un comité d'officiers d'artillerie et faites-moi un rapport sur l'avantage de fondre de ces pièces et de continuer ces épreuves, qui me paraissent très-précieuses pour la défense de l'Escaut et pour les rades.

Je désirerais faire partir de Toulon 6,000 obus de 8 pouces. Faites-moi connaître s'ils existent à Toulon et places environnantes, et d'où il faudra les tirer; si deux frégates pourront porter cette quantité de projectiles. Il faudrait joindre à cet envoi de la poudre et autres objets nécessaires à l'armée d'Andalousie. Deux frégates porteraient ces munitions à Malaga, d'où on pourra facilement les transporter à Cadix.

D'après la minute. Archives de l'Empire.

17293. — AU GÉNÉRAL CLARKE, DUC DE FELTRE,
MINISTRE DE LA GUERRE, À PARIS.

Paris, 24 janvier 1811.

Je vois par votre lettre du 23 janvier qu'à mon grand étonnement vous aviez connaissance qu'il existait 104 déserteurs français dans les régiments d'Illyrie. Les comptes qu'on m'a rendus ne les portaient pas à ce nombre. Je suis surpris que vous ne m'ayez pas rendu compte de cela, car c'est une chose nouvelle que de voir déserter à l'étranger 100 hommes anciens et vrais Français. Faites-moi un rapport sur ce qui a été fait au sujet de ces déserteurs. A-t-on fait des enquêtes dans leur pays? A-t-on pris des renseignements dans les régiments? Je désire que vous me présentiez l'état de la désertion à l'intérieur, en masse, par régiment; mais que vous me remettiez l'état nominatif des déserteurs à l'extérieur.

Envoyez au comte Otto, mon ambassadeur à Vienne, l'état de ces déserteurs. Je sais que plusieurs se repentent. On leur accordera amnistie en considération de la circonstance du mariage; on les fera revenir de Grætz et autres points de l'Autriche, où ils sont dans une profonde misère, et on les renverra à leurs régiments en Illyrie.

Vous témoignerez mon mécontentement d'abord au duc de Raguse de ce qu'il n'a pas pris des mesures pour empêcher la désertion, et aux colonels de ce qu'il puisse y avoir dans leurs régiments un si grand nombre de déserteurs.

D'après la minute. Archives de l'Empire.

17294. — AU GÉNÉRAL CLARKE, DUC DE FELTRE,
MINISTRE DE LA GUERRE, À PARIS.

Paris, 24 janvier 1811.

Le duc de Raguse met sur pied quatre bataillons de chasseurs illyriens, savoir : un de Lika, un d'Ottochacz, un d'Ogulin et un de Szluin, indépendamment d'un régiment de pandours. Il me semble que cela coûtera beaucoup d'argent inutilement. Sur ces quatre, deux bataillons sont suffisants. Le duc de Raguse ne devrait point lever de corps sans vos ordres. Cela m'engage à des dépenses tout à fait inutiles.

<small>D'après la minute. Archives de l'Empire.</small>

17295. — AU PRINCE DE NEUCHÂTEL ET DE WAGRAM,
<small>MAJOR GÉNÉRAL DE L'ARMÉE D'ESPAGNE, À PARIS.</small>

<small>Paris, 25 janvier 1811.</small>

Il est nécessaire d'écrire sur-le-champ au duc de Dalmatie qu'après la prise de Badajoz il doit se porter sur le Tage avec son équipage de siége, pour donner les moyens au prince d'Essling d'assiéger et prendre Abrantès.

<small>D'après la minute. Archives de l'Empire</small>

17296. — NOTE
<small>DICTÉE EN CONSEIL D'ADMINISTRATION DE L'INTÉRIEUR.</small>

<small>Palais des Tuileries, 27 janvier 1811.</small>

Les ponts d'Austerlitz, de la Cité et des Arts rendent 296,000 francs : 1° ils coûtent de frais de perception 50,000 francs, ce qui fait 16 pour 100 ; 2° c'est une grande gêne et un esprit de fiscalité peu analogue au caractère français que, dans une ville comme Paris, on soit obligé de payer au passage de tous les ponts; c'est une véritable imposition. La ville ne pourrait-elle pas traiter de l'acquisition des ponts? Des personnes pensent qu'avec une redevance de 150 ou 200,000 francs la compagnie se trouverait fort heureuse. Ce serait une charge pour Paris, mais aussi un impôt de moins. N'y aurait-il pas quelques moyens d'indemniser la ville de ce sacrifice et de rendre ainsi libre le passage de tous les ponts?

<small>D'après la minute. Archives de l'Empire.</small>

17297. — NOTE
<small>DICTÉE EN CONSEIL D'ADMINISTRATION DE L'INTÉRIEUR.</small>

<small>Palais des Tuileries, 27 janvier 1811.</small>

De toutes les communications de la Baltique au Rhin, la meilleure, la plus courte, la plus économique, c'est la mer ; mais la mer étant interdite par des forces supérieures, de là naît l'idée et vient la nécessité d'une communication intérieure de la Baltique au Rhin. La première idée qui se présente, c'est de partir de Hambourg, de franchir l'Elbe, suivre les wadden[1] jusqu'à Delfzijl. Il est vrai que cette navigation n'est bonne que pour des bâtiments tirant quatre pieds d'eau; mais cette navigation, comme la première, a l'inconvénient de pouvoir être interceptée par l'ennemi. Alors l'idée la plus naturelle est de défendre l'Elbe jusqu'à Cuxhaven, et de joindre l'Elbe avec le Weser à Bremerlehe par un canal latéral sans écluses. La navigation de Hambourg à Cuxhaven peut être pratiquée par des bâtiments immenses; celle de Cuxhaven au Weser par le canal; à Bremerlehe on prendrait le nouveau canal, qui conduirait jusqu'à Delfzijl. Ce projet n'a point été étudié; c'était faute de renseignements positifs que Sa Majesté avait adopté le projet d'un canal passant par l'Oste. Ici il y a un partage d'eau, ce qui est une chose toujours difficile. Il est vrai que l'Oste est navigable jusqu'à Bremervœrde, où il faudrait rompre charge jusqu'au Weser. Ainsi Sa Majesté n'arrête point ce projet, jusqu'à ce qu'on l'ait étudié. Dès l'année prochaine on fera le projet pour la jonction de l'Elbe au Weser. L'on déterminera le point où le canal devra joindre l'Elbe. On proposera à Sa Majesté la nomination d'une commission mixte d'officiers du génie de terre, d'officiers de marine et d'ingénieurs des ponts et chaussées, pour déterminer ce projet.

Le premier point est de vérifier le travail de M. Beautems-Beaupré par une commission d'officiers de marine et du génie.

2° Déterminer le point où on fera le bassin, puisque les vaisseaux engagés dans l'Elbe risqueraient de périr par les glaces. Il faut qu'on s'assure de la possibilité d'établir le bassin dans l'emplacement qui sera désigné.

3° Deux forts seront nécessaires à droite et à gauche de ce grand établissement, afin de se trouver toujours maître de 2,000 toises de rade, et alors on établirait le long de la mer, à 7 ou 800 toises, un fort comme le fort Lasalle du Helder, coûtant à peu près un million, où 1,000 ou

---

[1] Bas-fonds.

1,500 hommes pourraient soutenir un siége très-long, parce qu'on ne peut être attaqué que par les digues.

Si ce travail pouvait être étudié d'ici au mois d'avril, on pourrait commencer ce fort dans la campagne prochaine, et l'avoir dans l'année comme le fort Lasalle. Le ministre de la marine tiendra un conseil où seront appelés le général Haxo, MM. Tarbé, Blanken, Sganzin, Cachin et Beautems-Beaupré, pour faire un premier projet qui sera remis à Sa Majesté, et ensuite on enverra sur les lieux pour étudier le terrain.

D'après la minute. Archives de l'Empire.

17298. — AU GÉNÉRAL CLARKE, DUC DE FELTRE,
MINISTRE DE LA GUERRE, À PARIS.

Paris, 27 janvier 1811.

Monsieur le Duc de Feltre, donnez ordre qu'un général de brigade de confiance, choisi parmi les officiers de mon armée de Naples, se rende à Otrante. Vous le chargerez de vous écrire tous les jours, de vous envoyer l'état de tout ce qui, en personnel et en matériel, arrive à Otrante de Naples et d'Italie, de tout ce qui est embarqué et de tout ce qui part, de tout ce qui est pris en chemin.

Vous ferez connaître au roi de Naples l'ordre que je donne. Cet officier veillera à ce que tout ce qui passe à Corfou, matériel et personnel, soit tenu en ordre, surveillera les transports et l'embarquement, et exercera sa surveillance tant sur Otrante que sur Brindisi et autres ports voisins.

Donnez-lui l'ordre de numéroter ses rapports et de ne pas manquer de vous écrire tous les jours.

NAPOLÉON.

D'après la copie. Dépôt de la guerre.

17299. — AU VICE-AMIRAL COMTE DECRÈS,
MINISTRE DE LA MARINE, À PARIS.

Paris, 27 janvier 1811.

Je vous envoie votre rapport sur les frégates de l'île d'Aix. Je vous prie de m'apporter, demain matin au lever, une carte de l'île d'Aix et de la rade des Basques, avec l'endroit où mouillent les Anglais, pour savoir s'il n'y aurait pas quelque possibilité de les éloigner. Nous avons aujourd'hui des moyens de tirer des bombes à 2,700 toises.

Faites-moi connaître s'il ne serait pas plus facile aux trois frégates de partir l'une après l'autre que de partir ensemble, et enfin s'il ne serait pas possible d'armer quatre vaisseaux à l'île d'Aix en quatre ou cinq jours, en faisant tous les préparatifs d'avance, en y envoyant des équipages et en y versant même les équipages des frégates, de manière à avoir la supériorité sur les bâtiments ennemis qui sont dans la rade des Basques.

D'après la minute. Archives de l'Empire.

17300. — AU VICE-AMIRAL COMTE DECRÈS,

MINISTRE DE LA MARINE, À PARIS.

Paris, 27 janvier 1811.

Monsieur le Comte Decrès, je reçois votre lettre du 25 janvier. Je voudrais envoyer à Malaga six mille bombes de 8 pouces pesant, l'une portant l'autre, 40 livres; mille bombes de 10 pouces pesant chacune 100 livres, et mille de 12 pouces pesant 150 livres; autant de poudre que possible, mais au moins cent milliers. Je chargerais volontiers tout cela sur une belle flûte de 800 tonneaux, que deux frégates escorteraient. Cette expédition pourrait se rendre à Ajaccio ou à Porto-Ferrajo; elle prendrait là 5 ou 600 hommes, et irait débarquer ces hommes et toutes ses munitions à Malaga. Les frégates feraient au retour une croisière devant Alger, se présenteraient devant Cagliari, où elles ne trouveraient tout au plus qu'une frégate, et feraient tout le mal qu'elles pourraient aux Anglais et aux Siciliens. Elles pourraient aussi passer devant Valence, Alicante et autres villes de la côte d'Espagne, où elles feraient beaucoup de prises. Elles feraient rafle sur la côte et feraient tout le dommage qu'elles pourraient aux insurgés.

NAPOLÉON.

D'après l'original comm. par Mme la duchesse Decrès.

17301. — AU GÉNÉRAL COMTE ANDRÉOSSY,
PRÉSIDENT DE LA SECTION DE LA GUERRE AU CONSEIL D'ÉTAT, À PARIS.

Paris, 27 janvier 1811.

Réunissez la section de la guerre et proposez-moi un projet pour récompenser les militaires retirés et blessés, en leur donnant de préférence les places des administrations forestières, des postes, des tabacs, des contributions, enfin par toute espèce de places que les militaires, officiers et soldats retirés sont susceptibles d'occuper; car il est contre mon intention et la justice de donner ces places à des gens qui n'ont rien fait. Je me rapporte au zèle et à l'intelligence de la section pour me proposer les mesures convenables.

D'après la minute. Archives de l'Empire.

17302. — A EUGÈNE NAPOLÉON,
VICE-ROI D'ITALIE, À MILAN.

Paris, 27 janvier 1811.

Mon Fils, je reçois votre lettre du 19 janvier. Je trouve que le mot « reconnaissance » est de trop dans votre lettre du 18 au landamman; l'esprit, du reste, m'en a paru très-bon. En général, il faut avoir soin que vos lettres soient moins familières et aient un peu plus de dignité lorsque vous écrivez à des étrangers.

NAPOLÉON.

D'après la copie comm. par S. A. I. Mme la duchesse de Leuchtenberg.

17303. — AU COMTE DE MONTALIVET,
MINISTRE DE L'INTÉRIEUR, À PARIS.

Paris, 28 janvier 1811.

Qui est-ce qui dirige les travaux de l'île Perrache? On se plaint à Lyon que beaucoup d'individus demanderaient du travail, comme moyen de subsistance, et que les ateliers de cette île en refusent et n'emploient que 150 hommes.

D'après la minute. Archives de l'Empire.

17304. — AU COMTE BIGOT DE PRÉAMENEU,
MINISTRE DES CULTES, À PARIS.

Paris, 29 janvier 1811.

Monsieur le Comte Bigot Préameneu, je vous renvoie votre exposé sur les affaires avec le Pape. J'y trouve des inexactitudes : par exemple, la réunion des États-Romains à l'Empire a eu lieu lorsque le Pape était à Savone, et non lorsqu'il était à Rome. Il ne faut pas parler de d'Astros ni de son pamphlet, et moins encore du mariage et de la légitimité de l'enfant; cela est trop absurde. Il faut dire qu'aussitôt qu'un courrier m'eut instruit qu'on avait été obligé d'éloigner le Pape de Rome, parce qu'il voulait exciter un soulèvement dans le peuple, j'ai ordonné qu'il fût conduit à Savone. On peut ne pas parler de Grenoble. Il faut parler de la circonstance de mon nom omis dans la bulle, et joindre, comme pièces justificatives, les lettres que lui écrivirent les évêques français; vous les trouverez ci-incluses. Il faut parler avec plus de détails de la dernière bulle du Pape aux chapitres, et montrer l'inconséquence du Pape qui prétendait ne pouvoir instituer les évêques et qui pouvait cependant écrire à nos chapitres pour prêcher la révolte et semer le trouble en France. Il faut parler des constantes dispositions du Pape d'entraver les affaires spirituelles jusqu'à ce qu'il eût recouvré la souveraineté de Rome. Il faut joindre à cet effet, comme pièce justificative, un extrait de la correspondance du préfet de Montenotte. Il faut, en général, soigner de nouveau ce récit et démontrer que le soin constant du Pape a été d'affaiblir la puissance de la France, parce que la France était maîtresse de l'Italie; qu'il a employé, pour atteindre ce but, son influence spirituelle autant qu'il l'a pu; citer les brefs que j'ai reçus le lendemain des victoires d'Austerlitz et de Friedland, dans lesquels il m'injuriait parce qu'il croyait que je serais battu. Enfin réunissez toutes les pièces qui peuvent être jugées utiles pour les joindre comme pièces justificatives à cet exposé.

NAPOLÉON.

D'après l'original comm. par Mme la baronne de Nougarède de Fayet.

17305. — AU GÉNÉRAL CLARKE, DUC DE FELTRE,
MINISTRE DE LA GUERRE, À PARIS.

Paris, 29 janvier 1811.

Écrivez au maréchal Macdonald qu'aussitôt que Tarragona sera prise il fasse des dispositions pour prendre Cardona et les autres forts qui restent à l'ennemi dans la Catalogne.

D'après la minute. Archives de l'Empire.

17306. — AU VICE-AMIRAL COMTE DECRÈS,
MINISTRE DE LA MARINE, À PARIS.

Paris, 30 janvier 1811.

Vous ne m'avez pas encore remis le rapport sur la marine hollandaise. Je vois qu'il y a cinq vaisseaux armés et quatre désarmés à Medemblik; ce qui fait neuf; il y a à Amsterdam deux vaisseaux, *le Ruyter* et *l'Evertsen*, que l'on peut considérer comme achevés (faites-moi connaître quand ils seront mis à l'eau); ce qui fait donc onze vaisseaux. Il y en a deux en construction à Rotterdam, dont l'un, *le Tromp*, est aux 19 vingt-quatrièmes et peut être considéré comme achevé. Faites-moi connaître quand il sera mis à l'eau.

Le treizième vaisseau, qui s'appelle *le Piethein*, est en construction à Rotterdam. Ce vaisseau est aux 6 vingt-quatrièmes. La question sur laquelle je vous prie de me dire votre opinion, c'est de savoir s'il convient de l'achever, ou s'il vaut mieux le remplacer par un vaisseau de 74 ou par une très-bonne frégate du modèle français.

Le *Van-der-Werf*, de 50 canons, qui est à Rotterdam, est aux 8 vingt-quatrièmes. Faites-moi connaître si c'est une frégate ou un vaisseau, et s'il convient de l'achever.

La *Meuse* et l'*Yssel*, sur les chantiers d'Amsterdam, sont aux ...... vingt-quatrièmes. Je pense que ce sont de nouvelles frégates françaises, qu'il convient alors d'achever.

Faites-moi connaître ce qu'il convient de faire des frégates *la Reine* et *la Kenau-Hasselaer*. Convient-il de les armer?

Quels sont les constructions et les armements que vous comptez faire en 1811 dans les deux arsenaux d'Amsterdam et de Rotterdam? Vous pouvez décider cela aujourd'hui, puisque j'ai réglé le budget de la Hollande à 14 millions.

D'après la minute. Archives de l'Empire.

17307. — AU CAPITAINE DE VAISSEAU ROLLAND,
COMMANDANT LA DIVISION NAVALE À L'ÎLE D'AIX.

Paris, 30 janvier 1811.

Monsieur le Capitaine de nos vaisseaux Rolland, notre intention est que notre frégate *l'Hortense*, capitaine Halgan, soit armée au grand complet, équipée de 225 marins, officiers compris, et 200 hommes de troupes passagères, et approvisionnée de cent cinquante jours de vivres et eau pour les 425 hommes qu'elle doit recevoir à bord.

Dans les huit jours qui suivront la réception du présent ordre, cette frégate, ainsi chargée, doit être prête à partir et n'avoir plus aucune communication avec la terre; et aussitôt que la circonstance vous paraîtra favorable, vous lui donnerez l'ordre d'appareiller pour suivre la mission particulière que nous lui prescrivons par une lettre que nous écrivons au capitaine Halgan et que vous lui remettrez.

Quant au vaisseau *le Régulus* et aux frégates *la Pallas* et *l'Elbe*, notre intention est que ces trois bâtiments soient armés et équipés selon les règlements, et que vous preniez sous vos ordres des canonnières, péniches et autres bâtiments légers, pour exercer les équipages et protéger le cabotage, de sorte que, si la présence de l'ennemi vous empêchait d'appareiller, vous fassiez séjour dans la rade de l'île d'Aix, et que vous rendiez ce séjour de votre division utile, en remplissant le double but de protéger le cabotage et de former vos équipages.

Toutefois notre intention est que, huit jours après la réception de notre présente lettre, vous soyez prêt à partir et à profiter de toutes les circonstances, s'il s'en présentait de favorables, pour prendre le large et aborder dans quelqu'un de nos ports de l'Océan, tels que Brest et Lorient, ou même gagner un de nos ports de la Méditerranée, si des événements imprévus vous faisaient juger ce parti convenable.

Nous vous laissons le maître de rester en croisière pendant le temps que vous croirez pouvoir le faire avec succès.

Nous comptons que vous justifierez, par votre activité, votre zèle et votre habileté, la confiance que nous avons placée en vous.

NAPOLÉON.

D'après la copie. Archives de la marine.

17308. — AU CAPITAINE DE VAISSEAU HALGAN,
COMMANDANT LA FRÉGATE *L'HORTENSE*, À L'ILE D'AIX.

Paris, 30 janvier 1811.

Monsieur Halgan, capitaine de nos vaisseaux, ayant résolu d'envoyer dans nos établissements à l'est de l'île de France notre frégate *l'Hortense*, dont le commandement vous est confié, nous vous avons fait connaître par notre ministre de la marine comment nous entendions que fût disposé l'armement de cette frégate, l'organisation de son équipage, la quantité des troupes passagères qu'elle doit recevoir à bord, de manière que ces troupes et l'équipage s'élèvent à 425 hommes, et que la frégate soit approvisionnée de 150 à 155 jours de vivres et d'eau pour ce nombre d'hommes.

Nous vous avons fait connaître aussi la quantité de métaux, fusils, pierres à fusil que nous avons ordonné être embarqués sur notre susdite frégate.

Aujourd'hui nous vous faisons savoir que notre intention est que vous vous rendiez sur notre île de Java, dans les mers orientales, où, arrivé, vous remettrez à la disposition de notre gouverneur général dans cette colonie les troupes passagères qui sont à votre bord au nombre de 200 hommes, les fusils, métaux et autres objets que vous avez pris en chargement. Vous prendrez ses ordres pour votre réarmement et votre destination ultérieure.

Vous prendrez ou détruirez tous les bâtiments ennemis que vous pourrez atteindre dans votre traversée, sans vous écarter de votre route, en observant que la proportion de votre eau et de vos vivres avec la longueur de cette traversée vous impose l'obligation de vous porter aussi directement que possible sur notre île de Java, comme aussi d'augmenter votre approvisionnement de campagne de celui de toutes les prises que vous pourrez faire ou de toutes autres ressources qui vous seront offertes.

Vous éviterez toute relâche qui ne serait pas indispensable.

Notre ministre de la marine est chargé de vous transmettre des instructions de détail relatives à votre mission. Nous comptons que vous ne négligerez rien pour la bien remplir, ainsi que celles qui vous seront ultérieurement confiées par le gouverneur général de nos établissements dans les mers d'Asie. Nous nous reposons à cet égard sur votre courage et votre zèle pour notre service[1].

NAPOLÉON.

D'après la copie. Archives de la marine.

17309. — AU CAPITAINE DE VAISSEAU JURIEN,
COMMANDANT LE VAISSEAU *L'EYLAU*, À LORIENT.

Palais des Tuileries, 30 janvier 1811.

Monsieur le Capitaine de nos vaisseaux Jurien, nous vous faisons savoir que notre intention est que vous appareilliez de notre rade de Lorient sur notre vaisseau de guerre *l'Eylau*, dont nous vous avons confié le commandement, pour vous rendre dans notre rade de Brest, où nous voulons réunir une escadre dont ledit vaisseau fera partie.

Vous devrez donc mettre sous voiles aussitôt que les circonstances vous paraîtront favorables, et nous vous laissons toute liberté sur la route que vous aurez à suivre, vous autorisant à prendre le large, en tant que vous le jugerez convenable, pour choisir les temps, les vents et les parages qui pourront favoriser votre atterrage; à l'effet de quoi vous devez être

---

[1] Cette mission a été ajournée par dépêche du ministre de la marine en date du 2 mars 1811; et, le 11 du même mois, le capitaine de vaisseau Halgan a été invité à renvoyer toutes les instructions qu'il avait reçues. (*Note de la copie.*)

approvisionné de cinq mois de vivres et de quatre mois d'eau, en partant de Lorient.

NAPOLÉON.

D'après la copie. Archives de l'Empire.

17310. — AU VICE-AMIRAL COMTE DECRÈS,
MINISTRE DE LA MARINE, À PARIS.

Paris, 31 janvier 1811.

Monsieur le Comte Decrès, présentez-moi le projet de décret relatif à la répartition des 3,000 matelots hollandais. Les amiraux Dewinter et Ver Huell peuvent faire ce travail mieux qu'on ne le ferait à Amsterdam. Je désire que vous me le présentiez demain au conseil.

Voici le canevas de ce décret. 1° L'inscription maritime est établie en Hollande. 2° Un appel de 3,000 marins est fait sur ladite inscription. 3° Moyennant l'appel de ces 3,000 hommes, tous les autres hommes inscrits ne pourront être contraints à aller à bord des vaisseaux et seront dégagés de toute contrainte en conséquence de l'inscription maritime. 4° Toutes les fois que ces hommes ne seront pas fournis, l'embargo sera mis sur les bâtiments du port. 5° Les hommes devront être âgés de moins de cinquante ans et de plus de vingt-quatre. 6° Les préfets feront connaître sans délai aux sous-préfets le nombre de marins que leur arrondissement doit fournir; ceux-ci le communiqueront aux maires, et le conseil municipal procédera à l'appel des individus. Le commis à l'inscription maritime tiendra les matricules. 7° En cas de mort ou de désertion, la commune devra pourvoir au remplacement. 8° La contrainte sera établie, s'il y a lieu, par la voie des garnisaires.

Il faut joindre à ce décret un tableau de répartition par département et par port. Déterminez l'endroit où l'on enverra les marins, savoir : à Rotterdam sur les deux vaisseaux, et au Texel sur les trois vaisseaux qui sont en rade. On pourrait recevoir les 3,000 hommes sur ces cinq vaisseaux seuls, s'il était nécessaire. Il faudrait adopter un pareil décret pour les îles de la Zeeland et les départements des Bouches de l'Escaut et du Rhin. Ces départements peuvent, je crois, fournir 500 matelots : on procéderait de la même manière; les hommes seraient envoyés à Anvers.

NAPOLÉON.

D'après l'original comm. par Mme la duchesse Decrès.

17311. — AU GÉNÉRAL SAVARY, DUC DE ROVIGO,
MINISTRE DE LA POLICE GÉNÉRALE, À PARIS.

Paris, 31 janvier 1811.

Qu'est-ce que c'est que ces Filles de Saint-Thomas? Dans quel quartier sont-elles? Ont-elles des lettres patentes? Font-elles profession? Enfin il se fait à Paris beaucoup de choses contraires aux lois de l'État. Partout on rétablit des couvents de religieuses. Faites-moi un rapport sur cet objet, et prenez des renseignements exacts.

D'après la minute. Archives de l'Empire.

17312. — DÉCISION.

Paris, 31 janvier 1811.

| M. Gaudin, ministre des finances, soumet à l'Empereur un arrêté du préfet de Gênes interdisant aux confréries de disposer de leurs biens, meubles et immeubles. | Renvoyé au ministre des finances, qui proposera un projet de décret pour confisquer tous les biens de ces confréries et en disposer. Il me semble qu'une disposition toute naturelle à en faire serait de les donner aux hôpitaux.
NAPOLÉON. |

D'après l'original. Archives des finances.

17313. — AU COMTE BIGOT DE PRÉAMENEU,
MINISTRE DES CULTES, A PARIS.

Paris, 1er février 1811.

Monsieur le Comte Bigot Préameneu, il faudrait réunir lundi le conseil du clergé, pour lui communiquer les différentes bulles du Pape et les différentes circonstances où nous nous trouvons, la correspondance du préfet de Montenotte et surtout la partie de cette correspondance qui fait voir la mauvaise conduite du Pape, afin qu'il fasse connaître son sentiment sur ce qu'il est convenable de faire.

NAPOLÉON.

D'après l'original comm. par Mme la baronne de Nougarède de Fayet.

17314. — A M. DE CHAMPAGNY, DUC DE CADORE,
MINISTRE DES RELATIONS EXTÉRIEURES, À PARIS.

Paris, 2 février 1811.

Monsieur le Duc de Cadore, tenez un courrier prêt à partir ce soir, qui portera la lettre de l'Impératrice à Vienne. Vous pouvez en prévenir M. de Schwarzenberg, s'il veut envoyer des dépêches par ce courrier.

Faites vous-même vos dépêches pour le comte Otto. Vous lui prescrirez de passer une note pour demander le renvoi de tous les officiers et soldats, sujets de la France, qui sont retenus de force en Autriche contre les traités. Vous lui ferez connaître que l'arrêté[1] du duc de Raguse n'a pas été approuvé et que cela n'aura pas de suite. Écrivez-en un mot au prince de Schwarzenberg; il y a une décision du Conseil d'état très-solennelle sur cette affaire.

NAPOLÉON.

D'après l'original. Archives des affaires étrangères.

17315. — AU GÉNÉRAL CLARKE, DUC DE FELTRE,
MINISTRE DE LA GUERRE, À PARIS.

Paris, 2 février 1811.

Je désirerais qu'on fît au Dépôt de la guerre le plan des attaques et des siéges des différentes places prises dans les campagnes d'Allemagne, comme Danzig, Raab, les places de Silésie, avec des cartes et des mémoires. Mon intention n'est pas d'imprimer ce travail, mais de le garder au Dépôt, de sorte qu'en cas d'une guerre ces matériaux puissent être consultés. On peut également faire rédiger l'historique des siéges des

[1] Par cet arrêté, le duc de Raguse ordonnait le séquestre de toutes les propriétés que possédaient en Illyrie les sujets autrichiens.

places d'Espagne, telles que Saragosse, Tortose, Lerida, Mequinenza, Ciudad-Rodrigo, Almeida, l'attaque de Madrid, de Marbella, de Cadix. Il n'y a aucun inconvénient à imprimer ce volume.

D'après la minute. Archives de l'Empire.

17316. — AU GÉNÉRAL SAVARY, DUC DE ROVIGO,
MINISTRE DE LA POLICE GÉNÉRALE, À PARIS.

Paris, 2 février 1811.

J'apprends que les entrepreneurs du *Cercle des étrangers*, rue Richelieu, ont fait construire un immense salon pour donner des bals masqués. Je vous ai déjà fait connaître que je n'entendais pas cela. Ils comptent déjà y mettre des tables de trente et un et des roulettes. Ainsi, pour couper court à tout, point de masques dans cette maison.

D'après la minute. Archives de l'Empire.

17317. — AU PRINCE DE NEUCHÂTEL ET DE WAGRAM,
MAJOR GÉNÉRAL DE L'ARMÉE D'ESPAGNE, À PARIS.

Paris, 2 février 1811.

Mon Cousin, je vous envoie des dépêches d'Espagne; en les transmettant au duc d'Istrie, dites-lui qu'il est ridicule de voir le général Dorsenne prendre des décrets; que les généraux ne doivent pas se servir de formules qui n'appartiennent qu'à la souveraineté; qu'ils ne doivent agir que par des ordres du jour, et qu'ils ne peuvent rien *arrêter* ni *décréter*. Faites-lui connaître mon étonnement de ce que le général Kellermann se soit cru le droit de faire des acquisitions de domaines nationaux; que ces acquisitions doivent être déclarées nulles; que ce n'est pas pour faire des opérations de cette espèce que j'envoie des généraux en Espagne, mais pour conquérir et soumettre le pays; qu'il est contre toutes les règles que des hommes chargés de l'administration et de l'autorité abusent de leur situation pour s'immiscer dans de pareils profits; qu'en France les administrateurs mêmes n'entrent pour rien dans les affaires de ventes et de domaines. Écrivez dans ce sens au général Kellermann, et témoignez-lui mon excessif mécontentement d'une conduite aussi peu délicate.

NAPOLÉON.

D'après l'original. Dépôt de la guerre.

17318. — AU GÉNÉRAL DUROC, DUC DE FRIOUL,
GRAND MARÉCHAL DU PALAIS, À PARIS.

Paris, 2 février 1811.

Depuis Marengo un certain nombre de colonels et chefs d'escadron et de bataillon de notre Garde ont été tués sur le champ de bataille. Ils ont des enfants qui auraient hérité de leurs titres et de leurs dotations si l'institution eût existé alors; mon intention est de revenir là-dessus et de donner des titres et des dotations à leurs enfants. Ce qui me met sur la voie, c'est que Dahlmann, Morland[1] et d'autres ont laissé des enfants sans dotation ni titre; faites-moi un rapport là-dessus.

D'après la minute. Archives de l'Empire.

17319. — AU MARÉCHAL BESSIÈRES, DUC D'ISTRIE,
COMMANDANT L'ARMÉE DU NORD DE L'ESPAGNE, À VALLADOLID.

Paris, 2 février 1811.

Mon Cousin, le général Lepic restera aux grenadiers. J'ai nommé le major Delaitre colonel dans la ligne; il n'a pas assez fait la guerre pour être nommé général de brigade. J'ai nommé Daumesnil général de brigade commandant à Vincennes. Quant au colonel Chastel, nous verrons quand il sera arrivé.

NAPOLÉON.

D'après l'original comm. par Mme la maréchale duchesse d'Istrie.

17320. — A EUGÈNE NAPOLÉON,
VICE-ROI D'ITALIE, À MILAN.

Paris, 2 février 1811.

Mon Fils, le port de Saint-Georges, dans l'île de Lissa, est important.

[1] Morland, colonel des chasseurs de la Garde, tué à Austerlitz. Il fut remplacé par Dahlmann, tué à Eylau.

C'est un point qu'il faut occuper et ôter aux Anglais. La première expédition contre cette île a été manquée, puisqu'on n'a pas fait les 200 Anglais prisonniers. Mon intention est que vous preniez des mesures pour occuper cette île, et que vous vous concertiez à cet effet avec le duc de Raguse. Il y a deux manières d'arriver à Lissa, soit de partir à l'improviste d'Ancône avec 800 hommes, soit de partir de Lesina-Grande; il me semble qu'il n'y a qu'une distance de quatre lieues. Ce trajet doit pouvoir facilement être fait dans la nuit. Le seul inconvénient qu'il y a à partir de Lesina-Grande, c'est qu'il est difficile de dérober la connaissance des préparatifs aux Anglais; au lieu que d'Ancône ils ne s'en aperçoivent point. J'estime donc qu'une demi-compagnie d'artillerie, une demi-compagnie de sapeurs avec un bon capitaine de génie, six pièces de 18 en fer avec leurs affûts et 200 coups à tirer par pièce, deux mortiers avec 150 bombes par mortier, un obusier et deux pièces de campagne, et 1,500 outils, sont suffisants pour cette expédition. Vous enverrez à Ancône le capitaine Dubourdieu. Vous avez dans ce port un nombre de frégates suffisant pour porter 800 hommes et les munitions. Il faudrait les faire accompagner par quelques canonnières et bâtiments légers; elles pourraient débarquer à Saint-Georges ou sur un autre point de l'île. Les frégates reviendraient à Ancône; un brick et trois ou quatre canonnières ou autres petits bâtiments resteraient à Saint-Georges. Le duc de Raguse peut avoir réuni à Trau 3 ou 400 hommes pour jeter dans l'île de Lesina-Grande, afin d'établir la communication entre Lissa et autres îles voisines. Si le duc de Raguse n'a pas assez de bâtiments à sa disposition, on peut faire partir de Venise quelques canonnières ou petits bâtiments de cette espèce; mais il faut avoir bien soin de ne pas attirer l'attention des Anglais de ce côté jusqu'à ce que l'opération soit faite. Concertez-vous pour ces détails avec le duc de Raguse.

Lorsque l'île sera soumise, il faudra y faire construire un fort ou redoute, contenant une batterie de six pièces de canon pour la défense du port Saint-Georges, et l'approvisionner toujours pour trois mois. Il sera nécessaire que le duc de Raguse envoie à Lesina-Grande un officier supérieur intelligent et pourvoie à la défense de cette île. Les deux frégates françaises qui étaient à Corfou doivent être parties pour Ancône; cela augmenterait beaucoup vos moyens. Faites-moi un rapport sur l'occupation des différentes îles de la Dalmatie, afin d'ôter ces points de refuge aux croisières anglaises.

NAPOLÉON.

D'après la copie comm. par S. A. I. Mme la duchesse de Leuchtenberg.

17321. — AU GÉNÉRAL CLARKE, DUC DE FELTRE,
MINISTRE DE LA GUERRE, À PARIS.

Paris, 3 février 1811.

La conscription va se lever. Il est très-important que les majors soient à leur poste et à leur dépôt. Faites-moi connaître les majors présents et ceux absents. J'ai créé le grade de colonel en second pour commander les différents régiments de marche et pour les circonstances extraordinaires. Il est de la plus grande importance que tous les majors se trouvent à leurs corps.

D'après la minute. Archives de l'Empire.

17322. — AU GÉNÉRAL CLARKE, DUC DE FELTRE,
MINISTRE DE LA GUERRE, À PARIS.

Paris, 3 février 1811.

Je reçois votre lettre du 2 février. Les régiments que je veux lever dans les trois départements porteront les n°^s 127, 128, 129. Ils doivent être composés de cinq bataillons. En attendant, donnez l'ordre au prince d'Eckmühl de former deux bataillons de ces régiments à Hambourg, deux à Brême et deux à Osnabrück. Présentez-moi la nomination de trois colonels et de trois majors parlant bien allemand. Le prince d'Eckmühl nommera provisoirement les capitaines, lieutenants, sous-lieutenants et les sous-officiers. Le quartier-maître devra être Français. Les troupes du pays qui sont à Hambourg, à Brême, à Lubeck, dans l'Oldenburg, formeront le fond de ces six bataillons. La conscription des trois départements doit être de 4,000 hommes. Ainsi, en opérant selon nos principes, et en supposant cinq ans, on aurait 20,000 hommes à lever. Il n'en faudra que 12,000. Quand les régiments seront réunis, on laissera au prince d'Eckmühl et au conseil provisoire la faculté de les organiser de la manière la plus appropriée au pays. On ne s'occupera de la conscription qu'au 1er juillet, quand le pays sera organisé selon les lois françaises.

D'après la minute. Archives de l'Empire.

17323. — AU GÉNÉRAL CLARKE, DUC DE FELTRE,
MINISTRE DE LA GUERRE, À PARIS.

Paris, 3 février 1811.

Je réponds à votre lettre du 30 janvier. Vous me proposez 50,000 fusils français pris à Vienne, 40,000 armes autrichiennes, total 90,000 fusils, qui me reviendraient environ à 900,000 francs. Je ne puis là-dessus que m'en rapporter à l'opinion des officiers d'artillerie. Si l'Autriche a des fusils français qu'elle nous a pris dans les campagnes précédentes, il me semble que ces fusils me seront fort utiles et qu'il est avantageux de les acheter à un bon marché pour les transporter à Danzig. Les fusils autrichiens, il paraît convenable de les prendre à Vienne, pour les diriger sur Danzig. Si j'avais la guerre avec la Russie, je compte que j'aurais besoin de 200,000 fusils avec baïonnettes pour armer les insurgés polonais. Faites-moi un rapport pour savoir combien il y en a dans le duché, combien j'en ai envoyé dernièrement, et ce qui me reste d'armes dont ne se serviraient pas mes troupes de ligne, etc.

C'est sur le rapport général que me fera l'artillerie sur cela, que je me déciderai. Il n'y a pas de doute que les circonstances du papier-monnaie peuvent faire qu'il y ait de très-bons marchés à faire à Vienne. Il faudrait savoir quelles sont celles de ces armes qui pourraient armer mes troupes et celles qui ne serviraient qu'aux insurgés.

Ces 90,000 fusils, si je les prenais, devraient être transportés au premier port de la Vistule, où ils seraient embarqués pour Varsovie, Thorn et Danzig.

Je désire donc un rapport qui me fasse connaître si je trouverais à Varsovie 200,000 fusils pour armer les insurgés polonais, indépendamment des besoins de l'armée, 10,000 paires de pistolets et 20 ou 30,000 sabres.

Informez-vous si les fusils que j'ai envoyés dernièrement d'ici sont arrivés à Varsovie.

<small>D'après la minute. Archives de l'Empire.</small>

17324. — AU COMTE DE MONTALIVET,
<small>MINISTRE DE L'INTÉRIEUR, À PARIS.</small>

<small>Paris, 3 février 1811.</small>

Il me revient beaucoup de réclamations contre le travail des imprimeurs. Je désire que vous me remettiez un travail qui me fasse connaître les noms des imprimeurs supprimés, le nombre de presses qu'ils avaient, leur ancienneté, la réputation de probité dont ils jouissent. On m'assure que sur la liste des imprimeurs conservés il y en a un qui est encore à Sainte-Pélagie, et qu'un autre est un Anglais établi à Paris seulement depuis un an.

<small>D'après la minute. Archives de l'Empire.</small>

17325. — AU MARÉCHAL DAVOUT, PRINCE D'ECKMÜHL,
<small>COMMANDANT L'ARMÉE D'ALLEMAGNE, À HAMBOURG.</small>

<small>Paris, 3 février 1811.</small>

Mon Cousin, je désirerais avoir un point fortifié sur l'Elbe, qui remplît le double but de m'assurer un pont sur cette rivière et de servir de refuge à ma flottille, au matériel que j'aurai dans la Baltique et à ce que j'aurai sur l'Elbe. Il me semble que la position de Lauenburg, à l'intersection de la Baltique et de l'Elbe, remplirait mon but. Faites-moi reconnaître cette position à six lieues de Lauenburg, en montant et en descendant l'Elbe. Vous sentez qu'en cas d'un mouvement de l'armée en avant on pourrait enfermer là le matériel et les dépôts qui seraient dans le pays.

Vous recevrez demain un mémoire sur la Jahde. Donnez des ordres pour que des batteries soient formées et que ma flottille soit protégée. Il sera peut-être nécessaire de les fermer à la gorge pour les mettre à l'abri des incursions des Anglais. Vous avez assez de canons de fer à Magdeburg pour pouvoir en tirer, si vous en avez besoin. Il ne faut point que ces batteries soient trop fortes, vu que, l'armée se portant ailleurs, il faudrait beaucoup de monde pour les garder, ou les laisser tomber aux mains des Anglais, ce qui serait une perte considérable. Ne mettez sur les côtes que des batteries de canons de fer.

NAPOLÉON.

D'après l'original comm. par Mme la maréchale princesse d'Eckmühl.

17326. — AU MARÉCHAL DAVOUT, PRINCE D'ECKMÜHL,
COMMANDANT L'ARMÉE D'ALLEMAGNE, À HAMBOURG.

Paris, 3 février 1811.

Mon Cousin, je vous ai fait connaître que j'avais fait offrir Erfurt au prince d'Oldenburg. S'il n'en veut pas, tant pis pour lui. Le sénatus-consulte est formel et n'admet point de prince souverain dans l'Empire. Il faut ôter les armes du prince aux troupes qui composeront les nouveaux régiments.

NAPOLÉON.

D'après l'original comm. par Mme la maréchale princesse d'Eckmühl.

17327. — AU MARÉCHAL DAVOUT, PRINCE D'ECKMÜHL,
COMMANDANT L'ARMÉE D'ALLEMAGNE, À HAMBOURG.

Paris, 3 février 1811.

Mon Cousin, faites faire par des ingénieurs géographes et par des officiers d'état-major la reconnaissance des routes de Hambourg à Wesel, de Hambourg à Lubeck et de Hambourg à Stettin. Faites faire cette dernière opération sans alarmer personne.

NAPOLÉON.

D'après l'original comm. par Mme la maréchale princesse d'Eckmühl.

17328. — AU MARÉCHAL DAVOUT, PRINCE D'ECKMÜHL,
COMMANDANT L'ARMÉE D'ALLEMAGNE, À HAMBOURG.

Paris, 3 février 1811.

Mon Cousin, le ministre de la guerre vous expédiera le décret dont je vous envoie la copie. Moyennant la formation de ces six bataillons, vous pouvez donner de l'emploi et une organisation régulière aux troupes des pays qui forment les trois nouveaux départements. Les colonels et majors vont vous être envoyés sans délai de France. Vous prendrez pour recruter ces bataillons les mesures les plus convenables pour le pays. Je ne pense pas qu'il faille organiser la conscription; c'est une opération qu'il ne faut pas mal commencer, et, tant que le pays ne sera pas organisé, il vaut mieux se servir de l'usage ancien que du nouveau. Prescrivez provisoirement aux chevau-légers un uniforme à peu près semblable à celui des chasseurs, mais approchant de celui des uhlans, et faites en sorte qu'il ne soit pas trop coûteux.

NAPOLÉON.

D'après l'original comm. par Mme la maréchale princesse d'Eckmühl.

17329. — A EUGÈNE NAPOLÉON,
VICE-ROI D'ITALIE, À MILAN.

Paris, 3 février 1811.

Mon Fils, j'ai reçu votre lettre du 27 janvier. Je viens de nommer, comme vous le désiriez, à l'archevêché de Milan. Il sera peut-être convenable que cet archevêque, après avoir reçu les pouvoirs du chapitre, vienne à Paris, où il prêtera son serment et où sa présence sera utile. Je suppose que vous proposez un homme dont vous êtes sûr. Je vous envoie le décret qui le nomme directement, afin qu'avant de le publier vous vous assuriez qu'il accepte. Il sera convenable qu'après cela vous envoyiez ce décret à Aldini, pour qu'il l'expédie officiellement.

NAPOLÉON.

D'après la copie comm. par S. A. I. Mme la duchesse de Leuchtenberg.

17330. — DÉCISION.

Paris, 4 février 1811.

Le ministre de la police générale propose à l'Empereur de confier à Lacretelle jeune, auteur de l'*Histoire de France pendant le XVIIIe siècle*, la continuation des *Éléments de*

J'approuve que vous chargiez des hommes de lettres de la continuation de l'histoire, mais sans l'histoire de France, par l'abbé Millot, en remplacement de Joseph Chénier, décédé. Lacretelle devra recevoir, sur le produit des journaux, l'indemnité de 6,000 francs dont jouissait Chénier. rien leur payer. Lorsque l'ouvrage sera achevé, il me sera présenté, et je récompenserai en conséquence du travail.

NAPOLÉON.

D'après l'original. Archives de l'Empire.

17331. — A M. DE CHAMPAGNY, DUC DE CADORE,
MINISTRE DES RELATIONS EXTÉRIEURES, À PARIS.

Paris, 5 février 1811.

Monsieur le Duc de Cadore, répondez à M. de Winzingerode que vous avez reçu sa lettre du 23 janvier; qu'il faut finir les affaires de la Westphalie, tant pour la solde et les services de l'armée que pour les autres arrangements. Faites la même réponse à sa lettre du 30 janvier.

Encouragez beaucoup le baron Bourgoing à envoyer des agents à Breslau pour savoir ce qui se passe. Faites-lui connaître que j'approuve ce qu'il a fait à l'égard de ce jeune officier d'Emden qui a quitté le service de Prusse, et donnez-lui l'instruction d'aider et de venir au secours de tous les officiers prussiens et autrichiens qui quitteraient le service de ces puissances pour passer en France.

Envoyez au ministre de la guerre le nommé Thompson Lynes, et faites-lui comprendre que le temps n'est pas éloigné où je m'occuperai sérieusement de l'Irlande.

NAPOLÉON.

D'après l'original. Archives des affaires étrangères.

17332. — AU VICE-AMIRAL COMTE DECRÈS,
MINISTRE DE LA GUERRE, À PARIS.

Paris, 5 février 1811.

Monsieur le Comte Decrès, je désire que vous fassiez écrire au *Transport-Office* pour demander si l'on veut échanger le général anglais lord Blanry, qui a été fait prisonnier à Malaga, contre le général Lefebvre-Desnoëttes. Vous ferez remarquer à cet effet que le général Lefebvre n'est que colonel de la Garde, et qu'il a été pris faisant un service de colonel.

NAPOLÉON.

D'après l'original comm. par Mme la duchesse Decrès.

17333. — AU GÉNÉRAL LACUÉE, COMTE DE CESSAC,
MINISTRE DIRECTEUR DE L'ADMINISTRATION DE LA GUERRE, À PARIS.

Paris, 5 février 1811.

Monsieur le Comte de Cessac, mon intention est d'avoir un approvisionnement de réserve en grains froment de 50,000 quintaux métriques dans chacune des villes de Toulouse et de Metz. Le froment pour la réserve de Toulouse sera acheté dans les départements de l'ouest, celui pour celle de Metz dans les départements du Mont-Tonnerre, de Rhin-et-Moselle et de la Roër. La formation de ces réserves et les soins de leur conservation seront confiés à la direction générale des vivres de la guerre, qui établira une comptabilité particulière pour ces opérations.

Vous me ferez connaître quelle somme est nécessaire pour former chacun de ces deux approvisionnements de réserve, pour leur entretien et leur conservation pendant six mois.

Lorsque les réserves dont il s'agit seront formées, vous m'en rendrez compte, et je vous ferai passer mes ordres sur l'emploi que je voudrai en être fait.

D'après la minute. Archives de l'Empire.

17334. — A M. GRIMM, LANDAMMAN DE LA SUISSE.

Paris, 5 février 1811.

Monsieur le Landamman, je retrouve dans les sentiments que vous m'exprimez en arrivant à la première magistrature de la Suisse les mêmes dispositions et le même bon esprit qui ont animé vos prédécesseurs. La Confédération suisse obtiendra aussi toujours de moi les mêmes sentiments d'intérêt et d'amitié. Elle a, sous les administrations précédentes, conservé sa tranquillité : je désire qu'elle continue d'en jouir par l'effet de vos soins. Le maintien de sa paix intérieure est un dépôt qui vous est confié, et il est le plus grand bien que puisse attendre de vous un peuple dont les intérêts me seront toujours chers.

NAPOLÉON.

D'après la copie. Archives de l'Empire.

17335. — AU PRINCE DE NEUCHÂTEL ET DE WAGRAM,
MAJOR GÉNÉRAL DE L'ARMÉE D'ESPAGNE, À PARIS.

Paris, 6 février 1811.

Mon Cousin, je pense que vous devez envoyer *le Moniteur* d'aujourd'hui au duc de Dalmatie, au duc de Trévise, au général Belliard, au duc d'Istrie, aux commandants de Ciudad-Rodrigo et d'Almeida, au général Thiébaut et aux généraux Dorsenne, Caffarelli et Reille. Écrivez au duc d'Istrie, en lui envoyant *le Moniteur*, pour lui annoncer qu'il y trouvera les dernières nouvelles que nous avons du Portugal, qui paraissent être du 13; que tout paraît prendre une couleur avantageuse; que, si Badajoz a été pris dans le courant de janvier, le duc de Dalmatie a pu se porter sur le Tage et faciliter l'établissement du pont au prince d'Essling; qu'il devient donc très-important de faire toutes les dispositions que j'ai ordonnées, afin que le général Drouet, avec ses deux divisions, puisse être tout entier à la disposition du prince d'Essling. Écrivez en même temps au duc de Dalmatie pour lui faire connaître la situation du duc d'Istrie et lui réitérer l'ordre de favoriser le prince d'Essling pour son passage du Tage; que j'espère que Badajoz aura été pris dans le courant de janvier, et que vers le 20 janvier sa jonction aura eu lieu sur le Tage avec le prince d'Essling; qu'il peut, si cela est nécessaire, retirer des troupes du 4ᵉ corps; qu'enfin tout est sur le Tage.

NAPOLÉON.

P. S. Je vous renvoie votre lettre au duc d'Istrie; faites-la partir.

D'après l'original. Dépôt de la guerre.

17336. — AU GÉNÉRAL LACUÉE, COMTE DE CESSAC,

MINISTRE DIRECTEUR DE L'ADMINISTRATION DE LA GUERRE, À PARIS.

Paris, 6 février 1811.

Je vous prie de me présenter un projet de décret pour organiser les compagnies de canonniers et du train des seize régiments de l'armée d'Allemagne de sorte qu'ils aient quatre pièces de canon, des caissons d'infanterie pour quatre bataillons au lieu de trois, et des caissons d'équipages militaires pour quatre bataillons au lieu de trois. Remettez-moi l'état de l'augmentation du matériel et du personnel que nécessitera cette organisation et de la dépense que cela fera. Il me semble qu'il faut s'y prendre de bonne heure, afin que ces corps aient disponibles soixante-quatre pièces de régiment, soixante-quatre caissons de cartouches et soixante-quatre caissons de transports militaires; tout cela prêt à marcher aussitôt que les 4es bataillons seront arrivés, ce que je suppose pouvoir être dans le courant de l'été.

D'après la minute. Archives de l'Empire.

17337. — AU COMTE ALDINI,

MINISTRE SECRÉTAIRE D'ÉTAT DU ROYAUME D'ITALIE, EN RÉSIDENCE À PARIS.

Paris, 7 février 1811.

J'ai fait venir d'Espagne des archives appartenant aux affaires du Milanais depuis 1516 jusqu'en 1729. Voyez si cela peut être de quelque utilité à mon royaume.

D'après la minute. Archives de l'Empire.

17338. — AU COMTE DE MONTALIVET,

MINISTRE DE L'INTÉRIEUR, À PARIS.

Paris, 8 février 1811.

Je vous prie de m'apporter demain, au conseil des ponts et chaussées, tout ce qui est relatif à la gare aux vins, avec un projet de décret pour prendre un parti définitif.

Les marchands de vins que j'ai vus et interrogés aujourd'hui prétendent que leurs intérêts ont été mal défendus devant vous et leurs syndics, et qu'en établissant la halle aux vins au quai Saint-Bernard, quand cela coûterait 6 millions, en faisant l'opération par compagnie, ils prendraient autant d'actions que l'on voudrait. Faites-moi donc connaître ce que devient cette affaire.

D'après la minute. Archives de l'Empire.

17339. — DÉCISION.

Paris, 8 février 1811.

Le ministre du trésor public présente à l'Empereur un rapport sur un nouveau prêt de 1,200,000 francs à faire à la maison Gros-Davilliers, à laquelle il a été déjà prêté une somme de 800,000 francs. L'intérêt exigé sera de 5 pour 100, et le remboursement aura lieu par des payements mensuels de 100,000 francs, à partir de septembre 1811.

Approuvé un nouveau prêt de 1,200,000 francs; ce qui, avec les 800,000 accordés précédemment, fera 2 millions, sous les réserves comprises dans le rapport.

NAPOLÉON.

D'après l'original. Archives des finances.

17340. — AU COMTE DE MONTALIVET,
MINISTRE DE L'INTÉRIEUR, À PARIS.

Paris, 9 février 1811.

Dans le budget de Paris, comme il y a des fonds de reste, j'ai préféré faire rembourser les 500,000 francs que la ville doit à la caisse de l'extraordinaire. Par ce moyen, ce sera un million que la ville de Paris aura acquis sur l'emprunt, et sur 8 millions il n'y en aura plus que 7 à rembourser. En vendant les marchés aux hospices, on aura 7 millions disponibles. Je pense qu'il ne faudrait pas les employer à rembourser l'emprunt, puisque la ville peut continuer tous les ans à faire ce remboursement sur ses revenus; mais on pourrait très-bien destiner ces 7 millions à faire le marché qui doit agrandir les halles depuis les Innocents jusqu'à la rotonde de la halle aux blés. La dépense de ce marché est, je crois, évaluée à pareille somme. D'ailleurs, la ville de Paris peut bien continuer pendant plusieurs années de faire sur ses revenus des sacrifices pour un avantage aussi important, dont je sentais le besoin, mais que je regarde comme l'entreprise la plus intéressante pour la ville depuis que je connais la question. C'est pour cela que j'accorde pour le budget de la ville 600,000 francs cette année, et, comme les hospices peuvent très-bien fournir 1,400,000 francs en 1811, cela fera donc 2 millions qu'on pourra employer dans la première année à exécuter, comme par enchantement, ce grand projet d'utilité publique. J'accorde à cette mesure d'autant plus d'intérêt qu'elle importe aussi bien à la commodité du peuple qu'à la salubrité et à la beauté de la ville.

Une fois les maisons des hospices affectées à cette destination, l'argent ne manquera pas et l'on obtiendra les avances qui seraient nécessaires. Voyez donc à prendre des mesures pour que ce marché soit entrepris et fait dans le plus court délai possible.

En outre, les hospices devront affecter une somme de 10 millions à la construction de la halle aux vins.

Cela fait donc 17 millions environ pour lesquels ils seront engagés, et c'est à peu près l'emploi de toutes leurs maisons.

Je pense aussi que 1,600,000 francs seront une somme suffisante cette année pour commencer la halle aux vins.

Ce sera donc 3 millions qu'on devra tirer cette année des premières ventes des hospices. Si le préfet présente le décret pour affranchir ces maisons de leurs inscriptions hypothécaires et donner à la mesure toute l'activité convenable, ce fonds doit se réaliser sans retard. D'ailleurs, comme une grande partie des 3 millions est destinée à payer des indemnités de maisons et de terrains, soit pour les nouvelles halles, soit pour la gare aux vins, on pourra avoir des facilités pour ce genre de payement.

Je tiens que les quatre choses les plus importantes pour la ville de Paris sont : les eaux de l'Ourcq, les nouveaux marchés des halles, les abattoirs et la halle aux vins.

Faites faire les projets et devis de la halle aux vins et des nouveaux marchés, et présentez-moi ces deux projets avant le mois d'avril.

D'après la minute. Archives de l'Empire.

17341. — AU GÉNÉRAL CLARKE, DUC DE FELTRE,
MINISTRE DE LA GUERRE, À PARIS.

Paris, 9 février 1811.

Le 19 janvier, 29 conscrits réfractaires faisant partie d'un convoi de 100, allant du fort Lamalgue à Rome, se sont évadés près de Breglio. Je vous avais recommandé de ne pas faire voyager les conscrits réfractaires. Pourquoi donc les fait-on aller de Toulon à Rome par terre? Cela est tout à fait contraire au bien de mon service. Le 28 novembre, 38 autres se sont échappés à peu de distance de Toulon. Le 24 décembre, 20 autres se sont échappés près de Toulon. Quelle est donc la nécessité d'envoyer ces conscrits réfractaires à Rome? Il paraît qu'il y a anarchie au ministère de la guerre, puisque mes intentions ne sont pas remplies.

D'après la minute. Archives de l'Empire.

17342. — AU GÉNÉRAL CLARKE, DUC DE FELTRE,
MINISTRE DE LA GUERRE, À PARIS.

Paris, 9 février 1811.

Monsieur le Duc de Feltre, je médite une expédition qui devra partir de Toulon. Cette expédition sera composée du 3° bataillon du 62°, complété à 800 hommes, de deux bataillons des 5°, 81°, 79°, 11° et 60° de ligne et d'un bataillon du 22° d'infanterie légère; total, douze bataillons ou 10,000 hommes.

Ces troupes seront prêtes à partir au 10 mars et à s'embarquer sur l'escadre. Le général Plauzonne se rendra à Toulon pour en prendre le commandement. Un chef de bataillon du génie, un chef de bataillon d'artillerie, deux compagnies d'artillerie, une compagnie de sapeurs et douze pièces de canon feront partie de l'expédition.

Concertez-vous avec le ministre de la marine pour les moyens d'embarquer les troupes.

Faites connaître au général Plauzonne qu'elles seront portées à

15,000 hommes et qu'elles sont destinées pour la Sicile ou pour un autre point.

Un adjudant commandant sera nécessaire à cette division.

Faites-moi un rapport pour disposer ces troupes de la manière la moins coûteuse. Elles pourront être cantonnées dans les villages environnant Toulon.

NAPOLÉON.

D'après la copie. Dépôt de la guerre.

17343. — AU VICE-AMIRAL COMTE DECRÈS,
MINISTRE DE LA MARINE, À PARIS.

Paris, 9 février 1811.

Monsieur le Comte Decrès, écrivez au port de Toulon pour que tous les préparatifs soient faits de manière à ce que l'expédition puisse partir le 20 mars au plus tard, et débarque 15,000 hommes dans le lieu qui sera désigné. Il est nécessaire d'avoir pour cette expédition les quinze vaisseaux, six frégates, six flûtes, quatre gabares, six corvettes et six gabares-écuries. Vous connaissez mes intentions. Parlez sérieusement avec le ministre de la guerre là-dessus. Écrivez au préfet maritime et à l'amiral, et faites-leur comprendre l'avantage de continuer le système qu'ils suivent, de manière que l'expédition puisse partir au moment où l'ennemi s'y attendrait le moins. Les troupes seront cantonnées à Toulon et dans les environs.

NAPOLÉON.

D'après l'original comm. par Mme la duchesse Decrès.

17344. — AU GÉNÉRAL COMTE DE LA RIBOISIÈRE,
COMMANDANT L'ARTILLERIE DE LA GARDE, À PARIS.

Paris, 9 février 1811.

Voyez le ministre de la guerre, qui seul peut déterminer s'il convient de faire revenir le matériel que vous avez à Bayonne; car il est important que le matériel soit prêt à la Fère ou à Metz, afin que les mouvements de la Garde n'éprouvent aucun retard.

Faites revenir d'Espagne les hommes d'artillerie de la Garde qui ne sont pas montés, les hommes du train qui n'ont pas de chevaux à servir. J'ai ordonné que les douze pièces d'artillerie légère restassent dans la province de Burgos; je les ferai revenir en cas d'événement : on peut donc compter sur elles. Je ne puis compter de même sur les trois compagnies de canonniers-conscrits. Je désire donc un nouvel état qui présente l'organisation de l'artillerie en cas de guerre selon les bases suivantes, savoir : six compagnies d'artillerie à pied de 140 hommes, servant huit pièces de canon chacune, savoir : seize pièces de 12, vingt pièces de 6 et douze obusiers; total, 48 bouches à feu; et trois compagnies d'artillerie à cheval, chacune à 100 hommes et servant vingt-quatre pièces, savoir : seize pièces de 6 et huit obusiers; total, 72 pièces, avec double approvisionnement, soixante caissons d'infanterie et autres équipages nécessaires. Chaque compagnie du train sera portée à 140 hommes, et dès lors à un nombre de chevaux proportionné. Une partie de compagnie du train reviendrait d'Espagne, mais l'autre partie resterait avec les trois compagnies de conscrits. Me faire la distribution de cela, de sorte que je serais assuré d'avoir dans les douze compagnies du train de la Garde, qui feraient 2,680 hommes, de quoi servir non-seulement les soixante et douze bouches à feu, mais aussi les vingt-quatre bouches à feu des trois compagnies de conscrits.

Ainsi donc l'équipage d'artillerie de la Garde serait de quatre-vingt-seize bouches à feu, en y comprenant les vingt-quatre pièces des conscrits, et en y mettant en temps de guerre cinq batteries tirées de la ligne, savoir :

Deux batteries de 12 servies par l'artillerie de ligne, ou seize pièces; trois batteries d'artillerie à cheval; ce qui ferait quarante bouches à feu: cela porterait l'artillerie de réserve à trente-deux bouches à feu de 12, cinquante-deux de 6 et vingt-quatre de 7 ou de 4 et vingt-huit obusiers; total, 136, et, en cas d'absence des trois compagnies de conscrits, 112 pièces.

Seize pièces de 12 de la Garde, seize pièces de 12 de la ligne; total, 32 pièces.

Vingt pièces de 6 de l'artillerie à pied de la Garde, seize pièces de 6 de l'artillerie à cheval et seize pièces de 6 de la ligne; total, 52 pièces.

Huit obusiers de l'artillerie à cheval de la Garde, douze de l'artillerie à pied de la Garde et huit de l'artillerie à cheval de la ligne; total, 28 obusiers.

Vingt-quatre pièces des trois compagnies de conscrits; total général, 136 pièces.

Il est donc nécessaire que vous travailliez avec le ministre de la guerre pour que le matériel vous soit bien assigné, que vous ayez les harnais et l'état précis des hommes qui doivent recruter.

Les munitions aussi sont d'une grande importance, pour être sûr que vos caissons sont chargés de munitions qui ne sont pas confectionnées depuis trop de temps.

Je ne désire pas pour le moment faire de dépense, mais que tout soit préparé pour pouvoir, un mois après que j'aurai prévenu, remplir mes intentions.

Placez du reste le matériel de l'artillerie de la Garde entre la Fère et Vincennes, comme vous l'entendrez; prenez des mesures pour que le polygone et les exercices pour l'instruction des canonniers aient lieu avec la plus grande activité. Faites tirer des obus, des bombes et beaucoup de boulets rouges.

D'après la minute. Archives de l'Empire.

17345. — AU PRINCE LEBRUN,
LIEUTENANT GÉNÉRAL DE L'EMPEREUR EN HOLLANDE, À AMSTERDAM.

Paris, 9 février 1811.

Des gardes de police existent dans plusieurs villes de Hollande, entre autres à Zwolle. Mon intention est non-seulement de les conserver, mais même de les augmenter, afin qu'en cas d'absence de troupes la police puisse se faire par cette garde.

D'après la minute. Archives de l'Empire.

17346. — A M. DE CHAMPAGNY, DUC DE CADORE,
MINISTRE DES RELATIONS EXTÉRIEURES, À PARIS.

Paris, 10 février 1811.

Monsieur le Duc de Cadore, je pense qu'il faut faire une note au prince Kourakine pour demander si l'intention de la Russie est de donner suite à l'article 5 du traité de Tilsit. Par cet article, « les hautes parties contractantes conviennent, en attendant la confection d'un nouveau traité de commerce, de rétablir les relations commerciales entre les deux pays sur le même pied qu'elles étaient avant la guerre. » Si le dernier ukase s'applique à la France, cet article est violé. Demandez si l'intention de la Russie est de faire un nouveau traité de commerce. Faites un projet de note dans ce sens, que vous me remettrez.

NAPOLÉON.

D'après l'original. Archives des affaires étrangères.

17347. — AU VICE-AMIRAL COMTE DECRÈS,
MINISTRE DE LA MARINE, À PARIS.

Paris, 10 février 1811.

Monsieur le Comte Decrès, pressez à Anvers la construction et la mise à l'eau des cinq vaisseaux qui, avec les douze que j'y ai, doivent porter l'escadre à dix-sept vaisseaux. Donnez ordre que les trois vaisseaux qui sont au Texel et les deux vaisseaux qui sont à Rotterdam se rendent à Flessingue; ce qui portera le nombre des vaisseaux de mon escadre de l'Escaut à vingt-deux. Donnez ordre que quatre frégates hollandaises se rendent par l'intérieur à Anvers, et que deux corvettes se dirigent du Havre et de Dunkerque sur Flessingue. Remettez-moi dans la semaine les ordres à signer pour le mouvement de vaisseaux qui doit avoir lieu à l'extérieur. Quant à Boulogne, il est nécessaire que vous y envoyiez des ordres pour passer des revues, et que vous dirigiez des conscrits sur ce port, afin d'avoir là un ou deux équipages complets.

NAPOLÉON.

D'après l'original comm. par Mme la duchesse Decrès.

17348. — A EUGÈNE NAPOLÉON,
VICE-ROI D'ITALIE, À MILAN.

Paris, 10 février 1811.

Mon Fils, je viens de recevoir les quatre adresses des évêques et chapitres de Novare et d'Udine, qui m'ont fait le plus grand plaisir. Je me suis empressé de les faire mettre dans *le Moniteur*[1]. Faites-moi passer, aussitôt que vous les aurez, les adresses de Milan, de Venise, de Bologne et, s'il est possible, celles de tous les diocèses du royaume.

NAPOLÉON.

D'après la copie comm. par S. A. I. Mme la duchesse de Leuchtenberg.

17349. — A M. DE CHAMPAGNY, DUC DE CADORE,
MINISTRE DES RELATIONS EXTÉRIEURES, À PARIS.

Paris, 12 février 1811.

Monsieur le Duc de Cadore, je pense qu'il est nécessaire que vous écriviez au landamman de la Suisse une lettre que vous lui ferez remettre par mon ministre. Je suppose qu'on lui a remis ma réponse à la lettre qu'il m'a écrite lors de son entrée en charge[2]. Vous écrirez donc au landamman que mon intention est de ne toucher en rien à l'intégrité de la Confédération suisse, que j'ai garantie; mais qu'il faut convenir qu'il est des parties des cantons du Tessin qui influent trop sur le bien du commerce de Milan et sur le système de l'Italie; qu'il y aurait de l'avantage pour les deux pays à en venir à une délimitation qui, en laissant exister le canton du Tessin, rectifiât leurs limites et améliorât la frontière d'Italie, et à convenir que les douanes italiennes pourront surveiller et contrôler ce qui se passe sur la cime des Alpes; que cette dernière clause ne subsistera que pendant la guerre maritime.

NAPOLÉON.

D'après l'original. Archives des affaires étrangères.

[1] Voir *le Moniteur* du 11 juin 1811. — [2] Pièce n° 17334.

17350. — A M. GAUDIN, DUC DE GAËTE,

MINISTRE DES FINANCES, À PARIS.

Paris, 12 février 1811.

La poste de France de Hambourg a envoyé un paquet à Gœteborg, pour être envoyé à Londres. Ce fait est positif, puisqu'il m'est dénoncé officiellement. Sachez quel est l'agent qui s'est rendu coupable de cette violation et faites-le arrêter. Il est nécessaire que vous fassiez changer les agents des postes de Hambourg et des principales places des nouveaux départements.

D'après la minute. Archives de l'Empire.

17351. — AU GÉNÉRAL SAVARY, DUC DE ROVIGO,

MINISTRE DE LA POLICE GÉNÉRALE, À PARIS.

Paris, 12 février 1811.

Je viens de signer les décrets que vous m'avez présentés pour recevoir les comptes du produit des passe-ports et des ports d'armes.

Je remarque dans la composition des produits de chaque département une ineptie qui prouve que ces perceptions ne sont pas faites partout avec le même soin ou la même fidélité. Comment se fait-il que le droit de port d'armes, qui produit 2,440 francs dans le département de la Drôme, ne produise que 750 francs dans l'Isère, et comment ne compte-t-on dans la Haute-Loire que 130 francs de recette, tandis qu'il produit 1,880 francs dans le Cantal? Comment ne produit-il que 90 francs dans la Lozère et que 20 francs dans le Lot-et-Garonne?

Quant aux passe-ports, je ne comprends pas comment cette perception, qui est de 15,000 francs à Mâcon, peut n'être que de 9,000 francs à Lyon et que de 3,000 à Dijon.

Suivez ces rapprochements et vous reconnaîtrez un grand nombre de départements qui ont mis au moins de la négligence dans cette perception.

Faites des reproches aux administrateurs qui les méritent, et prenez des renseignements sur la vraie cause de ces non-valeurs.

D'après la minute. Archives de l'Empire.

17352. — AU GÉNÉRAL SAVARY, DUC DE ROVIGO,
MINISTRE DE LA POLICE GÉNÉRALE, À PARIS.

Paris, 12 février 1811.

Monsieur le Duc de Rovigo, je vous renvoie votre travail sur les commissaires généraux de police. Je ne le comprends pas et je désire que vous me le représentiez mercredi prochain, développé dans un travail plus complet. Il y a, dans l'Empire, un directeur général de police à Turin, un à Florence, un à Rome et un à Amsterdam; ce qui fait quatre directeurs généraux. C'est le premier grade de la police. Mon intention est que chacune de ces places ne coûte pas plus de 50,000 francs, savoir : 25,000 francs pour le traitement du directeur général et 25,000 francs pour frais de bureaux, traitements d'agents et dépenses accessoires. Ces 50,000 francs seront payés, savoir : moitié par le trésor et moitié par la ville, chef-lieu de la direction. Les noms des employés et agents de chaque direction seront visés par vous dans les comptes de chaque mois, et même mon intention est que vous régliez en détail le budget de ces quatre grandes directions. Chacune devant coûter 50,000 francs, la dépense totale sera pour les quatre de 200,000 francs, dont 100,000 fr. à la charge du trésor, sur le budget de votre ministère, et 100,000 à la charge des villes. Quant aux commissaires généraux, il ne doit pas y en avoir dans les gouvernements où il y a des directeurs généraux. Ainsi je viens de supprimer le commissariat général de Civita-Vecchia. Ces places doivent être gérées par de simples commissaires qui ne coûtent pas plus de 4 à 5,000 francs de traitement et pas plus du double pour frais de bureaux et accessoires. A Livourne, le commissaire ne doit pas avoir plus de 10,000 francs de traitement, le secrétaire général est inutile, et au total les dépenses doivent être fixées de manière à ce qu'elles n'excèdent pas 20,000 francs. Quant aux commissaires de Lorient, du Havre, de Perpignan, de Rotterdam, ils ne doivent coûter chacun que 8 à 10,000 fr. dont 4,000 francs de traitement et 4,000 francs de frais accessoires. Alors ces dépenses peuvent très-bien être à la charge des villes. Mais tout cela doit être le résultat d'un règlement, divisé en plusieurs titres et complet dans son ensemble : titre premier, *Directeurs généraux;* titre deuxième, *Commissaires généraux,* et titre troisième, *Commissaires spéciaux.* Présentez-moi ce décret mercredi prochain. J'attends ce travail pour arrêter votre nouvelle rédaction du budget de 1811.

D'après la minute. Archives de l'Empire.

17353. — AU COMTE DE MONTALIVET,
MINISTRE DE L'INTÉRIEUR, À PARIS.

Paris, 13 février 1811.

Le sieur..... nommé à la place de receveur de l'octroi de Rome, ne présente pas une garantie suffisante pour remplir cette place. On m'assure que c'est un négociant qui a fait faillite et qui a déjà été exclu de diverses administrations. On ajoute que c'est en surprenant la religion de la Consulte qu'il est parvenu à se faire nommer à la place de receveur de l'octroi. Rendez-moi compte de cette affaire et proposez-moi de déplacer cet individu.

D'après la minute. Archives de l'Empire.

17354. — AU GÉNÉRAL SAVARY, DUC DE ROVIGO,
MINISTRE DE LA POLICE GÉNÉRALE, À PARIS.

Paris, 13 février 1811.

Témoignez votre mécontentement au directeur de la police d'Amsterdam de ce qu'il a mis deux prisonniers russes à la disposition du consul de Russie. Il ne devait point le faire sans avoir pris votre ordre. Défendez que pareille chose arrive à l'avenir.

D'après la minute. Archives de l'Empire.

17355. — AU GÉNÉRAL CLARKE, DUC DE FELTRE,
MINISTRE DE LA GUERRE, À PARIS.

Paris, 13 février 1811.

Monsieur le Duc de Feltre, au 1er avril l'armée d'Allemagne sera composée de la manière suivante :

1re division : le général de division Morand, commandant; les généraux Dalton et l'Huillier, généraux de brigade. 13e d'infanterie légère; 17e, 30e, 61e de ligne.

2e division : le général de division Friant, commandant; les généraux Grandeau et Duppelin, généraux de brigade. 2e d'infanterie légère; 43e, 48e, 111e de ligne.

3e division : le général de division Gudin, commandant; les généraux Desailly, Boyer et Leclerc, généraux de brigade. 7e d'infanterie légère; 12e, 21e, 25e de ligne.

4e division : le général de division Dessaix, commandant; les généraux Barbanègre et Friederichs, généraux de brigade. 33e léger; 57e, 108e, 85e de ligne.

Chaque régiment, dans le courant de l'été, aura 4 bataillons; ce qui fera 16 bataillons par division ou 12,000 hommes.

Chaque régiment aura également, dans le courant de l'été, 4 pièces de canon; ce qui fera 16 pièces de canon par division. Il y aura par division une compagnie d'artillerie à cheval servant une batterie de pièces de 6, et une compagnie d'artillerie à pied servant une autre batterie; ce qui fera 12 pièces par division et 48 pièces pour le corps d'armée. Une batterie d'artillerie à cheval sera attachée à chaque brigade de cuirassiers; ce qui fera 12 pièces de canon pour les deux brigades et, avec les 48 pièces de l'infanterie, 60 pièces de canon. Il y aura enfin une batterie d'artillerie à cheval et deux batteries de pièces de 12 à la réserve de l'armée, plus 2 canons, ce qui fera 80 pièces, qui, avec les 64 pièces des régiments, feront 144 pièces. Chaque division aurait une compagnie de sapeurs avec ses outils. Il y aurait au parc au moins six compagnies d'artillerie à pied et quatre compagnies de sapeurs avec leurs outils, indépendamment de 15,000 outils attelés, et au moins deux compagnies de pontonniers. Il y aurait de plus une compagnie d'armuriers, le 12e bataillon d'équipages militaires complété selon mon décret, une compagnie d'infirmiers, etc.

Le corps d'armée aura 16 caissons d'infanterie par division avec les bataillons, servis par les régiments; 20 caissons par division avec l'artillerie de la division; 80 au parc du corps d'armée; total, 224 caissons d'infanterie ou 3,584,000 cartouches attelées; plus 3 millions de cartouches prêtes à distribuer aux troupes, à Magdeburg ou à Hambourg.

Il y aura double approvisionnement, savoir : un approvisionnement avec les pièces, un demi avec le parc de la division, un demi avec le parc de l'armée.

Les bataillons du train devant être portés au complet, il faut les économiser le plus possible, pour en employer une partie à la formation d'un autre corps. Je suppose que 600 voitures d'artillerie sont suffisantes, sans y comprendre l'artillerie des régiments, et qu'ainsi il ne faudra que deux bataillons bien complets, ayant 3,000 chevaux; ce qui me rendra disponibles les deux autres bataillons pour un pareil train de bouches à feu. Ainsi il ne faut augmenter en rien le matériel de ce corps pour garder deux bataillons disponibles. Et comme j'ai huit bataillons du train, quand je les aurai complétés, ils pourront suffire à quatre corps d'armée, qui, à 80 bouches à feu chacun, formeraient un nombre de 320 pièces, indépendamment de l'artillerie des régiments.

Ayant pris des mesures pour avoir promptement des pontons à Danzig, mon intention est qu'il n'y ait aucun équipage de pont à ce corps d'armée. Soumettez-moi le plan de cette formation en détail, en désignant les compagnies d'artillerie, de sapeurs, de pontonniers et celles du train et des équipages militaires. Comme j'ai porté à 6 compagnies les bataillons des équipages militaires, il y aura une compagnie à chaque division et deux au parc de réserve, de sorte qu'il y aura 64 caissons de régiment pour porter le pain, à un par bataillon; ce qui, joint à 40 caissons par division, fera 224 caissons. Je conçois qu'au mois d'avril ce bataillon ne sera pas formé en entier, mais vous me ferez connaître ce que je pourrai faire marcher à cette époque.

Les mouvements de l'armée d'Allemagne doivent se faire par Wesel, qui est le grand dépôt.

Ces ordres doivent être tenus secrets, et vous devez prescrire les différentes dispositions sans que personne ait connaissance de cette lettre. Vous m'apporterez vous-même la formation de l'armée en ses différentes parties, avec la désignation des officiers, pour que je l'approuve, et vous l'enverrez ensuite au prince d'Eckmühl, comme définitivement arrêtée.

Je n'ai pas besoin de dire que dans les six compagnies d'artillerie qui seront envoyées au parc je ne comprends pas celles des places de l'Oder et de Danzig. Ce qui est relatif à ces places sera l'objet d'un autre travail, dont je m'occuperai aussitôt que je pourrai le faire.

D'après la minute. Archives de l'Empire.

17356. — A M. LOCRÉ,
SECRÉTAIRE GÉNÉRAL DU CONSEIL D'ÉTAT, À PARIS.

Paris, 13 février 1811.

On a discuté une fois au Conseil d'état un projet relatif à la formation en compagnies des prisonniers de guerre, qui devraient être mises à la disposition du génie et des ponts et chaussées. Je n'entends plus parler de cela depuis deux mois. Je désire que cette affaire soit remise à la discussion vendredi. Voilà le temps où cela devient fort important.

D'après la minute. Archives de l'Empire.

17357. — A EUGÈNE NAPOLÉON,
VICE-ROI D'ITALIE, À MILAN.

Paris, 13 février 1811.

Mon Fils, je reçois votre lettre du 8 février. Si j'avais la guerre sur le continent, la première chose à faire serait d'évacuer les îles de la Dalmatie et de ne pas disséminer ainsi 1,500 hommes qui pourraient être utiles ailleurs. Mais, dans les circonstances actuelles, où j'ai dans mon royaume d'Italie une si grande quantité de troupes qui ne font rien, il est pour moi de la plus grande importance de rendre difficiles les croisières ennemies dans l'Adriatique, afin que les communications de Venise avec la Dalmatie et d'Ancône avec Corfou soient moins gênées. Je ne vois donc pas de difficulté d'occuper ces îles. Cette mesure peut n'être pas nécessaire pour Curzola; Curzola est trop près de Raguse : les batteries se croisent; d'ailleurs faites-moi un mémoire là-dessus. Il faut faire garder toutes les îles que pourraient occuper les Anglais; mais ceux-ci, ayant des armées en Portugal, des troupes à Zante et en Sicile, ne sacrifieront jamais 1,500 hommes pour prendre ces îles, et je serai certain de les garder avec 500 hommes. Il faut nommer un commandant dans chaque île et tirer parti des habitants. J'attache une grande importance à ce que les Anglais n'aient aucun point dans l'Adriatique où ils puissent mettre pied à terre. Quant à l'approvisionnement de ces postes, c'est un enfantillage; quand j'approvisionne Corfou, comment me serait-il difficile d'approvisionner des îles plus voisines et dont les communications avec le continent sont bien plus faciles? Ainsi, tant que je n'aurai pas de guerre sur le continent, mon intention est que les Anglais n'occupent point les îles de la Dalmatie. Écrivez-moi ce que vous aurez fait pour cela.

NAPOLÉON.

D'après la copie comm. par S. A. I. Mme la duchesse de Leuchtenberg.

17358. — NOTE POUR LE MINISTRE DE L'INTÉRIEUR.

Paris, 14 février 1811.

Le Temple est un véritable palais. On ne pense pas qu'aucun hôtel de Paris soit plus beau et plus étendu. Il paraît même plus grand que l'hôtel du ministre de la guerre. Si cette opinion est une erreur, il faut la faire connaître.

L'emplacement de la tour du Temple peut faire un beau jardin qui aurait le double avantage d'être agréable au public et à la personne qui habiterait le palais.

Il convient de coordonner les dispositions faites pour les hangars du marché du Temple, de manière à conserver les communs et les écuries qui, selon le plan du marché, devraient être abattus. Il est beaucoup plus convenable de se soumettre à des irrégularités dans le marché et de le diminuer de quelques hangars que de pousser le marché jusque sous les fenêtres du palais et de le rendre inhabitable.

Sa Majesté désire que le ministre de l'intérieur lui fasse un rapport sur le palais du Temple, le jardin à lui donner, les communs et les écuries à conserver, et les modifications à faire au plan du marché.

Sa Majesté désire aussi que le ministre lui fasse connaître à quel usage le palais du Temple peut être affecté.

D'après la minute. Archives de l'Empire.

17359. — NOTE POUR LE MINISTRE DES FINANCES.

Paris, 14 février 1811.

Sa Majesté désire que le ministre des finances se réunisse au ministre du trésor et au conseiller d'état Appelius pour rédiger un projet de décret dont les dispositions sont indiquées ci-après :

1° Tout ce qui était dû aux habitants de la Zeeland, du Brabant et du quartier de Nimègue sur la dette hollandaise jusqu'au 1er juillet 1809, et qui n'a pas été porté au budget de 1810, sera soldé sur ledit exercice sans délai et par les soins de notre ministre du trésor public.

2° Ce qui est dû aux habitants desdits pays sur la dette hollandaise, depuis le 1er juillet 1809 jusqu'au mois de septembre 1810, leur sera payé conformément aux dispositions du décret du 23 septembre dernier.

3° Tout ce qui sera dû auxdits habitants, à dater de septembre 1810 et à l'avenir, sera payé de la même manière que cela a lieu pour les autres créanciers de Hollande. Les fonds seront faits à Middelburg et à Bois-le-Duc.

Sa Majesté désire qu'à cette occasion le ministre lui fasse un rapport sur les recettes et les dépenses des pays dont il s'agit et qui composent les départements des Bouches-du-Rhin et des Bouches-de-l'Escaut, pour l'exercice 1810 et pour les exercices antérieurs.

Pour les exercices antérieurs et même pour le premier semestre de 1810, les habitants de ces pays, ayant été dans le même système que les Hollandais, doivent avoir été payés par la Hollande; mais il est probable qu'il y aura eu des arriérés. Sa Majesté a ordonné, l'année dernière, des dispositions que le ministre est invité à remettre sous ses yeux, en coordonnant les arrangements à prendre avec ceux qui ont été pris pour la Hollande.

Peut-être serait-il plus simple d'ordonner que tout l'arriéré serait payé par le syndicat de Hollande, qui toucherait tous les revenus arriérés antérieurs à 1810.

Quant à 1810, les finances sont chargées de tout solder, puisqu'elles ont été chargées de tout recevoir.

Comme Sa Majesté a déjà statué sur différentes questions, il est bon de revoir tout ce qui a été fait, afin d'éviter des dispositions contradictoires.

<small>D'après la minute. Archives de l'Empire.</small>

17360. — AU VICE-AMIRAL COMTE DECRÈS,
MINISTRE DE LA MARINE, À PARIS.

Paris, 14 février 1811.

Monsieur le comte Decrès, la première fois que vous écrirez au *Transport-Office*, vous pourrez lui faire connaître qu'un nommé Kolli, qui se dit Irlandais, et qui a été trouvé porteur d'une lettre du roi d'Angleterre et d'une commission qui l'intitule ministre plénipotentiaire auprès de Ferdinand VII[1], est au nombre de nos prisonniers: que Sa Majesté ne

---

[1] À cette date on n'a trouvé aucune trace de l'entente du prince des Asturies avec le cabinet anglais. Ferdinand donnait depuis longtemps à l'Empereur les témoignages répétés d'une reconnaissante soumission. Les lettres suivantes sont une preuve de ces sentiments.

A M. D'ARBERG,
CHAMBELLAN DE L'EMPEREUR.

Je vous ai fait voir, Monsieur d'Arberg, par ma lettre du 7 de ce mois, que mes sentiments, mes désirs, ceux de mon frère et de mon oncle, se dirigent toujours à nous conformer aux volontés et aux ordres de Sa Majesté Impériale et Royale en manifestant notre obéissance et notre reconnaissance de voir qu'il s'occupe de notre félicité, que nous faisons uniquement consister dans le repos de la vie privée.

Je vous assure que les réclamations qui ont été faites à Paris sont entièrement opposées à notre façon de penser, et que nous n'y avons eu nulle part, ignorant encore à quoi elles se réduisent; aussitôt que nous avons su que nos commissionnés ont fait des réclamations, nous avons ordonné de leur écrire de les suspendre.

Nous voudrions ardemment que Sa Majesté Impériale, en considération de nos bonnes dispositions, de notre obéissance et respect, et en outre des circonstances et incommodités que nous souffrons ici, ainsi que des désagréments que nous éprouvons dans le château, et que vous devez bien connaître, ordonne de nous faire sortir d'ici, soit pour Navarre ou pour toute autre destination où nous pourrions être avec moins de déplaisir et plus de décence, et, s'il était possible, plus près de l'auguste personne de Sa Majesté Impériale et Royale, que nous regardons comme notre unique père et notre appui.

Nous désirons que vous ne perdiez pas de temps pour faire parvenir à Sa Majesté Impériale

serait pas éloignée de l'échanger contre une personne d'un grade équivalent à celui de ministre plénipotentiaire.

NAPOLÉON.

D'après l'original communiqué par Mme la duchesse Decrès.

17361. — AU GÉNÉRAL CLARKE, DUC DE FELTRE,
MINISTRE DE LA GUERRE, À PARIS.

Paris, 15 février 1811.

Monsieur le Duc de Feltre, le 13e de cuirassiers a 300 hommes à son dépôt; mon intention est que sur ce nombre il soit fait choix de tous les hommes en état de servir, qui seront distribués de la manière suivante : 70 seront envoyés au 2e de cuirassiers, 30 au 3e, 100 au 12e, et 10 au 9e: total, 210. C'est-à-dire que ces 210 hommes seront envoyés aux quatre régiments qui sont en Allemagne. Par ce moyen, le 13e régiment de cuirassiers, au lieu de 1,300 hommes, n'aura plus que 1,100 hommes à l'effectif; ce qui est suffisant.

Comme les quatre régiments de cuirassiers qui sont en Allemagne doivent être portés à 1,100 hommes, cela soulagera d'autant la conscription.

Il faudrait donner ordre que tous les hommes disponibles qui se trou-

et Royale la lettre ci-jointe, en assurant Sa Majesté Impériale de notre fidélité, amour et respect, et que notre conduite lui fera connaître que nous sommes dignes de sa bienveillance.

En attendant, je suis votre affectionné ami,

FERDINAND.

Valençay, le 15 avril 1809.

D'après l'original. Bibliothèque impériale.

A M. D'ARBERG,
CHAMBELLAN DE L'EMPEREUR.

Je vous ai dit, Monsieur d'Arberg, ces jours passés, et je vous le renouvelle par celle-ci, que j'ai pris la résolution de renvoyer d'ici don Juan de Escoïquiz; vous devez connaître nos motifs : les plus grands sont notre tranquillité qu'il est venu troubler, et l'assurance que nous avons que sa permanence ici nous compromettra et nous fera perdre les bontés et les grâces de Sa Majesté Impériale et Royale, que nous croyons nous être acquises par notre conduite et à laquelle nous ne démentirons jamais. Étant fermement décidés, mon frère, mon oncle et moi, à renvoyer M. Escoïquiz, je vous prie de prendre les dispositions nécessaires, et en donner avis à l'Empereur et Roi, en lui rappelant ma lettre du 15 avril, et en assurant Sa Majesté Impériale et Royale de nos plus sincères intentions et de l'obéissance aveugle sur tout ce qu'elle daignera nous ordonner, nous confiant à la générosité et bonté qui la caractérise.

Je suis, Monsieur d'Arberg, votre affectionné.

FERDINAND.

Valençay, le 10 juin 1809.

D'après l'original. Bibliothèque impériale.

vent aux dépôts des quatre régiments de cuirassiers, des quatre de chasseurs et des deux de hussards qui sont en Allemagne, se rendissent aux escadrons de guerre. Il faudrait y envoyer également toutes les selles disponibles, afin de pouvoir faire monter sans retard les 1,200 chevaux de cuirassiers et les 1,600 chevaux de chasseurs et de hussards qui vont être levés sur les lieux. Il faudrait prescrire aux généraux de cavalerie de bien veiller aux remontes et de n'accepter que des chevaux de 5 à 8 ans qui soient en bon état. Cinq régiments de dragons sont à l'armée d'Italie; ils ont avec eux leurs dépôts; ils doivent cette année recevoir 900 chevaux. Il y a en outre, dans le royaume d'Italie ou de Naples, six régiments de chasseurs ou de hussards qui doivent aussi recevoir une grande quantité de chevaux.

Les chevaux arrivant très-difficilement en Italie, j'ai décidé que les cinq régiments de dragons et les six régiments de hussards et de chasseurs qui sont à l'armée d'Italie ne garderaient en Italie que trois escadrons, c'est-à-dire 600 chevaux, et que les 4es escadrons, avec tous les hommes à pied, se rendront en France. Vous désignerez les places où ils doivent établir leurs dépôts; et les chevaux de remonte, ainsi que les hommes de recrue, au lieu d'aller en Italie, seront dirigés sur ces dépôts. La 6e division militaire me paraît celle qu'il est le plus convenable de choisir pour placer ces onze dépôts. Il faudrait décider quelle est la partie des ouvriers et du dépôt qui doit rester avec les escadrons de guerre.

Faites-moi un rapport et présentez-moi un projet de décret là-dessus. Concertez-vous pour cela avec le ministre de l'administration de la guerre. Il peut y avoir de l'avantage à avoir des dépôts d'infanterie en Italie, mais il me semble qu'il n'y en a pas pour les dépôts de cavalerie.

D'après la copie. Dépôt de la guerre.

17362. — AU VICE-AMIRAL COMTE DECRÈS,
MINISTRE DE LA MARINE, À PARIS.

Paris, 15 février 1811.

Monsieur le Comte Decrès, j'ai signé votre budget. Vous aurez remarqué que j'y ai inséré un million pour le bassin de Breskens. Il est donc indispensable que vous me présentiez un rapport sur cet objet important.

Je désire avoir un rapport sur tous les travaux de Flessingue, soit du port, soit du magasin général.

Enfin je désire que vous me remettiez un projet sur Cherbourg, qui lève toutes les difficultés.

D'après la minute. Archives de l'Empire.

17363. — A EUGÈNE NAPOLÉON,
VICE-ROI D'ITALIE, À MILAN.

Paris, 15 février 1811.

Mon Fils, je vous envoie un mémoire très-important sur la machine à mâter de Venise et sur les travaux d'Ancône; prenez des mesures pour qu'on ne s'éloigne pas de cette direction. Je suis accoutumé depuis longtemps à faire faire de grands travaux, et je sais ce qu'il m'en a coûté dans les commencements pour avoir laissé des ingénieurs suivre leurs idées particulières. Rappelez donc vos ingénieurs à l'exécution simple des projets que j'ai fait approuver par les maîtres de l'art.

NAPOLÉON.

D'après la copie comm. par S. A. I. Mme la duchesse de Leuchtenberg.

17364. — AU GÉNÉRAL DUROC, DUC DE FRIOUL,
GRAND MARÉCHAL DU PALAIS, À PARIS.

Paris, 16 février 1811.

Monsieur le Duc de Frioul, je vous envoie un rapport de l'intendant général, contenant des propositions sur lesquelles je désire que vous preniez l'opinion du sieur Fontaine. Je ne voudrais pas qu'on fit des places d'architecte dans un palais des récompenses pour des subalternes. Je veux des hommes forts en connaissances et en talents. Venez ce soir, après mon dîner, avec l'intendant général, l'intendant des bâtiments et le sieur Fontaine, pour arrêter ce qui est relatif au Palais-Royal et me parler du palais d'Iena et d'autres travaux.

NAPOLÉON.

D'après l'original. Bibliothèque impériale.

17365. — A M. DE CHAMPAGNY, DUC DE CADORE,

MINISTRE DES RELATIONS EXTÉRIEURES, À PARIS.

Paris, 17 février 1811.

Monsieur le Duc de Cadore, je désire que vous envoyiez un courrier à Constantinople. Mandez à M. Latour-Maubourg de se rapprocher le plus possible de la Porte, de faire en sorte, sans se compromettre, que le nouveau sultan m'écrive et m'envoie un ministre; de mon côté je lui répondrai, je renouerai mes relations et j'enverrai un ministre. Ce courrier, en passant à Vienne, remettra à M. Otto une lettre que vous lui écrirez pour le rassurer entièrement. Vous instruirez M. Otto de la démarche que le prince de Schwarzenberg a faite auprès de vous pour la Porte, et vous lui demanderez de sonder davantage le terrain pour savoir ce que cela veut dire.

NAPOLÉON.

D'après l'original. Archives des affaires étrangères.

17366. — A M. DE CHAMPAGNY, DUC DE CADORE,

MINISTRE DES RELATIONS EXTÉRIEURES, À PARIS.

Paris, 17 février 1811.

Monsieur le Duc de Cadore, je désire que vous envoyiez demain un courrier à Saint-Pétersbourg. Vous enverrez des lettres de récréance au duc de Vicence. Vous lui ferez connaître qu'après en avoir conféré avec le gouvernement russe il peut partir, soit comme ayant obtenu un congé de deux mois, soit comme remplacé et en remettant ses lettres de récréance, selon que l'empereur de Russie le jugera plus convenable; mais, dans l'un et l'autre cas, il fera connaître que je désire envoyer à Pétersbourg, pour le remplacer, une des trois personnes ci-après : le comte la Rochefoucauld, qui a été ambassadeur à la Haye; le comte de Narbonne, aujourd'hui mon ambassadeur à Munich, ou le comte Lauriston, mon aide de camp; que je désire connaître celui des trois qui serait le plus agréable à l'empereur Alexandre; que ce n'est qu'aussitôt que je le saurai que je me déciderai, voulant en cela, comme en toutes choses, ne rien faire qui puisse être désagréable à l'empereur. Vous donnerez au duc de Vicence des instructions sur l'affaire d'Oldenburg. Les termes du sénatus-consulte sont précis. J'ai fait ce qui dépendait de moi en donnant au prince d'Oldenburg une exacte et réelle indemnité.

Vous chargerez le duc de Vicence d'avoir une conférence avec M. de Romanzof et avec l'empereur; de déclarer à l'un et à l'autre que je persiste dans l'alliance; que je n'entrevois aucune circonstance possible où je fasse la guerre avec la Russie, le seul cas excepté où la Russie se mettrait avec l'Angleterre; que je n'ai aucune alliance avec aucune puissance, et que ma politique est dans la même situation.

NAPOLÉON.

D'après l'original. Archives des affaires étrangères.

17367. — AU COMTE BIGOT DE PRÉAMENEU,

MINISTRE DES CULTES, À PARIS.

Paris, 18 février 1811.

Monsieur le Comte Bigot de Préameneu, faites-moi un rapport sur la cathédrale de Rennes. Cette ville a-t-elle suffisamment d'églises? Est-il utile de continuer la construction de la cathédrale? On m'assure que cela ne coûtera pas 400,000 francs.

NAPOLÉON.

D'après l'original comm. par M₁ₑ la baronne de Nougarède de Fayet.

17368. — A M. GAUDIN, DUC DE GAËTE,

MINISTRE DES FINANCES, À PARIS.

Paris, 18 février 1811.

Faites-moi connaître où en est le remboursement de la dette publique à Rome, et à quel taux se vendent aujourd'hui les *luoghi di monti*.

Faites-moi un rapport sur les relais de poste de Nocera et de Gualdo à Rome; qu'est-ce qui a porté à les supprimer?

D'après la minute. Archives de l'Empire.

17369. — AU GÉNÉRAL CLARKE, DUC DE FELTRE,
MINISTRE DE LA GUERRE, À PARIS.

Paris, 18 février 1811.

Mon intention est que vous preniez des mesures pour que les officiers ne soient plus logés à Rome chez les particuliers et pour qu'aucun logement militaire ne pèse plus sur les habitants.

Faites-moi connaître si l'on a armé le promontoire de Circeo, près de Terracine. On se plaint que les corsaires s'y cachent pour arrêter le cabotage de France à Naples.

D'après la minute. Archives de l'Empire.

17370. — AU GÉNÉRAL CLARKE, DUC DE FELTRE,
MINISTRE DE LA GUERRE, À PARIS.

Paris, 18 février 1811.

L'armée de Catalogne excite toute ma sollicitude. Le général Baraguey d'Hilliers ne fait rien et ne correspond plus. Envoyez-lui un officier, et dites-lui de vous adresser tous les cinq jours l'état de situation de ses troupes et de bien spécifier tous les cantonnements. Vous me remettrez ensuite ces états. Avec les troupes qu'il a, ce général devrait entretenir des communications suivies avec Barcelone, et toutes les semaines je devrais avoir des nouvelles de cette place. Je n'en entends pas parler. Remuez-le le plus possible.

Je ne sais pas non plus ce que fait le duc de Tarente. On n'entend parler de rien. Probablement il se sera retiré du côté de Lerida, comme il a déjà fait, sans rien dire. Cela fait perdre la bonne saison et le temps de l'expédition de Valence, et cela rend nulle toute l'armée d'Aragon. Écrivez-lui également.

D'après la minute. Archives de l'Empire.

17371. — AU GÉNÉRAL CLARKE, DUC DE FELTRE,
MINISTRE DE LA GUERRE, À PARIS.

Paris, 18 février 1811.

Je vois que les 65,000 fusils qui sont en France sont nécessaires aux gardes nationales et trop éloignés des frontières de l'est. Ce serait d'un mauvais effet de les faire venir; d'ailleurs il faudrait les remplacer par des fusils d'un autre calibre, ce qui ne serait d'aucun avantage. Je préfère donc faire un achat de 54,000 fusils à Vienne. Reste à savoir comment il faudrait faire pour couvrir cet achat, de manière qu'il ait l'air d'être fait par la Saxe et que nous n'y soyons pour rien.

En attendant, je désire que vous fassiez réunir à Wesel les 21,000 fusils qui sont en Hollande, les 6,000 qui sont à Maëstricht, et 7,000 qui sont à Anvers, ce qui fera 34,000 fusils; que vous les teniez à la citadelle de Wesel emballés et prêts à partir au premier ordre; que vous fassiez réunir à Mayence les 4,500 qui s'y trouvent, les 4,600 qui sont à Metz, les 3,000 qui sont à Mézières, les 9,000 qui sont à Lille, les 1,300 qui sont à Douai et les 19,000 qui sont à Strasbourg; qu'ils soient placés dans la citadelle de Strasbourg, en bon état, emballés et prêts à partir. Il me paraît convenable que vous les fassiez arranger et emballer à Mézières et à Lille, et qu'ils se rendent à Mayence tout emballés. Ainsi j'aurai ces 76,000 fusils, moitié à Wesel et moitié à Mayence.

Mettez-y la moitié des mousquetons que vous m'avez proposés dans votre dernier rapport. Ordonnez que cette opération se fasse avec le plus de mystère possible, de sorte qu'aux premiers jours de mai, si j'avais besoin d'avoir ces 76,000 armes, elles pussent partir vingt-quatre heures après que je l'aurais ordonné. Je n'ai pas besoin de dire qu'il faut qu'elles soient en bon état et prêtes à servir. Il sera nécessaire de joindre une certaine quantité de formes de balle de 22; je pense qu'il faudrait en envoyer pour 5,000 fusils et les faire entrer dans les caisses.

D'après la minute. Archives de l'Empire.

17372. — AU GÉNÉRAL LACUÉE, COMTE DE CESSAC,
MINISTRE DIRECTEUR DE L'ADMINISTRATION DE LA GUERRE, À PARIS.

Paris, 18 février 1811.

Monsieur le Comte de Cessac, je pense qu'il est nécessaire de faire venir le major Thevenin, pour le charger du service des équipages militaires de l'armée d'Allemagne. Réunissez un conseil pour déterminer l'espèce de caisson à faire construire qui serait le plus propre pour faire la guerre de Pologne. Il faut que ce soit fait avec discrétion et le plus secrètement possible.

NAPOLÉON.

D'après l'original comm. par M. Perrotin, libraire à Paris.

17373. — AU CONTRE-AMIRAL RUYSCH,

COMMANDANT LES VAISSEAUX *LE CHATHAM* ET *LE HOLLANDAIS*.

Paris, 18 février 1811.

Monsieur le Contre-Amiral Ruysch, nous vous faisons savoir que notre intention est que nos vaisseaux *le Chatham* et *le Hollandais*, réunis sous votre commandement, complètent leurs équipages, soient munis de deux mois de vivres et appareillent, aussitôt que vous en trouverez l'occasion, pour se joindre à nos forces navales dans l'Escaut occidental.

Notre intention est qu'il n'y ait point un moment de perdu pour cette opération, et nous chargeons notre ministre de la marine de vous transmettre des instructions de détail sur la formation de vos équipages et sur les moyens d'accélérer l'armement de nos susdits bâtiments; voulant et entendant que, le huitième jour après la réception de la présente, tous vos préparatifs soient terminés et que vous n'ayez plus de communication avec la terre.

Nous comptons que, moyennant votre activité, la division sous vos ordres sera prête à appareiller avant que l'ennemi ait eu le temps d'être informé du projet de vos opérations, et que, profitant d'un vent favorable et frais, votre traversée sera assez courte pour que vous n'ayez à y rencontrer aucun obstacle de la part de l'ennemi. Mais, si cela avait lieu, et si vous y étiez absolument forcé, vous pourriez entrer dans le Brouwershavens-Gat, ou, d'après les circonstances, vous vous allégeriez pour pénétrer dans l'intérieur autant qu'il serait nécessaire.

Nous croyons superflu de vous dire que, s'il y avait nécessité de vous éloigner de ces parages, vous êtes autorisé à vous rendre dans tous les ports de notre Empire, et particulièrement à Cherbourg, comme aussi dans ceux de notre allié le roi de Danemark.

D'après la copie. Archives de la marine.

17374. — AU VICE-AMIRAL COMTE DECRÈS,
MINISTRE DE LA MARINE, À PARIS.

Paris, 19 février 1811.

Monsieur le Comte Decrès, je reçois la nouvelle que l'île de France a capitulé le 3 décembre. Je fais traduire la capitulation, qui sera demain dans le *Moniteur*[1]. Je désire que vous ne perdiez pas un moment à transmettre cette nouvelle dans les différents ports, surtout dans ceux où il y aurait des bâtiments en expédition pour ces colonies.

NAPOLÉON.

D'après l'original comm. par Mme la duchesse Decrès.

17375. — AU COMTE DE MONTESQUIOU-FEZENSAC,
GRAND CHAMBELLAN DE L'EMPEREUR, À PARIS.

Paris, 19 février 1811.

Le service des huissiers de la chambre est mal fait. Le conseil privé que j'ai tenu aujourd'hui a été arrangé tout de travers : cela n'est pas étonnant, la porte des grands appartements était tenue par un valet de pied. Jamais le service des huissiers ne s'est si mal fait. Rayez de la liste des huissiers le nommé Henri, et prenez des mesures pour que la porte de mon cabinet, surtout dans le grand appartement, soit tenue par des huissiers.

D'après la minute. Archives de l'Empire.

17376. — A M. DE CHAMPAGNY, DUC DE CADORE,
MINISTRE DES RELATIONS EXTÉRIEURES, À PARIS.

Paris, 20 février 1811.

Monsieur le Duc de Cadore, écrivez à mon consul général en Bosnie

[1] Voir le *Moniteur* du 20 février 1811.

de prendre toutes les mesures et de lever tous les obstacles pour que la route de Constantinople à la Bosnie ait lieu. Proposez-moi de mettre des vice-consuls partout où il en demande.

NAPOLÉON.

D'après l'original. Archives des affaires étrangères.

17377. — AU COMTE DEFERMON,
MINISTRE D'ÉTAT, INTENDANT GÉNÉRAL DU DOMAINE EXTRAORDINAIRE, À PARIS.

Paris, 20 février 1811.

Monsieur le Comte Defermon, le colonel Krasinski, commandant les chevau-légers polonais de ma Garde, fait valoir des droits sur la starostie d'Opinagora, qui fait partie des dotations de la principauté de Ponte-Corvo. Je désire que vous preniez des informations pour connaître si les réclamations de cet officier sont fondées. Je ne verrai point, dans ce cas, de difficulté à distraire le domaine d'Opinagora de la principauté de Ponte-Corvo, et à en fonder un majorat de comte en faveur du colonel Krasinski.

NAPOLÉON.

D'après l'original comm. par M. le comte Defermon.

17378. — AU GÉNÉRAL SAVARY, DUC DE ROVIGO,
MINISTRE DE LA POLICE GÉNÉRALE, À PARIS.

Paris, 21 février 1811.

Faites chercher à Londres les ouvrages et livres faits par les officiers anglais sur les quatre dernières campagnes des Autrichiens et des Russes.

D'après la minute. Archives de l'Empire.

17379. — AU GÉNÉRAL COMTE BERTRAND,
INSPECTEUR GÉNÉRAL DU GÉNIE, À PARIS.

Paris, 22 février 1811.

Monsieur le Général Comte Bertrand, les Anglais sont à poste fixe dans la rade des Basques et inquiètent le cabotage. Je désire que vous m'apportiez le plan de la côte, avec l'indication des batteries, entre la Charente et la Loire; faites-vous remettre les états du nombre de pièces qu'il y a à chacune de ces batteries et de leur calibre. Il doit se trouver au ministère des détails qui fassent connaître celles qui sont fermées à la gorge. Il est nécessaire que cette côte soit suffisamment défendue pour que les Anglais n'y puissent descendre et que les batteries soient à l'abri de tout événement.

NAPOLÉON.

D'après l'original comm. par M. le général Henry Bertrand.

17380. — AU COMTE DE MONTALIVET,
MINISTRE DE L'INTÉRIEUR, À PARIS.

Paris, 24 février 1811.

Monsieur le Comte Montalivet, un grand nombre de couvents sont à ma disposition à Rome, à Florence, à Gênes, à Turin et autres villes d'Italie. Je désire que vous me prépariez un rapport sur ceux de ces couvents qui pourraient être démolis, soit pour faire des places ou des marchés, soit pour ouvrir des communications entre les différents quartiers des villes, soit enfin pour concourir à leur embellissement. Écrivez pour avoir des plans et des projets là-dessus.

D'après la minute. Archives de l'Empire.

17381. — A M. GAUDIN, DUC DE GAËTE,
MINISTRE DES FINANCES, À PARIS.

Paris, 24 février 1811.

J'ai signé le décret qui ordonne le payement de l'arriéré des deux départements des Bouches-du-Rhin et des Bouches-de-l'Escaut sur les recouvrements de 1809 et années antérieures.

L'arriéré qui est dû pour 1809 à ces deux départements doit sans doute être soldé par le syndicat de Hollande, mais, comme ce syndicat a beaucoup plus qu'il ne faut pour faire face aux dépenses dont il est chargé, je désire que les revenus qui resteront à recevoir sur 1809 et années antérieures soient employés à solder tout ce qui serait dû aux communes et aux habitants de ces départements par suite de l'incursion des Anglais; ils furent alors tenus à beaucoup de dépenses, pour nourriture et entretien des troupes, dont ces départements n'auront pas été liquidés par le gouvernement hollandais, et dont par conséquent ils ne seraient pas payés. Écrivez à votre commissaire sur cette question et présentez-moi un projet de décret, mon intention étant de traiter ces deux départements avec plus de faveur que le reste de la Hollande.

D'après la minute. Archives de l'Empire.

17382. — AU GÉNÉRAL CLARKE, DUC DE FELTRE,
MINISTRE DE LA GUERRE, À PARIS.

Paris, 24 février 1811.

Monsieur le Duc de Feltre, il faut vous entendre avec le ministre de l'administration de la guerre et me faire un rapport sur la question de savoir comment l'armée d'Allemagne doit vivre. D'après mes décisions, 18,500 hommes sont en Westphalie et doivent être nourris, entretenus et soldés jusqu'à cette heure par ce royaume; une autre partie est dans le Mecklenburg; une autre partie est à Francfort. Il me semble que, pour cette portion qui est dans le Mecklenburg et à Francfort, elle doit être nourrie par le pays où elle se trouve; mais je ne crois pas qu'il y ait de dispositions faites pour la solde. Une autre partie de l'armée se trouve dans les départements de l'Elbe, des Bouches-du-Weser et de l'Ems: pour 1811, ces troupes doivent être nourries par le gouverneur général et par les administrations du pays; je désirerais même qu'elles fussent soldées sur les revenus de ces départements. Il faut me présenter un budget qui me fasse connaître ce que la solde coûterait pour 1811, afin de voir s'il y a possibilité de la faire payer sur les revenus de ce pays, et quel supplément il faudrait donner.

D'après la minute. Archives de l'Empire.

17383. — AU GÉNÉRAL COMTE BERTRAND,
INSPECTEUR GÉNÉRAL DU GÉNIE, À PARIS.

Paris, 24 février 1811.

Monsieur le Général Bertrand, je vous envoie le travail du ministre de la guerre pour le budget du génie; il faut que vous l'étudiiez et que vous m'apportiez tous les plans demain lundi, afin que je puisse ordonner les dépenses de 1811 avec connaissance de cause et remplir mon grand but, qui est de donner à toutes les places sur la mer un degré de force considérable par les travaux de 1811. Pour atteindre ce but, je ne regarderai pas à 3 ou 4 millions de plus. Sachez bien tout cela sur les plans, de manière que je puisse faire le travail en une heure.

NAPOLÉON.

D'après l'original comm. par M. le général Henry Bertrand.

17384. — AU MARÉCHAL DAVOUT, PRINCE D'ECKMÜHL,
COMMANDANT L'ARMÉE D'ALLEMAGNE, À HAMBOURG.

Paris, 24 février 1811.

Mon Cousin, faites-moi un rapport général sur la manière dont doit et peut vivre votre armée; envoyez-moi cela sommairement et le plus tôt possible, afin que je prenne des mesures pour que vous ne manquiez de rien. Votre dépense se divise en deux parties, la solde et l'entretien. Faites-moi connaître à combien se monte la solde. Il me semble qu'elle peut être payée par les revenus de vos trois départements, hormis celle de 18,500 hommes, qui doivent être soldés par la Westphalie; mais, comme il est probable que, vu la diminution actuelle du territoire de ce royaume, il n'en pourra être soldé qu'une portion, il faudrait pourvoir au reste. Après m'avoir fait connaître ainsi ce que coûtera la solde d'une armée, rendez-moi compte de la situation de la solde pour 1810. Quant à l'entretien de l'armée, j'en vois une partie à Francfort, dans le Mecklenburg, en Westphalie, et l'autre partie dans mes trois nouveaux départements. Selon le principe constant, chaque pays doit entretenir et nourrir la troupe qu'il a.

NAPOLÉON.

D'après l'original comm. par Mme la maréchale princesse d'Eckmühl.

17385. — DÉCISION.

Paris, 24 février 1811.

| Le prince royal de Suède, à la date du | Un prince étranger ne peut pas |

20 janvier 1811, demande de conserver auprès de lui les officiers que l'Empereur lui avait laissés pour un an, et au moins le chef d'escadron Genty de Saint-Alphonse.

avoir des officiers français sous ses ordres. Mais, si quelqu'un de ces aides de camp veut entrer au service de Suède, je l'accorde, pour faire une chose agréable au prince royal. En faire, en conséquence, la proposition à celui que le prince désire avoir.

NAPOLÉON.

D'après l'original. Archives de l'Empire.

17386. — A M. DE CHAMPAGNY, DUC DE CADORE,
MINISTRE DES RELATIONS EXTÉRIEURES, À PARIS.

Paris, 25 février 1811.

Monsieur le Duc de Cadore, j'ai lu avec attention les lettres de Stockholm. Il y a tant d'effervescence et de décousu dans la tête du prince de Suède, que je n'attache aucune espèce d'importance à la communication qu'il a faite au baron Alquier[1]. Je désire donc qu'il n'en soit parlé ni au ministre de Danemark ni au ministre de Suède, et je veux l'ignorer jusqu'à nouvel ordre.

Expédiez par l'estafette à Hambourg vos paquets pour mes ministres à Copenhague et à Stockholm, et chargez le prince d'Eckmühl de les expédier de Hambourg par des officiers. J'y trouverai deux avantages : mes paquets iront plus vite et il y aura économie. Vous recommanderez au prince d'Eckmühl d'envoyer en poste des officiers d'état-major très-intelligents, lesquels, allant et venant fréquemment, apprendront à connaître les localités et observeront ce qui se passe en Danemark et en Suède. Mandez donc au prince d'Eckmühl que j'ai décidé que désormais la correspondance se ferait ainsi.

Vous écrirez à mon ministre en Danemark qu'il fasse connaître au

---

[1] Le prince royal de Suède, Bernadotte, demandait l'appui de la France pour reprendre la Norwége au Danemark. A ce prix, il promettait, en cas de guerre entre la France et la Russie, d'envahir la Finlande et de menacer Saint-Pétersbourg.

gouvernement danois que je pense qu'il doit tenir en bon état ses places de Norwége, y avoir des troupes suffisantes et se tenir en tout sur un pied respectable. Ces conseils viendront naturellement comme la suite des bruits qui se répandent que la Suède veut prendre la Norwége. Mon ministre emploiera tout pour rassurer, encourager et soutenir le Danemark, et lui faire entendre que, tant qu'il marchera ainsi, je le soutiendrai par toutes les forces de mon Empire; mais qu'il est nécessaire qu'il ne se laisse point prévenir, et qu'il profite des moments où le passage est libre pour faire passer des forces respectables en Norwége. Mandez à ce ministre de vous faire connaître les forces que le Danemark a dans cette province, et d'obtenir par ce gouvernement des renseignements sur les armements des Suédois. Recommandez-lui de faire tout cela avec prudence et dextérité.

Mandez à mon ministre à Stockholm que je n'attache aucune importance à l'ouverture que lui a faite le prince royal de Suède; que je suis trop puissant pour avoir besoin de personne avec moi; que mes liaisons avec la Russie sont bonnes, et que je ne crains pas la guerre avec cette puissance; que je suis en bonne situation avec l'Autriche; mais que, comme mes finances sont en bon état, j'augmente mes armées de 150,000 hommes et que je compte en faire autant l'année prochaine. Il doit cependant insinuer, sans que cela ait l'air de venir de Paris, que, tant que l'alliance avec le Danemark subsistera, la France ne peut souffrir qu'il soit fait aucun tort à la Norwége. Cela doit être dit très-doucement et longtemps après l'arrivée du courrier. Il ajoutera que vouloir prendre la Norwége, c'est une folie de la part de la Suède; que la Russie n'en serait pas plus contente que le Danemark, puisque, maîtresse de la Norwége, la Suède aurait plus de moyens de reprendre la Finlande, et que reprendre la Finlande, tant que la cour sera à Stockholm, sera la première pensée et le premier besoin de la Suède; que le Danemark ne peut intervenir dans la guerre contre la Suède que par la Norwége, et que la Russie ne sera jamais assez insensée pour oublier que la Suède est son ennemie inconciliable. C'est par ces considérations générales que le baron Alquier doit répondre, et aussi par des considérations tirées de mon caractère et de mon honneur, qui ne me feront jamais permettre qu'un de mes alliés perde quelque chose à mon alliance. Vous donnerez pour instruction au baron Alquier de garder de la dignité avec le prince, de ne jamais lui parler d'affaires, mais de s'adresser toujours au roi et au cabinet, et de laisser comprendre par sa conduite que ma politique ne se fonde en rien sur la Suède.

Je désire qu'il soit bien avec le ministre de Russie; qu'il continue à repousser toute idée d'hostilité contre la Russie; qu'il blâme tout armement que ferait la Suède; qu'il donne toujours le conseil de s'occuper du rétablissement des finances, et voilà tout. C'est la position qu'il doit prendre : calmer au lieu d'exciter, désarmer au lieu d'armer. Vous recommanderez au baron Alquier d'être attentif aux moindres mouvements de la Suède, et d'en prévenir, par lettres en chiffre, mon ministre en Danemark. Vous lui ferez connaître que la correspondance se fera par estafette de Paris à Hambourg, et de là par des officiers de l'armée du prince d'Eckmühl; ce qui rendra la correspondance plus rapide.

Napoléon.

P. S. Marquez bien au baron Alquier que tout ce que vous lui mandez dans votre lettre sont des explications générales; qu'il doit s'en servir pour sa gouverne, mais qu'il ne doit pas laisser penser que le gouvernement a des idées assises; que c'est la tournure qu'il doit donner à ses conversations; qu'il ne doit avoir ces idées que naturellement, quand il est sondé et obligé de s'expliquer; qu'il doit prendre *ad referendum* ce qu'on lui dira, vu que réellement je n'ai aucun système sur un pays qui paraît si peu assis et sur des projets si éventuels et tellement erronés : qu'il doit montrer confiance au ministre de Danemark, montrer confiance au ministre de Russie, mais garder une certaine réserve avec le gouvernement suédois; avoir des conversations générales dans le sens indiqué dans votre dépêche. Voilà quelles doivent être ses instructions jusqu'à nouvel ordre. Vous lui ferez connaître qu'on a vu avec peine qu'il se soit décidé à demander les équipages de vaisseaux; qu'il était bien évident par la marche de la Suède que cette demande était inutile, et qu'on ne lui fournissait qu'une occasion de croire qu'elle avait à disposer de la France. La conversation du baron Alquier doit être la même, toutes les fois que ces questions seront mises sur le tapis : la France n'a besoin de la Suède, ni en matelots, ni en officiers, ni en troupes; elle ne désire rien d'elle et ne lui demande rien.

D'après l'original. Archives des affaires étrangères.

17387. — A M. DE CHAMPAGNY, DUC DE CADORE,
MINISTRE DES RELATIONS EXTÉRIEURES, À PARIS.

Paris, 25 février 1811.

Monsieur le Duc de Cadore, je vous ai fait connaître quelles étaient mes intentions sur les instructions à envoyer au comte Otto. Je pense que, quatre ou cinq jours après que votre courrier sera parti, il sera nécessaire de tenir quelques discours au prince de Schwarzenberg, mais plus légers et plus vagues encore que ceux que doit tenir le comte Otto, assez forts cependant pour qu'ils fixent son attention et pour qu'il en écrive. Cela doit suffire pour le moment. Vous devez prendre votre texte de la circonstance de l'accouchement de l'Impératrice, qui va resserrer encore les liens de parenté entre les deux états.

NAPOLÉON.

D'après l'original. Archives des affaires étrangères.

17388. — A M. DE CHAMPAGNY, DUC DE CADORE,
MINISTRE DES RELATIONS EXTÉRIEURES, À PARIS.

Paris, 25 février 1811.

Monsieur le Duc de Cadore, je désire que vous expédiiez un courrier demain à Vienne. Vous ferez demander à l'Impératrice ses lettres. Le principal but de l'envoi de ce courrier sera de donner à Vienne des nouvelles de l'Impératrice; vous en écrirez en conséquence au comte Otto. Vous lui manderez que je ne vois pas d'inconvénients qu'il fasse ce qu'a fait le baron de Breteuil en pareille circonstance, et même qu'il le surpasse de beaucoup; qu'il est donc autorisé à faire toute la dépense qu'il jugera à propos. Vous lui ferez connaître que la fête qu'il a donnée à l'occasion du mariage était mesquine; que ce qui le prouve, c'est la demande de 10,000 francs qu'il a faite pour les frais de cette fête; que, lorsqu'il s'agit de fêtes, ou il ne faut pas en donner, ou il faut qu'elles réunissent tous les suffrages; qu'en France une fête de cette espèce coûterait 100,000 francs; qu'il ne faut pas pour cela sortir de l'usage; qu'il suffit de faire plus que n'a fait M. de Breteuil.

Vous lui ferez connaître que je désire qu'il sonde M. de Metternich sur les circonstances possibles de la campagne prochaine entre la Russie et la Turquie, pour savoir ce que l'Autriche veut et peut faire. La France avait stipulé par le traité de Tilsit la restitution de la Moldavie et de la Valachie à la Porte. Depuis, à Erfurt, l'empereur de Russie obtint que la France se désisterait de cette clause et ne se mêlerait point de cette question; la France fit cela en haine de l'Autriche, qui faisait alors des préparatifs d'armement, rien ne pouvant être plus contraire aux intérêts de la monarchie autrichienne que l'occupation de ces provinces par la Russie. Aujourd'hui la France voit avec peine un si grand accroissement de territoire pour l'empire russe, d'autant plus que les principes du dernier ukase excluront de la Moldavie et de la Valachie les soieries et les denrées françaises. Mais est-il à espérer que la Porte puisse défendre encore l'année prochaine ces deux provinces contre la Russie? N'est-il pas à craindre qu'outre ces provinces on ne perde encore la Servie, ou que, la Russie y établissant un hospodar, ce pays ne revienne sous l'influence russe? La France ne peut manifester aucune opinion contraire à la possession de la Valachie et de la Moldavie par les Russes, sans indisposer alors même la Russie et la pousser à faire sa paix avec l'Angleterre, paix dont le résultat serait inévitablement la guerre entre les deux puissances. D'ailleurs la Russie paraît trop avancée pour renoncer de sang-froid aujourd'hui à ces deux provinces. Enfin, la Moldavie et la Valachie n'étant pour la France que d'un intérêt du second ordre, tandis qu'elles sont pour l'Autriche d'un intérêt de premier rang, il serait important de connaître jusqu'où l'Autriche serait disposée à aller, et ce qu'elle serait en état de faire pour empêcher leur réunion.

Tout cela doit être dit en forme de conversation, vaguement, mais autant qu'il le faut pour reconnaître le terrain et se former une idée. L'union des deux pays, l'heureuse circonstance de l'accouchement de l'Impératrice, qui resserre encore leurs liens, c'est de là qu'il faut partir pour tâcher de découvrir les intentions positives du ministère. Le déplaisir que lui fait l'occupation de la Moldavie et de la Valachie va-t-il jusqu'à ne pas lui faire redouter la guerre avec la Russie? Enfin quel est son système sur ces affaires? Quelles espérances conçoit-il de la résistance des Turcs? Mandez au comte Otto de tâcher d'avoir les noms et la force des régiments russes qui se trouvent dans ces deux provinces.

NAPOLÉON.

D'après l'original. Archives des affaires étrangères.

17389. — AU VICE-AMIRAL COMTE DECRÈS,
MINISTRE DE LA MARINE, À PARIS.

Paris, 26 février 1811.

Je vous renvoie vos instructions et le projet de ma lettre au commandant de la division qui doit partir de Toulon, pour que vous les refassiez dans ce sens. Je désirerais qu'au lieu d'une flûte il y en eût deux, l'une chargée d'artillerie et l'autre vide, et que vous y joignissiez un petit brick bon marcheur. Ces cinq voiles partiraient de Toulon et se rendraient à Porto-Ferrajo, où elles embarqueraient le 1er bataillon du régiment de la Méditerranée, fort de 1,000 à 1,100 hommes, savoir : 300 sur les frégates et 700 sur les flûtes. Elles partiraient de Porto-Ferrajo et iraient, selon les instructions que vous leur avez données, reconnaître le cap de Gata. Mais Almeria, Motril, Marbella et Malaga m'appartiennent: j'attendrai que vous me fassiez connaître ce que c'est que ces différents ports pour voir s'il faut s'en tenir à débarquer à Malaga, ou si l'on peut débarquer à Almeria; ce qui, je crois, produirait un grand avantage maritime. Mais, soit que la division aille à Malaga, soit qu'elle aille à Almeria, il est nécessaire qu'elle ne débarque pas avant de s'être assurée que mes troupes sont maîtresses de ces points. Je n'ai point de doute là-dessus, mais enfin elles ne doivent point marcher inconsidérément, puisqu'à la guerre des événements non calculés peuvent arriver tous les quinze jours.

La flûte chargée entrera dans le port; et même, quand l'expédition s'arrêterait à Almeria, si les renseignements qu'aura pris le capitaine lui donnent sûreté que la flûte peut côtoyer jusqu'à Malaga sans crainte, il pourra la faire entrer à Almeria et lui faire suivre la côte jusqu'à Malaga.

Les deux frégates et la flûte, qui ne porte que des hommes, reviendraient en toute diligence à Ajaccio, où elles trouveraient une flûte qui aura porté des vivres pour réapprovisionner la division pour six mois; et ces deux flûtes embarqueraient tout ce qui se trouverait à Ajaccio du régiment du Midi. Je suppose qu'elles pourraient embarquer 1,500 hommes et les conduiraient à Almeria. Les deux frégates et les deux flûtes, avec la troisième chargée de tout ce qu'on pourrait lui offrir dans le pays, soit en plomb, vif-argent, etc. reviendraient à Ajaccio. Les flûtes resteraient dans ce port, et les frégates continueraient leur croisière, pour consommer leurs vivres, sur les côtes d'Espagne, devant Valence et sur les côtes de Barbarie, arrêtant tous les bâtiments chargés de blé (il y en a une quantité immense de toutes les nations qui vont à Cadix et à Lisbonne), et les dirigeant tous sur Barcelone, et, au cas qu'ils ne puissent pas atteindre ce port, sur Tortose ou même sur Corfou : sardes, espagnols, ottomans, américains, tout ce qui serait chargé de blé aurait cette destination. Si, par des événements imprévus, ces bâtiments étaient obligés de revenir, plutôt que de ramener les troupes en Corse, elles les jetteraient dans Tortose.

Enfin je désirerais qu'une autre expédition, composée d'une frégate et d'une bonne corvette, partît de Toulon et se rendît devant Valence pour faire rafle de tous les bâtiments qui s'y trouvent, faire des prisonniers, rapporter des nouvelles du lieu, et, après avoir été sur cette côte sept à huit jours, se porter sur Alger, établir une croisière sur les côtes de Barbarie et arrêter tous les bâtiments de blé dont ces parages sont pleins, et qui sont destinés à l'approvisionnement de Cadix et de Lisbonne.

Les prisonniers que cette division aurait faits devant Valence ou sur les côtes d'Espagne seraient menés à Ajaccio ou à Calvi, selon les circonstances.

Je désirerais que cette croisière allât aussi sur les côtes de Sardaigne.

C'est dans ce sens que je désire que les instructions soient faites. Je suppose que vous préférez envoyer deux frégates, deux flûtes et deux corvettes ou bricks ensemble, ou envoyer séparément une frégate, une flûte et un brick. Je désire avoir sur cela votre opinion.

D'après la minute. Archives de l'Empire.

17390. — AU VICE-AMIRAL COMTE DECRÈS,
MINISTRE DE LA MARINE, À PARIS.

Paris, 26 février 1811.

Monsieur le Comte Decrès, la prise de l'île de France ne me laisse pas de doute sur la direction que prendront les trois frégates, portant 15.000 hommes, qui sont parties de Brest. Cette expédition ira à Batavia. D'un autre côté, les dernières nouvelles de Londres me feraient penser que les forces qui ont servi à prendre l'île de France pourraient se porter sur Batavia, non pour s'y établir, mais pour prendre la ville. Je désirerais que vous vissiez le général Hogendorp et les officiers qui viennent de Batavia pour savoir dans quel temps les Anglais peuvent faire cette opération, ce que feront nos gens et ce qu'il y a lieu d'espérer.

J'attendrai le rapport que vous me ferez là-dessus pour décider s'il me convient de laisser partir l'expédition qui est à Nantes et celle qui est à Cherbourg.

Si ces expéditions ne partent pas, je les enverrai à Brest, où il faut absolument parvenir à réunir une escadre.

NAPOLÉON.

D'après l'original comm. par M⁻ la duchesse Decrès.

17391. — A M. DE CHAMPAGNY, DUC DE CADORE,
MINISTRE DES RELATIONS EXTÉRIEURES, À PARIS.

Paris, 27 février 1811.

Monsieur le Duc de Cadore, on m'offre à Vienne une très-grande quantité de fusils à acheter à très-bon marché. Si j'achetais ces fusils et si je les dirigeais sur la Pologne, cela paraîtrait fort extraordinaire. Cela me fait penser que vous devez demander au ministre de la guerre l'offre qui lui a été faite de ces fusils, l'état de ces armes et leur prix, envoyer ces pièces à mon ministre en Saxe, et le charger de voir M. de Senft. Il dira à M. de Senft que mon opinion est qu'on ne saurait avoir trop d'armes en réserve pour armer la Pologne; que cette occasion qui se présente est très-favorable; que le roi de Saxe doit faire demander sous main à Vienne qu'on l'autorise à faire cet achat, vu qu'il a perdu toutes ses armes lors de la bataille d'Iena; qu'il doit envoyer un officier visiter ces armes et faire le marché, en ne recevant que des armes qui soient bonnes et les dirigeant toutes sur Dresde. Le baron Bourgoing fera connaître à M. de Senft que, si le Roi veut prendre ces armes à son compte, il en est le maître; que, s'il n'a pas le moyen de les acheter, je ne me refuserai pas à les payer, et elles seront tenues à ma disposition à Dresde, dans les magasins du Roi, pour être employées selon les circonstances.

Vous instruirez de cela le comte Otto, et vous ferez sentir à tout le monde la nécessité de mettre de la réserve dans cette affaire, où je ne dois être pour rien.

Le baron Bourgoing dira à M. de Senft que je n'ai aucune raison de croire à une rupture avec la Russie, mais que, dans la situation politique actuelle, il est nécessaire de pouvoir disposer de deux à trois cent mille armes en Pologne.

Vous écrirez au baron Bourgoing qu'il est à souhaiter que les armes qui sont dans le duché de Varsovie soient réparties entre Modlin, Thorn et Zamosc, indépendamment de ce qui peut être laissé à Varsovie, à Cracovie et à Posen.

Si l'on pensait en Saxe que le tiers de ces armes pût être envoyé dans le duché de Varsovie, il faudrait, avant, me communiquer l'état des armes qui existent et leur distribution, parce qu'il peut y avoir des inconvénients à placer trop d'armes dans des points frontières qui ne sont point fortifiés. Cela fait donc sentir l'importance de travailler avec activité à la place de Modlin.

NAPOLÉON.

D'après l'original. Archives des affaires étrangères.

17392. — AU GÉNÉRAL CLARKE, DUC DE FELTRE,

MINISTRE DE LA GUERRE, À PARIS.

Paris, 28 février 1811.

J'apprends que les troupes que j'ai envoyées à Toulon sont disséminées dans les îles d'Hyères, etc. Faites-moi un rapport là-dessus. Je n'ai ordonné aucun mouvement. Donnez ordre au général Plauzonne de les réunir et de les tenir dans la main, de manière qu'elles puissent être embarquées à chaque instant. Elles ne doivent pas être confondues avec la garnison de Toulon.

D'après la minute. Archives de l'Empire.

17393. — AU VICE-AMIRAL COMTE DECRÈS,

MINISTRE DE LA MARINE, À PARIS.

Paris, 28 février 1811.

Monsieur le Comte Decrès, je désire que vous voyiez le ministre de Naples et que vous écriviez à mon ministre de cette cour et au ministre de la marine napolitaine pour demander qu'un vaisseau de 80 et une frégate soient mis en construction au compte de la France, soit à Castellamare, soit dans le port de Naples.

Vous enverrez au ministre de la marine de Naples la copie du marché que nous avons passé avec l'Italie et des modèles de bâtiments. Vous ferez connaître que les fonds seront payés d'avance. Le marché conclu, vous payerez 4 vingt-quatrièmes d'avance, et, tous les mois, vous ferez successivement les fonds d'avance. Il faut que la frégate et le vaisseau soient finis pour le mois de janvier prochain.

D'après la copie. Archives de la marine.

17394. — AU VICE-AMIRAL COMTE DECRÈS,

MINISTRE DE LA MARINE, À PARIS.

Paris, 28 février 1811.

Je vous ai fait connaître que je désirais que les deux frégates que j'ai à Dunkerque se rendissent sans délai à Flessingue. On peut bien les faire partir armées en flûtes; mais on suppose qu'il est possible d'y attacher un demi-chameau : ce qui les soulèverait assez pour les faire sortir armées et les conduire en rade, où l'on ôterait les chameaux. Si cela était, il faudrait achever l'autre frégate à Dunkerque. Il serait possible de se servir également d'un chameau pour faire sortir les frégates du Havre dans un moment où les Anglais ne s'y attendraient pas.

D'après la minute. Archives de l'Empire.

17395. — A ALEXANDRE Ier, EMPEREUR DE RUSSIE,
À SAINT-PÉTERSBOURG.

Paris, 28 février 1811.

Monsieur mon Frère, la mauvaise santé du duc de Vicence m'oblige à lui envoyer des lettres de récréance. J'ai cherché près de moi la personne que j'ai supposé pouvoir être la plus agréable à Votre Majesté Impériale et la plus propre à maintenir la paix et l'alliance entre nous. J'ai fait choix du général comte de Lauriston. Je suis fort empressé d'apprendre si j'ai rencontré juste. Je charge le comte de Czernitchef de parler à Votre Majesté de mes sentiments pour elle. Ces sentiments ne changeront pas, quoique je ne puisse me dissimuler que Votre Majesté n'a plus d'amitié pour moi. Elle me fait faire des protestations et toutes espèces de difficultés pour l'Oldenburg, lorsque je ne me refuse pas à donner une indemnité équivalente et que la situation de ce pays, qui a toujours été le centre de la contrebande avec l'Angleterre, me fait un devoir indispensable, pour l'intérêt de mon Empire et pour le succès de la lutte où je suis engagé, de la réunion d'Oldenburg à mes états. Le dernier ukase de Votre Majesté, dans le fond, mais surtout dans la forme, est spécialement dirigé contre la France. Dans d'autres temps, avant de prendre une telle mesure contre mon commerce, Votre Majesté me l'eût fait connaître, et j'aurais pu peut-être lui suggérer des moyens qui, en remplissant son principal but, auraient cependant empêché que cela ne parût aux yeux de la France un changement de système. Toute l'Europe l'a envisagé ainsi; et déjà notre alliance n'existe plus, dans l'opinion de l'Angleterre et de l'Europe : fût-elle aussi entière dans le cœur de votre Majesté qu'elle l'est dans le mien, cette opinion générale n'en serait pas moins un grand mal. Que Votre Majesté me permette de le lui dire avec franchise : elle a oublié le bien qu'elle a retiré de l'alliance; et cependant, qu'elle voie ce qui s'est passé depuis Tilsit. Par le traité de Tilsit, elle devait restituer à la Turquie la Moldavie et la Valachie ; cependant, au lieu de restituer ces provinces, Votre Majesté les a réunies à son empire. La Valachie et la Moldavie sont le tiers de la Turquie d'Europe : c'est une acquisition immense, qui, en appuyant le vaste empire de Votre Majesté sur le Danube, ôte toute force à la Turquie et, on peut même le dire, anéantit cet empire, mon plus ancien allié. Cependant, au lieu de tenir à l'exécution du traité de Tilsit, de la manière la plus désintéressée et par pure amitié pour Votre Majesté, j'ai reconnu la réunion de ces belles et riches contrées; mais, sans ma confiance dans la continuation de son amitié, plusieurs campagnes très-malheureuses n'eussent pu amener la France à voir dépouiller ainsi son ancien allié. En Suède, dans le temps que je restituais les conquêtes que j'avais faites sur cette puissance, je consentais à ce que Votre Majesté gardât la Finlande, qui est le tiers de la Suède, et qui est une province si importante pour Votre Majesté qu'on peut dire que depuis cette réunion il n'y a plus de Suède, puisque Stockholm est maintenant aux avant-postes du royaume. Cependant la Suède, malgré la fausse politique de son roi, était aussi un des anciens amis de la France. Des hommes insinuants et suscités par l'Angleterre fatiguent les oreilles de Votre Majesté de propos calomnieux. Je veux, disent-ils, rétablir la Pologne. J'étais maître de le faire à Tilsit : douze jours après la bataille de Friedland, je pouvais être à Vilna. Si j'eusse voulu rétablir la Pologne, j'eusse désintéressé l'Autriche à Vienne : elle demandait à conserver ses anciennes provinces et ses communications avec la mer, en faisant porter ses sacrifices sur ses possessions de Pologne. Je le pouvais en 1810, au moment où toutes les troupes russes étaient engagées contre la Porte. Je le pourrais dans ce moment encore, sans attendre que Votre Majesté terminât avec la Porte un arrangement qui sera conclu probablement dans le cours de cet été. Puisque je ne l'ai fait dans aucune de ces circonstances, c'est donc que le rétablissement de la Pologne n'était pas dans mes intentions. Mais si je ne veux rien changer à l'état de la Pologne, j'ai le droit aussi d'exiger que personne ne se mêle de ce que je fais en deçà de l'Elbe. Toutefois il est vrai que nos ennemis ont réussi. Les fortifications que Votre Majesté fait élever sur vingt points de la Dwina, les protestations dont a parlé le prince Kourakine pour l'Oldenburg et l'ukase le prouvent assez. Moi, je suis le même pour elle, mais je suis frappé de l'évidence de ces faits et de la pensée que Votre Majesté est toute disposée, aussitôt que les circonstances le voudront, à s'arranger avec l'Angleterre; ce qui est la même chose que d'allumer la guerre entre les deux empires. Votre Majesté abandonnant une fois l'alliance et brûlant les conventions de Tilsit, il serait évident que la guerre s'ensuivrait quelques mois plus tôt ou quelques mois plus tard. Cet état de méfiance et d'incertitude a des inconvénients pour l'empire de Votre Majesté et pour le mien. Le résultat doit être, de part et d'autre, de tendre les ressorts de nos empires pour nous mettre en mesure. Tout cela est sans doute bien fâcheux. Si Votre Majesté n'a pas le projet de se remettre avec l'Angleterre, elle sentira la nécessité pour elle et pour moi de dissiper tous ces nuages. Elle n'a pas de sécurité, puisqu'elle a dit au duc de Vicence « qu'elle ferait la guerre sur ses frontières, » et la sécurité est le premier bien des deux grands états.

Je prie Votre Majesté de lire cette lettre dans un bon esprit, de n'y voir rien qui ne soit conciliant et propre à faire disparaître de part et d'autre toute espèce de méfiance et à rétablir les deux nations, sous tous les points de vue, dans l'intimité d'une alliance qui depuis près de quatre ans est si heureuse.

NAPOLÉON.

D'après la copie comm. par S. M. l'Empereur de Russie.

17396. — AU VICE-AMIRAL COMTE DECRÈS,
MINISTRE DE LA MARINE, À PARIS.

Paris, 28 février 1811.

Monsieur le Comte Decrès, proposez-moi sans délai un projet de décret pour la confection des routes nécessaires pour l'extraction des mâts des forêts de la Corse.

NAPOLÉON.

D'après l'original comm. par Mᵐᵉ la duchesse Decrès.

17397. — AU VICE-AMIRAL COMTE DECRÈS,
MINISTRE DE LA MARINE, À PARIS.

Paris, 28 février 1811.

Monsieur le Comte Decrès, la construction des vaisseaux est une chose trop importante pour qu'il ne soit pas nécessaire d'instituer un conseil de construction. Ce conseil serait composé d'un président, de deux ingénieurs et d'un auditeur secrétaire. Indépendamment de tous ses membres permanents, tous les ans, pendant trois mois, quatre autres ingénieurs, savoir un d'Anvers, un de Lorient, un de Rochefort et un de Toulon, viendraient à ce conseil pour tenir les séances extraordinaires.

Présentez-moi un projet pour instituer ce conseil.

NAPOLÉON.

D'après l'original comm. par Mᵐᵉ la duchesse Decrès.

17398. — AU VICE-AMIRAL COMTE DECRÈS,
MINISTRE DE LA MARINE, À PARIS.

Paris, 28 février 1811.

Monsieur le Comte Decrès, on m'assure qu'il n'y a à Toulon que pour dix-huit jours de biscuit, non-seulement dans le port, mais même dans les magasins. Faites-moi un rapport là-dessus. Cela me paraît fort extraordinaire. Tous mes projets alors seraient manqués, puisqu'il serait impossible de supposer que mon escadre est disponible. Faites-moi connaître pour combien de temps les bâtiments de l'escadre ont de vivres. Mon intention est que chaque bâtiment ait six mois de vivres, soit à bord, soit dans les magasins de l'arsenal et de la marine, de manière qu'à l'arrivée du premier courrier ils puissent partir.

NAPOLÉON.

P. S. Vous ne me parlez pas de l'intention où je suis de menacer l'Irlande par l'Escaut, et du besoin que j'ai en conséquence de flûtes et d'écuries sur ce point.

<small>D'après l'original comm. par Mme la duchesse Decrès.</small>

17399. — AU COMTE MOLÉ,
DIRECTEUR GÉNÉRAL DES PONTS ET CHAUSSÉES, À PARIS.

Paris, 1er mars 1811.

Je suis surpris que vous n'ayez pas encore reçu le budget que j'ai signé il y a huit ou dix jours. Demandez qu'on vous l'adresse sans délai. J'accorde dans ce budget 1,500,000 francs pour la route de Wesel à Hambourg. Aussitôt que le projet de cette route sera arrêté, présentez-le-moi. Je désire que la route passe par Osnabrück et Bremen. Si ces 1,500,000 francs ne suffisent pas, je ferai de nouveaux fonds. Si l'on pouvait l'achever dans l'année, ce serait une chose avantageuse; l'argent ne manquera pas pour cela. Il ne faut pas parler de la route de Hambourg à la Baltique, on la fera après; le principal est d'aller de Wesel à Hambourg.

<small>D'après la minute. Archives de l'Empire.</small>

17400. — AU GÉNÉRAL CLARKE, DUC DE FELTRE,
MINISTRE DE LA GUERRE, À PARIS.

Paris, 1er mars 1811.

J'ai le projet d'entreprendre bientôt l'expédition de Sardaigne. Pour cela il pourra me devenir utile de lever en Corse un bataillon par district, c'est-à-dire de lever cinq bataillons. On prendrait les officiers qui doivent avoir leur traitement de réforme. Il faudrait consulter le général Morand pour savoir s'il y aurait possibilité de faire cette levée et de se procurer ainsi 2 ou 3,000 hommes du pays.

<small>D'après la minute. Archives de l'Empire.</small>

17401. — AU VICE-AMIRAL COMTE DECRÈS,
MINISTRE DE LA MARINE, À PARIS.

Paris, 1er mars 1811.

Je vous envoie une lettre que je reçois du prince d'Eckmühl. Vous y verrez qu'il y a une grande quantité de marins et d'ouvriers inactifs à Hambourg. Le capitaine Moncabrié doit être depuis longtemps à Paris; il connaît ces fleuves parfaitement. Voilà la centième lettre que je vous écris pour vous demander si l'on peut construire des frégates à Hambourg ou au moins des bricks. Cela serait d'ailleurs utile pour donner du travail aux pauvres et mettre du mouvement dans ce pays. Ces matelots oisifs vont s'en aller à Londres, tandis qu'avec un peu d'activité on les enlèverait tous pour l'escadre de l'Escaut.

D'après la minute. Archives de l'Empire.

17402. — AU VICE-AMIRAL COMTE DECRÈS,
MINISTRE DE LA MARINE, À PARIS.

Paris, 1er mars 1811.

Tout me porte à penser que j'aurai, cette année, des matelots en nombre suffisant pour faire les équipages des vaisseaux qui sont à Anvers. Je désirerais que le *Conquérant* fût mis à l'eau cette année. Ce vaisseau et les cinq qui doivent être lancés, joints aux douze qui existent, feraient dix-huit vaisseaux; ce qui, avec les neuf vaisseaux du Texel et de la Meuse, me ferait vingt-sept vaisseaux dans la mer du Nord. Il m'est d'autant plus important d'avoir le *Conquérant* que sa cale pourrait, cette année, être remplie par un nouveau vaisseau. Ainsi j'aurai l'année prochaine l'*Hymen*, le *Monarque*, le *Superbe* et les vaisseaux mis sur les cales de l'*Auguste*, du *Pacificateur* et de l'*Illustre*; ce qui, pour 1812, porterait à trente-quatre le nombre de mes vaisseaux réunis à ceux du Texel et de la Meuse.

D'après la minute. Archives de l'Empire.

17403. — AU MARÉCHAL DAVOUT, PRINCE D'ECKMÜHL,
COMMANDANT L'ARMÉE D'ALLEMAGNE, À HAMBOURG.

Paris, 1er mars 1811.

Mon Cousin, j'ai besoin de 3,000 marins, de marins et non pas de portefaix, de marins et non pas de mousses, de marins et non pas de la canaille du quai de la Ferraille. Vous recevrez le décret que j'ai pris pour cela. Prenez des mesures pour me procurer ces marins à Hambourg, à Lubeck, à Bremen, à Varel, à Papenburg, etc.

NAPOLÉON.

P. S. N'envoyez que de bons marins; ce n'est pas des hommes que je veux, mais des marins ayant beaucoup navigué.

D'après l'original comm. par Mme la maréchale princesse d'Eckmühl.

17404. — A JOACHIM NAPOLÉON, ROI DES DEUX-SICILES,
À NAPLES.

Paris, 1er mars 1811.

J'ai réuni à Toulon une expédition de 20,000 hommes, seize vaisseaux de guerre, dix frégates et vingt flûtes de 800 tonneaux avec des écuries. Cette expédition pourra se porter en Sicile ou ailleurs, selon les circonstances de cette année. En attendant, elle menace l'ennemi. Je désire que vous envoyiez à Toulon votre vaisseau de 74 et votre frégate. A Naples ces bâtiments sont inutiles, ils ne se forment pas; au lieu qu'à Toulon ils se formeront à la manœuvre, ils sortiront tous les jours et seront un véritable élément de force.

D'après la minute. Archives de l'Empire.

17405. — A EUGÈNE NAPOLÉON,
VICE-ROI D'ITALIE, À MILAN.

Paris, 1er mars 1811.

Mon Fils, pourriez-vous envoyer un millier de vos bons mâts par le Pô jusqu'à Alexandrie, d'où je les ferai transporter à Gênes ou à Savone.

la route de Savone étant faite? Comme vous avez les calculs de ces transports, faites-moi connaître à combien me reviendraient ces mâts avec les frais de premier achat et le transport jusqu'à Savone ou Gênes. Il me faut de bons mâts qui puissent servir pour des vaisseaux de ligne.

NAPOLÉON.

D'après la copie comm. par S. A. I. Mme la duchesse de Leuchtenberg.

17406. — AU VICE-AMIRAL COMTE DECRÈS,
MINISTRE DE LA MARINE, À PARIS.

Paris, 2 mars 1811.

Monsieur le Comte Decrès, vous recevrez un décret qui nomme le contre-amiral Émeriau au commandement de l'escadre de Toulon. Vous témoignerez au vice-amiral Allemand que je suis satisfait de ses services, et qu'il doit se rendre à Paris, où il recevra une nouvelle destination. Vous ferez connaître au général Émeriau ma satisfaction des services du général Allemand. Vous recommanderez au général Émeriau de maintenir à bord de l'escadre une sévère discipline, d'interdire toute communication avec la terre, de faire appareiller fréquemment l'escadre, et d'utiliser ses appareillages de manière à prendre des frégates aux Anglais, ou du moins à leur inspirer plus de circonspection qu'ils n'en ont montré jusqu'à présent.

NAPOLÉON.

D'après l'original comm. par Mme la duchesse Decrès.

17407. — AU GÉNÉRAL CLARKE, DUC DE FELTRE,
MINISTRE DE LA GUERRE, À PARIS.

Paris, 2 mars 1811.

Monsieur le Duc de Feltre, je vous renvoie les états des déserteurs. Vous voyez qu'ils sont bien nombreux. Cela vient de la facilité qu'on a mise à envoyer dans les régiments des conscrits réfractaires et des déserteurs rentrés. Donnez des ordres pour que les conscrits réfractaires soient envoyés en Corse ou à Walcheren, et rendez le directeur des revues et les commandants des colonnes mobiles responsables de l'exécution. J'ai fait faire un relevé des déserteurs au camp de Boulogne; vous le trouverez ci-joint. Je désire que vous me fassiez connaître où ont passé ceux qui ont déserté à l'étranger; est-ce en Angleterre? et de quelle nation étaient-ils?

D'après la minute. Archives de l'Empire.

17408. — A M. DE CHAMPAGNY, DUC DE CADORE,
MINISTRE DES RELATIONS EXTÉRIEURES, À PARIS.

Paris, 2 mars 1811.

Monsieur le Duc de Cadore, faites connaître à mon ministre à Naples qu'il est indispensable qu'il m'envoie l'état de situation des troupes napolitaines, y compris la garde; que je désire avoir également la situation des chantiers, combien de vaisseaux, de frégates en construction, à l'eau. en armement; mêmes détails sur les bricks et canonnières.

NAPOLÉON.

D'après l'original. Archives des affaires étrangères.

17409. — AU VICE-AMIRAL COMTE DECRÈS,
MINISTRE DE LA MARINE, À PARIS.

Paris, 2 mars 1811.

C'est par l'Angleterre que j'apprends que mon escadre de Toulon n'a que dix-huit jours de biscuit et qu'il n'y a aucune crainte qu'elle puisse sortir. Pourquoi a-t-on laissé détériorer les vivres de campagne? Il y a un an l'escadre avait pour six mois de vivres. L'administration de la marine paraît marcher vraiment en sens inverse de mes intentions. Autant valait-il désarmer les vaisseaux et les faire rentrer dans le port.

D'après la minute. Archives de l'Empire.

17410. — AU VICE-AMIRAL COMTE DECRÈS,
MINISTRE DE LA MARINE, À PARIS.

Paris, 2 mars 1811.

J'ai lu avec attention le rapport de M. Sané sur l'échantillon des flûtes. Je désire, en conséquence, que vous ordonniez que mes flûtes soient armées de vingt-quatre caronades de 24 et de deux canons de 18, qui pourront être mis en chasse ou en retraite, selon les circonstances;

ce qui portera l'armement à vingt-six canons, et mettra ces flûtes en situation de se battre avec une petite frégate de 12 et d'être supérieures à toutes les corvettes et bricks.

Quant aux flûtes déjà faites, vous ferez changer leur armement à fur et mesure que cela deviendra possible, sans retarder leur mouvement.

Je désire que vous me fassiez un rapport pour déterminer l'armement des gabares de 400 à 600 tonneaux, afin de les rendre le plus fortes possible.

D'après la minute. Archives de l'Empire.

17411. — ALLOCUTION DE L'EMPEREUR
À LA DÉPUTATION DU COLLÉGE ÉLECTORAL DU FINISTÈRE.

Palais des Tuileries, 3 mars 1811.

J'agrée vos sentiments. La vraie cause des malheurs qu'a éprouvés la marine vient de la perte des hommes précieux que la France a faite dans les guerres civiles qui ont déchiré surtout la Bretagne et le Poitou. Aussitôt que cela me sera possible, j'irai à Brest. Mais la puissance de mes peuples est telle, que dans quatre ans j'aurai plus de cent vaisseaux de haut bord et deux cents frégates. Les matelots de l'Adriatique, comme ceux de la Baltique, viennent déjà de rivaliser de zèle et de courage avec mes Bretons et mes Provençaux pour contribuer à la libération des mers, qui est l'intérêt non-seulement de mon Empire, mais aussi de toutes les autres nations du monde.

Extrait du Moniteur du 6 mars 1811.

17412. — AU COMTE MOLÉ,
DIRECTEUR GÉNÉRAL DES PONTS ET CHAUSSÉES, À PARIS.

Paris, 3 mars 1811.

Remettez-moi une petite note sur le canal qui joindra la Loire à Brest. Les projets sont-ils faits? qu'est-ce qu'ils coûteront? Où passera ce canal? quelle quantité d'eau? La navigation est-elle grande? combien d'écluses?

D'après la minute. Archives de l'Empire.

17413. — AU GÉNÉRAL CLARKE, DUC DE FELTRE,
MINISTRE DE LA GUERRE, À PARIS.

Paris, 3 mars 1811.

Je désire avoir un rapport, 1° sur le nombre de conscrits réfractaires (et de quels départements) qui étaient arrivés depuis le 1er octobre au 1er mars à Toulon, à Gênes ou à Livourne, pour le régiment de la Méditerranée; 2° ce qu'on pouvait espérer qu'il en arriverait en Corse, provenant de ces divisions, dans le courant de mars et d'avril; 3° ce qui a été dirigé sur le régiment de l'île de Ré, et ce qu'on espérait qu'il arriverait dans le courant de mars sur Belle-Île et Walcheren.

On me rend compte qu'un grand nombre de réfractaires rejoignent de tous côtés. Où ces hommes sont-ils envoyés? Je désirerais connaître le nombre de conscrits réfractaires et déserteurs par chaque département.

D'après la minute. Archives de l'Empire.

17414. — AU GÉNÉRAL LACUÉE, COMTE DE CESSAC,
MINISTRE DIRECTEUR DE L'ADMINISTRATION DE LA GUERRE, À PARIS.

Paris, 3 mars 1811.

Répondez à l'ordonnateur Chambon que les trois nouveaux départements sont à la disposition du prince d'Eckmühl, tant pour les revenus arriérés que pour les revenus de l'année; que c'est avec cela qu'on doit pourvoir à la nourriture, solde et dépense de l'armée; ce qui n'empêche pas que les hommes qui sont en Westphalie ne continuent à être payés par le gouvernement westphalien. Il doit y avoir en Westphalie plus de 18,500 hommes, qui doivent y être nourris. La solde sera perçue et soldée. L'objet de ces réclamations sera réglé par un traité qui va avoir lieu. Les troupes qui sont dans le Mecklenburg et à Francfort sont également nourries par ces pays.

D'après la minute. Archives de l'Empire.

17415. — AU MARÉCHAL DAVOUT, PRINCE D'ECKMÜHL,
COMMANDANT L'ARMÉE D'ALLEMAGNE, À HAMBOURG.

Paris, 3 mars 1811.

Mon Cousin, vous trouverez ci-joint copie de la lettre que j'écris au ministre de la guerre et de celle que j'écris au roi de Saxe. Ces lettres sont secrètes et ne sont que pour vous. Vous y verrez que je veux avoir 9,000 hommes à Danzig.

Envoyez à Stettin un très-beau régiment de la division Friant et un général de brigade français qui servira à surveiller Liebert et à savoir ce qui se fait. Vous pourrez même y envoyer la compagnie d'artillerie légère de la division Friant, avec ses pièces. Je vous préviens que je ne veux pas que ce soit le 111e, mais un de vos beaux régiments.

Les compagnies de pontonniers, d'ouvriers, de mineurs, de sapeurs et d'artillerie destinées pour Danzig doivent être réunies à Magdeburg, et doivent passer en conséquence d'un seul et même avis que vous en donnerez à mon ministre à Berlin. Vous pouvez cependant diviser cette colonne en trois parties pour soulager le pays. Il faut qu'ils aient fait une marche avant qu'on le sache à Berlin. Cette colonne étant arrivée à Stettin, le bataillon polonais du 10e régiment, les quatre compagnies d'artillerie française, la compagnie de pontonniers, la compagnie de sapeurs français, la compagnie de mineurs et les ouvriers, s'il y en a, les Saxons, si ceux qui sont à Stettin appartiennent au régiment qui est à Danzig, toutes ces troupes, qui feront une force de 2 à 300 hommes, marcheront ensemble, en ne faisant pas de marches ridicules, mais en faisant de bonnes marches, et arriveront à Danzig. En même temps le prince Poniatowski fera arriver à Danzig tout ce qui appartient aux 10e et 11e régiments et les deux compagnies d'artillerie. Ainsi tous mes mouvements seront faits; Danzig, Küstrin, Stettin et Glogau seront en état. Je désire que vous n'envoyiez aucun courrier extraordinaire en Pologne ni en Saxe, afin que tout cela se fasse sans le moindre mouvement. Les compagnies d'artillerie que vous avez à compléter pour Danzig, vous devez les faire aller sur Magdeburg comme pour y tenir garnison. Quand le mouvement sera démasqué et que ces troupes seront à 4 ou 5 journées de marche, il n'y aura pas de mal à faire parler la *Gazette de Hambourg* du mouvement qui aura eu lieu, mais seulement comme des troupes en marche pour en relever d'autres et renforcer Danzig, menacé par les Anglais.

NAPOLÉON.

P. S. Aussitôt que mes troupes seront arrivées à Stettin, vous écrirez au général Rapp pour qu'on ne tienne pas de propos contre la Russie, et pour qu'il soit au contraire amical ; que vous lui envoyez des renforts pour mettre son immense place à l'abri de tout événement du côté de l'Angleterre. N'envoyez aucun courrier en Pologne et écrivez-y le moins possible. Ayez le meilleur langage pour la Russie : on se plaint qu'il y a des lettres et des paroles de vous qui sont pour la guerre. Tout ce qu'on dit aux Polonais, ils le répètent et le publient de toutes les manières.

D'après l'original comm. par Mme la maréchale princesse d'Eckmühl.

17416. — AU COMTE MOLLIEN,
MINISTRE DU TRÉSOR PUBLIC, À PARIS.

Paris, 4 mars 1811.

Monsieur le Comte Mollien, j'ai lu avec attention votre rapport. Je n'ai pas jugé convenable de consulter le ministre de l'intérieur; cela tendrait à ébruiter ces mesures. Les négociants sont si indiscrets, que déjà tout ce que vous avez demandé m'est revenu. Je vous autorise à employer un million pour faire des avances aux manufacturiers d'Amiens à raison de 20,000 francs par jour; ce qui fera des secours pour cinquante jours; au bout de ce temps, vous prendrez mes ordres. Prenez des mesures pour que je ne perde point cet argent. Je vous autorise à faire faire des achats à Rouen à Saint-Quentin et Gand pour deux millions, par la Banque, comme vous le jugerez à propos, et comme vous l'avez pensé. Suivez ces opérations secrètement et avec la prudence convenable.

NAPOLÉON.

D'après l'original comm. par Mme la comtesse Mollien.

17417. — AU VICE-AMIRAL COMTE DECRÈS,
MINISTRE DE LA MARINE, À PARIS.

Paris, 4 mars 1811.

Je désire que vous envoyiez dix bâtiments légers à Otrante, afin de favoriser la communication d'Otrante à Corfou. J'ai fait dans le temps construire à Toulon des mouches qui paraissent très-bonnes pour cet objet. Faites-moi connaître l'espèce de bâtiments de cette nature que j'ai et qui peuvent être utiles pour cette destination. Tous ces bâtiments seraient sous les ordres du capitaine de vaisseau qui commande mes forces à Corfou, et, en cas de siège, ou ils s'enfermeraient dans la place, ou ils serviraient à la communication. Remettez-moi l'état des bâtiments de cette espèce que vous pouvez envoyer.

Écrivez également au commandant de ma marine que je vois avec peine qu'on laisse insulter mon pavillon par Ali-Pacha et ses corsaires; qu'Ali-Pacha n'a le droit d'établir aucun blocus; et, s'il le fait, on doit répondre hostilités par hostilités. Le capitaine commandant ma marine doit prendre les ordres du gouverneur général pour tomber sur ses bâtiments et les lui enlever tous à la fois comme pirates.

Envoyez d'Ancône un officier de marine français à Otrante. Correspondez avec lui pour que les ports soient suffisamment armés pour favoriser le passage, et enfin connaître les mesures qui peuvent rendre le plus facile possible le passage d'Otrante à Corfou.

D'après la minute. Archives de l'Empire.

17418. — AU GÉNÉRAL CLARKE, DUC DE FELTRE,
MINISTRE DE LA GUERRE, À PARIS.

Paris, 4 mars 1811.

Monsieur le Duc de Feltre, je désire que vous écriviez au général Donzelot que je vois avec peine qu'il ne fasse pas assez d'usage des forces maritimes que j'ai mises sous ses ordres, tant pour assurer ses communications avec l'Italie que pour faire respecter mon pavillon; que, toutes les fois que les bâtiments d'Ali-Pacha se permettent d'attaquer les miens, il doit poursuivre ces pirates, s'en emparer, et les détenir prisonniers à Corfou; qu'il ne doit respecter aucun droit de blocus; qu'Ali-Pacha ne peut s'arroger un pareil droit, et qu'il faut prendre toute la marine de ce forban; que le général Donzelot a des forces bien suffisantes pour cela; qu'il ne connaît pas assez l'esprit des Turcs; que ce n'est pas avec ménagement qu'on en vient à bout; qu'il faut leur montrer de la force; qu'il les ménage trop; que les Anglais sont occupés ailleurs et qu'il n'y a rien à craindre d'eux; que d'ailleurs Ali-Pacha ne peut pas se porter à une opération hostile un peu sérieuse sans être aussitôt déclaré rebelle par la Porte et se perdre; que ce pacha tremblera aussitôt que le général Donzelot lui montrera du caractère et le menacera d'une invasion par le Cattaro et même par des détachements qu'il peut faire sur la côte. Ce brigand n'ose insulter mon pavillon que parce que Donzelot le laisse faire. Toutes ces balancelles, toutes ces canonnières qui marchent bien devraient servir à la communication avec l'Italie.

D'après la minute. Archives de l'Empire.

17419. — AU GÉNÉRAL CLARKE, DUC DE FELTRE,
MINISTRE DE LA GUERRE, À PARIS.

Paris, 5 mars 1811.

Il devient très-urgent de faire dans les régiments hollandais les changements que j'ai ordonnés et d'y mettre le tiers d'officiers français. Il y a un mois que j'ai ordonné cela et vous ne m'avez pas présenté le travail.

Écrivez aux généraux Dutruy et Molitor, qui commandent les divisions, de passer en revue ces régiments, de s'assurer de l'esprit des colonels, majors et chefs de bataillon, et insensiblement de l'esprit des officiers. Envoyez au général Molitor des lettres de passe en blanc, pour des chefs de bataillon ou capitaines et lieutenants, pour le tiers des officiers hollandais, en dirigeant ces officiers, savoir : les trois sixièmes sur les régiments qui sont en Italie et à Naples, les deux sixièmes sur les quinze régiments du corps du prince d'Eckmühl, et un sixième sur les régiments français en Hollande et au camp de Boulogne. Ces généraux passant la revue des corps hollandais verront les officiers et leur donneront ces lettres de passe, comme venant de vous, pour les régiments qu'ils désigneront. Il faut avoir soin d'ôter les plus mauvais.

D'après la minute. Archives de l'Empire.

17420. — AU VICE-AMIRAL COMTE DECRÈS,
MINISTRE DE LA MARINE, À PARIS.

Paris, 5 mars 1811.

Les circonstances me portent à différer les expéditions de Saint-Malo et Cherbourg destinées pour Batavia. En conséquence, vous ordonnerez que les troupes débarquent et rejoignent leurs régiments. Le bataillon expéditionnaire hollandais qui est à Saint-Malo se rendra à Brest, où il tiendra garnison dans l'arsenal. Il sera nourri et soldé par la marine et servira de supplément pour le service de la marine jusqu'à ce que je juge convenable de l'envoyer à Batavia. Vous donnerez l'ordre aux frégates que j'ai à Saint-Malo et à celles que j'ai à Cherbourg de se rendre à Brest.

D'après la minute. Archives de l'Empire.

17421. — AU VICE-AMIRAL COMTE DECRÈS,
MINISTRE DE LA MARINE, À PARIS.

Paris, 5 mars 1811.

Monsieur le Comte Decrès, j'ai pris un décret pour porter à dix-huit le nombre des cales de vaisseaux de ligne qui sont à Anvers. Je vous prie de ne porter aucun retard dans l'exécution de ce décret. Ce qui me porte à établir ces dix-huit cales, c'est la considération que, si je ne veux avoir que six vaisseaux par an, je préfère qu'ils restent trois ans sur le chantier, et que, lorsque je n'aurai pas besoin de vaisseaux, je pourrai en tenir six ou huit sur le chantier tout prêts à être lancés. D'ailleurs, les vaisseaux à trois ponts donnant plus d'embarras dans l'Escaut, je pourrai les mettre à l'eau plus tard que les autres. Enfin j'ai un autre but, c'est que cette augmentation dans les chantiers d'Anvers fasse du bruit. Mon intention est toujours que l'*Illustre*, le *Pacificateur*, l'*Auguste*, le *Trajan*, le *Gaulois*, le *Conquérant*, soient mis à l'eau cette année. Ainsi il faudrait que les travaux du port d'Anvers fussent montés de manière que j'aie six vaisseaux à l'eau cette année, ce qui ferait 64 vingt-quatrièmes faits; qu'en place de ces six vaisseaux on mît sur le chantier six autres vaisseaux, et qu'on les poussât, savoir : trois à 8 vingt-quatrièmes, deux à 4 vingt-quatrièmes et un à 2 vingt-quatrièmes, ce qui ferait 34 vingt-quatrièmes; que l'on poussât ceux qui sont actuellement sur le chantier, savoir : deux à 12 vingt-quatrièmes, un à 18 vingt-quatrièmes, ce qui ferait 32 vingt-quatrièmes; enfin trois à 6 vingt-quatrièmes et trois à 2 vingt-quatrièmes, ce qui ferait 24 vingt-quatrièmes, et en tout plus de 150 vingt-quatrièmes, ou la valeur de six vaisseaux, égale aux six vaisseaux qu'on lance. Je tiens beaucoup à ce que les travaux du chantier d'Anvers soient conduits ainsi. Je voudrais, lorsque j'irai à Anvers, voir lancer quatre vaisseaux à la fois. S'il n'y a point assez d'ouvriers de marine, il faut en faire venir de nouveaux. Je ne serais pas éloigné de créer deux nouveaux bataillons d'ouvriers conscrits, si cela est nécessaire.

NAPOLÉON.

D'après l'original comm. par Mme la duchesse Decrès.

17422. — AU VICE-AMIRAL COMTE DECRÈS,
MINISTRE DE LA MARINE, À PARIS.

Paris, 5 mars 1811.

Monsieur le Comte Decrès, donnez ordre que le brick *le Génie* et des canonnières soient sur-le-champ envoyés devant Flessingue, et que ces bâtiments profitent du moment où les Anglais ne sont pas dans ces mers pour sonder la rade et les passes. Vous mettrez à bord quelques officiers qui apprendront à bien étudier l'Escaut.

NAPOLÉON.

D'après la copie. Archives de la marine.

17423. — AU GÉNÉRAL COMTE LEMAROIS,
AIDE DE CAMP DE L'EMPEREUR, À PARIS.

Paris, 5 mars 1811.

Monsieur le Général Comte Lemarois, vous vous rendrez à Boulogne, où vous resterez deux jours. Vous prendrez connaissance de la situation des troupes, de l'emplacement des camps, de l'emplacement de la flottille et de tout ce qui peut m'intéresser. Vous m'écrirez deux heures avant de partir.

De là vous irez à Dunkerque, où vous séjournerez deux ou trois jours, pour voir quelle espèce de commerce font les smogglers, la quantité de journaux anglais qu'ils apportent et la publicité que ces journaux ont à Dunkerque, enfin observer ce qu'il peut m'importer de connaître.

Vous irez ensuite à Ostende; vous y resterez un ou deux jours. Vous prendrez connaissance de ce qui concerne les bâtiments à licence. On m'assure qu'ils commettent des fraudes et qu'ils emportent des dentelles qu'ils rapportent ensuite, afin de me faire penser que la balance de ce commerce est en ma faveur.

D'Ostende vous vous rendrez à Anvers, où vous n'arriverez pas avant le 12 ou le 13 mars. Vous passerez huit jours à Anvers. Vous visiterez l'arsenal; vous irez voir mon escadre au Ruppel; vous me rendrez compte de ces visites. Tous les jours vous irez passer deux heures à l'arsenal et sur le fleuve pour voir où en est l'armement des vaisseaux, et dans le bassin pour voir les travaux qu'on y fait. Vous prendrez connaissance de tout ce qui est relatif aux fortifications, et vous m'en ferez une description après que vous les aurez visitées. Vous aurez soin de m'envoyer un rapport détaillé de ce qu'il y a d'important. Vous m'enverrez un état de la quantité de vingt-quatrièmes que l'on aura faits au 1er mars, et des progrès des constructions toutes les semaines. Mon intention est que dans le courant de mars on mette à l'eau *l'Auguste*, dans le courant d'avril *le Pacificateur*, dans le courant de mai *l'Illustre*, en juin *le Trajan*, en juillet *le Gaulois* et en août ou septembre *le Conquérant*, de sorte que j'aie six vaisseaux cette année; ce qui, joint aux douze que j'ai, me ferait dix-huit vaisseaux de guerre. Vous laisserez entrevoir qu'immédiatement après les couches de l'Impératrice, c'est-à-dire vers la mi-avril, il est probable que je viendrai à Anvers. Indépendamment des six vaisseaux dont il est question ci-dessus, je désire avoir cette année la frégate *la Terpsichore*; il faudrait pouvoir l'avoir le plus tôt possible. Immédiatement après qu'un vaisseau sera à l'eau, on doit en mettre un autre sur le chantier; il faut donc qu'on ait les matériaux tout prêts. Rien ne peut manquer à Anvers. Les ouvriers doivent être assez nombreux; s'ils ne le sont pas suffisamment, on pourrait en appeler de la Hollande et de la Belgique. Quant au bassin, je suis étonné que mes vaisseaux ne puissent pas encore y entrer.

Quand vous aurez passé huit jours à Anvers, et que vous m'aurez ainsi envoyé huit rapports, vous vous rendrez à Rotterdam. Je vous confie sous le plus grand secret que j'ai donné ordre aux deux vaisseaux qui sont dans cette rade de se rendre par mer à Flessingue. Vous vous informerez si des mesures ont été prises pour que des signaux aient lieu entre l'île de Walcheren et Rotterdam, afin qu'on connaisse chaque jour la situation des ennemis devant l'Escaut. Vous resterez trois jours à Rotterdam; vous visiterez les chantiers et l'arsenal de Hellevoetsluis en grand détail; vous m'informerez de l'époque où je puis espérer que les deux vaisseaux pourront partir. Ce moment est favorable, parce que les Anglais ne sont pas encore arrivés; mais, passé le mois de mars, il ne sera plus temps. Après que vous aurez vu le chantier de Hellevoetsluis, vous reviendrez à Rotterdam. Vous me ferez connaître en détail comment marchent la préfecture, les douanes, la conscription, l'inscription maritime, la police, la contrebande, et l'esprit des troupes hollandaises qui sont dans ce département. Vous me parlerez des officiers français qui commandent là, du génie, de l'artillerie. Vous profiterez de l'occasion où le général verrait les troupes, pour les voir manœuvrer, et vous me rendrez compte de l'esprit qui vous aura paru les animer. Il n'y aura pas d'inconvénient que vous donniez un dîner aux officiers à l'auberge où vous serez, que vous causiez avec les chefs et que vous vous assuriez de leur esprit.

On doit travailler à la route de Breda à Anvers; vous m'en parlerez.

En revenant de Rotterdam, vous passerez à Willemstad. Vous me ferez un rapport sur la situation de l'armement de cette place, sur la garnison, sur le commandant, et sur ce qu'on y fait. Vous irez visiter l'île de Goerée: vous me parlerez du commandant, des troupes, de l'esprit qui les anime, de la défense de l'île, et de ce qui peut m'intéresser.

De Willemstad vous irez à Berg-op-Zoom; vous m'enverrez de pareilles notes sur l'armement de la place, sur la garnison, sur le commandant, sur le génie, l'artillerie, sur la police.

De là vous reviendrez à Anvers, où vous attendrez quelques jours; je vous enverrai dans cet intervalle des ordres sur votre destination ultérieure. Vous emploierez ce second séjour à vous occuper des prêtres, de la police, des opérations des colonnes mobiles destinées à faire rejoindre les conscrits.

NAPOLÉON.

D'après l'original comm. par M. le comte Lemarois.

17424. — AU VICE-AMIRAL COMTE DECRÈS,
MINISTRE DE LA MARINE, À PARIS.

Paris, 6 mars 1811.

Je prends le parti que je crois le plus sûr. Je fais partir deux frégates avec le *Dromadaire*. Il faut qu'elles me portent 500 hommes. Je laisse le commandant de l'expédition maître de les prendre où il voudra, à Porto-Ferrajo ou Ajaccio. S'il les prend à Ajaccio, il sera nécessaire qu'un aviso parte vingt-quatre heures avant les frégates pour aborder à Saint-Florent et instruire le général Morand de l'arrivée des deux frégates et de l'ordre d'embarquer 500 hommes du 1er bataillon du régiment de la Méditerranée, afin qu'il se rende de sa personne au lieu de l'embarquement pour s'assurer que tout est prêt à s'embarquer aux Sanguinaires. Quant à Porto-Ferrajo, comme les hommes sont à Porto-Ferrajo même, il suffira d'un ordre de vous au commandant.

Ce bataillon de 500 hommes sera formé de trois compagnies de marche, chaque compagnie de marche de 170 hommes, commandée par un officier tiré des bataillons. On pourra mettre par compagnie deux sergents, deux caporaux et un tambour. Cela affaiblira le moins possible ce bataillon. Expliquez bien à ce capitaine la formation de ces troupes. S'il ne peut assister au chargement de la gabare et qu'il soit obligé de l'abandonner au port de Malaga, ce que je verrais avec peine, il la reprendra à son second voyage. S'il ne jugeait pas à propos de faire un second voyage, il ordonnera au commandant de la gabare, après qu'il aura déchargé et qu'il se sera chargé soit de plomb, soit de vif-argent, de coton ou autres objets que lui remettra le général Sebastiani, de profiter d'une circonstance favorable pour partir en aventurier. Vous lui recommanderez d'aborder en Corse, parce que probablement Toulon sera bloqué. Dans tous les cas, je préfère que ma gabare mouille à Alger plutôt que de rester à Malaga. Il est nécessaire que vous preniez les lettres du prince de Neuchâtel, tant pour la destination des 500 hommes que pour l'arrivée à Malaga et pour mander mes intentions au général Sebastiani.

Il est nécessaire que vous donniez des instructions détaillées au commandant sur les points de la côte qu'occupent mes troupes et sur les précautions qu'il doit prendre avant d'aborder.

D'après la minute. Archives de l'Empire.

17425. — AU GÉNÉRAL CLARKE, DUC DE FELTRE,
MINISTRE DE LA GUERRE, À PARIS.

Paris, 6 mars 1811.

Mon intention est qu'il soit formé deux colonnes, sous le commandement de deux adjudants commandants ou chefs d'escadron intelligents, pour surveiller la côte depuis la Loire jusqu'à la Gironde : ce qui fait un espace de cinquante lieues.

Première colonne. — Le chef-lieu de la première colonne sera à Saint-Gilles, ayant sa droite appuyée à quinze lieues de là, au fort de Mindin, et sa gauche au village de Saint-Vincent, c'est-à-dire à dix lieues de là. Cette colonne exercera donc la surveillance sur vingt-cinq lieues de côte. Elle sera composée d'un escadron du 20ᵉ de chasseurs, complété à 200 hommes, d'une compagnie du 82ᵉ, complétée à 120 hommes, et enfin d'un bataillon de 600 hommes d'infanterie : ce qui fera environ 800 hommes d'infanterie et 200 chevaux.

Deuxième colonne. — La deuxième colonne aura son chef-lieu au village d'Angoulin, où se tiendra le quartier du commandant; elle aura sa droite à la batterie de l'Aiguillon, et sa gauche à Royan; elle sera composée d'une compagnie du 9ᵉ de hussards et d'une du 13ᵉ de chasseurs, l'une et l'autre complétées à 100 hommes. Il y aura, en outre, un bataillon complet du régiment de Berg, une compagnie de 140 hommes du 66ᵉ et une de même force du 26ᵉ; ce qui fera 1,000 hommes d'infanterie et 200 chevaux; total, 1,200 hommes.

Ces deux colonnes seront divisées en détachements et subdivisées en piquets.

Les deux commandants enverront, tous les jours, par ordonnance, leur rapport au général commandant la division militaire à la Rochelle, qui devra transmettre ce rapport au ministre. Ils devront de même, tous les jours et par ordonnance, donner avis au préfet maritime à Rochefort de ce qui se passe dans leur arrondissement. Le commandant de chaque colonne aura avec lui un capitaine en second d'artillerie. Un obusier et deux pièces de canon seront attachés à chaque colonne. Les pièces de la colonne d'Angoulin seront attelées; celles de la colonne de Saint-Gilles ne le seront pas; en cas d'événement, on les attellerait avec des chevaux du pays.

La côte sera partagée entre ces deux arrondissements de commandement. Les troupes qui se trouveront dans chaque arrondissement seront sous les ordres du commandant de la colonne.

A l'égard des douaniers, les commandants de colonne n'auront rien à leur prescrire en temps ordinaire; mais ils les auront sous leurs ordres en cas de descente ou d'événement extraordinaire. Chaque commandant devra connaître le nombre des troupes qui se trouvent dans son arrondissement. Les commandants des colonnes, accompagnés du capitaine d'artillerie, devront inspecter, dans le courant de chaque mois, toutes les batteries de leur arrondissement, et les faire tirer toutes, en leur présence, à boulet rouge. Ils feront fermer à la gorge les batteries pour lesquelles cette précaution serait jugée nécessaire. Ils établiront des signaux pour être instruits, au point central, soit de jour, soit de nuit, de ce qui surviendrait.

Tous les jours, les patrouilles de chaque poste devront se croiser avec celles des postes voisins et se transmettre les rapports. La cavalerie ainsi que l'infanterie seront instruites à la manœuvre du canon. Enfin toutes les précautions seront prises pour pouvoir, en cas d'événement, se porter rapidement sur le point attaqué et y réunir un bon renfort de troupes.

Je désire que trois ou quatre colonnes semblables soient organisées sur les côtes de Bretagne et de Normandie. Veillez à ce que tous les généraux de division vous envoient la copie exacte de ces rapports; par ce moyen on saura parfaitement ce qui se passe sur les côtes.

NAPOLÉON.

D'après la copie. Dépôt de la guerre.

17426. — A M. DE CHAMPAGNY, DUC DE CADORE,
MINISTRE DES RELATIONS EXTÉRIEURES, À PARIS.

Paris, 7 mars 1811.

Monsieur le Duc de Cadore, les derniers états que vous m'avez remis de la situation des armées étrangères sont en général peu exacts. Il est nécessaire qu'en tête de chaque état on relate la situation de l'organisation dans chaque pays.

NAPOLÉON.

D'après l'original. Archives des affaires étrangères.

17427. — NOTE POUR LA RÉDACTION D'UN PROJET DE DÉCRET.

Paris, 7 mars 1811.

1° La conservation des forêts de Corse dépendra du ministère de la marine.

2° Les agents forestiers seront sous ses ordres.

3° Les bois qui appartiennent encore à notre domaine impérial sont mis à la disposition de notre ministre de la marine.

4° Les travaux des ponts et chaussées concernant les routes, les ponts, les quais, etc. en Corse, sont dans les attributions du ministre de la marine.

5° La partie du budget des ponts et chaussées pour lesdits travaux sera retirée du budget du ministère de l'intérieur et portée à celui de la marine.

D'après la minute. Archives de l'Empire.

17428. — AU GÉNÉRAL CLARKE, DUC DE FELTRE,
MINISTRE DE LA GUERRE, À PARIS.

Paris, 7 mars 1811.

Je suis instruit qu'au dépôt du 66° on commet des vexations et que l'on fait des retenues illégales contre les conscrits, ce qui les fait déserter.

D'après la minute. Archives de l'Empire.

17429. — AU GÉNÉRAL CLARKE, DUC DE FELTRE,
MINISTRE DE LA GUERRE, À PARIS.

Paris, 7 mars 1811.

Il est nécessaire de régulariser tout ce qui est relatif aux garnisons des vaisseaux. Mon intention est que vous me fassiez connaître les régiments qui fournissent ces garnisons, et que vous demandiez au ministre de la marine celles dont il aura besoin pour les armements qui auront lieu en 1811.

Quand vous aurez ce travail, vous me proposerez de prendre dans les régiments de ligne, et non légers, une compagnie, qui sera la 2° compagnie du 5° bataillon de ligne et qui s'appellera 2° compagnie du 5° bataillon ou compagnie de garnison des vaisseaux. Elle sera formée selon les indications du ministre de la marine, et composée d'hommes ayant au moins un an de service révolu et parlant français, c'est-à-dire qu'aucun Génois, Piémontais, Belge ou natif des quatre nouveaux départements réunis ne pourra en faire partie; elle sera composée absolument d'hommes parlant la langue française. Les capitaines, lieutenants et sous-lieutenants seront nommés par vous. Les hommes seront pris dans tous les régiments, de manière que ce soit véritablement de bons sujets. Cela n'augmentera point les cadres de mon armée et pourvoira d'une manière constante à ce service important, et, comme j'ai cent régiments de ligne, la marine pourra avoir aussi cent équipages.

La solde de ces compagnies continue, je crois, à être payée par la guerre. Il serait convenable de spécifier ce qui serait le plus avantageux pour la solde, l'habillement et nourriture de ces compagnies, et prendre des mesures pour que le recrutement puisse en être fait convenablement.

D'après la minute. Archives de l'Empire.

17430. — AU VICE-AMIRAL COMTE DECRÈS,
MINISTRE DE LA MARINE, À PARIS.

Paris, 7 mars 1811.

Mon intention est que le vice-amiral Ver Huell parte avant le 1er avril de Paris. Il sera chargé du commandement de la marine de la Hollande à Hambourg, Lubeck compris. Il aura le commandement direct de la flottille et sera chargé du choix des rades et de l'organisation du service dans ce pays. Il est nécessaire que vous me présentiez un projet d'instruction pour rendre cette mission utile. Il ne prendra des ordres que du prince d'Eckmühl.

D'après la minute. Archives de l'Empire.

17431. — AU GÉNÉRAL CLARKE, DUC DE FELTRE,
MINISTRE DE LA GUERRE, À PARIS.

Paris, 7 mars 1811.

Monsieur le Duc de Feltre, faites-moi connaître la situation de la légion portugaise. Je vois qu'il y a trois bataillons d'élite, formant 1,000 hommes, et deux bataillons de marche, forts de 278 hommes, à Bourges; qu'il y a, en outre, deux escadrons de chasseurs, forts de 130 chevaux, et deux autres escadrons de chasseurs n'ayant point de chevaux, forts de 140 hommes; que, indépendamment de ce qu'il y a à Bourges, il y a dans la 6e division militaire un dépôt de chasseurs de 430 hommes et de 20 chevaux, et dans la 7e division militaire cinq régiments, formant le fond de dix bataillons, et deux bataillons provisoires, faisant 3,700 hommes. J'aurais donc près de 6,000 Portugais; il faut bien distinguer les Espagnols des Portugais. Il faudrait voir comment on pourrait les utiliser. J'avais destiné 400 chevaux pour la remonte de cette légion; faites-moi connaître où cela en est. Mettez-moi sous les yeux les comptes que les généraux commandant à Bourges, à Grenoble, à Besançon, rendent de l'esprit et de la conduite de ces régiments.

Il y a un dépôt de troupes westphaliennes à Bourges. Il faudrait faire partir pour l'Espagne ce qu'il y a de disponible et renvoyer le reste en Westphalie.

Proposez-moi de renvoyer également en Allemagne les dépôts des régiments de la Confédération employés à l'armée de Catalogne, qui sont dans les 10e et 11e divisions militaires; cela nous rend peu de services et fait beaucoup d'embarras en Allemagne.

Je pense que, sous prétexte d'aller en remonte, on pourrait envoyer dans la 21e division militaire les hommes à pied de la cavalerie de la légion portugaise qui sont dans la 6e division militaire, et ceux qui sont montés, du côté de la Rochelle ou de Niort. Vous pourriez tirer de ces derniers une centaine de chevaux pour renforcer les colonnes de la Loire à la Gironde. Par ce moyen, la cavalerie et l'infanterie seraient séparées.

Aussitôt que j'aurai un état de la situation de la légion portugaise, que je connaîtrai de quelles nations sont ces hommes, je supprimerai les deux bataillons provisoires qui sont à Bourges, et séparerai les trois bataillons d'élite, que j'enverrai loin les uns des autres.

Les chasseurs de la légion hanovrienne ont 460 hommes et 10 chevaux à Fontenay. Faites-moi connaître de quelles nations sont ces hommes. Je n'ai pas l'intention de les monter, du moins pour les envoyer en Espagne. Je pense donc qu'il faudrait les incorporer dans les régiments français et dans les nouveaux régiments qu'on va former. On pourrait en renvoyer à Naples, et on laisserait détruire cette légion hanovrienne.

Faites-moi des rapports sur tout cela.

NAPOLÉON.

D'après la copie. Dépôt de la guerre.

17432. — A M. GAUDIN, DUC DE GAËTE,
MINISTRE DES FINANCES, À PARIS.

Paris, 8 mars 1811.

Le duc de Raguse est arrivé. Je désire que vous teniez un conseil composé des présidents des sections de législation, de l'intérieur et des finances, de Dandolo, ancien provéditeur, et que vous me présentiez un projet de règlement pour l'organisation des provinces illyriennes, fixant les pouvoirs du gouverneur général, les attributions de l'intendant général, les lois et les budgets de tous les ministères.

D'après la minute. Archives de l'Empire.

17433. — DÉCISION.

Paris, 8 mars 1811.

Le ministre des finances fait connaître à l'Empereur les motifs qui ont porté la consulte de Rome à supprimer les deux relais de poste de Nocera et de Gualdo.	Cette suppression est inutile et fait beaucoup de tort aux localités. NAPOLÉON.

D'après l'original comm. par M. le comte de Reiset.

17434. — AU VICE-AMIRAL COMTE DECRÈS,
MINISTRE DE LA MARINE, À PARIS.

Paris, 8 mars 1811.

Monsieur le Comte Decrès, je vous écris cette lettre pour vous faire connaître mes intentions sur le genre de guerre maritime que je veux faire en 1811. Je ne veux pas que mes escadres sortent, mais qu'elles soient approvisionnées comme si elles devaient sortir; que fréquemment des courriers portent aux commandants des ordres cachetés à n'ouvrir qu'en mer à une certaine distance, de sorte que l'amiral lui-même ait la croyance qu'il doit partir; que mes vaisseaux aient six mois de vivres, quatre mois à bord et deux mois à l'arsenal; que l'embarquement des vivres complets ait même lieu deux fois au moins dans l'année, afin que mes escadres de Toulon, de Brest, du Texel, de l'Escaut se croient vraiment en appareillage. J'espère que dans le courant de juillet ou d'août j'aurai sept ou huit vaisseaux au Texel, une vingtaine de vaisseaux dans l'Escaut, sept ou huit vaisseaux à Brest, six vaisseaux à Rochefort et seize ou dix-sept à Toulon; ce qui obligera les Anglais à me bloquer avec cinq escadres ou soixante vaisseaux.

Je désire réunir dans l'Escaut toutes les frégates hollandaises et une flotte de transport organisée comme celle de la Méditerranée, par tiers: un tiers cette année, un tiers que l'on construira pour 1812 et un tiers en 1813. Je crois avoir pris un décret là-dessus. Occupez-vous-en et apportez-moi un rapport qui m'en rende compte. J'aurais donc en 1811, en 1812 et partie de 1813, deux armées navales et deux flottes de transport, une à Toulon et l'autre dans l'Escaut. J'ai déjà réglé la flotte de transport de Toulon, que je suppose devoir porter près de 24,000 hommes et 1,500 chevaux, indépendamment de 10,000 hommes que pourrait porter l'escadre de guerre; ce qui ferait plus de 30,000 hommes. Il faudrait que la flotte de transport de l'Escaut m'offrît les moyens d'embarquer 30,000 hommes et 2,000 chevaux; ce qui, avec les troupes embarquées sur l'escadre, formerait une armée de plus de 40,000 hommes. En calculant ainsi, j'ai en vue la destination de la Sicile pour la flotte de la Méditerranée, et l'Irlande pour celle de l'Escaut; car le nombre d'hommes diminuerait beaucoup si je les envoyais aux Indes occidentales, et encore plus s'ils allaient aux Indes orientales. Si en 1812 les circonstances sont favorables, ayant une partie de mes troupes d'Espagne disponible, je compte faire l'expédition de Sicile ou celle d'Égypte dans la Méditerranée, et dans l'Océan l'expédition de la Martinique, de la Dominique, de la Guadeloupe, de Cayenne, de Surinam et de tout le continent hollandais. Mon escadre sortirait de l'Escaut avec 30,000 hommes: tout aurait été préparé pour menacer l'Irlande; elle se porterait sur l'Amérique, se séparerait en quatre expéditions, savoir : l'une pour la Guyane française, une pour Surinam, et les deux autres pour les îles ci-dessus nommées. 30,000 hommes paraissent suffisants pour faire simultanément ces opérations. Je ferais partir la même année une expédition de 8,000 hommes de Brest pour m'emparer du cap de Bonne-

Espérance. Ce serait donc 60 ou 80,000 hommes que je répandrais, en évitant les croisières ennemies, sur les deux mondes. Ces résultats ne pourraient pas sans doute avoir lieu avant 1812 ou 1813, mais il est nécessaire en 1811 de fatiguer les Anglais.

Je désire faire tout ce qui est nécessaire pour donner à mes flottes de l'Escaut et de Toulon un aspect menaçant. Mon intention est même d'embarquer sur les vaisseaux, frégates et transports de ces deux escadres une vingtaine de mille hommes, et de les tenir embarqués un mois ou six semaines, pour que la menace soit réelle. Quant à Rochefort, je désire que six de mes vaisseaux soient placés sur des chameaux, tout armés, à l'embouchure de la rivière, de sorte que l'ennemi soit forcé d'opposer à mes vaisseaux, qui resteront tranquilles dans le port, une escadre d'au moins six vaisseaux.

NAPOLÉON.

D'après l'original comm. par Mme la duchesse Decrès.

17435. — AU VICE-AMIRAL COMTE DECRÈS,

MINISTRE DE LA MARINE, À PARIS.

Paris, 8 mars 1811.

Monsieur le Comte Decrès, j'ai lu avec attention votre rapport du 6 sur la flotte de transport de la Méditerranée. Je vois qu'elle se compose de trois parties : d'une première existante et disponible au 1er juillet 1811, savoir : onze flûtes, quatre gabares et quatre écuries; total, dix-neuf bâtiments; d'une deuxième partie, qui pourra être disponible au 1er juillet 1812, savoir : huit flûtes, une gabare et douze écuries; total, vingt et un bâtiments (cette partie, qui doit déjà être sur le chantier, sera poussée cette année entre 8 ou 10 vingt-quatrièmes par chaque bâtiment); et d'une troisième partie qui sera mise en construction en 1812 et disponible en juillet 1813, et qui sera composée de six flûtes et de quatorze écuries; total, vingt bâtiments. Tout cela me paraît convenable, si ce n'est que je désire que vous fassiez mettre en construction, pour en faire cette année 4 vingt-quatrièmes, un bâtiment hôpital et un bâtiment poudrier. Il faudrait pour l'hôpital une très-grosse flûte. Il est important que tout cela soit ponctuellement exécuté, et qu'il n'en soit pas de cette année comme de 1810, où l'on n'a pas fait ce que j'avais prescrit. Je désire que vous me fassiez connaître quel sera le chargement d'une flûte, d'une gabare, d'une écurie, dans la quadruple hypothèse d'une expédition en Sicile, d'une expédition en Égypte, d'une expédition au cap de Bonne-Espérance et d'une expédition à la Martinique. Chaque flûte ayant une sainte-barbe doit porter de la poudre, 6 ou au moins 4 chevaux, et au moins huit voitures d'artillerie, savoir : deux pièces de canon, deux caissons d'infanterie et quatre caissons pour le service du canon. Les écuries doivent contenir autant d'hommes que possible, indépendamment d'un certain nombre d'hommes pour les chevaux. Les flûtes, les gabares et les écuries doivent pouvoir débarquer facilement. Il faut donc qu'il entre dans leur installation un grand canot ou grosse péniche, portant une caronade de 36 ou au moins de 24, et pouvant débarquer 100 hommes à la fois, de manière que la flotte débarque 5 à 600 hommes à la fois, sous la protection de soixante caronades. Il est nécessaire que cette grosse péniche soit indépendante des autres bâtiments, afin que, l'expédition étant arrivée à son terme, on puisse laisser ces soixante péniches pour le service des rades ou des grandes rivières, comme le Nil ou la rivière de Surinam. En général, chaque flûte doit avoir le plus de canons qu'il sera possible, indépendamment de cette péniche principale. On pourrait la garder dans l'arsenal pour les expéditions où il s'agirait d'un débarquement de vive force. Je désire que chaque flûte puisse mettre en chasse et en retraite deux pièces de 24, et qu'elle ait en outre un armement de vingt ou vingt-quatre pièces de 24; que les gabares et écuries aient un armement proportionné, de sorte que cette flottille de soixante bâtiments n'ait besoin d'aucune escorte, puisse faire tête séparément à un corsaire ou brick anglais, et que, réunis, ils n'aient rien à craindre d'une grosse corvette, et puissent même se battre contre une frégate. Quand je désire avoir deux pièces de 24 par bâtiment, c'est que, indépendamment de ce surcroît de force maritime que cela donne à ma flotte, je me trouverai, par ce moyen, avoir tout disposé pour débarquer à terre un équipage de siége de cent vingt bouches à feu. On pourrait mettre du 18 sur les gabares et les écuries. Or il n'est pas possible de concevoir une expédition sans qu'on ait besoin de grosse artillerie, soit pour lever les obstacles et conquérir le pays qu'on veut prendre, soit pour conserver les conquêtes qu'on a faites. Présentez-moi un projet de décret pour régler l'armement en guerre, l'approvisionnement en eau, en vivres et le chargement de chaque bâtiment, de manière que cela soit connu d'une manière définitive. Vous ne devez pas mettre un homme de plus pour l'artillerie, les passagers devant être chargés seuls de ce service. Faites-moi connaître ce que c'est qu'une écurie, de combien de tonneaux est une gabare. Ne serait-il pas possible que les écuries fussent, comme les flûtes, de 800 tonneaux? Ma flotte de transport portera donc 1,300 chevaux sur les écuries et 180 sur les flûtes, ce qui fera à peu près 1,500 chevaux. Ce nombre de chevaux est nécessaire pour faire une grande expédition. Je désirerais beaucoup que vous fissiez exécuter des modèles en petit d'une flûte, d'une gabare, d'une écurie tout armées, avec tous les détails accessoires, tels que vous les avez adoptés, et avec leur canot et une grande péniche. Il est nécessaire qu'il y ait à Toulon tout ce qui est nécessaire pour une expédition d'Égypte. Faites-moi un rapport sur l'espèce de bâtiments la plus convenable, 1° pour remonter le Nil, 2° pour entrer dans les lacs à côté d'Aboukir.

NAPOLÉON.

D'après l'original comm. par Mme la duchesse Decrès.

17436. — AU VICE-AMIRAL COMTE DECRÈS,
MINISTRE DE LA MARINE, À PARIS.

Paris, 8 mars 1811.

Faites-moi un rapport sur le port de Santoña, situé sur la côte d'Espagne, entre le Passage et Santander. Des renseignements me portent à croire que les Anglais veulent s'emparer de ce point pour en faire un second Gibraltar. Quel intérêt ce port peut-il avoir sous le point de vue maritime? Je désire que, indépendamment de la corvette *la Coquette*, vous fassiez armer la corvette *la Friponne*, et les bricks *le Flibustier* et l'*Épervier*, afin de pouvoir porter des secours de vivres et munitions à Santander et Santoña. Donnez ordre sur-le-champ que ces bâtiments soient armés.

<small>D'après la minute. Archives de l'Empire.</small>

17437. — AU VICE-AMIRAL COMTE DECRÈS,
MINISTRE DE LA MARINE, À PARIS.

Paris, 8 mars 1811.

En lisant votre état de situation des bâtiments légers, qui est joint à votre lettre du 6, je trouve qu'il y en a plus qu'il n'en faut. Il y en a trois : les goëlettes *la Rose*, *l'Estafette*, le demi-chebec *la Sirène*, les trois demi-chebecs qui sont à Bouc, la mouche n° 21, celle n° 22, les stations de l'île d'Elbe; tout cela offre plus de moyens qu'il ne faudrait pour les bâtiments à envoyer à Otrante; mais il est incertain si ces bâtiments arriveront, et, s'ils arrivent, ils mettront à faire ce trajet un temps infini. Le plus court serait de faire construire à Trieste ou Venise, à mon compte, dix beaux bâtiments légers, plus forts que les doubles péniches et canots de vaisseaux et propres au passage d'Otrante à Corfou. Je désire que vous fassiez arrêter le modèle de ces bâtiments; lorsqu'il aura reçu mon approbation, j'ordonnerai qu'on en construise dix pour la France et dix pour l'Italie. Les dix pour le compte de la France pourraient être construits quatre à Corfou et six à Venise. Ainsi le problème se réduit à ceci : porter des paquets, des hommes, de l'argent de Corfou à Otrante.

Je pense que la station de Corse n'est pas assez forte et que le général Morand a raison. La marine sarde est plus forte que la mienne; la marine sarde maltraite souvent les bâtiments corses; c'est une véritable honte. Il me semble qu'il est nécessaire d'avoir à Bonifacio une corvette et deux bricks qui aient le double avantage de surveiller la communication des deux îles et de manière à être plus considérables que les galères et les corsaires sardes.

Je pense qu'il faut également à Bastia et à Ajaccio deux bricks ou corvettes; mais il faut que ces bâtiments aient ordre d'être perpétuellement en appareillage; qu'ils reçoivent les ordres du gouverneur et fassent la police de toutes les côtes. Cela n'empêche pas que ces bâtiments puissent faire des voyages en France et en Italie, soit pour porter des dépêches en France, soit pour amener des matelots; mais ils devront s'en retourner, soit avec des conscrits, soit avec autre chose, à Corfou. Faites-moi un rapport là-dessus. Le service de la Corse a toujours été très-mal fait.

<small>D'après la minute. Archives de l'Empire.</small>

17438. — AU PRINCE DE NEUCHÂTEL ET DE WAGRAM,
<small>MAJOR GÉNÉRAL DE L'ARMÉE D'ESPAGNE, À PARIS.</small>

Paris, 8 mars 1811.

Mon Cousin, je vous prie de me faire remettre sous les yeux la situation des trois bataillons de marche organisés à Bayonne, afin que je décide sur leur destination ultérieure.

Vous ferez connaître au duc d'Istrie que les dernières nouvelles de Londres donnent des détails sur le Portugal jusqu'au 18 février, qu'il paraît que le duc de Dalmatie s'est emparé de Badajoz et marche sur le Tage. Il est nécessaire de faire connaître au duc d'Istrie que je suis surpris qu'il demande des régiments définitifs au lieu de provisoires : comment peut-il supposer, lui qui est resté si longtemps auprès de moi, que j'ignore que les régiments définitifs sont cent fois meilleurs? Mais il devrait sentir que je ne puis faire autrement. Les régiments définitifs sont engagés dans l'intérieur de l'Espagne; je ne puis les renforcer qu'en formant des régiments provisoires avec les détachements des dépôts. Par cette mesure, les régiments provisoires doivent rester dans l'arrondissement du nord et être ainsi sous sa surveillance et celle des généraux Reille et Caffarelli. Ils doivent donc en avoir un soin tout particulier pour leur fournir l'argent, l'habillement, la chaussure et mettre leur administration en règle. Il faut que vous écriviez au duc d'Istrie et aux généraux Reille et Caffarelli dans ce sens, pour savoir ce qu'ils ont fait pour la bonne organisation de ces corps. Quoi que l'on en dise, le pays est capable de fournir ce qui leur est nécessaire en draps, cuirs, etc. Dans la nécessité où je suis de former et maintenir des armées du côté du Nord, je ne puis fournir à tous.

Donnez ordre au duc d'Istrie de faire attaquer par le général Seras les corps insurgés qui sont entre Astorga et Villafranca. Ce n'est qu'en prenant avec les brigands l'initiative, qu'on peut espérer des résultats : pour en venir à bout, il faut leur faire une guerre active et vigoureuse.

NAPOLÉON.

D'après l'original. Dépôt de la guerre.

17439. — AU PRINCE DE NEUCHATEL ET DE WAGRAM,
MAJOR GÉNÉRAL DE L'ARMÉE D'ESPAGNE, À PARIS.

Paris, 8 mars 1811.

Mon Cousin, j'ai donné l'ordre aux ministres de la guerre et de la marine, et je désire que vous surveilliez l'exécution de cet ordre auprès du ministre de la guerre, d'envoyer à Santoña 100,000 cartouches d'infanterie, vingt milliers de poudre, cinq affûts de 24, cinq cents outils à pionniers et 100,000 rations de biscuit, lesquels seront pris à Bayonne et transportés par mer. J'ai ordonné que le nombre des bouches à feu de Santoña fût complété à trente, savoir : quinze d'un calibre supérieur à 18 pour battre la mer, et quinze d'un calibre inférieur à 18 pour être placées du côté de terre. Le général Caffarelli tirera de Saint-Sébastien, de Bilbao, de Santander, les pièces nécessaires pour compléter ce nombre : Bayonne même pourra en fournir. On enverra à Santoña trois mortiers du calibre des bombes qui s'y trouvent; on les prendra à Saint-Sébastien ou à Santander, et, en cas que cela soit nécessaire, on les demandera à Bayonne. Vous voyez par mes dispositions que mon intention est que Santoña soit occupée d'une manière sérieuse. Vous donnerez ordre au duc d'Istrie d'y envoyer un officier d'état-major pour y commander comme commandant d'armes; d'y mettre une garnison d'un bataillon de 600 hommes; d'y envoyer un officier du génie avec 25,000 francs, un officier d'artillerie et tous les canonniers de marine qui se trouvent à Saint-Sébastien, à Bilbao et à Santander, de manière à former au moins 120 canonniers. Le duc d'Istrie enverra également à Santoña la 1re compagnie de pionniers qui est à Burgos, forte de 150 hommes, avec 1,000 outils qui seront tirés de Bilbao et de Santander. Les 600 hommes du bataillon envoyé à Santoña ne feront autre chose que de travailler sans relâche à se retrancher. On élèvera trois batteries de cinq pièces chacune du côté de la mer, et on garnira de quinze ou vingt pièces de canon les retranchements du côté de terre. Le général Caffarelli enverra de Bilbao des vivres pour approvisionner ce poste pendant deux mois, afin que, en cas que les Anglais se présentent, les troupes puissent se défendre assez de temps pour que le général Caffarelli puisse aller les dégager. Avec deux mois de vivres, les avantages qu'offrent les localités et les moyens que je mets à votre disposition, on peut, en avril et mai, mettre ce poste en état de défense et en faire une espèce de citadelle qui serve de point d'appui sur cette côte et empêche l'ennemi de s'en emparer.

Envoyez ces ordres par un de vos officiers d'état-major, qui verra commencer les fortifications, en rapportera le dessin, et rendra compte du commencement des travaux. Je donne ordre qu'un bâtiment armé se rende à Santoña pour être toujours maître de la rade et supérieur aux petites embarcations, du pays.

NAPOLÉON.

D'après l'original. Dépôt de la guerre.

17440. — A M. GAUDIN, DUC DE GAËTE,
MINISTRE DES FINANCES, À PARIS.

Paris, 9 mars 1811.

J'ai lu avec attention votre travail du 4 mars sur l'organisation des contributions dans les territoires de 3 ou 400,000 âmes pris sur la Confédération du Rhin et réunis à la Hollande. Vous voulez y placer les impositions hollandaises : il me semble qu'il y a là beaucoup d'inconvénients. Ces pays, qui payent moins que la France, se trouveraient payer plus qu'elle. Mon intention est d'amener la Hollande aux impositions françaises, et le plus tôt que cela se fera mieux cela vaudra. Un grand empire n'est pas gouvernable autrement. Je voudrais qu'en 1812 vous puissiez en approcher. Cela n'empêcherait pas de conserver le droit de mouture pour équivaloir au payement de leur dette. Je désire donc que les nouveaux pays soient organisés à la française. Cela fera un peu d'embarras; mais ce pays peut être mis dans la dépendance de l'intendant de l'intérieur.

Envoyez chercher le comte Rœderer; il connaît parfaitement le département de Munster, et il pourra vous donner des lumières là-dessus. Je désire que vous fassiez venir à Paris le magistrat de Munster qui vient d'être nommé au Corps législatif et quelques individus de Munster et des pays voisins qui connaissent le mieux ces matières, afin de les consulter. Le comte Rœderer pourra vous en indiquer.

D'après la minute. Archives de l'Empire.

17441. — AU GÉNÉRAL LACUÉE, COMTE DE CESSAC,
MINISTRE DIRECTEUR DE L'ADMINISTRATION DE LA GUERRE, À PARIS.

Paris, 9 mars 1811.

Le ministre des finances vous enverra le budget de l'armée d'Allemagne que j'ai reçu du prince d'Eckmühl. Je vous prie de me faire un rapport. Je remarque qu'on y porte deux millions pour l'habillement. Je désirerais que vous vous chargeassiez de la masse d'habillement, de manière qu'on ne donnât rien aux corps de l'armée d'Allemagne. Cela réduirait les dépenses de cette armée. Vérifiez si les chiffres ne sont pas trop forts, et voyez ce que vous avez porté pour l'armée d'Allemagne dans votre budget.

Faites-moi connaître ce qu'a coûté en 1810 et à combien est évaluée pour 1811 la masse d'habillement. Les rois de Naples et de Westphalie habillent une partie de mes troupes. Comment payent-ils la masse, et à qui? Et comment vous arrangez-vous ensuite avec les dépôts?

D'après la minute. Archives de l'Empire.

17442. — A M. DE CHAMPAGNY, DUC DE CADORE,
MINISTRE DES RELATIONS EXTÉRIEURES, À PARIS.

Paris, 9 mars 1811.

Monsieur le Duc de Cadore, je réponds à votre lettre du 7 mars sur la convention avec la Westphalie. Je ne puis rien changer aux limites portées dans le sénatus-consulte; les plans ont été envoyés au Sénat. Il faudrait un nouveau sénatus-consulte que je ne veux pas faire; ce serait jeter une défaveur d'instabilité sur toutes ces acquisitions. En cédant le Hanovre à la Westphalie, je lui cède beaucoup plus que je ne lui prends, puisqu'elle me cède une population de 224,000 âmes et un territoire de 76 milles carrés, et que ce que je lui donne comprend 300 et quelques mille âmes et 200 milles carrés. C'est une différence énorme en faveur de la Westphalie, et qui compense entièrement celle qu'il peut y avoir dans les revenus. Je ne dois donc rien à la Westphalie, et c'est elle qui me devrait. Voilà l'exacte justice.

Cependant, non à titre d'indemnité, mais pour donner une nouvelle preuve de tout le bien que je désire au royaume de Westphalie, je cède ce qui me reste de domaines en Westphalie dont je n'ai pas encore disposé. Le Roi évalue ce restant disponible à 240,000 francs de revenu; je pense que cette évaluation est exacte; mais il est possible qu'elle soit susceptible de diminution, parce qu'il y a de la part des donataires diverses réclamations à exercer contre le Roi, et qu'il est juste que le restant des domaines leur serve de gage, et enfin parce qu'il faudra déduire de cet abandon les domaines dont je n'ai pas encore disposé dans les pays qui viennent d'être détachés de la Westphalie pour être réunis à l'Empire, mon intention n'étant pas de céder au Roi les domaines qui seraient devenus français.

Il faudra consulter M. Defermon et mettre au moins deux ou trois articles pour bien expliquer cette cession, vu que je ne cède pas les dotations de 4,000 francs ni celles de 2,000 qui n'ont pas encore le nom des titulaires, mais qui sont affectées, ni tout ce qu'il y aurait de vacances par suite de la réversibilité au domaine extraordinaire.

Enfin il est nécessaire aussi que le Roi renouvelle l'engagement d'indemniser tous les donataires qu'il a dépossédés ou auxquels il doit des indemnités.

Je consens à me charger de la dette propre des provinces westphaliennes entièrement réunies à l'Empire, c'est-à-dire de la dette hypothéquée sur le sol. Je consens que la dette des provinces, dont une partie est réunie à l'Empire et une autre partie reste à la Westphalie, soit partagée proportionnellement en raison de ce que chaque puissance conserve de ces provinces. Quant à la réduction du capital, ces dettes suivront le même sort que celles de Hambourg et de Bremen, etc. et je ne pourrai prendre de détermination à cet égard que lorsque je connaîtrai la quantité de la dette.

Je ne puis faire aucun changement aux bons. Ils ne sont plus ma propriété; ils sont entrés dans une organisation de service qui n'est plus susceptible de changement.

Je fais don au roi de Westphalie de toute contribution arriérée du Hanovre. Il n'y a pas de difficulté là-dessus. Par contre, le Hanovre n'aura rien à réclamer de l'administration de l'armée pour dépenses dues et qui auraient pu être payées sur cet arriéré.

Quant à Magdeburg, je ne puis me dessaisir en ce moment d'une place de cette importance. Il faut attendre qu'une paix générale ait tranquillisé toutes les affaires.

Les troupes françaises seront réduites à 12,500 hommes, comme cela avait été convenu primitivement, au lieu de 18,500, nombre actuel.

Quant à la question du rachat des donations, je consens pour moi et pour les donataires que tous ceux qui ont 4,000 francs de rente soient remboursés avec un bon de 80,000 francs portant intérêt à 5 pour 100, payable par semestre à Paris; lequel bon, représentant le capital, sera remboursé par le roi de Westphalie en 5 pour 100 qu'il achètera sur le grand-livre. Cette conversion se fera aussitôt que faire se pourra, et de manière que tout soit remboursé dans l'espace de dix ans. Par ce traité, le Roi gagnera beaucoup, puisque aujourd'hui, au lieu de payer 80,000 francs à chaque donataire, il pourra rembourser le capital de chaque rente de 4,000 francs avec 64,000 francs. Mais plus le Roi tardera à rembourser, plus il sera dans le cas de perdre.

NAPOLÉON.

D'après l'original. Archives des affaires étrangères.

17443. — AU PRINCE DE NEUCHATEL ET DE WAGRAM,
MAJOR GÉNÉRAL DE L'ARMÉE D'ESPAGNE, A PARIS.

Paris, 9 mars 1811.

Mon Cousin, le gouvernement d'Aragon sera augmenté des provinces de Tortose, de Lerida, de Tarragone et des pays à l'ouest d'une ligne partant de la tour de Garraf sur le bord de la mer, passant au col d'Ordal, suivant le cours de la Goya jusqu'à Llorrach, celui de la rivière Llobregos jusqu'au Segre, et de là les frontières de la province de Lerida jusqu'à la Noguera, qui divisera, comme autrefois, les deux gouvernements jusqu'aux Pyrénées.

Vous ferez connaître cette disposition au général Suchet, en lui annonçant que toutes les troupes faisant partie de l'armée active de Catalogne passeront sur-le-champ sous ses ordres, savoir, quatre régiments (le 7º de ligne, le 42º de ligne, le 1ᵉʳ léger, le 16º de ligne), la division italienne, la division napolitaine, le 24º de dragons, les dragons Napoléon, les chasseurs royaux.

Il laissera sous les ordres du duc de Tarente le 29º de chasseurs, le bataillon du 93º de ligne, le bataillon du grand-duché de Berg et une compagnie d'artillerie. Ce détachement se rendra à Barcelone pour en augmenter la garnison et faire partie de l'armée de Catalogne, dont le quartier général sera à Barcelone. L'escadron du 24º dragons et les détachements italiens et napolitains des corps faisant partie de l'armée d'Aragon, qui sont dans la haute Catalogne ou à Barcelone, rejoindront leurs corps en Aragon aussitôt que ce mouvement pourra se faire avec sûreté. Il appartiendra à l'armée de Catalogne d'occuper le Monserrat et d'assiéger Cardona, Berga et Urgel; il appartiendra à l'armée d'Aragon de faire le siège de Tarragone.

Le général Suchet se concertera avec le duc de Tarente pour la marche de ce dernier sur Barcelone avec le détachement qui doit y entrer avec lui; on verra s'il est à propos de faire faire un mouvement au corps d'armée active de Catalogne en tout ou en partie, soit pour s'emparer définitivement du Monserrat et refouler l'ennemi sur Tarragone, soit, si l'opération n'est pas jugée actuellement nécessaire, pour protéger la rentrée à Barcelone du détachement du duc de Tarente. Dans ce dernier cas, le duc de Tarente menacera Monserrat d'une attaque pour y retenir l'ennemi et empêcher qu'il ne sorte pour inquiéter le siége de Tarragone.

Vous vous concerterez avec le ministre de la guerre pour expédier chacun un officier porteur d'ordres en duplicata par deux routes différentes, celle de Pampelune et celle de Jaca. L'officier qu'enverra le ministre de la guerre portera vos ordres et les siens; il arrivera d'abord chez le général Suchet, à qui il remettra les ordres à lui destinés; il ne se rendra chez le duc de Tarente, pour lui remettre les siens, qu'après avoir reçu les ordres du général Suchet. L'officier que vous enverrez par l'autre route avec les duplicata de vos ordres et de ceux du ministre arrivera également d'abord chez le général Suchet, dont il prendra les ordres pour le jour et le temps qu'il arrivera à Lerida. Mon intention est que le général Suchet arrive à l'armée peu après l'officier. Il faut choisir des officiers intelligents et qui connaissent leur mission, afin qu'en cas d'événement, soit de départ du général Suchet, soit même de mort, ils ne remettent rien au duc de Tarente qu'après avoir vu le général Suchet; vous comprenez l'importance que l'armée de Catalogne ne reste point sans commandant, et que le général Suchet soit instruit et puisse diriger toute cette affaire.

Vous ordonnerez au général Suchet de s'occuper sur-le-champ du siége de Tarragone. Il choisira sa ligne d'opération ou par Lerida ou par Mora. Il fera fortifier des points intermédiaires; celui de Monblanch paraît très-important à occuper solidement par des retranchements. Il portera des approvisionnements considérables sur le col Balaguer; il verra s'il lui serait utile de se servir de quelques barques par mer. Je le laisse maître de composer ses divisions comme il le voudra, en mêlant les troupes de Catalogne avec celles d'Aragon. La prise de Tarragone doit couronner la gloire militaire que le général Suchet a acquise dans cette campagne, et lui donner de nouveaux titres près de moi.

NAPOLÉON.

D'après l'original. Dépôt de la guerre.

17444. — AU PRINCE DE NEUCHÂTEL ET DE WAGRAM,
MAJOR GÉNÉRAL DE L'ARMÉE D'ESPAGNE, À PARIS.

Paris, 9 mars 1811.

Mon Cousin, je vous prie d'écrire une lettre particulière au général Suchet pour lui témoigner ma satisfaction de la bonne conduite qu'il a tenue dans la campagne qui vient d'avoir lieu; que j'attends beaucoup de son zèle pour pousser vivement le siége de Tarragone. Cette ville prise, il aura réellement conquis la Catalogne. Il faut que l'officier que vous lui enverrez lui dise de vive voix que c'est dans Tarragone qu'il trouvera son bâton de maréchal de France. Vous lui direz qu'il aura sous ses ordres 40,000 hommes; que, avec une pareille armée, il peut laisser en arrière assez de troupes pour garder l'Aragon et menacer Valence, tandis qu'il assiégera Tarragone. Je suis de son opinion : après Tarragone, Valence tombera d'elle-même; c'est là que les armées d'Aragon et de Catalogne seront récompensées de leurs fatigues.

NAPOLÉON.

D'après l'original. Dépôt de la guerre.

17445. — AU PRINCE DE NEUCHÂTEL ET DE WAGRAM,
MAJOR GÉNÉRAL DE L'ARMÉE D'ESPAGNE, À PARIS.

Paris, 10 mars 1811.

Mon Cousin, envoyez l'ordre à l'armée du Centre de faire des détachements pour établir la communication avec le duc de Dalmatie par Merida et avoir des nouvelles de ses opérations. Écrivez en même temps au duc d'Istrie pour qu'il fasse une circulaire à tous les généraux de l'arrondissement de l'armée du Nord, qui les tienne en garde contre les nouvelles et les rapports ridicules qu'on leur fait. Ils devraient sentir qu'ils sont dupes des nouvelles que les Anglais, les Portugais et les Espagnols leur font donner.

NAPOLÉON.

D'après l'original. Dépôt de la guerre.

17446. — AU PRINCE DE NEUCHÂTEL ET DE WAGRAM,
MAJOR GÉNÉRAL DE L'ARMÉE D'ESPAGNE, À PARIS.

Paris, 10 mars 1811.

Mon Cousin, je viens de lire la lettre du duc d'Istrie du 20 février. Il vous dit que cinquante individus ont fait bien du mal en Espagne et m'ont mis dans la nécessité d'envoyer dans la Péninsule 100,000 hommes de plus. Qu'il me nomme donc les coupables, afin que je puisse les faire punir.

NAPOLÉON.

D'après l'original. Dépôt de la guerre.

17447. — AU COMTE BIGOT DE PRÉAMENEU,
MINISTRE DES CULTES, À PARIS.

Paris, 10 mars 1811.

Donnez 6,000 francs de gratification à l'évêque de Savone, qui est très-pauvre.

D'après la minute. Archives de l'Empire.

17448. — AU GÉNÉRAL CLARKE, DUC DE FELTRE,
MINISTRE DE LA GUERRE, À PARIS.

Paris, 10 mars 1811.

Monsieur le Duc de Feltre, je vous renvoie les lettres du général Baraguey d'Hilliers. Il n'est pas encore temps de lui faire connaître les changements que j'ai faits dans la Catalogne, puisqu'il ne serait pas convenable que le duc de Tarente les apprît d'une manière indirecte. Mais il faut lui envoyer un officier et lui mander qu'aussitôt que le général Quesnel sera arrivé à Puycerda et cherchera à prendre le fort d'Urgel, cela attirera d'autant l'ennemi de ce côté; qu'il faudrait occuper les positions d'Olot et de Vich, et reconnaître les autres positions qu'il y aurait à occuper pour se maintenir réellement en communication avec Barcelone; que l'ennemi va être serré de très-près du côté de Tarragone et inquiété du côté d'Urgel; qu'il faudrait l'empêcher de s'établir entre Puycerda ou la vallée du Segre et la vallée de Girone; qu'il paraît nécessaire d'occuper Olot, Ripoll et Vich, et d'avoir entre Barcelone et le château de Hostalrich un ou deux points crénelés et fortifiés, du côté de Granollers, situé au point de réunion du chemin de Vich et de celui de Hostalrich: que, si le général Baraguey d'Hilliers fait occuper Granollers et Vich, il se trouvera en communication avec Barcelone; qu'alors des mouvements combinés seront concertés avec la garnison, et qu'il sera inutile d'envoyer le 102ᵉ à Barcelone, puisque cela fera le même effet; mais que cela ne peut avoir lieu qu'autant qu'arrivé à Vich et à Granollers on remuera sur-le-champ de la terre, qu'on crénellera des maisons, qu'on placera quelques pièces de canon, et qu'enfin, par ces précautions, on se mettra tout à fait à l'abri des miquelets et des bandes ennemies; qu'il a de l'artillerie et des sapeurs qu'il peut employer sur-le-champ; que la mission de l'officier que vous lui envoyez est de rapporter son opinion sur ce plan, sur la manière de remplir le but, d'empêcher l'ennemi de s'établir entre la Cerdagne et Girone, sur le projet d'occuper Olot, et enfin sur celui de se placer à Vich et à Granollers de manière à communiquer avec Barcelone avec des détachements de 2 à 300 hommes; bien entendu que les colonnes placées à Vich et à Granollers feraient des sorties combinées avec celles de la garnison de Barcelone toutes les fois que l'ennemi se présenterait; que ces opérations deviendront faciles, la division Quesnel étant à Puycerda, Tarragone se trouvant cernée, et l'armée rentrant en Catalogne (car je ne la considère pas comme étant en Catalogne, en ce moment qu'elle est à Lerida, au delà des montagnes). et que toutes ces dispositions vont faciliter beaucoup la soumission du pays; mais que, pour arriver à ce résultat, il faut se fortifier de manière que des détachements de 50 ou 60 hommes, en avant du canon, soient à l'abri de toute attaque, ce qui a été fait dans l'intérieur de l'Espagne et a partout réussi; que ce projet est plus avantageux que celui de renforcer Barcelone, d'autant plus que la garnison de Barcelone pourra occuper des points intermédiaires en avant de cette place.

D'après la minute. Archives de l'Empire.

17449. — AU GÉNÉRAL CLARKE, DUC DE FELTRE,
MINISTRE DE LA GUERRE, À PARIS.

Paris, 10 mars 1811.

La lettre du général Molitor me paraît ridicule. Témoignez-lui ma surprise de ses craintes; écrivez-lui qu'il n'y a point de fleuves qui le séparent de la France, et qu'il n'a rien à craindre des Anglais; que les troupes hollandaises sont très-bonnes; que ce n'est pas en déclamant contre les troupes hollandaises qu'on avance la besogne, mais en faisant connaître les mauvais officiers pour les déplacer; qu'il doit y avoir à Amsterdam un commandant d'armes; que je ne vois pas d'inconvénient qu'on augmente l'état-major de cette place de trois officiers; que, s'il a besoin de dépenses secrètes, c'est M. l'architrésorier qui doit y pourvoir, et qu'il doit s'adresser à lui; que sa communication avec la France est par Gorcum, qui doit toujours être occupé; que la place de Dordrecht est une place de dépôt. Faites-moi connaître qui a placé les approvisionnements d'artillerie à Delft. Le vrai endroit où il faudrait les placer, ce n'est pas à Dordrecht, mais à Gorcum. Au reste, ce point doit être traité au prochain conseil d'artillerie, ainsi que pour les autres places de Hollande.

Quant à son traitement et à celui des généraux, de combien sont-ils? Faites-moi connaître si vous croyez convenable qu'il faille les augmenter ou donner des gratifications.

Ajoutez au général Molitor qu'il n'y a à craindre aucun débarquement que dans le seul cas où nous aurions la guerre continentale, et qu'on y pourvoirait; que même quand il devrait se faire, quoiqu'il n'y eût point de guerre du continent, il n'aurait lieu qu'en juin, et qu'alors il recevrait l'ordre de camper les troupes.

D'après la minute. Archives de l'Empire.

17450. — AU GÉNÉRAL CLARKE, DUC DE FELTRE,
MINISTRE DE LA GUERRE, À PARIS.

Paris, 10 mars 1811.

Je vous renvoie votre travail sur la répartition de la conscription. J'ai mis sur les états quelques notes de ma main. Je joins aussi quelques observations sur des rectifications à faire. Après que ce travail aura subi ces changements, il sera complet. Ces changements ont trois buts : 1° de ne pas donner trop de Piémontais et de Belges à un seul corps; 2° de ne donner à aucun corps plus de 1,200 hommes, afin que les 4ᵉˢ bataillons dont les cadres sont en France soient tous complétés par le premier appel de la conscription; 3° de mettre sur une colonne la distribution de la réserve, de manière à arriver aux résultats suivants : compléter à 4,400 hommes les 15 régiments de l'armée d'Allemagne; compléter les régiments de l'intérieur, les cadres des 5ᵉˢ bataillons et ceux des 3ᵉˢ et 4ᵉˢ bataillons qui sont en France.

Quant à l'état n° 3 de la répartition de 2.300 Toscans, 1,000 Romains, 2,000 Hollandais, 400 hommes des Bouches de l'Escaut, j'y ai mis à la main quelques rectifications qui indiquent de quelle manière je désire que cela se fasse.

Renvoyez-moi votre travail ainsi corrigé.

D'après la minute. Archives de l'Empire.

17451. — AU VICE-AMIRAL COMTE DECRÈS,

MINISTRE DE LA MARINE, À PARIS.

Paris, 10 mars 1811.

Monsieur le Comte Decrès, la campagne va s'ouvrir dans la Baltique. Il serait bien important d'encourager les corsaires à Lubeck et à Danzig. Faites-moi un rapport là-dessus.

NAPOLÉON.

P. S. Faites-moi connaître quels sont les plus grands bâtiments qui entrent dans le port de Danzig; je désirerais y avoir une corvette, deux petits bricks et quelques chaloupes canonnières, non-seulement pour la police de la rade, mais pour avoir un prétexte de tenir là deux ou trois officiers. Les bâtiments s'achèteraient ou se construiraient à Danzig, et seraient armés par des gens du pays. Faites-moi un rapport là-dessus. Aussitôt qu'on saura quelle espèce de bâtiments on peut avoir à

Danzig et qu'on aura les plans, il ne s'agira plus que d'y envoyer un officier de marine et un ingénieur.

D'après l'original comm. par Mme la duchesse Decrès.

17452. — AU VICE-AMIRAL COMTE DECRÈS,
MINISTRE DE LA MARINE, À PARIS.

Paris, 10 mars 1811.

Monsieur le Comte Decrès, vous connaissez mes projets sur la marine pour 1811, 1812, 1813 et 1814. Je désire avoir un budget qui me donne une idée des sacrifices que je dois faire pour remplir ces intentions. Vous connaissez la base de ce travail : une flotte à Toulon, une flotte à Brest et une flotte dans l'Escaut; une flottille et, de plus, une flotte de transports dans l'Escaut et une autre à Toulon. Il faut construire, mettre à l'eau et avoir prêts à prendre la mer, avec hommes et vivres, autant de vaisseaux que j'en puis construire.

LE TEXEL. — En 1812, j'aurai au Texel dix vaisseaux armés et équipés prêts à mettre à la voile, y compris le vaisseau de 74 que je commence cette année. J'aurai aussi les quatre frégates que je commence également cette année et qui formeront l'escadre légère.

En 1813 et 1814, j'aurai le même nombre de vaisseaux; mais au lieu de quatre frégates au Texel j'en aurai six, et deux de plus dans l'embouchure de la Meuse : ce qui fera une nouvelle augmentation de huit. Il faudra y joindre les bricks et les corvettes nécessaires.

J'emploierai ces deux années à bien organiser cette escadre, mais la solde et l'entretien des équipages me coûteront des sommes assez considérables. Que me coûtera-t-elle en 1812, en 1813, en 1814?

DANS L'ESCAUT. — En 1811, j'aurai douze vaisseaux provenant de 1810: six vaisseaux mis à l'eau, armés et équipés pour 1811, les vivres et la solde pour les équipages pendant les trois derniers mois, deux vaisseaux hollandais : total, vingt vaisseaux.

J'aurai une frégate mise à l'eau et équipée pour 1811, avec solde pour les équipages pendant les trois derniers mois de l'année : deux frégates de Dunkerque, armées et équipées, avec les vivres pour les huit derniers mois de 1811; total, trois frégates.

J'aurai quelques corvettes et bricks et six frégates hollandaises armées en flûte pour servir de transports, lesquelles seront employées comme casernes pour les garnisons de Flessingue depuis août jusqu'à novembre, et rentreront à Flessingue pendant les glaces.

En 1812, mettre six vaisseaux de guerre à l'eau et une frégate; les armer et équiper, et avoir les vivres des équipages pour les six derniers mois.

En 1813, de même, en sorte qu'à la fin de 1813 j'aurai trente-deux vaisseaux et cinq à six frégates dans l'Escaut, indépendamment d'un certain nombre de transports, tout cela équipé, avec des vivres pour 6 mois, et prêt à prendre la mer. Qu'est-ce que cela me coûtera en 1812 et 1813?

Escadre de Brest. *Chantier de Cherbourg.* — En 1811, mettre un vaisseau à l'eau; en 1812, mettre un vaisseau à l'eau; en 1813, mettre un vaisseau à l'eau; ce qui me fera trois vaisseaux armés et équipés, avec les équipages et les vivres.

Brest. — En 1811, trois vaisseaux existants, dont deux à Cherbourg et un à Brest. Dans les trois années on construira à Brest trois vaisseaux, savoir, un en 1811, un en 1812 et un en 1813.

Avoir soin que sur ces trois vaisseaux il y en ait deux à trois ponts.

Chantier de Lorient. — En 1811, quatre vaisseaux équipés et armés, avec les vivres et équipages pour les huit derniers mois; en 1812, deux vaisseaux seront mis à l'eau, armés et équipés; en 1813, de même : ce qui fera dix-sept vaisseaux. Il y aura, en outre, la frégate de Cherbourg; celle de Saint-Malo, en ajoutant une frégate par année; celle du Havre et deux frégates à achever; à Brest, une frégate à construire et deux autres; à Lorient, deux frégates commencées; à Nantes, six frégates qui sont sur le chantier et qui seront finies en 1812, quatre autres pour 1813; total, vingt-trois frégates. Me faire connaître ce que cela me coûtera en 1812 et 1813.

Escadre de Rochefort. — En 1813, les huit vaisseaux aujourd'hui existants et cinq vaisseaux à trois ponts à construire, y compris les deux actuellement sur le chantier; les six frégates existantes et la frégate aujourd'hui sur le chantier.

Chantier de Bayonne. — Les deux frégates commencées à Bayonne.

Chantier du Passage. — Deux vaisseaux à construire en 1812 et 1813; deux frégates.

Escadre de Toulon. — En 1811, les seize vaisseaux existants; en 1812, les trois sur le chantier; en 1813, deux autres, les frégates existantes, la frégate actuellement sur le chantier, une autre.

Chantier de Gênes. — Deux vaisseaux à Gênes en 1813; trois frégates actuellement en construction, trois autres.

Chantier de Livourne. — Une frégate actuellement en construction, une autre.

Dans l'Adriatique. — En 1813, les six vaisseaux actuellement en construction, les trois frégates, les deux frégates neuves.

Cela fera, au total, cent trois vaisseaux et soixante et seize frégates; ce qui, joint aux quatre vaisseaux et six frégates du royaume d'Italie et aux deux vaisseaux et quatre frégates napolitaines, fait un total de cent neuf vaisseaux, quatre-vingt-six frégates.

Enfin la flottille et les deux flottes de transports que j'ai ordonnées, et les bâtiments garde-côtes comme ils existent.

Tel est l'aperçu qu'il faut compléter et d'après lequel vous devez raisonner. Or, combien l'équipement, la nourriture, la solde et l'entretien de pareilles forces navales me coûteront-ils en 1812, 1813 et 1814?

Faites-moi un projet de budget de 1812 et 1813 dans ce sens.

NAPOLÉON.

D'après l'original comm. par Mme la duchesse Decrès.

17453. — A M. DE CHAMPAGNY, DUC DE CADORE,
MINISTRE DES RELATIONS EXTÉRIEURES, À PARIS.

Paris, 10 mars 1811.

Monsieur le Duc de Cadore, je pense qu'il est convenable que vous expédiiez un courrier extraordinaire en Russie. Ce courrier pourra être porteur d'une lettre du général Lauriston à M. de Romanzof, dans laquelle il lui fera connaître son prochain départ, son désir de lui être agréable, et son espérance que sa mission aura l'approbation de l'empereur. Vous ferez connaître au duc de Vicence que, les Anglais annonçant l'intention d'envoyer une flotte considérable dans la Baltique, j'ai cru devoir renforcer la garnison de Danzig de quelques compagnies d'infanterie et d'artillerie; que l'infanterie est toute saxonne ou polonaise; qu'une partie de l'artillerie seule est française; que, Stettin se trouvant, par ces combinaisons, privé d'une partie de sa garnison, qui est envoyée à Danzig, je porte à Stettin un régiment français. Vous écrirez au duc de Vicence que cela doit être pour sa gouverne, et que, quand ces nouvelles perceront, il doit dire qu'il est tout simple que je ne laisse pas Danzig sans garnison, puisque les Anglais débarquant avec 8 ou 10,000 hommes dans la Baltique prendraient ce point important.

Le duc de Vicence doit faire connaître que cette année je forme de grands camps à Toulon, à Boulogne, sur l'Escaut et au Texel.

Vous lui parlerez également de l'inquiétude de la Suède; vous lui direz que ces gens s'agitent extrêmement; qu'il peut, si cela est nécessaire, en parler à l'empereur et à M. de Romanzof.

Vous lui parlerez également de la levée de la conscription. Vous lui direz qu'elle n'est dirigée que contre l'Angleterre; que je n'ai envie de chercher aucune espèce de querelle à la Russie, mais que je serais forcé de lui faire la guerre si elle se remettait avec l'Angleterre.

Parlez-lui de la situation commerciale de l'Angleterre, de ses vives discussions avec l'Amérique, et de l'espérance qu'il y a d'en venir à un résultat si l'on marche franchement en Russie, de la nécessité d'arranger les affaires relatives au commerce pour éviter toute acrimonie, et de finir également l'affaire du duc d'Oldenburg; je ne puis m'en rapporter là-dessus qu'à votre dernière lettre. Vous ajouterez que je viens d'arrêter le budget des fortifications de Danzig, puisque l'empereur Alexandre fait fortifier de son côté, et parce que je dois d'ailleurs mettre cette place à l'abri des attaques des Anglais.

Par ce courrier que vous enverrez à Saint-Pétersbourg, vous écrirez au comte Saint-Marsan pour lui faire connaître le langage qu'il doit tenir sur le mouvement des troupes que j'envoie à Danzig et à Stettin; vous lui donnerez aussi des détails sur les fusils, et vous lui ferez connaître notre situation avec la Russie.

NAPOLÉON.

D'après l'original. Archives des affaires étrangères.

17454. — AU GÉNÉRAL COMTE DE LA RIBOISIÈRE,
PREMIER INSPECTEUR GÉNÉRAL D'ARTILLERIE, À PARIS.

Paris, 11 mars 1811.

Monsieur le Général Comte la Riboisière, je désire que vous preniez des renseignements et que vous me remettiez directement, et sans confier à personne mon secret, un projet d'équipage de siége suffisant pour assiéger et prendre Spandau, tiré de la place de Magdeburg; un projet d'équipage pour prendre Kolberg, en le tirant de Stettin et de Küstrin; enfin un projet d'équipage pour faire le siége de Neisse, en le composant de l'artillerie que fournira la place de Glogau et de l'artillerie que peut avoir la Saxe. Faites-moi connaître quelle devrait être la composition de ces équipages pour mener de front ces trois siéges, ce qui existe dans les places que je viens de nommer, le personnel et les attelages d'artillerie qui seraient nécessaires.

NAPOLÉON.

D'après l'original comm. par M. le comte de la Riboisière.

17455. — AU GÉNÉRAL CLARKE, DUC DE FELTRE,
MINISTRE DE LA GUERRE, À PARIS.

Paris, 11 mars 1811.

Monsieur le Duc de Feltre, vous recevrez un décret par lequel je crée deux régiments de la Méditerranée, organisés chacun comme mes régiments d'infanterie; le 1er comme l'infanterie légère, et le 2e comme l'infanterie de ligne. Il n'y aura dans ces régiments ni grenadiers ni voltigeurs; les compagnies d'élite n'y seront formées que d'après mes ordres, lorsque ces régiments auront deux ans de service.

Le 1ᵉʳ régiment sera formé du régiment actuel de la Méditerranée, qui est un régiment d'infanterie légère; il aura cinq bataillons. L'état-major et le 5ᵉ bataillon ou dépôt seront à Ajaccio, où se tiendra son conseil d'administration.

Les quatre bataillons de guerre seront : un à l'île d'Elbe, un à Ajaccio, un à Bonifacio et Sartene, et le quatrième à Ajaccio, selon les circonstances et sa force, ou à Corte et Vico. Ce régiment au complet sera de près de 4,000 hommes.

Le 2ᵉ régiment ou nouveau régiment d'infanterie de ligne aura également cinq bataillons. L'état-major et le 5ᵉ bataillon seront à Bastia. Sur les quatre bataillons de guerre, un sera à l'île d'Elbe, deux à Bastia et un à Calvi. Les deux bataillons qui seront à Bastia détacheront des compagnies à Saint-Florent et Cervione, si cela est nécessaire, et celui de Calvi enverra un détachement à l'île Rousse. Cependant, en temps de guerre, on tiendra ces bataillons aussi réunis que possible, et on ne fera des détachements qu'en cas d'insuffisance des casernes.

Il est nécessaire que l'on s'occupe avec la plus grande activité à les exercer.

Il faut qu'il y ait à Bastia un bon général de brigade pour surveiller la formation du 2ᵉ régiment.

Il y aura à Ajaccio le général de division, avec un adjudant commandant, qui sera chargé de surveiller le 1ᵉʳ régiment.

Présentez-moi pour ces deux corps de bons colonels et d'excellents majors.

Les officiers et sous-officiers nécessaires pour le 1ᵉʳ régiment doivent être tirés de l'infanterie légère, et ceux pour le 2ᵉ régiment, de l'infanterie de ligne. Faites nommer sans retard ces officiers et sous-officiers. Il faudra aussi nommer les caporaux, sans quoi on ne pourrait compter sur ces régiments.

Envoyez-y des tambours et tout ce qui est nécessaire. Il faudra aussi une musique pour chacun de ces régiments, lorsqu'ils seront formés.

NAPOLÉON.

D'après la copie. Dépôt de la guerre.

17456. — AU GÉNÉRAL CLARKE, DUC DE FELTRE,
MINISTRE DE LA GUERRE, À PARIS.

Paris, 11 mars 1811.

Monsieur le Duc de Feltre, je reçois votre rapport sur le régiment irlandais. Faites-moi un rapport plus détaillé qui me fasse connaître si les officiers et sous-officiers de ce corps sont Irlandais, et s'il y aurait moyen de créer un régiment irlandais qui se recruterait principalement d'Allemands. Ce régiment pourrait être utile en cas d'une expédition en Irlande. Aussi, s'il se présente assez d'Irlandais pour remplir les places d'officiers, je ne me refuserai pas à former un régiment à cinq bataillons comme les régiments de ligne.

NAPOLÉON.

D'après la copie. Dépôt de la guerre.

17457. — A M. GAUDIN, DUC DE GAËTE,
MINISTRE DES FINANCES, À PARIS.

Paris, 12 mars 1811.

Pourquoi les pensions ecclésiastiques n'étaient-elles pas payées à Rome au 27 février, et d'où cela vient-il?

D'après la minute. Archives de l'Empire.

17458. — A M. DE CHAMPAGNY, DUC DE CADORE,
MINISTRE DES RELATIONS EXTÉRIEURES, À PARIS.

Paris, 12 mars 1811.

Monsieur le Duc de Cadore, il serait convenable que le pays de Münster, ainsi que l'Osnabrück et les différentes parties des souverainetés qui viennent d'être réunies et forment les trois nouveaux départements, envoient des députés à Paris, tant pour présenter l'hommage de l'obéissance de leurs concitoyens que pour donner des renseignements sur le pays. Il est nécessaire également qu'on finisse promptement tout ce qui est relatif aux princes de Salm et d'Aremberg et que les indemnités leur soient réglées. Il faut mettre dans les journaux des extraits sur la prise de possession de tous ces pays.

NAPOLÉON.

D'après l'original. Archives des affaires étrangères.

17459. — AU GÉNÉRAL CLARKE, DUC DE FELTRE,
MINISTRE DE LA GUERRE, À PARIS.

Paris, 12 mars 1811.

Les conscrits vont bientôt passer en Italie. Il est donc convenable de bien s'assurer que la navigation militaire du Pô, de Turin à Plaisance et à Mantoue, est établie, afin de soulager d'autant ces jeunes gens, et renouveler les ordres pour qu'au couvent du mont Cenis ils aient du vin et une ration.

D'après la minute. Archives de l'Empire.

17460. — AU GÉNÉRAL CLARKE, DUC DE FELTRE,
MINISTRE DE LA GUERRE, À PARIS.

Paris, 12 mars 1811.

Monsieur le Duc de Feltre, il résulte du travail que vous m'avez envoyé sur les conscrits réfractaires et déserteurs que les départements qui doivent fournir aux régiments de la Méditerranée ont encore 21,000 hommes à fournir, que ceux qui fournissent au régiment de Walcheren doivent encore 11,000 hommes, que ceux destinés à recruter le régiment de Belle-Île doivent encore 6,700 hommes, et ceux destinés au régiment de l'île de Ré, 22,000 hommes.

Le régiment de Belle-Île, qui doit recevoir 6,700 hommes, ne recevra probablement que 4,000 hommes tout au plus.

Le régiment de Walcheren, qui a 11,000 hommes à recevoir, n'en recevra probablement guère que 8,000. Aussitôt que ce régiment aura plus de 4,000 hommes, vous m'en préviendrez, afin que j'ordonne la formation d'un second régiment.

Le régiment de l'île de Ré, ayant 22,000 hommes à recevoir, n'en recevra probablement que 10 à 12,000; ce serait un nombre d'hommes trop considérable pour ce régiment.

Je désire faire à cette distribution les changements suivants :

Les hommes provenant de la 21ᵉ division militaire, se montant à 2,800, au lieu d'être dirigés sur Belle-Île, le seront sur Toulon, et de là sur la Corse. Les hommes provenant de la 19ᵉ division, dont le nombre est de 8,000, seront également dirigés sur la Corse. Il ne restera donc plus pour le régiment de Belle-Île que les 5,500 hommes de la 11ᵉ division, les 600 hommes de la 12ᵉ, les 5,000 hommes de la 20ᵉ: total, 11,000 hommes.

Les régiments de la Méditerranée se trouveront recrutés de 10,000 hommes: ce qui, joint à ce qu'ils doivent recevoir, les portera à 31,000 hommes. J'ai déjà formé des cadres pour 8 à 9,000 hommes, puisque j'ai formé deux régiments. Je suis disposé à en former deux autres, aussitôt que les mesures que je compte prendre pour faire rejoindre les conscrits auront produit assez de monde. Je suis bien aise d'avoir 15 à 20,000 hommes en Corse et à l'île d'Elbe, parce que je pourrais en envoyer à l'armée de Naples, à Corfou et même en Andalousie, et j'ai assez de forces maritimes dans la Méditerranée pour tirer un bon parti de ces hommes.

Il me paraît convenable d'envoyer en Corse un inspecteur aux revues très-ferme et très-sûr. Il faut que le ministre de l'administration de la guerre prenne des mesures pour habiller cette grande quantité de monde, et que l'artillerie envoie des fusils pour les armer; que les services des vivres et des hôpitaux soient montés pour nourrir et soigner tous ces hommes dans l'île d'Elbe et en Corse.

Présentez-moi un projet de formation de sept colonnes mobiles pour faire rejoindre les 30,000 hommes des régiments de la Méditerranée, chacune commandée par un général de brigade ou un colonel.

La première colonne sera chargée de faire rejoindre les 8,000 hommes de la 19ᵉ division militaire; la deuxième colonne, les 2,800 hommes de la 21ᵉ division militaire; la troisième colonne, les 6,500 hommes de la 10ᵉ division militaire; la quatrième colonne, les 6,600 hommes de la 9ᵉ division militaire; la cinquième colonne, les 1,200 hommes de la 7ᵉ division et les 800 hommes de la 8ᵉ division; la 6ᵉ colonne, les 1,000 hommes de la 27ᵉ division et les 2,700 hommes de la 28ᵉ division; la septième colonne, les 1,200 hommes de la 29ᵉ division militaire. Il est nécessaire que ces colonnes soient en activité au 1ᵉʳ avril.

Prévenez le ministre de la marine du nombre d'hommes qui doivent être réunis à Toulon, à Gênes et à Livourne, pour que tout soit prêt à les embarquer sans délai sur la Corse.

Il sera formé deux autres colonnes mobiles, dont l'une, commandée par le colonel Henry, de la gendarmerie, sera chargée de faire rejoindre les 2,400 hommes de la 16ᵉ division militaire, les 1,400 hommes de la 15ᵉ et les 4,500 hommes de la 24ᵉ, destinés à recruter le régiment de l'île de Walcheren.

La deuxième colonne sera chargée de faire rejoindre les 1,700 hommes de la 25ᵉ division et les 1,200 de la 26ᵉ, destinés au même régiment.

Pour le régiment de Belle-Île, il sera formé cinq colonnes : la première sera chargée de faire rejoindre les 19 hommes des 1ʳᵉ, 2ᵉ, 3ᵉ et 4ᵉ divisions militaires; la deuxième, les 900 hommes de la 5ᵉ division militaire; la troisième, les 500 hommes de la 13ᵉ division militaire; la quatrième, les 1,800 hommes de la 14ᵉ division militaire; la cinquième, les 500 hommes de la 22ᵉ division militaire.

Pour le régiment de l'île de Ré, il sera formé deux colonnes mobiles : l'une qui sera chargée de faire rejoindre les 5,500 hommes de la 11ᵉ division militaire; la deuxième, qui sera chargée de faire rejoindre les 5,000 hommes de la 20ᵉ division militaire; après avoir fini ses opérations dans la 20ᵉ, elle se rendra dans la 12ᵉ division pour faire rejoindre les 600 hommes qui s'y trouvent.

Il sera pris des détachements dans les régiments de cuirassiers et d'infanterie pour former ces seize colonnes mobiles.

Pour que ces mesures aient un résultat, il faut que le général Gilly soit chargé de prendre les mesures convenables pour empêcher la désertion dans l'île de Walcheren, de même que les généraux commandant à Belle-Île et dans l'île de Ré. Il est nécessaire que vous me proposiez un projet de règlement sévère pour châtier, par de fortes peines, les déserteurs de ces dépôts.

Enfin il faut que les cadres des officiers et sous-officiers soient promptement rendus à leur poste, afin que les conscrits, étant classés, surveillés par leurs capitaines, sergents et caporaux, armés, habillés et exercés, prennent sur-le-champ l'allure militaire.

Rendez-moi compte si les cadres des quatre bataillons du 1er régiment de la Méditerranée sont complets, et si j'ai nommé tous les officiers et sous-officiers.

Présentez-moi, dans la semaine, le projet de formation du cadre du 5e bataillon et du 2e régiment de la Méditerranée. Il est important d'avoir des colonels et chefs de bataillon sévères et d'un mérite distingué.

Rendez-moi compte également si les cadres des quatre bataillons des régiments de Walcheren, Belle-Île et l'île de Ré sont nommés et s'ils sont à leur poste.

La Garde peut vous offrir 128 vélites, qui ont plus de trois ans de service, qu'on peut distribuer comme sous-lieutenants dans ces régiments; il faut les faire partir sans délai, et leur accorder même des frais de route pour prendre la diligence.

Vous pouvez tirer de la Garde les adjudants-majors et sous-officiers pour les différents bataillons; mais c'est surtout de bons quartiers-maîtres qu'il faut vous étudier à trouver, ainsi que de très-bons colonels.

Portez une grande attention à la formation de ces cinq régiments, à leur habillement, armement et parfaite organisation.

Il est nécessaire que vous écriviez aux colonels et que vous fassiez dire aux officiers de ces régiments qu'ils doivent regarder ce service comme une mission honorable, et que je leur donnerai plus d'avancement que dans la ligne, puisqu'ils auront plus de peine à former des soldats de moins bonne volonté; stimulez-les dans ce sens.

Faites-moi connaître ce que pourrait fournir l'école de Fontainebleau.

Vous aviez destiné pour aller à Batavia un certain nombre de jeunes gens des lycées. Ayant discontinué les expéditions sur Batavia, vous pouvez distribuer ces jeunes gens comme sergents-majors dans les cinq régiments.

NAPOLÉON.

D'après la copie. Dépôt de la guerre.

17461. — AU GÉNÉRAL DUROC, DUC DE FRIOUL,
GRAND MARÉCHAL DU PALAIS, À PARIS.

Paris, 12 mars 1811.

Je désire tirer de la Garde 128 vélites pour les faire officiers. Il faut qu'ils servent depuis deux ou trois ans, soient propres à former des recrues et parfaitement exercés. Je désire en nommer 56 pour les deux régiments de la Méditerranée en Corse. Tâchez d'avoir parmi ceux-là une vingtaine qui parlent la langue italienne. Je veux en mettre 24 dans l'île de Walcheren, parlant flamand ou allemand; 24 dans le régiment de l'île de Ré et 24 dans le régiment de Belle-Île. Présentez-moi ce travail, avec un projet de décret, demain.

Je désire avoir 10 adjudants sous-officiers pris parmi les fusiliers qui sont à Fontainebleau et sont capables. Si on pouvait prendre là une trentaine de sergents-majors, ce serait une chose utile.

D'après la minute. Archives de l'Empire.

17462. — AU COMTE DE NAJAC,
CONSEILLER D'ÉTAT, À PARIS.

Paris, 12 mars 1811.

Je reçois votre lettre du 10 mars. Je vous ai témoigné mon mécontentement de ce que mes ports étaient sans approvisionnements. Pourquoi, lorsque vous avez été chargé de cette partie, n'en avez-vous pas fait insérer l'observation dans les procès-verbaux du conseil de marine? J'en aurais été instruit quatre mois plus tôt. Pourquoi ne m'en avez-vous pas prévenu? Vous n'avez fait ni l'un ni l'autre; ce qui me fait voir que vous n'avez point porté dans cet objet important l'attention qu'il mérite et à laquelle je suis accoutumé de votre part.

D'après la minute. Archives de l'Empire.

17463. — NOTE POUR LE MINISTRE DES FINANCES.

Paris, 13 mars 1811.

Tout le travail relatif à la nouvelle organisation de la Corse sera renvoyé au ministre des finances.

L'île sera organisée, sous le titre de *département de la Corse*, en un seul département divisé en cinq arrondissements.

La préfecture sera composée de la même manière que la préfecture actuelle du Golo, sans augmentation ni diminution de traitement.

Il y aura un sous-préfet de plus, qui sera l'auditeur sous-préfet du chef-lieu.

Les dépenses variables seront réglées comme elles le sont à présent pour le département du Golo, à l'exception seulement de l'abonnement du préfet, qui sera augmenté de 10,000 francs, et des faux frais du conseil de l'arrondissement de Vico, qui sera supprimé.

L'organisation de la justice est trop nombreuse et trop chère. On ne trouvera pas assez d'hommes instruits pour former à Ajaccio une cour impériale de vingt juges. Il faudrait que l'organisation fût faite de manière à ne pas coûter plus de 150,000 francs. Peut-être serait-il possible de diminuer le traitement des juges de paix. Leur nombre ne paraît pas pouvoir être réduit sans de grands inconvénients.

Quant aux contributions, elles ne peuvent pas être augmentées, mais il est possible de diminuer les frais de perception et d'augmenter d'autant le produit net. Par exemple, le directeur, l'inspecteur et les contrôleurs des contributions directes ne pourraient-ils pas être en même temps directeurs, inspecteurs et vérificateurs de l'enregistrement?

Les droits réunis seront supprimés et remplacés par une augmentation de 30,000 francs sur la contribution personnelle et mobilière.

Toutes les facilités seraient données aux habitants pour l'introduction des denrées de leur cru en France.

Les dépenses de l'administration des forêts pourraient éprouver une réduction encore plus forte que celle qui est proposée.

Il serait à désirer de trouver moyen de rapprocher les dépenses de l'administration des postes de ses recettes.

Les deux départements ont une dette qui paraît s'élever à 418,000 francs. Il faut faire connaître très en détail comment cette dette se compose.

Il faut expliquer aussi comment les forçats napolitains coûtent 100,000 francs aux ponts et chaussées, et proposer des mesures à prendre pour diminuer la dépense des ponts et chaussées en Corse.

Il faut expliquer également comment le ministre de la guerre paye pour les officiers généraux en Corse 121,275 francs; comment il paye pour les gardes-côtes 103,840 francs. Cela paraît exorbitant.

Il convient, en général, de diminuer considérablement les dépenses, qui sont hors de toute proportion avec les recettes, et de prendre pour règle, dans les combinaisons à faire à cet égard, que le trésor ne peut pas payer pour la Corse plus de 800,000 francs au delà des produits du pays; ce qui ferait 13 ou 1,400,000 francs pour les dépenses ordinaires. On entend par dépenses ordinaires toutes les dépenses qui se font en Corse pour un service annuel et permanent, et non pas les dépenses de l'entretien des troupes qu'on pourrait y envoyer, les grands travaux des ponts et chaussées qui seraient arrêtés par le budget, etc.

Le ministre des finances réunira le travail et les renseignements qu'il recevra de tous les ministères pour le former en système complet, qu'il présentera au conseil d'aujourd'hui en huit. Les ministres apporteront également leurs propositions pour la partie du service qui les concerne respectivement, et Sa Majesté arrêtera les recettes et les dépenses.

Les suppressions qui pourront avoir lieu sur les employés seront compensées par l'avantage qui résultera pour la Corse de la suppression des droits réunis et des facilités qui seront données pour l'introduction des produits du pays en France.

<small>D'après la minute. Archives de l'Empire.</small>

17464. — AU COMTE BIGOT DE PRÉAMENEU,
MINISTRE DES CULTES, À PARIS.

Paris, 13 mars 1811.

Monsieur le Comte Bigot Préameneu, je vous envoie les pièces qui m'ont été remises par le comité ecclésiastique[1]. Faites-moi connaître votre opinion. Mon projet serait de convoquer tous les évêques de France, d'Italie et d'Allemagne pour le lendemain de Pâques; cette réunion paraît devoir se faire naturellement à Paris. Faites-moi un rapport sur la manière dont cette convocation doit être faite, et concertez tout ce qui y est relatif avec le comité du clergé.

NAPOLÉON.

D'après l'original comm. par M⁰⁰ la baronne de Nougarède de Fayet.

17465. — AU MARÉCHAL DAVOUT, PRINCE D'ECKMÜHL,
COMMANDANT L'ARMÉE D'ALLEMAGNE, À HAMBOURG.

Paris, 13 mars 1811.

Mon Cousin, j'ai besoin d'une place forte sur l'Elbe. Si mes armées étaient en Pologne, je ne pourrais pas me passer d'un point fort qui contiendrait les dépôts, où pourraient se rallier la gendarmerie, les administrations, les hôpitaux et toute la flottille que j'aurais sur la Baltique et aux embouchures de l'Elbe. Hambourg pourrait-il remplir ce but? Sa population est, il est vrai, de 100,000 âmes, mais celle d'Anvers, de Danzig et de Gênes est à peu près aussi considérable. En jetant un coup d'œil sur la carte de Hambourg, je vois que sur une enceinte de 4,600 toises il n'y en a que 1,600 d'attaquables; le reste est couvert par l'Elbe ou par des lacs et des marais. Il paraît que le côté attaquable est Altona; mais Altona est à 1,000 toises et ne peut avoir aucune influence sur les fronts de Hambourg. On m'assure que les 1,600 toises qui composent les fronts du côté d'Altona, et qui sont les seuls attaquables, sont fermés par une enceinte d'une très-grande dimension et par des

[1] Voir tome XX, page 129.

cavaliers, et que ce ne serait pas une chose très-coûteuse que de faire quelques demi-lunes et contre-gardes bien tracées, qui obligeraient l'ennemi à deux siéges et à essuyer trois rangs de feu; que ces ouvrages faits en terre auraient des fossés pleins d'eau en telle quantité qu'on pourrait le désirer; qu'il y a sur l'enceinte et dans la ville un bon nombre de points où l'on pourrait se retrancher, comme des espèces de citadelles, pour contenir la population; enfin que Hambourg n'a pas de faubourgs devant lui, et qu'il y a peu de places qui offrent l'avantage, sur 4,600 toises, de n'en avoir que 1,600 d'attaquables. Je désire que vous fassiez vous-même le tour de cette place, en dedans et en dehors, et que vous m'en envoyiez un plan avec une reconnaissance, en me faisant connaître votre opinion sur ce qu'il en coûterait d'abord pour mettre cette place à l'abri d'un coup de main, sur les points par où elle peut être attaquée, sur le parti qu'on pourrait tirer des marais et des inondations, sur les magasins à poudre, les casernes qu'on pourrait y avoir, enfin votre opinion sur cette grande question. Les dépôts des régiments et de l'armée, la réunion de la gendarmerie, des compagnies départementales, formant 5 à 6,000 hommes, joints à 7 ou 8,000 hommes dont on ferait le sacrifice, composeraient toujours une garnison de 12 à 14,000 hommes à Hambourg. Aucune opération sérieuse ne pourrait avoir lieu de la part de l'ennemi dans le Nord sans qu'il ait occupé Hambourg. Cette place tiendrait en respect les Danois. Il resterait à voir de quelle manière on assurerait le passage de l'Elbe, en occupant les îles sur lesquelles on construirait des ponts de bateaux. Si Hambourg n'était pas susceptible de remplir mon but, il faudrait reconnaître Lauenburg, qui est à l'intersection du canal qui va de la Baltique à l'Elbe. Ma flottille et des corvettes pourraient-elles remonter jusque-là? La position de Lauenburg est-elle favorable? Répondez-moi à ces questions, qui sont très-importantes; car un point d'appui dans le Nord contre l'Angleterre, le Danemark, la Prusse, me paraît nécessaire.

NAPOLÉON.

D'après l'original comm. par Mme la maréchale princesse d'Eckmühl.

17466. — AU MARÉCHAL DAVOUT, PRINCE D'ECKMUHL,
COMMANDANT L'ARMÉE D'ALLEMAGNE, À HAMBOURG.

Paris, 13 mars 1811.

Mon Cousin, vous ne me parlez plus de Helgoland, ni des moyens de s'emparer de cette île. Vous avez une bonne flottille; tenez-vous en situation de menacer au moins ce point important. Encouragez le plus que possible les corsaires. Ne pourrait-on pas trouver à Lubeck ou à Hambourg un ou deux bricks ou bonnes goëlettes à armer pour mon compte? Vous avez sous la main le consul Leroy, qui est très-propre à vous donner des lumières là-dessus.

NAPOLÉON.

D'après l'original comm. par Mme la maréchale princesse d'Eckmühl.

17467. — AU GÉNÉRAL CLARKE, DUC DE FELTRE,
MINISTRE DE LA GUERRE, À PARIS.

Paris, 14 mars 1811.

J'ai pris un décret pour réunir à Fontainebleau un bataillon de fusiliers-sergents et deux bataillons de voltigeurs et tirailleurs-caporaux. J'ai nommé un major pour commander ce dépôt. Dans le décret il est question de génie et d'artillerie. Donnez ordre que, le 16, le major et les fusiliers-tirailleurs, qui sont à Paris et qui ont été jugés capables d'entrer dans les bataillons, se rendent à Fontainebleau. Présentez-moi un projet d'instruction et des mesures à prendre pour que le génie et l'artillerie enseignent ce qu'il est nécessaire que connaissent de leur arme des sergents et des caporaux : cela doit se réduire au moins de choses possible.

Comme les officiers et sous-officiers de ces bataillons ne sont pas nommés, chargez le commandant de la Garde de désigner quelques officiers pour faire partir ces bataillons de Paris, et présentez-moi sans tarder la nomination des cadres de ces trois bataillons.

D'après la minute. Archives de l'Empire.

17468. — AU GÉNÉRAL CLARKE, DUC DE FELTRE,
MINISTRE DE LA GUERRE, À PARIS.

Paris, 15 mars 1811.

Écrivez au général Donzelot qu'il ménage trop Ali-Pacha; qu'il faut qu'il culbute et brûle sa marine à la moindre insulte qu'il fera : il faut rendre à cet homme outrage pour outrage. Aussitôt qu'il verra de la fermeté, il deviendra humble et soumis.

Vous lui ferez connaître que j'ai pris des mesures pour approvisionner sa place pour deux ans pour 12,000 hommes. J'ai donné ordre d'augmenter sa garnison, 1° de 800 hommes d'infanterie légère; 2° de tout ce qui sera nécessaire pour compléter le 6e de ligne.

Avec ces nouvelles forces, si le pacha se fâche, il pourra lui déclarer la guerre et s'emparer de Butrinto. Ali sentira le danger de sa position et celui d'être attaqué en même temps par le continent; il craindra aussi l'indignation de la Porte. Les Turcs ne se mènent point par la douceur; il faut les forcer de craindre. Aujourd'hui que je ne possède plus Sainte-Maure ni Céphalonie, il est inutile de rien ménager; il ne peut rien sur Corfou.

D'après la minute. Archives de l'Empire.

17469. — AU GÉNÉRAL CLARKE, DUC DE FELTRE,
MINISTRE DE LA GUERRE, À PARIS.

Paris, 15 mars 1811.

En conséquence des dispositions de ma lettre du 13 février, l'armée d'Allemagne doit avoir deux compagnies de pontonniers; une est à Dantzig; donnez ordre à une nouvelle compagnie de se rendre au quartier général de cette armée au 1er avril. Les deux régiments qui sont à Francfort se rendront à Hanovre, où ils recevront ordre du prince d'Eckmühl pour leur destination.

Mon intention est qu'au 1er avril mon armée d'Allemagne soit organisée en quatre divisions, comme je l'ai ordonné.

D'après la minute. Archives de l'Empire.

17470. — A M. DE CHAMPAGNY, DUC DE CADORE,
MINISTRE DES RELATIONS EXTÉRIEURES, À PARIS.

Paris, 15 mars 1811.

Monsieur le Duc de Cadore, faites connaître à mon ministre à Naples que je désire qu'il se procure des renseignements sur le corps de l'armée napolitaine et de la garde, et sur les bâtiments en armement, en construction à Naples, à Castellamare, et qu'il vous transmette exactement ce rapport.

NAPOLÉON.

D'après l'original. Archives des affaires étrangères.

17471. — A M. DE CHAMPAGNY, DUC DE CADORE,
MINISTRE DES RELATIONS EXTÉRIEURES, À PARIS.

Paris, 15 mars 1811.

Monsieur le Duc de Cadore, je vous prie de faire un relevé des insultes que m'a faites Ali, pacha de Janina, depuis un an. Envoyez un courrier qui passera par les provinces illyriennes, afin de faire connaître au sieur Latour-Maubourg que mon intention est de déclarer la guerre à Ali-Pacha, si la Porte ne peut réussir à le retenir dans le devoir. Vous écrirez la même chose à mon consul près Ali-Pacha, afin qu'il lui déclare que, la première fois qu'il se permettra d'empêcher l'approvisionnement de Corfou et refusera le passage aux bestiaux et vivres destinés pour cette place, je lui déclarerai la guerre. Vous écrirez au sieur Lesseps dans ce sens. La douceur et la politesse ne valent rien auprès d'un homme de la trempe de ce brigand. Vous aurez soin d'envoyer ces dépêches par duplicata.

NAPOLÉON.

D'après l'original. Archives des affaires étrangères.

17472. — AU VICE-AMIRAL COMTE DECRÈS,
MINISTRE DE LA MARINE, À PARIS.

Paris, 15 mars 1811.

Monsieur le Comte Decrès, je vous renvoie la dépêche télégraphique, que je n'approuve pas.

Les deux frégates du capitaine Péridier ont dû appareiller le 13 d'Ancône, avec 600 hommes et du canon, pour s'emparer de Lesina; ce mouillage était trop utile aux Anglais et aux corsaires de l'Adriatique. Expédiez-lui aujourd'hui des ordres à Ancône de partir immédiatement après l'expédition de Lesina avec les deux frégates, et de se rendre à Trieste. Au préalable, il fera débarquer les canons de bronze qu'il a apportés de Corfou; vous resterez chargé de les faire embarquer sur des barques du pays pour se rendre à Ponte di Lagoscuro, près de Ferrare, où vous les ferez débarquer et remettre à la disposition du ministre de la guerre. Le capitaine Péridier commandera à Trieste le port et la marine italienne; il fera armer la frégate russe, que vous ferez nommer *la Corcyre*, ainsi que la corvette *le Diomède*. Ces deux vaisseaux auront toute leur artillerie, mais vous ne leur donnerez que l'équipage nécessaire pour être armés en flûtes. Le brick *le Simplon* sera pareillement armé en guerre et se joindra à cette division. Vous ferez acheter sans délai, aux frais de la marine, sous le chapitre des approvisionnements pour l'armée de terre, vingt mille quintaux métriques de blé, que vous trouverez à Trieste à meilleur marché, parce qu'il vient de Hongrie. Vous les ferez embarquer sur *la Corcyre*, *le Diomède* et les deux frégates.

Faites-moi un rapport qui me fasse connaître si ces quatre bâtiments pourront porter cette quantité de blé. 600 hommes d'un régiment italien s'embarqueront sur ces frégates pour être transportés à Corfou; ils fourniront pendant la route les hommes nécessaires au service de l'artillerie. Par ce moyen, Corfou sera approvisionné par ce seul envoi pour plus de huit mois; ce qui, avec les mesures que j'ai ordonné de prendre à Tarente pour faire passer des vivres, et avec celles que le vice-roi a prises à Ancône, donnera des vivres pour près de deux ans à cette intéressante colonie.

Comme il y a à Trieste beaucoup de flûtes de commerce, si cela est bien nécessaire pour notre expédition, on pourra en acheter une. Le capitaine Péridier, aussitôt arrivé à Corfou, y laissera la frégate *la Corcyre* et la corvette *le Diomède*; le reste des équipages de ces deux vaisseaux sera formé en complément par des hommes du pays; ils seront armés et mis en station à Corfou. On m'a dit qu'ils marchaient médiocrement, mais, étant destinés à garder la station, il est peu important qu'ils aient plus ou moins de marche. *Le Simplon* restera également à Corfou. *La Thémis*, armée en guerre, retournera à Trieste avec la division Péridier.

Ainsi mes forces dans la mer Adriatique seront disséminées de la manière suivante :

Le capitaine Péridier, commandant ma marine en Illyrie, aura sous ses ordres à Trieste *la Danaé*, *la Flore*, *la Thémis*, indépendamment de toutes les canonnières, speronares, mouches et courrières qui sont dans l'Adriatique.

Vous lui ordonnerez de sortir tous les jours, afin d'exercer ses équipages et de protéger la côte le plus possible.

Le capitaine Dubourdieu aura à Ancône les frégates *la Favorite*, *l'Uranie*, *la Charlotte*, *la Couronne*, *la Bellone*; en tout trois frégates françaises, trois frégates italiennes et trois bricks italiens. Il aura en outre les canonnières et autres bâtiments de la marine italienne.

Il faut nommer pour Corfou un capitaine de vaisseau *ad hoc* et capable; il commandera *la Corcyre*, *le Diomède*, *le Simplon* et une vingtaine de bâtiments appartenant à la station de Corfou et au royaume d'Italie.

Enfin, à Tarente, le capitaine Maillard aura sous ses ordres *la Pauline*, *la Pomone* et la flûte *la Persane*.

Il est convenable de donner des ordres positifs pour que les commandants des stations de Tarente, Corfou, Trieste, Ancône, vous envoient régulièrement les rapports des mouvements de la mer et de la côte, afin que vous soyez bien exactement informé de tout ce qui se passe dans ces parages.

Mon intention est que *la Corcyre* et *le Diomède* soient fournis à Trieste d'officiers de marine et de garnisons d'infanterie française. La garnison sera fournie par les troupes des provinces illyriennes. *Le Simplon* sera organisé de même.

D'après la minute. Archives de l'Empire.

17473. — AU GÉNÉRAL COMTE BERTRAND,
INSPECTEUR GÉNÉRAL DU GÉNIE, À PARIS.

Paris, 15 mars 1811.

Monsieur le Général Bertrand, je désire que vous voyiez le ministre de la marine, le duc de Raguse et le général Lauriston, et que vous traciez sur le meilleur plan de Raguse que nous ayons les fortifications actuelles de cette place, et le plan de ce qu'il faudrait y ajouter pour s'assurer ce port et cette belle rade; en sorte qu'une escadre de quelques vaisseaux de guerre et un chantier de quelques bâtiments, avec les magasins nécessaires, se trouvassent à l'abri d'un coup de main, et pussent se défendre d'abord contre une attaque pareille à celle qui a menacé Raguse il y a quelques années, et même contre une attaque soutenue par un débarquement anglais. Comme le général Lauriston va partir, et que c'est celui qui connaît le mieux les localités, vous n'avez pas un moment à perdre pour vous occuper de cet objet et me remettre un mémoire, afin que je puisse en causer avec lui avant son départ.

NAPOLÉON.

D'après l'original commun. par M. le général Henry Bertrand.

17474. — AU GÉNÉRAL SOUHAM,
ATTACHÉ À L'ÉTAT-MAJOR DU PRINCE EUGÈNE.

Paris, 15 mars 1811.

Ayant été satisfait de vos services en Catalogne, et ayant égard à la réclamation que vous faites de trois années de vos appointements, pendant lesquelles vous avez cessé d'être employé, je vous ai accordé une gratification de 60,000 francs. Vous trouverez ci-joint l'ordre au trésorier général de mon domaine extraordinaire de vous remettre cette somme.

D'après la minute. Archives de l'Empire.

17475. — A EUGÈNE NAPOLÉON,
VICE-ROI D'ITALIE, À PARIS.

Paris, 15 mars 1811.

Mon Fils, mon intention est que deux bataillons du 4ᵉ d'infanterie légère italienne soient placés à Raguse et deux autres bataillons envoyés à Corfou. Les expéditions qui partiront de Trieste sous les ordres du capitaine Dubourdieu pourront prendre à bord ces deux bataillons pour les porter à Corfou. Ce sera une belle augmentation de force pour cette île.

NAPOLÉON.

D'après la copie comm. par S. A. I. Mme la duchesse de Leuchtenberg.

17476. — AU GÉNÉRAL CLARKE, DUC DE FELTRE,
MINISTRE DE LA GUERRE, À PARIS.

Paris, 16 mars 1811.

L'importance de Raguse, à cause de son port, me décide à faire de cette ville une grande place de guerre. Je désire avoir un projet pour fortifier la ville de manière à y comprendre le port et les rades, de manière que mes escadres y soient à l'abri de tout événement. J'y dépenserai cette année 500,000 francs. Le général Poitevin et le duc de Raguse peuvent être chargés de faire le projet. Il est nécessaire que le duc de Raguse soit appelé au comité. Faites-moi sans délai un rapport. Il faudrait qu'avec les 500,000 francs, cette année, j'obtienne un résultat, et que 4,000 hommes sur une escadre y fussent à l'abri de tout événement contre des forces supérieures. Je vous prie de me présenter un projet pour l'armement de Raguse et de son port.

D'après la minute. Archives de l'Empire.

17477. — NOTE POUR LE MINISTRE DES CULTES.

Paris, 16 mars 1811.

Il ne peut plus être question d'avoir recours au Pape pour donner l'institution aux évêques. Ce droit lui était dévolu par le Concordat, qu'il a annulé par sa conduite. Il ne me reste donc plus d'autre moyen que celui d'avoir recours à la réunion des évêques, pour qu'ils prennent les mesures convenables pour perpétuer l'épiscopat et faire éprouver sans altération le bien de la religion à mes peuples.

D'après la minute. Archives de l'Empire.

17478. — AU COMITÉ ECCLÉSIASTIQUE,
À PARIS.

Paris, 16 mars 1811.

Messieurs les Cardinaux, Archevêques et Évêques composant le comité ecclésiastique, j'ai reçu et lu avec une grande attention votre lettre du 5 mars. Vous me dites que le clergé de France, imbu de la doctrine sacrée de l'Évangile, s'indignerait de toute entreprise contre l'autorité du souverain.

Le Pape a entrepris contre mon autorité, en excommuniant mes ministres, mes armées et presque tout l'Empire, et ce pour soutenir des prétentions temporelles; et cependant, dans l'état actuel de la religion catholique, où la doctrine de ceux qui ont subordonné les évêques aux volontés et aux intérêts de la cour de Rome a prévalu, quels moyens ai-je pour mettre mon trône à l'abri de pareilles attaques? Y a-t-il un moyen canonique de punir un pape qui prêcherait la révolte et la guerre civile?

Le Pape a entrepris non-seulement contre mon autorité, il a entrepris aussi contre l'autorité et le bien des églises de l'Empire, soit en laissant perdre l'église d'Allemagne, soit en refusant d'instituer mes évêques, et, depuis, en défendant aux chapitres de remettre les pouvoirs de vicaire capitulaire aux individus que j'aurais nommés.

Précédemment il avait fait tout ce qui dépendait de lui pour affaiblir l'amour et l'obéissance de mes peuples, en instituant l'archevêque de Malines de son propre mouvement, et ne faisant point mention de ma demande dans l'institution qu'il donnait à l'évêque de Montauban.

Des bulles, des correspondances ont été imprimées par ordre du Pape et répandues dans toute la chrétienté. Il n'a pas dépendu de lui que les scènes des Clément, des Ravaillac, des Damien ne se renouvelassent; il n'a pas dépendu de lui que je sois abandonné de mes peuples, de mes armées, comme Philippe le Long. Je suis donc obligé de convenir que, si les foudres de Rome ont eu peu d'effet, je le dois aux lumières du siècle, et peut-être à ce que la religion a beaucoup perdu dans l'esprit des populations de toute l'Europe.

Je sais qu'il faut rendre à Dieu ce qui est à Dieu, mais le Pape n'est pas Dieu. Lorsqu'on voit les papes constamment s'agiter et bouleverser la chrétienté pour les intérêts temporels du petit état de Rome, c'est-à-dire d'une souveraineté qui équivaut à un duché, on déplore l'état de la société catholique, compromise pour de si chétifs intérêts.

L'époque actuelle nous reporte au temps de Charlemagne. Tous les royaumes, principautés, duchés qui s'étaient formés en républiques des débris de son empire se sont renouvelés sous nos lois. L'église de mon Empire est l'église d'Occident et de presque l'universalité de la chrétienté.

Je suis décidé à convoquer un concile d'Occident, où j'appellerai les évêques d'Italie et d'Allemagne, afin de régler, comme me l'ont témoigné un grand nombre d'évêques, une discipline générale, pour que l'église de mon Empire soit une par la discipline comme elle l'est par la foi.

Je désire connaître :

1° De quelle manière doit être faite cette convocation; 2° quelles sont les matières à y traiter pour faire disparaître à jamais ces luttes scandaleuses du spirituel et du temporel qui ont été si funestes à la religion, puisque seules elles ont occasionné la séparation de l'église grecque et de celles d'Angleterre et de toutes les puissances du Nord, et pour chercher les moyens de mettre mon Empire à l'abri de l'inimitié et de la haine de la cour de Rome, qui sera constante contre mes descendants comme elle l'a été contre les descendants de Charlemagne, jusqu'à ce qu'ils aient séparé l'Empire, chassé les Français de l'Italie et rétabli leur souveraineté temporelle, qui ne saurait plus désormais exister que par la destruction de l'Empire. Je ne saurais plus regarder le Concordat comme existant, et je ne puis accepter la modification que vous me présentez. Un contrat synallagmatique est nul quand une des parties l'a violé. Le Pape a violé le Concordat depuis quatre ans. Il a violé précédemment celui qu'il avait fait avec mon royaume d'Italie, ce qui a pénétré d'indignation toute mon église italienne.

Dans cette situation des choses, la clause que l'institution serait donnée par les métropolitains, si le Pape ne la donnait pas, ne garantit pas mes successeurs des querelles qu'ils pourront avoir avec les papes.

<small>D'après la minute. Archives de l'Empire.</small>

17479. — AU VICE-AMIRAL COMTE DECRÈS,
MINISTRE DE LA MARINE, À PARIS.

<small>Paris, 16 mars 1811.</small>

Je reçois des plaintes de tous les ports qu'on ne donne plus de lettres de marque et qu'on a mis l'embargo sur les bâtiments. Je vous prie de me faire connaître ce que cela veut dire. Les Anglais sont d'une joie extrême de cette mesure. Répondez-moi sur-le-champ. Si vous avez pris quelques mesures, révoquez-les par courrier extraordinaire, et ordonnez qu'on laisse sortir tous les corsaires et qu'on les protége.

<small>D'après la minute. Archives de l'Empire.</small>

17480. — AU VICE-AMIRAL COMTE DECRÈS,
MINISTRE DE LA MARINE, À PARIS.

<small>Paris, 16 mars 1811.</small>

Les constructions ne vont pas à Toulon aussi bien qu'elles devraient aller. Ce n'est pas faute de bois; on m'assure qu'il y en a. Proposez-moi des mesures pour donner une nouvelle activité aux chantiers de Toulon. Vous sentez que dans le système que j'ai adopté chaque jour perdu est un malheur pour la France

<small>D'après la minute. Archives de l'Empire.</small>

17481. — A EUGÈNE NAPOLÉON,
VICE-ROI D'ITALIE, À PARIS.

<small>Paris, 16 mars 1811.</small>

Mon Fils, mes troupes sont malades à Venise pendant l'été. L'expérience a prouvé que mes flottes de l'Escaut n'avaient point de malades dans la saison malsaine. Je désirerais faire la même épreuve à Venise et embosser quelques gros transports sur lesquels on placerait les troupes nécessaires pour la défense de Malamocco, de Chioggia et autres forts, pendant les mois d'août, de septembre, d'octobre et de novembre; je crois que je perdrai beaucoup moins de monde. Faites-moi connaître si pendant les étés précédents les malades à terre étaient en proportion avec les malades à bord des bâtiments dans la rade de Venise.

NAPOLÉON.

D'après la copie comm. par S. A. I. Mme la duchesse de Leuchtenberg.

17482. — ALLOCUTIONS DE L'EMPEREUR.

Palais des Tuileries, 17 mars 1811.

AUX DÉPUTÉS DES VILLES HANSÉATIQUES.

Messieurs les Députés des villes hanséatiques de Hambourg, Bremen et Lubeck, vous faisiez partie de l'empire germanique; votre constitution a fini avec lui. Depuis ce temps votre situation était incertaine. Je voulais reconstituer vos villes sous une administration indépendante, lorsque les changements qu'ont produits dans le monde les nouvelles lois du conseil britannique ont rendu ce projet impraticable. Il m'a été impossible de vous donner une administration indépendante, puisque vous ne pouviez plus avoir un pavillon indépendant.

Les décrets de Berlin et de Milan sont la loi fondamentale de mon Empire. Ils ne cessent d'avoir leur effet que pour les nations qui défendent leur souveraineté et maintiennent la religion de leur pavillon. L'Angleterre est en état de blocus pour les nations qui se soumettent aux arrêts de 1806, parce que les pavillons qui se sont ainsi soumis aux lois anglaises sont dénationalisés : ils sont anglais. Les nations, au contraire, qui ont le sentiment de leur dignité, et qui trouvent dans leur courage et dans leurs forces assez de ressources pour méconnaître le blocus par notifications, vulgairement appelé *blocus sur le papier*, et aborder dans les ports de mon Empire, autres que ceux réellement bloqués, en suivant l'usage reconnu et les stipulations du traité d'Utrecht, peuvent communiquer avec l'Angleterre. L'Angleterre n'est pas bloquée pour elles. Les décrets de Berlin et de Milan, dérivant de la nature des choses, formeront constamment le droit public de mon Empire pendant tout le temps que l'Angleterre maintiendra ses arrêts du conseil de 1806 et 1807, et violera les stipulations du traité d'Utrecht sur cette matière.

L'Angleterre a pour principe de saisir les marchandises appartenant à son ennemi sous quelque pavillon qu'elles soient. L'Empire a dû admettre le principe de saisir les marchandises anglaises, ou provenant du commerce de l'Angleterre, sur quelque territoire que ce soit. L'Angleterre saisit les voyageurs, les marchands, les charretiers de la nation avec laquelle elle est en guerre, sur toutes les mers. La France a dû saisir les voyageurs, les marchands, les charretiers anglais, sur quelque point du continent qu'ils se trouvent et où elle peut les atteindre; et, si dans ce système il y a quelque chose de peu conforme à l'esprit du siècle, c'est l'injustice des nouvelles lois anglaises qu'il faut accuser.

Je me suis plu à entrer dans ces développements avec vous, pour vous faire voir que votre réunion à l'Empire est une suite nécessaire des lois britanniques de 1806 et 1807, et non l'effet d'aucun calcul ambitieux. Vous trouverez dans mes lois civiles une protection que, dans votre position maritime, vous ne sauriez plus trouver dans les lois politiques. Le commerce maritime, qui a fait votre prospérité, ne peut renaître désormais qu'avec ma puissance maritime. Il faut reconquérir à la fois le droit des nations, la liberté des mers et la paix générale. Quand j'aurai plus de cent vaisseaux de haut bord, je soumettrai dans peu de campagnes l'Angleterre. Les matelots de vos côtes et les matériaux qui arrivent aux débouchés de vos rivières me sont nécessaires. La France, dans ses anciennes limites, ne pouvait construire une marine en temps de guerre; lorsque ses côtes étaient bloquées, elle était réduite à recevoir la loi. Aujourd'hui, par l'accroissement qu'a reçu mon Empire depuis six ans, je puis construire, équiper et armer vingt-cinq vaisseaux de haut bord par an, sans que l'état de guerre maritime puisse l'empêcher ou me retarder en rien.

Les comptes qui m'ont été rendus du bon esprit qui anime vos concitoyens m'ont fait plaisir, et j'espère avant peu avoir à me louer du zèle et de la bravoure de vos matelots.

A LA DÉPUTATION DU COLLÉGE ÉLECTORAL DU VAR.

Je me souviendrai toujours des sentiments que les habitants de votre département m'ont témoignés à mon retour d'Égypte. Ce que je vis alors dans la Provence d'enthousiasme et d'amour pour la gloire de la France me donna l'assurance qu'il ne me faudrait que peu de mois pour tout changer. J'agrée les sentiments que vous m'exprimez.

Extrait du *Moniteur* du 20 mars 1811.

17483. — AU GÉNÉRAL CLARKE, DUC DE FELTRE,
MINISTRE DE LA GUERRE, À PARIS.

Paris, 18 mars 1811.

Je lis avec surprise la lettre du général Molitor du 13 mars, où j'apprends que la batterie qui maintient la communication de l'île de Goeree avec Willemstad n'est pas armée. Cependant, de toutes les batteries qui sont en Hollande, la plus importante est celle-là; je ne sais ce qu'a fait la commission.

La séance de jeudi sera employée à me soumettre : 1° les plans des côtes de Hollande avec l'emplacement des batteries, et l'opinion de la commission sur celles qu'il faut établir; 2° la situation du matériel d'artillerie qui se trouve en Hollande et dans quelles places.

D'après la minute. Archives de l'Empire.

17484. — AU GÉNÉRAL CLARKE, DUC DE FELTRE,
MINISTRE DE LA GUERRE, À PARIS.

Paris, 18 mars 1811.

Monsieur le Duc de Feltre, je vous ai fait connaître que mon intention était d'avoir 76,000 armes étrangères à Wesel et à Mayence, encaissées et prêtes à partir. Je désire connaître si sur ce nombre il pourrait y en avoir 15,000 propres à mes troupes. Alors il faudrait les faire partir sur-le-champ pour Danzig; sinon il faut me faire connaître où je pourrais les prendre, afin de les expédier sans délai pour Danzig. Vous m'aviez annoncé qu'il serait possible de rassembler 50,000 armes qui existent en Hollande. Remettez-moi cette affaire sous les yeux. Ces armes ne pourraient point servir à mes troupes, mais elles seraient bonnes pour des insurgés; on les ferait passer à Magdeburg et à Danzig.

D'après la minute. Archives de l'Empire.

17485. — NOTE POUR LE MINISTRE DE L'INTÉRIEUR.

Paris, 18 mars 1811.

Le ministre de l'intérieur fera un rapport d'apparat, destiné à être envoyé au Conseil d'état, dans lequel il développera les avantages de la fabrication du sucre de betterave. Il proposera toutes les dispositions à prendre pour encourager cette culture, soit en établissant que, si on peut être dans le cas de modifier le tarif des douanes, cette modification n'aura pas lieu avant cinq ans, soit en faisant prévoir l'époque où il serait possible de prohiber absolument l'introduction du sucre des colonies, soit en indiquant toute autre mesure qui tendrait au même but.

Le ministre fera demain un rapport sur le lieu qu'il conviendrait de choisir pour faire un essai en grand, et pour établir une école normale de fabrication du sucre de betterave. Il semble qu'on pourrait former cet établissement à la ferme de Rambouillet, où l'on a déjà fait des essais utiles. Il serait bon de faire venir et de consulter le directeur de cette ferme.

Enfin le ministre présentera, avant dimanche prochain, un projet de circulaire aux préfets pour développer les intentions du gouvernement. Il annoncera dans cette circulaire l'intention de maintenir les tarifs des denrées coloniales, et même de prohiber l'introduction du sucre étranger. Il fera une répartition par département des 70,000 arpents qu'il faudrait cultiver en betteraves pour fournir tout le sucre nécessaire à la consommation de la France. Il engagera les préfets à exciter les propriétaires à se livrer à cette culture, et il leur montrera, dans la quotité d'arpents désignés pour leur département, la tâche qu'ils ont à remplir. Il fera sentir à ceux des départements où on cultivait du tabac que cette culture peut être utilement remplacée par celle des betteraves. Il fera entendre, en général, que la culture des betteraves améliore les terres; que le résidu de la fabrication de sucre fournit une excellente nourriture pour les bestiaux. Il montrera qu'avec telle dépense on arrive à tel produit, et qu'en employant un nombre très-borné d'arpents on doit parvenir à ôter à l'étranger l'espèce de tribut que lui payait la France. Cette circulaire, bien faite, démontrera d'une manière évidente les avantages incalculables des procédés qu'il s'agit de faire accueillir par tous les bons esprits.

D'après la copie. Archives de l'agriculture, du commerce et des travaux publics.

17486. — AU MARÉCHAL DAVOUT, PRINCE D'ECKMÜHL,
COMMANDANT L'ARMÉE D'ALLEMAGNE, À HAMBOURG.

Paris, 18 mars 1811.

Mon Cousin, la route de Hambourg à Stettin est trop longue; il faut cependant la conserver, mais en établir une autre par Strelitz sur Stettin: elle sera plus courte et plus économique pour la Prusse. Je vous ai mandé que je désirais que votre armée soit composée au 1er avril de quatre divisions, dont une placée en entier dans le Mecklenburg, de sorte qu'en peu de jours cette division pût être à Stettin. Vous pouvez mettre dans le Mecklenburg la division Friant ou celle de Dessaix. Le ministre m'a remis les états de la formation de l'armée au 1er mai. Tout ce qui manquera sera envoyé, hors les 4es bataillons, qui seront formés avec des conscrits de cette année; mon intention n'est point de les envoyer dans le Nord avant l'automne. Faites-vous remettre l'état des cadres de ces 4es bataillons ainsi que celui des 5es, afin que vous voyiez s'ils sont composés de bons officiers, pour que les 12 ou 1,500 conscrits que chaque dépôt va recevoir au 1er avril aient des gens capables de les bien instruire. Il faut que tous les chefs des dépôts soient à leur poste. S'il y en avait d'incapables, faites-le-moi connaître.

NAPOLÉON.

D'après l'original comm. par Mme la maréchale princesse d'Eckmühl.

17487. — AU MARÉCHAL DAVOUT, PRINCE D'ECKMÜHL,
COMMANDANT L'ARMÉE D'ALLEMAGNE, À HAMBOURG.

Paris, 18 mars 1811.

Mon Cousin, lorsque les six bataillons polonais seront complétés à Danzig, cela fera 5,000 hommes : le régiment saxon a plus de 1,500 hommes; ce qui, avec 1,500 Français, ne portera pas la garnison de Danzig à plus de 8,000 hommes : j'ai pensé devoir la renforcer. En conséquence, j'ai demandé au roi de Westphalie de mettre à votre disposition un régiment de 2,400 hommes. Vous leur donnerez l'ordre de partir, en supposant d'abord que c'est pour Stettin, mais dans le fait vous les dirigerez à grandes marches sur Danzig. Ainsi, avec les généraux Rapp, Pajol et les autres officiers du génie et de l'artillerie, cette place se trouvera dans une position convenable et formidable. Il faut mettre dans cette opération le plus de secret possible, et que le régiment soit déjà à plusieurs marches de Magdeburg avant qu'on sache qu'il est parti.

NAPOLÉON.

D'après l'original comm. par Mme la maréchale princesse d'Eckmühl.

17488. — AU MARÉCHAL DAVOUT, PRINCE D'ECKMÜHL,
COMMANDANT L'ARMÉE D'ALLEMAGNE, À HAMBOURG.

Paris, 18 mars 1811.

Mon Cousin, en y songeant mieux, j'ai pensé à réunir à Danzig une garnison de 15,000 hommes. En conséquence, indépendamment des deux régiments polonais formant six bataillons, du régiment saxon en formant deux, du régiment westphalien en formant trois, total onze bataillons, j'ai demandé au roi de Wurtemberg un régiment, deux bataillons; j'ai fait la même demande au roi de Bavière, deux bataillons; j'y joins un régiment du grand-duché de Berg, deux bataillons; cela fera donc dix-sept bataillons ou 14,000 hommes; ce qui, avec les troupes françaises de l'artillerie et du génie, et les 100 hommes de l'artillerie polonaise, fera environ 16,000 hommes. Les généraux Pajol et Bachelu, et le général polonais, seront plus que suffisants pour commander ces troupes.

Je les diviserai en trois brigades, sous le commandement du général Rapp, aussitôt que ces troupes auront passé l'Oder. Le roi de Westphalie doit vous écrire pour mettre un régiment à votre disposition. Vous n'aurez rien à faire qu'à mettre en route ce régiment, après vous être assuré qu'il est bien armé; il sera nourri et soldé par la Westphalie. Le roi de Wurtemberg vous écrira de même pour mettre un régiment à votre disposition. Vous n'aurez également autre chose à faire, aussitôt que ce régiment sera à votre disposition, que de le diriger sur Dresde et de là sur Danzig. Quant au régiment de Berg, il ne pourra guère être prêt que dans le courant d'avril. Le régiment du grand-duché mènera avec lui une compagnie d'artillerie et ses pièces de canon attelées. Les régiments de Wurtemberg et de Bavière de même. Écrivez au prince Poniatowski pour que les régiments polonais aient chacun leur compagnie d'artillerie et leurs pièces attelées. Écrivez la même chose en Westphalie. Par ce moyen, cela fera une bonne division de pièces de campagne avec ses chevaux; ce qui sera toujours utile à la place et pourra, en temps ordinaire, servir à son armement.

NAPOLÉON.

D'après l'original comm. par Mᵐᵉ la maréchale princesse d'Eckmühl.

17489. — INSTRUCTIONS POUR LE VICE-AMIRAL COMTE VER HUELL,
CHARGÉ DU COMMANDEMENT DES RADES DU NORD, À LUBECK.

Palais des Tuileries, 18 mars 1811.

Monsieur le Vice-Amiral Comte Ver Huell, nous vous faisons savoir que, prenant entière confiance en vos talents et votre dévouement à notre personne, nous avons jugé à propos de placer sous votre commandement les forces navales que nous avons réunies ou que nous réunirons dans nos rades du Nord, depuis et compris la Jahde jusques et compris Lubeck.

En conséquence nous vous avons nommé et nommons, par les présentes, commandant général de notre service maritime dans ces rades, sous l'autorité immédiate de notre cousin le maréchal prince d'Eckmühl, gouverneur général de cette partie de notre Empire.

Nous entendons que vous vous occupiez particulièrement de la surveillance et de la défense de ces côtes et de leurs rades et ports; que vous ne les laissiez point bloquer par des forces inférieures à celles dont vous disposerez; que vous y empêchiez toute insulte, communication ou commerce de nos ennemis; que vous teniez la main à ce que les officiers et équipages sous vos ordres restent constamment à leurs bords respectifs; que vous les fassiez exercer par des manœuvres continuelles, sur les côtes et parmi les lames, tant pour leur donner l'expérience de la mer que pour courir sur les bâtiments ennemis qu'ils pourront attaquer avec succès.

Vous rendrez compte à notre ministre de la marine de vos opérations, et nous le chargeons de vous faire connaître l'état des flottilles qui se trouvent déjà réunies dans nos rades du Nord ou qui sont destinées à s'y réunir d'après les ordres que nous lui avons donnés.

Notre intention est qu'il soit construit dans l'Elbe, dans le Weser et la Trave, des corvettes, bonnes marcheuses, d'un aussi grand tirant d'eau que le comportent ces fleuves et les ports de refuge qu'ils présentent, lesquelles seront destinées à la course et à la protection de ces côtes, et nous vous chargeons de proposer, d'après la connaissance que vous aurez acquise des localités, l'espèce de bâtiments que vous jugerez devoir être préférée pour remplir cette destination, ainsi que les points où ils pourront être mis en construction.

Et comme l'intérêt de notre service exige que nous ayons dès ce moment à Lubeck un armement convenable, nous vous chargeons d'y pourvoir par des bâtiments que vous disposerez sans délai à cet effet.

Enfin nous vous chargeons particulièrement de tout ce qui concerne l'établissement et la direction de notre service maritime dans ces parages, et nous comptons que vous n'omettrez rien de ce qu'il importe et de ce qu'exige l'honneur de nos armes dans toute l'étendue de votre commandement.

_{D'après la copie. Archives de la marine.}

17490. — A JÉRÔME NAPOLÉON, ROI DE WESTPHALIE,
À CASSEL.

Paris, 18 mars 1811.

Mon Frère, je désire augmenter la garnison de Danzig d'un régiment westphalien de trois bataillons, ayant sous les armes 2,400 hommes. Il faut que le colonel et les officiers soient des gens très-sûrs. J'ai dans ce moment à Danzig 2,000 Saxons, 4,000 Polonais et 2,000 Français. Je désire y envoyer 2,400 Westphaliens; ils seront payés et entretenus par votre trésor, mais nourris par moi. Je vous prie de me faire connaître de quel régiment vous pouvez disposer. Il ne faut ni le meilleur ni le pire. Réunissez-le du côté de Magdeburg, de manière qu'on ne puisse se douter de rien. Aussitôt qu'il sera réuni, mettez-le à la disposition du prince d'Eckmühl, qui lui donnera des ordres. Ces dispositions ne supposent pas la guerre; mais l'importance de Danzig est pour moi sans mesure. Les choses ne sont pas assez tranquilles dans ce moment. D'ailleurs les Anglais doivent envoyer une grande escadre dans la Baltique. Cette considération justifie assez ma prévoyance.

NAPOLÉON.

D'après la copie comm. par S. A. I. le prince Jérôme.

17491. — A FRÉDÉRIC, ROI DE WURTEMBERG,
À STUTTGART.

Paris, 18 mars 1811.

Monsieur mon Frère, dans les circonstances actuelles j'ai cru utile de compléter la garnison de Danzig à 15,000 hommes. Elle se compose de six bataillons polonais et de trois bataillons saxons. J'ai demandé au roi de Westphalie trois bataillons, ce qui ferait douze bataillons; j'envoie deux bataillons du grand-duché de Berg; je désirerais en avoir deux de vos troupes, formant 15 à 1,600 hommes, avec deux pièces de canon et une compagnie d'artillerie. Ces forces avec 1,500 artilleurs français composeraient une garnison de 12 à 15,000 hommes. Je n'ai aucune raison de requérir les contingents : c'est une simple mesure de précaution. soit parce que les Anglais doivent envoyer une grande escadre dans la Baltique, soit parce que cette place importante, qui seule peut écarter la guerre de la Confédération, doit être à l'abri de toute inquiétude. Je suis bien avec la Russie, mais cependant plus froidement. Il paraît qu'on arme dans ce pays. J'aurais pu composer la garnison tout entière de Polonais et de Saxons, mais je désire qu'une place de cette importance soit occupée par différentes troupes; elle est la sauvegarde de toute la Confédération. J'ai craint d'un autre côté de n'y mettre que des Français, afin de ne pas alarmer mal à propos la Russie en plaçant sur ce point 15,000 Français, que l'exagération aurait portés à 30,000. Ces considérations me portent à prier votre Majesté d'envoyer à Danzig un de ses régiments. Il serait nourri par moi et soldé par votre trésor. Je prie votre Majesté de me faire connaître si elle ne voit aucun inconvénient à disposer de ces deux bataillons. Elle pourrait les réunir au point de ses états le plus voisin de Dresde, afin qu'ils puissent être à Danzig avant le 5 avril. Aussitôt que je serais prévenu, j'enverrais des ordres pour qu'ils fussent dirigés sur Danzig.

NAPOLÉON.

D'après la copie comm. par le Gouvernement de S. M. le roi de Wurtemberg.

Même lettre au roi de Bavière.

17492. — A M. DE CHAMPAGNY, DUC DE CADORE,
MINISTRE DES RELATIONS EXTÉRIEURES, A PARIS.

Paris, 19 mars 1811.

Monsieur le Duc de Cadore, je pense qu'il est nécessaire que vous passiez au prince Kourakine une note non signée, pour la lui laisser après une conférence que vous aurez avec lui. Cette note porterait en substance : Comme des malveillants se plaisent à exagérer les moindres circonstances, qu'à l'occasion, par exemple, d'un convoi de 20,000 fusils que la Saxe a achetés en France, on a dit que la France lui avait envoyé 60,000 fusils; qu'un convoi de quelques pièces de canon que la France a rendues à la Saxe a été également exagéré et dénaturé; que désormais le moindre mouvement ne peut se faire sans être envenimé; que le ministre pense que le meilleur moyen d'empêcher l'effet de cette malveillance, c'est de se prévenir réciproquement de tout ce qui serait susceptible de donner lieu à de mauvaises interprétations; que c'est ce qui porte le soussigné à communiquer à M. le prince Kourakine que la garnison de Danzig va être augmentée; que l'approche d'un grand mouvement des Anglais dans la Baltique a décidé Sa Majesté à porter la garnison de cette place importante à 12,000 hommes, ce qui est, vu son étendue, le moindre nombre d'hommes qu'on puisse mettre pour sa défense; que cette garnison se composera de deux régiments du duché de Varsovie, d'un régiment saxon, d'un régiment bavarois, d'un régiment westphalien, d'un régiment wurtembergeois et d'un millier de sapeurs, mineurs et hommes d'artillerie français; que, l'approvisionnement de cette place manquant de poudre et de boulets, ce complément d'approvisionnement y a été envoyé, et qu'il a été ordonné au gouverneur de compléter ses vivres pour quelques mois.

Vous me mettrez cette note sous les yeux avant de la remettre. On pourra l'envoyer au duc de Vicence.

NAPOLÉON.

D'après l'original. Archives des affaires étrangères.

17493. — AU GÉNÉRAL CLARKE, DUC DE FELTRE,
MINISTRE DE LA GUERRE, À PARIS.

Paris, 19 mars 1811.

J'approuve le projet d'organisation de l'artillerie de l'armée d'Allemagne joint à votre lettre du 18; mais il faut prendre des mesures pour que ce qui est prescrit par les règlements soit ponctuellement exécuté. Les généraux d'artillerie se sont souvent écartés des dispositions de ces règlements, qui sont importants. Leur faire connaître que, quand je passerai la revue de leurs parcs, je leur témoignerai mon mécontentement si les règles ne sont pas suivies. Chaque caisson doit avoir ses outils, ses rechanges et tout ce qui est prescrit. Il ne faut pas que, sous le prétexte qu'on a souvent fait la guerre sans avoir une chose, on se dispense de l'avoir.

Je ne sais pas combien les parcs d'artillerie mettent de flambeaux à éclairer les convois. Il faut en mettre un sur chaque caisson; il faut mettre également des lanternes sourdes.

J'approuve que vous réunissiez à Wesel ou sur la rive gauche les objets d'artillerie appartenant à l'armée d'Allemagne, et que cela parte par un seul convoi.

Peut-être est-il convenable de laisser à Magdeburg ce qui existe. Cela entrera dans la formation d'un second corps.

Vous devez bien remarquer que je n'ai voulu qu'un caisson appartenant au bataillon, un à l'artillerie de la division et un au parc de l'armée; cela me paraît suffisant s'il y a un parc général. Je pense donc qu'il faudrait que l'armée d'Allemagne, qui a 64 bataillons, eût 64 caissons pour, du parc des divisions, passer au parc général.

D'après la minute. Archives de l'Empire.

17494. — AU GÉNÉRAL CLARKE, DUC DE FELTRE,
MINISTRE DE LA GUERRE, À PARIS.

Paris, 19 mars 1811.

J'ai lieu de croire que les Anglais ont des intelligences dans le bataillon du régiment suisse qui est à Belle-Île. Faites-moi connaître quand ce bataillon quitte cette île. Je désire qu'au lieu de se rendre à Brest il se rende à Rennes, où il restera jusqu'à nouvel ordre.

D'après la minute. Archives de l'Empire.

17495. — NOTE POUR M. BARBIER,
BIBLIOTHÉCAIRE DE L'EMPEREUR, À PARIS.

Paris, 19 mars 1811.

L'Empereur désire avoir le volume de l'abbé Fleury où il est question, avec quelques détails, de la Pragmatique Sanction de Bourges, sous Charles VII.

D'après la copie comm. par M. Louis Barbier.

17496. — A FRANÇOIS II, EMPEREUR D'AUTRICHE,
à VIENNE.

Paris, 20 mars 1811.

Monsieur mon Frère et Beau-Père, hier 19, à sept heures après midi, l'Impératrice me fit demander de descendre chez elle. Je la trouvai sur sa chaise longue, commençant à sentir les premières douleurs. Elle se coucha à huit heures, et depuis ce moment jusqu'à six heures du matin elle a eu des douleurs assez vives, mais qui n'avançaient en rien sa délivrance, parce que c'étaient des douleurs de reins. Les gens de l'art pensèrent que cette délivrance pourrait tarder vingt-quatre heures; ce qui me fit renvoyer toute la cour et dire au Sénat, au corps municipal et au chapitre de Paris, qui étaient assemblés, qu'ils pouvaient se retirer. Ce matin, à huit heures, l'accoucheur entra chez moi, fort affairé, me fit connaître que l'enfant se présentait par le côté, que l'accouchement serait difficile, et qu'il y aurait le plus grand danger pour la vie de l'enfant. L'Impératrice, fort affaiblie par les douleurs qu'elle avait essuyées, montra jusqu'à la fin le courage dont elle avait donné tant de preuves, et à neuf heures, la Faculté ayant déclaré qu'il n'y avait pas un moment à perdre, l'accouchement eut lieu dans les plus grandes angoisses, mais avec le plus grand succès. L'enfant se porte parfaitement bien. L'Impératrice est aussi bien que le comporte son état; elle a déjà un peu dormi et pris quelque nourriture. Ce soir, à huit heures, l'enfant sera ondoyé. Ayant le projet de ne le faire baptiser que dans six semaines, je charge le comte Nicolaï, mon chambellan, qui portera cette lettre à Votre Majesté, de lui en porter une autre pour la prier d'être le parrain de son petit-fils.

Votre Majesté ne doute point que, dans la satisfaction que j'éprouve, de cet événement, l'idée de voir perpétuer les liens qui nous unissent ne l'accroisse considérablement [1].

D'après la minute. Archives de l'Empire.

[1] La même lettre au roi d'Espagne, à l'exception de la dernière phrase.

La même lettre, en finissant à ces mots, *l'enfant sera ondoyé*, à la reine de Naples, à la grande-

17497. — AU VICE-AMIRAL COMTE DECRÈS,
MINISTRE DE LA MARINE, À PARIS.

Paris, 21 mars 1811.

On m'écrit d'Anvers qu'il y a la plus grande activité dans les travaux, mais que, pour remplir le but que je me propose, d'avoir douze nouveaux vaisseaux en construction, il faudrait une augmentation de 12,000 ouvriers charpentiers et charrons. Il est nécessaire que vous fassiez la répartition de ces ouvriers entre les ports où l'on ne travaille pas, et que vous ordonniez qu'ils se rendent à Anvers sur-le-champ.

D'après la minute. Archives de l'Empire.

17498. — AU VICE-AMIRAL COMTE DECRÈS,
MINISTRE DE LA MARINE, À PARIS.

Paris, 21 mars 1811.

Mandez au commandant de mon escadre de Toulon que je suis instruit que, les 9 et 10 mars, beaucoup d'officiers de mon escadre sont descendus à terre, que même plusieurs d'entre eux ont été en cavalcade à Hyères et à Ollioules. Réitérez l'ordre au général Émeriau de faire tenir mes matelots à bord, et faites bien connaître que c'est mon ordre exprès, que je n'entends pas que cela soit autrement, et qu'aucun officier ni matelot ne descendra à terre que je ne le sache.

D'après la minute. Archives de l'Empire.

17499. — A L'IMPÉRATRICE JOSÉPHINE,
AU CHÂTEAU DE NAVARRE.

Paris, 22 mars 1811.

Mon amie, j'ai reçu ta lettre; je te remercie. Mon fils est gros et

duchesse de Toscane, au roi de Westphalie, à la vice-reine d'Italie et à la princesse Stéphanie de Bade.
La lettre à l'empereur d'Autriche est portée par M. Nicolaï; celle au roi d'Espagne, par le général Defrance; celle à la reine de Naples et à la grande-duchesse, par M. Labriffe; celle au roi de Westphalie, par M. de Rambuteau; celle à la vice-reine, par M. de Béarn; celle à la princesse de Bade, par M. Marmier. (Note de la minute.)

très-bien portant. J'espère qu'il viendra à bien. Il a ma poitrine, ma bouche et mes yeux. J'espère qu'il remplira sa destinée.

Je suis toujours très-content d'Eugène; il ne m'a jamais donné aucun chagrin.

NAPOLÉON.

Extrait des *Lettres de Napoléon à Joséphine*, etc.

17500. — AU PRINCE DE NEUCHÂTEL ET DE WAGRAM,
MAJOR GÉNÉRAL DE L'ARMÉE D'ESPAGNE, À PARIS.

Paris, 22 mars 1811.

Mon Cousin, écrivez au général Belliard pour lui témoigner mon mécontentement de la fausse direction qu'il donne aux affaires de l'armée du Centre; qu'il était inutile d'envoyer 3,000 hommes à Cuenca; qu'il fallait garder ces troupes pour porter le plus haut possible la colonne du général Lahoussaye; qu'il fallait placer cette colonne entre le Tage et Badajos, pour être à la disposition du duc de Dalmatie et prêter main-forte à ce maréchal; au lieu que, par la mauvaise direction donnée au corps du général Lahoussaye, il n'a été bon à rien, a désobéi au duc de Dalmatie et n'a fait en Espagne qu'une course inutile et sans aucun avantage pour mon service; qu'il est indispensable, 1° que l'armée du Centre fasse partir tous les détachements appartenant à l'armée du Midi, en les dirigeant sur Séville et en n'en formant qu'une seule colonne; 2° qu'elle envoie un corps, le plus fort possible, entre le Tage et le duc de Dalmatie, afin de l'aider dans le grand but de communiquer avec l'armée de Portugal par la rive gauche du Tage et de favoriser les opérations de cette armée.

Vous témoignerez au général Lahoussaye mon extrême mécontentement de sa mauvaise conduite, et qu'il sera responsable des suites que pourra avoir sa désobéissance aux ordres du duc de Dalmatie.

NAPOLÉON.

D'après l'original. Dépôt de la guerre.

17501.—AU COMTE DE MONTALIVET,
MINISTRE DE L'INTÉRIEUR, À PARIS.

Paris, 22 mars 1811.

Comment arrive-t-il que les travaux du bassin d'Anvers ne soient pas encore commencés? Ils ne le seront que le 15 mai; de sorte qu'on a perdu les trois plus beaux mois de l'année.

D'après la minute. Archives de l'Empire.

17502.—AU GÉNÉRAL SAVARY, DUC DE ROVIGO,
MINISTRE DE LA POLICE GÉNÉRALE, À PARIS.

Paris, 22 mars 1811.

J'apprends que des préfets, et surtout celui de Dijon, reçoivent avec distinction les officiers espagnols dans leurs salons. Insinuez-leur que cela n'est point convenable.

D'après la minute. Archives de l'Empire.

17503.—AU COMTE MOLLIEN,
MINISTRE DU TRÉSOR PUBLIC, À PARIS.

Paris, 23 mars 1811.

Monsieur le Comte Mollien, donnez ordre au payeur de l'armée d'Allemagne de solder, à dater du 1er avril prochain, à mon compte le 5e régiment polonais qui est à Küstrin, le 10e et le 11e régiment polonais qui sont à Danzig, le régiment de cavalerie polonais et la compagnie d'artillerie polonaise qui sont à Danzig. Faites bien connaître à votre payeur, 1° que mon intention est de ne solder que les hommes de ces corps présents sous les armes dans les places de Küstrin et de Danzig, et non les hommes qui seraient à leurs dépôts, ou en Pologne, ou aux hôpitaux, ou en pays étranger; 2° qu'en payant la solde je n'entends point payer tout ce qui ne serait pas solde. Vous m'instruirez de ce que viendra à coûter un mois de solde de la garnison de Danzig; je ne dois pas payer les Saxons. Je pense que vous devez avoir à Danzig un préposé du payeur de l'armée d'Allemagne. Ce payeur fera recette de toutes les impositions françaises et autres droits à percevoir à Danzig; il fera recette, comme fonds spécial, des droits dont le produit est appliqué aux fortifications; il fera recette également des fonds que vous enverrez pour la solde. Vous pouvez mettre à la disposition de ce payeur un premier fonds de deux millions. Le domaine extraordinaire a, je crois, des échéances sur Danzig qu'il peut vous remettre; mais, comme elles peuvent n'être pas payées régulièrement, il ne faut pas vous fier à cette seule mesure, et avoir toujours deux millions dans la caisse du payeur de Danzig.

NAPOLÉON.

D'après l'original comm. par Mme la comtesse Mollien.

17504. — AU COMTE MOLLIEN,
MINISTRE DU TRÉSOR PUBLIC, À PARIS.

Paris, 23 mars 1811.

Monsieur le Comte Mollien, je réponds à votre rapport du 21 sur le service de l'armée d'Espagne. Envoyez-moi l'état de la distribution des 17,019,000 francs entre les différents corps de l'armée d'Espagne, qui a été faite par le payeur général. Faites-moi connaître entre quels corps d'armée il faut classer les 591,000 francs qui ont été payés à Bayonne pour 1811. Je ne sais point ce que veut dire l'article des payements faits aux dépôts des corps. Sont-ce les dépôts de la 11e division militaire dont il est question, ou les dépôts qui sont dans l'intérieur de la France? Je désirerais que la comptabilité avec l'Espagne en 1810 et en 1811 fût bien arrêtée. Il faut également distinguer la comptabilité de 1810 de celle de 1811 et la rattacher au budget tel que je l'ai arrêté par mon dernier travail. Je vous renvoie votre rapport; ces écritures ne me paraissent pas assez claires.

NAPOLÉON.

D'après l'original comm. par Mme la comtesse Mollien.

17505. — AU GÉNÉRAL LACUÉE, COMTE DE CESSAC,
MINISTRE DIRECTEUR DE L'ADMINISTRATION DE LA GUERRE, À PARIS.

Paris, 23 mars 1811.

Toutes les troupes alliées qui se trouvent à Danzig doivent être nourries par la ville. Quant aux réclamations sur le duché de Varsovie, il est si pauvre qu'on ne pourrait en tirer rien. Il faut porter ce qu'on aura à réclamer, pour valoir ce que de droit à la liquidation.

D'après la minute. Archives de l'Empire.

17506. — AU VICE-AMIRAL COMTE DECRÈS,
MINISTRE DE LA MARINE, À PARIS.

Paris, 23 mars 1811.

J'approuve le projet pour l'armement des deux vaisseaux de Rotterdam et des sept vaisseaux du Texel que vous me proposez; mais je ne vois pas à quoi bon armer deux frégates. Elles sont toutes les trois à Rotterdam; faites-les passer par les canaux de l'intérieur dans l'Escaut, où elles me seront utiles.

Je désirerais que ces vaisseaux eussent des noms que je pusse comprendre. Par exemple, le *Doggerbaug*, le *Zoutman* et la frégate le *Kenauhanslaer* sont des noms trop barbares pour moi. Il faut leur donner des noms hollandais, mais qu'un Français puisse prononcer facilement. Je ne vois là que trois frégates; il me semble qu'il y en a plusieurs autres qu'on peut faire venir à Anvers.

D'après la minute. Archives de l'Empire.

17507. — AU VICE-AMIRAL COMTE DECRÈS,
MINISTRE DE LA MARINE, À PARIS.

Paris, 23 mars 1811.

Monsieur le Comte Decrès, les Anglais paraissent avoir une grande opinion de la marche et de la construction des corsaires de la Manche: ils disent que ces bâtiments tiennent mieux le vent que leurs frégates.

et qu'elles ne peuvent pas les saisir. Il paraît qu'ils sont armés en lougre. Il serait nécessaire d'avoir les plans des meilleurs de ces corsaires.

D'après la copie. Archives de la marine.

17508. — AU VICE-AMIRAL COMTE DECRÈS,
MINISTRE DE LA MARINE, À PARIS.

Paris, 23 mars 1811.

Monsieur le Comte Decrès, sur les trente-quatre péniches qui existent à Lorient, quatre sont hors de service et proposées pour la démolition; dix-neuf sont en bon état, il faut les faire servir. Les onze autres sont proposées pour la refonte. Mon intention n'est pas que les onze péniches à refondre soient démolies ni abandonnées, mais qu'on les laisse périr dans l'état où elles sont. L'expérience a prouvé que, dans des circonstances particulières, des bâtiments portés pour la refonte devenaient utiles cinq ou six ans après, pour un coup de main, par exemple, pour aller à Belle-Île ou à l'île de Groix.

Donnez donc l'ordre qu'on place ces onze péniches dans l'endroit le plus convenable du port, et qu'on ne fasse d'entretien annuel qu'à dix-neuf.

D'après la copie. Archives de la marine.

17509. — AU VICE-AMIRAL COMTE DECRÈS,
MINISTRE DE LA MARINE, À PARIS.

Paris, 23 mars 1811.

Je vois sur les états de la marine 66 aspirants de 1re classe qui sont antérieurs à 1807, c'est-à-dire qui ont cinq ans de service. Ces jeunes gens sont depuis bien longtemps dans ce grade; faites-moi connaître si on ne pourrait pas les avancer. Il y en a 105 qui sont de 1808, c'est-à-dire qui ont quatre ans de service. Cela fait 171 anciens, qu'il faudrait faire enseignes ou placer en chef sur la flottille afin d'avoir occasion de les avancer promptement. Enfin il y en a 218 de 1810, c'est-à-dire qui n'ont qu'une année de service. Les 171 qui ont plus de quatre ans de service seraient préférables, comme enseignes, aux enseignes non entretenus, desquels il n'y a rien à espérer.

En général, l'avancement des aspirants de la marine est trop lent. Il faut, après deux ou trois ans de service, s'ils ont navigué, les faire avancer. On ne peut pas alléguer qu'il n'y a pas de places, puisqu'il y a un si grand nombre d'officiers non entretenus qui sont employés.

D'après la minute. Archives de l'Empire.

17510. — AU COMTE MOLLIEN,
MINISTRE DU TRÉSOR PUBLIC, À PARIS.

Paris, 24 mars 1811.

Monsieur le Comte Mollien, je vous ai écrit hier d'envoyer un payeur à Danzig. Je viens d'arrêter le budget de cette place; je veux y dépenser deux millions cette année. Tout le produit des douanes doit y être employé; mais il est bien difficile d'espérer que ce produit puisse couvrir une dépense aussi considérable. Je vous ai mandé que je dois prendre à ma solde deux régiments polonais de la garnison de cette place; je pense donc qu'il est convenable que je n'y manque pas d'argent. Vous devez connaître ce que j'ai dans la caisse des douanes et dans les autres caisses. Il faut se procurer là une réserve de trois millions, afin que l'argent ne puisse pas manquer dans ce point important.

NAPOLÉON.

D'après l'original comm. par Mme la comtesse Mollien.

17511. — AU VICE-AMIRAL COMTE DECRÈS,
MINISTRE DE LA MARINE, À PARIS.

Paris, 24 mars 1811.

Faites-moi un rapport sur la flottille.

La flottille de Boulogne existe. Elle a été faite sur le principe que le port de Boulogne assèche et contient peu d'eau, qu'on peut y embarquer une grosse armée et la transporter sur les côtes d'Angleterre : cet avantage, nous l'avons. Les péniches pourraient débarquer seules 20,000 hommes; les chaloupes canonnières, bateaux canonniers, transports, tout cela marche plus ou moins bien; mais, sous la protection d'une escadre qui paraîtrait devant Boulogne, tout cela est organisé de manière à débarquer une forte armée. D'ailleurs cette flottille existe : il ne s'agit plus que de la conserver et de l'utiliser pour les projets généraux.

Mais la flottille de l'Escaut se trouve dans une circonstance différente. Là il y a de l'eau; on pourrait avoir des bâtiments bons marcheurs. Il se présente la question de savoir quel est le meilleur bâtiment pour la flottille de l'Escaut. Ces bâtiments doivent porter surtout du gros canon pour pouvoir canonner les frégates et même les vaisseaux; mais ils doivent tirer le degré d'eau nécessaire pour avoir une excellente marche. Cette flottille doit pouvoir éclairer toute l'ouverture de l'Escaut, être toujours sur l'ennemi et tenir ainsi l'escadre parfaitement éclairée. On doit même, si l'on veut en hasarder quelques-uns, pouvoir en faire des corsaires. Il me semble que le bâtiment de la flottille bon pour Boulogne, par cela même n'est plus bon pour l'Escaut.

Pour le Zuiderzee, Cuxhaven, l'Elbe et la Jahde, j'ai un grand nombre de bâtiments de flottille qui ne peuvent pas sortir, se hasarder à la mer, parce qu'ils n'ont pas de marche. Cette partie demande à être remaniée et à être l'objet d'une délibération des officiers de marine.

Je vous prie de vous faire remettre sous les yeux les plans des balancelles, lougres, goëlettes américaines et des meilleurs corsaires de la Manche, qui paraissent cette année si redoutables aux Anglais, et de me faire un rapport. Le but de ma flottille de Boulogne est de porter des hommes et des chevaux et d'entrer dans un port qui assèche.

Le but de mes flottilles du Zuiderzee, du Weser, de l'Elbe, de la Baltique, est différent; ce n'est pas de porter, mais de faire la course, d'être toujours à la découverte, de me former des matelots et de défendre toutes mes côtes. C'est évidemment un but différent.

<small>D'après la minute. Archives de l'Empire.</small>

17512. — AU GÉNÉRAL CLARKE, DUC DE FELTRE,
MINISTRE DE LA GUERRE, À PARIS.

Paris, 24 mars 1811.

Monsieur le Duc de Feltre, mon intention est que le 2ᵉ et le 4ᵉ bataillon du 2ᵉ régiment suisse, qui sont à Toulon, Marseille et Cette, soient complétés par tout ce qu'il y a de disponible aux 1ᵉʳ et 3ᵉ bataillons, et que ces deux bataillons, forts d'au moins 800 hommes chacun, se dirigent sur Wesel, mon intention étant de les réunir à l'armée d'Allemagne, où ils feront partie de la division Morand. Vous les ferez passer par Paris, où l'on en passera la revue; je crois que cela ne les détournera pas beaucoup.

Le 2ᵉ et le 4ᵉ bataillon du 3ᵉ régiment suisse se dirigeront, de l'île de Walcheren, d'abord sur Utrecht, où l'on en passera la revue, et de là sur l'armée d'Allemagne, où ils feront partie de la division Friant. Le dépôt de Lille leur enverra à Utrecht tout ce qu'il y a de disponible pour les porter au complet.

Le 2ᵉ et le 4ᵉ bataillon du 4ᵉ régiment suisse seront complétés, autant que possible, par ce qu'il y a de disponible de ce régiment à Belle-Île et à Brest, et, quand ils seront formés et en état d'être présentés, vous les ferez venir à Paris, d'où on les dirigera sur l'armée d'Allemagne, où ils feront partie de la division Gudin.

Enfin les bataillons de tirailleurs corses et du Pô feront partie de la division Dessaix. Vous ferez passer une revue particulière de ces deux bataillons, et vous me ferez connaître quand ils seront en état d'être dirigés d'abord sur Wesel et de là sur l'armée d'Allemagne.

Chacune des quatre divisions de cette armée sera composée de quatre régiments d'infanterie ou douze bataillons, pendant avril et mai, et de deux bataillons détachés; ce qui fera quatorze bataillons par division.

Ce même corps d'armée recevra dans le courant de juin et juillet les 4ᵉˢ bataillons; ce qui portera chaque division à dix-huit bataillons, au lieu de seize, et le corps entier à soixante et douze bataillons.

Vous aurez soin que les colonels suisses commandent en personne les deux bataillons de guerre de leurs régiments et que tous les officiers suisses soient présents.

L'augmentation des divisions de l'armée d'Allemagne nécessitera la nomination d'un nouveau général de brigade pour chaque division; proposez-moi ces officiers.

NAPOLÉON.

P. S. Mon intention est également que les deux premiers bataillons de chacun des trois régiments qui s'organisent à Hambourg soient joints au corps du prince d'Eckmühl. On y joindra également deux bataillons du régiment d'Illyrie; ce qui fera que chaque division de l'armée d'Allemagne sera composée de vingt bataillons, savoir: seize bataillons français, deux bataillons suisses et deux bataillons allemands. Le total du corps d'armée sera de quatre-vingts bataillons, formant quatre divisions et douze brigades; ce qui portera l'infanterie à plus de 60,000 hommes.

La cavalerie pourra être augmentée du régiment de lanciers qui se forme à Hambourg, ce qui la portera à 10,000 hommes; ce qui, avec l'artillerie et les sapeurs, formera une armée de 80,000 hommes; et, comme j'ai porté la garnison de Danzig à 15,000 hommes, ce seul corps d'armée formera donc une armée de 95,000 hommes.

Mon intention est également de compléter les trois régiments de la Confédération qui viennent de Catalogne; faites-moi connaître quelle est leur organisation actuelle. Je les emploierai, en cas d'événement, pour la garnison de Danzig: ce qui permettra au prince d'Eckmühl de former une 5ᵉ division active des troupes qui sont en ce moment à Danzig.

M'avez-vous soumis la nomination des colonels et majors des corps qui s'organisent à Hambourg, du régiment de cavalerie et du régiment illyrien?

Je désire organiser promptement le 2ᵉ régiment de lanciers à Sedan, parce que je l'enverrai également à l'armée d'Allemagne; comme il est composé de Polonais, il se recrutera promptement.

D'après la copie. Dépôt de la guerre.

17513. — AU GÉNÉRAL CLARKE, DUC DE FELTRE,
MINISTRE DE LA GUERRE, À PARIS.

Paris, 24 mars 1811.

Monsieur le Duc de Feltre, je désire que vous me renvoyiez un état de la formation de l'armée d'Allemagne, avec les changements que je vous ai indiqués dans mes différentes lettres de ce jour : 1° pour le génie; 2° en ajoutant les bataillons suisses, les bataillons des trois régiments qui se forment et les deux bataillons d'Illyrie, ainsi que le général de brigade qui devra être porté de plus dans chaque division. Cet état devra présenter deux colonnes; l'une contiendra la situation telle qu'elle sera en avril; l'autre, la situation telle qu'elle sera en juin. Dans cette dernière on portera les 4es bataillons, les deux bataillons illyriens, les bataillons des trois régiments qui se forment et les lanciers.

D'après la minute. Archives de l'Empire.

17514. — AU MARÉCHAL DAVOUT, PRINCE D'ECKMÜHL,
COMMANDANT L'ARMÉE D'ALLEMAGNE, À HAMBOURG.

Paris, 24 mars 1811.

Mon Cousin, je viens d'ordonner que les six bataillons suisses fussent dirigés sur votre armée, savoir : deux bataillons du 2e régiment, deux bataillons du 3e et deux bataillons du 4e. Les deux bataillons du 2e feront partie de la division Morand, les deux du 3e feront partie de la division Friant, les deux du 4e feront partie de la division Gudin. J'ai également ordonné que les deux bataillons de tirailleurs corses et du Pô qui sont à Boulogne se rendissent à la division Dessaix. Ainsi chaque division sera composée de quatre régiments français à quatre bataillons et de deux bataillons suisses dans le courant de juillet; et, jusqu'à cette heure, chacune sera de trois bataillons et d'un régiment suisse de deux bataillons; ce qui fera soixante et douze bataillons ou près de 60,000 hommes, qui, joints aux 10,000 hommes de cavalerie et aux 6,000 d'artillerie, formeront un corps de 76,000 hommes.

J'ai réuni, comme je vous l'ai mandé, une garnison de 15,000 hommes à Danzig. Dans le courant de l'été je ferai remplacer le régiment qui est à Stettin par des troupes de la Confédération; et, si les événements me le faisaient juger nécessaire, vous pourriez arriver à tire-d'aile à Danzig, vous trouver là avec 90,000 hommes, et vous y seriez promptement joint par 50,000 Polonais et Saxons: ce qui ferait sur-le-champ une armée de 140,000 hommes. Votre place serait prise à Hambourg, dans le Mecklenburg et à Stettin, par une armée de quatre-vingts bataillons français, égale à la vôtre, pour assurer vos derrières et être prête à vous joindre, en cas qu'il fallût en venir décidément à des hostilités. Si les trois régiments que vous organisez pouvaient vous offrir chacun deux bataillons sur lesquels on pût compter, on pourrait, dans le courant d'août, joindre deux bataillons à vos divisions. Je suppose que, s'il était question d'agir contre les Russes, ces bataillons seraient sûrs et alors pourraient être utiles. Vous remarquerez que les bataillons suisses et les bataillons des tirailleurs corses et du Pô doivent être comptés comme français. Ce ne serait que six bataillons allemands que vous auriez dans votre corps. La garde de votre parc, les petites garnisons qu'il faut toujours avoir, rendraient ce secours précieux, si d'ailleurs on pouvait compter sur eux. Cela ferait vingt-six bataillons par division ou quatre-vingts bataillons pour votre corps d'armée.

NAPOLÉON.

D'après l'original comm. par Mme la maréchale princesse d'Eckmühl.

17515. — AU MARÉCHAL DAVOUT, PRINCE D'ECKMÜHL,
COMMANDANT L'ARMÉE D'ALLEMAGNE, À HAMBOURG.

Paris, 24 mars 1811.

Mon Cousin, je reçois vos lettres du 18. L'amiral Ver Huell part pour commander sous vos ordres les côtes de la Baltique et des trois départements. Il commandera la flottille et prendra les mesures nécessaires pour établir le service.

Je vous ai déjà mandé que le 2e bataillon d'équipages militaires se mettrait en route pour vous joindre. Vous ne recevrez que trois compagnies des six: les trois autres ne partiront qu'en juin, parce qu'elles attendent les conscrits qui dans ce moment se lèvent dans toute la France. Le trésor a donné des ordres pour qu'on payât à Danzig et Küstrin les Polonais. Les Saxons doivent être payés par leur souverain; c'est à vous à donner des ordres pour la nourriture de ces troupes; elles doivent être nourries par la ville. Après tout, cette ville ne paye pas d'impositions : elle peut nourrir 12,000 hommes. Quant à la solde, si votre payeur n'a pas encore reçu d'ordres, prévenez-le de faire ses dispositions. Vous pouvez autoriser le général Rapp, comme il a des fonds en caisse pour les fortifications, à avancer au payeur les fonds nécessaires pour payer la solde du mois d'avril. Je vous ai mandé par ma lettre d'hier de faire commencer les travaux des fortifications à Danzig.

Si les circonstances étaient urgentes, j'aurais pourvu à tout d'une manière extraordinaire; mais les circonstances ne sont pas urgentes. Je ne prévois point que votre corps soit obligé à aucun mouvement. Si un mouvement avait lieu, ce ne serait pas avant juillet. Ce qu'écrivent les Polonais sont des bêtises. L'armée russe est trop occupée contre la Turquie; mais j'ai dû prendre des précautions pour mes places.

Écrivez aux ministres du roi de Westphalie pour faire approvisionner Magdeburg. Il faut également insister en Prusse pour que les approvisionnements soient complétés dans les trois places de Küstrin, Stettin et Glogau. Est-ce qu'au lieu de vendre les grains à Glogau on n'aurait pas pu les moudre? J'ai mis le produit du droit sur les marchandises coloniales de Stettin à la disposition du ministre de l'administration de la guerre, c'est-à-dire de votre ordonnateur, pour l'approvisionnement des trois places, surtout de Küstrin, pour avoir une grande quantité de grains aux dépôts. Faites réaliser ces achats de grains, qui seront conservés par les agents français. Je vois que Glogau et Küstrin sont tant bien que mal approvisionnés, mais que Stettin ne l'est pas, puisqu'il n'y a que 5,000 quintaux; ce qui n'est pas le quart de ce qu'il devrait y avoir. Il est bien urgent de presser la Prusse de compléter cet approvisionnement, et que, par le million provenant des marchandises de Stettin, vous portiez la quantité de blé qui doit exister dans cette place à 20,000 quintaux. Je vois qu'il y a à Danzig 128,000 rations de biscuit dans l'approvisionnement courant; je crois qu'il est plus convenable de les porter à l'approvisionnement de siége, ce qui porterait l'approvisionnement de siége à 800,000 rations.

NAPOLÉON.

D'après l'original comm. par Mme la maréchale princesse d'Eckmühl.

17516. — AU MARÉCHAL DAVOUT, PRINCE D'ECKMÜHL,
COMMANDANT L'ARMÉE D'ALLEMAGNE, À HAMBOURG.

Paris, 24 mars 1811.

Mon Cousin, le 33e régiment d'infanterie légère doit être arrivé à votre corps d'armée. Les bataillons suisses et les deux bataillons de tirailleurs corses et du Pô, qui sont en marche, arriveront dans le courant de mai. Le 108e étant à Stettin, envoyez aussi le 85e avec le général Friederichs. Le 33e régiment d'infanterie légère et le 57e resteront à Magdeburg sous les ordres du général de brigade Barbanègre. Le général Dessaix et son état-major se porteront à Stettin. Le 85e et le 108e auront avec eux leurs pièces de canon. Le général Dessaix aura en outre auprès de lui sa batterie d'artillerie légère et sa compagnie de sapeurs. Les deux batteries d'artillerie à pied resteront à Magdeburg. Toute la division Friant sera placée dans le Mecklenburg. Le général Friant aura son quartier général à Rostock, et des lignes de correspondance seront établies de manière à correspondre tous les jours avec Stettin. L'artillerie et les sapeurs de cette division seront également placés dans le Mecklenburg. Le 2e régiment de chasseurs sera poussé jusqu'à Danzig. Le 7e de hussards sera envoyé à Stettin et s'y trouvera sous les ordres du général Dessaix. Le 2e régiment de chasseurs passera ainsi sous les ordres du général Pajol, qui aura sous ses ordres, à Danzig, le 2e régiment de chasseurs et le régiment de chevau-légers polonais; ce qui fera une brigade de 2,000 chevaux. La brigade Jacquinot sera composée du 7e de hussards et du régiment de lanciers que vous formez dans la division. Vous êtes le maître de faire laisser au 2e de chasseurs un dépôt dans le Hanovre pour recevoir les chevaux qui lui sont destinés et les hommes à pied qui doivent le porter au complet. Les deux autres divisions d'infanterie resteront dans les trois départements. Vous ferez exécuter toutes ces mesures spontanément, secrètement et le plus rapidement possible. Je vous envoie l'état de la formation de votre armée; vous y remarquerez que les 4ᵉˢ bataillons n'y sont pas portés, parce qu'ils ne pourront vous joindre qu'à la fin de mai, les conscrits ne devant arriver que dans le courant d'avril. J'ai mis de ma main les deux bataillons suisses que j'envoie à chaque division. Vous remarquerez aussi qu'on n'a pas mis dans cet état les trois régiments que vous formez. Mon intention est d'attacher deux bataillons de ces régiments à chacune des trois premières divisions de votre corps d'armée. Deux bataillons du régiment qu'on forme en Illyrie seront attachés à la division Dessaix; ce qui complétera votre corps à quatre-vingts bataillons.

Vous remarquerez aussi qu'on a porté le génie trop haut. Mon intention est que vous n'ayez que huit compagnies de sapeurs, y compris celle de Danzig. Chaque compagnie devra avoir un caisson pour ses outils. Vous aurez en outre 6,000 outils attelés; mais vous en tiendrez 20,000 en réserve et non attelés à Danzig. L'organisation du génie est donc trop forte dans cet état; je l'ai diminué; ce changement à faire dans l'état m'aurait décidé à en retarder l'envoi, si cependant il n'était pas préférable de ne pas perdre de temps, afin que nous nous entendions.

Ne tenez en Westphalie que 12,500 hommes. Lorsque les deux bataillons de tirailleurs corses et du Pô seront arrivés, vous les placerez également à Magdeburg et aux environs. Dans le courant de mai, trois nouveaux généraux de brigade vous arriveront, mon intention étant que chacune de vos divisions soit partagée en trois brigades.

Vous mettrez une brigade de cavalerie légère dans le Mecklenburg sous les ordres du général Friant. Il faut qu'aucun bâtiment ne puisse sortir des ports du Mecklenburg; qu'à cet effet le général Friant organise des bataillons de voltigeurs, mêlés avec de la cavalerie et commandés par des officiers intelligents, qui occupent toutes les côtes et ne laissent rien sortir.

Il faudra faire lire avec attention au duc de Mecklenburg mon discours aux villes hanséatiques. Vous lui ferez comprendre qu'il ne peut conserver son indépendance qu'autant qu'il marchera franchement dans le système de la France; que la moindre indiscrétion le compromettrait. Vous écrirez aussi à mon consul à Stralsund pour qu'il fasse comprendre la même chose à la régence, et qu'à la moindre contravention la Poméranie suédoise serait sur-le-champ envahie.

Parlez-moi de l'avancement des trois régiments que vous formez. Je préfère que six bataillons de ces régiments vous suivent, parce que des régiments aussi nombreux ne seraient pas sûrs, et que je me contenterai des derniers bataillons pour garder les trois départements sous l'influence des autres troupes françaises qui s'y trouveront. Je crois qu'après la récolte il sera convenable que toutes vos troupes campent par division; mais il y a encore du temps d'ici à cette époque.

Pour que vous puissiez mettre une mesure convenable dans vos dispositions, il est nécessaire de vous faire connaître ma situation. Rien ne me porte à penser que les Russes veuillent se mettre avec les Anglais et me faire la guerre; ils sont trop occupés du côté des Turcs; mais j'ai lieu de croire que, lorsqu'ils auront fini avec les Turcs et que leur armée sera de retour et en force sur les frontières de la Pologne, ils pourront devenir plus exigeants; et il ne sera plus temps alors de faire des mouvements qui les décideraient à brusquer une invasion sur Varsovie. Il faut donc que tous les mouvements que j'ai à faire soient faits dans le courant d'avril; cela fait, il est probable que nous nous expliquerons et que nous gagnerons du temps de part et d'autre. Mais alors je me trouverai dans une position offensive; Danzig bien approvisionné, bien armé, ayant une garnison suffisante; vous, ayant presque deux divisions sur Stettin, de manière qu'au moindre mouvement qu'ils feraient je serais aussitôt qu'eux sur la Vistule.

Dans votre correspondance avec le prince Poniatowski, correspondance que vous ferez passer comme je vous l'ai dit, vous devez l'engager à former des gardes nationales dans toutes les villes. Les fusils ne leur manquent pas; d'ailleurs j'en ai 100,000 qui sont emballés et qui partiront en avril.

Du reste vous devez tenir un langage pacifique. Les mouvements que vous faites ont un motif simple : la prochaine arrivée de l'escadre anglaise dans la Baltique et la nécessité de se mettre en mesure partout.

A moins que les Russes ne m'attaquent, je ne compte pas faire d'autres mouvements cette année; mais je veux me mettre en état. A la conscription de cette année succédera celle de l'année prochaine, aussitôt que janvier sera arrivé. Cela me coûtera de l'argent et beaucoup d'argent, et c'est ce qui doit vous faire sentir l'importance de m'en procurer le plus que vous pourrez et de m'en demander le moins possible.

Tous mes régiments de cuirassiers seront complétés à 1,100 chevaux; tous ceux qui étaient dans l'intérieur, du côté des côtes, se rapprochent de la Belgique, de Wesel et de Mayence; des camps vont être formés à Boulogne, à Utrecht, à Wesel et du côté d'Emden; ces troupes pourront se porter en avant comme l'éclair et former votre seconde ligne. Mes régiments de Naples, qui n'ont pas fait la guerre depuis longtemps, s'approchent du Pô. Mon intention est même de faire remplacer promptement à Küstrin le régiment polonais qui s'y trouve par d'autres régiments de la Confédération, comme je vous l'écrirai un autre jour, afin de pousser le 5ᵉ, qui est à ma solde, sur Thorn.

J'ai formé un second régiment de lanciers polonais; j'en ai tiré les officiers du régiment polonais de ma Garde et j'en ai donné le commandement au colonel Krasinski. Il se réunit en ce moment à Sedan. Je l'enverrai sur Magdeburg pour achever de se former; peut-être même le pousserai-je jusqu'à Danzig.

Veillez à ce que Danzig s'arme et s'approvisionne sous tous les points de vue. Recommandez à Rapp de couper sa langue et de faire entendre que ces préparatifs sont dirigés contre les Anglais.

Vous voilà bien instruit de ma position. Je ne veux pas la guerre avec la Russie, mais je veux prendre une position offensive et faire pour cela des mouvements qui, s'ils avaient lieu plus tard, pourraient faire éclater la guerre; car il est évident que, si ces mouvements se faisaient quand les Russes auront toutes leurs forces disponibles, ils ne voudraient plus croire à mes explications et marcheraient sur-le-champ pour s'emparer de Varsovie.

Dans vos lettres au prince Poniatowski, faites-lui sentir : 1° la nécessité de former de belles gardes nationales à Varsovie, à Cracovie et dans les autres principales villes; 2° celle de réunir toutes les munitions et toute l'artillerie sur Modlin, afin que rien ne pousse les Russes à se porter sur Varsovie, où ils n'auraient rien à prendre. Sierock n'est pas le point le plus important : c'est Modlin, et il y faut porter tous ses efforts.

Dites au prince que déjà vous avez 80,000 hommes sous votre commandement; qu'en outre vous allez en avoir 15,000 à Danzig, et qu'enfin trois fois autant de troupes sont sur vos derrières, prêtes à se mettre en marche si on attaquait le grand-duché: que je ne veux pas attaquer, mais qu'il faut se mettre en mesure; que l'espérance de prendre 80,000 fusils, de la poudre et des munitions pourrait pousser les Russes à tenter un coup de main sur Varsovie, mais que cet espoir sera frustré si tout est renfermé dans Modlin. Vous devez aussi faire comprendre au prince que le 5°, le 10° et le 11° régiment ne resteront pas à Danzig; qu'aussitôt que d'autres troupes les auront relevés dans cette garnison ces régiments lui seront envoyés.

NAPOLÉON.

D'après l'original comm. par Mme la maréchale princesse d'Eckmühl.

17517. — A M. DE CHAMPAGNY, DUC DE CADORE,
MINISTRE DES RELATIONS EXTÉRIEURES, À PARIS.

Paris, 25 mars 1811.

Monsieur le Duc de Cadore, il serait nécessaire d'avoir un chargé d'affaires près du duc de Mecklenburg-Schwerin. Il a ici un homme d'affaires; je désire que vous ayez une conférence avec cet agent. Vous lui ferez connaître : 1° que je veux franchement laisser au duc son indépendance; que la seule communication par le canal de Lubeck avec la Baltique me suffit; mais que mes principes sont clairement exprimés dans ma réponse aux députés des villes hanséatiques; que vous invitez les ministres du duc à méditer cette réponse; que c'est là ma profession de foi; que, si le duc prend toutes les mesures nécessaires pour me seconder contre l'Angleterre, pour empêcher toute correspondance et toute communication de commerce et de contrebande, il conservera son indépendance; que, s'il en agit autrement, il ne la conservera pas; que si les communications ont lieu par ses états avec l'Angleterre, que si la contrebande peut s'y faire, alors je serai obligé de mettre mes douanes à la place des siennes; mais qu'il est impossible d'établir ce régime de douanes sans réunir le territoire, et qu'ainsi l'indépendance du Mecklenburg est entre les mains du duc; que les *mezzo termine* et les protestations ne peuvent pas me tromper; qu'il faut que le duc agisse et fasse agir comme j'agirais moi-même; c'est donc au duc à organiser ses douanes et à prendre des mesures pour réussir; s'il réussit, il restera indépendant; s'il ne réussit pas, je me chargerai du soin de garder son pays et je le réunirai; que la seconde chose indispensable est de me fournir des matelots, comme ce pays m'en fournirait s'il était réuni; je ne puis pas lui demander moins de 600 matelots, mais de bons matelots; c'est à lui à les lever; je les solderai, je les habillerai et je les nourrirai; ce ne sont pas des hommes que je lui demande, j'en ai plus qu'il ne m'en faut; mais ce sont des matelots exercés; c'est à lui à prendre des mesures pour réussir et me les fournir; que le troisième point est de prendre des mesures pour armer Rostock, Wismar et les autres points de la côte, de manière que les Anglais ne puissent pas stationner dans les parages du duché; que ma profession de foi est publique : je n'ai pas besoin du Mecklenburg, mais je le réunirai si son gouvernement actuel ne peut me seconder dans ces trois principaux moyens de guerre contre l'Angleterre; que je ne suis obligé à aucun ménagement envers personne, puisque les Anglais n'en ont sur mer avec qui que ce soit; que c'est par un ordre exprès de ma part que vous l'avez envoyé chercher et que vous lui faites cette déclaration; qu'il est nécessaire qu'il la transmette par un courrier à sa cour; que le duc doit avoir sécurité entière sur son indépendance, si de mon côté j'ai sécurité sur ces trois objets; que sur le nombre de matelots que je lui demande je voudrais en avoir 200 d'ici au 30 avril, 200 d'ici à la fin de mai et 200 d'ici à la fin de juin, et même plus tôt s'il est possible; que, quant aux douanes, je le laisse maître de prendre les mesures qu'il croira nécessaires pour garder ses ports et ses côtes conjointement avec mes troupes; mais qu'on élude facilement les troupes, et que, si les marchandises anglaises s'introduisaient par ses états, il perdrait alors ce que je désire lui conserver.

Le résumé de cette conversation, vous l'enverrez au prince d'Eckmühl pour sa gouverne, ainsi qu'au chargé d'affaires que vous allez envoyer à Schwerin. Proposez-moi la nomination de ce chargé d'affaires.

Envoyez également le résumé de cette conversation au comte de Saint-Marsan, afin qu'il soit instruit de ma politique avec le Mecklenburg et que son langage y soit conforme. Il en doit être à peu près de même avec la Prusse. Il doit demander qu'on empêche la contrebande, qu'on intercepte toute communication avec le commerce anglais, et même tâter la Prusse pour qu'elle nous envoie un millier de matelots; mais cette dernière partie des demandes doit être traitée plus délicatement. M. de Saint-Marsan doit dire que je suis instruit qu'une escadre anglaise entre dans la Baltique; que cela me force d'envoyer des renforts à la garnison de Danzig et de me mettre en mesure de me porter au secours de cette place s'il était nécessaire; que les stipulations du traité de Tilsit avec la Prusse sont positives; que le décret de Berlin doit être exécuté. M. de Saint-Marsan doit parler clair : la paix est à cette condition. Il faut que Memel, Kœnigsberg, Swienemünde, etc. soient étroitement fermés, et que les douanes prussiennes empêchent toute communication, soit par lettres, soit autrement, avec les bâtiments anglais dans la Baltique.

Enfin vous ferez les mêmes communications au ministre de Danemark qui est ici; qu'il faut que cette puissance fasse quelque chose; qu'il faut que le Holstein soit immédiatement fermé; que j'ai toléré l'année dernière ce que je ne peux plus souffrir cette année; qu'à dater de la fin de mai il ne doit plus y avoir de denrées coloniales; que j'aime le roi de Danemark, et qu'au lieu de penser à diminuer ses états je désire plutôt les augmenter; que je suis sensible à toutes les amitiés qu'il m'a témoignées; mais qu'enfin il est indispensable qu'aucune lettre ne puisse passer en Angleterre, qu'aucune communication ne puisse avoir lieu avec le commerce anglais.

Envoyez aussi chercher le ministre de Suède pour lui déclarer la même chose. Dites-lui que, si un bâtiment chargé de denrées coloniales, soit américain, soit danois, soit suédois, soit espagnol, soit russe, est admis dans les ports de la Poméranie suédoise, mes troupes entreront aussitôt dans la province, ainsi que mes douanes. Envoyez de même à M. Alquier et au prince d'Eckmühl le précis de votre conversation. Répétez à mon consul à Stralsund qu'il doit parler clair et ferme à la régence; qu'ils doivent armer et mettre en état de défense l'île de Rügen et leurs côtes; car, si les Anglais y mettaient le pied, je serais obligé d'accourir et de prendre moi-même soin de garder ces côtes.

Le secrétaire d'état vous enverra un décret que j'ai pris pour les marchandises du Holstein. Vous ferez communiquer ce décret en Danemark, afin que cette faveur, que j'ai accordée, finisse et ne devienne pas une source d'abus.

NAPOLÉON.

D'après l'original. Archives des affaires étrangères.

17518. — A M. DE CHAMPAGNY, DUC DE CADORE,
MINISTRE DES RELATIONS EXTÉRIEURES, À PARIS.

Paris, 25 mars 1811.

Monsieur le Duc de Cadore, je vous renvoie la lettre que vous pouvez écrire à M. le comte Otto. Je l'ai abrégée et adoucie.

NAPOLÉON.

D'après l'original. Archives des affaires étrangères.

LETTRE DU DUC DE CADORE AU COMTE OTTO.

Paris, 26 mars 1811.

Monsieur l'Ambassadeur, j'attends à chaque instant la réponse que vous aurez à faire à la lettre par laquelle je vous engageais à sonder les dispositions de l'Autriche relativement à la possession par les Russes de la Valachie et de la Moldavie.

La réunion de ces provinces à l'empire russe est sans doute un malheur pour l'Autriche; elle a aussi beaucoup d'inconvénients pour la France. Le traité de Tilsit avait stipulé l'évacuation de ces provinces. L'animosité qui séparait alors la France et l'Autriche a obligé de renoncer à l'exécution de cette clause. Le dernier ukase de la Russie sur le commerce, si défavorable à la France, et le refroidissement que nous ne pouvons dissimuler exister entre les deux puissances, nous ramènent à sentir davantage les maux résultant de l'incorporation à la Russie de ces deux provinces turques.

Mais mon intention n'est point de traiter maintenant cette question; j'y reviendrai lorsque j'aurai reçu votre réponse. Je vous écris aujourd'hui pour une autre question indépendante de la première, quoique ayant un objet semblable. Je ne me permets pas de préjuger ce qu'on a pu répondre à l'ouverture que vous étiez chargé de faire, relative à la Valachie et à la Moldavie, ni par conséquent quelle suite il convient de donner à cette première démarche. L'Empereur veut que vous en fassiez une seconde, relative à l'occupation de Belgrade par les troupes russes. Si Sa Majesté voit avec déplaisir les Russes dans la Valachie et dans la Moldavie, elle serait bien plus alarmée de les voir occuper Belgrade et tout disposer pour établir un hospodar ou prince grec en Servie. Sa Majesté envisage toutes les conséquences fâcheuses d'un tel établissement. La tranquillité de la Dalmatie et des provinces illyriennes en serait moins assurée; l'influence du nouveau gouvernement servien s'étendrait sur tout le littoral de l'Adriatique et sur la Méditerranée; une souveraineté grecque établie en Servie exalterait les prétentions et les espérances de vingt millions de Grecs, depuis l'Albanie jusqu'à Constantinople, qui à cause de leur religion ne peuvent se rallier qu'à la Russie : l'empire turc serait blessé au cœur.

L'Empereur veut donc, Monsieur, que vous déclariez à la cour de Vienne son intention de ne point souffrir que les Russes conservent, à la paix, de l'influence en Servie, ni qu'ils y établissent un gouvernement de leur choix. Vous pourrez même, si vous trouvez le ministère autrichien dans des dispositions favorables, concerter avec lui les mesures propres à procurer à la Porte, lors de la paix, la restitution de la Servie, ou du moins à empêcher qu'il ne s'y établisse un ordre de choses favorable à l'influence russe, ou qui laisse exister dans cette province un gouvernement grec.

L'empereur Alexandre a pris avec l'empereur Napoléon l'engagement de ne rien garder en Servie. L'occupation de Belgrade peut être envisagée comme une violation de cette promesse; la France pourrait donc s'en plaindre, et la cour d'Autriche, quelque démarche qu'elle veuille faire à l'occasion de la Servie, peut être assurée qu'elle sera franchement, loyalement et entièrement appuyée par la France. Ainsi la France sera disposée à prendre tel engagement que la cour de Vienne voudra lui faire contracter, soit pour opérer la restitution de la Servie à la Porte, soit pour empêcher l'établissement d'un gouvernement grec dans cette province; mais c'est à l'Autriche à agir à Constantinople.

Je vous rappelle, Monsieur, que cette démarche est entièrement distincte de celle que vous avez été chargé de faire relativement à la Valachie et à la Moldavie; qu'elle ne doit point empêcher le résultat de vos premières ouvertures, comme aussi elle est indépendante de la réponse qui vous aurait été faite.

Si vous étiez assuré que la cour de Vienne fît faire quelques démarches à Constantinople, vous pourriez en prévenir M. de Latour-Maubourg; lui dire que l'Empereur a vu avec peine cette occupation de Belgrade, et qu'il est disposé à s'opposer à l'établissement d'un gouvernement grec dans cette province. Mais vous ne devez faire cette communication qu'autant que vous auriez une occasion parfaitement sûre, puisque vous n'avez pas de chiffre pour correspondre avec Constantinople, et qu'un courrier dépêché par vous donnerait lieu à des soupçons et à des conjectures qu'il ne faut pas faire naître.

CHAMPAGNY, DUC DE CADORE.

D'après la copie. Archives des affaires étrangères.

17519. — AU COMTE MOLLIEN,
MINISTRE DU TRÉSOR PUBLIC, À PARIS.

Paris, 25 mars 1811.

Monsieur le Comte Mollien, je vous envoie un travail du prince d'Eckmühl sur le service des finances des trois départements. Vous y verrez que les douanes envoient leur argent à Paris, ce qui est une grande sottise, puisque ensuite il faut que vous renvoyiez de l'argent dans ces départements. Faites-moi un rapport particulier là-dessus. Vous remarquerez qu'on ne doit pas solder le régiment saxon ni la compagnie d'artillerie saxonne qui sont à Danzig; et, comme dans les corps il y a beaucoup d'incomplet, 100,000 francs par mois suffiront. Mon intention est que cet article soit payé sur mon budget sous le titre de solde de Danzig. Vous y enverrez 111,111 francs par mois à compter d'avril, ce qui fera un million pour l'année.

Vous écrirez à Danzig que la nourriture de la garnison doit être tout entière au compte de la ville; que les travaux du génie et de l'artillerie doivent être au compte de la caisse des douanes de cette ville. En cas d'insuffisance il y serait pourvu par un article additionnel au budget de la guerre; mais, comme il y a peu de mois 500,000 francs étaient déjà dans cette caisse, je suppose que les produits seront suffisants. Vous écrirez à Danzig que cet argent restera dans votre caisse, et vous en ferez recette au trésor comme fonds spécial des fortifications de Danzig. Le reste de l'armée d'Allemagne ne doit me rien coûter, hormis 250,000 francs que je veux bien accorder pour subvenir à la solde; ce qui fera trois millions pour l'année, et quatre millions y compris Danzig.

12,500 hommes doivent être nourris et soldés par la Westphalie; une autre partie doit être soldée par moi, mais nourrie par la Prusse; enfin le Mecklenburg doit nourrir une division.

Le 5e régiment polonais est à ma solde à compter du 1er avril; mais mon intention est qu'il soit payé par la caisse des trois départements et en conséquence des 250,000 francs que je lui accorde.

Les quatre millions que me coûtera l'armée d'Allemagne, vous les porterez dans le budget de la solde de 1811.

De plus, vous aurez besoin d'argent dans le Nord pour solder des chevaux de cavalerie, d'artillerie et les équipages régimentaires. Vous pourrez demander aux ministres de la guerre et de l'administration de la guerre l'état de ces dépenses; je ne pense pas que cela passe deux millions.

La caisse des ponts et chaussées aura de plus à faire des fonds pour les travaux de la route et du canal. Il est nécessaire que vous fassiez ces fonds pour que la caisse des canaux ne fasse pas de frais inutiles.

Présentez-moi un projet sur la manière de faire le service dans tout le Nord.

NAPOLÉON.

P. S. Vous verrez dans le mémoire de l'ordonnateur Chambon un passage qui dit que le trésor a fait les fonds jusqu'au 31 mars; je croyais que vous n'aviez fait aucuns fonds pour l'armée d'Allemagne.

Quand vous aurez pris connaissance de ces mémoires et de ces états, renvoyez-les-moi.

D'après l'original comm. par Mme la comtesse Mollien.

17520. — AU GÉNÉRAL CLARKE, DUC DE FELTRE,
MINISTRE DE LA GUERRE, À PARIS.

Paris, 25 mars 1811.

J'ai approuvé le projet qui m'a été présenté pour les fortifications de Danzig; j'ai ordonné que deux millions soient mis à votre disposition pour leur exécution. Tous ces travaux seront commencés à la fois, sans avoir égard à la dépense, mais dirigés de manière qu'ils offrent la perspective d'être terminés dans le courant de l'année et qu'ils puissent avant la fin d'octobre être armés, s'il est nécessaire. Il faut faire en sorte qu'à quelque époque que ce soit les travaux qui auraient été commencés puissent en peu de jours être mis en état de défense et ajouter à la force de la place. Mon intention est que le général Chambarlhiac, le général Haxo et le colonel Richemont partent dans la semaine pour Danzig, et dans une même voiture pour faire moins d'embarras; ils diront que c'est un général voyageant avec ses deux aides de camp.

A Hambourg, ils visiteront la place et enverront leur rapport; ils prescriront aux officiers du génie les travaux qui sont d'urgence. Arrivés à Danzig, ils arrêteront le tracé définitif des ouvrages, placeront eux-mêmes les piquets sur le terrain et rédigeront un procès-verbal signé d'eux trois. Le général Chambarlhiac et le colonel Richemont resteront à

Danzig pour défendre la place, en diriger les travaux, et y seront définitivement attachés. Le général Chambarlhiac rendra compte au ministre de la guerre et au maréchal prince d'Eckmühl.

Recommandez aux officiers de ne parler dans leurs mémoires que des Anglais, et jamais des Russes. Le langage des officiers doit être que les Anglais veulent s'établir dans cette place pour dominer la Baltique.

Le général Haxo visitera les places de Thorn et Modlin, pour lesquelles il recevra une instruction particulière. Il visitera également Glogau, Küstrin et Stettin, places qui sont sous son commandement, et reviendra à Magdeburg. On ne croit pas que le général Haxo reste plus de trois semaines à Danzig. Il sera nécessaire que vous écriviez à mon ministre en Saxe sur la visite que le général Haxo doit faire à Thorn et Modlin; mais on a tout le temps, puisque ce ne peut être avant un mois.

Il faut diriger sur-le-champ sur Danzig le nombre d'officiers du génie nécessaire; la plus grande partie de ceux destinés à l'armée d'Allemagne, hormis ceux qui sont nécessaires aux travaux de la côte de Hambourg, peuvent y être envoyés. Il faut demander six ingénieurs italiens au viceroi et les diriger en poste sur Dresde, où vous leur enverrez l'ordre de partir pour Danzig.

Faites-moi connaître s'il y a suffisamment de malles entre Danzig et Paris et s'il faut les multiplier, afin d'être assuré que la correspondance ne soit pas interceptée.

D'après la minute. Archives de l'Empire.

17521. — AU MARÉCHAL DAVOUT, PRINCE D'ECKMÜHL,
COMMANDANT L'ARMÉE D'ALLEMAGNE, À HAMBOURG.

Paris, 25 mars 1811.

Mon Cousin, je reçois votre lettre du 20 mars. Le partage que vous faites de vos seize régiments en quatre divisions ne me paraît pas convenable. Le 33e léger et le 111e ne peuvent pas être ensemble; ce serait deux régiments étrangers dans la même division. Je vous ai envoyé hier l'organisation de l'armée, telle que je l'ai arrêtée. Dans votre lettre du 20 mars vous me dites que les 5e, 10e et 11e régiments d'infanterie polonaise ainsi que le régiment des chevau-légers polonais doivent être nourris et soldés par moi, tandis que les régiments saxons doivent seulement être nourris; cela est juste et je l'entends ainsi; mais je n'entends payer des régiments polonais que ce qui sera dans la place et présent à mon service.

Vous êtes parfaitement le maître d'arranger dans l'Oldenburg les choses comme vous le jugerez convenable. Faites en sorte de m'envoyer 3,000 marins. Vous avez dû recevoir du ministre de la marine avis des avantages à faire aux femmes des marins.

NAPOLÉON.

D'après l'original comm. par Mme la maréchale princesse d'Eckmühl.

17522. — AU PRINCE DE NEUCHÂTEL ET DE WAGRAM,
MAJOR GÉNÉRAL DE L'ARMÉE D'ESPAGNE, À PARIS.

Paris, 25 mars 1811.

Mon Cousin, demandez au duc de Raguse une carte avec un projet d'expédition en détail sur Montenegro.

NAPOLÉON.

D'après l'original. Dépôt de la guerre.

17523. — A M. DE CHAMPAGNY, DUC DE CADORE,
MINISTRE DES RELATIONS EXTÉRIEURES, À PARIS.

Paris, 27 mars 1811.

Monsieur le Duc de Cadore, je vous envoie un canevas pour servir à votre lettre au prince Kourakine. Apportez-moi cela demain matin. J'en ai effacé les cinq sixièmes comme inutiles; donnez à votre lettre la forme d'un billet[1].

[1] BILLET ÉCRIT AU PRINCE KOURAKINE,
LE 29 MARS 1811.

Prince, vous avez désiré que je vous rappelasse dans ce billet ce que j'ai eu l'honneur de vous dire dans notre dernier entretien. Les lettres du duc de Vicence de la fin de février et du commencement de mars m'apprennent que de faux bruits circulent à Saint-Pétersbourg et qu'ils y sont accueillis. L'empereur Alexandre a paru persuadé. et lui-même l'a dit au duc de Vicence, qu'un train considérable d'artillerie était entré à Danzig. que les princes de la Confédération avaient été requis de réunir leurs chevaux d'artillerie, et que, sur leur réponse énonçant que, sans les obliger à faire la dépense que cette réunion exigerait, leurs chevaux seraient toujours prêts quand on en aurait besoin, on avait insisté sur l'exécution de cette disposition. Ces assertions sont fausses. Aucun

A cette occasion faites bien comprendre au prince Kourakine combien toutes les mesures qu'on prend en Russie me mettent dans la nécessité

train d'artillerie n'est arrivé à Danzig; on n'a pas même songé aux troupes de la Confédération. On a fait grand bruit de quelques fusils achetés en France par la Saxe; mais le nombre n'en est que de 20,000, au lieu de 60,000 qu'on a supposés. On a fait également grand bruit de quelques canons de petit calibre demandés par la Saxe pour ses régiments, et que l'Empereur lui a donnés, parce que toute l'artillerie saxonne avait été prise à Iéna. On n'accusera pas la Saxe d'avoir voulu mettre du mystère dans cette acquisition de fusils et de canons, puisque le transport des caisses de fusils et des canons montés sur leurs affûts s'est fait à travers l'Allemagne sans aucune espèce de déguisement. Voilà quels faits très-simples ont été dénaturés et présentés sous un faux jour. Il est également faux qu'on ait fait à Danzig des fortifications, ainsi qu'on a voulu le persuader à l'empereur Alexandre. Lorsqu'on a vu des préparatifs sur la Dvina, la création de nouveaux régiments et de nouvelles places de guerre, le mouvement des troupes de Finlande et de Sibérie s'avançant vers les frontières occidentales de l'empire, le retour de deux divisions qui étaient en Moldavie, circonstance si propre à retarder votre paix avec la Porte, tous ces faits n'ont-ils pu faire penser et ne tendent-ils pas à prouver que l'empereur Alexandre lui-même n'est plus dans les sentiments de Tilsit? La facilité avec laquelle on a accueilli à Pétersbourg des bruits sans fondement fait assez prévoir l'exagération avec laquelle quelques mouvements que l'Empereur a jugés nécessaires seront rapportés. C'est pour prévenir ces inconvénients que je me suis empressé de vous les faire connaître. L'annonce d'une escadre anglaise entrant dans la Baltique a fait penser à l'Empereur qu'il devait mettre Danzig en état de sûreté. En conséquence, Sa Majesté a fait demander deux régiments au duché de Varsovie, un à la Saxe, un à la Bavière, un à la Westphalie et un au Wurtemberg. Il y a envoyé un millier de canonniers et un régiment de cavalerie française. La garnison de Danzig pourra être de cette manière portée à 15,000 hommes. L'Empereur a ordonné la réparation des fortifications de cette place et son approvisionnement pour deux ans. Ces mesures sont de précaution et purement défensives. Par ce mouvement la place de Stettin se trouvant sans garnison, Sa Majesté a ordonné au prince d'Eckmühl de la faire occuper par deux régiments français. Il manquait quelques approvisionnements à ce que les gens du métier avaient déterminé pour Danzig : Sa Majesté en a ordonné l'envoi. D'ailleurs aucun contingent n'a été demandé à la Confédération, aucun mouvement extraordinaire n'a eu lieu dans l'intérieur de l'Empire. Les camps de Boulogne, d'Utrecht et de l'Escaut qui se forment, les grandes levées de marins dont on s'occupe, toutes les dépenses que l'Empereur fait faire dans ses chantiers et qui porteront à vingt-cinq le nombre de vaisseaux lancés cette année, prouvent assez que les idées de Sa Majesté, toujours fidèle au traité de Tilsit, n'ont pour but que l'accroissement de sa marine et la poursuite de la guerre maritime. La réunion des villes hanséatiques et du pays qui les embrasse n'a pas eu d'autre objet. Les circonstances lui sont favorables : les débats de la chambre des communes en Angleterre et la triste situation du commerce de Londres annoncent assez le besoin de la paix et la lassitude de la guerre continentale qu'éprouve l'Angleterre.

Tel est le but auquel on pourra se flatter d'arriver, si l'union entre la France et la Russie est constamment maintenue, et si toutes les deux, animées des mêmes vues et du même esprit, dirigent contre l'Angleterre leurs efforts et leur puissance.

CHAMPAGNY, DUC DE CADORE.

D'après la copie comm. par le gouvernement de S. M. le roi de Wurtemberg.

d'en prendre; que, cette année, cela me coûte cent millions d'extraordinaire; mais que c'est l'empereur Alexandre qui a commencé; qu'on n'avait pas remué une pelle ni une pioche à Danzig; qu'on n'y avait pas fait entrer un convoi; qu'il n'y avait pas même de garnison. Rappelez le désir que j'ai, comme je l'ai témoigné par la lettre que j'ai remise au comte Czernitchef, qu'on en vienne à une explication et que de part et d'autre tout cela cesse.

NAPOLÉON.

D'après l'original. Archives des affaires étrangères.

17524. — AU GÉNÉRAL CLARKE, DUC DE FELTRE,
MINISTRE DE LA GUERRE, À PARIS.

Paris, 28 mars 1811.

Monsieur le Duc de Feltre, en confirmant la disposition qui accorde dans la ligne aux officiers de ma vieille garde le grade immédiatement supérieur à celui qu'ils occupent dans la Garde, je vous fais connaître que mon intention n'est pas que cette prérogative s'applique aux deux régiments de lanciers, au 2º régiment de grenadiers à pied, ni à ceux des officiers des corps de la Garde, comme fusiliers, tirailleurs, voltigeurs, etc. qui ne sont considérés et traités que sur le pied d'officiers de la ligne. Gardez seulement cette décision pour votre gouverne.

D'après la minute. Archives de l'Empire.

17525. — AU COMTE DE MONTALIVET,
MINISTRE DE L'INTÉRIEUR, À PARIS.

Paris, 28 mars 1811.

Je vois dans le compte que vous me rendez que les travaux de Paris sont retardés par la préfecture et qu'ils ne sont pas même commencés. Je ne vois rien de disposé pour paver le quai des Invalides. Faites-moi connaître ce qu'il faudrait pour cette dépense et sur quels fonds on peut la prendre.

D'après la minute. Archives de l'Empire.

17526. — AU MARÉCHAL DAVOUT, PRINCE D'ECKMÜHL,
COMMANDANT L'ARMÉE D'ALLEMAGNE, À HAMBOURG.

Paris, 28 mars 1811.

Mon Cousin, je vous envoie l'état que le ministre de l'administration de la guerre me remet pour l'approvisionnement de Danzig. Je trouve que 1,100,000 francs de vins sont inutiles, à moins qu'on ne parvienne à envoyer des vins par la Baltique. Je trouve que 400,000 francs pour le foin, 300.000 francs pour le bois, sont également inutiles. En général, je désire que vous vous fassiez rendre compte secrètement de la quantité de ces denrées qu'on trouverait à Danzig en cas de siége, et dont on pourrait aussitôt approvisionner la garnison. Le bois, le foin, le blé, les eaux-de-vie se trouvent ordinairement en grande quantité dans cette ville.

NAPOLÉON.

D'après l'original comm. par Mme la maréchale princesse d'Eckmühl.

17527. — A M. DE CHAMPAGNY, DUC DE CADORE,
MINISTRE DES RELATIONS EXTÉRIEURES, À PARIS.

Paris, 29 mars 1811.

Monsieur le Duc de Cadore, je vois avec surprise que le baron Durand n'était pas encore arrivé à Naples. Je ne sais ce que cela signifie.

Je vois aussi que je n'ai pas encore de réponse aux courriers qui ont porté la demande de troupes que j'ai faite à la Bavière et au Wurtemberg.

NAPOLÉON.

D'après l'original. Archives des affaires étrangères.

17528. — AU GÉNÉRAL CLARKE, DUC DE FELTRE,
MINISTRE DE LA GUERRE, À PARIS.

Paris, 29 mars 1811.

J'ai pris un décret relatif aux Vélites hollandais. Ils feront partie de la Garde et seront désignés sous le nom de régiment de *Pupilles de la Garde*. Vous vous entendrez avec le ministre de la marine, tant pour la formation que pour le recrutement de ce régiment, qui devra être organisé le plus tôt possible.

Je porte les compagnies à 221 hommes, parce que, dans le cas où on voudrait faire marcher ce régiment, les jeunes gens au-dessous de dix-huit ans pourraient difficilement suivre; on en laisserait beaucoup en arrière: alors ce régiment se trouverait réduit à 1,500 hommes. Le conseil d'administration des grenadiers hollandais sera chargé de l'administration de ce petit régiment. Les officiers ne doivent pas faire partie de la Garde. Mon intention est de les prendre dans le cadre de ce régiment; cependant, s'il y en a de mauvais, on les renverra dans les régiments de la ligne, et, pour remplir les places vacantes, on prendra des jeunes gens de Fontainebleau. Les caporaux m'ont paru bien jeunes.

D'après la minute. Archives de l'Empire.

17529. — AU PRINCE DE NEUCHÂTEL ET DE WAGRAM,
MAJOR GÉNÉRAL DE L'ARMÉE D'ESPAGNE, À PARIS.

Paris, 29 mars 1811.

Mon Cousin, donnez les ordres suivants pour diriger des renforts sur l'armée du Midi.

RENFORTS A TIRER DE L'ARMÉE DU CENTRE.

Donnez ordre que tout ce qu'il y a à l'armée du Centre du 51ᵉ et du 55ᵉ soit envoyé à Cordoue. Faites diriger également sur l'armée du Midi le bataillon du 9ᵉ qui est à Ségovie, ceux du 16ᵉ et du 27ᵉ léger qui sont à Madrid; enfin les 4,200 hommes et les 200 chevaux qui appartiennent à l'armée du Midi. Cela fera donc 5,000 hommes de renfort que l'armée du Centre enverra à l'armée du Midi. Toutes ces troupes partiront en deux colonnes et sans délai.

RENFORTS A TIRER DE L'ARMÉE DU NORD.

Navarre. — Donnez ordre de faire partir sans délai les trois compagnies du 51ᵉ qui se trouvent dans le 3ᵉ régiment provisoire, les 300 hommes du 55ᵉ et les 400 du 75ᵉ qui se trouvent dans le même régiment, où ils forment le 3° bataillon ; les 600 hommes du 32° et les 700 hommes du 58° qui forment les deux premiers bataillons du 1ᵉʳ régiment provisoire; enfin les détachements du 54°, du 88° et du 34° qui se trouvent dans le 4° régiment provisoire, au 2° bataillon, et le détachement du 28° qui fait partie du 1ᵉʳ bataillon du même régiment. Ces différents détachements se réuniront à Logroño. Il en sera fait un 1ᵉʳ régiment de marche de l'armée du Midi, fort de 2,800 hommes. De Logroño, ce régiment de marche se dirigera sur l'Andalousie par Burgos, Valladolid et Madrid.

En conséquence, les régiments provisoires restant en Navarre seront réorganisés de la manière suivante.

Le 4° régiment provisoire sera dissous; son 1ᵉʳ bataillon deviendra le 2° du 1ᵉʳ régiment provisoire. Le détachement de 300 hommes du 36° sera joint à ce bataillon, en remplacement du 28°, qui en est retiré.

Le 3° régiment provisoire sera également dissous; son 1ᵉʳ bataillon deviendra le 1ᵉʳ du 1ᵉʳ régiment provisoire.

Le 2° régiment provisoire n'éprouvera pas de changement.

Le 1ᵉʳ régiment sera composé ainsi qu'il suit, savoir : 1ᵉʳ bataillon (1ᵉʳ actuel du 3°); détachement du 44° de ligne, 300 hommes; détachement du 46° de ligne, 470 hommes : total, 770 hommes : 2° bataillon (le 1ᵉʳ actuel du 4°); détachement du 14°, 200 hommes; détachement du 25°, 480 hommes; détachement du 36°, 340 hommes; total, 1,029 hommes : 3° et 4° bataillon, comme ils sont.

Le colonel du 3° régiment commandera le régiment de marche de l'armée du Midi que doivent composer les différents détachements ci-dessus. Le colonel du 4° régiment marchera également avec ce régiment de marche. A leur arrivée en Andalousie, lorsque les différents détachements auront rejoint leurs régiments, ils seront à la disposition du duc de Dalmatie, qui leur donnera les premiers régiments vacants. Le corps de Navarre se trouvera donc affaibli d'environ 2,800 hommes.

Biscaye. — Dans la Biscaye, donnez ordre que le bataillon de marche du Midi, fort de 600 hommes, et le bataillon du 43°, fort de 800 hommes, forment le 2° régiment de marche de l'armée du Midi. Ce régiment sera fort d'environ 1,400 hommes; il sera sous les ordres du colonel Mejean et se mettra également en marche pour Madrid. Cela fera un affaiblissement de 1,400 hommes pour le gouvernement de la Biscaye.

Province de Valladolid. — Le bataillon du 12e d'infanterie légère, fort de 800 hommes, celui du 32e, fort de 600 hommes, et celui du 58e, fort de 500 hommes, formeront le 3e régiment de l'armée d'Andalousie et se mettront également en marche pour Madrid. Le 9e régiment provisoire de dragons se réunira à ces trois bataillons, et le colonel Leclerc commandera la colonne. Les hommes montés seuls suivront ce mouvement. Les dragons à pied rentreront en France. Le 6e et le 7e régiment provisoire se rendront également en Andalousie. La compagnie d'artillerie du grand-duché de Berg rentrera à Bayonne.

Ainsi donc les renforts que l'armée du Nord dirigera sur l'armée du Midi se composeront : du 1er régiment de marche du Midi, fort de 2,800 hommes; du 2e, 1,400 hommes; du 3e, 2,000 hommes, et des trois régiments provisoires de dragons, 1,800 hommes; total, 8,000 hommes. Ce qui, joint aux 5,000 de l'armée du Centre, formera un secours d'environ 13,200 hommes pour l'armée du Midi.

Donnez vos ordres de manière à ne pas être désobéi. Vous les adresserez au général Caffarelli, ou, en son absence, à celui qui commande la Biscaye, pour ce qui regarde le 2e régiment de marche. Le duc d'Istrie composera chaque colonne d'infanterie et de cavalerie, en portant chaque colonne à 2,000 hommes au moins, sans que cela soit cependant un motif de retard; et même, si la réunion du bataillon du 12e d'infanterie légère qui est dans les Asturies devait entraîner des délais, il ne faudrait pas attendre ce bataillon; il partirait après. Il faut bien expliquer dans vos ordres qu'ils ne sont susceptibles ni de *mais*, ni de *si*, ni de *car*; que, vingt-quatre heures après leur réception, ces régiments doivent se mettre en marche; que les généraux Caffarelli et Reille doivent vous envoyer l'itinéraire de ce mouvement et le jour où ce régiment de marche doit arriver à Madrid; qu'ils doivent également adresser cet itinéraire au duc de Dalmatie; que les généraux auxquels vos ordres sont adressés sont responsables du moindre retard.

Quant à l'armée du Centre, vous ordonnerez également que les 5,000 hommes, tant infanterie que cavalerie, de l'armée du Midi, se mettent en marche vingt-quatre heures après la réception de votre ordre. Vous ne permettrez pas de réflexions. Vous annoncerez à Madrid le passage des renforts venant de l'armée du Nord, et vous donnerez des ordres pour qu'il ne soit pas retenu un homme, ces 2,000 chevaux et ces 10,000 hommes d'infanterie devant être de la plus grande utilité à l'armée du Midi. Vous rendrez le général Belliard personnellement responsable de l'exécution de mes ordres. Je désire qu'on fasse marcher ces troupes en masse le plus possible, et qu'on leur donne une bonne direction. Vous ferez comprendre au maréchal duc d'Istrie que le parti qu'a pris le prince d'Essling de venir dans le nord rend les troupes du nord de l'Espagne beaucoup trop nombreuses; que cet affaiblissement qu'il va éprouver est sans inconvénient, puisque le prince d'Essling le couvre et qu'il n'a plus à craindre qu'une division anglaise se présente par Ciudad-Rodrigo; mais que, par suite de ce mouvement du prince d'Essling, c'est le midi qui est exposé, et que je me fie en lui pour faire marcher le plus possible d'artillerie et de cavalerie, pour donner le commandement de ces renforts à l'officier le plus capable, enfin pour veiller à l'ordre de leur marche, en recommandant que la cavalerie fasse avant-garde et arrière-garde pour qu'ils ne puissent pas être entamés; que ces troupes ne devront séjourner qu'un jour à Madrid. Tout ceci est si important, que je désire que vous expédiiez un de vos officiers pour porter vos ordres. Cet officier arrivera à tire-d'aile à Vitoria; là il remettra vos ordres à Caffarelli ou à celui qui le remplace, et les fera exécuter sous ses yeux; de Tolosa il expédiera un officier en ordonnance au général Reille pour lui porter les ordres qui le concernent, et de Vitoria il enverra par un deuxième officier un duplicata de ces mêmes ordres au général Reille. Votre officier continuera ensuite sa route pour le duc d'Istrie.

Vos ordres seront composés, 1° d'un ordre positif et sec, à peu près en ces termes : L'Empereur ordonne, etc. 2° d'une lettre contenant vos instructions. Mettez dans l'ordre : « sous peine de désobéissance. »

De Valladolid votre officier se rendra à Madrid. Il y remettra également votre ordre sec, accompagné de vos instructions. Il verra les troupes commencer leur mouvement et continuera pour se rendre à Séville auprès du duc de Dalmatie ou de celui qui commande en son absence. Il sera nécessaire que cet officier laisse un double de tous ses ordres à Bayonne, et vingt-quatre heures après son passage le général qui commande à Bayonne expédiera par un de ses officiers les duplicata adressés au général Caffarelli, au duc d'Istrie, au général Belliard et au duc de Dalmatie, et, par un autre officier, qui se dirigera directement sur Pampelune, les ordres adressés au général Reille, afin que, si votre officier était intercepté, les ordres n'en parviennent pas moins par duplicata à leur destination.

RENFORTS A TIRER DE L'ARMÉE D'ARAGON.

Donnez des ordres positifs au général Suchet pour qu'il renvoie le régiment des lanciers polonais, ce qu'il a du 64° régiment, et enfin tout ce qu'il a des autres régiments du 5° corps. Il formera de ces troupes une colonne qu'il dirigera sur l'Andalousie, par le chemin le plus sûr.

NAPOLÉON.

D'après l'original. Dépôt de la guerre.

17530. — A JÉRÔME NAPOLÉON, ROI DE WESTPHALIE,
À CASSEL.

Paris, 29 mars 1811.

Mon Frère, j'ai reçu votre lettre du 23 mars. J'accepte la brigade que vous m'offrez. Je préfère quatre bataillons de ceux déjà levés, à donner des inquiétudes en levant de nouveaux bataillons.

NAPOLÉON.

D'après l'original comm. par S. A. I. le prince Jérôme.

17531. — AU PRINCE DE NEUCHÂTEL ET DE WAGRAM,
MAJOR GÉNÉRAL DE L'ARMÉE D'ESPAGNE, À PARIS.

Paris, nuit du 29 au 30 mars 1811.

Le major général fera prendre demain 200 exemplaires du *Moniteur* et les expédiera avant dix heures du soir par une estafette extraordinaire.

en donnant ordre que de Bayonne ils soient transmis en Espagne, également par une estafette extraordinaire. Le prince de Neuchâtel adressera 50 exemplaires du *Moniteur* au commandant de Bayonne, qui en remettra 25 à Casabianca à son passage et en enverra au général Reille en Navarre. Le prince de Neuchâtel adressera les 150 exemplaires restants au duc d'Istrie, qui les fera passer à Madrid, à l'armée de Portugal, et les répandra dans toute l'Espagne.

Le prince de Neuchâtel écrira par cette estafette, et en duplicata par l'officier qu'il doit faire partir demain, au duc de Dalmatie, pour lui faire connaître ma satisfaction de la prise de Badajoz; mais il lui écrira aussi que j'ai vu avec peine les événements arrivés au 1er corps devant Cadix; que je ne puis approuver les dispositions qu'il avait faites de ce côté; que cet événement n'aurait pas eu lieu et que le siége de Cadix n'aurait pas couru les chances qu'il vient de courir, si, en partant pour l'Estremadure, le duc de Dalmatie avait mis la division Godinot et le corps du général Sebastiani sous les ordres du maréchal duc de Bellune; que par ce moyen six régiments français et trois polonais, c'est-à-dire près de 20,000 hommes, se seraient trouvés de plus sous ses ordres, et, lorsqu'il s'est vu menacer par le débarquement d'Algesiras, en rappelant à lui 8,000 hommes du corps Sebastiani et une brigade du général Godinot, il aurait eu trois fois plus de forces qu'il n'en aurait fallu; que les deux seuls points vraiment à garder pendant l'expédition d'Estremadure étaient Séville et Cadix; qu'il fallait centraliser tous les hôpitaux dans Séville; que, d'ailleurs, le tiers du 4e corps était plus que suffisant pour tenir en respect les mauvaises troupes de Murcie et contenir en gros tout ce pays.

Le duc de Dalmatie a 60,000 hommes sous ses ordres; il pouvait en laisser 30,000 sous les ordres du duc de Bellune et avoir plus de forces qu'il n'en a eues devant Badajoz. Cette manière de vouloir garder tous les points dans un moment difficile expose à de grands malheurs.

L'Empereur est mécontent de ce que, tandis que le siége de Cadix courait le risque d'être levé, le 12e, le 32e, le 58e et le 43e, formant une division de plus de 8,000 hommes, se trouvaient disséminés dans des points alors insignifiants. Les six bataillons polonais et la cavalerie légère de Perreymond étaient plus que suffisants pour rester en observation de ce côté, et par conséquent les quatre régiments français et la division de cavalerie du comte Milhaud pouvaient être disponibles pour soutenir le siége de Cadix. D'un autre côté, les deux régiments du général Godinot, formant six bataillons, ne faisaient rien et étaient inutiles dans leurs cantonnements.

La disposition des troupes est le premier mérite d'un général et Sa Majesté voit avec peine qu'ici les dispositions convenables n'aient pas été faites.

Sa Majesté entend que tous les hôpitaux soient réunis à Séville, de manière que, en occupant le pays pour en recueillir les subsistances et les ressources, on puisse cependant, en cas d'événement, centraliser les forces et n'avoir à garder que quelques citadelles.

Sa Majesté n'approuve pas davantage le parti qui a été pris de garder Olivenza. Il faut faire sauter cette place et en détruire les fortifications.

Quant à Badajoz, tout dépend de la possibilité de l'approvisionner. Si on peut l'approvisionner promptement pour six mois, il faut garder cette place; sinon, il ne faut garder que la citadelle et faire sauter les fortifications de la ville.

L'Empereur a ordonné que tout ce qui appartient aux 51ᵉ et 55ᵉ régiments, et qui se trouve en ce moment à l'armée du Centre, se mette en marche sur-le-champ pour l'Andalousie. L'Empereur a ordonné la même chose pour les 5,000 hommes, tant infanterie que cavalerie, appartenant à l'armée du Midi et qui se trouvent à l'armée du Centre. Il faut transmettre ces ordres de Sa Majesté d'une manière si positive, que cela soit sur-le-champ exécuté; en même temps donner ordre au duc d'Istrie d'envoyer au duc de Dalmatie 8,000 hommes d'infanterie et 2,000 de cavalerie, qui appartiennent également à l'armée du Midi et qui se trouvent en ce moment sous son commandement.

Ces renforts répareront toutes les pertes et remettront l'armée du Midi dans une situation convenable.

Indépendamment de ce, d'ici à quinze jours un autre corps de 6,000 hommes appartenant à l'armée du Midi s'y rendra également.

Ces dispositions faites, il faut que le duc de Dalmatie se mette en état de se défendre contre une attaque de l'armée de Portugal, et, lorsqu'il en sera temps, de marcher sur Lisbonne avec 30,000 hommes pendant que le prince d'Essling marchera de son côté sur Lisbonne avec 60,000 hommes. Mais cette opération offensive est ajournée jusqu'à ce que le nord du Portugal soit organisé.

Le quartier général de l'armée de Portugal reste à Coïmbre. Porto est occupé par un détachement. Cette armée est forte de 70,000 hommes sous les armes. Elle a ordre de donner bataille à lord Wellington s'il veut s'avancer sur Coïmbre, de le harceler et de le menacer sans cesse sur Lisbonne, pour l'empêcher de faire de gros détachements contre l'Andalousie. Lord Wellington n'a que 32,000 Anglais sous ses ordres; il ne peut donc en envoyer en détachements que 8 à 9,000, avec 5 à 6,000 Portugais.

Il faudrait toujours tenir à Badajoz la valeur de 15,000 hommes, cavalerie, infanterie, artillerie, en bon état et des meilleurs régiments; de sorte qu'au moindre mouvement des Anglais de ce côté le duc de Dalmatie, s'y portant avec 8 à 10,000 hommes, pût réunir en Estremadure 25 à 30,000 hommes. Dans ce cas extraordinaire, un corps d'observation seul resterait du côté de Grenade, et il serait sous les ordres du duc de Bellune.

Le duc de Dalmatie doit correspondre par Madrid avec le prince d'Essling et avec l'armée du Centre.

Le Roi doit toujours tenir un corps de 6,000 hommes, cavalerie, infanterie et artillerie, entre le Tage et Badajoz, prêt à se réunir au corps du duc de Dalmatie, s'il fallait s'opposer à une opération anglaise sur l'Andalousie.

Mais, pour arriver à ce résultat, il faut que le pays soit entièrement débarrassé, que les hôpitaux soient réunis dans Séville, et que Cadix, Séville et Badajoz soient les seuls points à garder, en tenant un corps d'observation à Grenade; dans ce cas, le maréchal duc de Bellune aurait le commandement des troupes qui resteraient à Séville, de celles qui continueraient le siége de Cadix et du corps d'observation du côté de Grenade, tandis que le duc de Dalmatie commanderait le corps opposé aux Anglais. Le duc de Dalmatie aurait en outre sous ses ordres la division de l'armée du Centre, et pourrait ainsi réunir facilement 30 à 35,000 hommes.

Le siége de Cadix peut se pousser avec la plus grande activité; on peut y mettre le nombre d'hommes nécessaire en les distribuant mieux. Il faut remplacer le 51ᵉ et le 55ᵉ par les régiments qui ont le plus souffert à Cadix. Il faut même changer quelques régiments français du corps de Sebastiani.

Enfin le duc de Dalmatie est en situation de résister à 30,000 Anglais. dans l'hypothèse que lord Wellington marcherait sur lui avec toute son armée; le duc de Dalmatie aurait avec lui la division de l'armée du Centre et pourrait opposer plus de 35,000 hommes. Mais cette supposition ne peut pas se réaliser, puisque alors le prince d'Essling marcherait sur Lisbonne et que les Anglais se trouveraient placés entre deux feux et coupés.

Le prince d'Essling tiendra à Coïmbre, menaçant Lisbonne, qui sera attaquée après la récolte par 70,000 hommes de l'armée de Portugal et par les troupes qu'il sera possible de tirer de l'Andalousie, suivant les circonstances, pour opérer sur Badajoz et sur le Tage. Ces 100,000 hommes, appuyés sur Coïmbre et sur Badajoz, viendraient à bout de faire la conquête du Portugal, et dans cette conquête entraîneraient les Anglais dans des événements qui seraient du plus grand intérêt.

A cette dépêche le prince de Neuchâtel joindra l'état des détachements qui reçoivent l'ordre de rejoindre l'armée du Midi.

Dans deux jours, le triplicata de cet ordre sera porté par un officier du prince de Neuchâtel.

Le prince de Neuchâtel enverra le général Monthion s'établir, comme bureau d'état-major, à Bayonne. Le général Monthion commandera le département et les différents dépôts. Le général Boivin retournera à Bordeaux.

Le général Monthion montera une police pour avoir connaissance des officiers qui passeront, et, lorsqu'ils apporteront des nouvelles intéressantes, il fera parvenir ces nouvelles par une estafette extraordinaire. de manière qu'elles devancent de vingt-quatre heures, s'il est possible, l'officier qui les apporte.

Le général Monthion aura le détail de tout ce qui est relatif au départ des trésors et des convois. Il fera partir toutes les estafettes extraordinaires qu'il voudra; le prince de Neuchâtel en préviendra le comte de Lavallette. Je n'ai voulu diminuer que les estafettes qui voyageaient en Espagne, parce que leur fréquence fatiguait trop les escortes; mais de Bayonne à Paris il n'y a pas les mêmes raisons.

Le général Monthion se mettra en correspondance réglée avec les généraux Caffarelli, Thouvenot, Reille et avec le maréchal duc d'Istrie.

Le major général fera une dépêche au roi d'Espagne pour lui faire connaître la situation des armées du Midi et du Portugal et celle que je leur ordonne de prendre. Il le préviendra que l'armée du Centre doit, si les Anglais se portent sur Badajoz, porter une division sur Badajoz et même sur Cordoue pour soutenir l'armée du Midi, si celle-ci était attaquée par l'armée de Wellington.

Le prince de Neuchâtel fera connaître au Roi ce qu'on a envoyé de fonds pour l'armée du Centre et ce qu'on lui envoie encore.

Le prince de Neuchâtel écrira au général Sebastiani que je suis mécontent de ce qu'il garde 16,000 hommes de mes meilleures troupes à ne rien faire; que l'événement de Cadix est de sa faute, qu'il était armée d'observation et que c'était à lui à garantir l'armée assiégeante.

Le prince de Neuchâtel me remettra le plus tôt possible la note de toutes les récompenses que demande le duc de Dalmatie, qui sont justes, afin qu'on puisse les expédier d'ici à peu de jours; en attendant, lui écrire qu'il va les recevoir.

Le prince de Neuchâtel annoncera au duc de Dalmatie que plusieurs colonels en second vont lui arriver avec les régiments de marche, qu'il pourra leur donner les régiments vacants.

Le prince de Neuchâtel fera comprendre au duc de Dalmatie que le 1er régiment d'artillerie à pied a une compagnie de 80 hommes à Cordoue, et que beaucoup d'autres troupes d'artillerie sont ainsi éparpillées ; qu'il peut les réunir pour les envoyer à Cadix.

Le prince de Neuchâtel donnera ordre au 26° de chasseurs de se rendre tout entier à l'armée du Midi. Cet ordre sera en termes précis, et il sera recommandé au duc de Dalmatie d'envoyer ce régiment du côté de Badajoz pour augmenter la cavalerie contre les Anglais.

Le prince de Neuchâtel donnera ordre à la 8° compagnie, qui est à Guadalajara, à la 7° compagnie du 3° régiment d'artillerie, qui est à Ségovie, à la compagnie du 6° régiment, qui est à Madrid, à la 2° compagnie du 2° bataillon de mineurs, qui est à Madrid, à la 3° compagnie du train du génie, qui a 70 soldats et 63 chevaux à Madrid, de se rendre en Andalousie pour renforcer l'armée du Midi.

Le prince de Neuchâtel me fera connaître s'il y a quelques compagnies d'artillerie à Bayonne que l'on puisse encore envoyer en Andalousie.

NAPOLÉON.

D'après l'original. Dépôt de la guerre.

17532. — AU GÉNÉRAL CLARKE, DUC DE FELTRE,
MINISTRE DE LA GUERRE, À PARIS.

Paris, 30 mars 1811.

Je désire, dans le courant de mai, faire camper les trois bataillons du 2°, du 37° et du 124° de ligne entre Groningen et Emden. Il faut choisir à cet effet un emplacement sain et qui ne soit pas à plus d'une journée de la côte. Les neuf compagnies de voltigeurs avec les escadrons du 23° de chasseurs formeront trois colonnes mobiles. Chaque colonne sera composée de 300 hommes d'infanterie et d'une compagnie de cavalerie ; elle sera commandée par un chef de bataillon. Ces colonnes seront placées sur la côte de la Hollande ou dans la 31° division militaire. Elles devront communiquer entre elles et surveiller la côte de concert avec les brigades de douaniers, de manière à empêcher toute communication de la part de l'ennemi. Il y aura à chacune de ces colonnes deux pièces de campagne servies par l'artillerie des régiments. Le camp sera commandé par un général de brigade ; ce sera neuf bataillons qui pourront se livrer aux grandes manœuvres et faire des progrès.

Pour la même époque je désire établir un autre camp près d'Utrecht. Il serait composé des trois bataillons du 18e, trois bataillons du 93e, trois bataillons du 56e, trois bataillons du 125e, trois du 126e; total, quinze bataillons. Ce camp serait commandé par un général de division et trois généraux de brigade. On aura soin de choisir un emplacement sain et convenable. Les compagnies de voltigeurs seront détachées; ce qui fera 15 compagnies dont on formera aussi des colonnes mobiles; on les fera camper en les plaçant le long de la côte de la 17e division militaire. Chaque colonne aura deux pièces de campagne servies par l'artillerie des régiments. Vous prendrez des renseignements sur les localités et vous me présenterez un plan indiquant l'emplacement des camps et les différentes directions que pourront suivre les colonnes mobiles.

Je veux en Hollande vingt-quatre bataillons campés en bon air, qui se maintiendront dans un bon esprit militaire et s'exerceront aux grandes manœuvres. J'aurai autant de compagnies de voltigeurs, commandées par des officiers de choix, qui seront chargées de la défense de la côte, qui feront mieux le service que les régiments et dont je serai plus sûr. Le duc de Reggio sera chargé du commandement de ces deux camps; il ira y passer un mois et s'assurera de l'instruction des troupes.

Les îles de Walcheren, Schouwen et Goeree seront gardées par les régiments de Walcheren. Les 4es bataillons des 124e, 125e, 126e de ligne et du 33e léger seront placés dans les points les plus importants. Pour faire le service dans les villes, il suffira de la gendarmerie et de la garde nationale.

Le camp de Boulogne sera formé des 19e, 72e, 46e, 4e et 123e, de deux bataillons du 44e, un bataillon du 51e, un bataillon du 55e et un bataillon du 36e, en tout vingt et un bataillons, qui seront réunis à la fin de mai. A mesure que les hommes seront habillés aux dépôts, ils se rendront à leur corps. Ces troupes seront exercées aux grandes manœuvres. Pour surveiller la côte depuis Blankenberghe jusqu'au Havre, il sera formé des colonnes mobiles composées des compagnies de voltigeurs de différents régiments et d'une compagnie du 11e de hussards.

Vous me ferez connaître l'emplacement de ces colonnes, qui devront être réparties pour la défense de la côte ainsi que je l'ai fait entre la Loire et la Charente. Les deux compagnies du 5° et du 13° formeront une colonne qui couvrira depuis Honfleur jusqu'à Cherbourg.

Les trois compagnies du 10°, du 3° et du 105° de ligne, et une compagnie des 47°, 86°, 13° et 70°, formeront quatre colonnes mobiles pour les côtes de Bretagne, avec des détachements de cavalerie. Dans la Méditerranée, les compagnies de voltigeurs qui sont à Toulon formeront des colonnes mobiles depuis la frontière de l'Espagne jusqu'à Gênes, celles de Gênes jusqu'à la Toscane, et celles de la Toscane jusqu'à Rome.

Vous me ferez un plan détaillé de tout ce système de défense, de manière que les côtes soient bien gardées; vous renforcerez l'artillerie partout où il sera nécessaire; en un mot, vous prendrez pour modèle ce que j'ai fait entre la Loire et la Charente. Faites faire des croquis de toutes les côtes et disposez l'organisation des colonnes mobiles; vous m'en présenterez les projets, que je rectifierai.

Il faut que sur mes côtes les ordonnances de cavalerie se croisent, et que dans les points les plus importants on puisse faire marcher des renforts, si les circonstances l'exigeaient. Le commandement des colonnes sera donné à des colonels, des adjudants commandants ou à des chefs d'escadron. Ils auront sous leurs ordres les gardes-côtes et les douaniers qui se trouveront dans leur arrondissement. Il faut aussi qu'il y ait pour chaque colonne mobile un officier d'artillerie chargé d'exercer les canonniers au tir des boulets rouges et aux différentes manœuvres du canon.

Les trois compagnies de voltigeurs du 24° léger pourront être disponibles pour les côtes de la Normandie.

D'après la minute. Archives de l'Empire.

17533. — AU MARÉCHAL DAVOUT, PRINCE D'ECKMÜHL,
COMMANDANT L'ARMÉE D'ALLEMAGNE, À HAMBOURG.

Paris, 30 mars 1811.

Mon Cousin, je reçois votre lettre du 25 mars. L'équipage de pont se fait à Danzig; tous les matériaux en sont réunis, et on pourrait en six semaines avoir deux cents bateaux. D'ailleurs, comme mon intention est d'attacher un bataillon de mille ouvriers de marine à l'armée d'Allemagne, et que ce bataillon aura des calfats et tout ce qui lui sera nécessaire, ces bateaux pourront être disposés partout.

Je ne peux pas vous accorder plus de deux bataillons du train, ni avoir égard à vos observations sur ce point. Je n'ai que huit bataillons en France, y compris les quatre qui sont en Allemagne; je ne compte pas ceux qui sont en Italie : or, à deux bataillons du train par armée, ce sera six pour trois corps d'armée; il restera donc deux bataillons pour le parc général. Ainsi il faut suivre l'organisation que j'ai ordonnée et compléter deux bataillons du train à 3,000 chevaux.

Les approvisionnements d'artillerie doivent toujours se diviser en deux parties, approvisionnements attelés et approvisionnements non attelés. Si vous opérez, par exemple, sur la frontière de Pologne, vous aurez à Danzig une quantité immense de munitions, et, à mesure que vous avancerez, vous en ferez des dépôts intermédiaires. D'ailleurs, le parc général aurait aussi quelques approvisionnements attelés à vous donner.

Ne réformez pas légèrement les chevaux. Quant à l'observation que vous faites sur les compagnies d'artillerie, on prendra des mesures pour compléter ces compagnies.

NAPOLÉON.

D'après l'original comm. par Mme la maréchale princesse d'Eckmühl.

17534. — AU VICE-AMIRAL COMTE DECRÈS,
MINISTRE DE LA MARINE, À PARIS.

Paris, 31 mars 1811.

Je réponds à votre rapport du 13 mars. L'expédition de Barcelone, escortée par des frégates, ne me paraît plus faisable avant octobre, puisque évidemment je compromettrais frégates et blés. Je désire donc que vous envoyiez 6,000 quintaux de blé, poids de marc; ce qui, avec les 4,000 déjà envoyés, fera 10,000 quintaux. Vous les ferez verser dans les magasins du conseiller d'état Maret, lequel fera sur-le-champ vendre ces blés au peuple. L'argent provenant de la vente sera au compte de l'administration des vivres, qui, sur ce produit, vous remboursera du prix que ces blés vous ont coûté rendus à Toulon, et des frais de transport, comme c'est l'usage dans le commerce; à moins que le conseiller d'état Maret ne préfère compter avec vous de clerc à maître et vous rendre tout ce qu'il aura retiré de ce blé.

Je désire approvisionner mon escadre de Toulon, mais je voudrais avoir un rapport là-dessus. Je ne puis avoir besoin de l'escadre avant octobre, et, puisqu'on a commis la faute énorme de la laisser sans biscuit et sans vivres, je voudrais connaître ce qu'il m'en coûterait de l'approvisionner en vivres de campagne pour six mois, s'il ne serait pas préférable d'attendre la récolte, et, en supposant qu'elle fût bonne et fît baisser le prix au taux de l'an passé, ce que j'économiserais. Mais il faudrait que toutes les mesures fussent prises pour qu'au mois d'octobre l'expédition, escortée par des frégates, pût partir pour Barcelone.

D'après la minute. Archives de l'Empire.

FIN DU VINGT ET UNIEME VOLUME.

TABLE ANALYTIQUE

DU TOME XXI.

Nota. — Les dates inscrites entre parenthèses sont les dates des lettres de l'Empereur. Les chiffres placés à la fin des phrases indiquent les pages.

A

Administration. — (4 octobre 1810.) Le ministre de l'intérieur fera un projet de règlement organique concernant l'achat et l'ameublement des maisons de préfecture; le même décret traitera les questions relatives aux maires; l'Empereur blâme l'usage de mettre des fonds à la disposition de ces fonctionnaires; s'ils doivent avoir de l'argent, il faudrait le leur donner ouvertement et comme appointements. Distinction à faire entre les hôtels de ville et les logements particuliers des maires; c'est une question fort importante que celle de savoir si les maires peuvent demeurer avec leur famille dans les bâtiments municipaux, de 199 à 202. — (25 octobre.) Décision de l'Empereur au sujet des hôtels de ville; ces bâtiments doivent être exclusivement affectés aux besoins publics et ne contenir aucun logement particulier, 279. — (27 octobre.) Plaintes de Napoléon sur la mauvaise administration de l'arrondissement de Pont-l'Évêque, 281. — (8 novembre.) Observations au ministre de l'intérieur sur quelques désordres dans le service du département de la Stura; nouveaux sous-préfets à nommer à Savigliano et à Alba; en général, les sous-préfectures de l'Empire sont occupées par «des hommes vieux et refroidis.» 311, 312. — (12 novembre.) Montalivet reçoit l'ordre de préparer l'organisation administrative du Valais, réuni à la France, 318. — (30 novembre.) Le Valais devient le *département du Simplon.* Traitement des sous-préfets de ce pays, 347, 348. — (13 mars 1811.) Organisation de la Corse, sous le titre de *département de la Corse,* en un seul département divisé en cinq arrondissements; instructions au ministre des finances au sujet de diverses réformes administratives à introduire dans cette île, 554, 555.

Affaires étrangères. V. Champagny.

Agde, ville de France (Hérault). — (6 décembre 1810.) Activité déployée par le maire d'Agde dans l'expédition des bâtiments dirigés sur Barcelone; l'Empereur désire qu'on lui en témoigne sa satisfaction, 357.

Agriculture. V. Cultures.

Aix (Île d'), sur la côte de l'Océan. — (2 août 1810.) Note relative aux fortifications de cette île, 4.

Ajaccio, ville de Corse. — (1ᵉʳ octobre 1810.) — Fonds affectés à des travaux publics dans cette ville; conduite d'eaux; desséchement de marais; organisation d'une école secondaire à Ajaccio, 187, 188.

Alba (Sous-préfecture d'), dans le département de la Stura, en Piémont, 311. V. Administration.

79.

ALDINI, comte, ministre secrétaire d'état du royaume d'Italie, en résidence à Paris, 69, 358.

ALEXANDRE (Berthier), prince de Neuchâtel et de Wagram, connétable, major général de l'armée d'Espagne. — (24 octobre 1810.) Observations sévères de Napoléon à Berthier sur des abus concernant le train des équipages militaires en Espagne, 278. V. ARMÉE D'ESPAGNE, ESPAGNE (*Affaires d'*), PORTUGAL (*Opérations dans le*).

ALEXANDRE Ier, empereur de Russie. — (29 août 1810.) Assurances d'amitié et d'entente transmises par Napoléon à ce souverain, 92. — (23 octobre.) L'Empereur remercie le czar d'un don de chevaux qu'il a reçu de lui; il dépend d'Alexandre de mettre un terme à la guerre en exécutant rigoureusement les lois du blocus; déjà l'Angleterre est aux abois; Napoléon compte sur l'empereur de Russie pour en finir par un dénoûment rapide, 275. — (17 février 1811.) Sur le point de nommer un nouvel ambassadeur à Saint-Pétersbourg, Napoléon se préoccupe de faire un choix agréable au czar; explications au sujet de la prise de possession de l'Oldenburg; assurances formelles que la France persistera dans l'alliance russe tant qu'Alexandre ne se tournera pas vers l'Angleterre, 477, 478. — (28 février.) L'Empereur, en nommant à la place de Caulaincourt le comte de Lauriston, a pensé aller au-devant des désirs du czar; il espère ne s'être pas trompé; malgré les signes non équivoques de désaffection et de méfiance qu'il a pu remarquer chez son allié, Napoléon n'a pas changé de sentiments à son égard, et il ne tiendra pas à lui que l'alliance conclue à Tilsit ne soit maintenue, de 497 à 499. V. RUSSIE.

ALGER (Régence d'). V. BARBARESQUES (États).

ALI-PACHA, vizir de Janina (Albanie).—(4 mars 1811.) Insulte faite au pavillon français par les corsaires d'Ali-Pacha; ordre au gouverneur général de Corfou de saisir les bâtiments du pacha, 510. — C'est la mollesse de Donzelot qui encourage les déprédations audacieuses des Turcs; la moindre démonstration hostile mettrait vite à la raison le pacha de Janina, que les Anglais ne peuvent soutenir en ce moment, et qui courrait risque de se faire déclarer rebelle par la Porte, s'il entreprenait une opération militaire un peu sérieuse, 510, 511.—(15 mars 1811.) Ordre à Donzelot, au cas où Ali-Pacha résisterait, de lui déclarer la guerre et de s'emparer de Butrinto, 559. — Envoi d'un courrier à Constantinople pour prévenir la Porte que, si elle ne peut retenir Ali-Pacha dans le devoir, Napoléon se verra forcé d'employer la force contre ce *brigand*, 560. V. TURQUIE.

ALLEMAGNE (Armée d'). — V. ARMÉE D'ALLEMAGNE.

ALLEMAND, vice-amiral. — (24 novembre 1810.) Ordre à Decrès pour le remplacement d'Allemand à Toulon, 338. — (2 mars 1811.) Cet amiral se rendra à Paris, où il recevra une nouvelle destination; l'Empereur est content de ses services, 504. V. MARINE (*Opérations*).

ALLOCUTIONS de l'Empereur. — (3 mars 1811.) Allocution aux députés du collége électoral du Finistère; dommage causé à la France par les guerres civiles qui ont déchiré la Bretagne et le Poitou; néanmoins, grâce au zèle des Bretons et des autres matelots de l'Empire, Napoléon compte avoir bientôt une marine qui lui permettra de consommer la libération des mers, 506. — (17 mars.) Allocution aux députés des villes hanséatiques : raisons qui ont déterminé la réunion de ces villes à l'Empire; Napoléon espère ressusciter l'ancienne puissance maritime de ces cités en délivrant un jour les mers de la tyrannie des Anglais, 568, 569. — Allocution à la députation du collége électoral du Var, 570.

ALMENARA (Marquis d'). — (7 novembre 1810.) Mission de ce personnage à Madrid; il engagera le roi Joseph à se mettre en rapport avec les cortès insurrectionnelles de l'île de Léon, en leur offrant la convention de Bayonne comme base d'arrangement, 308.

TABLE ANALYTIQUE.

ALMERIA, ville et port d'Espagne (Murcie), 492, 493. V. ESPAGNE (*Affaires d'*).

ALQUIER, baron, ministre de France à Stockholm. 356, 385, 487-489, 601. V. SUÈDE.

AMEIL, colonel du 24ᵉ régiment de chasseurs. — (19 août 1810.) L'Empereur le désigne pour commander en Navarre une des colonnes mobiles du général Reille, 60.

AMNISTIE. V. ÉMIGRÉS.

AMORTISSEMENT (Caisse d'). — (24 août 1810.) L'arriéré des lettres de change dues par le trésor de Hollande sera soldé par la caisse d'amortissement; bases d'un projet de décret en vertu duquel il sera créé pour 20 millions de bons à 5 p. 0/0, payables en quatre ans, à raison de 5 millions par an, à dater de 1812; de quelle façon la caisse d'amortissement sera remboursée de ces 20 millions, de 72 à 75. — (13 décembre.) Mesure prise pour simplifier la comptabilité de la caisse d'amortissement, 373. V. FINANCES.

ANCÔNE, ville et port du royaume d'Italie. V. ITALIE (Royaume d').

ANDRÉOSSY, comte, général de division. — (21 novembre 1810.) Le budget des provinces illyriennes devra être soumis à l'examen d'Andréossy, 330.

ANGLETERRE. — (17 septembre 1810.) Préparatifs maritimes ordonnés par Napoléon contre l'île de Jersey; dispositions pour une descente éventuelle en Irlande ou en Écosse, de 141 à 144. — (28 septembre.) Note relative à un essai de rapprochement entre l'Angleterre et la France, 172. — (7 octobre.) Ordre à Champagny de remettre à l'Empereur toutes les pièces relatives aux négociations de la France avec l'Angleterre depuis la paix d'Amiens, 234. — Le ministre des relations extérieures rédigera un mémoire où seront consignés, avec les documents justificatifs, d'une part, les actes et prétentions de l'Angleterre qui ont motivé le décret de Berlin; de l'autre, les arrêts britanniques qui devront être rapportés pour déterminer Napoléon à sortir du système continental, 234, 235. — (13 octobre.) L'Empereur veut, par une application rigoureuse des lois du blocus, frapper un grand coup sur l'Angleterre; indices de lassitude du commerce britannique, qui demande la paix avec instance. 252. — (23 octobre.) Fréquence des banqueroutes à Londres; de toutes parts on confisque les marchandises coloniales; si la Russie se décide à saisir les chargements de six cents navires anglais qui cherchent à débarquer dans les ports de la Baltique, le cabinet britannique va être hors d'état de continuer la guerre. 275. — (25 octobre.) Le roi Joachim ayant levé son camp de Reggio, l'armée anglaise destinée à l'expédition de Sicile est détournée sur le Portugal, 279. — (1ᵉʳ décembre.) Observations de Napoléon au ministre des relations extérieures sur un mémoire contenant les pièces relatives aux négociations avec l'Angleterre depuis la paix de Tilsit, 348. — (2 décembre.) Détresse causée en Angleterre par l'extension du blocus; banqueroutes multipliées; énorme baisse des effets publics; la ruine du commerce anglais est assurée si la Russie se décide à fermer ses ports à tous les navires porteurs de denrées coloniales qui cherchent à en imposer par la simulation du pavillon et de faux papiers, 349, 350. — (3 décembre.) Déclaration de guerre de la Suède à l'Angleterre, 352. — (9 décembre.) Rapport de Champagny sur la politique de l'Angleterre à l'égard de la France depuis la Révolution : le cabinet de Londres a fomenté cinq coalitions, menant ainsi la France, de victoires en victoires et de traités en traités, jusqu'au comble de grandeur qu'elle a atteint; après la rupture de la paix d'Amiens, battue dans la personne de l'Autriche, son alliée, humiliée à Presbourg, l'Angleterre se décide enfin à changer de politique; un ministre supérieur, Fox, s'attache à sauver la Prusse en s'efforçant de créer dans le nord de l'Allemagne une confédération rivale de la confédération du Rhin; mais sa mort arrête les négociations entamées à Paris par lord Lauderdale; la Prusse anéantie, le traité de Tilsit signé, l'Angleterre se trouve en face de deux ennemis puissants, Alexandre et Napoléon; elle repousse encore les ouvertures qui lui sont faites par le czar, et redouble ses intrigues dans la péninsule espagnole, que l'Empereur se décide alors à enlever aux Bourbons. A Erfurt, elle peut encore faire la paix; mais elle préfère solder une cinquième coalition, qui aboutit au traité de Vienne. Reste la Hollande, exécutrice équivoque des lois du blocus, terrain préparé pour une entente si les ministres de la Grande-Bretagne veulent s'y prêter; mais ils refusent de faire aucune des concessions qui peuvent sauver l'indépendance de la Hollande, et ce pays est réuni à la France. Un seul point reste encore ouvert, sur les côtes de la mer du Nord, au commerce anglais; mais ce point même va leur être enlevé, car, pour ruiner les riches magasins d'Helgoland, il suffit de décréter la réunion à l'Empire des villes hanséatiques, du Lauenburg et du littoral depuis l'Elbe jusqu'à l'Ems. Tant que l'Angleterre maintiendra sa tyrannie maritime et les arrêts du conseil qui dénationalisent tous les neutres, la France persistera dans le blocus continental, et les nouveaux accroissements de force et de grandeur qu'elle pourra acquérir seront ainsi l'œuvre des seuls Anglais, de 358 à 365. — (10 décembre.) Message de Napoléon au Sénat; insuccès des négociations ouvertes avec l'Angleterre à propos du cartel d'échange des prisonniers; le duel des deux nations n'est pas terminé, 368. — (17 décembre.) Ordre à Champagny d'envoyer aux ministres de la France à l'étranger le *Mémoire* sur la conduite de la France et de l'Angleterre à l'égard des neutres, 378. — (22 décembre.) Napoléon se plaint que la déclaration de guerre faite par la Suède à l'Angleterre demeure illusoire, et que les dispositions du blocus ne soient pas même observées par Bernadotte, 385. 386. — (26 décembre.) Importance des nouvelles venues de Londres; régence du prince de Galles. 399. — (2 février 1811.) Préparatifs ordonnés par l'Empereur pour chasser les Anglais des différentes îles de la Dalmatie, de 446 à 448. — (8 mars.) Immenses apprêts faits à Toulon et dans l'Escaut pour menacer en 1812 l'Irlande, la Sicile et le cap de Bonne-Espérance; en attendant l'époque fixée pour ces expéditions, l'Empereur désire que les commandants des escadres inquiètent et fatiguent les Anglais par de fréquentes sorties, 524, 525. — (10 mars.) Ouverture prochaine des hostilités contre les Anglais dans la Baltique, 541. V. Blocus continental, Portugal. (*Opérations dans le*).

Anvers, ville de France. — (10 septembre 1810.) Ordre de commencer sur-le-champ les travaux du bassin à Anvers, 115. — (19 septembre.) Rapport à faire sur ces travaux; la place d'Anvers doit être le boulevard inexpugnable du nord, et son bassin doit pouvoir contenir une quarantaine de vaisseaux de guerre, 151. — (4 octobre.) Mesures à prendre pour assurer à Anvers, la défense de la rive gauche de l'Escaut, 204. — (24 décembre.) Note sur Anvers: cette place emprunte une nouvelle importance à la réunion de la Hollande à la France, et l'Empereur veut y avoir tous ses magasins militaires; les travaux qu'on y fera devront être conçus de façon qu'Anvers jouisse à la fois des avantages d'une grande place située sur les deux rives de l'Escaut et des agréments d'une place isolée sur chaque rive, 396, 397. — (5 mars 1811.) Ordre de pousser activement et ostensiblement les travaux de construction navale à Anvers, 512, 513. — Mission de Lemarois à Anvers, 514. 515. — (21 mars.) Ordre d'envoyer 12,000 ouvriers constructeurs sur les chantiers d'Anvers, 581. — (22 mars.) L'Empereur se plaint que les travaux du bassin d'Anvers ne soient pas encore commencés, 583.

Approvisionnements. — (20 septembre 1810.) Provision de grains et de farine à transporter à Barcelone, 161. — (28 septembre.) Mesures à prendre pour ravitailler Barcelone en blé et en farine; deux expéditions seront préparées dans cette vue à Toulon, et un million sera mis à la

TABLE ANALYTIQUE.

disposition du ministre de la marine, 173. — Dispositions relatives à l'approvisionnement de siège de l'île de Corfou, 174, 184. — (2 octobre.) Convois dirigés sur Barcelone; importance que l'Empereur attache à l'approvisionnement de cette place, 192. — (15 novembre.) Observation de Napoléon sur le cabotage des blés; état des approvisionnements de la Toscane; grains à diriger sur Paris des départements du Rhin, et de Hambourg et de la Rochelle, 323. — (24 novembre.) Crise de consommation dans le royaume d'Italie; de quelle manière on pourrait y remédier sans prohiber la circulation des grains entre la France et l'Italie, 339. — (26 novembre.) Note dictée en conseil du commerce : achats de blé à faire, soit dans les départements du Rhin, soit dans ceux de l'ouest; on en formera une double réserve à portée de Paris et du midi, afin de parer à l'éventualité d'une mauvaise récolte; greniers d'abondance à établir dans les grandes villes; les blés de l'Elbe seront transportés à Amsterdam, 342, 343. — (5 février 1811.) Ordre de former un approvisionnement de réserve dans les villes de Toulouse et de Metz, 454. — (24 mars.) L'éventualité prochaine de l'ouverture des hostilités dans le nord rend nécessaire l'approvisionnement des places de Magdebourg, Stettin, Küstrin, Glogau et Danzig; instructions, à ce sujet, au prince d'Eckmühl, 592, 593.

ARCHEVÊQUES. V. CLERGÉ SÉCULIER.
ARCHICHANCELIER. V. CAMBACÉRÈS.
ARCHIVES ESPAGNOLES. — (7 février 1811.) Prochain envoi d'Espagne, d'archives concernant les affaires du Milanais pendant les XVI° et XVII° siècles, 456.
AREMBERG (Duché d'). — (30 août 1810.) Indemnité à donner au duc d'Aremberg dans le cas où une nouvelle délimitation de la frontière hollandaise lui prendrait une partie de son territoire, 93. — (22 janvier 1811.) Instructions à Champagny pour la prise de possession prochaine du duché d'Aremberg, 430.
ARMÉE (*Organisation générale de l'*). — (4 août 1810.) Ordre de dissoudre le dépôt des régiments portugais, 13. — (5 août.) La division Grandjean sera dissoute, et de nouvelles garnisons seront assignées à divers régiments dans les départements de l'ouest; les tirailleurs corses et les tirailleurs du Pô se rendront au camp de Boulogne; instructions concernant les régiments suisses, les bataillons coloniaux et les chasseurs de la montagne; rapport demandé à Clarke sur le régiment de pionniers, le bataillon romain et le bataillon départemental de la Catalogne; ordre de réduire les cadres de la légion hanovrienne; moyennant une convention à conclure, les régiments d'Isembourg et de la Tour-d'Auvergne passeront au service du roi de Naples; remaniements à faire dans les régiments irlandais, le régiment espagnol et le régiment de Prusse; dissolution du bataillon franc de l'île d'Elbe; observation générale sur les troupes auxiliaires, 23-26. — (18 août.) Instructions à Clarke au sujet des régiments français qui occupent la Hollande, 58. — (22 août.) L'Empereur exprime l'intention de licencier les troupes auxiliaires irlandaises, 67. — (22 septembre.) Le régiment de Prusse est réduit à deux bataillons; embarras et dépenses inutiles que causent à Napoléon les troupes auxiliaires, 164. — (27 septembre.) Renseignements demandés à Clarke sur la situation des bataillons et escadrons de marche, 170. — (6 octobre.) Note sur l'organisation des armées : l'infanterie comprend 435,000 hommes; la cavalerie, 74,800 hommes; l'artillerie, 1,300 pièces environ; pontonniers 11 compagnies, une par corps d'armée; sapeurs, 67 compagnies; plus, 1,650 caissons, 213, 214. — Décision de l'Empereur pour que la solde du soldat passe avant tous les autres frais concernant l'armée, 222. — (10 octobre.) Observations sur les inconvénients qui résultent du livret de l'armée; les étrangers s'y instruisent trop aisément de la situation militaire de la France; réformes urgentes à cet égard, 241, 242. — (13 octobre.) Instruc-

tions à Lacuée sur l'organisation des équipages militaires destinés aux diverses armées, 254, 255. — (15 novembre.) Formation d'un régiment illyrien, 323, 324. — (24 novembre.) Mesures à prendre pour l'enrégimentation des sujets français licenciés du service d'Autriche; dépôts établis dans cette vue à Passau et à Strasbourg, 334-336. — La ville d'Angers désignée comme dépôt des officiers qui seront envoyés, avec un grade supérieur, dans les colonies hollandaises, 337. — (7 décembre.) Ordre au général Clarke de veiller à l'organisation du régiment de la Méditerranée, 357. — (17 décembre.) Tous les généraux et colonels hollandais seront répartis dans les armées françaises, 379. — (27 décembre.) Améliorations apportées par Napoléon au sort du soldat; accroissement de la solde et de la masse d'ordinaire, 399. — (30 décembre.) Instructions au ministre de la guerre pour la création d'une 5ᵉ compagnie dans les bataillons de la Garde; on pourra ainsi, en trois mois, former une armée de 50,000 hommes de vieilles troupes, 402. — (31 décembre.) Création d'un bataillon de fusiliers-sergents et de deux bataillons de voltigeurs-caporaux et de tirailleurs-caporaux, qui seront réunis à Fontainebleau, et fourniront les cadres de trente ou quarante bataillons, 405. — (11 janvier 1811.) Utilité du régiment de la Méditerranée; ordre d'y envoyer des sergents et des caporaux, 421. — Création, à Ajaccio, d'un dépôt pour les conscrits réfractaires des départements italiens; formation d'un régiment de Belle-Île; utilité de créer un régiment de l'île de Ré, 422. — (21 janvier.) État de situation de la cavalerie de l'armée; déficit de 20,000 chevaux pour la remonte, 427. — (3 février.) Instructions à Clarke pour la levée de 12,000 hommes dans les nouveaux départements formés des villes hanséatiques et du Hanovre, 448. — Achat de fusils à faire à Vienne, 449. — (15 février.) Ordres concernant les régiments de cavalerie et leurs dépôts, 474, 475. — (7 mars.) Observations de Napoléon au sujet d'abus commis contre les conscrits du dépôt du 66ᵉ régiment, 520. — Mesures à prendre pour former les équipages de ligne des vaisseaux; aucun soldat natif des pays réunis à la France depuis quinze années ne pourra en faire partie, 520. — (11 mars 1811.) Création de deux régiments de la Méditerranée, 546, 547. — (12 mars.) Ordres relatifs au prochain passage des conscrits en Italie, 549. — Mesures à prendre pour compléter les régiments de la Méditerranée, de Belle-Île, de l'île de Ré et de Walcheren, 549-553. — (14 mars.) — Formation à Fontainebleau d'un dépôt où l'on réunira un bataillon de fusiliers-sergents et deux bataillons de voltigeurs et tirailleurs-caporaux, 558. — (29 mars.) Ordre à Clarke d'organiser, avec les vélites hollandais, un régiment qui portera le nom de *Pupilles de la Garde*, 610. V. Armée d'Allemagne, Armée de Portugal, Armée d'Espagne, Armée d'Illyrie, Armée d'Italie, Artillerie. Grande armée.

Armée (Grande). V. Grande Armée.

Armée d'Allemagne, commandée par Davout. — (4 octobre 1810.) L'Empereur demande au ministre de la guerre un projet de réorganisation de l'armée d'Allemagne; elle devra comprendre quinze régiments d'infanterie en trois divisions, sept régiments de cavalerie, 110 pièces de canon, un corps de génie considérable et une compagnie de 100 gendarmes, 202, 203. — Ordre à Davout relativement à ce projet de réorganisation de l'armée d'Allemagne, 209. — Le prince d'Eckmühl rédigera un rapport sur cette question; le quartier général de son armée sera porté de Hanovre à Hambourg, 210. — (6 octobre.) L'armée d'Allemagne devrait comprendre 150,000 hommes d'infanterie et 30,000 de cavalerie; en y ajoutant les bataillons du train, les compagnies de sapeurs et de pontonniers, et les équipages militaires, cela ferait un total de 200,000 hommes, répartis en trois corps; composition de chacun de

TABLE ANALYTIQUE. 633

ces corps; 80,000 hommes seraient nécessaires pour les compléter, 214-217. — Nouvelles instructions pour l'organisation de l'armée de Davout, 219. — (28 octobre.) La route de Wesel à Hambourg sera désormais le seul chemin de communication de l'armée d'Allemagne avec la France, 284, 285. — (21 janvier 1811.) L'Empereur fait connaître à Davout les détails du projet de réorganisation de l'armée d'Allemagne; le général Haxo sera chargé de commander le génie, 428, 429. — (6 février.) Mesures à prendre pour organiser les compagnies de canonniers et du train des régiments de cette armée, 456. — (13 février.) Comment sera composée, au 1ᵉʳ avril, l'armée de Davout; généraux de division et de brigade qui en feront partie; le grand dépôt sera à Wesel, et c'est par cette ville que s'opéreront les mouvements de l'armée d'Allemagne, de 467 à 470. — (18 février.) Ordre relatif au service des équipages militaires de l'armée d'Allemagne, 480, 481. — (24 février.) Mesures à prendre pour faire vivre cette armée : les troupes qui sont placées en Westphalie, dans le Mecklenburg, à Francfort et dans les provinces de l'Elbe, du Weser et de l'Ems, seront entretenues aux frais de ces pays, 485. — Instructions à Davout sur le même sujet, 486. — (3 mars.) Les revenus des trois nouveaux départements du nord seront affectés à l'entretien de l'armée d'Allemagne, ce qui ne dispensera pas le gouvernement westphalien de payer la solde des troupes cantonnées en Westphalie, 507. — (9 mars.) Observations sur le budget de l'armée de Davout; possibilité d'en réduire les dépenses, 532. — (15 mars.) Cette armée aura deux compagnies de pontonniers, 559.— (18 mars.) Mesures propres à compléter l'organisation de l'armée d'Allemagne, 572. — (19 mars.) Dispositions relatives à l'artillerie de cette armée, 578, 579. — (23 mars.) Ordres pour le payeur de l'armée d'Allemagne, 583. — (24 mars.) Renforts à envoyer à l'armée d'Allemagne; instructions adressées sur ce point au ministre de la guerre, 589, 590. — Un état de l'armée de Davout, comprenant les derniers remaniements, sera remis à l'Empereur, 591. — (25 mars.) Instructions à Mollien relativement à la solde et aux dépenses de l'armée d'Allemagne, 603, 604. — (30 mars.) Dispositions concernant le train et l'artillerie de l'armée d'Allemagne, 624.

Armée de Portugal. V. Portugal (*Opérations dans le*).

Armée d'Espagne. — (3 août 1810.) Bonet est autorisé à renvoyer en France les cadres des 4ᵉˢ bataillons, au cas où les régiments qui sont sous ses ordres seraient réduits à moins de 2,000 hommes, 6. — (3 septembre.) Composition du 9ᵉ corps de l'armée d'Espagne, formé de deux divisions, 102. — (13 septembre.) Formation d'une division de réserve de l'armée d'Espagne; composition des trois brigades qui y entreront; sous-lieutenants à prendre à l'école de Saint-Cyr, 124-126. — (27 décembre.) Ordre de former à Avignon une division destinée à renforcer l'armée de Catalogne, 169, 170. — (29 septembre.) Création d'une armée du Centre en Espagne; corps qui la composeront, 186. — (4 octobre.) Elle sera commandée par le roi d'Espagne et aura pour chef d'état-major le général Belliard; la cavalerie comptera environ 5,000 hommes, 208, 209. — (10 octobre.) Formation, à Avignon, d'une division destinée à l'armée d'Espagne; elle sera sous les ordres du général Baraguey d'Hilliers, 240, 241. — (7 mars 1811.) Ordre au ministre de la guerre de renvoyer en Allemagne les dépôts des régiments de la Confédération employés à l'armée de Catalogne, 522. — (23 mars.) Observations sur la comptabilité de l'armée d'Espagne, 584. — (29 mars.) Ordre au major général de diriger des renforts sur l'armée du Midi; l'armée du Centre fournira 5,000 hommes; l'armée du Nord (provinces de Navarre, de Biscaye et de Valladolid). 8,000; instructions concernant la mise en marche de ces colonnes vers l'Andalousie, 611-615.

Armée d'Illyrie. — (9 décembre 1810.) Réduction de l'armée d'Illyrie, 366, 367. — (24 janvier 1811.) Désertions nombreuses dans cette armée; instructions adressées sur ce point au ministre de la guerre, 431.

Armée d'Italie. — (1ᵉʳ octobre 1810.) Mauvaise organisation du 6ᵉ régiment de ligne, dont une partie a déserté en Catalogne; instructions au vice-roi sur la manière dont il doit être réorganisé, 190. — (6 octobre.) Note sur la composition de l'armée d'Italie; elle devrait être formée de dix divisions, dont sept françaises et trois italiennes; effectif total, en y ajoutant les Bavarois, les Wurtembergeois et les Badois, 217, 218. — (16 octobre.) Recrutement de Dalmates et de Croates à faire pour l'armée d'Italie, 259, 260. — (27 octobre.) Ordres de Napoléon au vice-roi pour la mise sur le pied de guerre de l'armée d'Italie : elle devra compter, à l'ouverture de la prochaine campagne, 90,000 hommes; la conscription, en Italie, sera calculée à raison de 3.000 soldats par million d'habitants, 282, 283. — (24 novembre.) L'Empereur se plaint au ministre directeur de l'administration de la guerre qu'un arriéré de solde soit dû à l'armée d'Italie, 337. — (30 décembre.) Insuffisance du matériel et du personnel de l'artillerie à l'armée d'Italie; ordre au vice-roi de faire un rapport sur la situation de cette armée et sur la possibilité d'en augmenter les cadres; il sera présenté un aperçu de la dépense pour les deux dernières années. 403. — (16 mars 1811.) Mesures à prendre pour garantir, pendant l'été, la santé des troupes à Venise, 567.

Armstrong. général, ministre plénipotentiaire des États-Unis d'Amérique à Paris. V. États-Unis d'Amérique.

Arsenaux. — (13 septembre 1810.) Importance des grands dépôts d'armes de Metz, Lille et la Fère; cette dernière place est le véritable arsenal de Paris, 126-129. — (18 février 1811.) Achat de fusils à faire à Vienne; ordre de réunir à Wesel et à Mayence les munitions en dépôt dans les places du nord et de l'est; on y joindra des balles et des mousquetons, et le plus grand mystère devra présider à cette opération, 479, 480. — (18 mars.) Ordre au ministre de la guerre pour un approvisionnement d'armes à Danzig et à Magdeburg, 570, 571.

Artillerie. — (7 août 1810.) Défense de tirer des chevaux d'artillerie de l'Italie, 30. — (3 septembre.) Les pièces de 12 sont indispensables en Espagne; défense de les remplacer par des pièces de 8; les compagnies d'artillerie pour l'armée d'Espagne ne doivent pas être tirées de places éloignées comme Boulogne et Alexandrie; il faut les prendre à Toulouse et aux îles de Ré et d'Oléron, 102. — (13 septembre.) Instructions à Clarke concernant le calibre des pièces d'artillerie à faire fondre; la marine fournira à l'armée de terre 137 pièces de gros calibre, et recevra en échange du bronze et du cuivre pour la doublure des vaisseaux : l'artillerie qui est en Hollande sera peu à peu dirigée sur les grands dépôts de Metz, Lille et la Fère; importance spéciale de la Fère, qui peut être considérée comme l'arsenal de Paris. 126-129. — (28 septembre.) Composition de l'artillerie du 9ᵉ corps de l'armée d'Espagne, 181. — (4 octobre.) L'Empereur ordonne à Clarke de laisser le moins d'artillerie possible en Hollande; son intention est de détruire la fonderie de la Haye, 203, 204. — (6 octobre.) Total des pièces d'artillerie pour toute l'armée, 1.300 environ, dont 384 au service de l'armée d'Allemagne, de 213 à 217. — (6 décembre.) Observations pour la construction d'une pièce à jeter des bombes et des obus de grosse dimension, 356. — (3 janvier 1811.) Instructions à Clarke sur l'organisation générale de l'artillerie de la Grande Armée, 411, 412. — (24 janvier.) Essais d'obus faits à Séville; une provision de ces nouveaux projectiles sera envoyée à l'armée d'Andalousie, 430. — (9 février.) Ordre à la Riboisière d'organiser les équipages d'artillerie de la Garde.

TABLE ANALYTIQUE.

460, 461. — (19 mars 1811.) Instructions concernant l'organisation de l'artillerie de l'armée d'Allemagne, 578.

Arts. V. Beaux-arts.

Asti (Évêché d'). V. Clergé séculier.

Astros (D'). grand vicaire de Paris. — (5 janvier 1811.) Correspondances entretenues par Pie VII avec d'Astros, 414. — (29 janvier.) L'exposé des affaires de Rome par le ministre des cultes ne devra faire en rien mention du rôle joué par d'Astros dans ces démêlés, 437. V. Rome (Affaires de).

Auerstaedt (Duc d'). V. Davout.

Auguste (Princesse), vice-reine d'Italie. — (20 mars 1811.) L'Empereur annonce la naissance de son fils à cette princesse, 580.

Autriche. — (22 août 1810.) Menées faites à Vienne, en faveur de l'Angleterre, par le comte Rasumowski et d'autres Russes, 65. — (19 novembre.) Éclaircissements demandés par Napoléon au sujet d'une note de l'empereur d'Autriche traitant d'une question financière et commerciale, 328. — (24 novembre.) Licenciement des sujets français et italiens au service de l'Autriche; mesures prises pour les rapatrier, de 334 à 336. — (5 décembre.) Napoléon demande à Champagny un livret de la situation de l'armée autrichienne, 354. — (24 décembre.) Ordre au ministre des relations extérieures de ratifier la renonciation de Marie-Louise à ses droits sur la monarchie autrichienne, 392. — (2 février 1811.) Ordre à l'ambassadeur de France à Vienne de réclamer le renvoi des militaires, sujets français, retenus en Autriche contre les traités; annulation de l'arrêté ordonnant le séquestre des biens possédés en Illyrie par les sujets autrichiens, 444. — (5 février.) Ordre de venir en aide à tous les officiers autrichiens qui quitteraient le service de l'Autriche pour passer en France, 453. — (17 février.) Démarche tentée auprès du gouvernement français, en faveur de la Porte, par l'ambassadeur d'Autriche à Paris, 477. — (25 février.) Envoi d'un courrier à Vienne, à l'occasion des couches de Marie-Louise; ordre au comte Otto de célébrer cet événement par une fête fastueuse; ce représentant profitera de cette heureuse circonstance pour sonder l'Autriche sur l'attitude qu'elle se propose de prendre entre la Russie et la Turquie; l'Empereur, à Erfurt, a cédé au czar la Moldavie et la Valachie, que la Porte ne pourra défendre longtemps; mais un tel accroissement de l'empire russe devient inquiétant, et c'est à la cour de Vienne, plus directement intéressée que la France dans cette grave question, à voir si elle veut laisser Alexandre accomplir tranquillement ses projets, 490-492. — (26 mars.) L'ambassadeur de France à Vienne reçoit l'ordre de pousser la cour d'Autriche à des démarches auprès du sultan relativement à l'occupation des provinces danubiennes et de la Servie par les Russes; l'Empereur est prêt à s'entendre avec le ministère autrichien sur les mesures à prendre pour arracher ces principautés aux mains et à l'influence d'Alexandre, 601-603. V. Russie. Turquie.

Auxiliaires (Troupes). V. Armée.

Avril, général de brigade. — (12 octobre 1810.) Enquête à faire sur la conduite de ce général à Bilbao, 251.

B

Bachelu, général de brigade. — (18 mars 1811.) Ce général commandera, avec Pajol, la garnison de Danzig, 573.

Badajoz, ville d'Espagne (Estrémadure), 435, 529, 616, 617, 618. V. Espagne (Affaires d').

Bade (Grand-duché de). — (7 octobre 1810.) Ordre au ministre de France à Bade de faire mettre à exécution dans le grand-duché de le nouveau tarif concernant les denrées coloniales, 230. V. Confédération du Rhin.

Bagration (Prince de), général russe, 65.

Bailly-Monthion, général de brigade, 619, 620.

BANQUE DE FRANCE. — (29 août 1810.) Ordre à Mollien d'acheter des actions de la Banque; taux de l'achat, 89. V. FINANCES.

BARAGUEY D'HILLIERS, général de division. — (10 octobre 1810.) Ce général aura le commandement d'une division destinée à l'armée d'Espagne, 241. — (21 novembre.) Bataillons à mettre sous les ordres de Baraguey d'Hilliers, 330. — (18 février 1811.) Inaction de ce général; il néglige d'envoyer à l'Empereur des nouvelles de Barcelone et de l'armée de Catalogne, 479. — (10 mars.) Ordre à Baraguey d'Hilliers de concerter ses mouvements avec ceux de la garnison de Barcelone et d'occuper les positions d'Olot, Ripoll, Granollers et Vich, 538, 539. V. ESPAGNE (*Affaires d'*).

BARBANÈGRE, baron, général de brigade. — (13 février 1811.) Il sera chargé d'un commandement à la 4e division de l'armée d'Allemagne, 468.

BARBARESQUES (États). — (15 janvier 1811.) Ordre concernant une croisière devant Alger, 425.—(26 février.) Même ordre, 493. V. MARINE (*Opérations de guerre et de commerce*).

BARBIER, bibliothécaire de l'Empereur. — (5 janvier 1811.) Recherche historique confiée à Barbier à l'occasion des démêlés de Napoléon avec Pie VII, 413. — (19 mars.) Ordre à Barbier de remettre à l'Empereur un volume de l'*Histoire ecclésiastique* de l'abbé Fleury, 579.

BARCELONE, ville d'Espagne, 492. 535, 536. V. ESPAGNE (*Affaires d'*).

BARTHÉLEMY, général de brigade à l'armée d'Espagne. — (28 septembre 1810.) La brigade Barthélemy est mise sous les ordres du général Caffarelli, 183. — (12 octobre.) Enquête à faire sur la conduite de Barthélemy à Santander, 251.

BASQUES (Rade des), au sud de l'île de Ré. — (27 janvier 1811.) Dispositions à prendre pour chasser les navires anglais mouillés dans cette rade, 434, 435. — (22 février.) Ordre d'armer la côte voisine pour assurer la défense de la rade des Basques, 483.

BASSANO (DUC DE). V. MARET.
BATAILLONS COLONIAUX, 423. V. ARMÉE (*Organisation générale de l'*).
BATAVIA. V. JAVA.

BAVIÈRE (Royaume de). — (7 octobre 1810.) Ordre de l'Empereur pour la mise en vigueur, dans ce royaume, du tarif concernant les denrées coloniales, 230.—(13 octobre.) Napoléon renonce, en faveur du roi de Bavière, aux contributions dues par les provinces à la droite de l'Inn, 258. — (3 novembre.) En dédommagement d'une nouvelle délimitation du Tyrol allemand, la Bavière recevra la place d'Erfurt, et s'en servira pour faire un échange de territoire avec le roi de Wurtemberg; avantages qu'en retirera la cour de Munich, 290.

BAYONNE, port français, sur le golfe de Gascogne. — (11 septembre 1810.) Projet d'amélioration de ce port; questions adressées à ce sujet au ministre de la marine, 118.

BAYONNE (Convention de). V. ESPAGNE (*Affaires d'*).
BEAUTEMPS-BEAUPRÉ, ingénieur-hydrographe en chef de la marine, 433.

BEAUX-ARTS. — (3 octobre 1810.) Subvention accordée pour la reprise de l'opéra d'*Armide*; l'Empereur refuse de reporter ce secours sur *Sémiramis*, 196. — (9 décembre.) Observation sur les ouvrages du sculpteur Canova, omis dans le rapport de l'Institut sur les prix décennaux, 366. V. INSTITUT DE FRANCE.

BEDEL-DUTERTRE, capitaine de vaisseau. — (4 octobre 1810.) Il est chargé de surveiller les embouchures de la Jahde, du Weser et de l'Elbe, 206.

BELGES (Sujets). — (12 décembre 1810.) Ordre au ministre de la police de remettre à l'Empereur une note de tous les Belges qui, servant dans les armées de l'Autriche lors de la réunion de la Belgique à la France, ont opté, aux termes du traité de Campo-Formio, pour la nationalité autrichienne, 369.

BELGRADE, ville de Servie. V. TURQUIE.
BELLIARD, comte, général de division, gouverneur de Madrid. — (4 octobre 1810.) Il sera chef d'état-major de l'armée du Centre, en

Espagne, 208. — (17 janvier 1811.) L'Empereur entend que le gouvernement de Madrid ne soit pas retiré par le roi Joseph à Belliard, qui n'a cessé de rendre de bons services, 426. — (22 mars.) Napoléon blâme la fausse direction donnée par Belliard à l'armée du Centre; il doit, avant tout, favoriser les opérations du duc de Dalmatie contre le Portugal, 582. V. Espagne (*Affaires d'*), Portugal (*Opérations dans le*).

Belle-Île (Régiment de). V. Armée (*Organisation générale de l'*).

Bellune (Duc de). V. Victor.

Bénévent (Duc de). V. Talleyrand-Périgord.

Berg (Troupes du grand-duché de), 60, 518, 673.

Berg-op-Zoom, ville de Hollande, 516. V. Hollande (*Affaires de*).

Bernadotte, maréchal, prince de Ponte-Corvo. — (6 septembre 1810.) Élection du maréchal Bernadotte par la diète suédoise comme prince royal de Suède; l'Empereur l'autorise à accepter ce titre, 110. — (10 septembre.) Rédaction des lettres patentes à cette occasion; souhaits amicaux de Napoléon à Bernadotte, 116. — (15 septembre.) Ordre à Mollien de verser un million au prince de Ponte-Corvo, 138. — (12 décembre.) L'Empereur retire à Bernadotte la principauté de Ponte-Corvo, 369. — (15 décembre.) Ordre pour le retour en France, à l'expiration de leur congé, des officiers français placés comme aides de camp auprès de Bernadotte, 377. — (22 décembre.) Même ordre au ministre de France à Stockholm : des officiers français ne peuvent rester aux ordres d'un gouvernement étranger. Remise a été faite au domaine extraordinaire des fiefs que Bernadotte tenait de l'Empereur; le prince de Suède sera prévenu qu'il ne peut, jusqu'au jour où il sera devenu roi, entretenir aucune correspondance directe avec Napoléon; toutes les affaires devront se traiter, d'après les usages, par l'intermédiaire des ministres, 385, 386. — (24 février 1811.) Décision de l'Empereur en réponse à une demande de Bernadotte pour garder à son service un aide de camp français, 486, 487. V. Suède.

Bernadotte (Baron), frère du prince royal de Suède. — (12 décembre 1810.) Allocation à ce prince d'une rente qui formera la dotation de sa baronnie, 369. — (22 décembre.) Cette rente sera constituée par les 12,000 francs sur le trésor public qui dépendaient de la principauté de Ponte-Corvo, 385. V. Dotations.

Bernadotte (Mme), princesse de Ponte-Corvo. — (6 septembre 1810.) L'Empereur assure cette princesse de ses sentiments affectueux, 109.

Berthier. V. Alexandre.

Berthier (César), frère du précédent, général de brigade. — (3 novembre 1810.) Ce général est chargé d'aller opérer, à Sion, la réunion du Valais à la France, 292, 293. — (18 novembre.) Ordre à César Berthier de renvoyer une partie des troupes avec lesquelles il est entré dans le Valais, 326, 327. V. Valais.

Bertrand, général de division du génie, aide de camp de l'Empereur. — (19 septembre 1810.) Il est chargé de faire un mémoire sur les moyens de couvrir la frontière de l'Yssel, entre Wesel et la mer, 153-155. — (24 février 1811.) Ordre à Bertrand de rédiger un travail concernant le budget du génie, 485, 486. — (15 mars.) Instructions que l'Empereur lui adresse au sujet de fortifications à faire au port de Raguse, 563. V. Génie.

Bessières, duc d'Istrie, maréchal, commandant la Garde impériale. — (3 août 1810.) L'Empereur lui demande un projet d'organisation de la garde hollandaise, 9. — (8 janvier 1811.) Ordre à Bessières de se rendre à Bayonne pour débarrasser la Navarre des brigands qui l'infestent, 418. — (8 mars.) Le duc d'Istrie fera pourchasser les insurgés entre Astorga et Villafranca, 530. — (29 mars.) Bessières est chargé de composer les colonnes de renfort expédiées du nord et du centre de l'Espagne à l'armée d'Andalousie, 613. V. Espagne (*Affaires d'*).

Béthisy, émigré. — (24 novembre 1810.) Alternative où se trouve Béthisy d'encourir la peine de mort ou de profiter des délais de l'amnistie pour rentrer en France, 334. V. ÉMIGRÉS.

BETHMANN, consul général de Russie à Francfort. 76.

BEURMANN, général de brigade. — (10 janvier 1811.) Il commandera la 14ᵉ brigade de cavalerie légère à la Grande Armée, 421.

BEVELAND (Îles de), aux bouches de l'Escaut. V. HOLLANDE.

BIENFAISANCE PUBLIQUE. — (28 août 1810.) Instructions relatives à l'établissement d'orphelinats, 86.

BIGOT DE PRÉAMENEU, comte, ministre des cultes. V. CLERGÉ RÉGULIER, CLERGÉ SÉCULIER, ROME (*Affaires de*).

BISCAYE, province d'Espagne. — (12 octobre 1810.) Projet secret de Napoléon de réunir la Biscaye à la France, 251.

BLANKEN, membre du conseil de marine chargé d'examiner le projet de communication intérieure de la Baltique au Rhin, 434. V. CANAUX.

BLANEY (Lord), général anglais, prisonnier en France. — (5 février 1811.) L'Empereur propose de l'échanger contre Lefebvre-Desnoëttes, 453. V. PRISONNIERS DE GUERRE.

BLOCUS CONTINENTAL. — (2 août 1810.) Note à rédiger pour le ministre des États-Unis d'Amérique à Paris; réflexions sur les dernières décisions prises par le congrès américain au sujet du blocus; à l'embargo général mis d'abord sur les bâtiments, le congrès avait, par un acte du 1ᵉʳ mars 1810, substitué la mesure hostile de la confiscation; le séquestre des navires américains dans les ports français en avait été la représaille obligée; mais en rouvrant, par son acte en date du 1ᵉʳ mai, les ports des États-Unis au commerce français, et en s'engageant à reconnaître et à faire respecter par les Anglais les droits des neutres, le congrès américain a rendu possible la révocation des décrets de Berlin et de Milan; à partir du 1ᵉʳ novembre, ces décrets cesseront d'être en vigueur, 1, 2. — (3 août.) Ordre de séquestrer les marchandises coloniales qui passeront en Hanovre, 7. — (6 août.) Même ordre au roi de Westphalie, 26. — (7 août.) Même ordre concernant les denrées de contrebande arrivées à Stettin, 29. — (8 août.) Fixation, par décret du 5 août, du droit à payer par les denrées coloniales en France et en Italie, 33. — (14 août.) L'Empereur fait déclarer à la Porte-Ottomane qu'il protégera son commerce et son pavillon, si elle veut s'affranchir de la tyrannie maritime de l'Angleterre, 41. — (20 août.) Observations à Lebrun sur le système de blocus : il n'y a pas de neutres; les licences ne sont accordées qu'à des bâtiments français; en dehors de ceux-ci, il n'y a que des navires dits *étrangers*, c'est-à-dire qui violent le blocus et payent rançon aux Anglais, 61, 62. — (26 août.) Saisie de bâtiments ottomans à Ancône, 76. — (29 août.) Fixation d'un nouveau tarif à mettre sur les denrées coloniales en Westphalie, en Prusse, en Saxe, en Russie et dans la Confédération du Rhin; ordre pour la saisie de marchandises à Francfort et dans les places du Mecklenburg et de l'Oder, 79, 80. — L'Empereur se plaint que les consuls français à l'étranger, et notamment à Stettin, ne reçoivent pas d'instructions suffisantes au sujet du blocus : leur conduite doit être réglée d'après ce principe, que toute marchandise coloniale arrivant sur bâtiment américain, ou autre soi-disant neutre, vient évidemment d'Angleterre et doit être confisquée, 88. — (1ᵉʳ septembre.) Conditions auxquelles l'Empereur a accordé des licences pour l'exportation des denrées d'Allemagne et des villes hanséatiques; les navires ne doivent rien rapporter d'Angleterre mais revenir sur lest en France pour y prendre des marchandises françaises et les exporter dans le Nord. 95. — (2 septembre.) Ordre de saisir à Trieste tous les bâtiments fraudeurs entrés avec de faux certificats d'origine, 96. — Confiscations opérées dans le Mecklenburg; l'Empereur interroge Davout sur la façon dont le blocus est appliqué le long des côtes de la mer du Nord, 99. 100. — (5 septembre.) Le ministre des relations extérieures fera adopter le nouveau tarif douanier en Prusse, en Saxe, en Westphalie, à Naples, dans le Danemark, la Bavière, le Wurtemberg et les autres états de l'Allemagne, 103. — Le service des consulats français sera réorganisé, en vue du nouveau système commercial, 104. — (6 septembre.) Tarif à appliquer aux marchandises coloniales dans l'Ost-Frise, 108. — (9 septembre.) Marmont est blâmé pour avoir laissé partir les navires ottomans que l'Empereur avait ordonné de séquestrer en Illyrie; débouché offert, à Mayence, au commerce de contrebande; des agents secrets iront rechercher sur la frontière les dépôts de marchandises anglaises; ordre de confisquer tous les cotons du Levant arrivés en Italie par une autre voie que celle des provinces illyriennes et de la Bosnie, 114. — (19 septembre.) L'Empereur explique au prince Eugène les conditions nouvelles faites au commerce par le décret du 5 août sur le blocus : les denrées coloniales ne peuvent arriver dans les ports de l'Empire que sur des bâtiments munis d'une licence; ce que c'est qu'une licence; Napoléon s'applaudit des résultats de son système, 155-158. — (28 septembre.) Dispositions à prendre pour empêcher la contrebande et la navigation anglaise depuis la Hollande jusqu'à la Baltique : établissement d'une triple ligne de surveillance sur l'Elbe, le Weser et la Jahde; brigades de douanes et chaloupes canonnières chargées de garder les embouchures de ces fleuves, de 177 à 179. — L'Empereur se plaint au général Rapp, gouverneur de Danzig, que le consul général de France dans ce port ait pris sur lui de délivrer un permis de sortie à un navire danzigois; ordre d'arrêter le capitaine du bâtiment et de procéder à une enquête, 185, 186. — (3 octobre.) Mesures de tarif prises dans les ports de la mer du Nord pour diminuer, par la cherté, la consommation des denrées coloniales et leur fermer le continent, 196, 197. — (4 octobre.) Décret qui permet, pendant un mois, l'introduction des marchandises co-

loniales du Holstein par Hambourg, 197. — Instructions au ministre de la marine au sujet de bâtiments sortis, avec des licences, de différents ports français, 208. — (6 octobre.) Ordre au vice-roi d'occuper militairement tous les cantons suisses italiens, par lesquels se fait la contrebande coloniale; toutes les marchandises anglaises saisies dans ces cantons seront confisquées, 224, 225. — (13 octobre.) Le duc de Vicence devra insister à Saint-Pétersbourg pour la confiscation de tous les bâtiments porteurs de denrées coloniales : on peut, en agissant vigoureusement, en saisir pour plus de 40 millions, 252. — (17 octobre.) Ordre d'entreposer, jusqu'à une décision ultérieure de Napoléon, toutes les marchandises coloniales séquestrées en Suisse et dans les états de la Confédération du Rhin, 262, 263. — (23 octobre.) Instances de Napoléon auprès d'Alexandre pour qu'il saisisse, dans les ports de la Baltique, les chargements de six cents navires anglais qui n'ont pu aborder sur les côtes du Mecklenburg et de la Prusse, 275. — (4 novembre.) Dispositions à prendre pour confisquer, à l'issue des foires de Leipzig et de Francfort, toutes les marchandises de fabrique anglaise; la Russie inonde de denrées coloniales le grand-duché de Varsovie; nécessité d'introduire en Pologne le tarif en vigueur dans la Saxe, 295, 296. — Projet de lettre au czar Alexandre : ce sont des chariots venant de Russie qui ont alimenté la foire de Leipzig de denrées coloniales; les bâtiments anglais ont pu décharger leurs cargaisons dans les ports russes et suédois; il n'y a pas lieu d'alléguer, en ces conjonctures, le droit des neutres : l'Angleterre ne souffre aucun neutre et arrête tout navire qui ne porte point ses produits : c'est en ce sens que Champagny devra écrire au czar, pour le décider à tenir une conduite plus franche, 296, 297. — (28 novembre.) Ordre de brûler toutes les marchandises anglaises entreposées en Hollande, 346. — (2 décembre.) Note adressée au prince Kourakine : la Russie ne doit pas s'en laisser imposer par de faux pavillons et de faux papiers; toutes les marchandises des deux Indes importées en Europe arrivent sur navires anglais; le czar est donc obligé, pour exécuter le blocus, d'exclure de ses ports tout bâtiment portant pavillon espagnol, portugais, américain, suédois et même français, qui est chargé de denrées prohibées, 349, 350. — (17 décembre.) Envoi aux membres du corps diplomatique français d'un *Mémoire sur la conduite de la France et de l'Angleterre à l'égard des neutres*, 378. — (25 mars 1811.) A la veille d'entamer les hostilités contre les Anglais sur la Baltique, l'Empereur invite le Mecklenburg, la Prusse, le Danemark et la Suède à exécuter rigoureusement les stipulations du blocus, 598-601. V. ANGLETERRE, COMMERCE. DOUANES.

BOIVIN DE LA MARTINIÈRE, baron, général de brigade, 619.

BONET, général de division à l'armée d'Espagne, 6. V. ESPAGNE (*Affaires d'*).

BONNE-ESPÉRANCE (Cap de). V. ANGLETERRE.

BORGHESE (Camille), prince, gouverneur général des départements au delà des Alpes. — (12 décembre 1810.) L'Empereur blâme Borghese de s'être ému à la légère d'alarmes fausses semées par le commissaire de police de Gênes au sujet de prétendus complots tramés en Italie, 370.

BOSNIE, pachalik de la Turquie d'Europe. V. TURQUIE.

BOUILLERIE (DE LA), baron, trésorier général du domaine extraordinaire, 394. V. DOMAINE EXTRAORDINAIRE.

BOULAY DE LA MEURTHE, comte, président de la section de législation du Conseil d'état. — (5 janvier 1811.) Boulay fera partie de la commission d'état nommée pour examiner les pièces du différend de l'Empereur avec le Pape, 414. V. ROME (*Affaires de*).

BOULOGNE (Camp de), 597, 622.

BOURGOING, baron, ministre de France à Dresde, 63, 196, 295, 424, 453, 495. V. SAXE. VARSOVIE (Grand-duché de).

BOURKE, général de brigade. — (19 août 1810.) Il est envoyé en Navarre pour y servir sous les ordres de Reille, 60.

BOURRIENNE (Fauvelet DE), chargé d'affaires de France à Hambourg. — (2 septembre 1810.) Il est soupçonné de contrevenir à son profit aux dispositions du blocus continental; question de l'Empereur à Davout sur ce sujet, 99. — (11 septembre.) Napoléon reproche à Bourrienne d'avoir visé des certificats du sénat de Hambourg, et de laisser s'accomplir dans cette ville des transactions illicites, 117. — (18 décembre.) Enquête ouverte sur la conduite de Bourrienne, prévenu d'avoir délivré des certificats contraires aux lois du blocus, 381, 382. — (1er janvier 1811.) Instructions à Davout au sujet des abus que Bourrienne aurait commis à Hambourg, 407. V. BLOCUS CONTINENTAL, HANSÉATIQUES (Villes).

BOUTIN, chef de bataillon du génie. — (14 octobre 1810.) Mission confiée à cet officier en Égypte et en Syrie, 259.

BOYER, général de brigade. — (13 février 1811.) Il est chargé d'un commandement à la 3e division de l'armée d'Allemagne, 468.

BRÊME. V. HANSÉATIQUES (Villes).

BREST, port de guerre sur l'Océan. V. MARINE.

BRETEUIL (Baron DE), ancien ministre, 490, 491.

BREUILLE (DE), colonel du génie. — (3 septembre 1810.) Il est chargé de commander le génie du 9e corps de l'armée d'Allemagne, 102.

BRIATTE, adjudant-major, 332.

BRINDISI, ville du royaume de Naples, 434.

BRUYÈRE, général de division. — (10 janvier 1811.) Bruyère reçoit le commandement de la 1re division de cavalerie légère à la Grande Armée, 420. V. GRANDE ARMÉE.

BUDGET. V. FINANCES.

BUQUET, général de brigade de gendarmerie, à l'armée d'Espagne. — (17 septembre 1810.) Il reçoit l'ordre de faire une enquête au sujet d'exactions commises en Espagne, 146. V. ESPAGNE (*Affaires d'*).

BUTRINTO, ville de la Turquie d'Europe. 559. V. ALI-PACHA.

C

CABOTAGE. — (16 novembre 1810.) Observations concernant le cabotage des blés, 313. — (8 janvier 1811.) Rapport à faire sur l'opportunité d'autoriser un cabotage de smogglers de la Tamise à Terveere, dans l'île de Walcheren, 417. — (18 février.) Ordre d'armer le promontoire de Circeo, afin de protéger contre les corsaires le cabotage de France à Naples, 479. — (22 février.) Le cabotage est inquiété par les navires anglais mouillés dans la rade des Basques; mesures à prendre pour protéger la côte entre la Charente et la Loire, 483.

CACHIN, directeur général des travaux de Cherbourg. — (27 janvier 1811.) Cachin fera partie du conseil chargé d'étudier les moyens d'établir une communication intérieure de la Baltique au Rhin, 434.

CADIX, ville d'Espagne (Andalousie), 492, 616, 617, 618, 619. V. ESPAGNE (*Affaires d'*).

CADORE (Duc DE). V. CHAMPAGNY.

CAFFARELLI, général de division, aide de camp de l'Empereur. — (13 septembre 1810.) Intention de l'Empereur de lui confier la division de réserve qui sera formée à l'armée d'Espagne, 126. — (28 septembre.) Caffarelli reçoit l'ordre de se rendre à Vitoria pour y prendre le commandement de la Biscaye, 183. — (12 octobre.) Il devra mettre un terme aux dilapidations qui se commettent en Espagne, 251. — (8 mars 1811.) Il est chargé, concurremment avec Reille, d'organiser en Espagne les régiments provisoires, 529. — (29 mars.) Caffarelli surveillera la marche des colonnes de renforts à diriger, du centre et du nord de l'Espagne, sur l'armée d'Andalousie, 613, 614. V. ESPAGNE (*Affaires d'*).

CAGLIARI. V. SARDAIGNE.

CAILLARD, secrétaire de la légation française à Berlin, 3.

CALVI, ville de Corse, 493. V. CORSE.

CAMBACÉRÈS, prince, archichancelier. — (12 novembre 1810.) Rapport à faire par Cambacérès sur cette question : Du droit à accorder aux ministres d'état de siéger, à titre de conseillers honoraires, dans les cours impériales, 317. — (12 décembre.) Ordre à l'archichancelier de faire rédiger des lettres patentes au sujet d'une rente accordée comme dotation au baron Bernadotte; le conseil du sceau rendra une décision pour reprendre la principauté de Ponte-Corvo, 369. V. BERNADOTTE (baron), BERNADOTTE (roi de Suède). — (5 janvier 1811.) Cambacérès présidera la commission d'état qui sera saisie de toutes les pièces relatives à la querelle du Pape avec l'Empereur, 413, 414. V. DOTATIONS.

CAMPS. V. BOULOGNE, EMDEN, UTRECHT.

CANAUX. — (14 août 1810.) L'Empereur décide qu'il n'y a point lieu de donner un uniforme à l'administration générale des canaux du Midi; motifs de cette décision, 50. — (13 septembre.) Observations relatives à la comptabilité de la caisse des canaux, 131-136. — (10 octobre.) Lauriston est chargé d'inspecter le canal commencé aux Bouches-du-Rhône, 247. — (28 octobre.) Liberté laissée aux actionnaires du canal du Loing de changer de directeur, selon leurs vues et leurs intérêts, 284. — (9 décembre.) Rapport de Champagny sur la querelle de l'Angleterre et de la France : les arrêts du conseil britannique qui ont détruit la navigation des neutres ne permettent plus à la France de commercer avec le nord qu'au moyen de la navigation intérieure; de là la nécessité de réparer le canal existant entre Hambourg et Lubeck et d'en construire un nouveau qui joindra l'Elbe au Weser et le Weser à l'Ems; c'est un travail de quatre à cinq ans et une dépense de 15 à 20 millions, pour ouvrir aux négociants français une voie facile et économique, 364. — (10 décembre.) Dans son message au Sénat, Napoléon annonce le plan d'un système de canaux destiné à relier la Seine à la Baltique, 368. — (13 décembre.) Observations concernant un projet de décret de Mollien sur la comptabilité de la caisse des canaux, 373. — (31 décembre.) L'Empereur désire qu'avant l'expiration du délai de vingt années fixé pour le perfectionnement de la navigation de la Seine et des canaux y affluant on obtienne un premier résultat dans l'espace de trois ou quatre ans. 404. — (27 janvier 1811.) Études à faire pour établir une communication intérieure de la Baltique au Rhin : la ligne suivrait d'abord l'Elbe jusqu'à Cuxhaven, puis joindrait l'Elbe au Weser par un canal; une commission sera formée pour examiner ce projet, 432, 433. — (3 mars.) Questions adressées à Molé sur le canal projeté de la Loire à Brest. 506.

CANAUX (Caisse des). V. CANAUX.

CANOVA, sculpteur. — (9 décembre 1810.) L'Empereur demande pourquoi le rapport de l'Institut sur les prix décennaux a omis de faire mention des ouvrages de Canova, 366.

CARBONA, ville de Catalogne, 438, 535.

CARLSHAMS, ville de Suède, sur la Baltique, 407.

CAROLINE NAPOLÉON, reine des Deux-Siciles. — (20 mars 1811.) L'Empereur lui annonce l'accouchement de Marie-Louise. 580. V. DEUX-SICILES.

CARTES MILITAIRES. V. DÉPÔT DE LA GUERRE.

CASABIANCA, chef d'escadron, aide de camp de Masséna, 616.

CAULAINCOURT, général de division, duc de Vicence, ambassadeur de France à Saint-Pétersbourg. — (17 février 1811.) Ordre à Champagny de rappeler en France Caulaincourt, 477. — (28 février.) Le duc de Vicence est remplacé à Saint-Pétersbourg par le général Lauriston, 497.

CAVALERIE. V. ARMÉE (*Organisation générale de l'*).

CESSAC (Comte DE). V. LACUÉE.

CETTO (DE), conseiller d'état, ministre plénipotentiaire de l'Empereur à Munich. V. BAVIÈRE.

CHABROL, préfet de Savone, 388.

CHÂLONS (*École des Arts et Métiers de*). — (27 octobre 1810.) Ordre de Napoléon pour l'admission à l'école de Châlons d'un certain nombre de jeunes Croates, 280, 281. — (14 décembre.) Même ordre, 375.

CHAMBARLHIAC, général de division du génie. — (25 mars 1811.) Mission confiée à ce général en vue des prochaines hostilités dans le Nord : il dirigera les travaux d'armement de Dantzig. 605, 606.

CHAMBON, commissaire ordonnateur des guerres. 507, 605.

CHAMPAGNY (Nompère DE), duc de Cadore, ministre des relations extérieures. — (7 octobre 1810.) Observations à Champagny sur son travail relatif au budget de 1811 pour les affaires étrangères, 228, 229. — Note pour le ministre des relations extérieures : la question maritime et ses rapports avec les affaires d'Espagne et de Hollande; origine du blocus des côtes par les Anglais; Napoléon y a répondu par le blocus continental; débouché ouvert au commerce britannique dans la péninsule espagnole; la guerre d'Espagne en est résultée; violation du système continental par la Hollande, 232, 233. — L'Empereur demande à Champagny un mémoire, avec pièces justificatives, sur les phases de la question maritime qui a motivé les décrets de Berlin et de Milan, 234, 235. — (3 novembre.) Instructions au duc de Cadore pour une rectification des frontières du Tyrol; dédommagement à offrir à la Bavière, 290. — Rapport à faire sur la démarcation des frontières du royaume d'Italie et de la France; le mode le plus simple serait de fixer les limites de la Toscane avec la Romagne, et des Apennins avec Reggio et Modène; autre travail sur le tracé des frontières du royaume d'Italie et des provinces illyriennes, en suivant le thalweg de l'Isonzo. 291. — (29 novembre.) Critique du rapport rédigé par Champagny sur les négociations de Morlaix; nécessité d'y mieux développer le principe de la conduite des Anglais en ces circonstances, 346. — (5 décembre.) Ordre au duc de Cadore d'avoir l'œil ouvert sur les préparatifs hostiles des Russes, qui fortifient la

Dwina et le Dniester; la violation du traité de Tilsit par le czar rallumerait aussitôt la guerre, 354. — (9 décembre.) Rapport de Champagny à l'Empereur sur les différentes phases du duel de la France et de l'Angleterre : la France n'est devenue si grande que pour avoir vaincu cinq coalitions successives fomentées par les ministres anglais; la politique désintéressée de Napoléon, toujours disposé à faire la paix, n'a cessé d'échouer contre les jalousies et les rancunes de l'Angleterre; après la rupture de la paix d'Amiens, ayant vu toutes ses espérances trompées par la défaite de l'Autriche et le traité de Presbourg, le cabinet de Londres entra enfin dans une nouvelle voie : un grand homme, Fox, acceptant des faits irrévocablement accomplis, mit sa politique à conserver aux puissances du continent ce qu'elles possédaient encore, et alors s'ouvrirent les négociations de la France avec lord Lauderdale; la mort de Fox et la déclaration de guerre de la Prusse détruisirent l'effet de ces ouvertures, et la quatrième coalition ne fut dissoute qu'à Tilsit par l'alliance d'Alexandre et de Napoléon; plus que jamais, en face des accroissements nouveaux de l'Empire français, la Grande-Bretagne refusa la paix; ses intrigues dans la péninsule espagnole déterminèrent l'Empereur à exclure du trône de Madrid les Bourbons d'Espagne. Une cinquième coalition éclate; la paix de Vienne y met fin, en donnant à Napoléon un nouvel appoint territorial, les provinces illyriennes; en même temps, pour assurer l'efficacité du blocus continental, l'Empereur, après avoir vainement fait à l'Angleterre de nouvelles ouvertures de paix, se décide à réunir la Hollande à la France; l'obstination des Anglais, qui seule a causé tous ces résultats, les derniers arrêts du conseil britannique, en vertu desquels il n'y a plus de neutres, rendent désormais nécessaire la réunion des villes hanséatiques, du Lauenburg et de toutes les côtes depuis l'Elbe jusqu'à l'Ems; aussi longtemps que les Anglais persisteront dans leur tyrannie maritime, la France maintiendra le blocus continental, et marchera à l'accomplissement des hautes destinées que semblent lui préparer les passions aveugles de l'Angleterre, 358-365. — (17 décembre.) Ordre à Champagny de préparer un projet de décret pour échanger une portion du Hanovre contre une fraction équivalente du royaume de Westphalie, 377, 378. — (24 décembre.) Le ministre des relations extérieures proposera au landamman de la Suisse la conclusion d'un traité de douane et de police, qui, sans altérer les clauses de l'acte de médiation, mettrait fin aux intrigues et à la contrebande exercées par les cantons du Tessin au détriment du royaume d'Italie, 392, 393. — (2 janvier 1811.) Ordre à Champagny de remettre les états complets des armées étrangères, 408. — (20 janvier.) Les ministres de France en Russie, en Autriche et en Danemark, devront ajouter leurs observations sur chacun des régiments dont se composent ces armées, 426, 427. — (22 janvier.) Instructions au ministre des relations extérieures pour la prise de possession des pays nouvellement réunis à l'Empire, 430. — (10 février.) Ordre à Champagny de mettre le prince Kourakine en demeure de déclarer si la Russie veut ou non exécuter le traité de Tilsit, 463. — (25 février.) Politique à tenir envers la Suède, qui convoite la Norwége et propose à Napoléon de lui en ménager la conquête. La France restera sourde à ces ouvertures et continuera d'être l'alliée du Danemark, de 487 à 490. — Imminence de la guerre entre la Russie et la Porte; le czar s'apprête à conquérir les principautés moldo-valaques, que les Turcs ne sauraient défendre longtemps; c'est le moment, pour Champagny, de sonder l'Autriche sur la conduite qu'elle entend tenir dans ces graves conjonctures. 491, 492. — (28 février.) Symptômes d'une rupture prochaine entre la France et la Russie, 497-499. — (7 mars.) Inexactitudes dans les états de situation des armées étrangères remis par Champagny; il faudrait y joindre des détails sur l'organisation de chacune d'elles dans les différents pays, 519. — (10 mars 1811.) Ouverture prochaine des hostilités contre les Anglais dans la Baltique, 541. 545. — (19 mars.) Ordre au ministre des relations extérieures de protester, dans une note au prince Kourakine, contre les fausses interprétations auxquelles donnent lieu les mouvements des troupes françaises dans le Nord; les préparatifs faits à Danzig sont dirigés exclusivement contre les Anglais, 577, 578. — (25 mars.) Instructions adressées à Champagny sur le langage que doivent tenir, en vue des événements qui s'annoncent, les représentants de la France à Schwerin, Copenhague, Stockholm et Berlin, 598-601.— (26 mars.) Lettre du duc de Cadore au comte Otto : ce diplomate s'efforcera de connaître les dispositions de l'Autriche relativement à l'entrée des Russes dans la Moldavie et la Valachie ; il sondera aussi le cabinet de Vienne au sujet de l'occupation de Belgrade et de la Servie par le czar, 601. 602. — (27 mars.) Dans un billet au prince Kourakine, Champagny, en rejetant sur la Russie la responsabilité des événements, demande que l'on en finisse de part et d'autre par une explication nette et catégorique, 607-609.

CHAPTAL, comte de Chanteloup, 344.

CHASTEL, colonel, 446.

CHATEAUBRIAND (comte DE), écrivain. — (9 décembre 1810.) L'Empereur s'informe des raisons pour lesquelles l'Institut n'a pas fait mention, dans son rapport sur les prix décennaux, du *Génie du christianisme*, 366.

CHERBOURG, port français sur la Manche. — (29 août 1810.) Instructions au ministre de la marine relativement aux travaux de fortification de ce port, 89. — (17 décembre.) Réunion à Cherbourg de forces navales destinées à envahir l'île de Jersey, 141. 142.

CIRCEO, promontoire d'Italie, près Terracine. — (18 février 1811.) Ordre d'armer ce promontoire, 479.

CLAPARÈDE, général de division à l'armée d'Espagne. — (28 septembre 1810.) Ordre à la division Claparède de quitter Vitoria pour se rendre à Valladolid, 180.

CLARKE, général de division, comte d'Hunebourg, duc de Feltre, ministre de la guerre. — (3 août 1810.) Instructions à Clarke pour la composition du 9° corps de l'armée d'Allemagne, 6. — (29 septembre.) Observations de Napoléon au sujet d'un convoi dirigé sur Barcelone : Clarke en a fixé l'itinéraire d'une façon trop précise; les ordres ministériels de ce genre doivent rester vagues et circonspects, 185. — (23 décembre.) Le ministre de la guerre est blâmé d'avoir donné, de son chef, l'ordre de remettre Magdebourg au roi de Westphalie; l'Empereur ne veut point se défaire de cette place, 389. V. ARMÉE (*Organisation générale de l'*).

CLÉMENT WENCESLAS, prince, ancien électeur de Trèves, 79.

CLÉREMBAULT, consul général de France à Kœnigsberg, 407.

CLERGÉ RÉGULIER. — (22 août 1810.) Disposition relative à l'établissement d'une congrégation de femmes, 69. — (15 septembre.) Ordre au ministre des cultes de n'accorder de pensions aux moines des ordres supprimés qu'autant qu'ils prêteront serment, 138. — (19 octobre.) Observations de l'Empereur sur un projet de décret pour le rétablissement du couvent de la Trappe : il ne s'agit point de rendre au clergé régulier son ancienne organisation; ce serait ressusciter tout un monde d'intrigues et de spéculations; les couvents de Sénart et du Calvaire, par exemple, n'ont offert rien d'édifiant à Napoléon : tout ce qu'il faut, en France, c'est de donner à des moines vieillis dans la vie commune le moyen de vivre en commun, mais non pas secrètement; c'est d'avoir des maisons de retraite comme celles de Sainte-Périne, à Chaillot; c'est enfin d'offrir un refuge dans la vie contemplative aux hommes qui veulent fuir la société : sous ce rapport, la restauration de la Trappe paraît devoir être le premier article du décret en préparation, 269-271. —

(31 janvier 1811.) Ordre de rédiger un projet de décret pour la confiscation des biens des confréries; on les donnerait aux hôpitaux, 443. V. CLERGÉ SÉCULIER, ROME (*Affaires de*).

CLERGÉ SÉCULIER. — (7 août 1810.) Ordre de réduire le nombre des curés de Viterbe, 32. — (28 août.) On supprimera les cures de 500 curés non assermentés dans les départements de Rome et du Trasimène, 86. — (12 septembre.) Note pour les ministres de l'intérieur et des cultes : instructions concernant les logements des curés et desservants; on prendra pour règle d'adosser les maisons des desservants aux églises, et de ne pas dépasser pour chaque presbytère la somme de 2,000 francs; ces frais seront couverts moitié par les communes, moitié sur le fonds du dixième; les dépenses relatives aux logements des évêques, à ceux des séminaires, aux travaux des églises, seront imputables par moitié sur les départements et sur le fonds du dixième; ordre de commencer, dès l'année 1810, le travail pour le département de la Seine. 121. — (13 septembre.) Prélèvement de fonds sur le revenu des communes pour l'achèvement de l'église de Mâcon et la restauration des édifices religieux dans les départements de la Vendée. 129, 130. — (15 septembre.) Ordre de diminuer le traitement des chanoines et curés de Plaisance, 138. — (16 novembre.) Défense aux évêques de modifier dans leurs actes le titre selon lequel ils ont prêté serment à l'Empereur, 325. — (31 décembre.) Suppression de cinq canonicats du chapitre d'Asti; l'Empereur menace de réunir au domaine les biens de cet évêché, s'il continue à entretenir les germes d'hostilité semés par le Pape. 404. — (2 janvier 1811.) Résistance des vicaires généraux de Florence à l'autorité de l'Empereur, à l'occasion du conflit romain; Napoléon dissoudra le chapitre de cette ville, si l'archevêque Osmond n'est immédiatement reconnu. 408. — Ordre d'arrêter plusieurs membres du chapitre de Florence; si les vicaires continuent à s'en référer au bref du Pape qui s'oppose à l'installation de l'archevêque Osmond, le chapitre sera supprimé et ses biens seront confisqués, 410. — (5 janvier 1811.) Réunion prochaine d'un concile national qui donnera l'institution canonique aux évêques à qui le Pape refuse de la conférer; en attendant, l'on prendra l'avis des principaux prélats de l'Empire sur les différents points de la conduite de Pie VII envers Napoléon; formule des questions auxquelles ces évêques auront à répondre, 414, 415. — (1er février.) Ordre au ministre des cultes de réunir le conseil du clergé pour lui communiquer les bulles du Pape et l'instruire de l'état des affaires pontificales, 443, 444. — (3 février.) Nomination d'un nouvel archevêque à Milan; il prêtera serment à Paris. 452. — (10 février.) L'Empereur accuse réception au vice-roi des adresses du clergé de Novare et d'Udine. 464. — (13 mars.) Envoi au ministre des cultes du rapport du comité ecclésiastique; projet de l'Empereur de convoquer, pour le lendemain de Pâques, tous les évêques de France, d'Italie et d'Allemagne. 556. — (16 mars.) Note pour le ministre des cultes : il n'y a plus lieu de recourir au Pape pour l'institution des évêques; c'est un soin qui sera dévolu à une assemblée épiscopale. 564. V. COMITÉ ECCLÉSIASTIQUE. ROME (*Affaires de*).

COÏMBRE, ville de Portugal. — (20 novembre 1810.) Nouvelle publiée par les journaux anglais au sujet d'une surprise dont aurait été victime la garnison de Coïmbre. 349. — (29 mars 1811.) Cette ville est le quartier général de Masséna. 618, 619. V. PORTUGAL (*Opérations dans le*).

COLLIN DE SUSSY, comte, directeur général des Douanes, 34, 49. V. DOUANES.

COLONIAUX (Bataillons). V. BATAILLONS COLONIAUX.

COLONIES FRANÇAISES. — (2 août 1810.) Expéditions à faire partir des ports de Brest, Nantes, Cherbourg, Bayonne, Rochefort et Lorient pour l'île de France. 4, 5. — (10 août.) La colonie de la Guadeloupe sera comprise, en

1810, pour 1,500,000 francs dans le budget de la marine. 36. — (2 septembre.) Ordres relatifs aux croisières à expédier à l'île de France; destination qui leur est fixée, au cas où les Anglais seraient maîtres de cette colonie, 97-99. — (18 octobre.) Le *Moniteur* publiera un article sur la prise de l'île Bourbon et sur les ressources défensives de l'île de France, 267. — (28 octobre.) Instructions à Mollien touchant les crédits accordés aux colonies depuis trois années, 283, 284. — (1er novembre.) Nécessité d'accélérer le départ des navires qui doivent porter des renforts à l'île de France, 287. — (22 décembre.) Départ du capitaine de frégate Roquebert pour cette colonie; mission qui lui est confiée, 386. 387. — (19 février 1811.) Nouvelle de la capitulation de l'île de France, 482. — (8 mars.) Préparatifs d'une expédition à diriger, en 1812, sur la Martinique, 524. V. Marine (*Opérations de guerre et de commerce*).

Colonies hollandaises. — (2 août 1810.) Préparatifs d'expéditions pour Java, 4. 5. — (4 août.) Renseignements demandés à Decrès sur la Guyane hollandaise, 20. — (2 septembre.) Instructions relatives aux croisières préparées pour Java dans les ports de l'Océan; forces qu'elles transporteront dans les Indes. 97-99. — (6 septembre.) Envoi prochain de troupes hollandaises à Batavia, 108; frégates à expédier à cette colonie, 109. — (24 septembre.) Dispositions pour l'envoi de 10,000 fusils à Java; question à Lebrun sur la nature des denrées de ce pays et sur les moyens de les faire arriver en France. 166. — (1er novembre.) Ordre à Decrès d'accélérer le départ des navires destinés à porter des renforts à Batavia; d'autres expéditions seront préparées pour cette île, et recevront un chargement de plusieurs milliers de fusils. 287-289. — Instructions sur le même sujet adressées au lieutenant général de l'Empereur en Hollande, 289, 290. — (5 novembre.) Ordre au ministre de la guerre de faire un choix d'officiers d'artillerie pour les envoyer à Batavia, 302. — (6 novembre.) Matières et produits propres à être exportés à Java : avantages que le commerce français et hollandais pourrait retirer de quelques échanges avec cette colonie, 303, 304. — Ordre d'envoyer à Batavia un millier d'officiers et de sous-officiers demandés par le général Daendels; on ferait partir en même temps un certain nombre d'officiers civils, des fusils, du papier, du fer, de la monnaie de cuivre et des fournitures de différentes sortes, 305, 306. — (22 novembre.) Prochaine prestation de serment du général Janssens, nommé gouverneur général de Batavia; il fera lui-même une proclamation aux habitants de cette île, 332. — (24 novembre.) Ordre de faire un choix d'officiers âgés de moins de quarante ans, pour les envoyer, avec un grade supérieur, commander les troupes des possessions hollandaises, 336, 337. — (25 novembre.) Le lieutenant de vaisseau Philibert est chargé de porter des armes et des troupes à l'île de Java, 339. 340. — (22 décembre.) Éventualité d'une mission du capitaine de frégate Roquebert à Java, 387. — (30 janvier 1811.) La frégate *l'Hortense* sera chargée de porter à Batavia des troupes et des armes. 440, 441. — (26 février.) Possibilité d'une attaque de Batavia par les Anglais, maîtres de l'île de France, 494. — (8 mars.) Préparatifs immenses à faire à Toulon pour que l'escadre de la Méditerranée puisse entreprendre, en 1812, une expédition contre Surinam et toutes les colonies hollandaises de l'Inde, 524. V. Marine (*Opérations de guerre et de commerce*).

Colonnes mobiles. — (6 mars 1811.) Ordre de former deux colonnes pour surveiller la côte depuis la Loire jusqu'à la Gironde; la première aura son chef-lieu à Saint-Gilles, la seconde au village d'Angoulin; les deux commandants correspondront tous les jours avec le général placé à la Rochelle et avec le préfet maritime de Rochefort; en cas de descente ou d'événement extraordinaire, les douaniers seront sous leurs ordres : trois ou quatre colonnes semblables seront organisées sur les côtes de Bretagne et de Normandie, 517-519. — (30 mars 1811.) Instructions à Clarke sur le même sujet; des colonnes mobiles parcourront également les côtes depuis la frontière d'Espagne jusqu'à Gênes, et depuis Gênes jusqu'à Rome, 623.

Comité ecclésiastique. — (5 janvier 1811.) Énoncé des questions relatives au conflit du Pape avec l'Empereur, qui seront soumises aux évêques, 414, 415. — (1ᵉʳ février.) Ordre au ministre des cultes de réunir le comité épiscopal, 433, 434. — (13 mars.) L'Empereur communique à Bigot le rapport du comité ecclésiastique, 556. — (16 mars.) Réponse de Napoléon au rapport des évêques : entreprises tentées par le Pape contre l'autorité de l'Empereur et le bien des églises d'Allemagne et de France; les lumières du siècle et peut-être aussi l'affaiblissement des sentiments religieux ont seuls empêché le renouvellement des scènes de fanatisme du temps passé; nécessité de parer aux désordres enfantés par les ambitions temporelles de la cour de Rome, en convoquant un concile d'Occident, qui réglera la discipline générale de l'Église; l'Empereur interroge les évêques sur la manière dont cette convocation devra se faire, et sur les matières qu'il y aura lieu d'y traiter, 565, 566. V. Clergé séculier, Rome (*Affaires de*).

Commerce. — (6 août 1810.) Sollicitude de l'Empereur pour la navigation et le commerce : mesures prohibitives prises pour détourner sur Lyon les soies d'Italie; des licences seront accordées aux navires de Venise et d'Ancône pour l'exportation des blés et autres produits du pays, et pour l'importation des bois de teinture; les cotons du Levant pourront également être importés. Désir de Napoléon que le commerce soit fait en Italie par les nationaux. Le bénéfice des nouvelles mesures relatives au commerce sera employé au rétablissement de la marine de Venise, 28, 29. — (10 août.) Règlements et formalités concernant les licences octroyées aux bâtiments du commerce sur l'Océan et la Méditerranée; l'importation des cafés d'Arabie sera permise; quant aux licences pour le sucre, l'Empereur se réserve de prendre une décision ultérieurement, 34-36. — (11 août.) Modèle de rédaction pour les licences, 41.— (23 août.) Mesures prises pour que les soies italiennes cessent d'aller en Angleterre et soient désormais détournées au profit des fabriques françaises : c'est le devoir et l'intérêt bien entendu de l'Italie de chercher à favoriser le commerce continental de la France; raisons à l'appui de cette assertion, 70, 71. — (26 août.) Les toiles peintes et les cotonnades d'Allemagne et de Suisse ne pourront dorénavant entrer en Italie qu'en passant par la France, 76, 77. — (28 août.) Ordre aux consuls français à l'étranger de ne délivrer de certificat d'origine pour les marchandises qu'aux bâtiments allant en France: l'Angleterre fabrique publiquement de faux certificats, 80. — (31 août.) Effet produit sur le commerce génois par la publication du nouveau tarif sur les denrées coloniales, 95. — (1ᵉʳ septembre.) Note à transmettre au ministre de Danemark : l'octroi de licence n'autorise pas les bâtiments qui en sont munis à rien importer d'Angleterre, mais seulement à exporter des produits allemands, pour revenir ensuite sur lest prendre en France des marchandises françaises et les exporter dans le Nord, 95, 96. — (5 septembre.) Réorganisation du service des consulats français pour assurer l'efficacité du nouveau système commercial, 104. — Instructions pour l'organisation du transit des marchandises de Gênes à Trieste, d'abord par terre, ensuite par le Pô, puis par le cabotage à partir de Ponte di Lagoscuro; de Trieste, il sera facile d'approvisionner l'Illyrie, l'Autriche, la Hongrie, la Bosnie, l'Albanie et la Turquie; on réglera également le transit de Gênes à Livourne, et de Livourne à Civita-Vecchia sur Ancône, 105, 106. — (24 septembre.) L'Empereur affranchit de tout droit l'exportation en France des blés du royaume d'Italie, 167. — (2 octobre.) Mesures douanières propres à faire de Lyon le centre du commerce des soies françaises et italiennes, 194, 195. — (6 novembre.) Occasion offerte au commerce français d'exporter à l'île de Java différentes matières demandées par le gouverneur de cette colonie; l'intendant du domaine extraordinaire s'intéressera dans ces diverses expéditions, qui devront s'assurer entre elles contre les risques de l'entreprise; le négoce hollandais sera invité à y prendre part. 303. 304. — (7 novembre.) Libre transit par mer et par la Save accordé aux cotons du Levant, 309. — (8 novembre.) Détresse de certains négociants entrepositaires de denrées coloniales; idée d'établir un bureau d'escompte qui accepterait les lettres de change de ces négociants en prenant comme nantissement les marchandises qu'ils gardent en magasin, 312, 313. — (27 novembre.) Désir de l'Empereur que les Français puissent faire le commerce à Francfort et dans les autres villes ayant des droits de bourgeoisie particulière. 341. — (19 décembre.) Note sur un mémoire des députés du commerce de Lyon: mesures à prendre pour parer au chômage des fabricants lyonnais: l'Empereur suggère l'idée de faire acheter par le ministère de la marine des marchandises du Nord qu'on payerait en étoffes de Lyon; de plus, les navires américains n'obtiendraient un permis de navigation qu'à la condition d'exporter ces mêmes étoffes. 383. 384. V. Blocus continental.

Compans. général de division à l'armée d'Allemagne. — (19 août 1810.) Compans portera son quartier général à Hanovre. 61. — (2 septembre.) Ordres à Compans pour l'exécution rigoureuse du blocus sur le Weser, 100.

Concordat. V. Rome (Affaires de).

Condé (Prince de). — (15 janvier 1811.) Intrigues à Paris au nom de ce prince; on fait courir le bruit qu'il est à la tête des insurgés d'Espagne. 425.

Confédération du Rhin (Affaires générales). — (9 septembre.) Contestation entre Bade et Stuttgart au sujet des territoires à céder au grand-duché par le Wurtemberg; l'Empereur attend un rapport de Champagny pour juger le différend, 113. — (17 octobre.) Ordre d'emmagasiner dans les entrepôts des douanes impériales toutes les marchandises coloniales appartenant aux négociants français, qui ont été séquestrées dans les états de la Confédération du Rhin, 262. — (4 décembre.) Ordre pour le retrait de toutes les troupes françaises cantonnées dans les états de la Confédération. 353. — Même ordre, 354. — (5 décembre.) L'Empereur demande à Champagny un livret de la situation des troupes de la Confédération du Rhin, 354. — (24 décembre.) Les princes de la Confédération qui auront été dépossédés ont droit en France à un majorat de 200,000 francs et aux prérogatives des ducs français auprès de l'Empereur. 393. — (24 mars 1811.) Le général Friant est chargé d'occuper les côtes du Mecklenburg; ce pays ne saurait conserver son indépendance qu'à la condition de marcher franchement avec la France, 595, 596. — (25 mars.) Nécessité d'établir un chargé d'affaires de France près du duc de Mecklenburg-Schwerin; ce prince n'a rien à craindre, s'il est disposé à seconder l'Empereur contre l'Angleterre, à empêcher toute contrebande, à fournir 600 matelots exercés, et à s'occuper de l'armement des places de Rostock, Wismar et autres de son duché; sinon le Mecklenburg sera réuni à la France, 598, 599. — (29 mars.) Contingent d'une brigade fourni à Napoléon par la Westphalie, 615.

Confédération helvétique. — (6 octobre 1810.) Ordre au vice-roi de faire occuper tous les cantons suisses-italiens qui servent de débouchés à la contrebande coloniale; cette occupation, doublée d'une ligne de douanes aux sommités des gorges alpestres, ne touchera en rien à la constitution et à la neutralité de la Suisse; la mesure paraîtra venir du prince Eugène, de façon à ménager à la Confédération un recours auprès de Napoléon; les troupes seront nourries par le vice-roi. 224.

225. — (7 octobre.) Nouveaux ordres de Napoléon pour faire cesser en Suisse la contrebande des marchandises anglaises, 230, 231. — (17 octobre.) Ordre relatif aux denrées coloniales séquestrées en Suisse; le transit du coton du Levant sera autorisé pour ce pays, 262, 263. — (3 novembre.) La Diète helvétique ajournera l'ouverture de ses séances, à cause de la prochaine réunion du Valais à la France. 292. — (8 novembre.) Ordre au ministre de la guerre pour que le corps de troupes allant de Genève à Martigny respecte, dans sa marche, le territoire suisse, 314. — (9 novembre.) Question de Napoléon au vice-roi sur les résultats de l'occupation des bailliages suisses du Tessin; il insiste pour qu'aucune atteinte ne soit portée à la libre autorité des cantons, l'occupation n'ayant point d'autre but que la saisie des marchandises anglaises, 315. — (12 novembre.) Le décret sur la réunion du Valais à la France sera communiqué au ministre de l'Empereur à Berne; comment ce représentant devra expliquer la portée de cette mesure, 317. — (19 novembre.) Ordre pour l'évacuation des cantons occupés par les troupes italiennes, 329. — (24 décembre.) Fausse situation politique des cantons du Tessin, foyers d'intrigues et de contrebande qui compromettent la sûreté et la police du royaume d'Italie; nécessité de conclure avec eux un traité qui, sans toucher en rien à l'acte de médiation, stipulera des clauses de douane et de police de nature à mettre un terme à des abus intolérables; ce traité se ferait à Milan, où les cantons devraient envoyer leurs commissaires, 392, 393. — (5 février 1811.) Réponse à une lettre du nouveau landamman; dispositions tout amicales de l'Empereur à l'égard de la Suisse, 454. — (12 février.) Le traité à faire avec la Suisse, au sujet des cantons du Tessin, n'aura point d'autre but que de faciliter la surveillance et le contrôle des douanes italiennes sur la cime des Alpes. 464.

CONGRÉGATIONS. V. CLERGÉ RÉGULIER.

CONROUX, général de division. — (3 septembre 1810.) Il est nommé commandant de la 2ᵉ division du 9ᵉ corps de l'armée d'Espagne, 102. — (20 novembre.) Ordre de laisser filer la division Conroux sur Salamanque, 329.

CONSCRIPTION. — (10 octobre 1810.) Chiffre des hommes que doit fournir la conscription maritime; contingent fixé pour l'Italie française; mode d'appels successifs à adopter pour la levée, 242, 243. — (27 octobre.) Le recrutement, en Italie, devra être calculé à raison de 3,000 hommes par million d'habitants, 283. — (7 novembre.) La Hollande devra fournir par an 6,000 soldats, 310. — (23 décembre.) Instructions aux ministres des cultes et de la guerre au sujet des étudiants des grands et petits séminaires qui demandent à être exemptés de la conscription, 389, 390. — (3 février 1811.) Prochaine levée de la conscription; ordre aux majors chargés de commander les régiments de marche de se trouver à leurs dépôts, 448. — (10 mars.) Instructions à Clarke concernant la répartition des conscrits piémontais, belges, hollandais et italiens, 340, 341. V. ARMÉE.

CONSEIL D'ÉTAT. — (15 décembre 1810). Le Conseil d'état vérifiera, en section des finances, les receveurs de différentes communes, 376. — (8 janvier 1811.) Dénonciation au Conseil d'état du bref de Pie VII au chapitre de Florence, 417, 418. — (27 janvier.) Ordre à la section de la guerre de proposer un projet pour donner aux anciens militaires des places dans les administrations des forêts, des postes, des tabacs et des contributions, 436. — (13 février.) On discutera au Conseil un projet de former les prisonniers de guerre en compagnies qui seront à la disposition du génie et des ponts et chaussées, 470.

CONSULATS. — (7 octobre 1810.) Réformes à faire dans les consulats; fixation du traitement des consuls et des vice-consuls, 229. — (20 février 1811.) Utilité d'établir des vice-consulats en Bosnie, 482, 483.

CONTRIBUTIONS. V. IMPÔTS.

CORFOU (île de), dans la mer Ionienne. — (14 août 1810.) Ordre au général Donzelot de réprimer énergiquement l'espionnage et la contrebande à Corfou, 43. — (11 septembre.) Dispositions à prendre pour la défense de cette île, 117. — (20 septembre.) Artillerie et blé à transporter à Corfou, 161. — (21 septembre.) Défense d'envoyer des soldats espagnols à Corfou : le bataillon septinsulaire doit se recruter parmi les Dalmates et en Italie, 163. — (28 septembre.) Envoi de poudre à Corfou; importance que l'Empereur attache à la possession de cette île, qu'il regarde comme la clef de l'Adriatique; un décret fixera l'approvisionnement de siége de Corfou, 174, 175; — ordre au vice-roi de faire un traité avec une maison de commerce d'Ancône ou de Venise pour la fourniture de 20,000 quintaux de blé destinés à Corfou, 184. — (6 octobre.) Expédition de navires pour le ravitaillement de Corfou, exposé à une attaque des Anglais, 222. — Renforts à expédier à Corfou; précautions que le prince Eugène devra prendre en faisant passer des approvisionnements dans cette île, 224. — Envoi de troupes françaises et napolitaines à Corfou; le roi de Naples est chargé de s'entendre avec le général Donzelot pour assurer l'arrivée à bon port des cargaisons de blé et de riz; Napoléon veut que Corfou ne puisse être mis en péril que par un blocus, 226. — (4 novembre.) L'Empereur fixe le nombre des bâtiments que le vice-roi devra envoyer à Corfou, 299, 300. — Éventualité d'une prochaine attaque de cette île par les Anglais; nécessité d'accélérer le départ des canonnières désignées pour s'y rendre, 301. — approbation donnée à une mesure prise par le roi Joachim pour faciliter les mouvements d'Otrante à Corfou; la perte de ce poste maritime deviendrait aussi funeste pour l'Italie et Naples que l'a été celle de la Sicile; il devra y avoir, tant des marines italienne et napolitaine que de la marine française, une quarantaine de bâtiments à Corfou, 301, 302. — (21 novembre.) Le capitaine de vaisseau Montfort reçoit l'ordre de porter à Corfou un corps d'infanterie et de prendre le commandement de la rade, pour concourir à l'approvisionnement de l'île, 331, 332. — (22 novembre.) Précaution à prendre pour assurer l'arrivée à Corfou d'une moitié au moins du chargement transporté par Montfort, 332. — (26 novembre.) Nouvelle preuve de l'importance que l'Empereur attache à la conservation de Corfou; le roi de Naples sera responsable si cette île vient à manquer de la moindre chose; lenteurs apportées par Donzelot dans les travaux de fortification; il faut mettre à contribution les bras des soldats et des marins, et établir un armement en rapport avec l'abondance des approvisionnements, calculés pour une résistance d'une année, 341. — (11 janvier 1811.) Départ pour Corfou d'un des bataillons du régiment de la Méditerranée, 421. — (13 janvier.) Instructions à Decrès au sujet de navires de guerre à expédier à Corfou ou à en faire revenir, 423. — (4 mars.) Mesures à prendre pour faciliter les communications d'Otrante à Corfou, 510. — (8 mars.) Utilité de construire des bâtiments légers propres au passage de ce port à l'autre, 528. — (15 mars.) Le capitaine de vaisseau Péridier est chargé de porter des approvisionnements à Corfou, 561, 562. — Envoi de deux bataillons à cette île, 564. V. DONZELOT.

CORPS D'ARMÉE DE L'OCÉAN. — (3 janvier 1811.) Nombre de divisions dont ce corps sera composé, 410, 411.

CORPS DIPLOMATIQUE. V. DIPLOMATIQUE (Corps).

CORPS D'OBSERVATION DE HOLLANDE. — (18 août 1810.) L'Empereur demande un rapport sur la situation des troupes françaises en Hollande; à partir du 5 décembre, elles seront réduites à cinq régiments d'infanterie et à quatre de cavalerie, qui seront à la charge du budget hollandais, 58, 59. — (17 décembre.) Ordre de dissoudre, en janvier 1811, le corps d'observation de Hollande, 378, 379. — (27 décembre.) Désormais les troupes cantonnées dans ce pays, qu'elles soient françaises ou hollandaises, seront traitées sur le même pied. 399, 400. V. HOLLANDE.

CORPS D'OBSERVATION DE L'ELBE. — (3 janvier 1811.) Ce corps comptera pour deux des quatre corps dont la Grande Armée sera composée, 410, 411. — (10 janvier.) Le 1er corps sera commandé par Davout, et le 2e par Oudinot; quartiers généraux à partir du 15 février, Munster et Osnabruck, 419. 420.

CORPS LÉGISLATIF. — (14 décembre 1810.) Ordre à Montalivet de former les collèges électoraux dans les nouveaux départements français, afin qu'ils puissent envoyer leurs députés au Corps législatif, 374.

CORSAIRES, 541, 558, 585. V. MARINE (*Opérations de guerre et de commerce*).

CORSE, île française dans la Méditerranée. — (30 août 1810.) Note sur la Corse dictée en conseil d'administration des finances : suppression des douanes; on recherchera les moyens de réduire dans ce pays les frais de l'enregistrement, des postes et des forêts; évaluation approximative des revenus que la Corse doit rapporter; l'Empereur désire que l'on favorise l'introduction en France des denrées produites par cette île, 94. 95. — (8 octobre.) Note concernant l'établissement en Corse de hauts fourneaux destinés à employer le minerai surabondant de l'île d'Elbe, 238. — (8 novembre.) Préparation d'un décret pour réunir les deux départements de la Corse en un seul; l'intention de l'Empereur est de diminuer les impôts établis dans ce pays. 312. — (11 janvier 1811.) Ordre d'augmenter la force militaire en Corse. 422. — (28 février.) Routes à faire en Corse pour l'extraction de mâts dans les forêts de cette île, 499. — (7 mars.) Note pour la rédaction d'un projet de décret concernant les forêts de la Corse, 519. — (8 mars.) Nécessité de renforcer la station de Corse; on aura dans les ports de cette île des corvettes et des bricks qui surveilleront toutes les côtes et tiendront en respect la marine sarde, 528. — (13 mars.) Organisation de la Corse, sous le titre de *département de la Corse*, en un seul département; administration judiciaire et contributions; suppression des droits réunis, remplacés par un accroissement de l'impôt personnel et mobilier; toutes les dépenses de l'île seront diminuées de sorte que le trésor n'ait pas à payer plus de 800,000 francs au delà des produits de la Corse; facilités données à ses habitants pour l'introduction des denrées du pays en France. 554. 555.

CORTÈS d'Espagne. — (7 novembre 1810.) Mission confiée au marquis d'Almenara, auprès du cabinet de Madrid, en vue d'amener une entente avec les insurgés espagnols réunis dans l'île de Léon sous le nom de Cortès; la convention de Bayonne sera prise comme base de la reconstitution de l'Espagne, 307-309.

COSTANZI, général italien. — (4 novembre 1810.) Une partie de sa division sera envoyée à Corfou. 299.

COSTAZ, baron, intendant des bâtiments de la Couronne, 426.

CÔTES (*Surveillance des*). V. CORPS D'ARMÉE DE L'OCÉAN.

COUIN, général de brigade. — (3 septembre 1810.) Il est nommé commandant de l'artillerie du 9e corps de l'armée d'Espagne, 102.

COUVENTS. — (31 janvier 1811.) Renseignements demandés au ministre de la police sur la maison des Filles Saint-Thomas; l'Empereur se plaint que partout on rétablisse des couvents de religieuses. 443. V. CLERGÉ RÉGULIER.

CRÉDIT PUBLIC. — (8 novembre 1810.) Instructions à Mollien pour l'institution d'un établissement de crédit, moitié banque et mont-de-piété, qui escompterait les lettres de change des négociants en se saisissant comme garantie des marchandises coloniales que ces commerçants ont en magasin; taux à fixer pour l'intérêt. 312, 313. — (26 décembre.) Ordre au ministre du trésor public de faire un rapport sur cet établissement de prêts; projet d'un prêt en faveur de la maison de commerce Richard-Lenoir. 398. — (8 février 1811.) Décision pour un prêt à faire à la maison Gros-Davilliers. 457. V. Banque, Finances.

Croates. — (18 octobre 1810.) Questions au comte de Lobau touchant l'organisation de régiments croates destinés à servir en Italie ou en France. 267, 268. — (27 octobre.) Mesures à prendre pour admettre à l'école des arts et métiers de Châlons un certain nombre de jeunes Croates ; une centaine d'autres seront élevés à Saint-Cyr ou à la Flèche, 280, 281. — (14 décembre.) Ordre à Clarke pour l'envoi à l'école de Châlons de dix-huit jeunes Croates. 375.

Cultures. — (25 octobre 1810.) L'Empereur recommande d'encourager à Rieti, ville des Légations, la culture des graines de pastel, d'où l'on peut extraire une fécule utile à la teinture. 279. — (19 décembre.) L'établissement d'une régie des tabacs, au profit du trésor, viendra en aide aux intérêts de l'agriculture, par l'obligation qui sera imposée à cette régie de n'user que des produits du sol français. 401. — (18 mars 1811.) Ordre au ministre de l'intérieur de développer dans un rapport les avantages de la culture de la betterave pour la fabrication du sucre ; cela permettrait d'affranchir la France d'un tribut payé à l'étranger, en prohibant absolument l'entrée du sucre colonial ; on pourrait établir à la ferme de Rambouillet une école normale pour la fabrication du sucre de betterave, et chaque préfet encouragerait dans son département cette culture, qui, en bien des endroits, pourrait utilement remplacer celle du tabac, 371, 372.

Cunégonde (Princesse), sœur du prince Clément Wenceslas, ancien électeur de Trèves, 79.

Curzola, une des îles dalmates, 470. V. Dalmatie (Îles de la).

Cuxhaven, village à l'embouchure de l'Elbe, 433.

Czernitchef, comte, colonel, aide de camp de l'empereur de Russie. — (23 octobre 1810.) Retour de Czernitchef en Russie, après un séjour auprès de Napoléon, 275. — (28 février 1811.) Assurances d'amitié dont il est chargé pour le czar, 497.

D

Daendels, général hollandais, gouverneur général de l'île de Java. — (6 novembre 1810.) Demandes diverses adressées de Batavia par Daendels à Napoléon ; mesures prescrites en conséquence par l'Empereur, 305, 306. V. Colonies hollandaises.

Dahlmann, colonel des chasseurs de la Garde, tué à Eylau. — (2 février 1811.) Intention de l'Empereur de donner des titres et dotations aux enfants de cet officier, 446. V. Dotations.

Dalberg, duc, conseiller d'état, 394, 430.

Dalmatie (Îles de la). — (13 octobre 1810.) Expédition projetée sur Lissa, contre les croiseurs anglais ; le capitaine Dubourdieu est chargé de la commander, 258. — (4 novembre.) Résultats de l'expédition ; malgré quelques négligences de Dubourdieu, l'Empereur se déclare satisfait de ce "coup d'essai de la marine italienne ;" mais il insiste sur l'utilité d'occuper et de fortifier l'île de Lissa, afin de gêner l'établissement des Anglais dans l'Adriatique, 298. 299. — (2 février 1811.) Ordre de faire les préparatifs d'une seconde expédition contre Lissa ; tandis que Dubourdieu partira d'Ancône à l'improviste, Marmont, de son côté, occupera l'île de Lesina-Grande ; Lissa une fois soumise, on prendra des mesures pour mettre le port Saint-Georges en état de défense. 446. 447. — (13 février.) Instructions à Eugène Napoléon au sujet de ces îles : dans le cas d'une guerre continentale, il importerait de les évacuer pour éviter une dissémination inutile de forces ; mais, dans les circonstances actuelles, il faut, au contraire, les occuper pour assurer les communications de Venise avec la Dalmatie et d'Ancône avec Corfou ; une faible garnison suffira pour éloigner les Anglais de ces postes militaires, 470, 471. — (15 mars.) Ordre au capitaine Péridier de se rendre à Trieste aussitôt qu'il se sera emparé de Lesina, 561.

DALMATIE (Duc DE). V. SOULT.

DALTON, baron, général de brigade. — (13 février 1811.) Chargé de commander une brigade de la 1re division de l'armée d'Allemagne, 468.

DAMAS (Roger DE), émigré français, 61.

DANDOLO (Vincent), comte, ancien provéditeur général de Dalmatie. — (8 mars 1811.) Il fera partie du conseil chargé de régler, sous la présidence de Gaudin, la nouvelle organisation des provinces illyriennes, 523.

DANEMARK (Royaume de). — (2 août 1810.) L'Empereur se plaint qu'un convoi danois ait subi la visite des Anglais à Hambourg, 3. — (4 octobre.) Il accorde, pour un mois, au roi de Danemark la licence d'écouler par Hambourg les denrées coloniales du Holstein; le terme expiré, il devra confisquer toutes les marchandises qui n'auront pas profité de la licence, 197, 198. — (3 décembre.) Équipages complets de vaisseaux de ligne fournis par le Danemark à Napoléon, 352. — (25 février 1811.) La Suède convoite la Norwége et cherche à détacher Napoléon du Danemark; mais cet effort restera vain; la France défendra loyalement les intérêts du cabinet de Copenhague; le baron Didelot devra recommander à celui-ci de faire passer des forces en Norwége et de faire surveiller les mouvements de la Suède, 487-490. — (25 mars.) Au moment où les hostilités vont s'ouvrir entre la France et l'Angleterre sur la Baltique, l'Empereur invite le roi de Danemark à exécuter rigoureusement les stipulations du blocus, 600. V. BLOCUS CONTINENTAL, SUÈDE.

DANZIG, place forte, en Prusse. — (4 et 14 août 1810.) Ordres relatifs à la garnison de cette place, 17, 43. — (27 août.) L'Empereur se plaint qu'on ait fait, sans son ordre, un approvisionnement de siége à Danzig, 78. —

(2 septembre.) Le général Rapp, gouverneur de Danzig, devra, par une stricte surveillance, assurer l'exécution rigoureuse du blocus dans ce port, 100. — (29 septembre.) Appareillage illicite d'un navire danzigois; le consul général de France n'avait pas le droit d'accorder un permis de sortie; enquête à ouvrir sur cette infraction au blocus, 185, 186. — (6 octobre.) Mesures à prendre pour la mise en état de défense de Danzig; importance de cette place, 212. — Napoléon regarde Danzig comme le rempart du grand-duché de Varsovie, 228. — (14 décembre.) Ordre de construire un équipage de pont à Danzig, 374, 375. — (3 février 1811.) Ordre de diriger sur Danzig une provision de fusils qui seront achetés à Vienne, 449. — (3 mars.) Dispositions concernant l'armement de Danzig, où l'Empereur désire avoir une force considérable, pour parer à toute attaque de l'Angleterre, 508, 509. — (10 mars.) L'ouverture prochaine des hostilités dans la Baltique nécessite l'armement de corsaires à Danzig, 541. — Renforts expédiés à cette place, menacée d'un débarquement des Anglais, 545. — (18 mars.) Ces renforts, qui d'abord seront censés aller à Stettin, se dirigeront à marches forcées sur Danzig, 573. — Les troupes de la Westphalie et du Wurtemberg porteront à 16,000 hommes la garnison de Danzig; elle sera commandée par les généraux Pajol et Bachelu, 573, 574. — Instructions de Napoléon au roi Jérôme relativement à l'armement de Danzig; ces préparatifs ne supposent pas nécessairement la guerre; mais l'importance de cette place est sans égale pour l'Empereur, qui doit prendre ses précautions en vue de l'arrivée prochaine d'une escadre anglaise dans la mer Baltique, 576. — Observations dans le même sens au roi de Wurtemberg: Napoléon regarde Danzig comme la sauvegarde de toute la Confédération du Rhin, 576, 577. — (23 mars.) La ville de Danzig devra nourrir les troupes alliées qui l'occupent, 585. — (24 mars.) Fixation de la somme à consacrer en 1811

au budget de Danzig, 587. — (24 mars.) Ordre à Davout de faire commencer les travaux de fortification de cette place. 592. — (25 mars.) Approbation du projet remis à l'Empereur sur cette matière; fonds consacrés à son exécution ; envoi à Danzig des généraux Chambarlhiac et Haxo et du colonel Richemont; utilité d'assurer le service des malles entre cette place et Paris. 605. 606.

DARU, comte, intendant général de la Maison de l'Empereur. — (2 septembre 1810.) Daru propose à l'Empereur l'achat de la cabane qu'avait habitée, à Saardam, le czar Pierre le Grand; décision de Napoléon à ce sujet. 100. — (28 septembre.) L'intendant général est chargé de rédiger un projet de décret relatif à la liquidation du passif de la liste civile hollandaise, 175. — Observations de l'Empereur sur les dépenses excessives de son écurie : sommes que lui ont coûté ses voitures et ses chevaux en 1810; nécessité d'établir dorénavant un budget rigoureux pour les écuries; le chiffre, en 1811, n'en doit pas dépasser 3 millions; ordre de réduire le haras de la maison impériale à 60 chevaux, et de réformer quelques chevaux des écuries. 176. 177. — (13 novembre.) Ordres à Daru au sujet de commandes à faire aux fabriques de Tours et de Jouy; étoffes qu'il convient d'employer à l'avenir pour l'ameublement des palais impériaux, 319.

DAUBENTON, administrateur des mines de mercure d'Idria, en Illyrie, 246.

DAUCHY, conseiller d'état, intendant général des finances en Illyrie. V. ILLYRIENNES (Provinces).

DAUMESNIL, général de brigade, commandant à Vincennes, 446.

DAVOUT, duc d'Auerstaedt, prince d'Eckmühl, maréchal, commandant l'armée d'Allemagne, gouverneur général des villes hanséatiques. — (19 août 1810.) Instructions à ce maréchal, chargé d'assurer, de Paris, l'efficacité du blocus sur les côtes de la mer du Nord, 61. — (28 septembre.) Dispositions à prendre par Davout pour empêcher la contrebande et la navigation anglaise depuis la Hollande jusqu'à la Poméranie suédoise, 177-179. — (2 octobre.) Réitération de cet ordre au prince d'Eckmühl, 192. — (4 octobre.) L'Empereur confirme à Davout le commandement de l'armée d'Allemagne, 202 ; — ordres adressés à ce maréchal au sujet de la réorganisation de son armée, 209-211. — (6 octobre.) Soins pris par Napoléon pour que tout ce qui concerne l'armée d'Allemagne passe par les mains du prince d'Eckmühl, 219. — (10 janvier 1811.) Davout commandera le 1ᵉʳ corps d'observation de l'Elbe, un des corps de la Grande Armée, 419. — (24 mars.) Instructions au prince d'Eckmühl au sujet de renforts envoyés à l'armée d'Allemagne; mesures prises pour que Davout, le cas échéant, puisse concentrer à Danzig une armée de 140.000 hommes. 591. 592. — L'Empereur recommande au prince d'Eckmühl d'avoir soin, tout en faisant ces préparatifs, de conserver jusqu'à nouvel ordre un langage pacifique, 596, 597. V. ARMÉE D'ALLEMAGNE, GRANDE ARMÉE.

DECRÈS, comte, vice-amiral, ministre de la marine. — (2 août 1810.) Instructions à Decrès au sujet de divisions navales à expédier à l'Ile de France et à Batavia, 4, 5. — (4 octobre.) Le ministre de la marine s'apprête à faire une tournée d'inspection en Hollande, 205. — (10 octobre.) Instructions relatives à sa mission dans ce pays, 243. — (16 mars 1811.) Question au ministre de la marine sur un refus de délivrer des lettres de marque aux corsaires armés dans les ports de l'Empire; ordre de laisser sortir tous les bâtiments de course, 567. V. MARINE.

DÉCRETS. — (2 septembre 1810.) Décrets qui accordent une pension à la nourrice de Louis XVI et à celle de la duchesse d'Angoulême, 101. — (16 octobre.) Décret octroyant une rente viagère à Hyacinthe-Dominique de Bourbon, 260.

DEFERMON, comte, ministre d'état, intendant général du domaine extraordinaire, 243, 255, 483. V. Domaine extraordinaire.

Defrance, comte, général de division. — (10 janvier 1811.) Il commandera la 4ᵉ division de cuirassiers, à la réserve de cavalerie de la Grande Armée, 420. — (20 mars.) Defrance est chargé d'aller annoncer au roi Joseph la naissance du fils de Napoléon, 580.

Dejean, évêque d'Asti, 404.

Delaitre, colonel, 446.

Denon, baron, directeur général des musées, 50.

Deponthon, colonel du génie, secrétaire du cabinet de l'Empereur, en mission en Hollande. — (27 août 1810.) Il reçoit l'ordre de reconnaître la côte hollandaise jusqu'au Holstein, 78. — (4 octobre.) Il remettra au ministre de la marine tous les renseignements recueillis dans cette tournée, 206. — (18 novembre.) Deponthon est chargé d'aller étudier les éléments de défense de la rade de la Hougue. 327.

Dépôt de la guerre. — (11 octobre 1810.) Ordre à Clarke de faire dresser une carte d'étapes comprenant tous les pays occupés par l'armée française, 248. — (2 février 1811.) Le dépôt de la guerre fera le plan des attaques et siéges des places prises dans les campagnes d'Allemagne et d'Espagne, 444.

Dépôts militaires. V. Armée (Organisation générale de l').

Desailly, baron, général de brigade. — (13 février 1811.) Il est chargé d'un commandement à la 3ᵉ division de l'armée d'Allemagne. 468.

Désaugiers, chargé d'affaires de France à Stockholm. — (7 septembre 1810.) Efforts de Désaugiers pour favoriser l'élection du roi de Danemark au trône de Suède; rappel de ce représentant, 110, 111. V. Suède.

Déserteurs. — (22 août 1810.) La peine de mort sera décrétée contre tout déserteur, étranger ou français, qui servira chez les Espagnols, 68. — (11 janvier 1811.) Ordre de diriger sur Civita-Vecchia les conscrits réfractaires des départements italiens, 421. — (24 janvier.) Observations de l'Empereur au ministre de la guerre au sujet du grand nombre de déserteurs dans les régiments d'Illyrie : une amnistie leur sera accordée en considération du mariage de Napoléon avec Marie-Louise, 431. — (9 février.) Évasion de conscrits réfractaires près de Breglio et de Toulon; Napoléon se plaint de l'anarchie qui règne au ministère de la guerre, 459. — (2 mars.) Instructions à Clarke relativement aux conscrits réfractaires et aux déserteurs; ils seront envoyés en Corse ou à Walcheren, 504. — (3 mars.) Ordre au ministre de la guerre de rédiger un rapport sur le même sujet, 507.

Dessaix, baron, général de division. — (13 février 1811.) Il est chargé de commander la 4ᵉ division de l'armée d'Allemagne, 468.

Dessolle, général de division. — (4 octobre 1810.) Dessolle commandera la division française de l'armée du Centre, qui sera formée en Espagne, 208, 209.

Deux-Siciles (Royaume des). — (4 août 1810.) Inutilité pour le roi de Naples d'entretenir des missions à Vienne et à Saint-Pétersbourg, 10. — (6 août.) Ordre à Clarke d'arrêter en route un bataillon de marche parti de Naples pour la Catalogne; défiance qu'inspirent à l'Empereur les troupes napolitaines, 27. — (29 août.) L'Empereur invite le roi Joachim à se former au plus tôt une marine de guerre, 92. — (2 octobre.) Il lui demande un plan de la baie de Brindisi et s'informe de l'état d'armement de cette rade, 195. — (6 octobre.) Envoi de troupes napolitaines à Corfou; importance que le roi de Naples doit attacher pour la sécurité de ses propres états, à l'armement de cette île, 226. — (17 octobre.) Napoléon se plaint que la cour de Naples ait emprunté à la France ses titres militaires; il n'y a pas lieu d'assimiler d'obscurs officiers de parade à des maréchaux illustres et plusieurs fois victorieux; il ne doit pas non plus y avoir de maréchaux dans l'armée napolitaine, 261, 262. — (4 novembre.) Concours prêté par le roi Joachim au mouvement des canonnières italiennes expédiées sur Corfou; Napoléon insiste de nouveau sur le danger qui résulterait pour Naples de la perte de cette île. 301. 302. — (12 novembre.) Déficit dans le budget des Deux-Siciles; source de ce découvert; nécessité pour Joachim Napoléon de réduire de moitié son armée; réflexions de l'Empereur à cet égard. 318. 319. — (13 novembre.) L'armée de 40,000 Napolitains que le roi de Naples s'épuise à entretenir ne suffirait pas à le défendre contre les Anglais, si l'Empereur retirait, comme le demande Joachim, ses troupes des Deux-Siciles; observations sur la mauvaise administration de ce royaume; il est inutile que Murat ait des ministres en Russie et en Autriche. 319. 320. — (14 novembre.) Utilité d'établir de fortes batteries à Brindisi. 321. 322. — (18 novembre.) Il devra être construit annuellement, dans les Deux-Siciles, un vaisseau, une frégate et une corvette; on arrivera ainsi peu à peu à former, sans trop de frais, une marine napolitaine. 327. 328. — (26 novembre.) Le roi de Naples répondra des moindres besoins de Corfou en fait d'approvisionnements; la perte de cette île serait encore plus fatale aux Deux-Siciles qu'à la France, 341. — (5 décembre.) L'Empereur réclame l'état de situation de l'armée napolitaine. 355. — (23 décembre.) Inutilité de reconstituer la noblesse napolitaine; imiter sans raison, à Naples, ce qui a été fait en France, ne serait qu'une singerie mal appliquée.» 391. — (28 février 1811.) Marché à conclure avec le ministre de la marine des Deux-Siciles pour la construction de deux navires de guerre au compte de la France, 496. — (2 mars.) Ordre d'envoyer à l'Empereur l'état de situation des forces de terre et de mer du royaume de Naples, 505. — (15 mars.) Même ordre, 560. — (24 mars.) Marche des régiments napolitains vers le Pô. 597.

DIDELOT, baron, ministre plénipotentiaire de France à Copenhague, 489. V. DANEMARK.

DIGEON, baron, général de brigade. — (4 octobre 1810.) Ordre pour que la brigade Digeon ne fasse plus partie de la division Lahoussaye, 209.

DIPLOMATIQUE (Corps). — (2 août 1810.) Les ministres de l'Empereur à l'étranger doivent envoyer tous les mois un état détaillé des forces militaires de la puissance auprès de laquelle ils sont accrédités, 3. — (9 septembre.) Les ministres et agents français à l'extérieur démentiront les prétendues menées de Napoléon en faveur de l'élection de Bernadotte au trône de Suède, 112. — (7 octobre.) Fonds affectés pour 1811 aux légations françaises de Vienne, de Stockholm et de Munich; observations au sujet de Constantinople et de Téhéran, où l'Empereur, en 1810, n'a pas eu d'ambassadeurs; trois auditeurs d'ambassade seront ajoutés aux légations de Vienne et de Saint-Pétersbourg; ordre de supprimer à Francfort un des deux agents diplomatiques, qui font double emploi, 229. — (17 février 1811.) L'Empereur est prêt à envoyer un ministre plénipotentiaire auprès du nouveau sultan. Caulaincourt est rappelé de Saint-Pétersbourg; le choix de l'Empereur, pour le remplacer, reste indécis entre la Rochefoucauld, de Narbonne et Lauriston, 477. — (28 février.) Nomination de Lauriston à l'ambassade de Russie, 497.

DOMAINE DE LA COURONNE. — (10 août 1810.) Instructions concernant l'ameublement des palais impériaux, 36. — (28 août.) Observations sur le budget des biens du domaine en Toscane, 86.

DOMAINE EXTRAORDINAIRE. — (4 août 1810.) Observations sur le projet de convention relatif aux biens du domaine extraordinaire en Westphalie; distinction à faire entre les biens de la Westphalie proprement dite et ceux du Hanovre, 9. 10. — (6 août.) Éclaircissements demandés à l'intendant général sur l'arriéré dû à la caisse de l'extraordinaire par les provinces d'Allemagne, 27. — (10 août.) Montant des frais de bureau assignés au domaine extraordinaire, 40. — (10 octobre.) Instructions à Defermon au sujet des mines de mercure d'Idria,. portion du domaine extraordinaire en Illyrie, 243, 244. — (13 octobre.) Époque à laquelle ces mines ont été détachées du domaine pour entrer dans la dotation de l'ordre des Trois Toisons d'or; profit que le domaine extraordinaire doit retirer d'une propriété dont il a eu la jouissance pendant tout le second semestre de 1809, 255-257. — (6 novembre.) L'intendant du domaine extraordinaire est autorisé à prendre un intérêt dans les expéditions commerciales projetées pour Batavia, 303. — (24 décembre.) Observations sur le compte de la caisse de l'extraordinaire : distinction à établir entre les capitaux et les revenus, pour les années 1809 et 1810; chapitre concernant le portefeuille de réserve; évaluation approximative des revenus pour 1811; la Bouillerie dressera la note des sommes dues à la caisse des canaux, 394, 395. — (9 mars 1811.) L'Empereur renonce, en faveur de la Westphalie, à la portion de domaine extraordinaire restée disponible dans ce pays, 533.

DOMAINE PRIVÉ. — (23 octobre 1810.) Éléments du domaine privé de l'Empereur; trésor des Tuileries, caisse de la liste civile d'Italie, portefeuille de réserve, 273, 274. — (7 décembre.) Instructions relatives à un projet de décret concernant des fonds à faire rentrer au domaine privé, 357, 358.

DONZELOT, baron, général de division, gouverneur général des Sept-Îles. — (14 août 1810.) Observation sur la conduite de Donzelot à Corfou, 43. — (11 septembre.) Ordre à ce général pour la défense de l'île, 117. — (10 octobre.) L'Empereur blâme Donzelot de n'avoir pas montré assez d'énergie lors de la prise de l'*Orphée* par Ali-Pacha, 242. — (26 novembre.) Le gouverneur des Sept-Îles sera invité à pousser plus activement les travaux de fortification de Corfou, 341. — (4 mars 1811.) Napoléon se plaint que le gouverneur des Sept-Îles laisse insulter le pavillon français par les corsaires d'Ali-Pacha; il devra, par de fermes démonstrations, réprimer le brigandage des Turcs, 510, 511. — (15 mars.) Même ordre à Donzelot; si le Pacha se montre récalcitrant. il faudra lui déclarer la guerre et s'emparer de Butrinto, 559. V. CORFOU.

DORA (LA), ou Doire-Baltée, département français. — (17 octobre 1810.) Ordre au ministre de la police de délivrer des passe-ports gratis pour l'Italie aux ouvriers émigrants des montagnes de la Doire-Baltée, 264.

DORSENNE, général de division à l'armée d'Espagne. — (19 août 1810.) Ordres à transmettre à ce général, 60. — (20 novembre.) Mouvement prescrit à Dorsenne, 329. — (30 décembre.) Il sera chargé de former les cinquièmes compagnies dans les bataillons de la Garde, 402. — (8 janvier 1811.) Dorsenne concourra avec Bessières à purger la Navarre des brigands qui l'infestent, 418, 419. — (2 février 1811.) Défense à Dorsenne de prendre des décrets et de se servir d'aucune formule appartenant à la souveraineté, 445. V. ESPAGNE (*Affaires d'*).

DOTATIONS. — (13 octobre 1810.) Question relative aux mines de mercure d'Idria, données à titre de dotation à l'ordre des Trois Toisons d'or, 255-257. — (27 novembre.) Concessions en bois et terrains à faire à la Légion d'honneur, propriétaire, pour suite de dotation, de la mine de fer de l'île d'Elbe, 344. — (12 décembre.) Dotation en rentes accordée au baron Bernadotte, frère du prince royal de Suède; la principauté de Ponte-Corvo avec tous les biens de Westphalie et de Hanovre sera reprise à l'ex-maréchal, 369. — (2 février 1811.) Intention de l'Empereur de donner des titres et des dotations aux enfants des colonels et chefs d'escadron tués sur les champs de bataille, 446. — (20 février.) Si les droits du colonel Krasinski sur la starostie d'Opinagora sont fondés, ce domaine sera distrait de la principauté de Ponte-Corvo, et un majorat de comte en sera formé, 483.

DOUANES. — (6 août 1810.) Ordre au vice-roi

d'envoyer le tarif des douanes du royaume d'Italie; un décret a réglé les droits pour l'entrée en France des soies d'Italie; le prince Eugène en recevra un autre relatif à l'introduction dans la péninsule de certaines denrées coloniales. 28. — (9 août.) Explications à demander au directeur des douanes d'Ostende, qui a laissé un bâtiment sortir de ce port pour l'Angleterre. 34. — (14 août.) L'Empereur interroge le comte Collin, directeur général des douanes de l'Empire, sur l'appareillage illicite de divers bâtiments non munis d'une licence. 49. — (26 août.) Napoléon rappelle au vice-roi qu'il doit y avoir conformité entre les douanes d'Italie et celles de France. 76, 77. — (30 août.) Intention de l'Empereur de supprimer les douanes en Corse. 93. 94. — (5 septembre.) Règlement relatif aux douanes des provinces illyriennes; triple point de vue sous lequel il faut les considérer; la modération du tarif, en multipliant les affaires, accroîtra aussi les produits; le port de Gênes doit être le point de départ du transit, à la fois continental, fluvial et maritime, qui, par Trieste, approvisionnera aisément l'Illyrie, l'Allemagne et même la Turquie, 104, 105. — (27 septembre.) Ordre de laisser en entrepôt réel, sur la frontière italienne, les cotons et denrées arrivant d'Allemagne; il ne doit entrer de marchandises et d'étoffes étrangères en Italie que par le bureau de douanes de Verceil et celui du Pô, vis-à-vis Pavie. 171, 172. — (2 octobre.) Instructions au vice-roi relativement au tarif appliqué aux denrées coloniales en Italie; ces droits feront l'objet d'un compte séparé sous le titre d'*extraordinaire des douanes;* franchise accordée aux soies d'Italie venant à Lyon; observations concernant les cotons de Naples et du Levant en transit dans le royaume d'Italie pour venir en France. 194, 195. — (6 octobre.) Tous les cantons suisses italiens, par lesquels se fait la contrebande des denrées coloniales, seront occupés par une ligne de douanes qui surveillera les débouchés des montagnes, 224, 225. — (29 novembre.) L'Empereur se plaint qu'on mette des entraves à la libre circulation des grains entre le royaume d'Italie et le Piémont, 347. — (23 décembre.) Ordre de surveiller les côtes de Hollande et de prêter main-forte aux douaniers pour empêcher les communications, encore fréquentes, avec l'Angleterre. 391. V. Blocus continental, Commerce.

Doumerc, général de brigade. — (10 janvier 1811.) Doumerc aura le commandement de la 3ᵉ division de cuirassiers, à la réserve de cavalerie de la Grande Armée, 420.

Dreyer (De), ministre plénipotentiaire de Danemark à Paris, 3. V. Danemark.

Drouet, général de division à l'armée d'Espagne. — (19 août 1810.) Ordres à transmettre à ce général en Navarre, 60. — (28 septembre.) Drouet reçoit le titre de commandant du 9ᵉ corps de l'armée d'Espagne; troupes placées sous ses ordres; il gardera la Vieille-Castille, et assurera, de Valladolid, la sécurité des places de Ciudad-Rodrigo, Almeida, Salamanque et Astorga, 179-181. — Dispositions qu'il devra prendre pour exécuter ces instructions et garder les derrières de l'armée de Portugal, 182-184. — (3 novembre.) Drouet est chargé de rouvrir les communications avec l'armée de Portugal; ordres minutieux et divers que l'Empereur lui fait expédier pour le guider dans cette tâche, 294, 295. — (20 novembre.) Instructions renouvelées dans le même sens, 329. V. Espagne (*Affaires d'*).

Dubourdieu, capitaine de vaisseau. — (13 octobre 1810.) Ce capitaine est chargé de faire une expédition contre les croiseurs anglais de l'Adriatique, 258. — (4 novembre.) Observations de l'Empereur sur les résultats incomplets de l'expédition de Dubourdieu; points obscurs à éclaircir dans le rapport de ce capitaine, 298. — (15 mars 1811.) Frégates mises, à Ancône, sous le commandement de Dubourdieu, 562. — Ordre à Dubourdieu de porter deux bataillons de Trieste à Corfou, 564. V. Dalmatie (Îles de la).

TABLE ANALYTIQUE.   659

Dumonceau, comte, maréchal hollandais. — (17 décembre 1810.) Il est chargé de passer l'inspection des régiments hollandais, 379. — (8 janvier 1811.) L'Empereur annule le décret du roi Louis qui avait conféré à Dumonceau le titre de comte de Bergen-Duin; ce maréchal s'appellera tout simplement le comte Dumonceau, 417.

Dumoustier, général de brigade à l'armée d'Espagne. — (28 septembre 1810.) Force de la division Dumoustier, placée sous les ordres de Reille, en Navarre, 182, 183.

Dunkerque, ville et port de France. — (8 janvier 1811.) On ne laissera venir des smogglers d'Angleterre à Terveere (Hollande) que si cela ne nuit pas au cabotage de Dunkerque, 417. — (5 mars.) Mission confiée à Lemarois : il s'assurera de l'espèce de commerce que font à Dunkerque les smogglers, et de la quantité de journaux anglais qu'ils répandent dans cette ville, 514.

Duppelin, général de brigade. — (3 septembre 1810.) Il est envoyé à la division Friant, 102. — (13 février 1811.) Confirmation du nouveau commandement donné à Duppelin. 468.

Durand, baron, ministre de France à Stuttgart. 416, 417. V. Wurtemberg.

Duroc, duc de Frioul, général de division, grand maréchal du palais. — (10 août 1810.) Rapport à faire par Duroc sur l'ameublement du château de Meudon, 36. — (20 septembre.) Instructions au grand maréchal au sujet d'un fonds annuel de 240,000 francs à distribuer aux anciens militaires ou à leurs familles. 162. — (16 février 1811.) L'Empereur mande Duroc pour l'entretenir au sujet de divers travaux à faire aux palais impériaux. 476.

Durutte, général de brigade hollandais. — (17 décembre 1810.) Durutte reçoit le commandement de la 31ᵉ division militaire. 379.

E

Ecclésiastiques (Affaires). V. Clergé régulier. Clergé séculier, Rome (Affaires de).

Eckmühl (Prince d'). V. Davout.

École des arts et métiers. V. Châlons (École de).

Écoles militaires. — (27 septembre 1810.) Fixation du prix de la pension à payer par les élèves du Prytanée. 169. — (27 octobre.) Observations de l'Empereur sur les dépenses excessives de l'établissement de la Flèche. 280.

Écoles primaires. V. Instruction publique.

Édilité parisienne. V. Paris, Travaux publics.

Égypte. — (17 décembre 1810.) Projet d'une descente en Égypte au moyen de la flottille de transport dont l'Empereur a ordonné la construction dans la Méditerranée, 142. — (13 octobre.) Le consul de France en Égypte enverra un rapport sur l'état politique, militaire et financier de ce pays, 251, 252. — (6 décembre.) Napoléon réclame des renseignements et plans détaillés sur les fortifications du Caire, d'Alexandrie, de Damiette, d'El-A'rych, 355. — (8 mars 1811.) Ordre de faire des préparatifs pour qu'en 1812 l'escadre de la Méditerranée soit en état de faire une expédition en Égypte, 524.

Elbe, fleuve d'Allemagne. — (9 décembre 1810.) En réponse aux arrêts du conseil britannique qui suppriment la navigation des neutres, Hambourg et l'Elbe seront réunis à l'Empire, et, pour ouvrir une voie facile et économique au commerce français avec le Nord, un canal sera creusé de l'Elbe au Weser, 364. — (17 décembre.) Ordre de réorganiser la flottille de l'Elbe, 380. — (3 février 1811.) Utilité d'avoir sur l'Elbe un point fortifié, tel que Lauenburg, pour y enfermer au besoin la flottille et le matériel, 450.

Elbe (Corps d'observation de l'). V. Corps d'observation de l'Elbe.

Elbe (Île d'). V. Toscane.

ELCHINGEN (Duc d'). V. NEY.

ÉLISA NAPOLÉON, grande-duchesse de Toscane. — (20 mars 1811.) Napoléon annonce la naissance de son fils à cette princesse, 580.

EMDEN (Camp d'), 621.

ÉMERIAU, contre-amiral. — (2 mars 1811.) Il est chargé de commander l'escadre de Toulon; instructions qui lui seront transmises par le ministre de la marine, 504.

ÉMIGRÉS. — (22 août 1810.) Note à rédiger par le duc de Cadore : aucun Français ne peut porter les armes contre sa patrie; une amnistie a été accordée aux sujets de l'Empereur qui, depuis 1804, ont servi dans les rangs des Prussiens, des Russes et des Autrichiens; mais, d'après les termes du traité de Vienne, ils sont obligés de rentrer en France, s'ils ne veulent pas être condamnés à mort par contumace; quant aux Belges que le traité de Campo-Formio a autorisés à se rendre en Autriche, ils n'ont pas davantage le droit de porter les armes contre la France, et leur situation est la même que celle des Français émigrés; Napoléon renverra, pour sa part, tous les Autrichiens qui sont à son service, 64, 65. — (12 septembre.) Note sur le même sujet pour le ministre des relations extérieures, 120. — (24 novembre.) Situation faite, en vertu de l'amnistie, aux officiers et soldats français au service de l'Autriche qui rentreront en France; ils seront dirigés sur Passau, aux frais de la cour de Vienne, et l'Empereur subviendra ensuite à tous leurs besoins, 334. — Instructions à Clarke pour l'enrégimentation des Français licenciés du service d'Autriche; formalités qu'ils auront à remplir à Passau; grades à confirmer; de Passau, on dirigera les nouvelles compagnies sur Strasbourg; un pareil dépôt sera formé à Villach pour les sujets du royaume d'Italie quittant l'armée autrichienne, 335, 336.

EMS, fleuve d'Allemagne. — (9 décembre 1810.) La dénationalisation des pavillons neutres par les arrêts du conseil britannique rend nécessaire la réunion à l'Empire des côtes hanséatiques depuis l'Elbe jusqu'à l'Ems; afin d'assurer, par la navigation intérieure, le commerce français avec le Nord et la Baltique, un canal sera ouvert du Weser à l'Ems, 364.

ÉQUIPAGES MILITAIRES. V. ARMÉE (*Organisation de l'*).

ESCAUT (Escadre de l'). V. MARINE.

ESCOMPTE (*Établissements d'*). V. BANQUE, COMMERCE, FINANCES, MOLLIEN.

ESPAGNE (*Affaires d'*). — (10 août 1810.) Ordre pour la formation d'une colonne d'observation qui entrera en Catalogne pour contenir les vallées insurgées du côté d'Urgel et de Puycerda, 38. — (19 août.) L'Empereur se plaint au ministre de la guerre de ne rien savoir de la situation et des mouvements de l'armée de Catalogne, 59; ordre d'expédier des renforts aux généraux français dans la Navarre, 60. — (22 août.) Défense à Clarke d'envoyer aucune recrue étrangère à l'armée d'Espagne, 68. — (9 septembre 1810.) Négociations préliminaires d'un traité avec le roi Joseph : Napoléon a l'intention de réclamer, comme indemnité des dépenses que la guerre d'Espagne lui impose, la cession de la rive gauche de l'Èbre, 111. — (12 septembre.) Ordre à Clarke d'envoyer de nouvelles forces en Catalogne, 122. — (13 septembre.) Évaluation des sommes envoyées en Espagne depuis le 1er janvier, 129. — (16 septembre.) A son entrée du Portugal, Masséna laissera derrière lui, pour garder le pays de Valladolid, tous les régiments provisoires de dragons; après la prise de Tortose et de Tarragone. Valence sera le but probable des opérations de Suchet; l'enceinte de Lerida ne sera point démolie, 139. — Belle conduite du général Girard et du 5e corps au combat de Villagarcia; ordre aux généraux de l'armée d'Espagne de protéger le passage de dix mille mérinos en route pour la France, 140. — Mollien fera un rapport sur les contributions levées en Espagne par les receveurs nouvellement établis, 140. — (17 septembre.) Exactions commises dans la péninsule; trafic touchant la libération des prisonniers : ordres donnés à cet égard au prince de Wagram, 146. — (19 septembre.) Note relative à la perception des contributions dans les provinces espagnoles occupées par les troupes françaises : l'argent levé sur le pays doit être d'abord versé dans la caisse du payeur français, puis n'en doit sortir que sur ordonnance de l'intendant ou de l'ordonnateur, pour être appliqué aux besoins de l'armée; toute autre forme de comptabilité serait irrégulière, 151, 152. — (20 septembre.) Envoi d'une somme de deux millions à l'armée d'Espagne : observations de Napoléon à ce propos, 160. — (28 septembre.) Les troupes de la Vieille-Castille sont mises sous les ordres de Drouet, qui prend le titre de commandant du 9° corps de l'armée d'Espagne, et reçoit la mission de protéger les places de Ciudad-Rodrigo, Almeida, Salamanque et Astorga, 179-181. — Le général Caffarelli est nommé commandant de la province de Biscaye, 183. — (29 septembre.) Napoléon donne à Soult l'ordre d'empêcher le corps de la Romana de passer le Tage; formation d'une armée du Centre, forte de 15,000 hommes; après la prise de Tortose et de Tarragone, on pourra faire marcher 25,000 soldats sur Valence, 186, 187. — (2 octobre.) Convois dirigés sur Barcelone; prochaines dispositions à faire pour le siége de Tarragone; la soumission de la province de Valence sera confiée à Suchet, 191, 192. — (12 octobre.) Projet secret de Napoléon de réunir à la France la Biscaye et la Navarre, 251. — (18 octobre.) L'Empereur reproche à Kellermann de tenir ses troupes disséminées, au lieu de ménager un appui à l'armée de Portugal, 267. — (3 novembre.) Dispositions à prendre pour rouvrir les communications avec le Portugal; ordres divers à expédier, dans cette vue, au général Drouet; l'Empereur réclame un rapport sur les pays dont se compose le sixième gouvernement en Espagne, 294, 295. — (7 novembre.) Instructions adressées au comte de Laforest, ambassadeur de France à Madrid :

résumé des événements survenus en Espagne depuis la convention de Bayonne; refus des Espagnols de se rallier au frère de Napoléon; entrée des Français à Madrid; l'Espagne appartient désormais par droit de conquête à l'Empereur, qui pourrait tenir les derniers traités pour non avenus; néanmoins, par esprit de conciliation, il est prêt à les renouveler et à consentir à l'intégrité de l'Espagne, si les cortès veulent cesser une lutte profitable à l'Angleterre seule; sinon, le cabinet espagnol devra reconnaître que l'insurrection, et non l'affaire de Bayonne, aura été la cause réelle de la perte de la péninsule. 307-309. — (14 novembre.) Mollesse apportée par Soult dans ses opérations : au lieu de se replier sur Séville, il eût dû suivre la Romana et menacer la rive gauche du Tage vis-à-vis de Lisbonne; l'Empereur se plaint que rien n'avance devant Cadix, et qu'on n'attaque point l'île de Léon, mal défendue par un faible corps espagnol, 320, 321. — (20 novembre.) Manœuvres recommandées à Drouet; nécessité de faire une diversion en faveur de l'armée de Portugal, 329. — (28 novembre.) Ordre de former une division pour patrouiller sur la frontière, aux environs de Puycerda, 345. — (2 décembre.) L'Empereur se plaint que ses convois soient interceptés aux environs de la frontière française; ordre d'augmenter la force des escortes, 351. — (8 janvier 1811.) Recrudescence du brigandage en Navarre; le duc d'Istrie est chargé de le réprimer, 418. — (15 janvier 1811.) Prise de Malaga et du fort de Marbella; ouverture des tranchées devant Tortose, 425. — (17 janvier.) Le roi Joseph ne doit pas retirer au général Belliard le gouvernement de Madrid; nulle troupe française ne peut être sous les ordres d'officiers au service d'Espagne, 426. — (25 janvier.) Après la prise de Badajoz, Soult et Masséna devront s'emparer d'Abrantès, 432. — (27 janvier.) Ordre concernant une croisière à envoyer sur la côte d'Espagne pour faire des prises près de Malaga, Valence et Alicante,

435. — (29 janvier.) L'Empereur fait presser Macdonald de prendre les forts de la Catalogne restés au pouvoir des insurgés, 438. — (2 février.) Défense formelle aux généraux employés en Espagne de s'y mêler d'aucune opération de ventes et de domaines; leur rôle est de conquérir et soumettre le pays et non de faire des profits d'argent, 445. — (6 février.) Prise imminente de Badajoz. 455. — (18 février.) Napoléon se plaint de n'avoir pas de nouvelles de l'armée de Catalogne; ordre à Clarke d'exciter Baraguey d'Hilliers et Macdonald à sortir de leur inaction, 479. — (26 février.) Les navires envoyés en croisière sur les côtes d'Espagne et de Barbarie saisiront tous les bâtiments portant des blés à Cadix et à Lisbonne. 492, 493. — (8 mars.) Des nouvelles arrivées de Londres annoncent la prise de Badajoz par Soult; ce maréchal marche sur le Tage. 529. — (9 mars.) Le gouvernement d'Aragon est augmenté de plusieurs provinces; Suchet et Macdonald concerteront leurs opérations, en vue de l'occupation du Montserrat et du siége de Tarragone; instructions à Berthier relativement aux ordres à transmettre à ces chefs de corps. 535, 536. — La prise de Tarragone amènera la conquête de la Catalogne; Valence tombera d'elle-même; «c'est là que les armées d'Aragon et de Catalogne seront récompensées de leurs fatigues.» 537. — (10 mars.) Ordre à l'armée du Centre d'établir les communications avec le duc de Dalmatie, afin d'avoir des nouvelles de ses opérations, 537. — Réflexion de l'Empereur sur une lettre du duc d'Istrie attribuant l'interminable guerre d'Espagne à l'action de quelques meneurs, 538. — (22 mars.) Fautes commises par Belliard et Lahoussaye; conséquences possibles de la fausse direction imprimée à l'armée du Centre, 582. — (29 mars.) Des renforts tirés du centre et du nord seront dirigés sur l'armée du Midi, qui se trouve exposée par suite du mouvement de Masséna vers le nord, 611-615. — Insuffisance des troupes laissées par Soult devant Cadix; le siége de cette ville a couru le risque d'être levé; les seuls points qu'il importe de garder pendant l'expédition d'Estrémadure sont Séville, Badajoz et Cadix; ordre de centraliser tous les hôpitaux dans Séville; troupes à tenir dans Badajoz et Grenade; nécessité de pousser avec activité le siége de Cadix; état des colonnes de renfort envoyées à l'armée d'Andalousie. 615-621. V. Armée d'Espagne.

Espagne (Armée d'). V. Armée d'Espagne.

Espagnol (Régiment), 27, 53.

Essling (Prince d'). V. Masséna.

Estafettes. — (25 février 1811.) La correspondance de l'Empereur avec les ministres de France à Stockholm et à Copenhague se fera par estafettes de Paris jusqu'à Hambourg, et de là par des officiers de l'armée de Davout, 487, 489.

Estève, comte, trésorier général de la Couronne. V. Domaine de la Couronne, Domaine privé.

États-Unis d'Amérique. — (2 août 1810.) Projet de note pour le ministre des États-Unis à Paris : en réponse à l'acte du congrès, en date du 1er mai, qui rend au commerce français l'accès des ports américains et proclame les droits des neutres, l'Empereur déclare qu'à partir du 1er novembre les décrets de Berlin et de Milan cesseront d'avoir aucun effet; dispositions essentiellement amicales de Napoléon pour la République américaine, dont il considère les intérêts comme liés à ceux de la France, 1, 2. — (22 août.) L'Empereur réclame des États-Unis une réparation pour insulte faite à son pavillon. 66. — (2 décembre.) Discussion entre les États-Unis et l'Angleterre, qui arrête les navires américains porteurs de coton, 350. — (13 décembre.) Napoléon accordera toutes les facilités possibles au commerce américain, si le gouvernement des États-Unis est décidé à maintenir contre l'Angleterre l'indépendance de son pavillon; l'Empereur ne s'oppose pas à ce que les Florides deviennent possession américaine; il est disposé à bien accueillir les bâtiments venant réellement d'Amérique; mais la difficulté est de les distinguer des navires anglais naviguant sous le pavillon américain; ces derniers doivent être formellement désavoués par les États-Unis, 371, 372.

Étienne (Charles-Guillaume), homme de lettres, directeur du *Journal de l'Empire*. — (23 novembre 1810.) Observations sévères de Napoléon sur la facilité du *Journal de l'Empire* à répéter les faux bruits semés par les correspondances étrangères, et notamment par les gazettes de Vienne; l'Empereur menace de retirer à Étienne la direction de la feuille qu'il surveille, 333.

Eugène Napoléon, vice-roi d'Italie, archi-chancelier d'état de l'Empire. — (26 août 1810.) L'Empereur blâme le vice-roi d'avoir libéré sans autorisation les bâtiments ottomans saisis à Ancône, 76. V. Blocus continental. Turquie. — (27 janvier 1811.) Observations de Napoléon sur la teneur d'une lettre du vice-roi au landamman de la Confédération helvétique, 436. V. Italie (Royaume d').

Évêques. V. Clergé séculier.

F

Faix, baron, secrétaire du cabinet de l'Empereur. — (1er octobre 1810.) Recherche confiée à Fain relativement aux travaux publics d'Ajaccio, 188.

Feltre (Duc de). V. Clarke.

Ferdinand VII. d'Espagne. — (17 septembre 1810.) L'Empereur ordonne de démentir le bruit d'un prochain mariage entre Ferdinand et une princesse d'Autriche, 147. — (17 octobre.) Même ordre de Napoléon, 261. — Berthier préviendra tous les commandants des corps d'armée en Espagne «que ce bruit est un enfant de l'oisiveté de Paris et un bavardage qui occupe les Parisiens;» jamais l'Empereur n'a eu l'idée de faire un pas rétrograde. 264. 265.

Fesch (Joseph), cardinal-archevêque de Lyon. — (5 janvier 1811.) Correspondances entretenues par Fesch avec le Pape. 414.

Finances. — (2 août 1810.) Note sur les moyens d'amortir de 22 millions en dix ans la dette de la France, qui, en 1810, y compris la dette de la Hollande, s'élève à 82 millions, 5, 6. — (10 août.) Le budget de la marine pour 1810 est fixé au chiffre de 110 millions, 36. — (13 septembre.) Montant des sommes envoyées en Espagne depuis le 1er janvier 1810 : 26,200,000 francs, 129. — Destination du fonds de 11 millions à prélever sur le revenu des communes affecté au culte; observations relatives à la comptabilité des ponts et chaussées et des travaux de la ville de Paris, 129-136. — (17 septembre.) Intention de l'Empereur de mettre désormais à la charge des communes certaines dépenses, telles que celles des enfants trouvés, des prisons, etc. acquittées jusqu'alors par l'État; projet de décret à préparer dans ce sens, 144-146. — (1er octobre.) Observations sur le budget du ministère de la police pour 1811; chiffre de ce budget, 188, 189. V. Police générale. — (24 octobre.) Réforme monétaire ayant pour but de faire disparaître les vestiges de l'ancien régime ; crise qui en résulte ; suppression des écus de 6 francs, 275, 276. — (10 décembre.) Napoléon, dans son message au Sénat, constate l'état prospère des finances de l'Empire, 369. — (15 décembre.) Ordre pour la vérification des receveurs communaux; destitution des receveurs de Mayence, Obernai, Bernardswiller et Saverne, 375, 376. — (29 décembre.) Préambule du décret établissant la régie des tabacs : idées de Napoléon sur ce que doit être le système financier de l'Empire; immoralité de l'emprunt; avantage d'un grand nombre d'impositions, dont le tarif, faible en temps ordinaire, pourrait grossir, suivant les besoins, en temps extraordinaire; diminution des impôts fonciers et personnels; droits réunis, impositions sur le sel; raisons qui déterminent l'Empereur à établir une régie des tabacs; il acquiert ainsi une branche de revenus de près de 80 millions, qui permettra d'abaisser d'autant le taux des contributions personnelle et foncière; — les besoins de l'Empire, en temps de paix, sont de 660 millions, de 900 millions en temps de guerre maritime, et ils seraient de 1.100 millions dans les circonstances les plus critiques, 400, 401. — (20 janvier 1811.) Questions à Gaudin sur le fonds qui existe dans diverses caisses de son ministère, 427. — (12 février.) Observations sur le faible produit de la perception des passe-ports et des ports d'armes dans divers départements. 465. — (14 février.) Note pour le ministre des finances : dispositions pour l'acquittement de l'arriéré de la dette à payer aux départements des Bouches-du-Rhin et des Bouches-de-l'Escaut, 472. — (18 février.) Gaudin fera connaître à Napoléon où en est le remboursement de la dette publique à Rome, 478. — (13 mars.) Explications demandées par Napoléon sur la dette de la Corse, 555. V. MOLLIEN, TRÉSOR PUBLIC.

FINISTÈRE (Collége électoral du). — (3 mars 1811.) Allocution de l'Empereur aux députés de ce collége, 506.

FINLANDE. V. RUSSIE, SUÈDE.

FITEAU, général de brigade. — (3 novembre 1810.) Ce général est envoyé dans le Valais, lors de la réunion de ce pays à la France, 293. — (18 novembre.) Ordre pour la rentrée de Fiteau et de sa colonne à Genève, 326.

FLÈCHE (École de la). V. ÉCOLES MILITAIRES.

FLESSINGUE. V. HOLLANDE (Affaires de), MARINE (Opérations).

FLEURIEU (Mme DE), veuve du sénateur comte de Fleurieu. — (29 août 1810.) Sollicitude de l'Empereur pour Mme de Fleurieu et ses enfants; de quelle façon doivent être réglées les affaires de cette famille, 90.

FLORIDE, possession espagnole dans l'Amérique du Nord. — (13 décembre 1810.) Napoléon ne s'oppose pas à ce que la Floride devienne possession américaine; il est prêt à favoriser, en général, l'indépendance de l'Amérique espagnole. 371.

FLOTTILLES FLUVIALES. V. ELBE, EMS, ESCAUT. JAHDE, WESER.

FONTAINE, architecte de l'Empereur, 476.

FONTAINEBLEAU (Château impérial de). Séjour de Napoléon le 2 août, le 18, le 26 septembre et le 14 décembre 1811.

FONTANA, abbé, agent de Pie VII à Paris. — (3 janvier 1811.) Arrestation de Fontana. 413.

FONTANELLI, comte, général dans l'armée du vice-roi d'Italie. — (9 novembre 1810.) Occupation des cantons suisses-italiens par ce général, 315.

FORÊTS (Administration des). — (27 janvier 1811.) Les places, dans cette administration, seront données de préférence à d'anciens militaires, 436. — (7 mars.) La conservation des forêts de la Corse passera du ministère de l'intérieur à celui de la marine, 519.

FORTIFICATIONS. V. GÉNIE.

FOLLER DE RELINGUE, comte, écuyer commandant l'écurie de la Maison de l'Empereur, 177.

FOURNIER, général de brigade à l'armée d'Espagne. — (3 septembre 1810.) Il est nommé commandant de la cavalerie du 9e corps, 102.

FOX, ministre anglais. V. ANGLETERRE.

FOY, baron, général de division. — (25 décembre 1810.) Avis et instructions pour ce général, quittant Paris pour retourner en Portugal. 398. — (26 décembre.) Ordre à Berthier de transmettre à Foy les nouvelles arrivées d'Espagne par Londres, 398, 399.

FRANCFORT-SUR-LE-MEIN. V. PRIMAT (Prince).

FRANÇOIS II, empereur d'Autriche. — (30 septembre 1810.) Marques d'estime et d'amitié que l'Empereur donne à ce souverain; Napoléon déclare ne plus tenir à l'exécution de certains articles secrets du traité de Vienne. 187. — (14 novembre.) Avis à François II de la grossesse de l'Impératrice Marie-Louise.

329. — (14 décembre.) Même avis, 375. — (20 mars 1811.) Napoléon informe l'empereur d'Autriche de la naissance de son petit-fils, dont il le prie d'être le parrain, 580. V. AUTRICHE.

FRÉDÉRIC-AUGUSTE, roi de Saxe. — (4 août 1810.) L'Empereur demande au roi de Saxe des renseignements secrets sur l'état de situation des places du grand-duché de Varsovie. 22, 23. V. SAXE.

FRIEDERICHS, baron, général de brigade. — (13 février 1811.) Il sera chargé d'un commandement à la 4ᵉ division de l'armée d'Allemagne, 468.

FRIANT, comte, général de division. — (22 août 1810.) La division Friant quittera prochainement l'Espagne pour se rendre dans le Mecklenburg, 70. — (13 février 1811.) A partir du 1ᵉʳ avril, Friant commandera la 2ᵉ division de l'armée d'Allemagne, 468.

FRIOUL (Duc DE). V. DUROC.

FRONTIÈRES (*Délimitation de*). V. CHAMPAGNY.

FUSILS (*Approvisionnement de*). V. ARSENAUX.

G

GAËTE (Duc DE). V. GAUDIN.

GALLO (Marquis DE), ministre des relations extérieures des Deux-Siciles, 10

GANTEAUME, comte, vice-amiral. — (10 octobre 1810.) La signature du ministère de la marine sera confiée à Ganteaume, pendant l'absence de Decrès, chargé d'une mission en Hollande, 243.

GARDANE, comte, général de brigade à l'armée d'Espagne. — (3 novembre 1810.) Ce général sera chargé de rouvrir les communications avec l'armée de Portugal, 294. — (26 décembre.) Son avant-garde est repoussée à Pinhel par les milices de Silveira, 399.

GARDE IMPÉRIALE. — (3 août 1810.) Ordre concernant la tenue des fusiliers de la Garde; le recrutement de la vieille Garde se fera au moyen d'hommes servant depuis la bataille de Friedland; projet d'organisation de la Garde propre à maintenir dans ce corps les cadres d'une armée de réserve de 80,000 hommes, 7-9. — (19 août.) Le général Reille aura le commandement des quatre régiments de la Garde qui sont en Navarre, 60. — (20 septembre.) A l'occasion d'une parade militaire à Paris, la Garde impériale se propose d'offrir à dîner à la légion portugaise de Meaux, 162. — (30 décembre.) Création d'une 5ᵉ compagnie dans chaque bataillon de la Garde, 402.

— (3 janvier 1811.) Organisation de l'artillerie de la Garde impériale, 412. — (9 février.) Ordre à la Riboisière de compléter le personnel et le matériel de l'artillerie de la Garde, 460, 461. — (28 mars.) Grades accordés aux officiers de la Garde qui passent dans la ligne, 609. — (29 mars.) Ordre à Clarke d'organiser le régiment des *pupilles de la Garde*, 610.

GARDES D'HONNEUR, 409.

GAREAU, baron, général de brigade. — (28 novembre 1810.) La brigade de Gareau fera partie d'une division chargée de surveiller la frontière aux environs de Puycerda, 345.

GAUDIN, duc de Gaëte, ministre des finances. — (26 septembre 1810.) Gaudin est chargé de former une commission pour rédiger un projet de décret relatif à la nouvelle organisation de la Hollande, 168. — (18 février 1811.) L'Empereur réclame du ministre des finances un rapport sur la dette publique de Rome, 478. — (8 mars.) Ordre à Gaudin de réunir un conseil qui réglera l'organisation définitive des provinces illyriennes, 523. — (9 mars.) Instructions au ministre des finances au sujet des impositions à établir dans les territoires allemands réunis à la Hollande, 531. — (13 mars.) Gaudin rédigera un travail complet sur la nouvelle organisation à donner à la Corse, 554, 555. V. FINANCES.

GENDARMERIE. — (12 septembre 1810.) Instructions à Clarke pour l'organisation de la légion de gendarmerie de la Catalogne. 123. — (7 novembre.) Réduction du nombre et de la force des brigades de gendarmerie à pied des départements de l'ouest; mode de recrutement de la gendarmerie à cheval. 309. — (23 décembre.) La gendarmerie, en Hollande, sera organisée sur le modèle de celle de France. 389.

GÉNIE. — (4 août 1810.) Instructions relatives aux travaux d'armement du fort de Bath, de Flessingue, Breskens, etc. travaux du fort Impérial, dans l'île de Cadzand, 10-13. — Importance de la place de Willemstad, qui couvre Anvers; ordres pour en assurer la défense. 14. 15. — (7 août.) Travaux d'armement de l'île du Texel, 30, 31. — (19 septembre.) Note pour le général Bertrand : moyens de couvrir la frontière, du Wesel à la mer; lignes successives de défense en cas d'attaque par le nord; l'Yssel doit être considéré comme le prolongement de la véritable ligne défensive du Rhin. 153-155. — (6 octobre.) Note sur les places de Pologne : importance de Modlin; on affectera un million par an aux travaux de cette place, 220. 221. — (17 octobre.) Ordre de pousser activement les fortifications de Flessingue et d'Anvers. 263. 264. — (18 octobre.) Hypothèse de l'Empereur sur le point du Rhin par lequel l'ennemi, en cas d'agression, pourrait chercher à pénétrer en France; nécessité pour le génie de fortifier une position intermédiaire entre Wesel et Mayence, soit Bonn, soit un endroit à l'embouchure de la Sieg; discussion des moyens propres à assurer la défense de la frontière de ce côté, 265, 266. — (24 décembre.) Note sur les conseils du génie : l'Empereur demande un état de situation du service du génie et de son train, et un projet de décret pour organiser ce service d'une manière définitive; choix à faire des places à conserver pour appuyer la ligne du Rhin à la mer, et assurer la défense de l'Escaut et des divers ports de la Hollande; énumération des places françaises dont le génie devra ensuite s'occuper, 395, 396; — note sur Anvers : importance nouvelle donnée à Anvers par la réunion de la Hollande à la France; travaux à entreprendre dans cette place, 396, 397. — (24 février 1811.) Ordre à Bertrand d'examiner le budget du génie dressé pour 1811 par le ministre de la guerre; l'Empereur est prêt à faire des dépenses considérables pour renforcer toutes les places maritimes, 485, 486. — (13 mars.) Intention de Napoléon de faire de Hambourg son point d'appui et de ralliement contre l'Angleterre, le Danemark et la Prusse; Davout est chargé de dresser le plan de cette place, en indiquant les points qui seraient à fortifier, 556, 557. — (15 mars.) Utilité de fortifier le port et la rade de Raguse, 563. — (16 mars.) Ordres en conséquence au ministre de la guerre, 564.

GENLIS (Comtesse DE). — (17 décembre 1810.) L'Empereur fait informer madame de Genlis qu'il a lu avec intérêt ses notes sur les écoles primaires des femmes; il désire avoir d'elle un plan général pour l'éducation des filles du peuple, 381.

GENTY DE SAINT-ALPHONSE, chef d'escadron, aide de camp de Bernadotte, 487.

GÉRARD, général de brigade au 9e corps de l'armée d'Espagne, 102.

GIRARD, général de brigade au 5e corps de l'armée d'Espagne. — (16 septembre 1810.) Belle conduite de Girard au combat de Villagarcia, en Galice, 140.

GLOGAU, ville forte, en Prusse, 17, 43, 100.

GODINOT, baron, général de brigade à l'armée d'Espagne, 616, 617.

GOERÉE (Île de), sur la côte de Hollande, 515, 570, 622.

GOLO (Département du), en Corse, 554.

GRADO, ville d'Illyrie, 397.

GRANDE ARMÉE. — (3 janvier 1811.) Ordre à Clarke de dresser un livret de la Grande Armée, comprenant l'infanterie, la cavalerie, l'artillerie, les équipages de pont et parcs

TABLE ANALYTIQUE. 667

de siège, les transports militaires, le génie, 410-413. — (10 janvier.) Organisation générale de la Grande Armée en quatre corps : 1er corps d'observation de l'Elbe, sous les ordres de Davout; 2e corps d'observation de l'Elbe, commandé par Oudinot; corps d'observation de l'Océan, sous le maréchal Ney; corps d'observation d'Italie. La réserve de cavalerie sera divisée en trois corps, sous les ordres des généraux Nansouty, Montbrun et Latour-Maubourg. La Garde comprendra quatre divisions. L'état-major général se réunira, au 15 février, à Mayence, 419-421.

GRANDEAU, baron, général de brigade. — (13 février 1811.) Chargé d'un commandement à la 2e division de l'armée d'Allemagne, 468.

GRANDJEAN, général de division. — (17 novembre 1810.) Ordre à Grandjean de transporter son quartier général à la Hougue, pour défendre contre une attaque des Anglais les frégates françaises établies dans ce mouillage, 326.

GRANOLLERS, bourg d'Espagne (Catalogne), 539.

GRATIFICATIONS. V. PENSIONS.

GREGORI, abbé, agent de Pie VII à Paris. — (3 janvier 1811.) Arrestation de Gregori, 413.

GRENADE, ville d'Espagne (Andalousie), 618.

GRENIER, général de division. — (13 octobre 1810.) Ce général devra rester à Reggio pour menacer de là la Sicile, 254.

GRENIERS DE RÉSERVE. V. APPROVISIONNEMENTS.

GRIMM, landamman de la Suisse, 454.

GROS-DAVILLIERS, maison de commerce. V. CRÉDIT PUBLIC.

GUADELOUPE (Île de la), dans les Antilles françaises. V. COLONIES.

GUDIN, comte, général de division à l'armée d'Allemagne. — (28 septembre 1810.) Gudin fournira un régiment pour renforcer la ligne des douanes depuis la rive gauche de l'Elbe jusqu'à Rees, sur le Rhin, 178. — (13 février 1811.) Chargé de commander la 3e division de l'armée d'Allemagne, 468.

GUERRE (Administration de la). — (19 septembre 1810.) Système de comptabilité à suivre au sujet des contributions levées en Espagne : toute somme, avant d'entrer dans les caisses militaires, doit être versée d'abord à la caisse du payeur, lequel délivre ensuite les fonds nécessaires sur ordonnance de l'intendant ou de l'ordonnateur, 152. — (2 octobre.) Observations à Clarke sur le peu d'utilité des commissaires des guerres à l'intérieur; leurs fonctions pourraient être remplies par les préfets et sous-préfets, 191. — (24 novembre.) Ordre au ministre directeur de l'administration de la guerre de liquider l'arriéré de solde dû à l'armée d'Italie, 337, 338.

GUERRE (Ministère de la). V. CLARKE.

GUSTAVE IV, ancien roi de Suède, 66.

H

HALGAN, capitaine de vaisseau, commandant la frégate l'Hortense. — (30 janvier 1811.) Instructions de l'Empereur à cet officier, chargé de se rendre de l'île d'Aix à Batavia, et de transporter dans cette colonie des troupes et des armes, 440, 441.

HAMBOURG. V. HANSÉATIQUES (Villes).

HANOVRE. — (Du 2 août 1810 au 3 février 1811.) V. WESTPHALIE. — (3 février 1811.) Conscription à lever dans les nouveaux départements (de l'Ems-Oriental, de l'Ems-Supérieur, des Bouches-du-Weser et des Bouches-de-l'Elbe) formés du Hanovre, 448.

HANOVRIENNES (Troupes), 25, 186, 522.

HANSÉATIQUES (Villes). — (2 septembre 1810.) L'Empereur soupçonne qu'il se commet à Hambourg des contraventions au blocus; ordres en conséquence donnés à Davout, 99. — (11 septembre.) Défense au ministre de France à Hambourg de légaliser de son visa les certificats délivrés aux bâtiments par le sénat de cette ville, 117. — (3 octobre.) Ré-

84.

glement de tarif pour les denrées coloniales dans les villes hanséatiques, 196, 197. — (4 octobre.) Un décret, valable pendant un mois, permet l'introduction des marchandises coloniales du Holstein par Hambourg, 197. — (9 décembre.) Rapport de Champagny à l'Empereur : en face des arrêts du conseil britannique qui suppriment la navigation des neutres, il devient nécessaire, pour assurer le commerce de la France avec le Nord par la navigation intérieure, de réunir à l'Empire les villes hanséatiques; afin d'ouvrir aux négociants français une voie facile et économique, on réparera le canal de Hambourg à Lubeck, et l'on en creusera un autre de l'Elbe au Weser et du Weser à l'Ems; les pavillons de Hambourg, Brême et Lubeck, dénationalisés par la tyrannie maritime de la Grande-Bretagne, partageront ainsi désormais le sort du pavillon français et concourront avec lui au rétablissement de la liberté des mers, 364. — (1ᵉʳ janvier 1811.) Enquête à faire sur les actes arbitraires que Bourrienne aurait commis à Hambourg, et sur les vexations dont le sénat de cette ville aurait eu à souffrir, 407. — (3 février.) — Chacun des départements formés des villes hanséatiques fournira une levée de 4.000 hommes, 448. — Ordre à Davout de faire la reconnaissance des routes de Hambourg à Wesel et à Lubeck, 451. — Jusqu'à ce que la conscription soit régulièrement organisée dans les nouveaux départements, le recrutement des soldats s'y fera d'après le mode local, 451, 452. — (12 février.) Infraction au blocus commise par la poste française à Hambourg; ordre de changer les agents de cette administration dans cette ville, 465. — (1ᵉʳ mars.) Des navires de guerre seront construits à Hambourg, afin de donner du travail aux marins et ouvriers inactifs de ce port et de les empêcher de passer à Londres, 502. — (7 mars.) Ordre à l'amiral Ver Huell de partir pour Hambourg, où il prendra le commandement de la flotte hollandaise, 521. — (13 mars.) Nécessité d'avoir dans le Nord un point d'appui solide contre l'Angleterre, le Danemark et la Prusse: la place de Hambourg paraît propre à remplir ce rôle; ordre à Davout de l'étudier à ce point de vue, 556, 557. — (17 mars.) Allocution de l'Empereur aux députés des villes hanséatiques : l'intention de Napoléon était de reconstituer Hambourg, Brême et Lubeck sous une administration indépendante; mais les nouvelles lois du conseil britannique, en mettant ces villes dans l'impossibilité de conserver un pavillon indépendant, ont rendu nécessaire leur réunion à l'Empire. Cette réunion n'est donc pas la suite de calculs ambitieux, mais un moyen pour l'Empereur de reconquérir plus aisément la liberté des mers, en ressuscitant du même coup la puissance maritime des villes hanséatiques, dont il espère que l'appui et les matelots ne lui manqueront pas, 568, 569. — (18 mars.) Le vice-amiral Ver Huell est nommé commandant général des forces maritimes dans les rades et ports du Nord; il résidera à Lubeck, 574. — (24 mars.) Dans le cas où Davout se porterait sur Danzig avec son armée, il serait aussitôt remplacé à Hambourg par quatre-vingts bataillons destinés, en cas d'hostilités, à assurer les derrières du prince d'Eckmühl, 592.

Haxo, baron, colonel, puis général du génie. — — (16 septembre 1810.) Mémoire rédigé par ce colonel sur les fortifications de Lerida, 139. — (21 janvier 1811.) Haxo est désigné pour commander le génie de l'armée d'Allemagne, 429. — (27 janvier.) Il fera partie du conseil chargé d'examiner le projet de communication intérieure de la Baltique au Rhin, 434. — (25 mars.) Le général Haxo est envoyé à Danzig; il visitera ensuite les places de Thorn, Modlin, Glogau, Stettin, 605, 606. V. Génie.

Helgoland, île anglaise, dans la mer du Nord. — (4 octobre 1810.) Préparatifs d'attaque contre cette île, entrepôt de contrebande anglaise, 207. — (9 décembre.) Nécessité de fermer le continent aux denrées des magasins anglais d'Helgoland, en réunissant à la France les villes hanséatiques, le Lauenburg et toutes les côtes de l'Elbe à l'Ems, 364. — (13 mars 1811.) Ordre à Davout de se tenir prêt, avec sa flottille, à menacer Helgoland, 558.

HELLEVOETSLUIS, ville de Hollande, 515.

HENRI, huissier de la chambre, 482.

HISTORIQUES (Pièces). — (15 janvier 1811.) Ordre aux ministres de France en Allemagne de recueillir toutes les pièces imprimées en Prusse et en Autriche sur les campagnes de l'Empereur, 424. — (21 février.) Le ministre de la police fera rechercher à Londres tous les écrits concernant les dernières campagnes des Autrichiens et des Russes, 483.

HOGENDORP, lieutenant général hollandais, aide de camp de l'Empereur, 494.

HOLLANDAIS (Régiments). V. HOLLANDE (*Affaires de*).

HOLLANDE (*Affaires de*). — (4 août 1810.) La marine hollandaise ne sera pas, jusqu'à nouvel ordre, assimilée à la marine française; Decrès établira pour elle un bureau spécial au ministère, 19. — Instructions au lieutenant général de l'Empereur en Hollande : mesures concernant la surveillance des côtes; question relative à l'arrérage de la dette hollandaise; nominations à faire de Hollandais au Sénat, au Conseil d'état et au Corps législatif, 21. — (15 août.) Allocution de l'Empereur aux députés de la Hollande : coup d'œil rétrospectif sur l'histoire de ce pays; les Hollandais devront désormais s'unir à Napoléon contre les Anglais, tyrans des mers, 51-53. — (24 août.) Observations sur l'arriéré en lettres de change dû par le trésor hollandais; le montant en sera soldé par la caisse française d'amortissement; ordre d'établir, pour 1810, le budget de la Hollande, 72-75. — (30 août.) Projet d'une nouvelle délimitation des frontières orientales de la Hollande, 93. — (3 septembre.) Ordre à Lebrun au sujet du recrutement de la marine hollandaise, 103. — (6 septembre.) Instructions au duc de Cadore relativement à la nouvelle délimitation des frontières hollandaises, 107. — (13 septembre.) Ordre à Clarke de ne laisser en Hollande que l'artillerie nécessaire à la défense du pays, et de diriger le reste sur les dépôts de Metz, Lille et la Fère, les provinces néerlandaises pouvant ou se révolter, ou être envahies par l'Angleterre, ou être coupées de la France par une armée venant de la Meuse, 126-129. — (16 septembre.) Projet de réorganisation du service hydrographique (*waterstaat*) en Hollande, 141. — (19 septembre.) Raisons pour lesquelles l'Empereur n'a établi que deux divisions militaires en Hollande; il est nécessaire, dans la prévision d'une attaque par Bonn et Cologne, d'ôter aux Hollandais tous les moyens de guerre et de révolte; la défense du Nord doit être en dehors de la Hollande, à Anvers, 149. — Incorporation, dans l'artillerie et le génie de l'armée française, des officiers de même arme en Hollande, 150. — (21 septembre.) Ordre à Mollien de régler le payement des dettes de la marine hollandaise, 163, 164. — (22 septembre.) Note sur les affaires de Hollande : réorganisation administrative et militaire de ce pays; préparation du sénatus-consulte qui le déclarera réuni à la France, 164, 165. — (25 septembre.) Observation de l'Empereur au sujet des plaintes et des inquiétudes des habitants d'Amsterdam, 167. — (26 septembre.) Ordre de rédiger un projet de décret pour compléter la nouvelle organisation administrative, militaire, financière et judiciaire de la Hollande, 168, 169. — (28 septembre.) Sommes dues à la liste civile hollandaise : Darn est chargé de les payer, 175. — (4 octobre.) Détermination du nombre des pièces d'artillerie qui doivent rester en Hollande; il faut laisser le moins de matériel possible dans un pays exposé à être envahi; projets de Napoléon sur Anvers, 203, 204. — (7 octobre.) Les pièces relatives aux négociations de Labouchère seront livrées à l'impression, 235. — (19 octobre.) Question de l'Empereur à Lebrun sur les moyens de donner de l'ouvrage aux ouvriers des villes de Rotterdam et Amsterdam, 271. — (26 octobre.) Ordres concernant les garnisons de Cadzand et de Flessingue, 280. — (28 octobre.) Défense de laisser à la charge de la ville d'Amsterdam les frais de logement d'aucun général, officier et employé français. 285. — (7 novembre.) Fixation du contingent annuel que la Hollande devra fournir à la conscription; l'effectif des cinq régiments hollandais sera complété, et les cinquièmes bataillons seront placés dans les départements où doit se faire le recrutement; on laissera ces cinq régiments en Hollande, conformément au système allemand, d'après lequel un régiment a son dépôt et sa garnison dans la province même où il s'est formé; quant aux commandants d'armes, aux officiers d'artillerie et du génie, ils devront être Français, et les officiers et commandants hollandais seront employés hors de leur pays, 310, 311. — (8 novembre.) Abolition du collége héraldique de Hollande, 311. — (9 décembre.) Rapport de Champagny sur la lutte de la France et de l'Angleterre; résumé des événements qui ont déterminé la réunion de la Hollande à l'Empire; le ministre des relations extérieures propose à l'Empereur de consolider cette réunion par les formes constitutionnelles d'un sénatus-consulte, 363. 364. — (10 décembre.) Message de Napoléon au Sénat : nécessité pour la France d'être maîtresse désormais des embouchures de l'Escaut, de la Meuse et du Rhin, 368. — (13 décembre.) A partir de 1811, l'administration française fonctionnera en Hollande, 373. — (17 décembre.) Dissolution prochaine du corps d'observation de Hollande; ordre à Clarke d'organiser dans ce pays les nouveaux commandements militaires; le général chargé du département du Zuyderzee se tiendra au Texel; celui qui aura les Bouches-de-la-Meuse, à Rotterdam; Gilly défendra les îles de Walcheren et de Beveland, seul point par où la Hollande est attaquable; le reste du pays sera aux mains des généraux commandant dans la Frise et l'Ost-Frise, 379. 380. — (23 décembre.) Décision relative à la répartition des troupes françaises et hollandaises dans les Pays-Bas; on formera des colonnes pour surveiller les côtes et prêter main-forte aux douanes, 390, 391. — (8 janvier 1811.) Règlement des affaires relatives à la noblesse de Hollande; mise à néant de divers décrets constitutifs de titres nobiliaires, rendus par le roi Louis, 416. 417. — (31 janvier.) Établissement de l'inscription maritime en Hollande; appel de 3.000 marins, 442. — (9 février.) Ordre de conserver les gardes de police établis dans plusieurs villes de Hollande. 462. — (14 février.) Dispositions d'un projet de décret touchant l'arrérage de dette à payer aux départements des Bouches-du-Rhin et des Bouches-de-l'Escaut, 472. — (24 février.) Instructions à Gaudin sur le même sujet; les habitants de ces deux départements seront indemnisés des pertes que leur a causées l'incursion des Anglais, 484. — (5 mars.) Changements à faire dans les régiments hollandais: on y mettra un tiers d'officiers français, et l'on s'assurera de l'esprit qui anime les officiers indigènes, 511. — Mission de Lemarois à Rotterdam; il visitera en détail les chantiers et l'arsenal de Hellevoetsluis, puis se rendra à Willemstad, à l'île de Goeree et à Berg-op-Zoom, 515, 516. — (30 mars.) Dispositions pour la défense des îles de Walcheren, Schouwen et Goeree, 622.

HOLLANDE (Corps d'observation de). V. CORPS D'OBSERVATION DE HOLLANDE.

HÔPITAUX MILITAIRES. — (27 août 1810.) Ordre de renvoyer à Bruges et à Gand tous les malades qui arrivent dans l'île de Walcheren; inutilité de l'hôpital de Middelbourg, situé dans un lieu malsain, 78.

HOUGUE (La), fort du département de la Manche. — (17 novembre 1810.) Ordre de protéger par des batteries la rade de la Hougue; attaque probable par les Anglais des frégates mouillées dans ces eaux, 326. — (18 novembre.) L'Empereur désirerait qu'une escadre pût être en sûreté à la Hougue; étude à faire dans cette vue; parti à tirer des rochers Manquet et Gavendal, 327. — (24 novembre.) Instructions à Decrès pour l'appareillage des frégates en rade à la Hougue; projet de réunir par une jetée les îles Saint-Marcouf; utilité d'élever un fort sur le banc du Bec; emplacement sûr pour une escadre, 338, 339.

HUISSIERS DE LA CHAMBRE. — (19 février 1811.) L'Empereur se plaint de négligences dans le service de ses huissiers; observations à cet égard à Montesquiou-Fezensac; ordre de renvoi d'un huissier, 482.

HYACINTHE-DOMINIQUE DE BOURBON (d'Espagne). — (10 septembre 1810.) Décision de l'Empereur en réponse à une lettre où cette princesse sollicitait un supplément de pension, 116. — (16 octobre.) Décret qui lui accorde une pension viagère de 30,000 francs, 260.

HYÈRES (Îles d'), près Toulon. — (14 août 1810.) Mesures à prendre pour mettre ces îles en état de défense, 41, 42.

I

IDRIA (Mines d'), en Illyrie. V. ILLYRIENNES (Provinces).

IENA, ville de Prusse. — (10 octobre 1810.) Ordre à Daru touchant l'indemnité accordée à la ville d'Iena pour la réparation de ses maisons, 244.

ÎLE DE FRANCE, île française dans l'Océan indien. V. COLONIES.

ILLYRIE (Armée d'). V. ARMÉE D'ILLYRIE.

ILLYRIENNES (Provinces). — (14 août 1810.) Note sur les provinces illyriennes adressée au duc de Raguse : positions à défendre dans le cas d'une guerre contre l'Autriche; nécessité de conserver la ligne de l'Isonzo; parti à tirer des places de Laybach et de Trieste; tous les magasins et arsenaux doivent être sur la rive droite de l'Isonzo; — réflexions sur les avantages que ce pays présente à l'armée de Dalmatie; l'Illyrie, en réalité, ne doit être regardée que comme complétant la possession du Frioul, ou comme offrant, en cas de besoin, des facilités d'agression contre la Turquie, 44-48. — (15 août.) Allocution de l'Empereur aux députés de l'Illyrie, 53. — (5 septembre.) Règlement relatif aux douanes illyriennes, 104, 105. V. DOUANES. — (2 octobre.) Ordre au vice-roi de céder quelques navires au gouverneur des provinces illyriennes; une levée de matelots sera faite sur le littoral de ce pays, 193. — (10 octobre.) Instructions de Napoléon au sujet des mines de mercure d'Idria, 243, 244. — Le comte Lauriston est chargé de se rendre à Idria pour y régler tout ce qui concerne les mines de cette ville, 245, 246. — (13 octobre.) Ordre de mettre à la disposition du domaine extraordinaire le mercure tiré des mines dans le second semestre de 1809; prix auquel l'achat doit être fait; l'ordre des Trois-Toisons d'or n'est entré en jouissance de ces mines qu'en janvier 1810, époque à laquelle l'Empereur les lui a données en dotation, 255-257. — (16 octobre.) L'Illyrie devra fournir un effectif de 18,000 hommes recrutés d'après le système de conscription autrichien, 259, 260. — (22 octobre.) Ordre à Marmont d'armer les hauteurs qui défendent la rade de Raguse, 273. — (9 novembre.) Reproches au duc de Raguse sur certaines mesures d'administration prises en Illyrie, 314, 315. — (15 novembre.) Organisation d'un régiment de cinq bataillons dans les provinces illyriennes : tous les officiers devront appartenir à des familles influentes du pays, 323, 324. — (21 novembre.) Observations sur le budget des provinces illyriennes; déficit de 6 millions; dépenses inutiles à retrancher, 330. — (10 janvier 1811.) Ordre à Gaudin de réorganiser l'administration des finances en Illyrie, et d'y établir, au besoin, une régie des sels et des tabacs sur le modèle de celle de Turin, 419. — (8 mars.) Membres dont se composera le conseil chargé de régler l'organisation complète et définitive des provinces illyriennes, 523.

Impôts. — (8 novembre 1810.) Projet de l'Empereur de supprimer une partie des impositions payées par la Corse, 312. — (29 décembre.) Observations de Napoléon sur l'immoralité des systèmes d'emprunt : il préfère, en principe, des impositions multiples peu lourdes en temps de paix, mais susceptibles de s'élever selon les exigences des temps; aux droits réunis et à l'imposition sur le sel, exempts des abus de l'ancien régime des aides et gabelles, l'Empereur veut désormais ajouter une régie des tabacs, qui, en rapportant 80 millions à peu près, permettra de diminuer d'une pareille somme le tarif des contributions personnelle et foncière, 400, 401. — (30 décembre.) Exemption d'impôts accordée pour vingt ans aux personnes qui feront bâtir des maisons rue de Rivoli, 402. — (27 janvier 1811.) Les places, dans l'administration des tabacs et des contributions, seront données de préférence à d'anciens militaires, 436. — (12 février.) Observations sur le produit des passeports et des ports d'armes; négligence apportée dans cette perception par les administrateurs, 465. — (9 mars.) Mesures à prendre pour introduire au plus tôt les impositions françaises dans les départements hollandais, 531. — (13 mars.) Les droits réunis seront supprimés en Corse, et remplacés par une augmentation de la contribution personnelle et mobilière, 554.

Imprimeurs. — (3 février 1811.) Ordre au ministre de l'intérieur de dresser la liste des imprimeurs supprimés, 450.

Industrie. — (10 août 1810.) Mesures à prendre pour développer les manufactures des Gobelins, de la Savonnerie et de Beauvais, 36. — (25 octobre.) Encouragements donnés par Napoléon à la production d'une nouvelle substance de teinture végétale, 279. — (15 novembre.) Mesure à prendre pour empêcher le chômage des fabriques de toiles de coton en Italie, 322; — nouvelles instructions au vice-roi sur la même matière; il faut assurer du travail aux 2,000 ouvriers en soie de Vicence, 324, 325. — (19 décembre.) Inaction des métiers lyonnais; note sur un mémoire rédigé à ce propos par les députés du commerce de Lyon; moyens à employer pour ranimer, dans cette ville, la fabrication des étoffes unies et façonnées; le ministre de l'intérieur devra présenter à Napoléon un état de situation de toutes les fabriques de France, 382-384. — (4 mars 1811.) Un million sera consacré à faire des avances aux manufacturiers d'Amiens, et le ministre du trésor public achètera pour 2 millions de produits manufacturés à Rouen, à Saint-Quentin et à Gand, 509.

Inscription maritime. V. Conscription.

Institut de France. — (9 décembre 1810.) Observations sur le rapport de l'Institut au sujet des prix décennaux; l'Empereur s'étonne de n'y pas voir mentionnés le *Génie du christianisme* de Châteaubriand, les ouvrages du sculpteur Canova, le canal de Saint-Quentin, les routes du mont Cenis et du Simplon, véritables ouvrages d'architecture, 366.

Instruction publique. — (1er octobre 1810.) Organisation d'une école secondaire à Ajaccio, 188. — (17 décembre.) Madame de Genlis est chargée de présenter à l'Empereur un plan général d'éducation pour les filles du peuple, et de lui fournir des renseignements sur les écoles primaires, 381.

Insurrection espagnole. V. Espagne (*Affaires d'*).

Intendance générale de la Maison de l'Empereur. V. Daru.

Irlandais (Régiments), 27, 67, 165, 548.

Irlande. — (5 février 1811.) L'Empereur se dispose à intervenir sérieusement dans les affaires d'Irlande, 453. — (28 février.) Projet de menacer l'Irlande avec l'escadre de l'Escaut, 500. — (8 mars.) L'expédition est fixée à l'année 1812; préparatifs considérables à faire dans cette vue, 524.

TABLE ANALYTIQUE.   673

Isembourg (Régiment d'), 25, 226.
Istrie (Duc d'). V. Bessières.
Italie (Armée d'). V. Armée d'Italie.
Italie (Royaume d'). — (6 août 1810.) Mesures prises pour ranimer le commerce d'exportation et d'importation en Italie; des licences seront octroyées aux navires d'Ancône et de Venise; efforts pour rétablir la prospérité maritime de cette dernière ville, 28, 29. — (10 août.) Une somme de 2 millions est accordée à Venise, pour 1810, dans le budget de la marine française, 37. — Incident relatif à une rectification de frontière entre le royaume d'Italie et celui des Deux-Siciles : refus de l'Empereur de céder au royaume de Naples les deux villages limitrophes du district d'Ascoli, 40. — (22 août.) Aldini est chargé de faire un rapport sur les moyens d'appliquer dans la péninsule les nouvelles mesures relatives aux licences commerciales et aux tarifs douaniers; il tiendra l'Empereur au courant du prix des grains et des denrées coloniales en Italie, 69. — (23 août.) Observations à Eugène Napoléon : il est essentiel que les soies italiennes n'aillent plus en Angleterre et servent à alimenter les manufactures de France; l'Italie doit confondre ses intérêts avec ceux de la nation qui assure son indépendance, et ne lui point marchander quelques avantages commerciaux; elle doit surtout éviter de donner à la France un intérêt à une réunion qui serait si facile, 70, 71. — Indemnité accordée par l'Empereur aux dames italiennes qui se sont rendues à Paris pour les fêtes du mariage, 72. — (26 août.) Napoléon insiste auprès du vice-roi pour que les douanes d'Italie soient mises sur le pied de celles de la France; autrement, l'Empereur se verrait forcé de réunir le royaume d'Italie à l'Empire; la péninsule ne doit recevoir que de France les marchandises suisses, telles que les toiles peintes et les cotonnades, 76, 77. — (31 août.) Vu l'insuffisance de la récolte en Italie, le prince Eugène devra, en 1810, régler la quantité des exportations de blé, 95. —

(5 septembre.) Projet d'organisation du transit commercial de Gênes sur Trieste et Livourne, et de Cività-Vecchia et Livourne sur Ancône, 104, 105. V. Commerce, Douanes. — (18 septembre.) Ordre concernant les travaux à faire exécuter à Ancône, 148. — (19 septembre). Napoléon explique en détail au vice-roi les conditions faites au commerce italien par les nouvelles mesures relatives au blocus, 155-158. — Opportunité d'accorder des congés aux officiers et aux soldats de l'armée italienne; économie qui en résulterait; camp de manœuvre à établir près de Brescia, 158. — L'armée italienne doit présenter une force de 30,000 fantassins et de 3,000 cavaliers; manière d'organiser l'artillerie de cette armée, 159. — (24 septembre.) L'exportation des blés du royaume en France sera exempte de tout droit; mais il sera bon d'arrêter la sortie immodérée de cette denrée; réflexion de Napoléon sur la question des blés, «la plus importante et la plus délicate pour les souverains,» 167. — (2 octobre.) Nouveaux règlements de tarif appliqués aux denrées coloniales; débouché ouvert par Lyon aux soies d'Italie, 194, 195. — (4 octobre.) Ordre au vice-roi d'établir en Italie les poids et mesures de France, 211. — (9 octobre.) Envoi à Milan d'une collection de gravures tirée des bibliothèques de l'Empereur, 239. — (11 octobre.) Napoléon renvoie au vice-roi, comme non avenu, un mémoire rédigé d'après l'ancien système de poids et mesures, 247. — (25 octobre.) Ordre au prince Eugène d'encourager à Rieti la culture des graines de pastel, 279. — (3 novembre.) Ordres de Napoléon pour une rectification des frontières du royaume d'Italie du côté de la France et de l'Illyrie, 291. — (4 novembre.) Mesures concernant l'armement d'Ancône, 300. — (15 novembre.) Dispositions à prendre pour garantir d'un chômage les manufactures de toiles de coton en Italie, 322; — observations de Napoléon au prince Eugène sur le même sujet; raisons pour lesquelles les fabriques ita-

liennes ne doivent pas songer à tirer leurs cotons d'ailleurs que de France, 324, 325. — (24 novembre.) Mesures concernant le rapatriement des sujets italiens licenciés du service d'Autriche, 336. — (18 décembre.) L'Empereur exprime au vice-roi son étonnement que le tarif du 5 août n'ait rien rapporté au royaume d'Italie; nouveaux ordres concernant les prohibitions de denrées coloniales, 381,

382. — (24 décembre.) Les intrigues et la contrebande exercées par les cantons suisses du Tessin compromettent la sûreté et la bonne police du royaume d'Italie; il est nécessaire de mettre fin à cette fausse situation par un traité spécial avec la Suisse, qui sera conclu à Milan, 392, 393. — (15 février 1811.) Instructions concernant la machine à mâter de Venise et les travaux d'Ancône, 476.

J

JACQUINOT, général de brigade. — (10 janvier 1811.) Ce général commandera la 3ᵉ brigade de la cavalerie de réserve de la Grande Armée, 420.

JAHDE (La), rivière du grand-duché d'Oldenburg (département des Bouches-du-Weser). — (30 novembre 1810.) Mesures à prendre pour mettre en sûreté la flottille de la Jahde, 348. — (17 décembre.) Ordre de réorganiser cette flottille, 380. — (3 février 1811.) Batteries à établir pour fermer la Jahde aux incursions des Anglais, 450.

JANSSENS, général hollandais. — (22 novembre 1810.) Départ de Janssens pour Batavia, 332.

JAVA (Île de), dans l'archipel de la Sonde. V. COLONIES HOLLANDAISES.

JÉRÔME NAPOLÉON, roi de Westphalie. — (22 août 1810.) Réponse de l'Empereur à une lettre que le roi de Westphalie lui avait adressée pour sa fête; il avertit ce prince qu'un arriéré de solde est dû aux troupes françaises cantonnées en Westphalie, 70. — (20 octobre.) Nouvelles instances de Napoléon pour obtenir du roi Jérôme le payement de la solde en suspens, 271. — (8 novembre.) L'Empereur indique à son frère quel titre il devra donner aux chefs de sa garde; il réclame l'exécution des promesses faites quant à la solde, 314. — (1ᵉʳ janvier 1811.) Réponse de Napoléon à une lettre de nouvel an du roi de Westphalie, 407. — (21 janvier.) Réponse à une autre lettre du roi Jérôme; Napoléon est au

courant de toutes les intrigues ourdies en Allemagne pour faire croire à une divergence de conduite et de vues entre l'Empereur et le roi de Westphalie, 429. — (20 mars.) L'Empereur fait part à Jérôme de la naissance de son fils, 580. V. WESTPHALIE.

JERSEY, île anglaise, sur les côtes de France. — (17 septembre 1810.) Préparatifs d'une expédition maritime destinée, de Cherbourg, à menacer Jersey, 141.

JOACHIM NAPOLÉON. — (8 août 1810.) Le roi de Naples devra tenir ses troupes campées au bord du détroit, en attendant le moment de passer en Sicile, 32. — (13 octobre.) Joachim blâmé d'avoir ajourné, contrairement aux ordres de l'Empereur, l'expédition contre la Sicile; graves conséquences que peut avoir la mesure prise par le roi de Naples, 253, 254. — (25 octobre.) Nouveaux reproches de l'Empereur; l'imprudence de Joachim a eu les effets qu'il avait prévus, 279. — (12 novembre.) Fautes administratives commises par le roi des Deux-Siciles; déficit qui en résulte dans le budget de ce pays, 318, 319. — (26 novembre.) Joachim Napoléon, chargé d'approvisionner Corfou, sera responsable si cette île souffre la moindre détresse, 341. — (22 décembre.) Facilités offertes pour un débarquement en Sicile; l'Empereur blâme le roi de Naples de n'en avoir pas profité, 387. V. DEUX-SICILES.

JOSEPH NAPOLÉON, roi d'Espagne. — (4 octobre 1810.) Joseph aura le commandement de l'armée du Centre, qui sera formée en Espagne, 208. — (17 janvier 1811.) L'Empereur fait savoir au roi Joseph qu'il n'a pas le droit de retirer à Belliard le gouvernement de Madrid, ni de mettre aucune troupe française sous les ordres d'officiers au service d'Espagne, 426. — (20 mars.) Napoléon informe son frère de l'accouchement de Marie-Louise, 580. — (29 mars.) Ordre à Joseph de tenir un corps de troupes entre le Tage et Badajoz, pour empêcher toute opération des Anglais sur l'Andalousie, 618. V. Espagne (*Affaires d'*).

Joséphine, impératrice-reine. — (14 septembre 1810.) Réponse de l'Empereur à une lettre de Joséphine; assurances d'affection, 136. — (22 mars 1811.) Remercîments de Napoléon à Joséphine au sujet d'une autre lettre de cette princesse, 581.

Jouffroy, colonel d'artillerie. — (6 octobre 1810.) Ordre au ministre de la guerre de lui donner la direction du parc d'artillerie de Davout, 219.

Journaux. — (14 août 1810.) Ordre d'insérer au *Moniteur* une note rédigée en vue d'arracher la Porte à la domination maritime des Anglais, 41. — (9 septembre.) Publication dans les journaux anglais de fausses lettres de Napoléon, 115. — (4 octobre.) Ordre de mettre au *Moniteur* des extraits d'une brochure traduite de l'Anglais, 198. — (17 octobre.) Champagny fera parler dans *le Moniteur* des présents offerts par l'Empereur à Metternich, à son départ de Paris, 261. — (18 octobre.) Le ministre de la marine est chargé de faire rédiger, pour *le Moniteur*, un article sur la prise de l'île Bourbon et sur les moyens de défense assurés à l'île de France, 267. — (31 octobre.) Observations sur un rapport de Savary concernant le *Journal de l'Empire*, le *Publiciste*, la *Gazette de France*, le *Journal de Paris*, etc. mesures à prendre pour favoriser l'essor du *Mercure*; ce que doit être cette feuille, destinée particulièrement à tenir lieu, dans les provinces éloignées, de tous les autres journaux; utilité d'y ajouter, dans cette vue, divers chapitres importants; on remédierait ainsi à la situation désavantageuse qu'a faite aux publications hebdomadaires l'abondance d'articles littéraires et de feuilletons contenus désormais dans les journaux, 285-287. — (23 novembre.) Défense au *Journal de l'Empire* de reproduire les correspondances étrangères concernant Napoléon; ce n'est pas par cette voie que l'Europe doit être instruite des faits et gestes de l'Empereur, 333. — (28 novembre.) Ordre d'insérer au *Moniteur* le rapport de Champagny sur les négociations relatives à l'échange des prisonniers, 344; 345. — Admonition à adresser à la *Gazette de France* au sujet d'un bulletin rempli de « détails ridicules, » 345. — (4 décembre.) Notice à mettre dans *le Moniteur* à l'occasion du service funèbre du général Senarmont, 353. — (10 février 1811.) Insertion faite au *Moniteur* des adresses du clergé d'Udine et de Novare à Napoléon, 464. — (19 février.) Ordre de publier dans le journal officiel le récit de la capitulation de l'île de France, 482. — (3 mars.) La *Gazette de Hambourg* annoncera le mouvement des troupes dirigées sur Danzig et Stettin, 509.

Jurien, capitaine de vaisseau, commandant l'*Eylau*. — (30 janvier 1811.) Ordre à Jurien d'appareiller de Lorient pour se rendre dans la rade de Brest, 441.

Justice (Administration de la). — (13 mars 1811.) Réformes à introduire dans l'organisation judiciaire de la Corse; difficulté de former à Ajaccio une cour impériale de vingt juges, 554.

K

Kellermann, général de division. — (18 septembre 1810.) L'Empereur se plaint que ce général dissémine ses forces au lieu de se tenir prêt à appuyer l'armée de Portugal, 148. —

(18 octobre.) Reproches dans le même sens adressés à Kellermann, 267. — (27 octobre.) Abus imputés à ce général en Espagne; demande de renseignements à ce sujet, 281. — (10 janvier 1811.) Kellerman aura le commandement de la 3ᵉ division de cavalerie légère de la Grande Armée, 420. — (2 février.) Acquisitions de domaines nationaux faites en Espagne par Kellermann; l'Empereur lui fait témoigner son mécontentement de voir des généraux français s'occuper de semblables affaires d'argent, 445. V. ESPAGNE (*Affaires d'*).

KERSAINT. baron. capitaine de vaisseau, 20.

KINSBERGEN, comte, amiral hollandais. — (8 janvier 1811.) L'Empereur annule le décret du roi Louis qui avait conféré à Kinsbergen le titre de comte de Doggersbank; cet amiral s'appellera simplement le comte Kinsbergen, 417.

KIRGENER. général de brigade du génie. — (7 août 1810.) Il est chargé de diriger les travaux d'armement du Texel, 30, 31.

KOENIGSBERG, ville de Prusse, 407.

KOLBERG, ville de Prusse. — (11 mars 1811.) Ordre de faire des préparatifs pour prendre Kolberg, 546.

KOLLI (Baron DE), arrêté à Valençay comme agent secret de l'Angleterre auprès des princes espagnols. — (14 février 1811.) Ordre de proposer au *Transport-Office* l'échange de ce prisonnier, 473.

KOURAKINE, prince, ministre plénipotentiaire de Russie à Paris. — (29 août 1810.) Message d'amitié que ce représentant est chargé de remettre à l'empereur Alexandre, 92. — (2 décembre.) Note du duc de Cadore au prince Kourakine sur les mesures à prendre pour assurer en Russie l'exécution du blocus continental, 349, 350. — (10 février 1811.) Le ministre de Russie sera mis en demeure de déclarer si le czar entend ou non se soustraire aux engagements pris à Tilsit, 463. — (19 mars.) Note concernant les armements de Danzig, à remettre au prince Kourakine, 577, 578. — (27 mars.) Billet de Champagny à Kourakine : ce ministre plénipotentiaire est invité à fournir, sur la situation respective de la France et de la Russie, des explications franches et catégoriques, 607-609. V. CHAMPAGNY, RUSSIE.

KOURAKINE (Alexis), prince, frère du précédent. 92.

KRASINSKI, colonel, commandant les chevau-légers polonais de la Garde. — (20 février 1811.) Ordre de vérifier la légitimité des prétentions de Krasinski sur la starostie d'Opinagora, une des dotations de la principauté de Ponte-Corvo; si les droits de cet officier sont reconnus, il sera fondé un majorat de comte en sa faveur, 483. — (24 mars.) Krasinski est chargé du commandement d'un régiment de lanciers polonais, 597.

KRUSENMARK (Baron DE), ministre de Prusse à Paris, 160. V. PRUSSE.

KÜSTRIN, place forte, en Prusse, 16, 43, 100. V. GÉNIE.

L

LACRETELLE. historien. — (4 février 1811.) Il est chargé, en remplacement de Chénier, décédé. de continuer les *Éléments de l'histoire de France*, par Millot, 452.

LACUÉE. comte de Cessac, général de division, ministre directeur de l'administration de la guerre. — (22 août 1810.) Instructions à Lacuée concernant le rappel prochain d'une partie des troupes françaises qui occupent la Hollande, 68. — (24 novembre.) Observations sur un arriéré de solde dû à l'armée d'Italie, 337, 338. V. GUERRE (Administration de la).

LAFOREST (Comte DE), ambassadeur de l'Empereur, à Madrid. — (7 novembre 1810.) Envoi au duc de Cadore d'une lettre pour Laforest; teneur de cette lettre, 306, 307. V. ESPAGNE (*Affaires d'*).

LAHOUSSAYE (Baron DE), général de division. — (4 octobre 1810.) Ordre de réorganiser, en vue de la formation d'une armée du Centre, en Espagne, la division de Lahoussaye, 209. — (10 janvier 1811.) Ce général aura le commandement d'une division de dragons à la réserve de cavalerie de la Grande Armée, 420. — (22 mars.) Napoléon blâme Lahoussaye d'avoir désobéi aux ordres de Soult, dont il devait avant tout favoriser les opérations sur le Tage, 582.

LANDAMMAN de la Suisse. V. CONFÉDÉRATION HELVÉTIQUE.

LA RIBOISIÈRE. V. RIBOISIÈRE (LA).

LA ROCHEFOUCAULD. V. ROCHEFOUCAULD (LA).

LA ROMANA. V. ROMANA (LA).

LATOUR-MAUBOURG, baron, chargé d'affaires de France à Constantinople. — (17 février 1811.) Il reçoit l'ordre de provoquer un rapprochement entre l'Empereur et la Porte, 477.

LATOUR-MAUBOURG (Victor), général de division. — (10 janvier 1811.) Il commandera le 3ᵉ corps de cavalerie de réserve de la Grande Armée, 420.

LAUENBURG, province du Hanovre, puis partie du département des Bouches-de-l'Elbe, 364.

LAUENBURG, ville du Hanovre (département des Bouches-de-l'Elbe), 450.

LAURENT (Veuve), nourrice de la duchesse d'Angoulême. V. DÉCRETS.

LAURISTON (Law DE), comte, général de division, aide de camp de l'Empereur. — (10 octobre 1810.) Mission confiée à Lauriston; itinéraire qui lui est prescrit : Lyon, Turin, Milan, Idria, Trieste, Karlstadt, Fiume, Villach, Venise, Mantoue, Alexandrie, Gênes, Nice, Toulon et Avignon; instructions de l'Empereur au sujet des mines d'Idria, en Illyrie, 245-247. — (17 février 1811.) L'Empereur songe à nommer Lauriston ambassadeur auprès du czar, en remplacement du duc de Vicence, 477. — (28 février.) Choix définitif de Lauriston pour l'ambassade de Saint-Pétersbourg, 497. — (10 mars.) Son prochain départ pour la Russie, 545.

LAVALLETTE (Comte DE), directeur général des postes, 620. V. POSTES (Administration des).

LEBRUN, duc de Plaisance, prince, lieutenant général de l'Empereur en Hollande. — (26 août 1810.) Question à Lebrun relativement aux pupilles royaux de Hollande, 77. — (28 octobre.) Ordre au duc de Plaisance de faire cesser un abus dont souffre financièrement la ville d'Amsterdam, 285. V. HOLLANDE.

LECLERC (DESESSART), comte, général de brigade. — (13 février 1811.) Il sera chargé d'un commandement à la 3ᵉ division de l'armée d'Allemagne, 468.

LECLERC, colonel à l'armée d'Espagne. — (29 mars 1811.) Ce colonel est chargé du commandement de l'une des colonnes de renfort dirigées de la province de Valladolid sur l'armée d'Andalousie, 613. V. PORTUGAL (*Opérations dans le*).

LEFEBVRE-DESNOËTTES, comte, général de division, colonel de la Garde impériale. — (10 novembre 1810.) Ordre au trésorier général du domaine de faire passer une gratification à Lefebvre-Desnoëttes, prisonnier en Angleterre, 316. — (5 février 1811.) L'échange de Lefebvre-Desnoëttes contre lord Blaney sera proposé au *Transport-Office*, 453.

LÉGION D'HONNEUR. V. DÉCORATIONS, DOTATIONS.

LEIRIA, ville de Portugal (Estrémadure). — (25 décembre 1810.) Prise de Leiria par un détachement de l'armée de Masséna, 398.

LEMAROIS, comte, général de division, aide de camp de l'Empereur. — (5 mars 1811.) Mission confiée à Lemarois; son itinéraire lui est tracé par Boulogne, Dunkerque, Ostende, Anvers et Rotterdam; il fera connaître à l'Empereur la situation des forces navales dans ces pays et l'esprit qui anime les départements hollandais, 513-516.

LENOIR. V. RICHARD-LENOIR.

LÉON (Île de). V. ESPAGNE (*Affaires d'*).

LEPIC, baron, général de brigade. — (2 février 1811.) L'Empereur décide que Lepic restera aux grenadiers, 446.

LEROY, consul de France à Hambourg, 558.

LESINA-GRANDE, île de l'Adriatique. V. DALMATIE (Îles de la).

LESSEPS (DE), consul général de France à Saint-Pétersbourg, 76.

L'HUILLIER, baron, général de brigade. — (13 février 1811.) Chargé d'un commandement à la 1ʳᵉ division de l'armée d'Allemagne, 468.

LICENCES. V. BLOCUS CONTINENTAL, COMMERCE.

LIEBERT, général de division.—(29 août 1810.) La correspondance de ce général avec le consul de France à Stettin révèle à l'Empereur des violations du blocus commises en Poméranie, 88.

LISBONNE, ville du Portugal, 492. V. PORTUGAL (Opérations dans le).

LISSA, île de l'Adriatique. V. DALMATIE (Îles de la).

LISTE CIVILE. V. DOMAINE DE LA COURONNE.

LOBAU (Comte DE). V. MOUTON.

LOCRÉ, baron, secrétaire général du Conseil d'état, 470.

LOGEMENTS MILITAIRES. — (18 février 1811.) Ordre d'affranchir les habitants de Rome de l'obligation de loger les militaires, 479.

LONGE, général de division. — (29 septembre 1810.) Sa division de dragons fera partie de l'armée du Centre en Espagne, 186.

LOUIS-CHARLES-AUGUSTE, prince royal de Bavière.

— (27 août 1810.) Réponse affectueuse à une lettre écrite par ce prince lors du mariage de l'Empereur, 79.

LOUIS-NAPOLÉON, roi de Hollande. — (4 novembre 1810.) Il est accordé au roi Louis un passe-port pour se rendre dans le midi de la France ou en Italie, 298.

LUBECK. V. HANSÉATIQUES (Villes).

LYON, ville de France. — (19 décembre 1810.) Note sur un mémoire des députés du commerce de Lyon : mesures gouvernementales à prendre pour ranimer les métiers restés inactifs; commandes qu'il conviendrait de faire à l'industrie lyonnaise; avances sur nantissement de marchandises fabriquées; pertes causées au commerce de Lyon par la baisse du change de la Russie depuis Paul Iᵉʳ; moyens d'y remédier; des permis seront délivrés aux navires américains qui exporteront des étoffes de Lyon pour une moitié de la valeur de leur cargaison; on fixera en outre, en France et en Italie, des règlements de cour qui prescriront l'emploi d'étoffes lyonnaises pour les costumes de cérémonie, 382-384. — (28 janvier 1811.) Question adressée au ministre de l'intérieur sur les travaux de l'île Perrache: il faudrait y employer les ouvriers inoccupés et qui cherchent à subsister, 436. V. INDUSTRIE.

M

MACDONALD, duc de Tarente, maréchal, gouverneur de la Catalogne. — (21 novembre 1810.) Macdonald ne devra pas dégarnir et livrer sans défense au brigandage les frontières françaises, 330. — (29 janvier 1811.) Ordre au duc de Tarente de prendre les forts restés à l'ennemi dans la Catalogne, 438. — (18 février.) L'Empereur se plaint de rester sans nouvelles de Macdonald; l'inaction de ce général fait perdre la bonne saison et le temps fixé pour l'expédition de Valence, 479. — (9 mars 1811.) L'armée de Catalogne, commandée par le duc de Tarente, occupera le Montserrat et fera le siége de Cardona, Berga et Urgel, afin de faciliter la prise de Tarragone par le général Suchet, 535, 536. V. ESPAGNE (Affaires d').

MACKENSIE, commissaire anglais, chargé de traiter avec la France de l'échange des prisonniers de guerre, à Morlaix, 80, 249, 250.

MAGDEBURG, ville forte, en Prusse. — (23 décembre 1810.) L'Empereur révoque l'ordre donné par le ministre de la guerre de remettre cette place à la Westphalie; Magdeburg, son armement et ses magasins doivent demeurer en la possession de la France, 389. —

(9 mars 1811.) Le sort de Magdebourg ne sera réglé qu'à la paix générale, 534.

MAILLARD, capitaine de vaisseau. — (15 mars 1811.) Bâtiments mis sous le commandement de Maillard, à Tarente, 562.

MAIRES. V. ADMINISTRATION.

MAISON DE L'EMPEREUR (Intendance générale de la). V. DARU.

MAJORATS. V. DOTATIONS.

MALAGA, ville d'Espagne, 492.

MALLARD (Veuve), nourrice de Louis XVI. V. DÉCRETS.

MANUFACTURES. V. INDUSTRIE.

MARBELLA, ville d'Espagne, 492.

MARESCALCHI, comte, ministre des relations extérieures du royaume d'Italie, 150.

MARET, duc de Bassano, ministre secrétaire d'état. — (19 octobre 1810.) Observations de l'Empereur sur un projet de Maret touchant le rétablissement de la Trappe en France, 269. V. CLERGÉ RÉGULIER.

MARIE-LOUISE, archiduchesse d'Autriche, Impératrice des Français, Reine d'Italie. — (14 novembre 1810.) Napoléon informe François II de la grossesse de Marie-Louise; éloge de cette princesse, 322. — (24 décembre.) Renonciation à tous droits sur la monarchie autrichienne souscrite par l'archiduchesse avant son départ de Vienne; ordre à Champagny de la ratifier, 392. — (20 mars 1811.) Accouchement de Marie-Louise. 580.

MARIE-LOUISE, impératrice d'Autriche. — (16 décembre 1810.) Napoléon remercie l'impératrice d'Autriche de lui avoir envoyé le portrait de sa fille l'Impératrice des Français, 377.

MARIE-LOUISE, infante d'Espagne, ex-reine d'Étrurie. — (3 décembre 1810.) Avantages que cette princesse trouverait à quitter Nice pour aller à Rome; l'Empereur est prêt à lui donner un hôtel dans cette dernière ville, 351, 352.

MARINE (*Service général et constructions*). — (4 août 1810.) Ordre à Decrès d'établir provisoirement au ministère un bureau séparé pour la marine hollandaise, 18. — (10 août.) Le budget de la marine pour 1810 est fixé à 110 millions, 36; — observations sur les dépenses des petits ports et des grands ports; possibilité de les réduire, 37; — ordre d'acheter pour la marine des mâts vénitiens et corses, 38. — (17 août.) Note dictée en conseil d'administration de la marine : conformément à l'usage établi en Hollande, on prendra les enfants trouvés et les orphelins pour recruter les équipages de la marine et les régiments des colonies ; organisation à donner à ces corps de novices, qui recevraient, à terre, leur première instruction, et passeraient ensuite sur les vaisseaux : le conseil de marine examinera cette question, 54-57. — (17 septembre.) Construction de vaisseaux à Toulon et à Gênes, et de flottilles de transport dans la Méditerranée et à Dordrecht; l'Empereur espère pouvoir, en 1812, disposer de 104 vaisseaux de ligne, qui, soutenus par les flottilles de l'Escaut, de la Méditerranée, de Boulogne, de Cherbourg, lui permettraient de menacer l'Angleterre avec 200,000 hommes, 141-144. — (18 septembre.) Instructions à Decrès pour la construction, au compte de la France, de bâtiments de guerre à Naples; lancement de vaisseaux à Gênes, 147. — (26 septembre.) L'Empereur se plaint qu'on visite trop facilement les arsenaux, et surtout celui de Toulon, dont la police est mal faite, 168. — (4 octobre.) Retards dans la construction, à Gênes, du vaisseau *l'Agamemnon*; ordres en conséquence donnés à Decrès, 204, 205; — nouveaux ordres envoyés au ministre de la marine au sujet de l'inactivité des chantiers de la Hollande, 205; — construction de plusieurs navires, pour le compte de la France, en Toscane, 212. — (6 octobre.) L'Empereur presse l'achèvement de frégates et de vaisseaux mis sur le chantier en Italie, 223. — (10 octobre.) Projet de réformes dans l'organisation de la marine, 243. — (12 octobre.) Problème de construction navale à proposer aux ingénieurs, 248. — (23 octobre.) Défense aux officiers des bricks en station dans les ports de l'Empire de quitter leur bord pour coucher en ville, 273. — (24 octobre.) Comparaison à faire entre les mâts de Corse et ceux de l'Istrie; ordre concernant la frégate *l'Uranie*, devenue impropre au service, 277. — (6 novembre.) Marchés à conclure pour achat de mâts; mode de payement prescrit à Decrès; crédit alloué, dans cette vue, au budget de la marine; ces mâts devront être transportés à Danzig et à Lubeck, et de là passeront en France, 304. 305. — (18 novembre.) Instructions à Joachim Napoléon au sujet de navires de guerre français à construire sur les chantiers de Naples et de Castellamare, 327. — (26 novembre.) Omissions signalées à Decrès dans l'état de situation de la marine de France; question de Napoléon sur des barques courrières, 342. — (28 novembre.) Présentation au Sénat d'un sénatus-consulte pour la levée de 40,000 marins, 344. — (10 février 1811.) Ordre au ministre de la marine de presser la construction des vaisseaux en chantier à Anvers, 463. — (28 février.) Un vaisseau et une frégate seront mis en construction, pour le compte de la France, à Castellamare ou à Naples; de quelle façon le marché doit être conclu avec le ministère de la marine des Deux-Siciles, 496. — Établissement d'un conseil de construction pour les vaisseaux de guerre; composition de ce conseil, 500. — (1er mars.) Ordre d'employer à la construction de frégates ou de bricks tous les marins et ouvriers inactifs à Hambourg, 502. — Mesures à prendre pour avoir, en 1812, 34 vaisseaux dans la mer du Nord, 502. — Recrutement de marins à faire dans les villes hanséatiques, 503. — Instructions au vice-roi pour un transport de mâts italiens à Savone, 503. — (2 mars.) Nomination du contre-amiral Émeriau au commandement de l'escadre de Toulon, 504. — Négligence de l'administration de la marine, qui laisse l'escadre de Toulon manquer de vivres de campagne, 505. — Armement qu'il convient d'adopter pour les flûtes et les gabares, 505. 506. — (3 mars.) L'Empereur espère avoir dans quatre ans plus de cent vaisseaux de haut bord et deux cents frégates, avec lesquels il pourra déposséder les Anglais de l'empire des mers, 506. — (5 mars.) Les travaux de construction navale, à Anvers, seront poussés activement, et, au besoin, il sera créé, dans cette vue, deux nouveaux bataillons d'ouvriers conscrits, 512, 513. — (10 mars.) Ordre à Decrès de dresser un projet de budget naval pour 1812 et 1813; les bases de ce travail sont l'escadre du Texel; celle de l'Escaut; celle de Brest, fournie par les chantiers de Cherbourg, de Brest, de L'orient et de Nantes; l'escadre de Rochefort, formée sur les chantiers de Rochefort, de Bayonne et du Passage; l'escadre de Toulon, complétée par les constructions de ce port, de Gênes et de Livourne, et enfin les bâtiments commencés dans les ports de l'Adriatique 542-544. — (12 mars.) L'Empereur se plaint que les ports de guerre demeurent dépourvus d'approvisionnements, 553. — (16 mars.) Lenteur des constructions à Toulon; ordres en conséquence adressés à Decrès, 567. — (21 mars.) Nécessité d'augmenter beaucoup le nombre des ouvriers constructeurs sur le chantier d'Anvers, 581. — (23 mars.) Observations au ministre de la marine sur l'armement de plusieurs vaisseaux hollandais et sur les noms à donner à ces bâtiments. 585. — Ordre relatif aux péniches de Lorient, 586. — Mesures à prendre pour accélérer l'avancement des aspirants de marine, 586, 587. — (25 mars.) Ordre à Davout d'envoyer à l'Empereur 3,000 marins pris dans les pays hanséatiques; avantages accordés aux femmes de ces marins, 607.

MARINE (*Opérations de guerre et de commerce*). — (2 août 1810.) Divisions navales à organiser dans les ports de l'Océan en vue d'expéditions à l'île de France et à Batavia, 4, 5. — (4 août.) Instructions à transmettre aux commandants des flottilles de l'Escaut et de la Meuse; renforts à envoyer à l'escadre de Flessingue; le capitaine de vaisseau Kersaint fera le sondage des passes du Texel, au point de vue des manœuvres des vaisseaux tirant 22 pieds d'eau, 17-21. — (2 septembre.) Expéditions pour Batavia et l'île de France préparées dans les ports de l'Océan; Decrès rédigera un rapport sur l'état du vaisseau *l'Ulysse*, destiné à en faire partie; instructions au ministre de la marine sur la façon dont ces expéditions doivent être conduites, 97-99. — (17 septembre.) Ordre de réunir à Cherbourg une division navale pour menacer les îles de Jersey; deux autres flottilles jetteront, l'une 40,000 hommes en Égypte, l'autre une cinquantaine de mille hommes en Irlande ou en Écosse, 141-144. — (4 octobre.) Instructions à Decrès au sujet des stations navales des embouchures de la Jahde, de l'Ems, du Weser et de l'Elbe, 206, 207. — (13 octobre.) Expédition projetée à Lissa, en Italie; confiance de Napoléon dans le capitaine Dubourdieu, chargé de la diriger, 258. — (15 novembre.) Ordre au ministre de la marine de faire protéger, sur les côtes de la Rochelle, le cabotage français contre les courses des péniches anglaises, 324. — (17 novembre.) Mesures à prendre pour mettre à l'abri d'une attaque des Anglais les frégates mouillées dans les eaux de la Hougue, 326. — (24 novembre.) Observations de l'Empereur sur la situation de l'escadre établie dans la grande rade de Toulon, 338. — (25 novembre.) Prochain départ pour Java de la corvette *la Sapho*; elle devra prendre ou détruire les navires ennemis qu'elle rencontrera sur sa route; ordre d'éviter toute relâche; confiance de Napoléon dans le commandant Philibert, 339, 340. — (26 novembre.) Frégates à expédier de Nantes; elles croiseront dans la mer des Indes, 342. — (21 décembre.) Instructions à Decrès au sujet des expéditions préparées pour l'île de France à Cherbourg et à Rochefort; ordre concernant la frégate *l'Élisa*, 384. — (23 décembre.)

Capture faite par les Anglais, près de la Rochelle, d'un navire allant de Batavia à Bordeaux; les dépêches, jetées à l'eau, sont poussées à terre par la marée et transmises à Napoléon par le ministre de la police, 390. — (8 janvier 1811.) Ordre au ministre de la marine de dresser un état de tous les bâtiments de commerce de la Méditerranée et de l'Océan, en indiquant le tonnage et la force des équipages, 418. — (13 janvier.) Ordres au sujet de navires de guerre à rappeler de Corfou ou à expédier sur cette île, 423. — (15 janvier.) Instructions concernant une croisière dans la Méditerranée, 425. — (27 janvier.) Nouveaux ordres dans le même sens à Decrès, 435. — (30 janvier.) Ordre au commandant de la frégate *l'Hortense* de se rendre à l'île de Java; instructions tracées par Napoléon à cet officier, 440, 441. — Préparatifs pour la réunion d'une escadre dans la rade de Brest, 441. — (31 janvier.) Établissement de l'inscription maritime en Hollande; appel de 3,000 marins; instructions à Decrès concernant la levée des hommes, 442. — (10 février.) Renforcement de l'escadre de l'Escaut, 463. — (26 février.) Forces à mettre sur les navires destinés à croiser le long de la côte occidentale de l'Espagne et sur la côte de Barbarie, pour y arrêter tous les bâtiments chargés de blé à destination de Cadix et de Lisbonne, 492, 493. — (28 février.) Ordre pour un mouvement de frégates de Dunkerque sur Flessingue, 496. — (1ᵉʳ mars.) Préparatifs d'une expédition navale en Sicile, 503. — (5 mars.) Ajournement des expéditions préparées à Saint-Malo et à Cherbourg pour Batavia; les frégates mouillées dans ces deux ports se rendront à Brest, 512. — Ordre de sonder la rade et les passes de Flessingue, 513. — (6 mars.) Instructions à Decrès au sujet de l'escadre destinée à opérer sur la côte occidentale de l'Espagne, 516, 517. — (8 mars.) Exposé du genre de guerre maritime que l'Empereur veut faire en 1811 : les escadres de Toulon, de Brest, du Texel et de l'Escaut devront être sans cesse approvisionnées comme pour un appareillage; des ordres cachetés donneront à l'amiral lui-même la croyance qu'il va sortir. Il faut que, dans un délai de deux ans au plus, la flotte de transport de la Méditerranée soit en état d'embarquer une armée de plus de 30,000 hommes, pouvant fondre sur la Sicile ou l'Égypte; quant à la flotte de l'Escaut, l'Empereur compte s'en servir pour des expéditions en Irlande, dans les Antilles et à la Guyane hollandaise; une autre expédition partira de Brest pour s'emparer du cap de Bonne-Espérance, 523, 524. — Nouvelles observations concernant la flotte de transport de la Méditerranée; utilité d'avoir de fortes péniches pour le service des rades ou des grands fleuves comme le Nil et la rivière de Surinam, 525-527. — Ordre à Decrès d'envoyer des bâtiments porter secours à la ville de Santoña (golfe de Gascogne), que les Anglais semblent menacer d'une attaque, 547. — (10 mars 1811.) Utilité d'armer des corsaires à Danzig en vue de la prochaine campagne contre les Anglais dans la Baltique, 541. — (23 mars.) Supériorité de marche des corsaires de la Manche sur les frégates anglaises; ordre au ministre de la marine de se procurer les plans des meilleurs de ces corsaires, 585. — (24 mars.) Usage à faire des flottilles de Boulogne et de l'Escaut; celles du Zuiderzée, du Weser, de l'Elbe et de la Baltique seront destinées à faire la course et à former des matelots, 587, 588. — (31 mars.) Ajournement de l'expédition destinée à approvisionner Barcelone, 625.

MARISY, général de brigade. — (4 octobre 1810.) La brigade Marisy est mise sous les ordres de Lahoussaye, dans l'armée du Centre, en Espagne, 209.

MARMONT, duc de Raguse, maréchal, commandant le 11ᵉ corps en Illyrie. — (14 août 1810.) Intention de l'Empereur de porter à 400,000 francs le traitement du duc de Raguse, 48. — (2 octobre.) Ordre à Marmont d'envoyer régulièrement à Decrès les états de situation de la marine illyrienne, 193, 194. — (6 octobre.) Le duc de Raguse blâmé d'avoir levé sans ordre la saisie mise sur des bâtiments ottomans, 222, 223. — (9 novembre.) Emprunt fait en Illyrie par Marmont; négligence de ce maréchal à dresser le budget de ce pays; l'Empereur menace de prendre, au sujet de l'administration des provinces illyriennes, des mesures qui annuleront à peu près les fonctions du duc de Raguse, 314, 315. — (24 janvier 1811.) Il sera défendu à Marmon de lever aucun corps indigène sans en avoir reçu l'ordre, 431. — (8 mars.) Arrivée du duc de Raguse à Paris; il assistera au conseil où sera discuté le projet d'organisation des provinces illyriennes, 523. — (16 mars.) Ordre à Marmont de rédiger un projet pour la transformation du port de Raguse en une grande place de guerre, 564. V. ILLYRIENNES (Provinces).

MARRAC (Camp de), près Bayonne, 330.

MASSÉNA, prince d'Essling, maréchal, commandant en chef l'armée de Portugal. — (6 septembre 1810.) Ordre à Masséna de laisser sur ses derrières, en entrant dans le Portugal, tous les régiments provisoires de dragons: ils garderont les plaines de Salamanque et de Valladolid, 139. — (2 octobre.) Entrée de Masséna dans le Portugal, 192. — (25 décembre.) Position prise par le prince d'Essling en face des Anglais à Santarem, 398. — (25 janvier 1811.) Badajoz une fois rendu, Soult se portera, avec son équipage de siège, sur le Tage, pour aider Masséna à prendre Abrantès, 432. — (6 février 1811.) Imminence de la jonction de Soult et de Masséna sur le Tage, 455. — (29 mars.) Le prince d'Essling menace Lisbonne de Coïmbre, son quartier général, 618. V. PORTUGAL (Opérations dans le).

MAURY, cardinal, archevêque de Paris. — (5 janvier 1811.) Correspondances entretenues par Pie VII avec Maury, 414.

MAYENCE, ville forte d'Allemagne. — (10 janvier 1811.) Cette ville est désignée pour être, au

15 février, le lieu de réunion de l'état-major général de la Grande Armée, 421.

MECKLEMBURG (Duché de), 99, 197, 572, 595, 598, 599.

MÉDITERRANÉE (Régiments de la). V. RÉGIMENTS DE LA MÉDITERRANÉE.

MEMEL, ville de Prusse, 407.

MERLIN (de Douai), comte, conseiller d'état, membre de l'Institut. — (5 janvier 1811.) Merlin sera membre de la commission d'état créée pour juger le différend de Napoléon avec le Pape, 414.

METTERNICH-WINNEBURG (Comte DE), ministre des affaires étrangères, à Vienne. — (21 septembre 1810.) Démarches des ministres de France et d'Autriche à Stuttgart pour obtenir la restitution des biens du comte de Metternich; observations de Napoléon à ce sujet. 163. — (30 septembre.) Bonnes relations de Napoléon et de Metternich; retour de ce dernier à Vienne, après son séjour à Paris, 187. — (17 octobre.) Présents faits par l'Empereur à ce ministre lors de son départ. 261. — (25 février 1811.) Ordre à l'ambassadeur de France à Vienne de sonder Metternich sur le rôle que l'Autriche se propose de jouer dans la guerre de la Porte et de la Russie au sujet de la question des principautés danubiennes. 491. 492. V. AUTRICHE.

MIDI (Régiment du). V. RÉGIMENT DU MIDI.

MILHAUD, général de division, en Espagne, 617.

MINES. — (8 octobre 1810.) Note concernant le minerai de l'île d'Elbe. 238. — (10 octobre.) Règlement relatif aux mines de mercure d'Idria, en Illyrie. 243-246. — (13 octobre.) Comment on doit disposer du mercure extrait à Idria. 255-257. — (27 novembre.) L'Empereur demande à Monge une note sur les moyens d'accroître l'extraction du fer à l'île d'Elbe, 344.

MIOT, ancien ministre de l'intérieur à Naples, attaché à la personne du roi d'Espagne. 278.

MOINES. V. CLERGÉ RÉGULIER.

MOLDAVIE, une des provinces danubiennes. V. RUSSIE. TURQUIE.

MOLÉ, comte, directeur général des ponts et chaussées, 501. V. PONTS ET CHAUSSÉES.

MOLITOR, comte, général de division à l'armée d'Allemagne. — (18 août 1810.) Chargé de surveiller la contrebande dans l'Ost-Frise, il correspondra avec Morand pour assurer le blocus des côtes de Westphalie, 57. — (17 décembre.) Le commandement de la 17ᵉ division militaire sera confié à Molitor, 379. — (10 mars 1811.) Instructions à ce général concernant les troupes hollandaises à organiser; point par lequel il devra communiquer avec la France; avis touchant l'éventualité d'un débarquement des Anglais, 540.

MOLLIEN, comte, ministre du trésor public. — (24 août 1810.) Instructions à Mollien sur les moyens de solder l'arriéré de la dette hollandaise. 72. V. AMORTISSEMENT (Caisse d'). HOLLANDE. — (29 août.) Le ministre du trésor public reçoit l'ordre d'acheter des actions de la Banque de France, 89. — (20 septembre.) Observations de Napoléon au sujet d'une somme de 2 millions envoyée à Madrid par Mollien, 160. — (20 octobre.) Ordre à Mollien d'envoyer à Bayonne pour 2 ou 3 millions de sous, 272, 273. — (24 octobre.) Comment doit être établie la balance du trésor public à présenter en janvier 1811; recouvrement des avances, 276, 277. — (28 octobre.) Ordres relatifs au crédit des colonies pour les trois dernières années; Mollien évaluera les rentrées faites et les sommes qui restent à payer. 283. 284. — (8 novembre.) L'Empereur consulte Mollien sur la possibilité d'établir à Paris un établissement d'escompte qui avancerait de l'argent aux négociants sur le dépôt des denrées coloniales qu'ils ont en magasin, 312, 313. — (15 décembre.) Ordre à Mollien concernant la vérification des receveurs des communes, 376. — (25 mars 1811.) Instructions au ministre du trésor public touchant les dépenses de l'armée d'Allemagne; fonds affectés à ces dépenses, solde dite de Danzig; examen à faire de divers états et mémoires, 603-605. V. FINANCES.

Monge, comte de Peluse, membre de l'Institut. — (27 novembre 1810.) Rapport demandé à Monge sur les mesures à prendre pour augmenter le rendement des mines de l'île d'Elbe et pour fabriquer des canons avec le fer qui en est extrait, 344.

Moniteur (Le). V. Journaux.

Monnaies. V. Finances.

Monnier, baron, secrétaire du cabinet de l'Empereur. — (15 janvier 1811.) Les ministres français en Allemagne enverront à Monnier toutes les pièces, relatives aux campagnes faites dans ce pays, qu'ils pourront recueillir à Vienne ou à Berlin, 424.

Montalivet (Comte de), ministre de l'intérieur. — (29 août 1810.) Représentations à ce ministre sur le mauvais état de quelques routes en France et en Italie. 90. V. Administration.

Montbrun (Comte de), général de division. — (10 janvier 1811.) Il commandera le 2ᵉ corps de réserve de cavalerie à la Grande Armée. 420.

Monteleone (Duc de), ambassadeur du roi des Deux-Siciles près l'Empereur. —(13 novembre 1810.) Observation de l'Empereur au sujet de créances à payer par Monteleone. 320.

Monténégro (Le), province de la Turquie d'Europe. — (25 mars 1811.) Ordre au prince de Wagram de faire dresser un projet d'expédition sur le Monténégro, 607.

Montesquiou-Fezensac (Comte de), grand chambellan de l'Empereur. — (19 février 1811.) Observations au grand chambellan sur la façon négligente dont se fait le service des huissiers de la chambre, 482.

Montfort, capitaine de vaisseau, commandant une division de frégates dans la Méditerranée. — (21 novembre 1810.) Ordre à Montfort de se rendre avec deux frégates à Porto-Ferrajo, afin d'y embarquer des troupes pour Corfou; il prendra ensuite le commandement de la rade de cette île, à l'approvisionnement de laquelle il devra concourir, sous les ordres du gouverneur Donzelot, 331, 332.

Monthion. V. Bailly-Monthion.

Morand (Charles-Antoine), comte, général de division à l'armée d'Allemagne. — (3 août 1810.) Morand reçoit l'ordre de renforcer la ligne des douanes de Bremen au Rhin. 7. — (18 août.) L'Empereur le charge d'occuper les côtes de la Westphalie jusqu'à la Wümme; but de cette occupation, 57, 58. — (19 août.) Instructions à transmettre à Morand, 61. — (28 septembre.) Sa division assurera l'efficacité du blocus depuis l'Elbe jusqu'à la Baltique. 178. — (4 octobre.) Morand devra occuper l'île de Neuwerk et la mettre en état de défense, 211. — (7 décembre.) Ordre à Morand de passer en revue le régiment de la Méditerranée. 357. — (13 février 1811.) Dans la réorganisation de l'armée d'Allemagne, Morand aura le commandement de la 1ʳᵉ division, 468.

Morlaix (Négociation de). V. Prisonniers de guerre.

Morland, colonel des chasseurs de la Garde, tué à Austerlitz. — (2 février 1811.) Intention de l'Empereur de conférer aux enfants de cet officier des titres et dotations, 446.

Moustier (Marquis de). — (28 août 1810.) Instructions à ce commissaire pour l'échange des prisonniers de guerre avec le gouvernement britannique; note à remettre par de Moustier au commissaire anglais Mackensie. 80-86. — (12 octobre.) Nouvelles instructions à de Moustier au sujet d'une difficulté survenue entre la France et l'Angleterre pour les frais de transport des prisonniers libérés. 249, 250. V. Prisonniers de guerre.

Mouton, comte de Lobau, général de division, aide de camp de l'Empereur. — (18 octobre 1810.) Instructions à Mouton relativement à la formation des régiments croates; questions diverses à ce sujet. 267, 268.

Muntingue, lieutenant-colonel hollandais. — (6 novembre 1810.) Cet officier, à son arrivée de Batavia, est envoyé auprès de Decrès pour lui donner des renseignements sur la colonie, 306.

Murat. V. Joachim Napoléon.

N

NAJAC (Comte DE), conseiller d'état. 553.

NANSOUTY, général de division. — (10 janvier 1811.) Il est chargé de commander le 1er corps de réserve de la cavalerie de la Grande Armée, 420.

NAPLES. V. DEUX-SICILES (Royaume des).

NAPOLÉON Ier, Empereur des Français, Roi d'Italie, Protecteur de la Confédération du Rhin, Médiateur de la Confédération helvétique. — (2 août 1810.) L'Empereur à Saint-Cloud. 1. — (3 août.) Il se rend à Trianon, 7. — (14 août.) Son retour à Saint-Cloud, 41. — (15 août.) Il passe la journée aux Tuileries; son allocution aux députés de la Hollande et à ceux d'Illyrie, 51, 52. — (16 août.) Napoléon à Saint-Cloud; il ignore encore s'il ira en Hollande, 53, 54. — (18 septembre.) Il se rend à Fontainebleau, 147.—(19 septembre.) Son retour à Saint-Cloud, 149. — (23 septembre.) L'Empereur à Paris, 165. — (26 septembre.) Il retourne à Fontainebleau, 168. — (16 novembre.) Il rentre à Paris, 325. — (14 décembre.) Lettre datée de Fontainebleau, 375. — (15 décembre.) Retour à Paris, 375. (3 mars 1811.) Allocution de l'Empereur à la députation du collége électoral du Finistère. 506. — (17 mars.) Allocutions de Napoléon aux députés des villes hanséatiques et à la députation du collège électoral du Var. 568. 570.

NARBONNE (Louis DE), ministre de l'Empereur à Munich, 296, 477.

NAVARRE, province d'Espagne. — (12 octobre 1810.) Projet secret de Napoléon de réunir la Navarre à la France. 251.

NEISSE, ville de Prusse. — (11 mars 1811.) Ordre de faire des préparatifs pour le siége de Neisse, 546.

NERCIAT (DE), envoyé de l'Empereur en Orient. — (13 octobre 1810.) Mission qui lui est confiée en Syrie et en Égypte, 251.

NEUCHÂTEL (Prince DE). V. ALEXANDRE (Berthier.)

NEUTRES. V. BLOCUS CONTINENTAL.

NEY, duc d'Elchingen, maréchal. — (10 janvier 1811.) Il est chargé de commander le corps d'observation de l'Océan ou 3e corps de la Grande Armée, 420.

NICOLAÏ, comte, chambellan de l'Empereur. 580.

NORWÉGE (Royaume de). V. DANEMARK et SUÈDE.

O

OCÉAN (Corps d'armée de l'). V. CORPS D'ARMÉE DE L'OCÉAN.

OLDENBURG (Duché d'). — (22 janvier 1811.) L'Empereur s'apprête à prendre possession de ce pays, réuni à l'Empire; instructions sur ce point à Champagny, 430. — (3 février.) Conscription à lever dans l'Oldenburg, incorporé aux départements français des Bouches-du-Weser et des Bouches-de-l'Elbe. 448. — (17 février 1811.) Ordre à Champagny d'expliquer au czar les nécessités qui ont déterminé la réunion de l'Oldenburg à la France, 478.

OSMOND, archevêque de Florence. 408.

OTRANTE, ville et port du royaume de Naples. 434, 510, 528.

OTTO, comte, conseiller d'état, ambassadeur de France à Vienne. 334, 335, 336, 424, 444, 477, 490, 491, 495, 601. V. AUTRICHE.

OTTOMAN (Empire). V. TURQUIE.

OUDINOT, duc de Reggio, maréchal. — (3 août 1810.) Ordre à ce maréchal de renforcer la ligne des douanes de Rees à Brême, 7. — (28 septembre.) Il s'entendra avec Davout pour distribuer les postes de douanes le long de la mer du Nord, 178. — (17 décembre.) Prochain retour en France du duc de Reggio. 380. — (10 janvier 1811.) Il est chargé de commander le 2ᵉ corps d'observation de l'Elbe, à la Grande Armée. 420. — (30 mars.) Les camps d'Emden et d'Utrecht sont mis sous les ordres du duc de Reggio, 622.

P

PAJOL, général de brigade. — (18 mars 1811.) Ce général commandera, avec Bachelu, la garnison de Dantzig. 573.

PALMER. — (13 octobre 1810.) La permission de retourner en Angleterre est accordée à ce personnage. 252.

PAPAUTÉ. V. ROME (*Affaires de*).

PAPENBURG, bourg du Hanovre. 407.

PARIS. — (14 septembre 1810.) Note sur les travaux d'embellissement de la ville de Paris: projet d'ouvrir une rue de la colonnade du Louvre à la place de la Bastille; importance que l'Empereur attache à l'achèvement de l'Hôtel de ville. 136-138. — (30 décembre.) Immunité d'impôts accordée pour vingt ans aux personnes qui construiront, rue de Rivoli, des maisons avec arcades. 402. — (16 janvier 1811.) Ordre concernant la démolition de l'église Saint-Thomas du Louvre et des maisons acquises par l'Empereur entre les Tuileries et le Louvre; le déblayage de ces terrains donnera du travail au peuple de Paris. 426. — (27 janvier.) Note dictée en conseil d'administration sur l'utilité qu'il y aurait, pour la ville de Paris, à racheter le péage des ponts. 434. — (8 février.) L'Empereur demande au ministre de l'intérieur un projet de décret pour l'installation d'une halle aux vins au quai Saint-Bernard. 456. — (9 février.) Sommes à consacrer par la ville de Paris à l'agrandissement des halles depuis les Innocents jusqu'à la rotonde de la halle aux blés; ordre de commencer la halle aux vins. Sollicitude de Napoléon pour les travaux propres à assurer la salubrité et la beauté de la capitale; mesures financières prescrites dans cette vue. 457, 458. — (14 février.) Utilité de faire un jardin sur l'emplacement de la tour du Temple; instructions relatives au marché qui doit être établi en cet endroit. 471.
— (28 mars.) Retards apportés dans les travaux de Paris; l'Empereur désire que l'on pave le quai des Invalides. 609. V. TRAVAUX PUBLICS.

PASSAU, ville forte de Bavière. — (24 novembre.) Désignée comme lieu de dépôt des sujets français licenciés du service d'Autriche, 334-336.

PASTOL (Baron), général de brigade. — (9 décembre 1810.) Ordre de dissoudre la brigade Pastol, 367.

PENSIONS ET GRATIFICATIONS. — (16 octobre 1810.) Décret qui accorde une pension viagère à la princesse Hyacinthe-Dominique de Bourbon. 260. — (23 novembre.) Secours mensuel accordé à la femme du général Simon, 333, 334. — (10 mars 1811.) Gratification allouée à l'évêque de Savone, 538. — (12 mars.) Question à Gaudin au sujet des pensions à payer aux ecclésiastiques romains. 548. — (15 mars.) En récompense de ses services en Catalogne, le général Souham reçoit une gratification de 60.000 francs. 563.

PERCY, baron, chirurgien en chef des armées françaises. 278.

PÉRIDIER, capitaine de vaisseau. — (15 mars 1811.) Expédition de Péridier sur l'île de Lesima-Grande; il reçoit l'ordre de se rendre ensuite à Trieste, 561. 562.

PHILIBERT, lieutenant de vaisseau, commandant *la Sapho*. — (25 novembre 1810.) Instructions de l'Empereur à cet officier, chargé de transporter des troupes et des armes à Java; conduite à tenir dans la traversée. 339, 340.

PIE VII. V. ROME (*Affaires de*).

PINCKNEY, général américain, ministre des États-Unis d'Amérique à Londres, 371. V. ÉTATS-UNIS D'AMÉRIQUE.

PINÉ, général de brigade. — (10 janvier 1811.) Nommé au commandement de la 4ᵉ brigade de la réserve de cavalerie, à la Grande Armée. 420.

PLACES FORTES. V. GÉNIE.

PLAISANCE (Duc de). V. LEBRUN.

PLAUZONNE, baron, général de brigade. — (9 février 1811.) Ce général est chargé de commander un corps de troupes qui se rassemblera à Toulon, 459. — (28 février.) Il reçoit l'ordre de tenir ce corps réuni et prêt à s'embarquer au premier moment, 496.

POITEVIN, général de brigade. — (14 août 1810.) Il est chargé de reconnaissances militaires en Illyrie, 44. — (16 mars 1811.) L'Empereur lui confie le soin de rédiger, avec Marmont, un plan de fortification du port de Raguse. 564.

POLICE GÉNÉRALE. — (29 août 1810.) Ordre de régulariser la comptabilité de l'état des dépôts de la police, 91. — (1ᵉʳ octobre.) Le duc de Rovigo fera parvenir à l'Empereur tous les ouvrages imprimés à Londres sur la politique et les affaires du temps. 188; — observations sur le budget du ministère de la police pour 1811 : réduction de différents frais de bureau et de personnel; le chiffre de 3 millions de francs pour le budget total est trop élevé; l'organisation administrative demande à être simplifiée; la plupart des dépenses doivent être supportées par les communes, 188. 189. — (12 décembre.) Fausse alarme répandue par le commissaire de police de Gênes au sujet de prétendus complots en Italie; l'Empereur veut qu'il soit mis en demeure de s'expliquer à cet égard, 370. — (15 décembre.) Ordre à Savary pour l'organisation de la police des côtes depuis la Hollande jusqu'à Hambourg. 377. — (15 janvier 1811.) L'Empereur signale à la surveillance du ministre de la police un lieu de réunions clandestines, d'où s'échappent, à travers Paris, une multitude de mauvais bruits, 425. — (2 février.) Défense à Savary d'autoriser les bals masqués au *Cercle des étrangers*, à Paris, 445. — (12 février.) Le ministre de la police rédigera un règlement ou projet de décret fixant le traitement des directeurs généraux, des commissaires généraux et des commissaires spéciaux; il ne doit y avoir, dans l'Empire, que quatre directeurs généraux, à Turin, à Florence, à Rome et à Amsterdam; suppression du commissariat général de Civita-Vecchia, 466. — (22 mars.) Savary défendra aux préfets de recevoir dans leurs salons les officiers espagnols. 583.

POLITIQUE EXTÉRIEURE. V. CHAMPAGNY.

POLOGNE. V. VARSOVIE (Grand-duché de).

POMÉRANIE SUÉDOISE. — (9 août 1810.) La Poméranie suédoise devra déclarer la guerre aux Anglais et séquestrer tous leurs bâtiments. 33. — (4 août-14 août.) Ordres relatifs à al garnison de Stettin, 16, 43. — (29 août.) Violations du blocus continental commises à Stettin, 88. — (2 septembre.) Le maréchal Davout est chargé d'assurer en Poméranie l'efficacité du blocus, 99, 100. — (3 mars 1811.) Dispositions à prendre pour faire marcher des troupes sur Stettin, 508, 509. — (24 mars.) Intention de l'Empereur d'envahir la Poméranie suédoise à la moindre infraction de la Suède au système politique français, 596. — (25 mars.) Le cabinet de Stockholm devra faire armer l'île de Rugen et Stralsund, afin de tenir les Anglais à distance des côtes. 601.

PONIATOWSKI, prince, commandant l'armée polonaise. — (24 mars 1811.) Ordre à ce prince de former des gardes nationales dans toutes les villes de la Pologne, 596.

PONTE-CORVO (Prince de). V. BERNADOTTE.

PONTS ET CHAUSSÉES. — (29 août 1810.) Observations sur le mauvais état de quelques routes en France et en Italie; nécessité d'adopter un nouveau système pour l'inspection des chemins, 90, 91. — (13 septembre.) Ordre de régulariser la comptabilité de la caisse des ponts et chaussées; fonds dont cette caisse doit être comptable, 130-136. — (7 octobre.) Note relative au péage des ponts de Bezons, Choisy et Valvins, 235, 236. — (1ᵉʳ mars 1811.) Allocation de fonds pour la construction d'une route de Wesel à Hambourg, par Osnabrück et Bremen; elle sera ensuite continuée jusqu'à la Baltique, 501. — (18 mars.) Ordre d'établir une autre route de Hambourg à Stettin par Strelitz. 572.

PORTALIS, comte, conseiller d'état. — (5 janvier 1811.) Disgrâce de Portalis. 415.

PORTO-FERRAJO, ville et port de Toscane. 331. 492. 516.

PORTUGAISES (Troupes). 13. 53. 314. 521. 522.

PORTUGAL (*Opérations dans le*). — (3 août 1810.) Un bataillon de la flottille est mis à la disposition de Masséna, pour le passage des rivières dans le Portugal. 6. — (9 septembre.) Envoi en Espagne de 3 millions pour la solde de l'armée de Portugal. 115. — (19 septembre.) Ordre à Masséna de couvrir ses derrières à l'aide des régiments provisoires de cavalerie. 152, 153. — (20 septembre.) Fonds à envoyer au corps de Reynier, à l'armée de Portugal, 161. — (2 octobre.) Entrée de cette armée, sous les ordres de Masséna, dans l'intérieur du Portugal. 192. — (7 novembre.) Nouvelles publiées par les journaux anglais sur la situation de l'armée de Portugal; son arrivée à cinq lieues de Lisbonne; imminence d'une bataille, 308. — (20 novembre.) Position de l'armée, la gauche à Villafranca, la droite à Torres-Vedras; nécessité d'une diversion en sa faveur. 329. — (25 décembre.) Nouvelles transmises de Lisbonne : mouvement offensif de Wellington sur la droite de l'armée française; il est repoussé. Prise de Leiria par Masséna; Silveira inquiète les derrières du prince d'Essling. 397, 398. — (26 décembre.) Bruit d'un succès remporté par Silveira, à Pinhel, sur l'avant-garde de Gardane. 399. — (6 février 1811.) Dispositions pour la jonction de Soult et de Masséna sur le Tage, 455. — (29 mars.) Ordre au duc de Dalmatie de marcher sur Lisbonne avec 30.000 hommes, tandis que les 70.000 soldats de l'armée de Portugal s'y avanceront de leur côté; le quartier général de l'armée de Portugal est à Coïmbre, d'où elle menace lord Wellington, 615-619.

POSTES (*Administration des*). — (9 août 1810.) Énumération des pays dont la carte postale pour l'année 1811 devra indiquer les routes de poste. 34. — (27 janvier 1811.) Les places, dans l'administration des postes, seront données de préférence à d'anciens militaires, 436. — (12 février.) Violation du blocus commise par les agents de la poste française à Hambourg; l'Empereur dénonce le fait à Gaudin. 465. — (18 février.) Question de Napoléon au sujet de la suppression des relais de poste de Nocera et de Gualdo. 478. — (8 mars.) L'Empereur se prononce contre l'opportunité de cette mesure. 523.

PRÉFECTURES. — (4 octobre 1810.) Fonds accordés au préfet du Rhône pour compléter l'ameublement de sa préfecture; projet de règlement organique à rédiger au sujet du logement et de l'ameublement des préfets, 199. 200. — (8 novembre.) L'Empereur se plaint de quelques désordres dans l'administration du département de la Stura. 311, 312. V. ADMINISTRATION.

PRESSE. V. IMPRIMEURS et JOURNAUX.

PRIMAT (Prince) de la Confédération du Rhin, prince souverain de Francfort, Ratisbonne, etc. — (27 octobre 1810.) Mesures à prendre pour l'établissement à Francfort de maisons de commerce françaises. 343. V. CONFÉDÉRATION DU RHIN.

PRISONNIERS DE GUERRE. — (28 août 1810.) Note à remettre par le commissaire de Moustier, chargé de traiter de l'échange des prisonniers, en rade de Morlaix : le gouvernement français avait le droit de demander au gouvernement britannique l'échange, homme par homme et grade par grade, de tous les prisonniers français détenus en Angleterre, contre pareil nombre de prisonniers anglais, espagnols et portugais détenus en France; il est clair que les Portugais et les Espagnols pris en combattant côte à côte avec les soldats des généraux Moore, Wellington et autres, sont parfaitement assimilables à des prisonniers anglais; toutefois le gouvernement français a préféré généreusement le principe de la libération en masse de tous les prisonniers faits de part et d'autre; à cette proposition, en vertu de laquelle la France avait, numériquement, plus à donner qu'à recevoir, le commissaire anglais a répondu par un contre-projet plein de réserves, où il acceptait la remise de tous les Anglais contre un nombre égal de Français, mais laissait aux juntes espagnoles le soin de régler le sort des autres prisonniers; un délai de trois mois paraît nécessaire pour consulter les juntes; le gouvernement français l'accepte, et se tiendra prêt à opérer la libération générale d'après les principes énoncés dans la présente note; mais s'il surgit, de la part de l'Angleterre, de nouvelles difficultés, il retirera sa proposition pour rentrer dans le droit commun d'un simple échange par homme et par grade et sans distinction de nationalité, 80-86. — (12 octobre.) Difficulté survenue au sujet du cartel d'échange : ordre à de Moustier de déclarer «qu'une affaire d'argent n'arrêtera jamais la France;» elle consent à prendre à ses frais le rapatriement des prisonniers anglais et espagnols, 249. 250. — (17 octobre.) Ordre relatif aux moines espagnols faits prisonniers, 264. — (29 novembre.) Observations au ministre des relations extérieures sur son rapport concernant les négociations de Morlaix; changements qu'il y faut faire, 346. — (10 décembre.) L'Empereur, dans son message au Sénat, rend compte des efforts tentés, lors du cartel d'échange des prisonniers, pour arriver à un rapprochement avec l'Angleterre; ses espérances ont été déçues, 368. — (13 décembre.) Lettre à écrire au *Transport-Office* pour réclamer la libération des Français prisonniers en Angleterre qui se trouvaient chez les insurgés lors de la convention de Cintra, 374. — (5 février 1811.) Ordre au ministre de la marine de proposer au *Transport-Office* l'échange du général Lefebvre-Desnoëttes contre lord Blaney, 453. — (13 février.) Le directeur de la police d'Amsterdam est blâmé d'avoir remis, de son chef, deux prisonniers russes aux mains du consul de Russie, 467. — Projet de l'Empereur de former les prisonniers de guerre en compagnies qui seront affectées au service du génie et des ponts et chaussées, 470.

PRISONS. — (5 septembre 1810.) Le ministre de l'intérieur rédigera un rapport sur les prisons; conditions de salubrité à réaliser; fonds affectés aux maisons de détention, 106, 107. — (13 septembre.) Les sommes consacrées au rétablissement ou à l'amélioration des prisons seront pour Paris de 3 millions et de 8 millions pour les départements, 130. — (1er octobre.) Chapitre du budget de la police pour 1811 consacré aux prisons, 188, 189.

PRUSSE. — (2 août 1810.) La légation de France à Berlin doit tenir l'Empereur au courant de l'état des forces militaires prussiennes, 3. — (9 septembre.) Démarches à faire auprès de la Prusse pour l'amener à frapper d'un droit le transit des marchandises coloniales entre elle et la Russie, 113. — (20 septembre.) Napoléon fait demander à la Prusse de mettre un droit sur les grains, à destination de l'Angleterre, qui sortent des ports de Memel, Kœnigsberg, Stettin et Kolberg, 160. — (19 octobre.) L'Empereur réclame du roi de Prusse l'exécution du traité de Tilsit : Frédéric-Guillaume s'est engagé à proscrire le commerce anglais dans ses états, à fermer l'entrée de la Vistule, de l'Oder et de l'Elbe; si le transit colonial continue en Prusse, le chargé d'affaires de France quittera Berlin, et Napoléon opérera lui-même les confiscations, 268, 269. — (3 décembre.) Obligations prises par la Prusse à Tilsit et à Erfurt; il faut qu'elle lance un manifeste contre les derniers arrêts du conseil britannique relativement aux neutres. 352. — (5 février 1811.) Ordre en faveur des officiers prussiens qui voudraient se mettre au service de la France, 453. — (25 mars.) Instructions pour le représentant français à

Berlin, en vue de la prochaine ouverture des hostilités sur la Baltique : la Prusse devra fermer rigoureusement toutes ses côtes à la contrebande anglaise, 600. V. Blocus continental.

Q

Quesnel, général de division. 538.

Quinette de Rochemont, conseiller d'état, 376.

R

Raguse (Duc de). V. Marmont.
Raguse, ville et port de Dalmatie. — (15 mars 1811.) Mesures à prendre pour qu'une escadre puisse rester, dans ce port, à l'abri d'un coup de main, 563. — Envoi de deux bataillons à Raguse, 564. — (16 mars.) L'Empereur décide de faire de cette ville une grande place de guerre; ordres en conséquence à Marmont et à Clarke. 564.
Rambouillet (Ferme de). V. Cultures.
Rapp, général de division, gouverneur de Dantzig, 100, 407, 509, 597. V. Dantzig.
Razumowski, comte, ancien ambassadeur de Russie à Vienne. — (22 août 1810.) Ses menées à Vienne en faveur de l'Angleterre. 65.
Receveurs des communes. V. Finances.
Recrutement. V. Conscription.
Reggio (Duc de). V. Oudinot.
Régiment de Belle-Île, 422. 549. 550. 552. 553, 579, 589.
Régiment de l'Île de Ré. 422. 549. 551. 552. 553.
Régiment du Midi. 493.
Régiments de la Méditerranée. 421. 492. 547. 549, 550, 552, 553.
Régiments de Walcheren, 549, 551. 552. 553.
Régiments suisses. 589, 591.
Regnaud. de Saint-Jean-d'Angely, comte, ministre d'état, président de la section de l'intérieur au Conseil d'état. — (5 janvier 1811.) Regnaud fera partie de la commission d'état à laquelle on soumettra toutes les pièces relatives aux affaires de Rome. 414.
Reille, comte, général de division, aide de camp de l'Empereur. et gouverneur de la Navarre. — (19 août 1810.) Envoi de renforts à ce général, 60. — (28 septembre.) Reille contribuera, avec les 15,000 hommes qu'il a sous ses ordres, à maintenir les communications de l'armée d'Espagne par la Navarre, 182, 183. — (20 novembre.) Ordre à Reille, en vue de la réunion de la Garde à Burgos, 329. — (8 mars 1811.) Reille est chargé de l'organisation des régiments provisoires en Espagne, 529. — (29 mars.) Instructions pour ce général à l'occasion de la mise en marche vers le midi de renforts tirés du nord et du centre de la péninsule, 613. 614.
Relations extérieures. V. Champagny.
Rennes, ville de France. — (18 février 1811.) Question au ministre des cultes sur l'utilité de continuer les travaux de la cathédrale de Rennes, 478.
Riboisière (Comte de la), général de division commandant l'artillerie de la Garde. — (9 février 1811.) Ordre à la Riboisière d'organiser les équipages d'artillerie de la Garde. 460-462.
Richard-Lenoir, maison de commerce de Paris. 398. V. Crédit public.
Richemont, colonel, 605.
Rochefoucauld (Comte de la). — (17 février 1811.) L'Empereur songe à l'envoyer à Saint-Pétersbourg, pour y remplacer le duc de Vicence, 477.
Roederer, comte, sénateur. — (3 novembre 1810.) Roederer est investi de la présidence de la commission instituée pour la réunion du Valais à la France, 292. — (9 mars 1811.)

Ordre à Gaudin de consulter Rœderer sur le mode d'impositions à établir dans les territoires allemands réunis à la Hollande, 532.

ROLLAND, capitaine de vaisseau. — (30 janvier 1811.) Mission confiée à cet officier, 440.

ROMANA (LA), général espagnol. — (29 septembre 1810.) L'Empereur ordonne à Soult d'empêcher la Romana de passer le Tage, 186. — (14 novembre.) Pointe de la Romana sur Lisbonne; liberté de mouvements laissée à ce général par la retraite du 5ᵉ corps sur Séville. 321.

ROMANZOF (Comte DE). ministre des affaires étrangères de Russie, 478, 545. V. RUSSIE.

ROME (*Affaires de*). — (14 août 1810.) Démarche à faire auprès du cardinal Antonelli en vue d'arriver à un arrangement entre le Pape et l'Empereur, 51. — (23 décembre.) Instructions au ministre des cultes au sujet d'un désir que Pie VII aurait témoigné d'entrer en accommodement avec Napoléon; il est facile de concilier les intérêts du chef de l'Église et ceux de l'Empereur; mais aucune concession temporelle ne sera faite au souverain pontife; sur ce point, «les statuts de la France sont formels et irrévocables,» 388. — (2 janvier.) Défense faite par le Pape au chapitre de Florence de reconnaître l'archevêque Osmond, 410. — (3 janvier 1811.) Arrestation des abbés Fontana et Gregori, agents du Pape auprès des vicaires généraux de Paris; irritation de Napoléon contre Pie VII, 413. — (5 janvier.) Ordre à Barbier, bibliothécaire de l'Empereur, de rechercher «s'il y a des exemples d'empereurs qui aient suspendu ou déposé des papes,» 413. — Une commission d'état, présidée par l'archichancelier, sera saisie des démêlés de Napoléon avec Pie VII, 413, 414. — Avant la réunion d'un concile national chargé de régulariser la situation des évêques que le Pape refuse de reconnaître, il serait utile de consulter les principaux prélats de l'Empire; ils devront répondre à diverses questions sur l'excommunication lancée contre l'Empereur.

sur le refus de l'institution canonique, les correspondances clandestines entretenues par Pie VII avec les chapitres, et le malaise intolérable né de ces tiraillements, 414, 415. — (29 janvier.) Observations sur le projet d'exposé des affaires de Rome rédigé par le ministre des cultes : il faudrait parler avec plus de détails des bulles et brefs dans lesquels n'a cessé d'éclater la malveillance du Pape, et montrer qu'il a constamment, pour des intérêts temporels, entravé la marche des affaires spirituelles, 437. — (16 mars.) Réponse de l'Empereur au rapport du comité ecclésiastique consulté sur les affaires de Rome; exposé des entreprises temporelles tentées par le Pape; nécessité de convoquer un concile d'Occident pour régler la discipline générale de l'Église et mettre un terme à des luttes dangereuses pour la religion, 565, 566.

ROQUEBERT, capitaine de frégate. — (22 décembre 1810.) Instructions de Napoléon à Roquebert : il conduira sa division à l'île de France, et, au cas où il ne pourrait aborder dans cette colonie, il se dirigera vers Java. 386, 387.

ROUTES. V. PONTS ET CHAUSSÉES.

RÜGEN (Île de). V. POMÉRANIE SUÉDOISE.

RUSSIE. — (29 août 1810.) Le prince Kourakine est chargé d'exprimer à l'empereur Alexandre le désir de Napoléon de voir se continuer les relations d'alliance et d'amitié entre les deux souverains, 92. — (7 septembre.) Dispositions pacifiques que Bernadotte apporte sur le trône de Suède; son élection ne doit pas être un sujet d'inquiétude pour la Russie, 111. — (9 septembre.) Champagny est chargé de dresser l'état des avances, pour solde d'entretien, faites en 1809 à des troupes russes dans l'Adriatique et à Corfou, 112. — Infractions aux lois du blocus commises par la Russie, 113. — (8 octobre.) Renseignements transmis à Napoléon sur la force et les mouvements de l'armée russe, 237, 238. — (10 octobre.) Conduite prescrite à Champagny et au duc de Vicence à l'égard de la Russie : Napoléon veut demeurer ferme dans l'alliance d'Alexandre et écarter de sa politique tout ce qui pourrait donner de l'ombrage à ce souverain, 239, 240. — (13 octobre.) L'Empereur insiste pour obtenir du cabinet de Saint-Pétersbourg la confiscation de tous les bâtiments porteurs de marchandises coloniales; la Russie seule, en ouvrant ses ports à l'Angleterre, pourrait la tirer de l'embarras où elle se trouve, 253. — (23 octobre.) Nouvelles instances de Napoléon pour que la Russie l'aide à réduire l'Angleterre aux abois; de toutes parts les denrées coloniales sont saisies; six cents bâtiments anglais, repoussés des côtes du Mecklenburg et de la Prusse, se dirigent vers les ports de la Baltique; qu'Alexandre confisque ces chargements, et la guerre est terminée, 275. — (4 novembre.) Canevas d'une lettre au représentant d'Alexandre à Paris : fermeté de langage recommandée à Champagny; la Russie jusqu'ici n'a point tenu ses promesses; c'est par elle que s'alimente dans toute l'Europe le commerce des denrées coloniales; les navires anglais continuent de se décharger dans ses ports, et de là les marchandises interdites se répandent en Prusse et en Allemagne; il faut que le czar se décide enfin à mettre un terme à la guerre en fermant le continent aux Anglais, 296, 297. — (2 décembre.) Note de Champagny au prince Kourakine : en n'excluant de ses ports que le pavillon anglais, la Russie n'arrivera pas au but du blocus; le commerce de la Grande-Bretagne se masque sous les pavillons espagnol, portugais, américain, suédois, français même; il ne faut pas que le czar s'en laisse imposer par de faux papiers et une adroite simulation, 349, 350. — (5 décembre.) Travaux de fortification faits par les Russes sur la Dwina et le Dniester; inductions que l'Empereur en tire sur les dispositions malveillantes du czar, 354. — Napoléon demande à Champagny un livret de la situation de l'armée russe. 354. — (10 février 1811.) Mauvaise volonté de la Russie à exécuter le traité de Tilsit; nécessité d'obtenir d'elle une explication nette, 463. — (17 février.) L'Empereur se dispose à remplacer son ambassadeur à Saint-Pétersbourg; mais il voudrait, autant que possible, faire un choix agréable au czar; raisons qui ont déterminé la réunion du duché d'Oldenburg à la France; le prince dépossédé a reçu une juste indemnité, et rien ne pourrait changer la politique de Napoléon à l'égard de la Russie, tant que cette puissance ne s'alliera pas avec l'Angleterre, 477, 478. — (25 février.) Refus de Napoléon d'accéder aux ouvertures de la Suède, qui propose, si on lui laisse prendre la Norwége au Danemark, d'envahir la Finlande en cas d'une guerre de la France contre la Russie : les relations de l'Empereur et du czar sont excellentes; rien n'en fait présager la rupture, et le ministre de France à Stockholm doit se maintenir en bons termes avec le représentant d'Alexandre, 487-490. — Inquiétudes inspirées à Napoléon par la prochaine accession de la Moldavie et de la Valachie à l'empire russe; embarras où l'ont placé les promesses d'Erfurt; impuissance probable de la Porte à défendre les provinces danubiennes; la politique de l'Empereur avec le czar dépendra de l'attitude prise par l'Autriche, 491, 492. — (28 février.) Nomination du comte Lauriston à l'ambassade de France à Saint-Pétersbourg; ce choix indique le désir du maintien de l'alliance conclue à Tilsit; malgré les difficultés que le czar soulève au sujet de la réunion de l'Oldenburg, malgré le dernier ukase, favorable au commerce anglais, et les armements faits par Alexandre sur la Dwina, Napoléon ne renonce pas à tout espoir de conciliation; les ennemis communs de la France et de la Russie s'efforcent d'accréditer le bruit d'une rupture entre les deux empires, et il faut reconnaître que les apparences plaident pour eux. C'est au czar à dissiper tous ces nuages : l'Empereur lui a reconnu, au détriment de la Suède et de la Porte, la possession de la Moldavie, de la Valachie et de la Finlande; maître de rétablir la Pologne après Friedland, il ne l'a point fait, et, en dépit des insinuations de l'Angleterre, il ne songe pas, aujourd'hui encore, à le faire; Alexandre seul, en se rapprochant des Anglais, pourrait donc mettre à néant les conventions signées à Tilsit, 497-499. — (3 mars.) Ordre au gouverneur de Danzig de ne laisser transpirer, dans sa conduite et dans ses discours, aucune intention de guerre contre la Russie, et de se tenir en garde contre les indiscrétions des Polonais, 508, 509. — (10 mars.) Prochain départ de Lauriston pour Saint-Pétersbourg; envoi d'un courrier extraordinaire en Russie: le czar n'a pas à s'inquiéter des armements faits par Napoléon sur la Baltique: ils sont exclusivement dirigés contre l'Angleterre. L'Empereur désire arranger à l'amiable toutes les affaires pendantes entre la France et la Russie, et, tant qu'Alexandre ne s'unira pas aux Anglais, Napoléon demeurera en paix avec lui, 544, 545. — (19 mars.) Note à remettre au prince Kourakine: la malveillance se plaît à exagérer l'importance des mouvements de troupes ordonnés dans le Nord par Napoléon; ce sont là des interprétations contre lesquelles il proteste; tout se borne à l'augmentation de la garnison de Danzig en vue de l'arrivée prochaine d'une escadre anglaise dans la Baltique, 577, 578. — (24 mars.) Instructions adressées au prince d'Eckmühl, en cas d'une rupture complète avec les Russes; tout indique néanmoins qu'aucun mouvement hostile n'aura lieu avant juillet, 593. — Napoléon veut mettre à profit le temps qui sera encore consacré aux négociations pour s'assurer une position offensive, de sorte qu'au dernier moment il puisse être aussitôt que les Russes sur la Vistule, 596. — (26 mars.) Inquiétudes causées à l'Empereur par l'établissement des Russes dans la Moldavie et la Valachie; le czar, par l'occupation de Belgrade, semblerait vouloir placer un hospodar ou prince grec en Servie, afin de rallier à la Russie les vingt millions de Grecs qui se trouvent depuis l'Albanie jusqu'à Constantinople; c'est là une violation des engagements pris par Alexandre à l'égard de Napoléon, et l'Empereur n'est point disposé à la tolérer, 601-603. — (27 mars.) Observations sur un billet écrit par Champagny au prince Kourakine; c'est sur la Russie que retombera la responsabilité de la guerre, si elle s'engage; en accueillant avec trop de facilité des bruits sans fondement, le czar a contraint la France à faire des dépenses considérables pour se tenir sur la défensive; on aurait dû comprendre à Saint-Pétersbourg que les armements de Napoléon étaient dirigés contre l'Angleterre; la formation des camps de Boulogne, d'Utrecht et de l'Escaut, les levées de marins et l'activité des chantiers ne laissaient point de doute à cet égard: il faut donc en finir, de part et d'autre, par une explication décisive, 607-609.

Ruysch, contre-amiral hollandais, commandant les vaisseaux le Chatham et le Hollandais. — (18 février 1811.) Ordre à Ruysch d'aller se joindre aux forces navales réunies dans l'Escaut occidental; il devra opérer la traversée en trompant la surveillance de l'ennemi, et, au besoin, se réfugiera dans le Brouwershaven-Gat, ou dans quelque autre port de l'Empire et même du Danemark, 481, 482.

S

Saint-Germain (Baron de), général de division. — (10 janvier 1811.) Il commandera la 1re division de cuirassiers, à la réserve de cavalerie de la Grande Armée, 420.

Saint-Marsan (Comte de), conseiller d'état, envoyé extraordinaire et ministre plénipotentiaire de France à Berlin, 600. V. Prusse.

Saint-Sulpice, comte, général de division, commandant la 2ᵉ division de cuirassiers, à la réserve de la Grande Armée. 426.

SALM-KIRBURG (Principauté de). — (30 août 1810.) Une partie du territoire de cette principauté sera réunie à la Hollande; indemnité à donner aux princes de Salm-Kirburg. 93. — (24 décembre.) Observations de Napoléon sur le majorat à constituer au prince de Salm-Kirburg, 393. — (22 janvier 1811.) Prise de possession prochaine de la principauté par l'Empereur. 430.

SALM-SALM (Principauté de). — (30 août 1810.) Indemnité à accorder aux princes de cette maison, que la nouvelle délimitation de la frontière orientale de la Hollande privera d'une portion de leur territoire. 93. — (24 décembre.) Un majorat sera constitué en faveur du prince de Salm-Salm. 393. — (22 janvier 1811.) Instructions à Champagny en vue de la prise de possession de la principauté par la France. 430.

SANDOL-ROY, général hollandais. 166.

SANÉ, ingénieur de marine. — (12 octobre 1810.) Problème de construction navale à soumettre à cet ingénieur. 248. — (2 mars 1811.) Mesures d'armement naval prescrites par l'Empereur en conséquence d'un rapport de Sané. 505.

SANTAREM, ville de Portugal (Estrémadure). — (25 décembre 1810.) Masséna occupe la position de Santarem. 398.

SANTOÑA, ville et port d'Espagne, sur le golfe de Gascogne. — (8 mars 1811.) Mesures à prendre pour protéger ce poste maritime, menacé d'une attaque par les Anglais. 527. — Ordre d'approvisionner Santoña de munitions de guerre; Bessières et Caffarelli enverront des vivres et des renforts sur ce point. 530.

SARDAIGNE (Île de), dans la Méditerranée. — (27 janvier 1811.) Croisière à envoyer sur la côte de Cagliari. 435. — (1ᵉʳ mars.) L'Empereur se prépare à entreprendre l'expédition de Sardaigne; forces à lever en Corse dans cette vue. 501.

SAVONE, ville d'Italie, sur le golfe de Gênes, séjour de Pie VII, depuis 1810. — (2 janvier 1811.) Ordre au vice-roi de renforcer la garnison de Savone. 409.

SAXE (Royaume de). — (4 août 1810.) Travaux à entreprendre pour faire de Torgau la place d'armes de dépôt du royaume de Saxe. 22. — (3 octobre.) Approvisionnement d'armes mis à la disposition du roi de Saxe, qui feindra de les avoir achetées en France et les fera transporter à Varsovie. 195. 196. — (6 octobre.) L'Empereur demande à Frédéric-Auguste les états de situation de l'armée saxonne. 228. — (7 octobre.) Il lui promet de favoriser, au besoin, son emprunt à Paris. 231. 232. — Instructions de Napoléon au sujet des créances prussiennes qui doivent être recouvrées par le roi de Saxe. 236. 237. — (20 octobre.) Nécessité de couper court à toute discussion et à toute chicane relativement à ces créances: la Prusse, par le traité de Tilsit, a cédé le duché de Varsovie à la Saxe, et la France, d'autre part, ayant acquis à Erfurt les créances prussiennes sur le duché, les a transférées à Frédéric-Auguste; ce prince n'a donc pas besoin de la Prusse pour se faire payer, et, si le cabinet de Berlin entrave les recouvrements, c'est une question à porter au jugement du Protecteur de la Confédération du Rhin. 272. — (4 novembre.) Instances de Napoléon pour que le roi de Saxe fasse saisir à Leipzig pour 20 millions de denrées coloniales. 295. 296. — (5 décembre.) Ordre de livrer les fusils promis à la Saxe. 355. — (19 décembre.) Octroi de pièces de canon à Frédéric-Auguste. 382. — (27 février 1811.) Achat de fusils destinés à la Pologne, à faire en Autriche par le roi de Saxe. 494. 495. V. VARSOVIE (Grand duché de).

SCHWARZENBERG (Prince DE), ambassadeur d'Autriche à Paris. 328. 444. 477. 490. V. AUTRICHE.

SEBASTIANI, général de division, à l'armée d'Espagne. 517. 616. 619. 620.

SÉGUIER, consul de France à Trieste. — (10 octobre 1810.) Séguier est chargé de surveiller l'exploitation, au nom du domaine extraordinaire, des mines de mercure d'Idria, 244.

SÉMINAIRES. — (23 décembre 1810.) Demandes d'exemption de la conscription faites par les élèves des grands et des petits séminaires; vérification ordonnée à cet égard, 389, 390.

SENARMONT, baron, général de division d'artillerie. — (4 décembre 1810.) Ordre relatif au service funèbre de Senarmont, 353.

SÉNAT. — (10 décembre 1810.) Message de Napoléon au Sénat : mention des événements qui nécessitent la réunion à l'Empire de la Hollande, des villes hanséatiques et du Valais, 368, 369.

SENFT-PILSACH (Baron DE), ministre des affaires étrangères du royaume de Saxe, 495. V. SAXE.

SERAS, général de division. — (8 mars 1811.) Il reçoit l'ordre d'attaquer les insurgés espagnols entre Astorga et Villafranca, 530.

SERURIER, maréchal de l'Empire, ministre de France près les États-Unis d'Amérique, 371. V. ÉTATS-UNIS D'AMÉRIQUE.

SERVIE, province de la Turquie d'Europe, 491. V. TURQUIE.

SGANZIN, ingénieur de marine. — (27 janvier 1811.) Il est appelé à faire partie du conseil de marine chargé d'étudier le projet de communication intérieure de la Baltique au Rhin, 434.

SICILE (Île de). — (8 août 1810.) Le roi de Naples reçoit l'ordre de se tenir prêt à passer en Sicile, 32, 33. — (13 octobre.) Joachim prend sur lui d'ajourner cette expédition; mécontentement de l'Empereur; en cessant de tenir les Anglais en échec à Reggio, le roi de Naples va leur permettre de porter leurs forces sur Corfou et Cadix, 253, 254. — (25 octobre.) Accomplissement des prévisions de Napoléon : les troupes anglaises destinées à la Sicile ont été détournées sur le Portugal, 279. — (22 décembre.) Le roi de Naples avait les plus grandes facilités pour débarquer en Sicile; faute qu'il a commise en négligeant d'en profiter, 387, 388. — (9 février 1811.) Éventualité d'une expédition en Sicile; les troupes seront rassemblées à Toulon, 459. — (8 mars.) Ajournement de cette expédition jusqu'à l'année 1812; préparatifs immenses à faire dans cette vue, 524.

SILVEIRA, général portugais. — (25 décembre 1810.) Position inquiétante de Silveira sur les derrières de l'armée de Portugal, 398. — (26 décembre.) Nouvelle d'un succès remporté par Silveira, à Pinhel, sur l'avant-garde de Gardane, 399.

SIMANCAS (*Archives de*). — (10 août 1810.) Ordre de rechercher et d'expédier sur Bayonne les anciennes archives espagnoles déposées par Philippe II dans l'*archivo* de Simancas, 39.

SIMON, général de brigade. — (23 novembre 1810.) Fait prisonnier en Portugal et transporté en Angleterre, 333, 334.

SIMON (Mme), femme du général Simon, prisonnier en Angleterre. — (23 novembre 1810.) Secours mensuel accordé par l'Empereur à madame Simon, 333, 334.

SOUHAM, général de division, attaché à l'état-major du prince Eugène. — (15 mars 1811.) Pour récompenser Souham de ses services en Catalogne, l'Empereur lui accorde une gratification de 60,000 francs, 563.

SOULT, maréchal, duc de Dalmatie, chef d'état-major de l'armée d'Espagne. — (29 septembre 1810.) Ordre à Soult d'empêcher le corps de la Romana de passer le Tage, 186. — (25 octobre.) L'Empereur se plaint que Soult indispose les Espagnols par des mesures imprudentes : quoique chargé en chef des opérations militaires, il doit laisser subsister l'administration civile de la péninsule et avoir de grands égards pour le roi Joseph, 278. — (14 novembre.) Mécontentement causé à Napoléon par la mollesse de Soult; observation sur le dernier mouvement accompli par ce maréchal, 320, 321. — (20 novembre.) Ordre au major général de l'armée d'Espagne de communiquer à Soult toutes les relations des journaux anglais sur la situation de l'armée de Portugal, 330. — (28 novembre.) Inaction des divisions espagnoles arrivées à Lisbonne; reproches à Soult à ce sujet. 346. — (25 janvier 1811.) Après la prise de Badajoz. Soult se portera sur le Tage avec son équipage de siége, 432. — (6 février.) Imminence de la prise de Badajoz; jonction prochaine de Soult et de Masséna sur le Tage. 455. — (8 mars.) Le duc de Dalmatie, maître de Badajoz, s'avance vers le Tage. 529. — (29 mars.) L'Empereur blâme ce maréchal d'avoir un instant compromis le blocus de Cadix en disséminant ses forces et en s'obstinant à vouloir garder trop de points à la fois: il eût dû, en partant pour l'Estrémadure, laisser un corps de 20,000 hommes sous Cadix; ordre au duc de Dalmatie de marcher sur Lisbonne avec 30,000 hommes, tandis que l'armée de Portugal y marchera d'un autre côté. 615-621.

Sous-préfectures. V. Administration.

Spandau, ville de Prusse. — (11 mars 1811.) Préparatifs secrets pour le siége de Spandau. 546.

Stettin. V. Poméranie suédoise.

Stralsund. V. Poméranie suédoise.

Strasbourg, ville de France. — (24 novembre 1810.) Ordre de diriger sur cette ville, pour y être incorporés aux régiments stationnés en France, les sujets français licenciés du service d'Autriche. 335, 336.

Suchet, général de division, commandant le 3ᵉ corps de l'armée d'Espagne. — (16 septembre 1810.) Après la prise de Tortose et de Tarragone, Suchet recevra probablement l'ordre de marcher sur Valence. 139. — (2 octobre.) L'Empereur rappelle que c'est à Suchet qu'est réservée la gloire de soumettre la province de Valence, une fois que la Catalogne sera réduite. 192. — (9 mars 1811.) Plusieurs provinces sont ajoutées au gouvernement de l'Aragon, que Suchet commande; toutes les troupes faisant partie de l'armée active de Catalogne passeront sous les ordres de ce général, qui s'occupera de couronner, par la prise de Tarragone, la gloire militaire qu'il a acquise dans cette campagne. 535, 536. —

Ordre au major de l'armée d'Espagne de transmettre à Suchet les témoignages de satisfaction de l'Empereur; c'est dans Tarragone que ce général trouvera son bâton de maréchal. 537. — (29 mars.) Ordre à Suchet d'envoyer une colonne de renfort à l'armée d'Andalousie. 615.

Suède (Royaume de). — (9 août 1810.) Une note sera présentée au ministre de Suède au sujet de la prise du *Wagram* par les Anglais. 33. — (7 septembre.) Le ministre des relations extérieures assurera le cabinet russe que l'Empereur n'a pris aucune part à l'élection de Bernadotte comme prince royal de Suède; ses vœux étaient plutôt pour le roi de Danemark; son chargé d'affaires Désaugiers, qui vient d'être rappelé à Paris, favorisait même ouvertement la candidature de Frédéric VI: dispositions que le prince de Ponte-Corvo apportera sur le trône de Suède; la Russie n'a point à s'effrayer de cet événement. 110. 111. — (9 septembre.) Ordre à Champagny de protester, par une circulaire aux ministres français à l'extérieur, contre l'influence attribuée à l'Empereur dans l'élection de Bernadotte. 112. — (3 décembre.) Utilité d'un traité d'alliance entre la France et la Suède; aussitôt que celle-ci aura notifié officiellement sa déclaration de guerre à l'Angleterre; l'Empereur désirerait avoir quatre équipages complets de vaisseaux de ligne suédois, pour les placer sur l'escadre de Brest, et, de plus, s'il était possible, un régiment, 352, 353. — (6 décembre.) Facilités accordées par l'Empereur au transit des marchandises de la Suède, en retour de la déclaration de guerre faite par ce pays à l'Angleterre. 355. — (22 décembre.) Napoléon n'est point satisfait de cette déclaration de guerre; il la considère comme vaine et insignifiante; il faut absolument que Bernadotte exécute en Suède les lois du blocus. 385, 386. — (25 février 1811.) Ouverture faite par le prince de Suède au ministre de l'Empereur à Stockholm; il désirerait l'appui de la France pour reprendre la Norwége au Danemark; à ce prix, il envahirait la Finlande en cas d'une guerre de Napoléon contre la Russie; ordre au baron Alquier de ne pas tenir compte de cette démarche; la France entend demeurer l'alliée fidèle du Danemark, et rien n'annonce une rupture avec Alexandre; ce que la Suède a de mieux à faire est de s'occuper du rétablissement de ses finances, au lieu de solliciter l'Empereur, qui n'a nullement besoin d'elle, à servir ses inimitiés ou ses ambitions contre le Danemark et la Russie, 487-490. — (10 mars 1811.) Symptômes sérieux de refroidissement entre Napoléon et la Suède, 545. — (24 mars.) Au moment où semble prochaine l'ouverture des hostilités contre la Russie, l'Empereur ordonne de faire entendre à la Suède qu'à la moindre contravention au système du blocus la Poméranie suédoise sera envahie, 596. — (25 mars.) Instructions à Champagny sur le même sujet, 600, 601.

SUISSE. V. CONFÉDÉRATION HELVÉTIQUE.

SURINAM (Guyane hollandaise), 524. V. COLONIES HOLLANDAISES.

SYRIE. — (13 octobre 1810.) Le consul de France en Syrie est chargé de rédiger un mémoire sur la situation politique, militaire et financière de ce pays, 251, 252. — (6 décembre.) L'Empereur demande des renseignements sur les fortifications de Jaffa, Gaza et Saint-Jean-d'Acre, 355.

T

TABACS (*Régie des*). V. IMPÔTS.

TALLEYRAND - PÉRIGORD (Charles - Maurice DE). prince de Bénévent, 92, 370.

TARENTE (Duc DE). V. MACDONALD.

TARRAGONE, ville de Catalogne, 438, 535, 536, 537. V. ESPAGNE (*Affaires d'*).

TAUBE (Comte DE), ministre de Wurtemberg à Paris. 416. V. WURTEMBERG.

TEXEL (Île du), à l'entrée du Zuiderzee. — (7 août 1810.) Mesures prises pour armer cette île, menacée d'une attaque prochaine. 30, 31. — (17 août.) Dans la nouvelle organisation militaire de la Hollande, le Texel sera défendu par le général commandant le département du Zuiderzee, et l'on pourra, le cas échéant, concentrer des forces supérieures sur ce point important, 380.

THÉÂTRES. — (28 octobre 1810.) Ordres de Napoléon au ministre de la police au sujet d'une mesure prise par les administrateurs du théâtre Saint-Martin et des pièces représentées sur cette scène, 284.

THÉRÈSE DE SAXE-HILDBURGHAUSEN, épouse du prince royal de Bavière, 79.

THEVENIN, major, chargé du service des équipages militaires de l'armée d'Allemagne, 480, 481.

THIARD, chambellan de l'Empereur. — (21 août 1810.) Mission qui lui est confiée en Allemagne et dans les principautés danubiennes, 62, 63.

THIÉBAULT, général de division à l'armée d'Espagne. — (28 septembre 1810.) Il est nommé chef d'état-major du 9ᵉ corps, 184.

THOMPSON LYNES, agent irlandais à Paris, 453.

THOUVENOT, général de brigade du génie à l'armée d'Espagne. — (28 septembre 1810.) La brigade de Thouvenot est mise sous les ordres de Caffarelli, 183.

TITRES. V. DOTATIONS.

TORRES-VEDRAS, bourg de Portugal (Estrémadure.) — (20 novembre 1810.) Position de l'armée française, appuyée par sa droite à Torres-Vedras, 329. — (25 décembre.) Après une attaque infructueuse sur l'aile droite des Français, Wellington se prépare à reprendre sa position de Torres-Vedras, 398. V. PORTUGAL (*Opérations dans le*).

TOSCANE (Grand-duché de). — (8 octobre 1810.) Note concernant les usines d'affinage pour le fer, à l'île d'Elbe; surabondance du minerai dans ce pays, 238. — (27 novembre.) Mesures à prendre pour augmenter l'extraction du fer à l'île d'Elbe, 344. — (2 janvier 1811.) L'Empereur menace de dissoudre le chapitre de Florence, si l'archevêque Osmond n'est point reconnu sur-le-champ, et si les vicaires généraux continuent à violer les principes constitutionnels de l'Empire, 408 ; — instructions à la grande-duchesse Élisa sur le même sujet, 410.

TOULON, port français sur la Méditerranée. — (8 août 1810.) Formation à Toulon d'un camp destiné à menacer d'une diversion les troupes anglaises que le roi Joachim, se dispose à attaquer en Sicile, 33. — (26 septembre.) Observation de l'Empereur sur la mauvaise police du port de Toulon, 168. — (9 février 1811.) Un corps de 15.000 hommes, destiné à faire une expédition dont le but n'est pas encore fixé, sera cantonné dans les villages voisins de Toulon, 459, 460. — Ordre au préfet maritime de ce port de tout préparer pour le prochain embarquement de ces troupes, 460. — (28 février.) L'Empereur se plaint qu'au lieu d'être réunies et prêtes à s'embarquer au premier moment ces troupes soient disséminées dans les îles d'Hyères, 496. — Nécessité d'approvisionner de vivres l'escadre de Toulon, 500. — (1er mars.) Les bâtiments de cette escadre, destinés à recevoir une force de 20,000 hommes, devront s'exercer tous les jours à la manœuvre, en attendant que le but de l'expédition soit fixé, 503. — (2 mars.) Nomination du contre-amiral Émeriau au commandement de l'escadre de Toulon, 504. — L'Empereur se plaint que l'administration de la marine néglige de munir de vivres de campagne l'escadre de Toulon, 505. — (21 mars.) Nécessité de certaines mesures de discipline à l'égard des officiers de l'escadre de Toulon, 581. — (31 mars.) Ordre d'approvisionner l'escadre de Toulon, 625.

TOUR D'AUVERGNE (Régiment de la), 25.

TRANSPORT-OFFICE. V. PRISONNIERS DE GUERRE.

TRAPPE (Couvent de la), en Normandie. V. CLERGÉ RÉGULIER.

TRAVAUX PUBLICS. — (13 septembre 1810.) Fonds affectés à l'achèvement de l'église de Mâcon et au rétablissement des édifices du culte dans le département de la Vendée; 11 millions seront consacrés à l'amélioration des maisons de détention; dispositions à prendre pour régulariser la comptabilité des travaux publics de Paris, 129-135. — (14 septembre.) Note pour le ministre de l'intérieur : projet de percement d'une grande rue qui reliera le Louvre au faubourg Saint-Antoine; coût probable, 11 millions; autres travaux, à la place de la Bastille et à l'Hôtel de ville, compris dans ce plan d'embellissement, 136-138. — (1er octobre.) Travaux publics à Ajaccio : conduite d'eaux, desséchement l'étang des salines, 187, 188. — (13 décembre.) Avis à Montalivet au sujet des travaux à faire dans l'ancien Piémont, 372. — (16 janvier 1811.) Démolitions à faire entre les Tuileries et le Louvre, pour donner du travail à la population de Paris, 426. — (8 février.) Prochaine installation d'une halle aux vins au quai Saint-Bernard; offre des marchands de vin de Paris de couvrir les frais au moyen d'une compagnie, 456. — (9 février.) Ordre de commencer les travaux d'agrandissement des halles ou grands marchés et ceux de la construction de la halle aux vins; fonds affectés à ces dépenses, 457, 458. — (14 février.) Note relative au marché du Temple; l'Empereur voudrait qu'un jardin fût établi sur l'emplacement de la Tour, 471. — (15 février.) Rapports à faire sur les travaux de Breskens, Flessingue et Cherbourg, 475. — Instructions au vice-roi au sujet des travaux de Venise et d'Ancône, 476. — (18 février.) Travaux à la cathédrale de Rennes; question adressée sur ce point au ministre des cultes, 478. — (24 février.) Projet de démolition de plusieurs couvents acquis par l'Empereur dans différentes villes d'Italie; ils livreront place à des marchés ou à des voies de communication, 484. — (28 mars.) Ordres à Montalivet

TABLE ANALYTIQUE. 699

au sujet du retard subi par les travaux de Paris, 609.

Travers, général hollandais, 417.

Trésor public. V. Mollien.

Trois Toisons d'or (*Ordre des*). — (13 octobre 1810.) Droits de l'ordre sur les mines d'Idria, en Illyrie; époque à laquelle ces mines lui ont été données par l'Empereur à titre de dotation, 255-257.

Turquie. (14 août 1810.) Promesse de protection au pavillon et au commerce ottomans, si la Porte s'affranchit de l'octroi de navigation levé sur les mers par les Anglais, 41. — (26 août.) Saisie de bâtiments ottomans dans le port d'Ancône; l'Empereur se réserve le droit de statuer sur leur libération, 76. — Levée de la saisie par le prince Eugène; Napoléon le blâme d'avoir pris l'initiative de cette décision, 76, 77. — (5 décembre.) Observation de Napoléon au duc de Cadore sur la paix faite par la Russie avec la Porte, 354. — (17 février 1811.) Désir de l'Empereur de renouer des relations amicales avec la Porte; il est prêt à répondre au nouveau sultan, s'il lui écrit, et à envoyer un ministre auprès de lui, 477. — (20 février.) Ordre au consul général de France en Bosnie de faire exécuter la route de cette province à Constantinople, 482, 483.—(25 février.) Renouvellement prochain des hostilités entre la Porte et Alexandre; conquête imminente de la Moldavie et de la Valachie par les Russes; la Servie même est menacée de passer sous leur influence; démarche de la France auprès de l'Autriche afin de conjurer ce péril, 491,

492. — (28 février 1811.) L'Empereur considère la prise de possession des provinces danubiennes par la Russie comme l'anéantissement de l'empire ottoman, 498.—(26 mars.) Négociations à engager avec le cabinet de Vienne au sujet de l'occupation de la Moldavie et de la Valachie par les Russes; la France est prête à soutenir toutes les démarches que l'Autriche pourrait faire à Constantinople, et à user de son influence, à la paix, pour que Belgrade ne reste pas aux mains d'Alexandre, car l'établissement d'un prince grec en Servie serait la ruine de l'empire turc, 601-603.

Turreau de Linières, baron, général de division, ministre plénipotentiaire de France à Washington, 66, 371. V. États-Unis d'Amérique.

Twent, comte, directeur général de l'administration des digues, en Hollande. — (8 janvier 1811.) Modification apportée au décret par lequel le roi Louis avait conféré à Twent le titre de comte de Rosenburg; ce ministre s'appellera simplement le comte Twent, 417.

Tyrol. — (19 septembre 1810.) Contestation avec le cabinet de Munich au sujet des districts de Windisch-Matrey et de Tefferecke : en cédant le pays de Salzburg à la Bavière, l'Empereur n'a point entendu y comprendre ces deux enclaves, qui restent réunies à la portion du Tyrol appartenant aux provinces illyriennes, 150. — (3 novembre.) Nécessité de modifier les frontières du Tyrol italien du côté de la Bavière; instructions à Champagny sur ce point, 290.

U

Université de France. — (27 septembre 1810.) Dispositions à prendre pour compléter l'organisation de l'Université; ordre au ministre de l'intérieur et au grand maître de rédiger un rapport sur cette matière, et de faire connaître à l'Empereur tout ce qui concerne la situation des lycées, collèges, écoles secondaires et institutions particulières, 170, 171.

Utrecht (Camp d'), 622.

V

Valachie, une des provinces danubiennes. V. Russie, Turquie.

Valais (République suisse du). — (22 août 1810.) Nomination d'une commission chargée d'entendre les députés du Valais et de régler les affaires de ce pays, 67. — (6 septembre.) Mesures à prendre pour réorganiser le Valais en assurant la suprématie du bas Valais sur le haut Valais, et pour détruire l'omnipotence du clergé dans ce pays. 107, 108. — (3 novembre.) Raisons qui déterminent Napoléon à réunir le Valais à l'Empire; difficulté de concilier l'indépendance de cette république, froissée entre trois états, avec la rapidité des communications de la France avec l'Italie; le Valais formera un département, qui enverra un seul député au Corps législatif; ordre à trois colonnes de marcher sur ce pays, 291, 292. — Le général César Berthier est chargé d'aller opérer la réunion du Valais; force des colonnes expédiées sur Brig, Sion et Domo d'Ossola, 292-294. — (12 novembre.) Ordre au ministre de l'intérieur de préparer un projet de décret pour l'organisation du Valais au triple point de vue administratif, judiciaire et financier, 318. — (18 novembre.) Dispositions prescrites pour le prochain retrait des troupes cantonnées dans le Valais, 326. — (30 novembre.) Le Valais transformé en *département du Simplon*; impôts à y établir; une commission des députés de ce pays en préparera l'organisation définitive, 347, 348. — (10 décembre.) Message de Napoléon au Sénat : observations sur la réunion du Valais, mesure déjà en germe dans l'acte de médiation et conséquence prévue des travaux faits depuis dix années dans les Alpes. 368.

Valence, général de division. — (10 janvier 1811.) Il commandera la 5ᵉ division de cuirassiers, à la réserve de cavalerie de la Grande Armée, 420.

Var (Collége électoral du). — (17 mars 1811.) Allocution de l'Empereur aux députés du collége électoral du Var, 570.

Varsovie (Grand-duché de). — (4 août 1810.) Difficulté de fortifier Varsovie; travaux des places de Modlin, Sierock et Praga; utilité d'avoir dans ces villes des munitions d'armes. 22, 23. — (21 août.) L'Empereur se déclare prêt à fournir des fusils au grand-duché de Varsovie, 63. — (3 octobre.) Le roi de Saxe se chargera du transport de ces armes, et, pour ne pas exciter d'alarmes, il feindra de les avoir achetées, 195, 196. — (6 octobre.) Travaux de fortification à faire à Modlin, la place la plus importante du grand-duché, et qui suffirait à le couvrir, si Varsovie était pris, 220, 221. — Observations de l'Empereur sur les états de situation de l'armée polonaise; provision d'armes nécessaire à cette armée; utilité d'y remplacer les cuirassiers par des lanciers, genre de cavalerie plus efficace contre les cosaques; Napoléon insiste sur l'importance de la place de Modlin, 226-228. — (16 octobre.) Matériel d'artillerie à retirer de Stettin pour armer les places du grand-duché de Varsovie, 259. — (10 novembre.) Ordre au ministre de la guerre de faire livrer au roi de Saxe les fusils et les canons destinés à être transportés en Pologne, 316. — (16 janvier 1811.) Achat de fusils à faire en Hollande pour armer les paysans du grand-duché de Varsovie. 425, 426. — (3 février.) Nécessité d'avoir à Varsovie 200,000 fusils à mettre à la disposition des insurgés polonais, en cas de guerre contre la Russie, 449. — (27 février.) Les fusils que le roi de Saxe achètera à Vienne seront répartis entre les différentes places du duché de Varsovie, car les éventualités de la politique rendent nécessaire une réserve d'armes en Pologne, 494, 495. — (28 février.) L'Empereur se défend auprès du czar de toute idée de rétablissement de la Pologne; il pouvait la rétablir après Friedland, et même en 1810, quand toutes les troupes russes étaient engagées contre la Porte; il le pourrait encore maintenant, avant la conclusion de l'arrangement avec les Turcs; mais il ne l'a point fait et ne le fera pas, parce que cela n'est pas dans ses intentions, 498, 499. — (24 mars.) Napoléon désire que des gardes nationales soient formées dans toutes les villes de Pologne, 596. — Ordre à Poniatowski de réunir, en vue de prochaines hostilités contre la Russie, toutes les munitions et toute l'artillerie dans Modlin; c'est le moyen de détourner les Russes d'un coup de main contre Varsovie, 598. V. Save.

Vattier, général de division. — (10 janvier 1811.) Il est chargé de commander la 2ᵉ division de cavalerie légère à la Grande Armée, 420.

Vénerie de l'Empereur (prince de Neuchâtel, grand veneur de la). — (7 janvier 1811.) Observations de Napoléon au sujet de cerfs achetés en Allemagne sans l'ordre du grand veneur, 416.

Ver Huell, comte, vice-amiral hollandais. — (8 janvier 1811.) Modification apportée par l'Empereur au décret du roi Louis qui avait conféré à Ver Huell le titre de comte de Sennaar; cet amiral s'appellera simplement le comte Ver Huell, 417. — (7 mars.) Ordre à Ver Huell d'aller prendre le commandement de la marine des rades du Nord, à Lubeck; il sera sous les ordres exclusifs du prince d'Eckmühl, 521. — (18 mars.) Instructions pour Ver Huell : il s'occupera de surveiller les côtes et ports du Nord, et d'organiser complétement le service maritime dans ces parages, 574, 575. — (24 mars.) Avis au prince d'Eckmühl du départ de Ver Huell, 592.

Vicence, ville du royaume d'Italie. — (15 novembre 1810.) Mesures à prendre pour garantir d'un chômage les nombreux ouvriers en soie de Vicence, 325.

Vicence (Duc de). V. Caulaincourt.

Victor, duc de Bellune, maréchal. — (29 mars 1811.) Insuffisance des troupes laissées par Soult à ce maréchal pour le siége de Cadix, 616.

Villach, ville d'Illyrie. — (24 novembre 1810.) Choisie comme lieu de dépôt des militaires italiens licenciés du service d'Autriche, 336.

Villemanzy (Comte), 27.

Vistule (Régiments de la), 123.

W

Wagram (Prince de). V. Alexandre (Berthier).

Walcheren (Île de), aux bouches de l'Escaut. V. Hollande.

Wattier, général de brigade de cavalerie. — (12 octobre 1810.) Sa brigade est mise sous les ordres du général Caffarelli, 250.

Wellington (Duc de), général commandant les forces anglaises dans la péninsule espagnole. — (25 décembre 1810.) Position de l'armée de Wellington sur le Zezere, dans le Portugal; mouvement infructueux des Anglais sur la droite des Français; Wellington se dispose à reprendre sa position de Torres-Vedras, 397, 398. — (29 mars 1811.) Dispositions à prendre pour entraver tout mouvement de Wellington sur Masséna ou sur Soult, dont la jonction est imminente, 618, 619. V. Portugal (Opérations dans le).

Wesel, ville de la Prusse rhénane. — (30 août 1810.) Éventualité de la réunion de cette ville à la Hollande, dans le cas d'une nouvelle délimitation des frontières orientales de ce royaume, 93. — (13 février 1811.) La place de Wesel sera le grand dépôt de l'armée d'Allemagne, 469. — (24 mars.) Un camp sera formé dans cette ville, 597.

Weser, fleuve d'Allemagne. — (9 décembre 1810.) Pour répondre aux arrêts du conseil britannique qui ont dénationalisé les pavillons des neutres, Champagny propose à Napoléon de réunir à l'Empire la ville de Brême et le cours du Weser; pour assurer par la navigation intérieure le commerce français avec le Nord, un canal sera creusé de l'Elbe au Weser et du Weser à l'Ems. 364. — (17 décembre.) Ordre concernant l'organisation de la flottille du Weser, 380.

WESTPHALIE (Royaume de). — (18 août 1810.) Napoléon fait occuper une partie de la Westphalie pour compléter son système de blocus continental, 57. — Tout le pays depuis le Holstein jusqu'à la Hollande devant être entre les mains de généraux français, le roi Jérôme retirera ses troupes du territoire de Brême et de Vulhenburg. 59. — (19 août.) Ordre de reconnaître toute la partie de la Westphalie qui doit être occupée; une division de chaloupes hollandaises se rendra sur les côtes, 61. — (11 septembre.) Tant que l'Empereur sera obligé d'avoir des garnisons dans les places de l'Oder, il ne pourra réduire les troupes qu'il a en Westphalie; observation sur le contingent westphalien; défiances qu'il inspire à Napoléon; difficultés relatives à la cession du Hanovre à la Westphalie; l'Empereur annulera le traité s'il paraît trop onéreux au roi Jérôme; mais aucun de ceux qui ont reçu des biens, soit en Westphalie, soit en Hanovre, ne devra rien perdre; arrérages de solde dus aux troupes françaises; conseils d'économie, 119. — (15 septembre.) Le roi Jérôme peut, en toute sécurité, accorder les congés de semestre à ses soldats : il n'y a pas le moindre armement dans le Nord et le continent est tranquille, 138, 139. — (3 octobre.) Règlement de tarif concernant les denrées coloniales en Westphalie, 196, 197. — (17 octobre.) Le roi Jérôme ne doit donner à ses officiers aucun des titres de distinction créés en France et particuliers à l'armée française, 261, 262. — (20 octobre.) L'Empereur fait déclarer au roi de Westphalie que, puisque la solde des troupes françaises n'est pas payée, il ne se considère plus comme engagé à lui remettre le Hanovre; le gouvernement de Cassel continuera néanmoins à administrer le pays, 271. — (8 novembre.) Titre à donner, d'après l'usage établi en Europe, aux chefs de la garde du roi Jérôme; nouvelles observations au sujet de la solde des troupes françaises, 314. — (17 décembre.) Le roi Jérôme n'ayant pas exécuté son traité avec l'Empereur, celui-ci reste possesseur du Hanovre; néanmoins une partie de cette province pourra être échangée contre une portion équivalente du royaume de Westphalie, 377, 378. — (23 décembre.) Défense à Clarke de faire remettre à Jérôme la place de Magdebourg, que Napoléon entend garder en sa possession. 389. — (5 février 1811.) L'Empereur désire qu'on finisse toutes les affaires de Westphalie, et qu'on règle particulièrement la solde arriérée des troupes françaises, 453. — (3 mars.) Évaluation du nombre des soldats de l'armée d'Allemagne, dont l'entretien reste à la charge du gouvernement de Cassel, 507. — (9 mars.) Napoléon ne peut plus rien modifier à l'échange de territoires fait avec la Westphalie; le lot le plus fort échoit d'ailleurs à ce pays; cependant, pour lui donner une nouvelle preuve de sa bienveillance, l'Empereur consent à lui abandonner la portion du domaine westphalien dont il n'a pas encore disposé; arrangement relatif aux dettes des provinces partagées; chiffre auquel sera réduit le corps d'armée français cantonné en Westphalie, 532-534. — (18 mars.) Appel de troupes westphaliennes destinées à augmenter la garnison de Danzig, 576.

WESTPHALIENNES (Troupes), 522, 576.

WINTER (Comte DE), amiral hollandais. — (7 août 1810.) De Winter est chargé d'assurer la défense de l'île du Texel, 31. — (2 octobre.) Il reçoit l'ordre de protéger l'embouchure de l'Ems et d'y empêcher la contrebande nocturne, 191. — (8 janvier 1811.) Modification apportée au décret du roi Louis qui avait conféré à de Winter le titre de comte de Huessen; cet amiral s'appellera simplement comte de Winter, 417.

WINZINGERODE (Comte DE), ministre plénipotentiaire du roi de Westphalie à Paris, 453. V. WESTPHALIE.

WITHWORTH (Lord), ministre anglais. — (13 décembre 1810.) Mention d'un entretien de Withworth et du Premier Consul, en l'an XI; Napoléon demande à Champagny une lettre écrite à ce sujet par Talleyrand. 370. 371.

WURTEMBERG (Royaume de). — (7 octobre 1810.) L'Empereur ordonne la mise en vigueur, dans le Wurtemberg, du nouveau tarif concernant les denrées coloniales, 230. — (18 mars 1811.) Appel de troupes wurtembergeoises destinées à augmenter la garnison de Danzig, 576.

Z

ZEZERE (Le), rivière de Portugal. — (25 décembre 1810.) Position de l'armée de Portugal, en face des Anglais, dans la vallée du Zezere, 398.

LISTE DES PERSONNES

A QUI LES LETTRES SONT ADRESSÉES.

Aldini, ministre secrétaire d'état du royaume d'Italie, 69, 456.
Alexandre (Berthier), major général de l'armée d'Espagne, 6, 39, 48, 59, 123, 139, 140, 146, 147, 148, 152, 179, 181, 182, 186, 191, 208, 250, 264, 267, 278, 294, 320, 329, 346, 351, 397, 398, 405, 418, 426, 432, 445, 455, 529, 530, 535, 537, 538, 582, 607, 611, 615.
Alexandre Ier, empereur de Russie, 92, 275, 497.
Alquier, ministre de France à Stockholm, 385.
Andréossy, président au Conseil d'état, 436.
Barbier, bibliothécaire de l'Empereur, 413, 579.
Bernadotte, prince royal de Suède, 116.
Bernadotte (Mme), 109.
Bertrand, général, 153, 483, 485, 563.
Bessières, maréchal, 7, 9, 446.
Bigot de Préameneu, ministre des cultes, 32, 69, 86, 121, 138, 325, 388, 404, 408, 413, 414, 417, 437, 443, 478, 538, 556, 564.
Borghèse (Prince), 370, 409.
Bouillerie (De la), trésorier du domaine extraordinaire, 316, 394.
Cambacérès, archichancelier, 311, 317, 369, 416.
Champagny, ministre des relations extérieures, 1, 3, 9, 26, 29, 32, 33, 41, 62, 63, 64, 65, 66, 67, 75, 77, 80, 87, 88, 95, 103, 104, 107, 110, 111, 112, 113, 117, 120, 150, 160, 163, 197, 198, 228, 230, 231, 232, 234, 235, 237, 239, 250, 251, 252, 253, 261, 262, 268, 271, 272, 290, 291, 295, 296, 306, 317, 328, 334, 344, 348, 349,

351, 352, 353, 354, 356, 358, 370, 371, 377, 378, 392, 393, 408, 416, 424, 426, 430, 444, 453, 463, 477, 487, 490, 494, 505, 519, 532, 544, 549, 560, 577, 598, 601, 607, 610.
Charles XIII, roi de Suède, 110.
Clarke, ministre de la guerre, 4, 7, 13, 14, 16, 27, 30, 32, 38, 41, 42, 43, 44, 53, 57, 58, 59, 67, 68, 78, 96, 102, 114, 115, 117, 122, 123, 124, 126, 149, 150, 163, 164, 165, 169, 185, 191, 202, 203, 212, 240, 241, 242, 253, 259, 263, 264, 265, 280, 281, 292, 302, 309, 310, 314, 316, 323, 326, 330, 335, 336, 341, 345, 348, 353, 354, 356, 357, 366, 373, 374, 375, 377, 378, 382, 388, 399, 402, 410, 421, 425, 430, 431, 434, 438, 444, 448, 449, 459, 467, 474, 479, 485, 496, 501, 504, 507, 510, 511, 517, 520, 521, 538, 540, 546, 548, 549, 558, 559, 564, 570, 578, 579, 589, 591, 605, 608, 610, 621.
Clément Wenceslas (Prince), 79.
Collin de Sussy, directeur des douanes, 34, 49.
Coste (Baron), intendant des bâtiments de la couronne, 426.
Cunégonde (Princesse), 79.
Daru, intendant de la maison de l'Empereur, 175, 176, 244, 273, 319.
Davout, maréchal, 61, 99, 162, 177, 192, 209, 210, 211, 284, 354, 407, 428, 450, 451, 486, 503, 508, 556, 558, 572, 573, 591, 592, 594, 606, 610, 624.
Decrès, ministre de la marine, 4, 17, 19, 36, 37, 38, 80, 89, 90, 97, 118, 141, 147,

161, 166. 168, 172, 173, 174. 191, 204,
205, 206, 208, 222, 238, 243, 248, 249,
267. 273, 277, 287, 304, 305, 324, 332,
338, 342, 374, 380, 384, 390, 418, 423,
425, 434, 435, 438, 442, 460, 463, 473,
475, 482, 492, 494, 496, 499, 500, 502,
504, 505, 510, 512, 513, 516, 521, 523.
525. 527, 528, 541, 542, 560, 567, 581.
585, 586, 587, 624.

Defermon, intendant du domaine extraordinaire.
27, 40, 243, 255, 483.

Denon, directeur des musées, 50.

Deponthon, colonel. 78, 327.

Duroc, grand maréchal du palais. 36, 86. 162.
333, 446, 476, 553.

Élisa Napoléon, grande-duchesse de Toscane.
212, 410.

Eugène Napoléon, vice-roi d'Italie, 28, 40, 51.
70, 72, 76, 95, 148, 155, 158, 159, 167,
171, 184, 190, 194, 211, 223, 224, 239,
247, 258, 279, 282, 298, 299, 306, 315,
324. 329, 339, 347, 357, 381, 397, 409.
413, 415, 436, 446, 452, 453, 464, 470.
476, 503, 563, 567.

François II, empereur d'Autriche. 187, 322.
375, 580.

Frédéric, roi de Wurtemberg, 576.

Frédéric-Auguste, roi de Saxe, 226. 236.

Gaudin, ministre des finances, 108. 114. 168,
275, 312, 330, 419, 427, 465. 472. 478.
484, 523, 531, 548, 554.

Grimm, landamman de la Suisse, 454.

Halgan, capitaine de vaisseau, 440.

Jérôme Napoléon, roi de Westphalie, 59. 70.
115, 119, 138, 196, 314, 407, 429. 576.
615.

Joachim Napoléon, roi des Deux-Siciles. 33. 92,
195, 226, 279, 301, 302, 318. 319. 321.
327, 387, 391. 503.

Joséphine, impératrice, 136, 581.

Jurien, capitaine de vaisseau, 441.

Lacépède (Comte de), 284.

Lacuée, ministre directeur de l'administration de
la guerre, 68, 78, 174, 254, 280, 337, 357,
419, 427, 454, 456, 480, 507. 532, 585.

Laforest (Comte de), 307.

Lauriston, général, 245, 314.

Lavallette, directeur général des postes. 34.
381.

Lebrun, lieutenant général de l'Empereur en
Hollande, 21, 54, 61, 77, 103, 108. 109.
166, 167, 271, 285, 289, 346, 462.

Lemarois, général, 513.

Locré, secrétaire général du Conseil d'état, 470.

Louis-Charles-Auguste, prince royal de Bavière.
79.

Maret, ministre secrétaire d'état, 269, 376.

Marie-Louise, impératrice d'Autriche. 377.

Marmont, maréchal, 193, 222, 273, 301.

Maximilien-Joseph, roi de Bavière, 258.

Molé, directeur des ponts et chaussées. 501.
506.

Mollien, ministre du trésor public, 72, 89,
115, 129, 138, 140, 160, 163, 272, 276,
283, 312, 373, 375, 398, 509. 583. 584.
587, 603.

Monge, 344.

Montalivet, ministre de l'intérieur, 34, 41. 86,
90, 106, 121, 136, 141, 144, 151. 170.
187, 199, 279, 281, 303, 309, 311, 318.
323, 342, 343, 347, 366, 372, 374, 404.
417, 436, 450, 456, 457, 467. 471, 484.
571, 583, 609.

Montesquiou-Fezensac, grand chambellan, 482.

Montfort, capitaine de vaisseau, 331.

Mouton, comte de Lobau, 267.

Najac (Comte de), conseiller d'état, 553.

Philibert, lieutenant de vaisseau, 339.

Regnaud, de Saint-Jean-d'Angély, 402.

Riboisière (De la), général, 460, 546.

Rolland, capitaine de vaisseau, 439.

Roquebert, capitaine de frégate, 386.

Ruysch, contre-amiral, 411.

Savary, ministre de la police, 91, 188, 264.
284, 285, 298, 333, 345, 370, 376. 425.
443, 445, 463, 466, 467, 483, 583.

Souham, général, 563.

Talleyrand-Périgord (Prince de), 92.

Ver Huell, vice-amiral, 574.

TABLE

DES MATIÈRES DU TOME XXI.

	Pages.
Rapport à l'Empereur	v
Correspondance du 2 août 1810 au 31 mars 1811	1
Table analytique	627
Liste des personnes à qui les lettres sont adressées	705

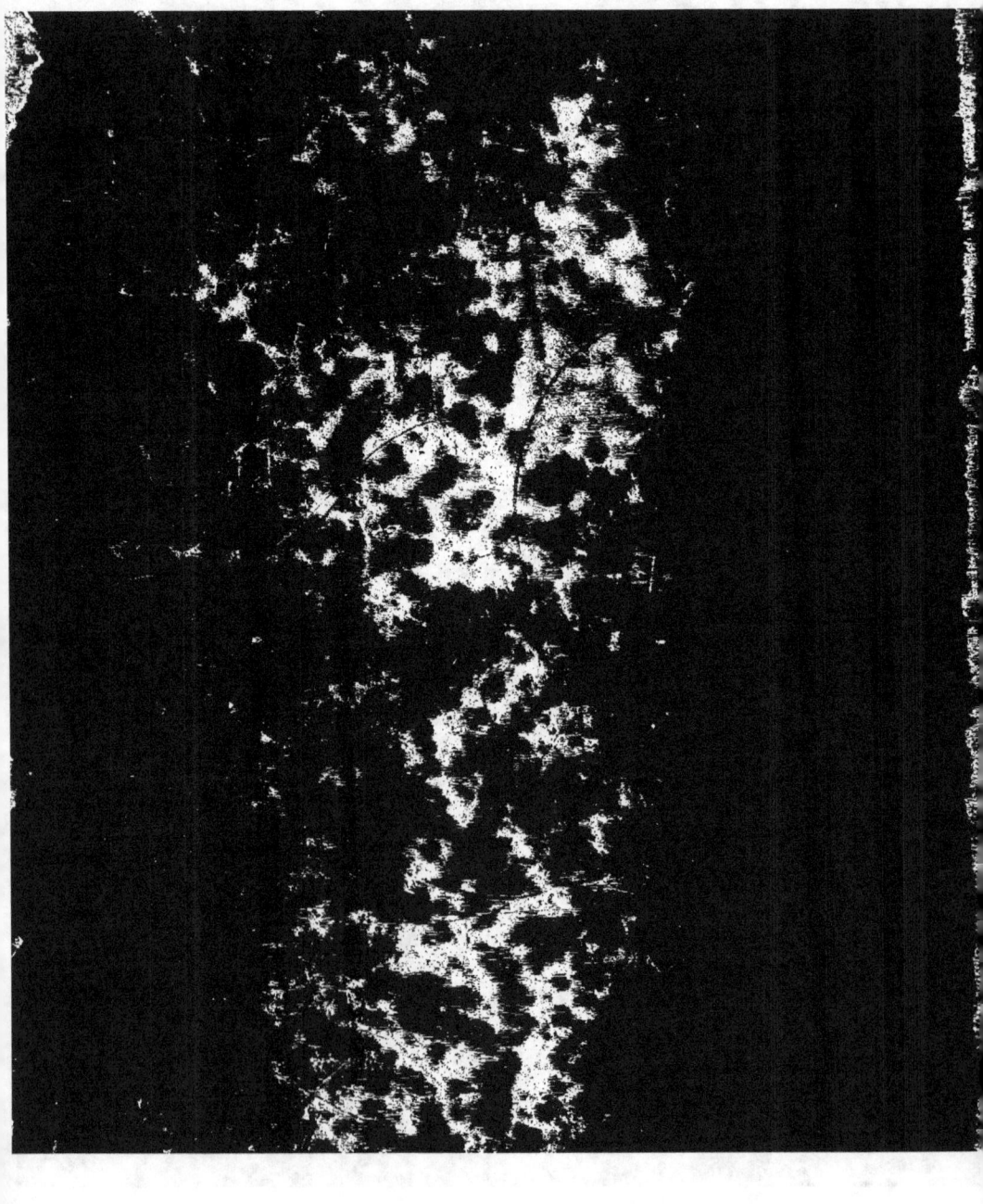

www.ingramcontent.com/pod-product-compliance
Lightning Source LLC
Chambersburg PA
CBHW071707300426
44115CB00010B/1341